Peter Speck (Hrsg.)

Employability –
Herausforderungen für die strategische Personalentwicklung

Peter Speck (Hrsg.)

Employability – Herausforderungen für die strategische Personalentwicklung

Konzepte für eine flexible, innovationsorientierte Arbeitswelt von morgen

3., aktualisierte und erweiterte Auflage

Bibliografische Information der Deutschen Nationalbibliothek
Die Deutsche Nationalbibliothek verzeichnet diese Publikation in der
Deutschen Nationalbibliografie; detaillierte bibliografische Daten sind im Internet über
<http://dnb.d-nb.de> abrufbar.

Dr. Peter Speck war von 1993 bis 2006 Personalleiter der Festo AG & Co. KG, Esslingen, und der Festo Gruppe, ist seit 1993 Geschäftsführer der Festo Lernzentrum Saar GmbH, St. Ingbert-Rohrbach, und seit 2007 Verantwortlicher für den Festo Bildungsfonds, Festo AG & Co. KG in Esslingen.

1. Auflage Juni 2004
2. Auflage Oktober 2005
3. Auflage Juni 2008

Alle Rechte vorbehalten
© Gabler | GWV Fachverlage GmbH, Wiesbaden 2008

Lektorat: Stefanie Brich | Dr. Angelika Schulz

Gabler ist Teil der Fachverlagsgruppe Springer Science+Business Media.
www.gabler.de

Das Werk einschließlich aller seiner Teile ist urheberrechtlich geschützt. Jede Verwertung außerhalb der engen Grenzen des Urheberrechtsgesetzes ist ohne Zustimmung des Verlags unzulässig und strafbar. Das gilt insbesondere für Vervielfältigungen, Übersetzungen, Mikroverfilmungen und die Einspeicherung und Verarbeitung in elektronischen Systemen.

Die Wiedergabe von Gebrauchsnamen, Handelsnamen, Warenbezeichnungen usw. in diesem Werk berechtigt auch ohne besondere Kennzeichnung nicht zu der Annahme, dass solche Namen im Sinne der Warenzeichen- und Markenschutz-Gesetzgebung als frei zu betrachten wären und daher von jedermann benutzt werden dürften.

Umschlaggestaltung: Ulrike Weigel, www.CorporateDesignGroup.de
Druck und buchbinderische Verarbeitung: Wilhelm & Adam, Heusenstamm
Gedruckt auf säurefreiem und chlorfrei gebleichtem Papier
Printed in Germany

ISBN 978-3-8349-0795-0

Erstes Geleitwort zur dritten Auflage

Chefs lesen wenig Bücher. Das sagt zumindest ein bekanntes Bonmot. Richtig daran ist, dass die Führung eines Unternehmens für die beteiligten Personen wenig Zeit und Raum abseits der Arbeit lässt. Umso höher ist es zu bewerten, wenn Manager Bücher *schreiben*. Peter Speck hat es getan – und dokumentiert damit nicht nur anerkennenswertes pädagogisches Bemühen, sondern auch seinen Sinn für die gesellschaftliche Verantwortung eines Managers jenseits des Tagesgeschäfts. Recht bemerkenswert erscheint mir außerdem, dass sein Buch „Employability – Herausforderung für die strategische Personalentwicklung" inzwischen die dritte Auflage erlebt. Das zeigt, dass auch die Leser seine Mühe zu schätzen wissen.

Der Erfolg kann kaum überraschen. Denn die Frage nach dem Erhalt der Beschäftigungsfähigkeit durch Bildung trifft vor dem Hintergrund des demografischen Wandels bei Unternehmen, Politik und Publikum einen Nerv. In einer alternden Gesellschaft wie der deutschen, die sich zugleich in einem raschen technologischen Wandel befindet und sich den Herausforderungen der Globalisierung stellen muss, kommt dem Erhalt der Beschäftigungsfähigkeit des Einzelnen über Jahrzehnte erhebliche Bedeutung zu. Globalisierung und Strukturwandel wirken sich auf Employability aus, die Migrations- und Integrationsproblematik tut ein Übriges. All das macht einen Wandel der Einstellung in Gesellschaft und Wirtschaft nötig, der die individuelle Qualifikation, ihren Erhalt und Ausbau stärker in den Blick nimmt.

Wenn sich zugleich der Staat aus dem Bildungssektor in kleinen Schritten zurückzieht, wächst den Unternehmen eine größere institutionelle Verantwortung zu. Festo und Peter Speck haben sich ihr gestellt. Für das gesellschaftliche Engagement von Festo im Bereich Bildung, Lernen und Qualifizierung hat das Unternehmen sogar einen eigenen Begriff geprägt: Corporate Educational Responsibility, kurz CER®.

Ich begreife das vorliegende Buch als einen Ausdruck der unternehmerischen Verantwortung von Festo. Der wegweisende Festo Bildungsfonds mit seinen Studienstipendien ist ein zweiter, das persönliche Engagement Peter Specks im Landeskuratoriums Baden-Württemberg des Stifterverbandes ein dritter Beleg dafür, dass sich Festo als „guter Bürger" versteht.

Den Stifterverband als Gemeinschaftsaktion der Wirtschaft eint seit 1920 die Idee, dass Unternehmen eine gemeinschaftliche Verantwortung für Wissenschaft und Bildung in Deutschland haben. Denn nur wenn es der Wissenschaft gut geht, kann es den deutschen Unternehmen gut gehen. Festo gibt hier ein gutes Beispiel. Ich wünsche dem Buch viele Leserinnen und Leser.

Essen, im April 2008   Dr. Arend Oetker
                                                                             Präsident des Stifterverbandes

Zweites Geleitwort zur dritten Auflage

Getrieben durch Globalisierung, Liberalisierung, Deregulierung, Digitalisierung sowie weitere ökonomische, technologische, soziale und nicht zuletzt auch ökologische Kräfte des Wandels befinden sich Wirtschaft und Gesellschaft seit geraumer Zeit in einem Prozess tiefgreifender Veränderungen mit immer neuen Herausforderungen für die Menschen und ihre sozialen Organisationen. Insbesondere Unternehmen als „communities of work", als Orte der Wertschöpfung und als Quellen der gesellschaftlichen Wohlfahrt stehen heute unter einem hohen Anpassungsdruck. Wollen sie von den Veränderungen in ihren Umfeldern nicht überrollt werden, müssen sie selbst wandlungsfähig sein und sich ko-evolutiv mit ihren Umfeldern entwickeln. Voraussetzungen dafür sind Innovationen im umfassenden Sinne – von neuen Produkten und Prozessen über neue Organisationsformen und Geschäftsmodelle bis zu grundlegenden Unternehmenserneuerungen.

Die Quellen für solche Innovationen manifestieren sich letztendlich im Wissen und in den Fähigkeiten der Mitarbeiter. Innovationswettbewerb ist deshalb auch und gerade ein Wettbewerb um die besten Köpfe und die besten Talente. Im Interesse ihrer Wettbewerbsfähigkeit müssen Unternehmen deshalb für solche Mitarbeiter attraktiv bleiben, indem sie diesen Sinn stiftende Tätigkeiten und Karrierechancen bieten. Unternehmen, die Personalpolitik zur Förderung und Bindung von Wissensträgern betreiben, investieren in ihre Fitness für den innovationsorientierten Wettbewerb der Wissensökonomie. Das ist ihr Beitrag zur Employability.

Die Employability-Idee versteht sich aber nicht nur als „Herausforderung für die strategische Personalentwicklung", sondern auch als Aufforderung an die Mitarbeiter, „Unternehmer in eigener Sache" (Scholz in diesem Band) zu werden, indem sie durch Erweiterung ihres Wissens und ihrer Fähigkeiten ihren zukünftigen Marktwert und damit ihre Employability selbst mitbestimmen. Das Employability-Konzept impliziert somit eine neue Art von „sozialem Kontrakt" zwischen den Unternehmen und ihren Mitarbeitern zur Verfolgung gemeinsamer Interessen.

Anstrengungen zur Verbesserung der Employability sind Investitionen in die Zukunft und Ausdruck sozialer Verantwortung. Diese muss sich natürlich auch in staatlichen Aktivitäten, insbesondere zur weitsichtigen Förderung von Forschung und Bildung sowie zur Flexibilisierung des Arbeitsmarktes, manifestieren.

Ein unternehmensseitiges Beispiel für soziale Verantwortung im Sinne der Employability-Idee ist die Initiative „CER®-Corporate Educational Responsibility" von Festo. Unter dem Agronym CER® subsumieren die Gesellschafter von Festo ihr Engagement in den Themenfeldern Bildung sowie Lernen und Qualifizieren programmatisch. Mit dem Festo Bildungsfonds wollen sie die Qualifizierung junger Menschen in Ingenieurwissenschaften und Technik zur Entwicklung und Sicherung von Wissen und Fähigkeiten als Quelle von Innovation fördern und damit einen Beitrag zur Zukunftssicherung des Standortes Deutschland leisten. Diese Initiative verdient Respekt und Anerkennung. Herrn Dr. Speck, Geschäftsführer des Festo Lernzentrums, sei

Zweites Geleitwort zur dritten Auflage

an dieser Stelle in seiner neuen Funktion als Verantwortlicher des Festo Bildungsfonds viel Erfolg gewünscht.

Anerkennung gebührt Herrn Dr. Speck als Herausgeber des vorliegenden Sammelbandes. Es ist ihm gelungen, eine große Anzahl kompetenter Autoren zu gewinnen, die unterschiedliche Aspekte der Employability-Thematik aus verschiedenen Blickwinkeln beleuchten.

Stuttgart, im April 2008

Prof. Dr. Erich Zahn
Cluster Director, Networking in Production
GSaME (Graduate School of Excellence
    advanced Manufacturing Engineering)
und
Lehrstuhl für Planung,
Betriebswirtschaftliches Institut
Universität Stuttgart

Geleitwort zur ersten Auflage

Der Umgang mit den strukturellen Wandlungsprozessen in den Gesellschaften und Wirtschaftswelten ist entscheidend für die zukünftige Wettbewerbsfähigkeit von Unternehmen. Erfolgreiche Unternehmen zeichnen sich durch Anpassungsfähigkeit und Schnelligkeit bei gleichzeitig hoher Innovationskraft aus. Eine wesentliche Voraussetzung für Innovation ist Qualifikation. Hier ist Employability ein Ansatz, eine aus gesellschaftspolitischer Sicht notwendige Dynamisierung des Arbeitsmarktes zu erreichen und eine für die Unternehmen erforderliche flexible Struktur in der Belegschaft zu schaffen.

Dabei nimmt Employability Mitarbeiter und Unternehmen gleichermaßen in die Verantwortung. Mitarbeiter müssen bereit sein, ihr Qualifikationsprofil in einem lebenslangen Lernprozess zu erweitern, um die zukünftigen Herausforderungen an das Unternehmen in wirtschaftlicher, technologischer und gesellschaftlicher Sicht bewältigen zu können. Diese ständige Wissensaufwertung erfordert von allen Mitarbeitern eine hohe Lernbereitschaft und Lernfähigkeit. Daraus leitet sich das Postulat des lebenslangen Lernens von außen nach innen ab, d. h. von außen durch den Veränderungsdruck des Marktes und von innen durch den Verfall des Wissens.

Auf der anderen Seite müssen Unternehmen die Weiterbildung ihrer Mitarbeiter unterstützen und deren Entfaltungsmöglichkeiten fördern. Nur so kann aus betrieblicher und individueller Sicht eine erfolgreiche Zukunft gestaltet werden. Aus Herausforderungen und Chancen können nur Markterfolge werden, wenn das Unternehmen agil, antizipativ und adaptiv handelt. Voraussetzung hierzu sind qualifizierte und engagierte Mitarbeiter, die Innovationsprozesse in Gang halten und die nachhaltige Entwicklung des Unternehmens sichern. Damit wird Lernen zur tragenden Säule für Beschäftigungssicherung.

Employability ist nicht nur aus Sicht der Mitarbeiter und Unternehmen ein interessanter Ansatz, sondern hat auch gesellschaftspolitische Relevanz. Die Probleme am Arbeitsmarkt, insbesondere die Situation der Jugendlichen erfordert eine größere Durchlässigkeit und Flexibilisierung der Arbeitsgesellschaft. Zusätzlich bekommt das Verständnis von beruflicher Qualifikation eine besondere Bedeutung. Auch der Einsatz der älteren Mitarbeiter wird aufgrund der demographischen Entwicklung stärker in den Fokus geraten.

Das Unternehmen Festo hat neben dem Kerngeschäft in der industriellen Automatisierung über 40 Jahre erfolgreich den Markt für technische Aus- und Weiterbildungssysteme und für Bildungsdienstleistungen geprägt. Parallel dazu legt Festo immer großen Wert auf eine optimale Betreuung der Mitarbeiter im Bereich Human Resources, denn der bestimmende Erfolgsfaktor ist der Mensch mit seinem Wissen. Dieses Wissen gilt es zu erhalten und zu vermehren.

Festo ist sich seiner Verantwortung bewusst und versteht sich deshalb als Lernunternehmen. Neben dem Bekenntnis zur Ausbildung bietet Festo seinen Mitarbeitern und seinen Kunden Qualifizierung und Beratung über die Festo Didactic, die Festo Academy, das Learning Network und das Festo Lernzentrum Saar an. Im Bereich der Qualifizierung von Arbeitssuchenden kooperiert das Unternehmen mit öffentlichen Bildungsträgern. Herr Dr. Speck hat als Leiter

Geleitwort zur ersten Auflage

Human Resources der Festo AG & Co. KG und als Geschäftsführer der Festo Lernzentrum Saar GmbH diese Aktivitäten innovativ und erfolgreich mitgestaltet.

Ich begrüße es außerordentlich, dass Herr Dr. Speck namhafte Autoren aus Politik, Wissenschaft und Unternehmen für dieses hochaktuelle Thema gewinnen konnte. Dieses Buch leistet einen wichtigen Beitrag bei der Formulierung geeigneter Lösungsansätze zur Bewältigung unserer gesellschaftlichen und personalpolitischen Herausforderungen der Zukunft!

Esslingen, im Mai 2004   Dr. Wilfried Stoll
                                                Aufsichtsratsvorsitzender Festo AG

Vorwort zur dritten Auflage

Die vorliegende dritte Auflage wurde in wichtigen Punkten erweitert, z. B. wurden die Entwicklungen des Web 2.0 aufgenommen (Beitrag Sauter/Bruch, „Kompetenzentwicklung mit Blended Learning") und durch neue Schwerpunkte ergänzt. In den aktuell geführten gesellschaftspolitischen Diskussionen nimmt Employability eine noch stärkere Rolle ein, kristallisiert sich immer mehr als wichtiger, lebensbegleitender Prozess heraus und fordert Arbeitnehmer und Unternehmen gleichermaßen wie Wirtschaft und Gesellschaft.

Internationale Aspekte der „Employability" reflektieren Prof. Dr. Michael von Hauff und Nicola Seitz („Globalisierung der Arbeitsmärkte unter globalen Gesichtspunkten"), und Dr. Christof Eichert („Menschen mit Zuwanderungshintergrund") geht speziell auf das Engagement bei Jugendlichen mit Migrationshintergrund ein.

Die Auswirkungen des „Bologna-Prozesses" werden sich erst in den nächsten Jahren auf dem Bildungs- und Arbeitsmarkt bemerkbar machen. Prof. Dr. Hans Klaus stellt die Veränderungen in seinem Aufsatz „Employability und Studium" dar und Prof. Dr. Christopher Jahns geht als Rektor einer privaten Hochschule auf die Positionierung der Hochschulen in einer veränderten Bildungslandschaft ein (Beitrag zusammen mit Evi Hartmann und Edda Feisel, „Welchen Beitrag private Universitäten zur Förderung der Employability leisten können").

Ich selbst habe mit Rolf C. Zipf einen Überblick zum Thema „Bildungsfinanzierung" geschrieben. Darin ist auch der Ansatz des Festo Bildungsfonds dargestellt. Teilweise spiegeln die neuen Aspekte auch meine persönliche, berufliche Neuorientierung, seit 2007 unter dem Dach einer „Corporate Educational Responsibility" (CER®) wider.

Für die Vorbereitung der dritte Auflage möchte ich mich erneut bei Frau Dipl.-Psych. Janin Ennes und Frau Susanne Kramer und Frau Stefanie Brich vom Gabler Verlag bedanken.

Ein besonderer Dank gilt allen neuen und auch bisherigen Autoren für Ihre Unterstützung und deren Beiträge.

Ludwigsburg / Esslingen /   Dr. Peter Speck
St. Ingbert, im April 2008   Geschäftsführer Festo Lernzentrum Saar GmbH
                                               Verantwortlicher Festo Bildungsfonds

Vorwort zur zweiten Auflage

Die zweite Auflage konnte durch vier weitere Autoren in wesentlichen Punkten erweitert werden. Neben Prof. Dr. Norbert Walter, der bereits in der ersten Auflage mit seinem einleitenden Artikel die demografische Entwicklung und deren Auswirkung auf den Arbeitsmarkt aufzeigt, gibt Prof. Dr. Dieter Lenzen zusätzlich in der zweiten Auflage einen Überblick über das deutsche Bildungssystem und dessen Reformbedarf. Dabei weist er auf bestehende Defizite hin, leitet Sofortmaßnahmen ab und zeigt Möglichkeiten für eine Finanzierung auf.

Prof. Dr. Karl-Friedrich Ackermann ergänzt mit seinem Beitrag Teil II: „Advanced ... on the way". Er beleuchtet ausgehend von einem Überblick über die Thematik „Employability" diesen Aspekt speziell im Hinblick auf die Führungskräfteentwicklung.

Des Weiteren erläutert Thomas Sattelberger die Berufs- und Beschäftigungsfähigkeit vor dem Hintergrund der veränderten Tarif- und Personalpolitik und die daraus resultierenden innovativen Initiativen bei der Continental AG.

Der Teil III: „Experienced ... the way ahead" wird durch Dr. Ulrich Spießhofers Artikel erweitert. Er strukturiert das Themenfeld aus Sicht einer international tätigen Business Consultant Firma und stellt die unterschiedlichen Anforderungen, die an erfahrene, ältere Mitarbeiter in einem klassischen Industrieumfeld gestellt werden, dagegen.

Die Tatsache, dass innerhalb eines Jahres die erste Auflage bereits vergriffen ist, bestätigt den Herausgeber in seinen Aussagen zur Bedeutung von „Employability" als aktuelle Herausforderung für Mitarbeiter, Führungskräfte, Unternehmen, Politik und Gesellschaft. Die bisherigen Rückkoppelungen waren durchwegs positiv. Für die Vorbereitung der zweiten Auflage möchte ich mich bei Frau Dipl.-Psych. Janin Ennes und Frau Susanne Kramer vom Gabler Verlag sehr herzlich bedanken. Ein Dank gilt allen neuen Autoren für ihre Unterstützung und deren Beiträge.

Ludwigsburg/Esslingen/
St. Ingbert im August 2005

Dr. Peter Speck
Leiter Human Resources Festo AG & Co. KG,
Leiter Human Resources Festo Gruppe,
Geschäftsführer Festo Lernzentrum Saar GmbH

Vorwort zur ersten Auflage

Seit einigen Jahren macht der Begriff der „Employability" internationale Karriere. In Fachbüchern, Personalentwicklungsprogrammen oder Positionspapieren nationaler und internationaler Organisationen taucht er immer häufiger auf, wenn es um die Problematisierung der gegenwärtigen und der künftigen Arbeitswelt geht. Nach Ansicht vieler Wissenschaftler, Politiker und Experten aus der Unternehmenspraxis ist die „Beschäftigungsfähigkeit" – so lautet das neue „Zauberwort" in etwas holprigem Deutsch – die richtige Antwort auf die komplexen Fragen, die die hohen Arbeitslosenzahlen von heute sowie die ökonomischen und technologischen Herausforderungen von morgen aufwerfen. Nicht alle Experten teilen diese Ansicht. Manche halten auch die Employability für einen kurzlebigen Modetrend, der, wie so manche Strategie- und Managementerfindung der letzten Dekaden, recht bald im Mülleimer der Volks- und Betriebswirtschaft verschwinden wird. Ist Employability also eine neue Modetorheit – oder beschreibt sie nicht doch einen Ansatz für ein nachhaltig wirksames Konzept, mit dem eine neue Ära in der Arbeitswelt beginnt?

Wirtschaft und Gesellschaft befinden sich zu Beginn des 21. Jahrhunderts in einem fundamentalen Wandel. Die Globalisierung der Märkte und die mit der digitalen Revolution verbundenen technologischen Fortschritte leiteten schon vor mehr als zwanzig Jahren den Übergang vom industriellen Zeitalter zur Wissensgesellschaft ein. Das „Magische Viereck", dessen Eckpunkte (stetiges, angemessenes Wirtschaftswachstum, außenwirtschaftliches Gleichgewicht, stabiles Preisniveau und hoher Beschäftigungsstand) einst als politische Zielvorgaben für Wachstum und Stabilität formuliert wurden, hat seine Magie inzwischen verloren. Denn offensichtlich funktionieren und interagieren die ökonomischen Kräfte auf den Märkten des 21. Jahrhunderts ganz anders als früher. Spätestens seit den neunziger Jahren mit dem (ersten) Höhenflug einer New Economy, internationalen Fusionswellen und umfangreichen Restrukturierungsmaßnahmen in der weltweiten Unternehmenslandschaft ist es auch für die internationale Öffentlichkeit mehr als deutlich geworden, dass die Wirtschaftswelt von heute mit ihren Vorgängern aus dem 19. und 20. Jahrhundert nicht mehr sehr viel gemeinsam hat.

Von der Stahlschmiede eines Friedrich Krupp zur Softwareschmiede eines Bill Gates ist ein weiter Weg zurückgelegt worden. An die Stelle der personalintensiven Produktion schwerindustrieller Güter ist die auf hochspezialisiertem Fachwissen beruhende Verbreitung von Informationstechnologien getreten. Dieser Wandel von der vergangenen Industrie- über die gegenwärtige Dienstleistungs- in eine künftige Wissensgesellschaft verläuft vor dem Hintergrund einer dramatisch beschleunigten Globalisierung von Produktion, Dienstleistung und Kapital. Das bedeutet, dass alle Unternehmen künftig jederzeit und überall in eine verstärkte Konkurrenz treten werden, d. h. eine Expansion des Wettbewerbs entsteht, die die Unternehmen zur Optimierung der Kostenstruktur zwingt. Diese Globalisierung bedeutet deswegen auch, dass Kundenwünschen noch flexibler begegnet werden muss und technologische Herausforderungen noch rascher als bisher angenommen werden müssen. Mobilität, Innovationspotenzial, Veränderungsbereitschaft und Flexibilität werden zu den zentralen Voraussetzungen für den Erfolg, ja für die Überlebensfähigkeit von Unternehmen einerseits sowie deren Belegschaften andererseits in den kommenden Jahren und Jahrzehnten.

Vorwort zur ersten Auflage

Die veränderte Situation in der globalen Ökonomie spiegelt sich bereits seit geraumer Zeit in einer tief greifenden Reorganisation und Restrukturierung vor allem internationaler Unternehmen wider. Nach außen hin wurde das sehr deutlich sichtbar in den zahlreichen Mergers & Acquisitions, mit denen sich Firmen und Unternehmen in einem zur „economy of scale" hochstilisierten Wettbewerb neu positioniert haben. Viel grundlegender und nachhaltiger sind jedoch diejenigen Veränderungsprozesse zu bewerten, die im Inneren von Institutionen und Organisationen in vollem Gange sind. Sowohl in operativer als auch in funktionaler Hinsicht entstehen hier völlig neue Unternehmen.

Zum einen sind es die zukunftsträchtigen Produkte, Dienstleistungen sowie die veränderten Produktionsformen, die gleichsam „von Natur aus" neue Organisationsstrukturen generieren. Dazu gehört zum Beispiel die aus Effizienz- und Rationalitätsgründen gehorchende Trennung von Steuerungs- und Produktionseinheiten, die erst durch die raum- und zeitüberwindenden Informations- und Kommunikationstechnologien möglich wurde. Dazu gehört umgekehrt auch die komplexe und hochtechnologische Eigenschaft der Ware „Information", die ein Arbeiten in kompetenten und spezialisierten Netzwerken unabdingbar macht.

Eng verknüpft mit solchen internen Bedingungen ist ein deutlicher Wandel der Unternehmensstruktur in Richtung auf flexiblere Strategien und Arbeitsabläufe feststellbar. Hierarchische Organisationen mit sukzessiver Linienverantwortung machen dem Teamwork mit flachen Hierarchien Platz; die Arbeit in formalen Abteilungen weicht der projektgebundenen und prozessorientierten Organisation. Entscheidungskompetenzen werden auf dezentrale Ebenen verlagert, Arbeiten jenseits der Kernkompetenz des Unternehmens werden oft outgesourct. Dergestalt sind, wie bereits von mehreren Seiten festgestellt wurde, nicht nur die Global Player auf dem Weg zum „fluiden Unternehmen" (Sattelberger), sondern sie entwickeln sich sogar zu weltweiten Unternehmensnetzwerken mit offenen Grenzen.

Die dargelegten Veränderungsprozesse hatten und haben gravierende Auswirkungen auf den bestehenden Arbeitsmarkt – wie umgekehrt die künftige Entwicklung des Arbeitsmarktes maßgeblich auf die Entfaltungsmöglichkeiten der Unternehmen rückwirken wird. Die Differenzierung des Arbeitsmarktes mit unterschiedlichsten Aspekten und Teilgruppen lassen die Komplexität nur erahnen.

Nichts belegt den globalen Wandel der Wirtschaft eindringlicher als die hohen Arbeitslosenquoten, mit denen gerade die Kernstaaten der ehemaligen Hochindustrialisierung heute zu kämpfen haben. Die Verlagerung von Produktionsstätten in Länder mit niedrigeren Lohn-(neben)kosten sind nur die eine Seite dieser Medaille. Auf der anderen Seite zeigt unser derzeit größtes sozialstaatliches Problem auch den Mangel an Arbeitskräften, die einem aktuell geforderten Anforderungsprofil entsprechen. Hoch qualifizierte, flexible und möglichst selbständige „Netzwerker" werden in Deutschland und Europa derzeit und wohl auch in naher Zukunft oft vergebens gesucht. Gleichzeitig muss im gleichen Raum eine demographische Entwicklung konstatiert werden, die den dargelegten Trend sogar noch verschärfen wird. Die Überalterung der (deutschen) Gesellschaft durch steigende Lebenserwartung bei ebenso drastisch zurückgehenden Geburtenraten ist nicht nur ein massives Problem für die Renten- und Versicherungskassen. In nur wenigen Jahren wird sie auch zu einem schwer überwindbaren Engpass bei der Versorgung des Arbeitsmarktes mit qualifizierten Mitarbeitern sowie mit gut ausgebildetem Nachwuchs. Deshalb ist der Herausgeber davon überzeugt, dass Employability kein aktueller Modetrend ist, sondern wirklich ein Ansatz für ein wirksames Konzept.

Vorwort zur ersten Auflage

Die rasche Alterung unserer westlichen Gesellschaften sowie deren unmittelbare Auswirkungen auf Erwerbsstruktur und Belegschaftsentwicklung haben mittlerweile auch alle Verantwortlichen in Politik und Wirtschaft alarmiert. Noch ist allerdings nicht in vollem Umfang erkennbar, wie das Phänomen der umgekehrten Alterspyramide ökonomisch und sozial in den Griff zu bekommen ist. Angesichts der überragenden Bedeutung dieses Problems ist die Auseinandersetzung mit der demographischen Entwicklung auch in diesem Buch ein ganz zentraler Aspekt, der sich geradezu als roter Faden durch viele Beiträge zieht. Für Deutschland skizziert Prof. Dr. Norbert Walter den makroökonomischen Rahmen. Er sieht als Folgen der Überalterung schwer wiegende sozio-ökonomische Veränderungen, die von den elementaren (und bereits allgemein deutlich spürbaren) Defiziten im Renten- und Gesundheitssystem über das Schrumpfen von Innovativkraft und Nachfrage bis zum Niedergang von Produktivität und Kapitalmärkten reichen. Um dem entgegenzuwirken, empfiehlt Walter ein ganzes Bündel von ‚politischen' Maßnahmen, das eine Erhöhung der Erwerbsquote der (älteren) Bundesbürger ebenso vorsieht wie die Heraufsetzung des Renteneintrittsalters sowie der jährlich zu leistenden Arbeitsstunden und eine spürbare Erleichterung der Einwanderung.

Es gibt Stimmen, die angesichts der aktuellen Entwicklung einen anderen Ton anschlagen, die glauben, dass sich zumindest das Problem des Arbeitsmarktes gewissermaßen von selbst lösen wird. Das „Ende der Arbeit" (Rifkin) in einer dem Rationalisierungsgott geweihten, menschenleeren Fabrik ist eine leicht zynische Vision, mit der sich ein Buch über „Employability" ganz rasch beenden ließe. Die realen Entwicklungen der jüngsten Vergangenheit weisen jedoch in eine andere Richtung. Ohne kompetente, motivierte Mitarbeiter wird es auch in Zukunft in keiner Unternehmensform irgendeinen nachhaltigen unternehmerischen Erfolg geben. Ganz im Gegenteil: in einer wissensbasierten Dienstleistungsgesellschaft wird es mehr denn je auf die Human-Ressourcen ankommen, auf das weltweit reproduzierbare Wissenskapital, von dem nur das Land profitieren kann, das eine aktive Arbeitsmarktpolitik betreibt, bzw. die Unternehmen, die ein innovatives Human Resource Management betreiben. Diese Behauptung wird von konkreten Zahlen gestützt. In den vergangenen Jahren sind die Investitionen für das Humankapital im Verhältnis zu denen für Maschinen und Automatisierungsprozesse deutlich gestiegen – und sie werden nach allem, was verlautbart wird, weiterhin steigen. Provokant formuliert bedeutet dies: ein Unternehmen, das sich in Zukunft nicht proaktiv darum kümmern wird, innovative Belegschaftsstrukturen aufzubauen, wird im internationalen Wettbewerb chancenlos bleiben. Damit wird auch seine nachhaltige Existenz gefährdet.

Es ist inzwischen deutlich geworden, dass die Zukunft der Arbeit von vielen Akteuren auf unterschiedlichen Ebenen abhängt. Individuen und Organisationen, Unternehmen und Verbände, Staat und Gesellschaft werden in teils spezifischen, teils interdependenten Formen das Bild der neuen Arbeitswelt prägen. Arbeitnehmerinnen und -nehmer werden sich mit neuen Erwerbsbiografien auseinandersetzen müssen. Diese sehen die Notwendigkeit für eine qualifizierte Ausbildung und das lebenslange Lernen ebenso vor wie die Bereitschaft, die eigene Karriere an wechselnden Beschäftigungsverhältnissen und möglicherweise auch in unterschiedlichen Jobs mit jeweils spezifischen Ausbildungen zu realisieren. Unternehmen werden viel stärker als bisher darauf angewiesen sein, den Mensch mit seinen vielfältigen Ressourcen und Potenzialen in den Mittelpunkt ihrer Unternehmensstrategien zu stellen. Ein wertorientiertes Management des intellektuellen Kapitals ist daher ebenso unumgänglich wie die Bereitstellung eines facettenreichen und innovativen Programms zur permanenten (geistigen wie finanziellen) Förderung der Mitarbeiter.

Schließlich muss auch der Staat und seine Institutionen dafür sorgen, dass eine flexible, mobile und innovationsträchtige Arbeitswelt Gestalt annehmen kann. Auf dieser Ebene könnten zum Beispiel Aus- und Weiterbildungsprogramme neu konfiguriert oder flexiblere Arbeitszeiten, eine längere Lebensarbeitszeit und ein gleitender Übergang in den Ruhestand neu überdacht werden. Einige Beiträge in diesem Buch dokumentieren, dass staatliche Akteure diesen Vorgaben entsprechend darum bemüht sind, die richtigen Rahmenbedingungen für die Zukunft zu schaffen. So hält der saarländische Wirtschaftsminister Dr. Hanspeter Georgi in seinen Ausführungen über Bildung als Standortfaktor ein energisches Plädoyer für die Förderung von Leistungseliten. Um die Konkurrenzfähigkeit in einer künftigen Arbeitswelt mit hoher Flexibilität zu garantieren, setzt er sich deswegen unter anderem für Eigenverantwortung und Benchmarks von Bildungseinrichtungen, die Erhöhung des Akademikeranteils und die Stärkung der naturwissenschaftlichen Ausbildung und Lehre ein. Innovative Impulse sollen nach dem Willen institutioneller Träger bald aber auch auf der anderen Seite der Arbeitsgesellschaft wirken. Eva Strobel und Susanne Summa beschreiben in ihrem Artikel die Maßnahmen und Ziele, die aus der Sicht des Arbeitsamtes zur nachhaltigen Senkung vor allem von Jugend- und Langzeitarbeitslosigkeit anvisiert werden. Die Forcierung der betrieblichen- sowie die Stärkung der Verbundausbildung, eine Erhöhung der Frauenerwerbsquote sowie der „AB"-Maßnahmen, die eine rasche Eingliederung in den ersten Arbeitsmarkt ermöglichen, erfolgsorientierte Weiterbildung und Stärkung des Niedriglohnsektors: All dies umreißt ein Beschäftigungsprogramm, das zu einer optimierten Arbeitsmarktpolitik mit einer stärker marktorientierten Regulierung von Angebot und Nachfrage führen soll.

Vieles von dem, was in den vorangegangenen Passagen an Bedingungen und Perspektiven skizziert wurde, lässt sich als Ansatz zu einem Konzept der „Employability" schlüssig zusammenfassen. Die in den letzten Jahren herangewachsene „Beschäftigungsfähigkeit" bietet in vielen Einzelheiten ein flexibles und ausbaufähiges Programm, mit denen den Herausforderungen der neuen Wirtschaftswelt auf den Ebenen von Personalstrategie, Personalpolitik und Arbeitsmarkt begegnet werden kann. Die Erfahrungen, die der Herausgeber aus rund zwanzigjähriger Linienverantwortung im Personalwesen und mehr als zehnjähriger Leitung der Festo Lernzentrum Saar GmbH geschöpft hat, bestärken ihn zusätzlich in der Überzeugung, dass Employability das Thema für Beschäftigte und Unternehmen in der Zukunft schlechthin darstellt.

Diese Überzeugung hat sich mittlerweile auch in der wissenschaftlichen Publizistik, unter Arbeitsmarktexperten wie auch unter Vertretern aus der betrieblichen Praxis weitgehend durchgesetzt. Allerdings muss dabei konstatiert werden, dass die Unternehmensrealität noch weit hinter der ökonomischen Theorie zurücksteht und in Deutschland sowie Europa insgesamt ein großer Rückstand im Vergleich mit der anglo-amerikanischen Wirtschaftswelt existiert.

Immerhin sind in den vergangenen Jahren auch hier zu Lande einige Fortschritte in Theorie und Praxis erzielt worden. Einem zunehmenden Interesse und intensiven Diskussionen unter Ökonomen und Praktikern ist es zu verdanken, dass Aus- und Weiterbildung sowie Personal- und Organisationsentwicklung überhaupt zu einem wichtigen Thema in vielen Unternehmen und Institutionen geworden ist. Noch vor einiger Zeit war das ganz anders, als selbst in den Vereinigten Staaten nur die wenigsten Firmen Personalentwicklung als Bestandteil ihrer strategischen

Vorwort zur ersten Auflage

Unternehmensplanung verankert hatten. Inzwischen ist auch in zahlreichen (größeren) deutschen Firmen Human Resource Development zu einer Führungsaufgabe herangereift. Nach einer Umfrage von Vanessa Flenner und Peter Mühlmeyer von der Fachhochschule Worms aus dem Jahr 2002 verfügen immerhin 40% der Unternehmen über ein integriertes Personalentwicklungskonzept, weitere 40% befinden sich diesbezüglich in der Planungsphase, und nur 20% haben dieses Problem noch nicht in Angriff genommen. Über die früher übliche betriebliche Aus- und Weiterbildung hinaus sind somit Personalentwicklungsprogramme mit wachsendem Erfolg implementiert und unterschiedliche Instrumente der Personalentwicklung in der Unternehmenspraxis getestet worden.

Weiter als diese betriebliche Realität ist, wie bereits erwähnt, die wissenschaftliche Diskussion zum Thema Personalentwicklung gediehen. In ihr hat in den vergangenen zwanzig Jahren das Konzept eines systematisch und strategisch durchgeführten Personalmanagements nach und nach Kontur und mittlerweile auch Format gewonnen. Das Thema Employability, das auch in diesem Buch unter verschiedenen Aspekten und Perspektiven erörtert wird, setzt diese Auseinandersetzung fort, die in Literatur, Fachzeitschriften und in der (tages-)aktuellen Presse stattfindet. Obwohl viele Dinge auf dem Weg zur Employability nur auf dem Papier stehen blieben, war diese Debatte niemals eine realitätsferne Theoriediskussion. Das zeigt sich schon daran, dass sich an ihr nicht nur wissenschaftlich geschulte Ökonomen aus Universitäten und Fachhochschulen beteiligten, sondern auch Arbeitsmarktexperten, Fachpolitiker, Berater und vor allem renommierte Personalentwickler von Anfang an federführend waren.

So war bereits die erste größere deutschsprachige Bestandsaufnahme, die von Thomas Sattelberger 1989 herausgegebene „Innovative Personalentwicklung" das Produkt der langjährigen Erfahrung von drei Autoren, die als Verantwortliche bzw. Berater im – wie es früher allgemein hieß – betrieblichen Bildungswesen ihre Wurzeln hatten. Die Aufsätze über „Grundlagen, Konzepte und Erfahrungen" waren vor allem ein Plädoyer für die damals erst in den Anfängen steckende Implementierung einer strategieorientierten Personalentwicklung und eine unmittelbare Verknüpfung der (betrieblichen) Personalarbeit mit den Unternehmenszielen und -zwecken. Gleichzeitig wurden durch die Einbettung der Personalentwicklung in eine umfassende Kulturarbeit sowie durch den Brückenschlag zwischen Personal- und Organisationsentwicklung ein Leben und Lernen in Kontexten und Netzwerken propagiert, das auch heute noch zu den maßgeblichen Determinanten innovativer Personalpolitik gehört.

Vor dem Hintergrund der eingangs beschriebenen Restrukturierungsmaßnahmen in internationalen Unternehmen wurde 1999 die Neupositionierung des Human Resource Managements exklusiv aus der Perspektive der Personalarbeit beleuchtet. Auf drei Ebenen wurde in dem von Sattelberger herausgegebenen Sammelband „Wissenskapitalisten oder Söldner?" die Entstehung neuer Mitarbeiterstrukturen, die Entwicklung nachhaltiger Personalentwicklungsinstrumente oder die Verifizierung zukunftsträchtiger Kompetenzmuster diskutiert. So erschien die Personalarbeit einmal in ihrer administrativen Rolle zur Regelung des Alltagsgeschäfts, zum anderen als professioneller Coach für Leistung und Laufbahn der Mitarbeiter und schließlich auch als Change-Agent im Rahmen der gesamten Unternehmensentwicklung.

Im Gegensatz zu dieser multiperspektivischen Sicht auf die Probleme der Personalentwicklung hat sich das 1997 von Friedrich Kayser und Heinz Uepping herausgegebene Buch „Kompetenz der Erfahrung" ganz einem zentralen Thema des modernen Human Resource Management gewidmet. Angesichts der bereits thematisierten demographischen Entwicklung ist die Diskussion der Frage, wie die kommende Alterspyramide möglichst innovativ gemanagt werden kann ebenso brandaktuell wie die Erörterung der Möglichkeiten, die sich durch eine effektivere Umsetzung des Wissenskapitals erfahrener Mitarbeiter in vorausschauenden Unternehmen ergeben.

Die demographischen Veränderungen bergen nicht nur die Gefahr einer raschen Alterung der Belegschaften in den kommenden Jahren. Generell werden sich alle Unternehmen in der nahen Zukunft angesichts des sozio-ökonomischen Wandels mit dem Problem konfrontiert sehen, die ‚richtige' Mitarbeiterstruktur auf Dauer erhalten zu können. Der Schweizer Consultant Jean Marcel Kobi empfiehlt daher in einer 1999 erschienenen Publikation, das betriebliche Risikomanagement auf das Human Resource Management auszudehnen. Um einen Engpass bei den Leistungsträgern zu vermeiden, die Abwanderung wichtiger Köpfe zu verhindern, Anpassungsschwierigkeiten auf Grund mangelnder Qualifikationen zu minimieren und die Motivation der Mitarbeiter nachhaltig zu steigern, plädiert Kobi für ein integriertes „Personalrisikomanagement" als „Strategie zur Steigerung des People Value". Kobis innovatives Modell wird auch in diesem Sammelband diskutiert. Prof. Dr. Silke Wickel-Kirsch und Dr. Nikolaus Mauerer thematisieren das Personalrisikomanagement als wichtigen Baustein zum Erhalt der Employability älterer Arbeitnehmer. Am Beispiel einer deutschen Universalbank zeigen sie Möglichkeiten auf, wie durch altersspezifische Integrations-, Qualifizierungs- und Arbeitsgestaltungsmaßnahmen Engpass-, Austritts- oder Motivationsrisiken entgegen getreten werden kann. Der Einsatz erfahrener Mitarbeiter wird auch in den Artikeln von Klaus-Michael Baldin, Prof. Dr. Dieter Wagner/Alexander Böhne und Prof. Dr. Ekkehart Frieling/Thomas Fölsch/Ellen Schäfer dargestellt.

Einen umfangreichen Überblick über internationale Forschungen und Konzepte leistete die 1999 am Institut für Politikwissenschaft der Universität Tübingen entstandene Studie „Employability als Herausforderung für Politik, Wirtschaft und Individuum". Aus der Makroperspektive analysieren die Autoren (Susanne Blancke, Christian Roth und Josef Schmid) Employability-Strategien von EU und OECD vor dem Hintergrund neuer Produktionstechniken, gewandelter Unternehmensstrukturen und dramatisch veränderter Marktlagen. Mit dem eindeutigen Fokus auf dem Arbeitsmarkt und dem Erwerbsleben (und einem Schwerpunkt Reintegration von Arbeitslosen) wird „Employability" hier vornehmlich als gesamtgesellschaftliches Phänomen und staatliche Aufgabe diskutiert. Über die theoretischen, konzeptionellen wie definitorischen Erörterungen hinaus bringen Blancke u. a. auch Einblicke in die politische und betriebliche Praxis, in der erste Ansätze zur Umsetzung von Employability im wirtschaftlich prosperierenden Baden-Württemberg bereits geleistet wurden. Die Tübinger Untersuchung kommt zu dem Ergebnis, dass Employability zwar nicht den einzig möglichen „Königsweg" in die Zukunft der Arbeit darstellt, wohl aber eines der bedeutendsten Instrumente innovativer Arbeitsmarktpolitik werden könnte.

Unter ganz anderen Prämissen hat der bekannte Münchener Soziologe Ulrich Beck zur Jahrtausendwende seinen Ausblick auf die „Schöne neue Arbeitswelt" vorgelegt. Beck sieht im Ende von alter Erwerbsarbeit und bisheriger Arbeitsgesellschaft die Symptome eines fundamentalen Wandels, der sich auf individueller wie auf gesamtökonomischer Ebene vollzieht. Seine These von der politischen Bürgergesellschaft, die die Arbeitsgesellschaft künftig ersetzen wird, ist zwar umstritten geblieben, aber für eine Auseinandersetzung mit dem Konzept der Employability ist seine Studie jedoch deshalb von Gewicht, weil hier ein prominenter Sozial-

Vorwort zur ersten Auflage

wissenschaftler die notwendigen Reaktionen von Politik und Wirtschaft auf den Wandel von sozialen und ökonomischen Bedingungen nachdrücklich postuliert. Im Licht von Becks Theorien ist vielmehr auch „Employability" als gleichsam logische (arbeitsmarktspezifische) Fortentwicklung eines historisch-kulturellen Wandlungsprozesses zu begreifen, der mit der allgemeinen Entfaltung eigenverantwortlicher, individueller Lebensführung bereits vor einigen Jahrzehnten begann.

Heinz Uepping und Roman Lombriser haben sich intensiv mit dem Thema „Employability statt Jobsicherheit" auseinander gesetzt. Damit wurde nach der Tübinger Universitätsstudie nicht nur erstmals im deutschsprachigen Raum die neueste Richtung des Human Resource Management unmittelbar im Titel einer bedeutenderen Publikation gewürdigt. Vielmehr wurde durch diese Titelwahl auch der vielleicht zentrale Aspekt von Employability, der „new social contract" zwischen Mitarbeitern und Unternehmen der Zukunft, in den Mittelpunkt der Betrachtungen gestellt. „Employability statt Jobsicherheit" setzt sich ausführlich mit den wirtschaftlichen Wandlungsprozessen der jüngeren Vergangenheit auseinander, entwickelt daraus die Perspektiven für die künftige Personalarbeit und gibt schließlich einige Praxis-Beispiele aus dem zeitgenössischen Alltag größerer Unternehmen, wo „Employability" bereits zur betrieblichen Realität geworden ist. Im Gegensatz zu diesem übergreifenden Entwurf beschäftigt sich Ueppings Beitrag in diesem Buch speziell mit der Sicherung des impliziten Wissens, des Erfahrungswissens älterer Mitarbeiter als bedeutende Ressource für die Unternehmens- und Belegschaftsentwicklung. Der Autor plädiert darin für demographisches Monitoring und intergenerationelle Tandem-Lösungen; er sieht ein integratives Generationenmodell und hohe wirtschaftliche Dynamik in einem unmittelbaren Zusammenhang.

In der Reihe der Autoren, die sich hier zu Lande mit Publikationen zu Personalmanagement und Organisationsentwicklung einen Namen gemacht haben, sei auf Prof. Dr. Christian Scholz verwiesen. Auch Scholz hat sich bereits im Vorfeld seines 1995 gemeinsam mit Maryam Djarrazadeh herausgegebenen Buches immer wieder nachdrücklich für die Implementierung eines „Strategischen Personalmanagements" und die Entwicklung einer „systematischen Basis für ein erfolgreiches Human Resource Management" ausgesprochen. Allerdings betrachtet Scholz die allseitigen Bekenntnisse zur Mitarbeiterorientierung moderner Unternehmenspolitik sowie die bisweilen euphorisch vorgestellten Instrumente und Potenziale der Personalentwicklung wesentlich kritischer als viele seiner Kollegen. Scholz' 'kritischer Realismus' mündet in der jüngst erschienenen Publikation „Spieler ohne Stammplatzgarantie" mit der Vorstellung des Modells vom „Darwiportunismus" als Motor in der neuen Arbeitswelt. Scholz sieht den Erfolg künftiger Personalpolitik in einem produktiven Wechselspiel zwischen darwinistisch operierenden Unternehmen und opportunistisch (im Sinne einer positiv wirksamen Triebfeder, wie sie zum Beispiel bereits der marktwirtschaftliche Gründungsvater Adam Smith im „Eigennutz" am Werk sah) agierenden Mitarbeitern. Scholz' spannende und manchmal unbequeme Einsichten sind in kondensierter Form auch in seinem Beitrag nachzulesen.

Das Buch zur „Employability" beleuchtet das Thema eingehend aus der umfassenden Perspektive des Komplexes „Personal". Die damit in Verbindung stehenden Fragen, Probleme und Entwicklungsmöglichkeiten werden – soweit sie für die Gesamtsicht der Personalleitung relevant sind – in einer großen thematischen Breite diskutiert.

Vorwort zur ersten Auflage

Ein Generalthema ist dabei ohne Zweifel der fundamentale Wandel der Belegschaftsstrukturen. Schon heute ist der Weg von der starren Angestelltenpyramide hin zu einer flexiblen, konkurrenzfähigen und zum Jobwechsel bereiten Mitarbeiterschaft, die aus internen und externen Unternehmern in eigener Sache besteht, deutlich erkennbar. Aus der Sicht eines 'Personalmanagers' stellt sich vor diesem Hintergrund die wichtige Frage, welche Ressourcen und Instrumente für das berufliche 'Fitnesstraining' der projektorientierten Mitarbeiter von morgen zur Verfügung gestellt werden können. Eine Möglichkeit präsentiert Dr. Frank Zils in seinem Beitrag am Beispiel des von der „Saarbrücker Zeitung" initiierten Entwicklungsprogramms „T.E.A.M. Media". Das in Modulen ausdifferenzierte Programm leistet nicht nur einen Beitrag zur Erhöhung der Schlüsselqualifikationen der Mitarbeiter, sondern steigert auch die Effizienz der Teamarbeit und verknüpft Personal- mit Organisationsentwicklung in fruchtbarer Weise. Zukunftsweisend sind im Rahmen der Förderung von Beschäftigungsfähigkeit auch Innovationen der betrieblichen Bildung, wie es z. B. das von Eva-Maria Bruch und Prof. Dr. Werner Sauter vorgestellte „Blended Learning" – eine Mischung aus klassischen Lernformen, Workshops, Fernlernen und E-Learning – darstellt. Blended Learning verknüpft individuelle Lerneinheiten mit dem Lernen in Gruppen und erhöht durch seine Handlungs- und Prozessorientierung die Kompetenz zur Lösung von Problemen im Arbeitsleben.

Ein bedeutender Markstein der strategischen Personalarbeit in künftigen Joblandschaften ist das Problem der Nachwuchsrekrutierung und der Nachwuchssicherung. Wie die Praxisbeispiele des baden-württembergischen Energieunternehmens EnBW sowie der Karlsberg-Brauerei und der Bosch-Werke in Homburg zeigen, sind einige Unternehmen hier bereits auf einem sehr guten Weg. Die Beiträge von Dr. Daniela Eisele / Jürgen Hurst, Dr. Ulrich Kirschner / Timm Stegentritt und Dr. Richard Weber / Dieter Thiele belegen, wie man mit unterschiedlichen Methoden ähnliche Ziele in der Nachwuchs‚politik' erfolgreich realisieren kann. Eine frühzeitige und präzise Auswahl der passenden Mitarbeiter, eine unternehmensspezifische und praxisnahe Ausbildung, die Forcierung von Förderprogrammen oder die (emotionale) Bindung des Nachwuchses durch die Schaffung von attraktiven Rahmenbedingungen – etwa durch die Möglichkeiten verantwortlicher Mitgestaltung oder ein modernes Cafeteria-orientiertes, leistungs- statt statusorientiertes Vergütungssystem: all dies erhöht die Wahrscheinlichkeit ungemein, dass das Verhältnis zwischen Unternehmen und (jungen) Mitarbeitern von Anfang an zu einer win-win-Situation werden kann. Die Thematik der Nachwuchskräfte wird ebenfalls von den Autoren Dr. Walter Koch, Dr. Walter Jochmann, Prof. Dr. Werner Rössle sowie Stefan Dietl/Ulrich Höschle beleuchtet.

Wie grundlegend sich Employability von älteren Ansätzen unterscheidet, zeigt sich besonders eindrücklich bei Arbeitsplatzfragen und Beschäftigungsvorstellungen. War (häufiger) Arbeitsplatzwechsel früher geradezu ein Stigma für den betroffenen Mitarbeiter, so ist die Fluktuation inzwischen zu einem Ausdruck für ein innovatives Verständnis von Beschäftigungsfähigkeit geworden. Angesichts der Herausforderungen eines globalen und flexiblen Arbeitsmarktes werden Jobbörse und Jobrotation zu unverzichtbaren Instrumenten effizienten Human Resource Managements. In gewisser Hinsicht konstituiert sich unter solchen Bedingungen überhaupt erst ein Arbeitsmarkt mit realem Angebot und Nachfrage sowie der Möglichkeit zur Steigerung des (persönlichen) Marktwertes. Ein auf den globalen Markt ausgedehntes und funktionsfähiges System der Jobrotation, in dem das Unternehmen zum Auftraggeber und Kunden, der Mitarbeiter zum Unternehmer und Vermarkter der eigenen Arbeit gereift ist, ist von der Realität noch weit entfernt. Wie dieses System einmal im Idealfall funktionieren könnte, beschreibt in diesem Buch Jürgen Fuchs mit seinen Ausführungen zum Know-how-Unternehmen in der Wissensgesellschaft von morgen.

Es sei an dieser Stelle ebenfalls auf die Artikel von Dr. Franz Bailom/Prof. Dr. Hans Hinterhuber/Dieter Tschemernjak, Dr. Joachim Niemeier, Dr. Daniel Wiesner, Ian Walsh sowie Janin Ennes/Dr. Thomas Zwick/Christoph Rappe verwiesen. In unterschiedlichen Perspektiven werden die Rahmenbedingungen sowie die facettenreichen Möglichkeiten der Employability in Erweiterung und Abgrenzung zu anderen Formen des Personalmanagements präsentiert. Grundlegend für die Struktur des Buches sind die Erfahrungen und Erkenntnisse vom Herausgeber und den Autoren, die sich mit den vielfältigen Themen der Personalentwicklung beschäftigt haben. So kommen Personalleiter, Personalentwickler und Ausbilder ebenso zu Wort wie externe Berater. Die Sichtweise des mit der Materie vertrauten Politikers, der Vertreter der Verbände kommt genauso zum Tragen wie die spezifischen Erkenntnisse der Arbeitsmarktexperten und der Wissenschaftler.

Die in der Gliederung des Buches zum Ausdruck kommende konzeptionelle Grundlage ist aus guten Gründen an den drei Zielgruppen der Personalentwicklung orientiert. Im Spannungsfeld von „Beginners" (Auszubildende und berufliche Anfänger), „Advanced" (Führungs-, Fachkräfte und andere Mitarbeiter, die mitten im Berufsleben stehen) und „Experienced" (ältere und erfahrene Mitarbeiter, die bereits das Ende ihrer aktiven Arbeitszeit im Blickfeld haben) findet einerseits ganz konkret die Umsetzung des Employability-Ansatzes in der Unternehmenspraxis statt. Andererseits ist die Einteilung in diese drei Zielgruppen sinnvoll, wenn es um die (theoretische) Reflektion von Instrumenten und Möglichkeiten der Personalentwicklung angesichts künftiger Herausforderungen in Wirtschaft und Gesellschaft geht.

Abschließend seien sechs zentrale Aspekte von „Employability", die dem Herausgeber besonders wichtig erscheinen, nochmals thesenhaft formuliert. Diese Punkte werden in den Beiträgen von allen Autoren in unterschiedlicher Intensität reflektiert und mit unterschiedlichen Ergebnissen interpretiert.

1. Employability als Antwort auf Veränderungen in Wirtschaft, Gesellschaft und Politik

„Employability" ist als Ansatz eines Konzeptes zur Neuordnung von Arbeitswelt und Unternehmenslandschaft in den vergangenen Jahren in Reaktion auf dramatische Veränderungen in Wirtschaft, Gesellschaft und Politik entstanden. Der in der Folge von Globalisierung und Liberalisierung zunehmende Zwang zur Mobilität und Flexibilität findet darin genauso Berücksichtigung wie der den technologischen Herausforderungen geschuldete Innovationsdruck. Auch die durch die demographische Entwicklung der letzten Jahrzehnte entstandene Alterspyramide verlangt nach gezielten Maßnahmen im Sinne einer neuen Beschäftigungsfähigkeit. Aus Personalentwicklungsperspektive bedeutet das z. B. die Notwendigkeit, den „War for Talents" zu gewinnen und das Erfahrungswissen älterer Mitarbeiter produktiv in das eigene Unternehmen zu integrieren.

Vorwort zur ersten Auflage

2. *Neuer sozialer Kontrakt zwischen Unternehmen und Mitarbeiter*

Kerngedanke der Employability ist ein neuer sozialer Kontrakt zwischen Unternehmen und Mitarbeitern. Wurden Loyalität und Commitment der Arbeitnehmer bis dato durch die Zusicherung der lebenslangen Arbeitsplatzsicherheit / Beschäftigung „erkauft", so wird in Zukunft der Erwerb und die Förderung der Beschäftigungsfähigkeit im Mittelpunkt dieses Verhältnisses stehen. Der Mitarbeiter von heute wird morgen zum Unternehmer in eigener Sache. Durch selbstverantwortliche und permanente Erweiterung seines Kompetenzportfolios erhält er sich dauerhaft seine Marktfähigkeit. Umgekehrt werden Unternehmen, um überleben zu können, ständig auf der Suche nach den Mitarbeitern mit der höchsten Employability sein. Dafür wird es auch notwendig sein, die unternehmenseigenen Ressourcen und Möglichkeiten zur Erhaltung der Beschäftigungsfähigkeit der Mitarbeiter zur Verfügung zu stellen.

3. *Neue bzw. veränderte Zielsetzungen und Instrumente im Human Resource Management*

In enger Verknüpfung mit diesem gewandelten Beziehungsgefüge werden Ziele, Instrumente und Maßnahmen der Personalentwicklung neu definiert und zum Teil erheblich erweitert. Stand noch bis vor kurzem die Qualifizierung innerhalb des existierenden Arbeitsplatzes mit den Mitteln der klassischen betrieblichen Aus- und Weiterbildung im Mittelpunkt, so sind bereits heute mit E-Learning und Blended Learning, Virtual Academy und Mentoring neue Methoden, mit Jobbörse und -rotation vor allem aber auch betriebsübergreifende Möglichkeiten erkennbar. Die Personalarbeit wird damit zum „Performance-Coach" einer neuen Arbeiter-Unternehmerschaft, die in wechselnden Beschäftigungsverhältnissen Karriere macht und mit flexiblen, kompetenzorientierten und marktgerechten Anreiz- und Vergütungssystemen entlohnt wird.

4. *Notwendigkeiten von flexibleren Belegschaftsstrukturen*

Im Zuge der Neuorientierung des Arbeitsmarktes werden moderne Unternehmen eine neue, effizientere und flexiblere Belegschaftsstruktur entwickeln. Diese neue Struktur wurde bereits 1993 von Charles Handy beschrieben und ist seit geraumer Zeit in realen Ansätzen tatsächlich erkennbar. Das von Handy prognostizierte, dreiblättrige Kleeblatt besteht zum einen aus einer dauerhaft gebundenen Kernbelegschaft von hoch qualifizierten Managern, Technologieexperten und Facharbeitern, zum anderen aus (ständigen) externen Dienstleistern für Verwaltungs- oder Serviceaufgaben und schließlich aus einer jederzeit verfügbaren Kapazitätsreserve mit Zeit- und Teilzeitarbeitern bzw. Freelancer. Diese drei Formationen fügen sich zu einer elastischen Gesamtorganisation, die auf dem globalen Markt schnell und bedarfsorientiert agieren kann und somit wettbewerbsfähig bleibt.

5. *Bedeutung der Schlüsselqualifikationen/Kernkompetenzen im Sinne ganzheitlicher Personalentwicklung*

Auf Grund der Komplexität der künftigen Arbeitswelt muss erfolgreiche Personalarbeit in der Zukunft weit mehr sein als ein verlängerter Arm von Schule, Berufsakademie, Fachhochschule bzw. Universität. Personalentwicklung ist nicht länger informationslastige Vermittlung von Fachwissen nach dem Gießkannenprinzip. Im Mittelpunkt steht inzwischen die Ausbildung von

Vorwort zur ersten Auflage

Schlüsselqualifikationen oder so genannten Kernkompetenzen. Das bedeutet, dass das fachliche und methodische Know-how ebenso erlernt sein will wie das produktive Einbringen der eigenen Persönlichkeit. Lebenslanges Lernen bedeutet eben auch: Lernen für das Leben. Letzten Endes ist „Employability" also „ganzheitliche" Personalentwicklung. Der Wandel zu einer Arbeitswelt mit ausreichender Beschäftigungsfähigkeit ist insofern nicht ein isoliertes wirtschaftliches, sondern ein gesamtgesellschaftliches, globales Phänomen.

6. *Zukunftssicherung der Unternehmen durch Employability*

Unternehmen sind nur nachhaltig erfolgreich und können nur dann ihre Zukunft sichern, indem sie sich den Herausforderungen der Employability mit allen Aspekten stellen und innovative, unternehmensspezifische Lösungsansätze entwickeln.

Der Herausgeber möchte sich an dieser Stelle für die wegweisende Förderung und die Unterstützung durch die Unternehmerfamilien Stoll bedanken, die sich bereits über mehrere Jahrzehnte auch im Segment der Qualifizierung stark engagieren und entsprechende Mittel zur Verfügung stellen. Das Konzept zu diesem Buch wurde gemeinsam mit Frau Dipl.-Psych. Janin Ennes und Herrn Dr. Alfred Ermers in vielen Diskussionen erarbeitet.

Ein Dank gilt allen Autoren für die Unterstützung durch ihre Beiträge und für die vielen persönlichen Gespräche. Die organisatorische Umsetzung des Buches und die Koordination mit dem Gabler Verlag übernahm Frau Janin Ennes.

Für die Weiterentwicklung und die innerbetriebliche Umsetzung von „Employability"-Ansätzen steht der Herausgeber als Gesprächspartner Interessierten gerne zur Verfügung.

Ludwigsburg / Esslingen / St. Ingbert im Mai 2004	Dr. Peter Speck Leiter Human Resources Festo AG & Co. KG, Leiter Human Resources Festo Gruppe, Geschäftsführer Festo Lernzentrum Saar GmbH

Inhaltsverzeichnis

Erstes Geleitwort zur dritten Auflage V
Zweites Geleitwort zur dritten Auflage VI
Geleitwort zur ersten Auflage VIII
Vorwort zur dritten Auflage X
Vorwort zur zweiten Auflage XI
Vorwort zur ersten Auflage XII

Einleitung

Norbert Walter

1 Deutsche – immer weniger und immer älter: Was ist zu tun? 1

    1.1   Auswirkungen der demografischen Entwicklung auf den Arbeitsmarkt 2
    1.2   Gegensteuern auf dem Arbeitsmarkt durch Maßnahmen in Deutschland 3
    1.3   Migration: Hilfe von Außen 4
    1.4   Ursachen für Migration 4
    1.5   Wirtschaftliche Implikationen: Sektorale Nachfrageverschiebungen 5
    1.6   Chancen der Migration für Deutschland 5
    1.7   Risiken der Migration für Deutschland 6
    1.8   Herausforderungen für Deutschland 6
    1.9   Zukunftsprognosen für Migration in Europa 7

Dieter Lenzen

2 Bildung neu denken! 9
Eine dritte Chance für unser Bildungssystem

    2.1   Herausforderungen: Globalisierung und demographische Entwicklung 10
    2.2   Defizite im deutschen Bildungssystem 11
    2.3   Empfehlungen aus „Bildung neu denken!
          Das Zukunftprojekt" Allgemeine Empfehlungen 12
    2.4   Empfehlungen zum Schulsystem 13
    2.5   Empfehlungen zur Professionalisierung des Lehrpersonals 14
    2.6   Empfehlungen für Aus- und Weiterbildung 14
    2.7   Empfehlungen für den Hochschulbereich 15
    2.8   Defizite in der Bildungsfinanzierung 15
    2.9   Empfehlungen aus „Bildung neu denken! Das Finanzkonzept" 17

Christof Eichert

3 Menschen mit Zuwanderungshintergrund 19
Chancen für den (Bildungs-)Standort Deutschland

3.1	Einleitung	19
3.2	Daten und Fakten	20
3.3	Integration durch Bildung	21
3.4	Zukunftssicherung durch Qualifizierung	23
3.5	Nachholende Integration: Chance statt Problem	24
3.6	Abschied von der homogenen Gesellschaft	25
3.7	Aufstiegswille und Integration	26
3.8	Schule und Wirtschaft – Kooperation statt Konfrontation	27
3.9	Betriebliche Personalentwicklung: Chance für Arbeitnehmer mit Zuwanderungshintergrund	29
3.10	Fazit	30

Michael von Hauff und Nicola Seitz

4 Globalisierung der Arbeitsmärkte 31
Welche Bedeutung hat Employability?

4.1	Einführung	31
4.2	Globalisierung und Beschäftigung	32
4.3	Vergleich der Arbeitsmärkte in ausgewählten Industrieländern ...	36
4.4	Arbeitsmarktpolitische Reformen in der EU	39
4.5	Schlussfolgerungen	40

Teil I: Beginners ... under way 43

Peter Speck und Rolf C. Zipf

5 Private Studienfinanzierungen 45
Neue Chancen für die eigene „Investition in die Zukunft"

5.1	Einleitung	45
5.2	Anforderungen von Studierenden an Studienfinanzierungslösungen	48
5.3	Finanzierungsmodelle	49
5.4	Ziele der Anbieter von Studienkrediten	52
5.5	Corporate Educational Responsibility (CER ®): der Festo Bildungsfonds	55
5.6	Zusammenfassung und Ausblick	60

Ulrich Kirschner und Timm Stegentritt

6 Strategien für die Nachwuchssicherung von Unternehmen 61
Untersuchung am Beispiel der Robert Bosch GmbH, Werk Homburg

6.1	Einleitung	61
6.2	Auswahl der Zielgruppen	62
6.3	Nachwuchs-Zielgruppen und Strategien	62
6.4	Ausblick	69

Walter Jochmann

7 Einsatz von Auswahl-Instrumenten unter dem Aspekt der Employability 71

7.1	Einleitung	71
7.2	Arbeitsmärkte von morgen	71

Stefan F. Dietl und Ulrich Höschle

8 Employability durch Ausbildung 89
Auswirkung, Konsequenz und Konzepte

8.1	Das unternehmerische Umfeld	89
8.2	Konsequenz für die Ausbildung	90
8.3	Konzepte für die Ausbildung	91
8.4	Fazit	100

Werner Rössle

9 Berücksichtigung von Employability im Studium an der Berufsakademie Baden-Württemberg 103
University of cooperative education

9.1	Einleitung	103
9.2	Zur Entstehung der Berufsakademie	103
9.3	Bildungspolitische Begründung der BA und ihre Organisationsstruktur	105
9.4	Entwicklung der Berufsakademie	108
9.5	Der Übergang vom Studium in den Beruf	109
9.6	Verbleib und berufliche Karriere der Absolventen	111
9.7	Berufliche Zufriedenheit und Identität	112
9.8	Didaktische Analyse der Ausbildungsgestaltung an den Lernorten Studienakademie und Ausbildungspartner	113
9.9	Die Berufsakademie — eine duale Hochschule?	114
9.10	Zusammenfassung und Ausblick	115

Walter Koch

10 Ausbildung 117
Die Bedeutung für die Unternehmen und für den regionalen Standort

10.1	Für die Anforderungen von morgen müssen wir heute trainieren	117
10.2	Müssen wir unser Modell der Berufsausbildung über Bord werfen?	118
10.3	Rückgang bei Bewerbern	118
10.4	Blick in die Zahlen	119
10.5	Berufsausbildung als Unternehmensziel	119
10.6	Integration ins Unternehmen	120
10.7	Reine Kostenabwägung?	120
10.8	Segen für die Region	121
10.9	Logische Zusammenhänge	122
10.10	Ausbildungshemmnisse beseitigen	122
10.11	Qualifikation der Schulabgänger verbessern	123
10.12	Was passiert mit denen, die es nicht schaffen?	123
10.13	Leistung fördern	123
10.14	Zum akademischen Nachwuchs	124
10.15	Zukunftsperspektive für die Unternehmen und den Standort Saarland	125
10.16	Investition in die Zukunft	125

Teil II: Advanced ... on the way 127

Christopher Jahns, Evi Hartmann und Edda Feisel

**11 Welchen Beitrag private Universitäten
zur Förderung der Employability leisten können 129**
Untersuchung am Beispiel der European Business School

11.1	Employability als Leitbild für Universitäten	129
11.2	Die European Business School	131
11.3	Akademische Exzellenz als Grundpfeiler	132
11.4	Praxisnähe	133
11.5	Internationalität	134
11.6	Persönlichkeitsentwicklung	135
11.7	Zusammenfassung	136

Hans Klaus

12 Employability und Studium 139

12.1	Employability als Studienziel im Bologna-Prozess	139
12.2	Employability als Studienziel in der Realität: Das Unbestimmtere als Maßstab des Bestimmteren	142
12.3	Bildungselemente im Studium?	144
12.4	Handlungskompetenz im beruflichen Umfeld	145
12.5	Begründung des Studienziels umfassende Handlungskompetenz	148
12.6	Die normative Kompetenz des Mündigen als Studiengegenstand	151
12.7	Zur Aufbereitung der Handlungskompetenz im Studium	152
12.8	Profil des Studiums zwischen „Abrichtung" und Zweckfreiheit	155

Daniel Wiesner

13 Führung von Mitarbeitergesprächen 159
Eine strategische Management-Aufgabe

13.1	Einleitung	159
13.2	Ressource Personal und ihr Wissen	160
13.3	Ziele formulieren und verabschieden	162
13.4	Ergebnisse und Resultate entscheiden	164
13.5	Bedeutung und Größe des Beitrages	166
13.6	Konzentration auf Weniger und Wesentliches	166
13.7	Potenzial- und Stärkennutzung	167
13.8	Vertrauen schenken und nicht missbrauchen	168
13.9	Motivation und Sinngebung	169
13.10	Das jährliche Zielvereinbarungs- und Entwicklungsgespräch	170
13.11	Beurteilung und Feedback	172
13.12	Fazit	173

Richard Weber und Dieter Thiele

14 Auswirkung der Employability auf die Personalpolitik der Unternehmen des Karlsberg Verbundes 175

14.1	Mitarbeiter müssen zu uns passen wie ein Maßanzug	175
14.2	Bindung an das Unternehmen durch Entwicklungsperspektiven und Möglichkeiten der Mitgestaltung	177
14.3	Sinnvermittlung durch „Unser Leitbild"	178
14.4	Personalentwicklung als Erfolgsfaktor	179
14.5	Ziele der Personalentwicklung	179
14.6	Grundsätze der Personalentwicklung als Orientierung	180
14.7	Klare Verantwortlichkeiten in der Personalentwicklung	182
14.8	Employability als Ausdruck der Unternehmenskultur	183

Jürgen Fuchs

15 Führen in Know-how-Unternehmen 185
Wenn die Mitarbeiter ihren Chef bezahlen

- 15.1 Das neue Kapital: Mensch statt Maschine 185
- 15.2 Die neuen Strukturen: Netze statt Pyramiden 186
- 15.3 Die neue Führung: Wert-Schöpfung durch Wert-Schätzung 187
- 15.4 Die neue Karriere: Werde-Gang statt Auf-Stieg 188
- 15.5 Der neue Weg: Marktwirtschaft statt Richtlinien 188
- 15.6 Führen von Führungskräften 189
- 15.7 Führungskräfte haben Kunden: Mitarbeiter, externe Kunden und Shareholder 190
- 15.8 Das Selbstverständnis von Führung bei CSC Ploenzke 190
- 15.9 Das „Strategie- und Feedback-Gespräch" als Instrument zum Führen von Führungskräften 192

Ian Walsh

16 Personalentwicklung unter dem Aspekt der interkulturellen Anforderungen an das Management 197

- 16.1 Die Kosten des interkulturellen Missmanagements 198
- 16.2 Entwicklung interkultureller Managementfähigkeiten 199
- 16.3 Ausblick 208

Frank Zils

17 T.E.A.M. Media 211
Ein Mitarbeiterentwicklungs-Programm als Beitrag zur Employability

- 17.1 Hintergrund 211
- 17.2 Ausgangslage 212
- 17.3 Aufbau des Programms 214
- 17.4 Vermarktung des Programms 220
- 17.5 Transfersicherung 221
- 17.6 Fazit 224

Janin Ennes, Christoph Rappe und Thomas Zwick

18   Entwicklung von Führungskompetenz im gewerblichen Bereich ... 225

    18.1   Ausgangssituation 225
    18.2   Das Konzept 226
    18.3   Evaluation von Weiterbildungsmaßnahmen 230
    18.4   Evaluierung des Personalentwicklungskonzepts 231
    18.5   Anhang 239

Eva-Maria Bruch und Werner Sauter

19   Kompetenzentwicklung mit Blended Learning 247
       New Blended Learning mit Social Software (Web 2.0)

    19.1   New Blended Learning mit Web 2.0 („Social Software") 247
    19.2   Kompetenzentwicklung mit Blended Learning
            (Blended Learning Konzeption) 249
    19.3   Implementierung von Kompetenzentwicklungssystemen mit
            Blended Learning 254
    19.4   Blended-Learning Qualifizierung bei Festo am Beispiel Projektmanagement 255
    19.5   Entwicklung des Blended Learning 260

Joachim Niemeier

20   Balance of Competence 263
       Anforderung an und Entwicklung von IT-Mitarbeitern
       am Beispiel der T-Systems Multimedia Solutions GmbH

    20.1   People Business in einem agilen Marktumfeld 263
    20.2   Unternehmensprofil 264
    20.3   SPEED: Vernetzte Management-Prinzipien 265
    20.4   Das Business-Excellence-Programm 268
    20.5   Anforderungen an die Führungskräfte 270
    20.6   Anforderungen an die Projekt-Mitarbeiter 272
    20.7   Mitarbeiterorientierung 273
    20.8   Steuerung der Rekrutierung und der Karriereentwicklung 275
    20.9   Mitarbeiterorientierte Ergebnisse 277

Thomas Sattelberger

21 Unternehmen als Chancen- und Risikogemeinschaft: Initiativen geteilter Verantwortung 279

21.1 Globales Arbeitskostenmanagement als Fundament betriebswirtschaftlicher Personalpolitik 279
21.2 Mit einer Kombination von Arbeitskostensenkung und innovativer Personalpolitik lässt sich Zukunft gewinnen 282
21.3 Das „Kleeblatt" in der betrieblichen Praxis: Vier Handlungsfelder 284
21.4 Beitrag der Tarifpolitik zu diesen vier Handlungsfeldern 295

Franz Bailom, Hans H. Hinterhuber und Dieter Tschemernjak

22 Leadership 297
Und das Engagement der Mitarbeiter hängt doch von den obersten Führungskräften ab

22.1 Wertentstehung setzt im Kern Innovation und „kreative Zerstörung" voraus 297
22.2 Welche konkreten Verpflichtungen lassen sich daraus für Führungskräfte ableiten? 298
22.3 Das visionäre Zukunftsbild – eine notwendige Bedingung erfolgreicher Führung 299
22.4 Wie gelingt es, die Vision in den Köpfen aller Mitarbeiter zu verankern und sie mit Leben zu erfüllen? 305

Karl-Friedrich Ackermann

23 Führungskräfteentwicklung unter dem Aspekt der „Employability" 309

23.1 „Employability" – neue Zielgröße für Personalmanagement und Personalentwicklung 309
23.2 „Employability"–fördernde Führungskräfteentwicklung bei unterschiedlichen Beschäftigungsformen 314
23.3 Maßnahmen der „Employability"-fördernden Führungskräfteentwicklung 318
23.4 Fazit 324

Christian Scholz

24 Employability bei „fortgeschrittenen" Spielern ohne Stammplatzgarantie 327

24.1 Die Herausforderung: Employability als Konzept ohne Realisierungsanspruch? 327
24.2 Die Ausgangslage: Mitarbeiter als Spieler ohne Stammplatzgarantie! 329
24.3 Die Verdrängung: Warum Employability kein Thema wird! 331
24.4 Die Vision: „Sauberer" Darwiportunismus als Wettbewerbsvorteil 332
24.5 Die Zielgruppe: MiPros als Hoffnungsträger? 332
24.6 Die Entwicklungsidee: Rahmenprogramm mit Eigeninitiative 333
24.7 Die Umsetzung: Entwicklungskonzept mit Ausstrahlungskraft als Chance 336

Hanspeter Georgi

25 Leistungseliten durch Wettbewerb 337

25.1 Bildung als Erfolgsfaktor 337
25.2 Reformbedarf auf allen Ebenen 338
25.3 Wissensintensive Dienstleistungen im Aufwind 339
25.4 Lernen für den Beruf 340
25.5 Kontinuierliche Weiterbildung 340
25.6 Die Hochschulen 341
25.7 Mehr Autonomie notwendig 341
25.8 Offener Bildungsmarkt 342
25.9 Förderung der technischen Kompetenz 342
25.10 Ein Wechsel auf die Zukunft 343

Eva Strobel und Susanne Summa

26 Auswirkungen der Employability auf den Arbeitsmarkt 345

26.1 Beschäftigungsfähigkeit statt Beschäftigung um jeden Preis 345
26.2 Nicht die Alimentierung von Arbeitslosigkeit, sondern die Integration in Arbeit und Beruf ist das Ziel 346
26.3 Steigende Nachfrage nach gut ausgebildeten Arbeitskräften bei sinkendem Bedarf an Arbeitskräften ohne Berufsabschluss 347
26.4 Der Demografische Wandel erfordert verstärkte betriebliche Weiterbildung – auch der älteren Beschäftigten 349
26.5 Mehr Betriebe für Ausbildung gewinnen 350
26.6 Berufliche Weiterbildung steht im Wettbewerb und ist auf Integration orientiert 351
26.7 Neben Mobilisierung von Qualifikationspotenzialen brauchen wir einen für jeden offenen Beschäftigungssektor 352

26.8 Statt Vorruhestand und Arbeitslosigkeit: betriebliche Weiterbildung
von älteren Beschäftigten 353
26.9 Frauen nutzen Bildungsangebote besser als Männer 355
26.10 Berufsbegleitendes Lernen sichert nachhaltig die Beschäftigungsfähigkeit 356

Teil III: Experienced ... the way ahead 359

Heinz Uepping

27 Kompetenzen als Asset 361
Personalmanagement im demografischen Wandel

27.1 Trends und Handlungsbedarf 361
27.2 Zukunftsfähigkeit durch altersintegratives Personalmanagement 363
27.3 Implizites Wissen und Erfahrungen: Kompetenzen
als strategischer Erfolgsfaktor 366
27.4 Experience-Input 367
27.5 Experience-Exchange 368
27.6 Experience-Legacy 369
27.7 Integriertes Experience-Asset-Management 370
27.8 Erfolgreiche Implementierung von Modellen in der Praxis 373

Ulrich Spießhofer

28 Unternehmensberatung 375
Perspektiven für erfahrene ältere Mitarbeitende?

28.1 Einführung 375
28.2 Typische Bedarfssituationen 376
28.3 Anforderungen an den Berater 378
28.4 Anregungen und Schlussbemerkung 381

Klaus-M. Baldin

29 Employability für ältere Mitarbeiter 383
Eine neue Anforderung in der Personal-
und Organisationsentwicklung

29.1 Das Szenario der AGE-Trends 383
29.2 Innovationen für ein altengerechtes Miteinander im Unternehmen 393
29.3 Das Fazit: Sieben Tipps zum Halten älterer Mitarbeiter 400

Alexander Böhne und Dieter Wagner

30 Neue Aufgabenfelder für ältere Mitarbeiter 403

Nikolaus Mauerer und Silke Wickel-Kirsch

31 Employability älterer Mitarbeiter vor dem Hintergrund der gesellschaftlichen Entwicklungen am Praxisbeispiel einer Bank.... 411

    31.1 Aktuelle Situation älterer Mitarbeiter...411
    31.2 Notwendigkeit der Integration von älteren Arbeitnehmern 412
    31.3 Die Umsetzung der Employability am Praxisbeispiel......................... 416
    31.4 Fazit 421

Ekkehart Frieling, Thomas Fölsch und Ellen Schäfer

32 Berücksichtigung der Altersstruktur der Bevölkerung in der Arbeitswelt von morgen 423

    32.1 Demografische Entwicklung.. 423
    32.2 Probleme der Arbeitswelt von heute 426
    32.3 Die Arbeitswelt von morgen erfordert eine systematische Organisations- und Kompetenzentwicklung.. 429
    32.4 Ausblick 435

Autorenverzeichnis 439

Norbert Walter

1 Deutsche – immer weniger und immer älter: Was ist zu tun?

Während die Weltbevölkerung insgesamt nach jüngsten Schätzungen der Vereinten Nationen bis zum Jahr 2050 um 2,5 Milliarden Menschen auf rund 9,2 Milliarden zunehmen wird, sehen die Prognosen für die meisten Länder der Welt gänzlich anders aus. Für Deutschland, wie auch für die meisten anderen europäischen Länder, ist mit einem Bevölkerungsrückgang zu rechnen – verbunden mit starker Alterung der verbleibenden Bevölkerung. Schon im Jahr 2020 werden ein Fünftel der Westeuropäer über 65 sein. Vor nur 50 Jahren bildete diese Altersgruppe gerade einmal 8 % der Gesamtbevölkerung in der Region.

Während die Bevölkerung in Westeuropa in den 60er Jahren noch wuchs – im Mittel bekam jede Frau im gebärfähigen Alter in Deutschland 2,1 Kinder, in Frankreich 2,5 und in den Niederlanden sogar 2,6 Kinder – so kann davon heute keine Rede mehr sein. Die Zahl der Geburten erreichte in den EU-15 im Jahr 2002 mit 3,99 Millionen einen neuen Nachkriegstiefststand. Die Anzahl der Kinder pro Frau (Nettoreproduktionsrate) ist weit unterhalb jener Marke, die ausreichen würde, um das heutige Bevölkerungsniveau aufrechtzuerhalten; dafür bedürfte es im Durchschnitt 2,1 Kinder pro gebärfähiger Frau. Die Vereinten Nationen schätzen für den Zeitraum von 2000 bis 2005, dass die Fruchtbarkeitsraten (Kinder pro gebärfähiger Frau) in Irland (1,97), Frankreich (1,88) und den Niederlanden (1,73) am höchsten unter den westeuropäischen Staaten waren, während in Deutschland (1,35), Griechenland (1,28), Italien (1,29) und Österreich (1,38) am wenigsten Kinder das Licht der Welt erblicken. Auch in den neuen EU-Ländern sieht die Situation nicht anders aus: In Zypern werden statistisch gesehen immer noch 1,63 Kinder pro Frau geboren – doch in den osteuropäischen Beitrittsstaaten sind die Fruchtbarkeitsraten für die Zeit von 2000 bis 2005 niedriger. So nennen die Vereinten Nationen Fruchtbarkeitsraten in Lettland von 1,25, in Ungarn von 1,3 und in Polen von 1,25.

Deutschland liegt mit einer Nettoreproduktionsrate von 1,35 in Westeuropa am unteren Ende der Geburtenskala. Gleichzeitig steigt in Deutschland, wie fast überall, die Lebenserwartung merklich – schon jetzt ist Deutschland eine der zehn ältesten Gesellschaften mit einem Medianalter von 42,1 Jahren. Da sich dieser Trend fortsetzen wird, werden Politik, Gesellschaft und Wirtschaft in den kommenden Jahren vor enorme Herausforderungen gestellt.

Die Probleme der Alterung und Schrumpfung sind allerdings nicht nur auf die – oft diskutierten – Renten- und Gesundheitssysteme beschränkt. Vielmehr wird es zu nachhaltigen Auswirkungen auf alle Bereiche unserer wirtschaftlichen und gesellschaftlichen Strukturen kommen. Gütermärkte – wie auch ganze Branchen – werden auf veränderte Nachfrage stoßen, die Innovationskraft dürfte mit zunehmendem Alter der Mitarbeiter und Unternehmer schrumpfen und das gesamtwirtschaftliche Wachstumspotenzial dürfte sinken, da sowohl Arbeit knapper als auch technischer Fortschritt langsamer werden wird. Schließlich stehen die Kapitalmärkte vor einer Zukunft mit niedrigeren Erträgen.

Unmittelbare Auswirkungen wird es auf dem Arbeitsmarkt geben. Spätestens ab 2015 mit dem Ausscheiden der Babyboomer – der zwischen 1950 und 1970 Geborenen – aus dem Erwerbsleben wird es eine deutliche Verknappung des Faktors Arbeit geben. Die Lücke, die hier entstehen wird, kann durch die schwach besetzten nachfolgenden Generationen nicht ausgeglichen werden. Das Erwerbspersonenpotenzial wird beschleunigt schrumpfen.

Schon heute verlassen – auch durch den beliebten Vorruhestand bedingt – jährlich rund 200.000 mehr ältere Arbeitnehmer den Arbeitsmarkt als Nachwuchskräfte nachrücken.

1.1 Auswirkungen der demografischen Entwicklung auf den Arbeitsmarkt

In wirklichen Marktwirtschaften schlagen sich veränderte Knappheiten in den Preisen nieder. Das sinkende Angebot des Faktors Arbeit wirkt sich in steigenden Löhnen aus – und dies insbesondere für jüngere Arbeitskräfte. Der große Bedarf an immer knapper werdenden Fachkräften dürfte der Lohnentwicklung im oberen Segment weiter Auftrieb geben. Während also aus Gründen des geringeren Angebots die Entlohnung des Faktors Arbeit stärker steigen dürfte, dürfte der Anstieg des Durchschnittsalters der Erwerbstätigen entgegengesetzte Auswirkungen auf die Arbeitsproduktivität haben. Je älter die Erwerbstätigen werden, desto länger liegt die Ausbildung zurück und umso weniger nützlich ist das, was man weiß. Hieraus ergeben sich vielfältige Anforderungen an HR-Abteilungen in Unternehmen, die sich vermehrt damit auseinander setzen müssen, wie das im Schnitt alternde Personal weiter auf dem neusten Wissensstand gehalten werden kann – Stichwort „life long learning". Dies ist umso wichtiger, da ab dem 60. Lebensjahr die physische und mentale Leistungsfähigkeit abnimmt. Offenkundig müssen Wege gefunden werden, eine schon bald stark wachsende Arbeitnehmerschaft im Alter von über 60 gewinnbringend in den Arbeitsprozess einzugliedern. Unternehmen sollten schon heute im Rahmen eines „Age diversity-Managements" nicht nur die Qualitäten junger Mitarbeiter, sondern auch die speziellen Fähigkeiten der älteren Mitarbeiter wahrnehmen und für sich nutzen; insbesondere Kundenbeziehungen und „institutional memory" wären hier als Vorzüge der Älteren zu nennen.

Ist die Demografie unser Schicksal? Laufen wir Gefahr in Zukunft in einer nur noch marginal wachsenden, überalterten Volkswirtschaft zu leben? Intuitiv erscheint es als die beste Lösung „mehr Kinder" zu bekommen: Jede Frau müsste – so wissen wir doch – nur durchschnittlich 2,1 Kinder gebären, um – ausgehend von einer stationären Situation – ohne Zuwanderung die Bevölkerungszahl konstant zu halten. Derzeit liegt die Geburtenrate mit 1,3 Kindern mehr als ein Drittel unter diesem Wert. Und das schon seit 30 Jahren. Selbst wenn also die Geburtenrate – was offenkundig unrealistisch ist angesichts der vorherrschenden gesellschaftlichen Einstellung – auf 2,1 Kinder pro Frau stiege – und das über Nacht – würde sich dies erst ab 2025/2035 stabilisierend auf die Zahl der Erwerbstätigen auswirken. Zuvor würde es wegen der Erziehungsarbeit die Verfügbarkeit von jungen Arbeitskräften im Gegenteil sogar vermindern. Wer

„Kinder statt Inder" sagt, sollte wissen, dass dies eine Strategie – wenn heute begonnen – für die Arbeitsmarktverbesserung ab 2030 ist.

1.2 Gegensteuern auf dem Arbeitsmarkt durch Maßnahmen in Deutschland

Auch wenn der Tatbestand einer immer älter werdenden Gesellschaft kurzfristig nicht durch Bevölkerungspolitik geändert werden kann, so können die sich aus diesem Prozess ergebenden Implikationen für die Situation auf dem Arbeitsmarkt durchaus durch nationale Maßnahmen abgeschwächt werden.

Die nahe liegendste Variante in einem Hocharbeitslosigkeits-Land wie Deutschland scheint eine Rückführung der außerhalb des Markts stehenden Personen in das aktive Erwerbsleben. Es geht hier um eine Verbesserung der Qualifikation der Arbeitslosen, stärkere Anreize zur Wiederaufnahme der Beschäftigung (Stichwort Kürzung der Sozialtransfers) und flexiblere Arbeitszeiten für eine bessere Vereinbarkeit von Beruf und Familie. Doch sind auch diesem Hebel Grenzen gesetzt, denn eine Reihe von Arbeitslosen sind schwer qualifizierbar und andere Arbeitslose befinden sich schon im Übergangsalter zur Rente.

Durch eine Erhöhung der in Deutschland im internationalen Vergleich niedrigen Erwerbsquote (75 % versus Schweiz 81 %) könnte dem Arbeitsmarkt ein größeres Angebot an Arbeitskräften zugeführt werden. Auf den zweiten Blick wird klar, dass es hierbei vor allem um eine Erhöhung der Partizipation der 55–65-Jährigen gehen muss, denn aus dieser Altersklasse sind in Deutschland nur noch rund 55 % aktiv, während in den USA rund 64 % und in Schweden sogar 73 % in dieser Altersklasse arbeiten.

Auch das offizielle Renteneintrittsalter muss weiter erhöht werden. Das gesetzliche Renteneintrittsalter in Deutschland steigt zwar bis 2035 auf 67 Jahre – bei einer schon lange und auch zukünftig steigenden Lebenserwartung und immer besserer Gesundheit der Mitsechziger ist eine weitere Erhöhung auf 70 Jahre aber nicht außerhalb der Reichweite. Zudem zeigt die Beobachtung der Realität eine starke Diskrepanz: Das tatsächliche durchschnittliche Alter bei Rentenbeginn beträgt in unserem Land sage und schreibe nur 61 Jahre. Mit der weiter steigenden Lebenserwartung muss zuerst das faktische Renteneintrittsalter nach oben gesetzt werden. Das Erwerbsleben der meisten Menschen heute ist nicht durch schwere, körperliche Arbeit gekennzeichnet, und die ältere Generation ist heute, dank guter medizinischer Versorgung, in einer besseren geistigen und körperlichen Verfassung als noch vor 30 Jahren, so dass die Lebensarbeitszeit ohne Probleme verlängert werden kann.

Da das Arbeitsangebot nicht nur durch ein Mehr an Arbeitskräften erhöht werden kann, sondern auch durch höhere Jahresarbeitszeiten der aktiven Erwerbsbevölkerung, ist hier ein weiterer Hebel, um dem negativen Trend auf Deutschlands Arbeitsmarkt entgegenzuwirken. Im internationalen Vergleich sind die Deutschen mit durchschnittlich gut 1.400 Arbeitsstunden pro Jahr wahre „Freizeitmatadore". Ihre amerikanischen und japanischen Kollegen bringen es auf 400

Arbeitsstunden mehr im Jahr und selbst die Franzosen arbeiten pro Jahr rund 100 Stunden länger.

Alles in allem gibt es relativ viele Hebel, um dem Rückgang des quantitativen Arbeitseinsatzes entgegenzuwirken. Allerdings ist ihre Wirkung begrenzt. Durch die genannten Maßnahmen würde weder eine Verjüngung noch ein Anwachsen des Erwerbspersonenpotenzials erzielt. Durch Zulassung, ja Förderung von Einwanderung hingegen kann beides erreicht werden.

1.3 Migration: Hilfe von Außen

Während in Europa und vor allem in Deutschland die Bevölkerung schrumpft und altert, liegt das Bevölkerungswachstum in anderen Regionen (Asien, Arabische Länder, Afrika und Lateinamerika) deutlich über dem Reproduktionsniveau und birgt damit ein größeres Erwerbspersonenpotenzial, von dem alternde Industrienationen unter bestimmten Bedingungen einerseits und die abgebenden Länder andererseits stark profitieren können.

Seit 1950 lag die Nettozuwanderung in Deutschland bei durchschnittlich rund 200.000 Personen pro Jahr, wobei hier periodisch starke Schwankungen zu verzeichnen sind. So stand in den 50er und 60er Jahren vor allem die Anwerbung ausländischer Arbeitskräfte im Mittelpunkt, wohingegen nach dem Anwerbestopp in den 70er Jahren vor allem Familiennachzüge die Zuwanderung prägten. In den 80er und 90er Jahren waren dann hauptsächlich politische Entwicklungen (Krieg in Jugoslawien) der Auslöser für Migration nach Deutschland. Die Zuwanderungsraten der Vergangenheit werden allerdings bei weitem nicht ausreichen, um die zukünftige Lücke an Arbeitnehmern in Deutschland zu schließen. Alleine um bei unveränderten Geburtenraten die Bevölkerungsanzahl konstant zu halten, bedarf es einer Nettozuwanderung von 400.000 pro Jahr; zur Stabilisierung des Erwerbspersonenpotenzials hingegen – bei unveränderter Erwerbspersonenquote und Renteneintrittsalter – wäre eine Nettozuwanderung von rund 550.000 nötig. Angesichts solcher Größenordnungen scheint es sinnvoll und angebracht, sich mit dem Phänomen der Migration und seinen Determinanten näher zu beschäftigen.

1.4 Ursachen für Migration

Die Ursachen der Migration sind außerordentlich vielfältig. Wirtschaftliche Unzufriedenheit, Perspektivlosigkeit und glücklicherweise immer seltener – jedenfalls in unserem Teil der Welt – religiöse, ethnische oder politische Unterdrückung sind die Gründe für den Wanderungswunsch. Nicht zu vergessen ist aber bei einer tieferen Analyse auch das Thema Familiennachzug, weil dies faktisch ein Nachgang auf die Wanderungsprozesse ist, die hinter uns liegen. Am Beispiel des klassischen Einwandererlandes USA ist aber auch zu erkennen, dass die Attraktivität des Ziellandes gerade gut ausgebildeten Personen sehr wichtig ist. So spielen bei der Beurteilung der Wanderung auch Themen wie Ausbildung – schulische, universitäre, aber auch berufliche – und Lebensqualität eine wichtige Rolle.

1.5 Wirtschaftliche Implikationen: Sektorale Nachfrageverschiebungen

Direktes Resultat der niedrigen Geburtenrate und der längeren Lebenserwartung ist die relative und absolute Zunahme an alten Menschen. Das Gegensteuern durch Migration ist durchaus möglich, wenn auch eine große Herausforderung angesichts der massiven Verwerfungen. Wichtig ist ein Blick auf die Mikrostrukturen, denn je kleinteiliger die Analyse, desto differenzierter die Ergebnisse. Wanderung ist regional außerordentlich divergierend – strukturschwache Regionen wie Ostdeutschland erleben Abwanderung, Ballungszentren wie die Rhein-Main-Region ziehen sehr viele Zuwanderer – in- und ausländische – an. Dies gilt auch in anderen Ländern Europas (wie Italiens Mezzogiorno, Spaniens Extremadura und Teile Nordfrankreichs).

Diese Differenzierung dürfte sich auch dann, wenn es zu einer stärkeren Zuwanderung käme, nicht ändern. Die schon jetzt zu beobachtende Kumulation von Nachfrage in einzelnen Regionen und Sektoren auf Grund von Zuzug, Wohnungsbau und Infrastruktur, würde dem fortgesetzten Wegbruch von Nachfrage in gemiedenen Regionen gegenüberstehen. Resultat sind Verarmungsprozesse in den weniger attraktiven Regionen, die lange anhalten und nachhallen. Vor allem in Deutschland sorgen steuerliche Regelungen für verzögerte Anpassungen. Preise werden dadurch gehindert, sich rasch entsprechend der Marktverhältnisse einzupendeln. Dies gilt beispielsweise im Immobilienmarkt. Schnellere Preisanpassungen (etwa bei Immobilien) könnten die Attraktivität benachteiligter Regionen rasch wiederherstellen. Es ist also wichtig, wenn über vermehrte Immigration gesprochen wird, eine eventuelle Verschärfung der regionalen Disparitäten als Gefahr zu erkennen, um wirksam gegenzusteuern.

1.6 Chancen der Migration für Deutschland

Chancen der Migration liegen in der demografischen Stabilisierung, die einen positiven Beitrag zum Sozialversicherungssystem liefern kann. Doch sollte das Thema Einwanderung ganz sicher nicht primär unter dem Aspekt Sicherung im Sinne von Besitzstandswahrung des bestehenden Altersvorsorge- und Gesundheitssystems diskutiert werden. Wichtiger ist die Chance zum gegenseitig voneinander lernen, zum Abbau produktivitätshemmender nationaler Segmentierung. Insbesondere kann mit selektiver Einwanderung die Innovationsfähigkeit und Risikobereitschaft sonst alternder Länder verbessert werden. Es ist indes erfreulich, dass die Einwanderer zeitweise einen Beitrag zur Verbesserung der Finanzlage der Sozialversicherungen leisten. Doch sich auf diese Perspektive zu verlassen – in einem Land mit einem Staatsanteil von 85 % an der Altersvorsorge – reflektiert Sorglosigkeit. Die nachhaltige Sanierung der Umlagesysteme und der Einstieg in andere Methoden der Finanzierung der Renten müssen jetzt auf den Weg gebracht werden, um die Renten zu sichern. Auch das Einstiegsalter in den Beruf muss erheblich sinken, um wirklich von der Kreativität junger Menschen zu profitieren. Die Frauenerwerbsquote muss nachhaltig erhöht werden. Voraussetzungen hierfür sind kreative Organisationsmodelle der Betriebe: Betriebskindergärten, Teilzeitarbeit und auch Arbeit von zu Hause. Aber auch die Wiederentdeckung der Drei-Generationen ist hiermit verbunden. Denn Familie

Norbert Walter

kann hilfreich sein im Anpassungsprozess hin zu einer gelungenen Verbindung von Familie und Beruf, mehr Selbstverantwortung und weniger Staatsorientierung.

Zuwanderung, wenn auch nicht Allheilmittel für die deutschen Sozialversicherungssysteme, trägt durch zunehmende Internationalität zum wissenschaftlichen und kulturellen Austausch als Basis für einen Lernprozess bei. Für den Fall einer gelungenen selektiven Einwanderung, die vor allem die Jungen und Leistungswilligen anzieht, ist mit einer Erhöhung der Innovationstätigkeit zu rechnen, die sich dann über Rückkopplungseffekte auch positiv auf die wirtschaftliche Entwicklung auswirken kann.

1.7   Risiken der Migration für Deutschland

Doch stehen diesen Chancen auch Risiken gegenüber. Es ist offenkundig, dass mit Zuwanderung die Integrationsfähigkeit jeder Gesellschaft hart getestet wird. Das liegt nicht nur an der großen Anzahl der Zuwanderer, sondern auch an ihrer kulturellen und ethnischen Verschiedenheit im Vergleich zu unseren Werten. Parallelgesellschaften können die Folge sein; dies ist selten eine gelungene Lösung. Ohne eine Auseinandersetzung mit den fremden Kulturen, aber auch ohne eine Reflexion über die eigenen Werte, wird es zu Spannungen, Nichtverstehen, kurz zum Misslingen von Integration kommen. Das ist als Herausforderung für unsere Gesellschaften zu sehen, nicht nur ständig vom Wertewandel zu sprechen, sondern sich einer wirklichen Wertedebatte zu stellen, um sich auch der eigenen Kurzsichtigkeiten und Empfindlichkeiten bewusst zu werden.

Im schlechtesten Fall kommt es zum Überschreiten der Integrationsfähigkeit von Gesellschaften: Zersetzungstendenzen des gesellschaftlichen Zusammenhalts, das Auftreten von Spannungen und Neid sind unter anderem die Folgen.

1.8   Herausforderungen für Deutschland

Das Ausmaß der Integrationsfähigkeit einer Gesellschaft ist freilich keine statische Größe. Vielmehr ist sie abhängig davon, wie die „Einheimischen" die „Zuwanderer" erleben, was eng damit verbunden ist, welche Gruppen von Zuwanderern angezogen werden: Qualifizierte für den Arbeitsmarkt oder im anderen Extrem „Free Rider", die nur an den Transferleistungen des hiesigen Sozialsystems interessiert sind. Generell hängen die Wohlfahrtsgewinne entscheidend von der Struktur der zugewanderten Arbeitskräfte ab. Wichtig dabei ist, dass die Zuwanderer Arbeitswillen und das geeignete Qualifikationsniveau bzw. Qualifikationspotenzial mitbringen. Nur dann werden die Knappheit im Arbeitskräfteangebot kompensiert und Impulse für die Wirtschaftsentwicklung gegeben. Damit dies Gewähr leistet wird, muss das gegenwärtige System, welches momentan Familiennachzügler und politische Flüchtlinge anstatt gut Ausgebildete und Selbstständige anzieht, geändert werden. Hier muss an verschiedenen Stellschrauben gedreht werden. Die weniger qualifizierten, die heute in die Schattenwirtschaft einwandern, gilt es durch Reformen der Sozial- und Steuerpolitik in die offizielle Wirtschaft zu integrieren.

Ziel muss sein, Einwanderung primär – wenn auch nicht ausschließlich – nach ökonomischen Kriterien zu steuern und durch eine Korrektur der Transferleistungen – die für alle schmerzhaft sein wird – Einwanderung in das Sozialsystem zu verhindern.

Gleiches gilt für das Bildungssystem, das sowohl Attraktor als auch ein System von geringen Anreizen für die Nachwuchsgeneration sein kann. Für die Migrationsfrage ist diese Weiche von besonderer Wichtigkeit, denn die Qualifikation der Zuwanderer entscheidet, ob durch sie Spitzenleistungen erbracht werden. Das deutsche Hochschulwesen ist international nicht wettbewerbsfähig – die üblichen Massenuniversitäten sind Gift für die Erzeugung von qualitativ hochwertiger Forschung und Lehre. Der Nulltarif im Bildungssystem hat Rückwirkungen auf die Qualität des Systems – gesunder Wettbewerb und mehr Leistungsdenken auch mit guten ausländischen Studenten sind Mangelware. Die Anreize im deutschen Hochschulwesen gehen also in die falsche Richtung: Anstatt hohe Qualität, die im Zweifel auch Geld kostet, anzubieten und damit Eliten zu fördern, gräbt sich das System mit Bildung zum Nulltarif das eigene Grab.

1.9 Zukunftsperspektiven der Migration in Europa

Die Integration Mittel- und Osteuropas wurde und wird immer noch mit der Bedrohung durch Massenwanderungen in die Europäische Union in Verbindung gebracht. Die Wahrscheinlichkeit einer solchen Wanderung ist nicht Null, aber sie ist so gering, dass die Sorgen fehl am Platze sind. Grund hierfür ist, dass die mittel- und osteuropäischen Gesellschaften ähnliche demografische Veränderungen und ähnlich niedrige Geburtenraten aufweisen. Mit der Beruhigung, dass eine große Zuwanderung utopisch ist, geht aber auch eine ökonomische Enttäuschung einher. Die Erwartungen, dass in ein überaltertes Mittel- und Westeuropa Arbeitskräfte aus Osteuropa – das mit hoher Wahrscheinlichkeit eine dynamische ökonomische Entwicklung vor sich hat – einwandern, sind unrealistisch. Dort gibt es, ähnlich wie in Westeuropa und intensiver als in den USA, starke Bindungen durch Sprache und Kultur, was eine Emigration in die EU aus diesen Gebieten sehr unwahrscheinlich macht. Ähnliches haben wir auch schon bei der Süderweiterung erlebt.

Deutschland und Europa brauchen Zuwanderung, um nicht in absehbarer Zeit die Altersstruktur von Florida zu haben. Um Innovationsfähigkeit und die Fähigkeit zum strukturellen Wandel zu sichern, ist Einwanderung von großer Bedeutung. Diese wird aber – wie erläutert – nicht über längere Zeit und nicht in nennenswertem Umfang aus Mittel- und Osteuropa kommen.

Wo kann für Europa die Einwanderung alternativ herkommen? Übrig bleiben ethnisch und religiös von uns höchst verschiedene Regionen, und zwar im Wesentlichen aus dem Mittleren Osten und aus Nordafrika. Die sozialen Kosten der Integration von Zuwanderern aus diesen muslimischen, arabischen Ländern für ganz Europa werden nennenswert sein. Nur die iberische Halbinsel scheint mit der Rückwanderung aus Brasilien und Argentinien Einwanderung erwarten zu können, die mit geringen Integrationskosten verbunden ist.

Europa kommt um die Aufwendung der Integrationskosten nicht herum. Die seit 30 Jahren fehlenden Kinder und die immer länger lebende Bevölkerung in Kombination mit den hiesigen Sozialversicherungssystemen, das baldige Ausscheiden der letzten geburtenstarken Jahrgänge aus dem Arbeitsleben und der spätestens damit einsetzende Arbeitskräftemangel zollen ihren Tribut. Entscheidend wird aber sein, ob Europa und damit auch Deutschland es schaffen, die Anreize richtig zu setzen. Neben Korrekturen im Sozialsystem und bei der Steuerpolitik kommt es auf die Neuausrichtung des Bildungssystems an. Vor allem das Hochschulwesen muss attraktiver für den Nachwuchs – nicht nur aus dem eigenen Land – werden. Dies ist nur möglich durch eine Abkehr vom Prinzip der Massenuniversität und einer bewussten Kursänderung in Richtung auf mehr Wettbewerb in Forschung und Lehre. Nur so kann es gelingen, auch Eliten an deutschen Hochschulen auszubilden und solche aus dem Ausland anzuziehen. Europa braucht selektive Einwanderung. Dass dies nicht auf Knopfdruck möglich ist, hat die „IT Greencard"-Aktion der Schröder-Regierung gezeigt.

Was für eine nachhaltige, ökonomisch sinnvolle Migration nötig ist, sind – wen wundert es – strukturelle Reformen in Deutschland und Europa.

Dieter Lenzen

2 Bildung neu denken!
Eine dritte Chance für unser Bildungssystem

Wenn diese Ausführungen mit „Bildung neu denken! Eine dritte Chance für unser Bildungssystem" überschrieben sind, so stellt sich sofort die Frage: Was waren die ersten beiden Chancen? Zwei Ereignisse können und sollten damit gemeint sein:

Einmal die Situation 1945 oder etwas später, bei der Gründung der Bundesrepublik, als die Chance bestand oder bestanden hätte, ein Bildungssystem zu errichten, das damals international konkurrenzfähig hätte werden können. Das ist nicht in der Weise geschehen, wie wir heute wissen, wie wir uns das vorgestellt haben. Es gab vielmehr einen relativ ungeordneten Prozess, die Einführung eines föderalen Systems aus Angst vor einer Wiederholung der Nebenwirkungen eines Zentralstaates.

Dies war in der damaligen Situation verständlich, führte aber zu all diesen Nebenwirkungen, von denen wir heute wissen, dass sie nicht nur positiv sind. Man muss etwa nur an das Auftreten Deutschlands mit 16 Kultusministern in Europa denken und kann sich sogleich vorstellen, welche Chancen man in einem solchen Konzert hat.

Die zweite Chance bestand 1965, als der Deutsche Bildungsrat gegründet wurde, der zehn Jahre lang eine einzigartige Aufarbeitung des damaligen Wissensstandes über Bildung und Erziehung leistete und mit einer Fülle von Empfehlungen endete. Diese gingen dann aber im Parteienstreit unter, mit dem Resultat, dass der Bildungsrat 1975 geschlossen wurde. Danach folgte eine lange Phase der Nichtbefassung mit dem Bildungssystem, obwohl es sich hier um ein sehr wichtiges Teilsystem, wenn nicht gar das wichtigste innerhalb unserer Gesellschaft handelt.

Bei dieser Gelegenheit wurde übersehen, dass das, was in der Tat in den siebziger Jahren verändert wurde, Nebenwirkungen hatte. Nebenwirkungen, deren Folgen wir heute spüren, Nebenwirkungen in der Auffassung von dem, was Schule leisten soll, Nebenwirkungen in dem, was Kinder und Jugendliche leisten müssen, was wir von ihnen erwarten müssen, und Nebenwirkungen in dem, was wir von uns selbst erwarten.

Kurzum: Die Ideologisierung dieser Fragestellungen hat am Wesentlichen vorbeigeführt, nämlich der Frage: Wozu ist eigentlich Bildung gut, unter anderem – ich sage das immer gerne so direkt –, damit wir auch künftig noch essen können. Damit wir das können, müssen wir ein Wirtschaftsstandort sein, an dem Geld verdient wird, an dem tüchtige Menschen produzieren, entwickeln, Ideen haben. Das ist der Ausgangspunkt dessen, womit wir uns befassen müssen. Leider sind die Herausforderungen, denen wir uns heute stellen müssen, eben nicht mehr beschränkt auf die Frage: Leisten wir genug?

Dieter Lenzen

2.1 Herausforderungen: Globalisierung und demographische Entwicklung

Wir haben noch zwei weitere Herausforderungen zu bewältigen – die *Auswirkungen des Globalisierungsprozesses und des Europäisierungsprozesses* sowie die *demographische Entwicklung*. Die Lebenserwartung bis 2020 wird weiter steigen: Um 2020 wird etwa 45 % der deutschen Bevölkerung über 50 Jahre sein, 22 % sind über 65; zehn Jahre später wird der Anteil der über 65-Jährigen mehr als 25 % betragen, die Zahl der Erwerbstätigen wird bis 2030 um weitere 1,2 Millionen auf 37,5 Millionen sinken. Das hat Folgen. Wir müssen länger arbeiten. Für 2020 gehen wir davon aus, dass wir etwa bis zum Alter von 70 Jahren arbeiten müssen. Wir gehen weiterhin entsprechend davon aus, dass wir einen enormen *Weiterbildungsbedarf* haben, damit wir das auch tun können und nicht nur als Pförtner irgendwo tätig sind, sondern in den Berufen, die wir womöglich gelernt haben. Wir werden uns darüber Gedanken machen müssen, wie wir die Erfahrungen der dann Älteren an die dann Jüngeren weitergeben können, damit sie uns helfen können, dass wir weiter essen können, um auf meinen Kerngedanken zurückzukommen. Und wir werden eine einzigartige *Rentenproblematik* haben, die auch zur Zeit nur ansatzweise gelöst oder zumindest angesprochen ist. Wir müssen uns also Gedanken darüber machen, ganz einfach gesagt, wo bekommen wir junge Leute her, die das tun, was sie tun müssen, nämlich entwickeln, produzieren, Ideen haben und sie verbreiten. Dafür gibt es bekanntlich verschiedene Methoden:

Zunächst einmal kann man junge Menschen natürlich erzeugen. Das ist ein bisschen spät. Jedenfalls ist es klar, dass die Generation, die in 2020 intellektuell und produzierend tätig werden muss, bereits geboren ist. An der Zahl kann man nichts mehr ändern.

Die zweite Option heißt „*Zuwanderung*" erhöhen". Sie alle haben mitbekommen, was für ein Schauspiel sich abspielte, als die Bundesregierung mit der Green Card glaubte, Massen an Intellektuellen aus Indien oder anderen Gegenden nach Deutschland locken zu können, ihnen aber gleichzeitig verbot, ihre Familien mitzunehmen. Das Resultat ist bekannt: Es gab 7.000 Interessenten. Wir hätten aber eine Zahl benötigt, die noch mindestens eine Null dahinter gehabt hätte. Dabei müsste Deutschland 2020 jährlich 1 Million Migranten integrieren, allein um die jetzige Größe der erwerbstätigen Bevölkerung zu sichern.

Mit anderen Worten: Deutschland hat für High Potentials an Attraktivität verloren in der Welt. Das muss man einfach zur Kenntnis nehmen. Wir müssen uns also Gedanken darüber machen, wie wir auf das eigene Potenzial an jungen Menschen zurückgreifen können. Was müsste es leisten? Im Wesentlichen zwei Dinge: Wir müssten den *Anteil der Hochqualifizierten erhöhen*. Wir wissen, dass diese Aufgabe nicht leicht zu schultern ist. Das zweite Problem sind unsere Bildungsschwachen. Pisa hat es gezeigt: Wir sind im Augenblick damit konfrontiert, dass knapp 20 Prozent eines Altersjahrgangs als nicht berufsbildungsfähig gelten. Dies ist eine Katastrophe, denn wir werden nicht 20 Prozent eines Altersjahrgangs an Döner-Ständen unterbringen können. Wir müssen also dringend den *Anteil der Nicht-Berufsbildungsfähigen drastisch senken*.

2.2 Defizite im deutschen Bildungssystem

Wenn wir uns im Detail nun anschauen, welche *Defizite im Bildungssystem* wir haben, das aber genau das leisten soll, was ich gerade erläutert habe, so ist das eine lange Liste. Wenn wir auf die *Inhalte unseres Bildungssystems* schauen, so müssen wir konstatieren, dass wir es im guten Glauben an das Funktionieren von Allgemeinbildung zugelassen haben, dass wir, übrigens bis in die Berufsschule, bis in die Teilzeit-Berufsschule hinein, eine *Wirklichkeitsferne und Berufsferne in unserem Bildungssystem* etabliert haben, die uns schadet. Wir haben, und das hat Pisa ja sehr deutlich gezeigt, zur Kenntnis nehmen müssen, dass zwei große Blöcke von Kompetenz, die ein Mensch braucht, fehlen: Das, was man als *Basiskompetenzen* bezeichnet und die *Schlüsselqualifikationen*. Basiskompetenzen sind das schriftliche und mündliche Beherrschen der Verkehrssprache, mathematische Modellierungsfähigkeit, IT-Qualifikation und die Qualifikation in mindestens einer Fremdsprache, besser in zweien. Schlüsselqualifikationen liegen jenseits dieser inhaltlichen Fähigkeiten. Sie sind das, was wir unser Leben hindurch benötigen als Berufstätige, aber auch schlicht als Menschen im Privatleben, beispielsweise die Kommunikationsfähigkeit. Kommunikationsfähigkeit lernt man in einer Familie mit mehreren Kindern. Da muss man lernen, sich durchzusetzen, aber nicht mit Gewalt, sondern durch Kommunikation.

Es gibt einen zweiten Bereich – und wir reden leider noch über die Defizite – das ist der *methodische Bereich der Bildung*. Unsere Lehr-/Lernmethoden befinden sich nicht auf internationalem Niveau.

Wesentlich ist ein weiterer Punkt, nämlich die *fehlende unternehmerische Orientierung* unserer Schule. Das bezieht sich auf Inhalte, aber auch auf das, was ein Kind darüber lernt, wie seine Zukunft eigentlich sein soll. Warten darauf, dass etwas passiert, sich irgendwo bewerben und vielleicht scheitern? Nein. Auch der Gedanke, das Schicksal selbst in die Hand zu nehmen, für sich selbst verantwortlich zu sein, ist etwas, was wir in den zurückliegenden 30 Jahren für eher nebensächlich gehalten haben.

Wir haben weiterhin in der *Lehr-/Lern-Forschung* einen erheblichen Nachholbedarf, und wir haben *zu viele juristische Regeln* in unserem Bildungswesen. Wenn man sich das exponentielle Wachstum von Rechtsverordnungen anschaut, im Schulrecht, im Hochschulrecht, also im gesamten Bildungsrecht, dann wird einem schwindelig.

Wir haben einen dritten Block an Defiziten. Wir haben einen *Professionalitätsmangel des Lehrpersonals*, der mit der deutschen Bildungsgeschichte zu tun hat. Wir glauben, dass die Beziehung zwischen dem Schüler und dem Lehrer im Wesentlichen eine pädagogische Begegnung ist. Man kann das durch die Literatur der deutschen Pädagogik über hundert Jahre verfolgen. Aber in den Hintergrund gerückt ist sozusagen die inhaltliche Seite, d. h. einfach die Perfektionierung des Lernprozesses.

Ein weiteres Problem in unserem Bildungssystem ist das *Zeitproblem*. Wir fangen zu spät an, unsere Kinder systematisch zu beschulen. Wir sind eines der wenigen Länder der Welt, die kaum echte Ganztagsschulen haben – in den in vielen Bundesländern gestarteten Initiativen beschränkt sich das Ganztagsangebot auf Betreuung am Nachmittag ohne die Unterrichtszeit wirklich zu erweitern. Nur 150 Grundschulen in Deutschland weisen die voll gebundene Ganztagsform auf, was einem Anteil von 0,9 % an allen Grundschulen entspricht. Dies trifft auch nur auf 262 Hauptschulen (5,2 %), 59 Realschulen (2,0 %) und 127 Gymnasien (4,1 %) zu. Das hat den Effekt, dass ein Kind der Sekundarstufe I etwa 2.800 Stunden weniger unterrichtet wird als in unseren Nachbarländern. Dass das Folgen hat, darf niemanden wundern.

Problematisch sind auch die *Lehr- und Lernorte*. Unsere Schulen und Hochschulen befinden sich in einem jämmerlichen Ausstattungszustand. Geht man in eine finnische, schwedische, dänische Schule, so erhält man einen völlig anderen Eindruck. Diese Häuser sind lichtvoll, sie sind offen, sie machen Lust zu lernen, man ist dort gerne, während viele unserer Gebäude noch aus der wilhelminischen Zeit stammen.

Und wir haben *zu wenig private Bildungsinitiativen*. Unser Staat, in den meisten Bundesländern jedenfalls, schaut misstrauisch auf die Gründung von privaten Schulen. Dort könnte etwas passieren, was man nicht im Griff hat. Und wir haben auch das Problem mit Lehrergewerkschaften, die um ihren Einfluss fürchten. Die Zahl der privaten Alternativen ist einfach zu klein, denn diese würden ja einen Wettbewerb auslösen, der auch die staatlichen Schulen auf Trab bringen würde.

Was sollen wir machen? Wir müssen nach vorne schauen, wir müssen die Situation verbessern, und wir haben nur sehr, sehr wenig Zeit. Alles, was in den nächsten fünf bis sieben Jahren nicht verändert wird, ist für die Situation in 2020 verloren.

2.3 Empfehlungen aus „Bildung neu denken! Das Zukunftsprojekt" Allgemeine Empfehlungen

Ich möchte nun aus dem Konzept, das ich mit meiner Gruppe, der Prognos AG und 80 Experten, im Auftrag der Vereinigung der Bayerischen Wirtschaft erstellt habe, eine Reihe von grundlegenden Empfehlungen nennen, die zeigen: es gibt noch diese letzte, die dritte Chance für unser Bildungssystem, von der ich eingangs gesprochen habe, aber nur, wenn wir sofort handeln und grundlegende Änderungen in Angriff nehmen. Dazu gehören die folgenden:

Zunächst: Wir brauchen eine *lebenslange Lern- und Arbeitsmotivation* in diesem Land. Ein weiterer Punkt: Wir müssen begreifen, dass *Bildungsinvestitionen ein Bestandteil der Daseinsvorsorge* werden, die ein Individuum für sich persönlich tätigt. Es geht nicht mehr, dass die öffentliche Hand alles finanziert. Das wird nicht mehr funktionieren. Man muss begreifen, dass Bildung für den einzelnen Menschen genauso wichtig ist wie eine Krankenversicherung. Wir brauchen einen *flexibleren Um-, Auf- und Durchstieg* in unserem Bildungssystem. Unser Bildungssystem ist immer noch starr, obwohl es viele kleine Sonderregelungen gegeben hat. Das geht durch eine *Modularisierung von Bildungsinhalten*, so dass man sagen kann: Dieser junge Mensch hat das und das gelernt und nicht, er hat den und den Abschluss. Wir brauchen des Weiteren eine *kontinuierliche Diagnostik von Entwicklung und Leistung*. Wir brauchen objektive Instrumente durch das Bildungssystem hindurch an allen Stellen, wo Übergänge produziert werden, wo Lebensläufe ein für allemal festgelegt werden und wo wir zu oft für unsere Gesellschaft sagen, den können wir nicht gebrauchen, aber den wohl. Wir müssen versuchen, so viele

Menschen wie möglich in diesen Zusammenhang hineinzubringen um ihrer selbst willen, aber auch um unserer Gesellschaft willen. Und das kann man, wenn man genauer hinschaut. Also Diagnostik, Entwicklung und Leistung – übrigens auch am Beginn der Schule.

2.4 Empfehlungen zum Schulsystem

Ich komme zu Konkreterem: *Das Schulsystem*. Wir optieren für eine *Einschulungsmöglichkeit ab vier Jahren*. In der Neuropsychologie ist es inzwischen einigermaßen unumstritten, dass es zwei große Lernfenster gibt. Das eine schließt sich etwa um das fünfeinhalbte Lebensjahr, also mit 5,5 durchschnittlich, das andere große Lernfenster besteht noch einmal um die Pubertät herum. Alles, was man dort nicht mitbekommt, muss man unendlich viel schwerer in mühseligen, ganz anders angelegten Lernprozessen lernen. Wir müssen darüber hinaus die Schulpflicht verkürzen. Wir optieren dafür, dass man sie mit 14 Jahren enden lassen kann. Das heißt aber auch, dass ein Kind, das früh entwicklungsfähig ist, diese Schulzeit sehr viel schneller durchlaufen kann als ein anderes, das wir vielleicht erst mit fünf oder sechs Jahren einschulen. Deshalb muss am Anfang die Leistungs- und Entwicklungsdiagnostik stehen, man muss schauen, was kann man dem Kind zumuten und es dann in altersheterogenen Gruppen lernen lassen.

Unser Vorschlag lautet, unser Schulsystem auf ein *zweigliedriges Schulsystem* umzustellen, nämlich *Sekundarschule und Gymnasium*. Die Unterscheidung zwischen Hauptschule und Realschule ist in den meisten Bundesländern mit Ausnahme Bayerns, wo wir einen Sonderfall haben, gescheitert. Die Hauptschule ist praktisch in den meisten Bundesländern zu einer Restschule geworden. Wir müssen sehen, dass wir sie wieder zusammenbringen, so dass wir hier ein einheitliches Curriculum finden können, das den unterschiedlichen Qualifikationen gerecht wird – die Betonung liegt auf unterschiedlich. Wir müssen von unseren Lehrerinnen und Lehrern verlangen, dass sie differenzieren. In altersheterogenen Gruppen kann man nicht denselben Schuh für alle schustern, sondern man muss in kleinen Gruppen lernen.

Ganztagsschule und Ferienunterricht sind zwei Elemente, um einfach mehr Zeit in das System hineinzubringen. Wir können uns die Halbtagsschule nicht mehr leisten. Dabei darf das Ganztagsangebot nicht mit einer Betreuungsmöglichkeit am Nachmittag verwechselt werden, denn der Sinn ist es, mehr Lernzeit in das System zu bringen.

Wir treten auch für eine *Abschaffung des deutschen Notensystems* ein, das durch ein internationales System ersetzt werden soll, was zunehmend in Richtung credits geht, d. h. dass man credits für Module erwirbt – nicht nur in der Hochschule, sondern auch in der Schule. So wird klarer beschreibbar, welche Kompetenz ein Kind oder ein Jugendlicher in Bezug auf bestimmte Elemente erworben hat. Ein Notenspektrum von 1 bis 6 leistet dies nicht. Wir sind des Weiteren der Auffassung, dass *Klassenwiederholungen sinnlos* sind – das lässt sich auch empirisch belegen.

2.5 Empfehlungen zur Professionalisierung des Lehrpersonals

Ich hatte vorhin über das Lehrpersonal gesprochen. Was müssen wir hier ändern? Was heißt Professionalisierung? Professionalisierung heißt, dass wir, wenn wir die Kinder mit vier Jahren einschulen wollen, *entsprechend geschultes Vorschul- und Kindergartenpersonal* benötigen. Das kann man nicht als einen Aufbewahrungsort betreiben, sondern hier muss etwas anderes angeboten werden. Zudem müssen wir das Lehrpersonal vor dem burnout-Syndrom bewahren. Untersuchungen zeigen, dass nur drei Prozent aller Lehrer die Altersgrenze erreichen, der Rest scheidet vorher aus, aus unterschiedlichen Gründen. Wir haben die Akten eines ganzen Bundeslandes daraufhin untersucht, warum das so ist. Das Resultat: In den amtsärztlichen Zeugnissen steht bei ungefähr 40 Prozent eine Erkrankung der Wirbelsäule und bei noch mal 40 Prozent steht „aus dem psychosomatischen Formenkreis". In meiner Universität haben wir eine psychiatrische Klinik: 60 Prozent der dort behandelten Patienten sind Lehrerinnen und Lehrer. Der größte Anteil sind Depressionen, die im Übrigen, sobald dann die Frühverrentung erreicht ist, verschwinden. Das zeigt, wie hoch die Belastung im Lehrberuf ist.

Aufnahme und Eignungstests für künftige Lehrer sind deswegen wichtig. Wir schlagen vor, das sehr zugespitzt zu tun. Wer sich in Finnland auf einen Studienplatz als Lehrer bewirbt und sagt, er möchte gern mit Kindern umgehen, das sei sein einziges Motiv, ist draußen. Das ist nicht das richtige Motiv. Eine professionelle Lehrtätigkeit ist eine Tätigkeit wie die eines Ingenieurs oder eines Jet-Piloten, der niemals sagen würde, er hat eine Liebe zu Flugzeugen, das kann vielleicht auch eine Rolle spielen, aber das ist nicht so wichtig. Wir brauchen *frühere Elemente der Praxis* in der Ausbildung für die Lehrer sowie eine *kontinuierliche Weiterbildung*. Wir brauchen eine *leistungsorientierte Bezahlung des Lehrpersonals*. Das wird jetzt langsam sichtbar in einigen Schulgesetzen. Wir brauchen *befristete Beschäftigungsverhältnisse* für das Lehrpersonal, sonst wird sich wenig ändern.

2.6 Empfehlungen für Aus- und Weiterbildung

Was die Finanzierung des Bildungswesens angeht, schlagen wir eine Veränderung in folgender Richtung vor: Wenn wir es schaffen, die Jugendlichen früher in ein Lehrverhältnis zu bringen, was im klassischen Sinne auch noch ein Ausbildungsverhältnis ist und nicht bereits ein Arbeitsverhältnis, dann kann darüber diskutiert werden, ob ein *Verzicht auf die Ausbildungsvergütung* für die Jugendlichen möglich sein kann. Die dadurch frei werdenden Mittel, wir haben das gerechnet, sind in der Weiterbildung der Unternehmensmitarbeiter klüger eingesetzt, so dass die Erwerbsfähigkeit aufgrund von neuen Qualifikationen erhalten bleibt.

Wir plädieren für ein *ziviles Pflichtjahr für alle Jugendlichen*, egal welchen Geschlechts, weil wir davon ausgehen, dass die Berufsarmee die Zukunft sein wird. Wir betrachten das zivile Pflichtjahr als einen Bestandteil der Bildung des Menschen und nicht im Sinne billigen Personals für soziale Einrichtungen, wenngleich das sicher auch eine Rolle spielen wird.

2.7 Empfehlungen für den Hochschulbereich

Wir müssen sehr schnell, um einen weiteren Bereich anzusprechen, im Rahmen der Europäisierung des deutschen Hochschulsystems dazu kommen, *MA- und BA-Abschlüsse* zur Regel werden zu lassen. Wenn wir das angelsächsische System einführen, haben wir die Chance, insbesondere bei dem BA, mehr berufsbildende Elemente auch in die Hochschule hinein zu nehmen. Das ist ja der Sinn des BA. Das setzt aber auch voraus, dass auf der einen Seite die Universitäten bereit sind, *Berufsexperten in die Universität* zu holen, um als Lehrbeauftragte tätig zu werden; umgekehrt, dass Mitarbeiter von Unternehmen auch bereit und in der Lage sind, dieses zu tun. Wir werden, was die Weiterbildung angeht, ein *Berufsbild des Weiterbildners* einführen müssen, das von besonderer Bedeutung sein wird – übrigens in Kombination mit einem *Beruf des Betriebslehrers*. Das Professionalisierungsdefizit ist da häufig groß. Wenn wir die Weiterbildung als einen Angelpunkt für die zukünftige Entwicklung betrachten, dann müssen wir es schaffen, dass auch diese professionalisiert wird.

2.8 Defizite in der Bildungsfinanzierung

Dies sind nur einige grundsätzliche Empfehlungen, die wir mit „Bildung neu denken" aufgestellt haben. Nachdem wir nun gesehen haben, unter welchen erheblichen strukturellen Schwächen das deutsche Bildungssystem leidet und mit welchen Empfehlungen, die wir ausgesprochen und erläutert haben, dem entgegenzutreten ist, müssen wir weiterhin festhalten, dass auch die *deutsche Bildungsfinanzierung in hohem Maße defizitär* ist, was darin begründet ist, dass wir im Bildungssystem gleichermaßen mit Staatsversagen wie auch Marktversagen zu kämpfen haben.

Das *Staatsversagen im deutschen Bildungssystem* zeigt sich darin, dass

- 20 Prozent eines Altersjahrgangs nicht berufsbildungsfähig sind.
- der Anteil der Hochqualifizierten mit 25 bis 35 Prozent deutlich zu gering ist.
- massive soziale Ungleichheiten bei den Bildungsabschlüssen und beim Übergang zwischen den Schultypen existieren.
- Lernziele, -inhalte und Unterrichtsverfahren unter erheblichen Qualitätsdefiziten leiden, wie die PISA-Ergebnisse gezeigt haben.
- mit Lern- und Arbeitszeit im internationalen Vergleich verschwenderisch umgegangen wird (bis zu fünf Jahre späterer Berufseinstieg bei gleichzeitig geringerer Unterrichtsstundenzahl).
- der Bildungsföderalismus ein historisch überlebtes Hindernis für Bildungsreformen darstellt.
- Interessengruppen im Bildungswesen und in der Bildungsbürokratie Reformen blockieren.
- Verrechtlichung, Überregulierung und Bürokratisierung Effizienz und Effektivität beeinträchtigen.

Dieter Lenzen

Das *Marktversagen im deutschen Bildungssystem* ist an folgenden Indikatoren ablesbar:

- Zu hohe, durch den Staat nicht mehr tragbare Subventionen führen teilweise zu einer künstlichen Übernachfrage und zu einer verdeckten Arbeitslosigkeit.

- Die fehlende Finanzierungsbeteiligung durch die Nutznießer von Bildungsangeboten führt zu Ungerechtigkeiten, indem private Haushalte mit niedrigem Einkommen über ihre Steuer die Ausbildung von Kindern aus Privathaushalten mit hohem Einkommen finanzieren.

- Garantierte, zu hohe Gehälter für pädagogisches Personal verhindern den Wettbewerb der besten pädagogischen Köpfe.

- Private Haushalte neigen in Deutschland zu Risikoaversion und zu fehlender Bereitschaft für Bildungsinvestitionen.

- Für private Anbieter gibt es wenig Marktchancen durch ein vorherrschend staatliches Bildungssystem.

Besonders gravierend ist die *fehlende Bildungsgerechtigkeit* sowohl für die Betroffenen als auch für die Gesellschaft als Ganze, der qualifizierungsfähiges Humankapital entzogen wird. Diese Ungerechtigkeit entsteht an verschiedenen Stellen dadurch, dass durch Besteuerung beispielsweise schlechter verdienende Arbeiter Ausbildungen finanzieren, die ihre Kinder nicht in Anspruch nehmen; dass höhere Steuereinnahmen zur Legitimation der hundertprozentigen Subventionierung im Bildungssystem bisher nicht nachgewiesen werden konnten; weiterhin durch die Gebührenpflicht für Kindertagesstätten, durch die junge, schlechter gestellte Familien diese Angebote nicht wahrnehmen können und ihre Kinder damit einer frühen Bildung entziehen; schließlich durch zu späte Beschulung von Lernschwächeren, durch die fast ein Fünftel eines Altersjahrgangs keine faire Berufschance besitzt.

Auch im internationalen Vergleich stellt das deutsche System der Bildungsfinanzierung, ähnlich wie das Bildungssystem als Ganzes, ein – teilweise überbrachtes – Unikum dar. Eine *Internationalisierung der Bildungsfinanzierung*, die schon wegen der Anschlussfähigkeit deutscher Absolventen auf internationalen Arbeitsmärkten erforderlich ist, muss daher – so schlagen wir vor – folgende Veränderungen umfassen:

- mehr Nachfrage- statt Angebotsorientierung im Bildungssystem,

- mehr marktwirtschaftliche Mechanismen auch in staatlichen Bildungsinstitutionen, z. B. durch Output-Steuerung,

- mehr Handlungsautonomie für Bildungsinstitutionen, z. B. durch Budgetautonomie,

- sozialer Ausgleich zwischen Nutzern und Zahlern im Bildungssystem,

- Einführung von leistungsbezogenen Elementen bei der Budgetierung und bei den Gehältern für pädagogische Berufe,

- mehr Effizienzorientierung bei den Bildungsausgaben,

- striktes Qualitätsmanagement für pädagogisches Personal und Bildungsinstitutionen,

- ein Ersatz der kameralistischen Haushaltsrechnung.

2.9 Empfehlungen aus „Bildung neu denken! Das Finanzkonzept"

Vor dem Hintergrund dieser Defizit-Analyse hat eine Nachfolge-Studie zum Thema *„Bildung neu denken! Das Finanzkonzept"*, die ebenfalls unter meiner wissenschaftlichen Koordination in Zusammenarbeit mit der Prognos AG entstanden ist, drei Grundsätze einer neuen Bildungsfinanzierung erstellt und zum Ausgangspunkt weiterer Empfehlungen gemacht:

- *Erster Grundsatz:* Orientierungsnorm der Bildungsfinanzierung ist das Konzept des vollkommenen (nicht des totalen!) Marktes, der eine optimale Versorgung einer Bevölkerung und eine optimale Allokation der Ressourcen zum Ziel hat.

- *Zweiter Grundsatz:* Die Grenzkosten für eine Bildungsinstitution dürfen nicht höher liegen als die erwarteten Grenzerträge. Bildung darf nicht mehr kosten als sie wert ist. Unterschiedliche Wertschätzungen müssen sich in einer Beteiligung an der Finanzierung des Bildungssystems ausdrücken.

- *Dritter Grundsatz:* Die Bildungsfinanzierung muss vom Leistungsfähigkeitsprinzip auf das Äquivalenzprinzip umgesteuert werden. Das bedeutet: Eine Kostenbeteiligung an Bildungsausgaben für Staat, Unternehmen und private Haushalte muss sich auch an der Höhe der erwarteten internen Erträge der Bildungsausgabe orientieren. Nutznießer, d. h. Unternehmen, Individuen sowie der Staat, müssen gleichermaßen zur Finanzierung herangezogen werden können.

Diese Grundsätze sind Basis zur Erreichung von drei wesentlichen Zielen der Bildungsreform, die für uns alle lauten müssen: *Bildungsqualität steigern, Bildungsgerechtigkeit sichern, Bildungsbeteiligung erhöhen.*

Auf diesen Grundlagen ergibt sich ein *Drei-Säulen-Modell der Bildungsfinanzierung*: Je nach erwarteten internen bzw. externen Erträgen sind Staat, Unternehmen und Privathaushalte diejenigen, die entsprechend den Nutzenerwartungen Bildung finanzieren. Beteiligungen an der Bildungsfinanzierung können sich deshalb nie auf das gesamte Bildungssystem, sondern immer nur auf bestimmte Bildungsmaßnahmen bzw. -abschnitte beziehen. Der Intervention des Staates kommt eine wichtige Rolle zu: Subventionierung ist als gezielte Subventionierung zur Gewährleistung eines sozialen Ausgleichs zu denken. Das Finanzkonzept zu „Bildung neu denken!" verfolgt dabei zwei Reformrichtungen: eine Erhöhung der Gesamtausgaben für Bildung sowie eine Neuverteilung der Finanzierungslasten im Bildungssystem.

Diese Wege sind die direkte Konsequenz aus der großen Zahl von Empfehlungen, die „Bildung neu denken! Das Zukunftsprojekt" ausgesprochen hat. Nicht alle dieser Empfehlungen haben finanzielle Konsequenzen, denn eine Reihe von Empfehlungen bringt finanzielle Gewinne, eine Reihe von Empfehlungen führt zu notwendigen Belastungsumverteilungen und eine Reihe von Empfehlungen erfordert höhere Bildungsausgaben im System.

Saldiert bedeuten die Reformempfehlungen für die einzelnen Lebensphasen folgendes:

- Mehrbedarf an Bildungsausgaben in der *Lebensphase Kindheit* (Primarschule, Sekundarschule und Gymnasium): *11,603 Milliarden Euro;*

- Mehrbedarf in der *Lebensphase Jugend* (Doppelte Berufsausbildung, Berufsfeldschule, gymnasiale Oberstufe): 5,324 Milliarden Euro; in der Tertiären Bildung: 7,097 Milliarden Euro, Gesamt: *12,421 Milliarden Euro*;

- Mehrbedarf in der *Lebensphase des Erwachsenenalters* für Weiterbildung mindestens *3,230 Milliarden Euro*.

Die notwendige *Erhöhung der Gesamtausgaben* beläuft sich damit, so haben wir mit „Bildung neu denken! Das Finanzkonzept" errechnet, jährlich auf 34,4 Milliarden Euro. Das entspricht einer Erhöhung der jetzigen Bildungsausgaben um rund 30 %. Lässt man das Zivile Pflichtjahr zunächst ausgeklammert, weil es hier rechtliche Hürden zur Einführung gibt, so wird *eine Erhöhung um 26,7 Milliarden oder 25 %* notwendig.

Wenn Deutschland wieder ein attraktiver Ort werden soll, wenn die Lebensqualität seiner Bürger wiederhergestellt werden soll, wenn ein weiterer Absturz des Landes verhindert werden soll, sind Prioritätenentscheidungen zugunsten des Bildungssektors erforderlich. Eine *Erhöhung des Anteils der Bildungsausgaben am BIP von 5,3 % auf mindestens 6,8 %* (OECD-Durchschnitt bei 5,5 %) ist dringend notwendig, um die vorgelegte Bildungsreform finanzieren zu können.

Die Umsetzung des Konzepts von „Bildung neu denken" muss sofort in Angriff genommen werden – mit einem Schwerpunkt auf der Reform von Vor- und Grundschule sowie der Einführung eines organisierten Weiterbildungssystems, weil in 2020 die größte Erwerbstätigkeitslast auf älteren Arbeitnehmern und der Generation der dann frühen Erwachsenen ruht. Für die Jugendlichen und jungen Erwachsenen, die derzeit im Alter zwischen 10 und 25 Jahren sind, müssen dringend Auffangmaßnahmen entwickelt werden, die ihre derzeit unzulängliche Bildung und Ausbildung kompensieren.

Wir müssen eines stets berücksichtigen: Ausgaben zur Steigerung für das Bildungssystem dürfen nicht gegen Sozial- und Gesundheitsausgaben ausgespielt werden. Bildungsinvestitionen sind Investitionen zur Vermeidung sozialer Schieflagen und sozialer Verelendung, mit denen für die Zukunft durchaus gerechnet werden muss, sollte eine Umsteuerung des Systems nicht unverzüglich stattfinden.

Literatur

VBW – VEREINIGUNG DER BAYERISCHEN WIRTSCHAFT (Hrsg.) (2003): Bildung neu denken! Das Zukunftsprojekt, wissenschaftliche Koordination Dieter Lenzen; Opladen.

VBW – VEREINIGUNG DER BAYERISCHEN WIRTSCHAFT (Hrsg.) (2004): Bildung neu denken! Das Finanzkonzept, wissenschaftliche Koordination Dieter Lenzen; Opladen.

Christof Eichert

3 Menschen mit Zuwanderungshintergrund
Chancen für den (Bildungs-)Standort Deutschland

3.1 Einleitung

Das Thema Zuwanderung und Integration beherrscht seit einigen Jahren die politische Agenda. Es ist dabei ist nicht nur ein bundespolitisches Anliegen, es reicht bis in jede einzelne Kommune und auch bis in die allermeisten Betriebe. Kein gesellschaftlicher Bereich ist mehr von der Tatsache ausgenommen, dass unser Land längst ein Einwanderungsland geworden ist. Jeder Einzelne in unserem Land kann und muss sich der Frage stellen, wie wir aus einer langjährigen Vernachlässigung von evidenten Chancen zu einer intelligenten Nutzung der großen Möglichkeiten gelangen, die in den Reihen der vielen Menschen mit Zuwanderungshintergrund schlummern. Dabei ist dies kein Thema einer kleinen Gruppe in Deutschland, sondern eine immer stärker die gesamte Gesellschaft bestimmende Entwicklung: jeder vierte Mensch in unserem Land hat seine Wurzeln in einem anderen Land und damit zumeist auch in einer anderen Kultur.

Dabei beschreibt diese Feststellung nicht eine Entwicklung in jüngerer Zeit. Seit Jahrhunderten sind Menschen in diese politisch wichtige, wirtschaftlich starke und kulturell aktive Mitte Europas zugewandert. Viele haben Zuflucht vor Verfolgung und Benachteiligung gefunden, viele andere bessere wirtschaftliche Möglichkeiten gesucht. In manchem Abschnitt der letzten Jahrhunderte gab es allerdings auch die Bewegung in die andere Richtung, sei es die umfangreiche Aussiedlung in die südöstlichen Donau-Anrainergebiete, sei es die Auswanderung über den Atlantik in die USA oder Kanada, um nur zwei Beispiele zu nennen. Die deutsche Gesellschaft war stets im Wandel und hat im Grunde noch nie aus einer homogenen Bevölkerung bestanden, was man ohne Weiteres an vielen eingewanderten Namen erkennen kann. Sie war immer auf solche Zuwanderung angewiesen und hat sie über die Jahrhunderte aufgenommen und integriert.

Die aktuelle Diskussion um Zuwanderung und Integration ist auch ein Ergebnis der jüngeren Geschichte mit dem Beginn des „Wirtschaftswunders" in der Nachkriegszeit und der intensiven Anwerbung von sogenannten Gastarbeitern. Mit diesem Begriff wurde unmissverständlich signalisiert, dass der Aufenthalt der dringend benötigten Arbeitskräfte im wieder aufstrebenden Deutschland nur auf Zeit sein sollte. Eine echte Zuwanderung war über Jahrzehnte nicht gewünscht und politisch-administrativ behindert. Dass parallel dazu längst eine andere Wirklichkeit eingetreten war und viele der ehemaligen Gastarbeiter-Familien ein Recht zum dauerhaften Aufenthalt erlangt hatten, wurde in der gesellschaftlichen Diskussion lange verdrängt. Nun

Christof Eichert

aber, da angesichts einer massiven Verringerung der Bevölkerungszahlen in den nächsten Jahrzehnten – vor allem auch mit Blick auf die wirtschaftlichen Stabilität – die sorgenvolle Frage nach der Zukunft des Landes aufgekommen ist, wird plötzlich die Zuwanderung mit anderen Augen betrachtet, ist sie wirtschaftlich und politisch kein Tabuthema, sondern vielfach erforderlich, oft sogar ausdrücklich gewollt. Die öffentliche Meinung über die Dimensionen der Integration hat sich den vorliegenden Fakten vorsichtig angenähert.

3.2   Daten und Fakten

Dazu einige Zahlen aus dem Bildungsbericht 2006 für das Jahr 2005: von 82,4 Mio. Menschen in Deutschland haben 15,3 Mio. oder 18,6 % einen Zuwanderungshintergrund. Diese Zahlen beziehen sich auf die aktuelle Definition des Mikrozensus, wonach zu dieser Gruppe diejenigen Menschen gehören, bei denen entweder die Eltern zugewandert sind oder der meist junge Mensch selber. Bei einer Definition, die auch die Großelterngeneration einbezieht, steigt diese Quote deutlich: einer von vier Menschen hat letzlich einen solchen (weiteren) Zuwanderungshintergrund.

Dazu sind die statistischen Zahlen aus dem Schuljahr 05/06 interessant: 9,4 Mio. Schüler wurden in den allgemeinbildenden Schulen unterrichtet, in den Hauptschulen waren es 1,02 Millionen, davon 193.000 ausländische Schüler, die nach Deutschland gekommen sind. Rechnet man auf der Basis der Erhebungen des Statistischen Bundesamtes nochmals dieselbe Zahl Schüler mit deutscher Nationalität und einem Zuwanderungshintergrund hinzu, dann liegt in diesen Hauptschulen insgesamt der Anteil der Schüler, deren Wurzeln in einem anderen Kulturkreis liegen, mit knapp 40 % doppelt so hoch wie in der Gesamtbevölkerung. Dazu kommt, dass in manchen Ballungsräumen und dort vor allem in den Hauptschulen der effektive Anteil noch einmal deutlich höher liegt. Es gibt Aussagen, wonach bereits heute insgesamt mehr als die Hälfte der Schüler von Großstadtregionen einen Zuwanderungs-Hintergrund im engen Sinne haben. In diesen Schulen wird damit die zu erwartende weitere Entwicklung hin zu einer immer heterogeneren Gesellschaft im Grunde vorweggenommen. Für weitere Informationen lohnt sich der Blick in das Kapitel H des Bildungsberichts 2006 unter www.bildungsbericht.de.

Die Zahlen zur Zuwanderung in Deutschland differieren insgesamt in allen Belangen stark. Von Bundesland zu Bundesland, auch innerhalb der Länder von Ballungsraum zu flachem Land gibt es große Unterschiede. Dies ist auch ein Grund dafür, dass die Menschen in unserem Land so unterschiedliche Wahrnehmungen haben und sehr verschiedene eigene Erfahrungen beim Umgang mit dem Thema sammeln.

Zuwanderung bedeutet regelmäßig ein Einzelschicksal und ist deshalb von anderen Fällen sehr verschieden. Es gibt nicht „den Zuwanderer". Es gibt zum Beispiel in der Gruppe der jungen Menschen mit Zuwanderungshintergrund Besonderheiten, die für die Integrations-Politik von besonderer Bedeutung sind. Ein Drittel aller Zuwanderer unter 25 Jahren ist selber zugewandert, hat also völlig unterschiedliche Erfahrungen in seinem noch jungen Leben sammeln müssen. Dagegen sind 87 % der hier lebenden türkischen Jugendlichen in Deutschland geboren, leben also schon mindestens in der zweiten Generation in unserem Land und kennen die Heimat der Eltern meist nicht gut.

Insgesamt sind die Unterschiede der persönlichen Lebenswege und die damit verbundenen Unterschiede in der individuellen Problemlage so groß, dass es eine einheitliche politische Antwort für die anstehenden Aufgaben nicht geben kann. Lediglich eine Feststellung ist für alle Beteiligten gleichermaßen klar: Die wichtigste Bedingung für den persönlichen Erfolg ist für alle Menschen mit Zuwanderungshintergrund die Beherrschung der deutschen Sprache und ein möglichst optimaler Bildungsabschluss.

3.3 Integration durch Bildung

Im engsten Zusammenhang mit dem Thema Zuwanderung und Chancen zur Integration steht immer das Thema Bildung. Sie ist Ausgangspunkt für jede persönliche Zukunft in einer Gesellschaft, die durch Wissen und dessen permanente Erweiterung ebenso geprägt ist wie durch die globale Verflechtung und gegenseitige Abhängigkeit der Gesellschaften. Dabei macht insbesondere die OECD mit harten Fakten den Vorwurf, dass hier wie in kaum einem anderen Land die Chancen für Menschen mit Zuwanderungshintergrund im Bildungssystem deutlich schlechter sind als für die einheimische Bevölkerung. Gleichzeitig steht fest, dass die Intelligenz und Bildungspotenziale bei allen Gruppen vergleichbar sind, es gibt keinen individuellen Unterschied je nach Herkunftsland oder ethnischer Zugehörigkeit, der die unterschiedlichen Chancen begründen könnte. Die Politik hat sich gegen diese Vorwürfe heftig gewehrt, kann aber an den Fakten letztlich nichts ändern. Es bleibt die nüchterne Feststellung, dass wir mit der Zukunft der Menschen in unserem Land offensichtlich nicht angemessen umgehen.

Die Herausforderung gilt nicht nur für die Politik und die Verwaltungen, für Bund, Länder und Kommunen. Auch die Zivilgesellschaft ist bei der Lösung der anstehenden Aufgabe gefordert. Die großen Stiftungen in Deutschland haben es deshalb als aktive Teile dieser Zivilgesellschaft seit einigen Jahren exemplarisch gezeigt. Sie beweisen, in welchem großen Umfang bei den Menschen mit Zuwanderungshintergrund Potenziale liegen. Mit Programmen wie START der Gemeinnützigen Hertie-Stiftung und „Talent im Land" der Robert-Bosch-Stiftung, beide für besonders talentierte junge Menschen mit Zuwanderungshintergrund in den weiterführenden Schulen, ist es exemplarisch gelungen, auf die Begabungen und Perspektiven dieser Persönlichkeiten zu einem frühen Zeitpunkt hinzuweisen. Andere Stiftungen wie die Vodafone-Stiftung entwickeln mit Programmen wie „Chancen" neue Stipendien-Angebote, damit Studierende mit Zuwanderungshintergrund ihren Weg in der Universität erfolgreich gehen können.

Die Signalwirkung in die Zivilgesellschaft ist enorm: allein bei der Gemeinnützigen Hertie-Stiftung haben sich von den ersten Anfängen im Jahr 2002 mit damals 20 Stipendiaten innerhalb von fünf Jahren über 90 Partner mit erheblichen Finanzmitteln engagiert, um für inzwischen 500 begabte Schülerinnen und Schülern neben finanziellen Leistungen ein anspruchsvolles Bildungsprogramm zu gestalten.

Das Programm START steht in der Arbeit der Hertie-Stiftung neben weiteren Projekten mit dem ausdrücklichen Bezug zu gelingender Integration und Sprachförderung. Immer geht es da-

Christof Eichert

bei darum, die Chancen der Menschen mit Zuwanderungshintergrund möglichst früh und umfassend zu fördern. Dabei folgen die Projekte der Biographie des einzelnen, von der Zeit im Kindergarten bis hinein ins Studium. Nähere Informationen zur Hertie-Stiftung finden sich unter www.ghst.de. Zum START-Programm finden sich weiterführende Informationen unter http://www.start.ghst.de.

Die Erfolge des START-Programms sind nachweisbar hoch. Der Weg der Stipendiaten in eine universitäre Ausbildung und individuelle Karriere ist klar vorgezeichnet, keiner der weit über hundert Absolventen ist auf dem Weg zum Studium in den vergangenen fünf Jahren „verloren" gegangen, sehr viele Absolventen erhalten wegen ihrer herausragenden Persönlichkeit, wegen ihrer sehr guten Noten und letztlich wegen ihrer großen Potenziale ein Anschluss-Stipendien für ihr Studium. Das spricht sich zunehmend herum. Zehnmal mehr Bewerber, als Stipendienplätze verfügbar sind, melden sich Jahr für Jahr bei der Hertie-Stiftung und sind Beleg für das große Bedürfnis der jungen Menschen nach einer angemessenen Hilfe in ihrer frühen Bildungsbiografie.

Das Programm zeichnet sich vor allem dadurch aus, dass es neben der Begabung des Bewerbers auch sein soziales Engagement, seine Motivation und seine familiäre Situation berücksichtigt. Viele der Familien der ausgewählten Bewerber erhalten staatliche Transferleistungen, sind also oft aus eigener Kraft nicht in der Lage, ihren Kindern eine angemessene Unterstützung für den schulischen Weg zu geben. Hier setzt das Programm START an und gewährt für maximal fünf Jahre ein monatliches Bildungsgeld von 100 €, ergänzt durch eine weitere Summe von 700 € pro Jahr, die für Nachhilfe, Bücher, für Auslands-Bildungsreisen oder Sommercamps verschiedener Bildungsanbieter genutzt werden. Ein internetfähiger Laptop als Lern- und Kommunikationsinstrument wird von Anfang an jedem Stipendiaten gestellt.

Der entscheidende Baustein des Unterstützungsangebots neben der finanziellen Leistung ist ein anspruchsvolles Bildungsprogramm, das alle Stipendiaten durchlaufen müssen. Mehrere Wochenendseminare pro Jahr, Sommerschulen, Exkursionen und Gesprächsrunden zum Beispiel mit Menschen der Zeitgeschichte ebenso wie mit Wirtschaftsführern sollen die ganze Persönlichkeit weiterentwickeln, wobei insbesondere die eigene Zuwanderungs-Geschichte als Chance verstanden und besonders thematisiert wird. Rhetorik-Schulungen, unterschiedlichste Kulturprogramme, Bewerbungstrainings und eine intensive Berufsberatung komplettieren das Angebot, das mindestens zwei komplette Schuljahre für jeden Teilnehmer vorsieht. Ein Alumni-Verein der ehemaligen Stipendiaten hat die Aufgabe, die rasch größer werdende Gruppe auf ihrem weiteren Weg zu begleiten.

Der Ruf der Stipendiaten in der Öffentlichkeit und Politik ist glänzend, sie werden zum Integrationsgipfel im Kanzleramt im Sommer 2007 genauso eingeladen wie zu Talk-Shows und Podiums-Diskussionen. Der Grund ist einfach: Sie haben etwas zu sagen. Vor allem zeigen die Stipendiaten exemplarisch, dass die Integration positive Gesichter hat, gelungene Beispiele für eine eigene Zukunft mit hoher Motivation und bester Bildung.

„Es ist mir ein Anliegen, solche Hoffnungsträger zu unterstützen!" ist eine häufig gehörte Aussage der Partner aus großen Unternehmen ebenso wie aus kleinen Bürgerstiftungen, von Clubs und kleinen Firmen, auch von Einzelpersonen. Auf diesem Wege sind Millionenbeträge in die Förderung talentierter Zuwanderer geflossen, die alle ihren Weg machen werden, hoch engagiert, diesem Land zugewandt und mit dem Willen ausgestattet, durch Leistung und Engagement ihrer neuen Heimat zu dienen „Ihr seid Deutschland – wir auch!" erklärte ein Stipendiat, der aus Afrika als Flüchtling nach Deutschland gekommen ist, bei einer Aufnahmezeremonie selbstbewusst und energisch.

Nach Jahrzehnten einer sehr auf die angeblichen Probleme von Zuwanderung ausgerichteten öffentlichen Diskussion beginnt der Wind sich zu drehen. Die Chancen stehen endlich im Vordergrund der Debatte. Die Politik greift diese Themen nun aktiv auf, der Nationale Integrationsplan 2007 der Bundesregierung ist ein Beleg für die veränderte politische Sichtweise. Es geht um die Integration und die Zukunft des Landes als zwei zusammen gehörende Aufgaben auf allen Ebenen der Politik, aber auch der Wirtschaft.

3.4 Zukunftssicherung durch Qualifizierung

Der Wandel zu einer Arbeitswelt mit ausreichender Beschäftigungsfähigkeit ist dabei ein Generalthema und wird endlich nicht nur als ein isoliertes wirtschaftliches Thema, sondern als ein gesamtgesellschaftliches Phänomen angesehen, in dem die Integration von Menschen mit Zuwanderungshintergrund eine besondere Rolle spielen wird.

Politik, Wirtschaft und Zivilgesellschaft suchen und definieren hierfür Konzepte. Dabei setzen solche Konzepte immer voraus, dass sie von positiven Bedingungen und Erwartungen begleitet werden. Diese werden vielfach mit Schlagworten beschrieben, hinter denen ein ganzes Bündel von Überlegungen steht. Dies gilt auch für den Begriff Beschäftigungsfähigkeit oder „Employability", der für eine moderne und aktive Betrachtung der Aufgaben und Ziele sowohl des einzelnen Arbeitnehmers als auch des Arbeitgebers steht.

Dieses Buch widmet sich diesem Schlagwort in besonderem Maße. Für viele ist mit dem Begriff „Employability" ein ökonomisches Basis-Konzept beschrieben. Die umfassende Beschäftigungsfähigkeit der Menschen stellt sicher eine richtige Antwort auf die aktuellen und weiter zu erwartenden Veränderungen in unserer Wirtschaft, in Gesellschaft und Politik dar. Sie sind auch Ausdruck einer neuen Beziehung zwischen Unternehmen und Mitarbeitern und verlangen neue gemeinsame Ziele. Früher stand vor allem die laufende Weiter-Qualifizierung im Rahmen des Arbeitsplatzes mit einer oft fast schulischen Aus- und Weiterbildung im Mittelpunkt. Das Methoden-Set bei der individuellen Kompetenz-Entwicklung hat sich deutlich verändert und nutzt die in den zurückliegenden Jahren entwickelten neuen Methoden wie E-learning, Blended Learning, etc. Die Notwendigkeit, angesichts ständig veränderter Produktionsprozesse vor allem die Schlüsselqualifikationen und Kernkompetenzen bei der Personalentwicklung in den Vordergrund zu rücken, ist dabei ein wesentlicher Beitrag für die Zukunftssicherung der Unternehmen.

Und doch bleibt eine zentrale Aufgabe der Unternehmen, sich mit der Zusammensetzung ihrer Belegschaft und der grundsätzlichen Frage auseinander zu setzen, welche zukünftigen Mitarbeiter unsere immer heterogenere Gesellschaft den Unternehmen anbieten wird.

Christof Eichert

3.5 Nachholende Integration: Chance statt Problem

Die demographische Entwicklung und ihre späte Wahrnehmung durch Politik und Öffentlichkeit ist ein wichtiger Aspekt in der Debatte um die Zuwanderung. Vielfach wird erhofft und erwartet, dass eine gesteuerte Zuwanderung die Bevölkerungsverluste und zugleich die Überalterung ausgleichen könnte, die wir in Deutschland in den nächsten Jahrzehnten erwarten müssen. Es ist allerdings eine falsche Hoffnung auf die Effekte einer Zuwanderung. Unsere Gesellschaft wäre überhaupt nicht in der Lage, die Zahl von Zuwanderern angemessen zu integrieren, die wir bräuchten, um den eigenen Geburtenmangel auszugleichen. Denn ob die Menschen in Deutschland eine Zuwanderung von mehreren Hunderttausend Menschen pro Jahr akzeptieren und gestalten würden, ist fraglich. Eine massive politische Diskussion wäre die Folge, sie läuft am rechten Rand der Bevölkerung trotz anderer Fakten bereits heute.

Denn in Wahrheit sind die effektiven Zahlen der aktuellen Zuwanderung im Vergleich zu den zurückliegenden Jahren nicht mehr hoch. Völlig anders war dies zum Beispiel in den achtziger Jahren, wo nahezu jede kleine Stadt in Westdeutschland Asylbewerber in großer Zahl aufnehmen musste. Doch allein die Zahl der Asylbewerber ist drastisch gesunken, allein in den vergangenen 10 Jahren von 1996 bis 2005 von über 160.000 auf rund 40.000. Vergleichbare Entwicklungen gibt es bei der Gruppe der deutschen Spätaussiedler aus der ehemaligen UdSSR.

Saldiert man die Zuwanderung mit der gleichzeitig stattfindenden Abwanderung, dann bekommt die oft vage Diskussion um Größenordnungen zum Ausgleich des demografischen Wandels eine andere Grundlage. Im Jahr 2004 wanderten 780.000 Menschen in Deutschland ein, davon 600.000 Ausländer, im Vergleich zu den frühen 90-er Jahren auch dies ein geringer Wert. Die Zahl der Fortzüge aus Deutschland ist dagegen dramatisch gewachsen, es bleibt am Ende im Jahr 2004 ein positiver Saldo von 82.500 Menschen, um die unsere Bevölkerung gewachsen ist. Dies ist aus Sicht der Bevölkerungsprognose viel zu wenig, Fachleute sprechen von mindestens 200.000 Menschen, die pro Jahr im Saldo mehr nach Deutschland kommen müssten, um die wirtschaftliche Entwicklung zu stützen. Besonders kritisch wird dabei der Wegzug von über 150.000 Deutschen im Jahr 2004 bewertet, darunter überwiegend Fachkräfte, die in anderen Ländern ihr persönliches Glück suchen. Dem Land gehen dadurch viele Chancen verloren, die sich in einer globalen Wirtschaftsentwicklung nutzen lassen könnten, wenn wir nur die entsprechende Zahl von Fachkräften hätten.

Dagegen leben hier teilweise seit Jahrzehnten Zuwanderer, deren Integration nicht erreicht, geschweige denn gelungen ist. Deshalb wird zu Recht immer lauter eine „nachholende Integration" als besonders wichtige Aufgabe bezeichnet und damit der Blick auf die Menschen gerichtet, die mit den unterschiedlichsten persönlichen Hintergründen bereits hier leben und deutlich besser integriert werden können. Dies ist auch ökonomisch die vernünftigere Vorgehensweise, anstatt die hier lebenden Menschen weiter in ihren Chancen massiv zu vernachlässigen, ihnen erhebliche Sozialleistungen zuzuweisen und gleichzeitig die Zuwanderung einer großen Zahl weiterer Menschen aus anderen Ländern zu fordern.

3.6 Abschied von der homogenen Gesellschaft

In der politischen Debatte wird mit dem Stichwort Zuwanderer häufig auch das lange unausgesprochene Thema der sozialen Schichten oder Klassen verbunden. Unser deutsches Sozialsystem beruht auf der Annahme, die Gesellschaft solle in ihren Grundzügen möglichst gleiche Lebensbedingungen genießen; dort, wo dies fehlt, soll über Ausgleichs- und Transfer-Systeme Abhilfe geschaffen werden. Das Volumen der Transfers in Deutschland für solche Zwecke liegt jährlich bei ca. 700 Milliarden Euro, eine gigantische Summe, die aber an einem Befund nichts geändert hat. Es gibt in Deutschland eine oft resignierte, soziale Unterschicht, ein von der Entwicklung weiter Kreise der Bevölkerung abgehängtes sogenanntes Prekariat, in dem die Zahl der Zuwanderer sehr hoch ist. Der Hauptgrund ist die fehlende Möglichkeit, durch eine angemessene Bildung die Aufstiegschancen zu nutzen, die anderen Gruppen offen stehen. In kaum einem anderen Land der westlichen Welt werden Bildungschancen so unverändert übertragen, wird der soziale Status so direkt von Generation zu Generation vererbt, wie in Deutschland. Die Frage muss gestellt werden, ob die hinter den riesigen Transfer-Leistungen stehende Zielvorgabe einer möglichst einheitlichen Gesellschaft erreicht werden kann.

Die Wahrnehmung dieser sozialen Gruppen, die sich teilweise von der Formel „Arbeit sichert Lebensunterhalt" abgekoppelt haben, teilweise völlig andere Lebensformen bevorzugen als die Mehrheit, bedeutet für die anderen Bürger in vielen Fällen nichts weniger als den Abschied von der Vorstellung einer homogenen Gesellschaft, die unser Land seit Jahrzehnten in sich trägt und für das sie viel Geld aufgewandt hat. Das Leben in Deutschland wird verschiedener, bunter, lauter und kontroverser. Wir müssen unsere Bilder von einer Gesellschaft ändern, die in vollem Wandel ist. Man sollte nicht von einer multikulturellen Gesellschaft als Ziel träumen, man muss aber wahrnehmen, dass sich vieles im Alltag durch die Zuwanderung und die allgemeine soziale Entwicklung für alle Bürger verändert.

Der europäische Ansatz von einer Nation, die sich nicht nur über ihre Sprache definiert, sondern auch über ihre christlich verankerte Kultur, ihre Herkunft, Traditionen und Gebräuche, kommt natürlich ins Wanken, wenn wie oben beschrieben, ein dunkelhäutiger junger Mann sagt: „Auch ich bin Deutschland!" Die Anwesenheit von Menschen mit Zuwanderungshintergrund in den beschriebenen Dimensionen – jeder fünfte Mensch hat selbst oder über die Eltern seine Wurzeln in einer anderen Kultur – führt automatisch zu einer neuen Situation für alle. Integration bedeutet für beide Seiten die Aufgabe, sich zu verändern.

Die Zuwendung zu den Potenzialen einer heterogenen Gesellschaft muss allerdings erst gelernt werden. Es fehlen die Traditionen dazu und die kollektiven Vorstellungen, wie dies im Alltag funktionieren kann. Ein Platz, an dem dies schon länger mehr oder minder gut gelingt, ist der Arbeitsplatz, der Betrieb, der sich angesichts der Notwendigkeit einer gemeinschaftlichen Leistung meist gar nicht leisten kann, tiefe Gräben zwischen den Kollegen zuzulassen. Die Integrations-Kraft der Wirtschaft darf deshalb nicht gering geschätzt werden, sie ist von ganz besonderer Bedeutung für das Entwickeln von kollektiven Erfahrungen eines Zusammenlebens von sehr verschiedenen Gruppen.

Christof Eichert

3.7 Aufstiegswille und Integration

Anerkennt man die soziale Struktur mit ausgeprägten Schichten als Tatsache, dann entsteht sofort der Ruf nach den Wegen, die der einzelne aus dem „Prekariat" in eine bessere persönliche Entwicklung nehmen kann. Es geht dabei vor allem um die individuellen Kompetenzen, die für diesen Weg erforderlich sind.

Wir erleben deshalb eine lebhafte Diskussion mit zahlreichen ähnlichen Begriffen. Ausbildungsreife, Berufsbildungsreife, Berufsreife, Arbeitsmarktreife, alle diese Wortschöpfungen deuten auf das gesellschaftliche Bedürfnis hin zu definieren, was der einzelne Mensch mitbringen soll, wenn er sich in seine eigene berufliche Zukunft begibt. Im Kern ist überall die Botschaft enthalten, dass es um die Kompetenzen geht, mit der entwickelten Persönlichkeit und dem erlernten Arbeitsverhalten seinen eigenen Weg in einer komplexen Zukunft zu finden. Es geht bei allen Berufen längst nicht mehr allein um fachliche Kompetenzen, um das Beherrschen von Fächern, sondern immer mehr um eine intelligente Verknüpfung von Kompetenzen und Persönlichkeit, von der Fähigkeit, gelerntes Wissen anzuwenden und neues Wissen aufzubauen.

Einen immer größeren Teil der Gruppe, die mit diesen beruflichen Kompetenzen auf guten Entwicklungswegen vorankommen wollen und müssen, stellen Menschen mit Zuwanderungshintergrund. Deshalb ist es bei ihnen ganz besonders bedeutsam, eine hohe innere Motivation und Leistungsbereitschaft mitzubringen. Sie müssen unter erschwerten Bedingungen ihren eigenen Weg gehen.

Der Wille, dies aktiv in der Familie eines jungen Menschen zu gestalten, steht oft im Kontrast zu den in der Familie der Zuwanderer vorhandenen Bildern von Leistung, Selbstständigkeit und Zukunft. Werden von den Eltern ausschließlich die Bilder und Vorstellungen aus der eigenen Kultur angewandt, sind nicht selten völlig andere Verhaltensweisen die Folge, als solche, die sich in Deutschland erfolgreich durchsetzen können. Viele Jugendliche mit Zuwanderungshintergrund spüren diese verschiedenen Vorstellungen, sie benötigen neben ihrer eigenen Motivation die Unterstützung aus dem Elternhaus.

Es kommt zum Konflikt zwischen Familienbindung und eigener Lebensplanung. Gut gelingt es nur dort, wo die Familie nach dem Motto „unser Kind soll es besser haben" den Aufstieg fördert und geradezu will, auch wenn das Kind damit den elterlichen Erfahrungskreis und Bildungsabschluss weit hinter sich lässt. Diese Haltung ist in deutschen Familien in den vergangenen Jahrzehnten in beträchtlichem Umfang verloren gegangen. Vielfach ist hier an die Stelle dieser Einstellung der Elterngeneration die Haltung getreten, sich selbst mit seinen eigene Bedürfnissen im Vordergrund zu sehen: „Jetzt komme erst mal ich selber".

Die Auflösung des Konfliktes zwischen mitgebrachten Traditionen und hier geltenden Vorstellungen ist für viele Zuwanderer-Eltern der entscheidende Faktor bei der Unterstützung ihrer Kinder. Sie ist essentiell für eine erfolgreiche Integration der nächsten Generation. Sie gelingt nur durch eine intensive Aufklärung, aber vor allem durch eine große Bereitschaft, sich selbst wirklich in diesem Land zu integrieren und die hier geltenden Maßstäbe zu akzeptieren.

Eine solche Bereitschaft ist nicht bei allen Zuwanderern der letzten Jahrzehnte anzutreffen.

Anders verhält es sich vor allem bei Zuwandererfamilien, die erst in den letzten Jahren zugewandert sind und verstehen, welche Unterstützung sie für ihre Kinder erbringen müssen, damit diese hier zu individuellem Erfolg kommen. Dies gilt zunehmend vor allem für den Weg in eine Selbstständigkeit. Die Bereitschaft, ein eigenes wirtschaftliches Risiko einzugehen, wächst bei einigen Zuwanderer-Gruppen erkennbar an. Diese Menschen ersetzen oft die gescheiterte Aufnahme in deutschen Unternehmen durch die Gründung einer eigenen Firma.

Diese Entwicklung ist insgesamt auch für die beruflichen Chancen vieler Menschen mit Zuwanderungshintergrund positiv. Die Zahl der Betriebe mit Zuwanderern als Inhaber steigt kontinuierlich und wird sich mittelfristig bei kleinen und mittelständischen Betrieben in die Nähe der Quoten bewegen, die auch für die Anteile der Zuwanderer an der gesamte Bevölkerung gelten. Bereits heute kann man erkennen, das bei gerade kleine Betriebe von Zuwanderern eine zunehmend wichtige Rolle bei der Ausbildung von Jugendlichen mit Zuwanderungshintergrund spielen. Sie nehmen nicht selten gerade die Jugendlichen auf, die sonst auf dem Lehrstellenmarkt keine Chance bekommen, obwohl ihre Leistungen nicht schlechter sind als bei den deutschen Bewerbern. Diese Betriebe werden eine wichtige Rolle bei den Lehrstellen-Angeboten und bei der Beschäftigung von Zuwanderern aus demselben Kulturkreis wie die Inhaber spielen.

3.8 Schule und Wirtschaft - Kooperation statt Konfrontation

Angesichts des weit überproportionalen Anteils der Jugendlichen mit Zuwanderungshintergrund in den Reihen der Bewerber um Ausbildungsstellen lohnt sich ein intensiverer Blick auf die Entwicklungen im Verhältnis zwischen Schulen und (örtlicher) Wirtschaft.

Im Zusammenhang mit der fortdauernden Lehrstellenkrise stehen die immer wieder kehrenden Vorwürfe der Unternehmen, die Absolventen der Schulen, insbesondere die Hauptschüler seien nicht ausreichend auf den Beruf vorbereitet. Umgekehrt verteidigen sich die Schulen mit dem Hinweis, sie seien nicht allein dazu da, die Jugendlichen auf den Arbeitsmarkt anzupassen, sondern vor allem dazu aufgerufen, deren Persönlichkeits-Entwicklung zu unterstützen. Der Begriff „Employability" ist dabei zum Reizwort für manche Pädagogen geworden, die sich nicht als „Lieferanten" von Arbeitskräften verstehen wollen.

Die Wirtschaft erwartet die Motivation, Fähigkeit und Kompetenz eines Menschen, auf dem Arbeitsmarkt mit seiner Qualifikation einsetzbar zu sein. Dies schließt die eigene Verantwortung für den richtigen und angemessenen Einsatz der eigenen Arbeitskraft in einem dynamischen Arbeitsmarkt ein. Dieser Anspruch kann sich allerdings nicht allein an die einzelne Person richten. Er wendet sich auch an die Institutionen, die für die Entwicklung und den Erhalt dieser Fähigkeiten verantwortlich sind, das allgemeine Bildungssystem und die Wirtschaft selbst. Dabei standen sich diese beiden Beteiligten lange eher feindlich gegenüber. So gab es bei den Schulen eine Ablehnung gegenüber dem formulierten Anspruch der Wirtschaft auf beschäftigungsfähige Absolventen, so gab es eine Ablehnung der Wirtschaft gegenüber dem Anspruch der Schule, eine umfassende Persönlichkeitsbildung des Schülers zu unterstützen.

Christof Eichert

Die in diesen Positionen zum Ausdruck gebrachte traditionelle Gegenüberstellung der Systeme Schule und Wirtschaft ist inzwischen überholt. Längst ist die Persönlichkeitsbildung kein für sich allein stehendes humanistisches Ziel mehr, sondern gerade eine Bedingung für ein erfolgreiches Handeln in der Wirtschaft. Längst ist die Kompetenz zur Mitarbeit in wirtschaftlichen Prozessen und Strukturen anerkannter Teil einer entwickelten Persönlichkeit. Beide Systeme sind gleichrangig eine Grundbedingung für unsere freiheitliche Gesellschaft. Es kann keine getrennten Welten Schule und Wirtschaft geben. Dies gilt insbesondere im lokalen Bereich. Hier sind beide Seiten aufeinander angewiesen. Hier begegnet sich die ökonomische Notwendigkeit zur bestmöglichen Bildung mit der gesellschaftlichen Notwendigkeit, mündige und selbstbewusste Bürger zu gewinnen.

Die allgemeinbildenden Schulen haben das Thema Wirtschaft lange ausgespart, denn es passte nicht zum humanistischen Bildungsideal. In manchen Fächern wurden Teile der erforderlichen Kompetenzen durchaus angesprochen, von einem Konzept waren die Schulen meist weit entfernt. Dies ändert sich deutlich: Schule und Wirtschaft beginnen vor Ort, systematisch zusammen zu arbeiten, und dies durch fest vereinbarte Partnerschaften zu beiderseitigem Nutzen. Hunderte von Schulen und Unternehmen in Deutschland haben bereits solche Kooperationsvereinbarungen unterschrieben. Das Ergebnis ist weit mehr als ein unternehmerisches „Almosen" für die Schule. Unternehmer sind vom Kritiker des Bildungssystems zum Bildungspartner der Schulen avanciert, sie haben ihre Einstellung von der Abnehmer-Mentalität zur Co-Produzenten-Haltung weiterentwickelt.

Im Grunde entsteht hier eine für die Berufsbildungslandschaft Deutschland interessante Weiterentwicklung des dualen Systems, bei dem die Kooperation mit den Betrieben von der Berufsschule zeitlich nach vorne in die allgemeinbildenden Schulen verlagert wird. Diese neue Kultur des Zusammenwirkens von Schule und Wirtschaft führt dann auch folgerichtig zu einer Diskussion um eine Zusammenfassung von Hauptschulen und Berufsschulen zu einem neuen System der „Berufsbildungsschulen" in enger Kooperation mit der örtlichen Wirtschaft.

Was lange undenkbar war, verändert sich also rasant. Auch Forscher und Schul-Praktiker arbeiten an Kooperations-Projekten und erproben Modelle. Örtliche Unternehmen schließen Verträge, vor allem auch mit den Hauptschulen. „Die Wirtschaft hat bei der Bildung eine riesige Aufgabe, schon im eigenen Interesse. Ein Unternehmen ist existenziell auf gute Arbeitskräfte angewiesen", so Thomas Straubhaar, Präsident des Hamburgischen Welt-Wirtschafts-Instituts (HWWI). Das sog. Hamburger Hauptschul-Modell, bereits mehrfach für seine Erfolge ausgezeichnet, hat durch die enge Zusammenarbeit von Firmen und Schulen erreicht, dass die Quote der Hauptschüler, die einen Ausbildungsplatz bekommen, von sieben auf mehr als 20 Prozent gesteigert werden konnte. Die Personalverantwortlichen selbst großer Unternehmen trainieren mit den Schülern Bewerbungen, sie raten ihnen zum passenden Beruf und nehmen sogar wieder Hauptschüler für Lehrstellen auf, bei denen in den letzten Jahren vor allem Bewerber mit höheren Schulabschlüsse bevorzugt wurden. Die deutlich höhere Betriebstreue dieser Hauptschüler zu dem Unternehmen ist der Dank für diese Rückkehr zu den Talenten, die vor allem im praktischen Feld ihre Stärke haben.

Es ist eine zentrale unternehmerische Aufgabe, eine Brücke zu schlagen zwischen der Firma und der Schule, Kooperationen zu beiderseitigem Nutzen zu installieren. Es muss auch als unternehmerische Führungsaufgabe verstanden werden, schon in der Schule zu verdeutlichen, was später im Beruf auf die jungen Menschen zukommt. Es entspricht einer lokalen Verantwortungs-Gemeinschaft für Bildung und Ausbildung, an der die Unternehmen aktiv teilnehmen müssen.

Diese Entwicklungen betreffen zwar auch die allgemeine deutsche Bevölkerung, sie haben aber angesichts immer weiter wachsender Anteile von Menschen mit Zuwanderungs-Hintergrund in dieser Bevölkerung eine besondere Bedeutung für die Integration. Eine Integrations-Politik, die den Ausbildungs- und Arbeitsmarkt ausspart und damit die soziale und die ökonomische Integration allein den Schulen und staatlichen Sozialsystemen auflastet, ist mit Sicherheit zum Scheitern verurteilt. Es gibt keine bessere Vorsorge für die spätere Beschäftigungsfähigkeit oder „Employability" von Menschen mit Zuwanderungshintergrund als diese frühzeitige Kooperation zwischen Unternehmen und Schulen.

3.9 Betriebliche Personalentwicklung: Chance für Arbeitnehmer mit Zuwanderungshintergrund

Dem Herausgeber dieses Buches, Peter Speck, geht es um Konzepte für eine innovations-orientierte Arbeitswelt von morgen. Dafür stellt er zusammen mit namhaften Autoren viele Anregungen, Beispiele und Konzepte vor. Diese Arbeitswelt ist nun keine isolierte, auf einen Nationalstaat konzentrierte Struktur, sondern im hohen Masse international beeinflusst und vernetzt. Die Welt von heute und erst recht die von morgen ist bunt und vielfältig, so wie die Menschen in ihr. Die Innovation für diese Welt kommt von dieser bunten Mischung an unterschiedlichen Begabungen und Prägungen. Die Arbeitswelt muss damit diese Mischung nutzen und sie sich zu eigen machen.

Die Globalisierung in allen Bereichen der Wirtschaft und dabei auch eine Verschiebung der ökonomischen Gewichte in der Welt bedeuten für viele Unternehmen bis hinein in den Mittelstand ganz neue Herausforderungen. Sie müssen sich auf ihren Märkten mit neuen Konkurrenten auseinandersetzen und neue Kunden gewinnen. Sie müssen in veränderten gesellschaftlichen Kontexten ihre Ziele definieren und für die Umsetzung die richtigen Maßnahmen ergreifen.

Zu den zentralen Aufgaben gehören dabei in jedem Unternehmen ein modernes Führungs-Verständnis und zugleich eine innovative Personalentwicklung. Eine der spannenden Perspektiven für den Standort Deutschland mit seinen internationale Verflechtungen ist dabei, die vorhandenen interkulturelle Kompetenzen der Menschen einzubeziehen, die hier mit Wurzeln in anderen Kulturkreisen leben, ihre Sprachkompetenzen und ihr Einfühlungsvermögen in andere kulturelle Zusammenhänge zu nutzen.

Das verlangt eine intensive Aus- und Weiterbildung von Zuwanderern. Das verlangt, ihnen echte Chancen einräumen, bei diesen Herausforderungen an wichtiger Stelle mitzuwirken. Die erste Bedingung hierfür ist, vorurteilsfrei die Menschen mit Zuwanderungshintergrund anzunehmen und in ihnen nicht nur Mitarbeiter zweiter Klasse zu sehen. In Industriebetrieben der unterschiedlichsten Branchen stellen Menschen mit Zuwanderungshintergrund häufig einen hohen Prozentsatz der Beschäftigten, hauptsächlich in der Produktion, zunehmend auch in anderen Bereichen. Dort überall die Talente zu erkennen und ihnen einen angemessenen Aufstieg zu ermöglichen, ist ein Teil einer Unternehmenskultur, die auf die interkulturellen Kompetenzen der einzelnen Mitarbeiter Wert legt und sie aktiv nutzt.

Diese Anforderung an eine auf diese Gruppe gezielt ausgerichtete Personalentwicklung wendet sich an eine große Gruppe von Verantwortlichen, an die Führungskräfte, die Verantwortung für Einstellungen, Fort-, Weiterbildung und beruflichem Aufstieg tragen, auch an die Betriebsräte. Ein wesentliches Instrument ist dabei, die bislang ungenutzten Potenziale von Menschen mit Zuwanderungshintergrund systematisch zu ermitteln und ihnen anschließend gleichberechtigte Entwicklungs- und Aufstiegsvoraussetzungen zu geben.

Viele Mitarbeiter bringen spezielle interkulturelle Kompetenzen und Kenntnisse mit, die aus ihrer Verwurzelung in zwei Lebensräumen, Sprachen und Kulturkreisen resultieren. Sie bilden die Grundlage für ihre persönliche Kompetenz, auch für ihre Innovationsfähigkeit und Kreativität. Insgesamt stellen diese Mitarbeiter einen wichtigen Beitrag zur Zukunftssicherung des Betriebs dar.

3.10 Fazit

Eine grundsätzliche Bereitschaft des Einzelnen zur aktiven Integration und der eigene Wille zum Aufstieg sind Vorbedingungen, die auf dem Weg eines Zuwanderers in die persönliche Zukunft in der neuen Heimat unerlässlich sind. Genauso unerlässlich sind leistungsfähige Schulen und ein aufnahmebereiter Arbeitsmarkt, vor allem auch als gemeinsame Botschaft an die wachsende Zahl der Zuwanderer, dass unsere Gesellschaft die Chancen nutzen möchte, die sich aus der Zuwanderung ergeben. Nur dieses Willkommen begründet Chancen für alle.

Diese Chancen sind groß, so groß wie die Zahl der Menschen mit Zuwanderungshintergrund.

Sie beginnen bei der gleichberechtigten Teilhabe an unserem Bildungssystem, führen über eine faire Konkurrenz um Ausbildungs- und Arbeitsplätze weit hinein in die betriebliche Wirklichkeit, die sowohl innen wie außen von einer immer stärkeren interkulturellen Entwicklung geprägt ist. Daraus als Führungskraft sowohl bei der Personalentwicklung als auch bei der Zukunftssicherung des ganzen Betriebs die bestehenden Möglichkeiten zu nutzen, ist Teil der Verantwortung für das Unternehmen, aber auch für die ganze Gesellschaft.

Michael von Hauff und Nicola Seitz

4 Globalisierung der Arbeitsmärkte
Welche Bedeutung hat Employability?

4.1 Einführung

Es gibt international die weit verbreitete Auffassung, wonach die Globalisierung die Arbeitslosigkeit sowohl auf den nationalen Arbeitsmärkten der Industrie- als auch der Entwicklungsländer verschärft. Dies wird häufig damit begründet, dass die Globalisierung die Dynamik des Strukturwandels und die Beschleunigung der Wettbewerbsintensität fördert. Die Arbeitslosigkeit hat sich jedoch weltweit sehr unterschiedlich entwickelt. Begrenzt man die Analyse nur auf die Industrieländer, so lässt sich beispielsweise feststellen, dass sich die Entwicklung der Arbeitslosigkeit seit Mitte der 1980er Jahre in ausgewählten EU-Mitgliedsländern (wie Frankreich, England, Dänemark, Niederlande, Schweden und Deutschland) und den USA sehr unterschiedlich darstellt.

Es ist jedoch auffällig, dass Mitte der 1980er Jahre ausgewählte EU-Staaten und die USA im Vergleich der Arbeitslosenquote deutlich enger zusammen lagen als in den 1990er Jahren und zu Beginn dieses Jahrzehnts. Zum anderen fällt auf, dass beispielsweise die Bundesrepublik Deutschland noch im Jahre 1985 im Ländervergleich die geringste Arbeitslosenquote aufwies, während im Jahre 2002 Deutschland nach Frankreich die zweithöchste Arbeitslosenquote hatte. Die Entwicklung in den Niederlanden zeigt einen entgegengesetzten Verlauf auf. Dabei gilt jedoch zu berücksichtigen, dass in Deutschland der Arbeitsmarkt bis heute durch die Wiedervereinigung belastet wird.

Um die Zunahme der Arbeitslosigkeit zu bekämpfen, haben die Regierungen einzelner Industriestaaten besonders in den 1990er Jahren unterschiedliche arbeitsmarktpolitische Strategien verfolgt. In diesem Kontext kam es in den letzten Jahren zu einer Vielzahl von Untersuchungen und zu umfangreichen Vergleichen beschäftigungspolitischer Maßnahmen. Die Untersuchungen führten zu der Erkenntnis, dass erfolgreiche Strategien eines Landes nicht beliebig auf andere Länder übertragen werden können. Vielmehr sind die arbeitsmarktpolitisch relevanten Rahmenbedingungen eines Landes von zentraler Bedeutung. Die Schlussfolgerung daraus ist: Es gibt keinen Königsweg zur Überwindung der Arbeitslosigkeit.

Weiterhin zeigen die Untersuchungen, dass unter Berücksichtigung der Dimension des Beschäftigungsproblems in vielen Industrieländern einzelne arbeitsmarktpolitische Instrumente in der Regel nur einen geringen Beitrag zur Verringerung der Arbeitslosigkeit leisten können. Daraus lässt sich weiterhin ableiten, dass nur ein bestimmtes Strategiebündel (Policy-Mix) zu einem Umschwung auf den nationalen Arbeitsmärkten führen kann.

Im Rahmen des Policy-Mix können Maßnahmen zur Stärkung der Employability, d.h. zur Förderung der Beschäftigungsfähigkeit von Erwerbspersonen, einen wichtigen Beitrag zur Reduzierung von Beschäftigungsproblemen bzw. zur Stabilisierung von Beschäftigungsverhältnissen beitragen. Der notwendige Strukturwandel und die Schaffung neuer Arbeitsplätze in zukunftsweisenden Bereichen soll durch die Verfügbarkeit aktuell benötigter und hoch qualifizierter Arbeitskräfte gelöst werden (Blancke, Roth, Schmid 2000). Dafür ist es notwendig, dass der einzelne Erwerbstätige in der Lage ist, marktfähige Qualifikationen und Fertigkeiten anzubieten. Das gilt auch für Arbeitslose, um wieder arbeitsmarkt- und wettbewerbsfähig zu werden. Bei der Förderung der Beschäftigungsfähigkeit von Arbeitskräften stehen Erwerbspersonen, Unternehmen und Staat gleichermaßen in der Verantwortung.

Die vielfältigen Erkenntnisse und Informationen aus der vergleichenden Arbeitsmarktforschung haben zu einem wachsenden Wettbewerbsdruck unter den nationalen Beschäftigungspolitiken geführt. Es geht um die Frage, welche nationale Arbeitsmarktpolitik besonders wirksam bzw. erfolgreich ist. Sowohl die Bemühungen um ein „Benchmarking" der Arbeitsmärkte als auch der sogenannten „Best Practices" der Beschäftigungspolitik der EU-Mitgliedsländer und teilweise auch der USA sind ein wichtiger Beleg hierfür.

In dem folgenden Abschnitt wird zunächst die Beziehung zwischen Globalisierung und Beschäftigung näher betrachtet. Dabei geht es um eine Analyse der zu Beginn aufgeführten Aussage wonach die Globalisierung die Arbeitslosigkeit verschärft und um mögliche Schlussfolgerungen für die nationale Arbeitsmarktpolitik. In Abschnitt drei geht es um einen Vergleich der Arbeitsmärkte bzw. ihrer spezifischen Probleme in ausgewählten Industrieländern. Im Mittelpunkt steht hier das Phänomen der unterschiedlichen Qualifikationsniveaus. In dem nachfolgenden Abschnitt wird die Neuorientierung der Arbeitsmarktreformen der EU aufgezeigt. Im letzten Abschnitt werden dann die wichtigsten Erkenntnisse kurz zusammen geführt.

4.2 Globalisierung und Beschäftigung

Ein wesentliches Merkmal der Globalisierung von Märkten ist die zunehmende interindustrielle und intraindustrielle Arbeitsteilung, die den internationalen Handel ganz wesentlich determiniert. Der wachsende Handel mit Dienstleistung bleibt in diesem Beitrag unberücksichtigt, da hier andere Folgerungen möglich sind, die zu umfangreich würden (Vgl. hierzu u.a. Straubhaar 2005, S. 359 ff). Ein weiterer Bereich, der durch die Globalisierung gefördert wird, sind die ausländischen Direktinvestitionen, die primär zwischen den Industrieländern stattfinden. Es gibt jedoch in zunehmendem Maße auch ausländische Direktinvestitionen, die zwischen Industrie- und Entwicklungsländern bzw. zwischen Entwicklungsländern erfolgen. Schließlich ist noch die internationale Mobilität von Arbeitskräften zu nennen, die ebenfalls durch die Globalisierung gefördert wird.

Die wirtschaftswissenschaftliche Analyse konzentriert sich daher zum einen auf den Zusammenhang zwischen internationalem Handel und Beschäftigung und zum anderen auf die Beziehung zwischen Direktinvestitionen und Beschäftigung (Kleinert, Schimmelpfennig, Scharder, Stehn 2000). Ein weiterer eher regionaler Einfluss auf den Arbeitsmarkt Deutschlands ist durch

4 Globalisierung der Arbeitsmärkte

die EU-Erweiterung von den osteuropäischen Staaten zu erwarten. Auch dieser Einfluss soll hinsichtlich seiner Bedeutung kurz aufgezeigt werden.

Der internationale Handel lässt sich einmal in den interindustriellen Handel und den intraindustriellen Handel unterscheiden. Bei dem interindustriellen Handel ist im Heckscher-Ohlin-Modell die unterschiedliche Faktorausstattung der Handel treibenden Länder von zentraler Bedeutung. Demnach führt die Aufnahme von Handelsbedingungen insgesamt zu Wohlfahrtsgewinnen der beteiligten Länder. Von den Produktionsfaktoren profitieren jedoch hauptsächlich diejenigen, die intensiv bei der Herstellung der Exportgüter eingesetzt werden, also die in den Produktionsbereichen beschäftigt sind, in denen das Land komparative Vorteile aufweist. Bei den anderen Produktionsfaktoren muss in der Regel eine relative oder sogar absolute Verschlechterung der Position hingenommen werden. In den Industrieländern expandieren die humankapitalintensiven Sektoren, während die arbeitsintensiven Sektoren schrumpfen. Es kommt somit zu einer Freisetzung gering qualifizierter Arbeit (Fehn, Thode 1997, S. 399).

Der Großteil des Handels findet jedoch zwischen Industrieländern statt, die meistens über eine sehr ähnliche Faktorausstattung verfügen. Intraindustrieller Handel, d. h. der Ex- und Import von Produkten des gleichen Industriezweiges, ist somit für die Bundesrepublik Deutschland, aber auch für viele andere Industrieländer von zentraler Bedeutung. Intraindustrieller Handel wird durch unvollkommene Märkte und steigende Skalenerträge erklärt. Das wird im Rahmen der neuen Außenhandelstheorie beispielsweise von Krugman und Helpman diskutiert (vgl. Krugman/Helpman 1987, 1993 und 2004). Da hier der Wettbewerb humankapitalintensiver Güter im Mittelpunkt steht, nimmt aus der Sicht der Industrieländer die relative Nachfrage nach einfacher Arbeit ab.

Die Hypothese, wonach die Globalisierung in Form der Zunahme des inter- und intraindustriellen Handels zu einer zunehmenden Freisetzung gering qualifizierter Arbeit führt, konnte jedoch durch empirische Untersuchungen für die USA in den 1990er Jahren nicht übereinstimmend belegt werden. So konnten einige empirische Studien für die USA in der Regel keinen signifikanten Einfluss des internationalen Handels auf gering qualifizierte Arbeit nachweisen (Bhagwati, Dehija 1994, Krugman, Lawrence 1994, Lawrence, Slaughter 1993). Zu gegenteiligen Ergebnissen kommt jedoch Wood (1994, 1995 und 1998). Ebenso gelangen Anderton und Brenton zu der Erkenntnis, dass es in den vergangenen dreißig Jahren in Nordamerika und Europa für weniger Qualifizierte im Verhältnis zu qualifizierten Arbeitskräften zu einem Rückgang der Löhne und der Beschäftigung gekommen ist. Dieser Prozess wurde durch die Globalisierung gefördert (Anderton, Brenton 2006, S. 1).

Für Deutschland gilt, dass zunehmender Außenhandel insgesamt Gewinne ermöglicht. Damit dieser Effekt eintritt, wird vom Wissenschaftlichen Beirat für das Ministerium für Wirtschaft und Technologie Lohnflexibilität gefordert. Dabei entstehen jedoch negative Verteilungseffekte, da gering qualifizierte Arbeitskräfte geringer entlohnt werden müssen. Kommt es nicht zu der geringeren Entlohnung, ist bei den gering qualifizierten Arbeitskräften steigende Arbeitslosigkeit zu erwarten (Wissenschaftlicher Beirat bei dem Bundesministerium für Wirtschaft und Technologie 2006, S. 14).

Tabelle 4-1: Deutsche Direktinvestitionen im Ausland – 1999-2006[1]

Jahr	in Mio €
1999	102.018
2000	61.387
2001	44.347
2002	20.132
2003	5.158
2004	11.942
2005	44.640
2006	63.311

Die wirtschaftspolitische Diskussion in Deutschland war in den letzten Jahren außerdem durch die Vermutung geprägt, dass die Globalisierung zu einem starken Anstieg der Auslandsinvestitionen deutscher Unternehmen geführt habe. Dabei ist jedoch zu berücksichtigen, dass die deutschen Direktinvestitionen von 1999 bis 2003 stark rückläufig waren. 1999 wurden Direktinvestitionen im Wert von etwa 102 Mrd. US-$ getätigt, die im Jahr 2000 auf ca. 61 Mrd. US-$ sanken und 2003 nur noch 5 Mrd. US-$ betrugen. Seit 2004 sind die deutschen Direktinvestitionen im Ausland jedoch wieder deutlich angestiegen und erreichten im Jahr 2006 ein Volumen von etwa 63 Mrd. US-$. Gleichzeitig ist auch zu berücksichtigen, dass es zu ausländischen Direktinvestitionen in Deutschland kommt. Hier entsteht also ein Kompensationseffekt, der natürlich davon abhängt, wie hoch die ausländischen Direktinvestitionen sind, die in Deutschland getätigt werden.

Die deutschen Direktinvestitionen im Ausland wurden vielfach mit geringeren Lohnkosten begründet, was dazu führte, dass Arbeitsplätze in das Ausland verlagert wurden (vertikale Direktinvestitionen). Empirisch konnte jedoch nachgewiesen werden, dass die Handelsweise besonders multinationaler Unternehmen vielmehr durch die Erzielung von Skalenerträgen und sinkender Distanzkosten geprägt ist. Weiterhin wurde empirisch nachgewiesen, dass viele Unternehmen, welche die Produktion primär auf Grund der geringeren Lohnkosten in das Ausland verlagert haben, nach einiger Zeit diese Produktion wieder nach Deutschland zurück brachten. Es besteht jedoch kein Zweifel, dass es bei vertikalen Direktinvestitionen zu einem stärkeren Druck auf die unteren Lohngruppen kommt. Bei geringer Lohnflexibilität ist deshalb mit einer steigenden Arbeitslosigkeit von gering qualifizierten Arbeitskräften zu rechnen.

Das Hauptmotiv von Auslandsinvestitionen, auch von deutschen Unternehmen, ist somit neue Absatzmärkte zu erschließen oder bestehende Absatzmärkte durch Direktinvestitionen zu sichern (horizontale Direktinvestitionen). Deutsche Unternehmen investieren primär in entwickelten Volkswirtschaften mit vergleichbarer Faktorausstattung (Buch et al. 2005). Daher ist

---

[1] Quelle: Zahlungsbilanzstatistik April 2007 der Deutschen Bundesbank (http://www.dihk.de/index.html?/inhalt/themen/international_neu/investitionen/invest.html)

4 Globalisierung der Arbeitsmärkte

davon auszugehen, dass die Globalisierung in Form von ausländischen Direktinvestitionen zur Sicherung bzw. sogar zum Ausbau von Arbeitsplätzen auch in Deutschland geführt hat. Empirische Studien zeigen, dass die Arbeitsmarkteffekte von Direktinvestitionen aus verschiedenen Gründen positiv zu bewerten sind (Barba-Naviretti, Venables 2004, Kap. 9).

Während die direkten Wirkungen der Globalisierung auf die Beschäftigungsstruktur in Deutschland nur relativ gering sind, kommt es indirekt über eine Erhöhung der Wettbewerbsintensität zu einem Einfluss auf die inländische Beschäftigung. Nur über eine Erhöhung der Humankapitalintensität in der Produktion und eine Bereitstellung komplementärer Dienstleistungen kann es den Unternehmen gelingen im globalen, dynamischen Wettbewerb zu bestehen. Entscheidend hierbei ist somit, in welchem Maß es ganzen Branchen oder einzelnen Unternehmen gelingt, sich dem Strukturwandel in der Produktion anzupassen.

Erwerbspersonen, deren Qualifikationen in schrumpfenden Wirtschaftsbereichen angesiedelt sind, werden durch den Strukturwandel in der Produktion entwertet. Die Konsequenzen daraus sind entweder Lohneinbußen, die Qualifikation durch Schulungsmaßnahmen an die Arbeitsnachfrage anzupassen oder in die Arbeitslosigkeit abzuleiten. Eine empirische Analyse der Verweildauer von Arbeitslosen zeigt einen eindeutigen Zusammenhang zu dem Strukturwandel des Produktionsprozesses. Hier wird die unmittelbare Relevanz von Maßnahmen zur Employability erkennbar.

Abschließend geht es nun noch um die Relevanz der Migration von Arbeitskräften auf den Arbeitsmarkt. Die Europäische Union hat durch die Osterweiterung neue Mitgliedsstaaten aufgenommen, deren Lohnniveau deutlich unter dem Lohnniveau in Deutschland liegt. Während im Jahr 2004 die durchschnittlichen Arbeitskosten im Verarbeitenden Gewerbe in den alten Bundesländern etwa 28 € pro Stunde betrugen, lagen sie in Polen bei 3 €, in Tschechien und Ungarn bei etwa 4,50 € (Wissenschaftlicher Beirat für das Bundesministerium für Wirtschaft und Technologie 2006, S. 6).

Diese Lohnunterschiede implizieren für Arbeitskräfte in den neuen osteuropäischen Mitgliedsländern einen großen Anreiz in Deutschland einen Arbeitsplatz zu erhalten. Verlierer sind zunächst die gering qualifizierten deutschen Arbeitskräfte, da sie bei Zuwanderung von osteuropäischen Arbeitskräften Lohneinbußen hinnehmen müssen. Kommt es nicht zu der Lohnanpassung nach unten, bleibt der Anreiz der Zuwanderung aus den neuen osteuropäischen EU-Mitgliedsländern erhalten: Es entsteht ein Überangebot an gering qualifizierten Arbeitskräften und damit kommt es bei dieser Arbeitnehmergruppe zu Arbeitslosigkeit.

Das Ausmaß dieses Effektes hängt jedoch von den tatsächlichen Wanderungsströmen ab. Diese sind bisher weit geringer als die öffentliche Wahrnehmung vermuten lässt. Neben den 7 Millionen sonstigen Ausländern lebten Ende des Jahres 2004 etwa 1,2 Mio. Menschen (1,5 % der deutschen Bevölkerung) aus osteuropäischen Transformationsländern in Deutschland. Es wird geschätzt, dass es nach der Freigabe der Zuzugsregelung zu einer stärkeren Zuwanderung kommen wird, die voraussichtlich zu einem Anteil von 2-4 % führt. Insgesamt werden jedoch die Gefahren, die von der Migration besonders aus den neuen osteuropäischen EU-Mitgliedsländern für den deutschen Arbeitsmarkt ausgehen, geringer sein als vielfach erwartet wird (Wissenschaftlicher Beirat beim Bundesministerium für Wirtschaft und Technologie 2006, S. 7).

Somit kann abschließend festgehalten werden, dass die Globalisierung von Märkten und Unternehmen über den Strukturwandel des Produktionsprozesses die Beschäftigungsstruktur in Deutschland beeinflusst. Dennoch sollte der Einfluss der Globalisierung auf die nationalen Arbeitsmärkte nicht überschätzt werden. Die Globalisierung ist nicht die Ursache von Arbeitslosigkeit, sondern trägt gegebenenfalls zu einer Verschärfung der Arbeitslosigkeit besonders bei gering qualifizierten Arbeitskräften bei.

4.3 Vergleich der Arbeitsmärkte in ausgewählten Industrieländern

Der Erfolg von Volkswirtschaften kann anhand der Entwicklung des Sozialproduktes bzw. der Wachstumsrate sowie mittels der Entwicklung der Arbeitslosenquoten bestimmt werden. Abbildung 4-1 gibt den Verlauf der Arbeitslosenquote ausgewählter Industrieländer von 1983 bis 2006 wieder.

Abbildung 4-1 ist zu entnehmen, dass Deutschland 1983 im internationalen Vergleich vor Frankreich die geringste Arbeitslosenquote aufwies, während Länder wie die Niederlande, Großbritannien, Dänemark aber auch die USA eine deutlich höhere Arbeitslosenquote zeigten. Die Reihenfolge dieser Länder hinsichtlich der Arbeitslosenquote hat sich bis 2006 gravierend verändert bzw. nahezu umgedreht. 2006 waren Deutschland und Frankreich die Länder mit der höchsten Arbeitslosenquote und die Niederlande sowie Dänemark jene mit der geringsten.

Dabei gilt jedoch zu berücksichtigen, dass die Messung der Arbeitslosenquote in Industrieländern unterschiedlich erfolgt. Arbeitslosigkeit kann entweder durch Haushaltsbefragungen, wie z.B. in den USA, Japan und Schweden, oder durch die Erfassung der Personen, die beim Arbeitsamt als arbeitslos registriert sind, gemessen werden. Repräsentative Befragungen haben den Vorteil, dass sie auch die Teile der Bevölkerung erfassen, die zwar erwerbslos, aber nicht beim Arbeitsamt als arbeitslos registriert sind. Weiterhin gilt zu berücksichtigen, dass die Arbeitslosenstatistik durch eine Frühverrentung der nicht mehr arbeitsfähigen Personen „entlastet" werden kann. So kamen über eine Million der etwa 18 Millionen Niederländer aus Krankheitsgründen zu einer Frühverrentung. In diesem Beitrag ist es jedoch nicht möglich, die vielfältigen Besonderheiten statistisch aufzuarbeiten und zu berücksichtigen.

In diesem Zusammenhang erscheint es bedeutsamer, die Arbeitslosenquote weiter zu differenzieren. Da die gering qualifizierten Arbeitskräfte im Kontext der Globalisierung stärker als die hoch qualifizierten Arbeitskräfte von Arbeitslosigkeit betroffen sind, gilt es nun, nach diesen beiden Gruppen zu unterscheiden. Hierbei fällt auf, dass sich allgemein die Chancen gering Qualifizierter im Verhältnis zu den Hochqualifizierten besonders seit Beginn der 1990er Jahre verschlechtert haben: Die Schere der Beschäftigungschancen hat sich deutlich geöffnet, wobei auch hier die Globalisierung nicht die Ursache ist, sondern diesen Prozess nur beschleunigt hat.

4 Globalisierung der Arbeitsmärkte

Abbildung 4-1: *Arbeitslosenquote in ausgewählten Industrieländern (1983-2006)[2]*

Betrachtet man auf dem Arbeitsmarkt die Nachfrageseite, so kann festgestellt werden, dass sich die Nachfrage nach hoch qualifizierten Tätigkeiten im Jahr 1991 von 19,3 % auf 24,1 % im Jahr 2010 erhöhen wird. Dagegen nehmen die Anteile von Hilfstätigkeiten im gleichen Zeitraum von 20,1 % auf 15,7 % und die einfachen Tätigkeiten von 17,9 % auf 13,6 % ab (Reinberg 2003, S. 15). Dieser Trend wird auch durch die demographische Entwicklung nicht aufgefangen. Bei Erwerbspersonen mit Hochschulabschluss und in abgeschwächter Form auch bei jenen mit Berufsabschluss wird es in vielen Bereichen zu einer Mangelsituation auf dem Arbeitsmarkt kommen, während es bei dem Arbeitsangebot gering Qualifizierter weiterhin ein Überangebot geben wird.

Abbildung 4-2 zeigt für Deutschland einen großen Unterschied zwischen der Arbeitslosigkeit hoch qualifizierter und jener mit geringer Qualifizierung. Während die Arbeitslosigkeit bei hoch qualifizierten Arbeitskraften in dem Zeitraum von 1992 bis 2006 im Durchschnitt bei etwa 5 % lag, stieg die Arbeitslosenquote von gering qualifizierten Arbeitskräften im Jahr 1992 von etwa 8 % bis zum Jahr 2006 auf knapp 20 %.

Die Differenzierung der Arbeitslosenquote stellt sich jedoch bei den anderen EU-Mitgliedsländern sehr unterschiedlich dar. Während im EU-Durchschnitt die Arbeitslosenquote für ge-

---

[2] Quelle: OECD; Eurostat.

Abbildung 4-2:   *Arbeitslosenquote für Deutschland*[3]

[Liniendiagramm: Prozent (0–20) über Jahre 1992–2006; Linien: Arbeitslose_gesamt, Arbeitslose_geringste Bildung, Arbeitslose_höchste Bildung]

ring Qualifizierte nur etwa 3 % über der gesamten Arbeitslosenquote liegt, gibt es eine Reihe von Ländern – wie beispielsweise Deutschland, Bulgarien, Tschechien, Ungarn, Polen und Slowakei – die eine große Differenz aufweisen.

Daraus wird deutlich, dass die einzelnen Länder sehr unterschiedliche Anforderungen an arbeitsmarktpolitische Maßnahmen aufweisen. Dabei ist unbestritten, dass die Forderung von gering Qualifizierten zur Wiedereingliederung in den Arbeitsmarkt sehr schwierig zu bewerkstelligen ist. Dies wird besonders deutlich, wenn die Anforderungen an Employability, d.h. die Beschäftigungsfähigkeit näher betrachtet werden. Dabei geht es auch um die Fähigkeit, fachliche, soziale und methodische Kompetenzen unter sich wandelnden Rahmenbedingungen zielgerichtet und eigenverantwortlich anzupassen und einzusetzen, um eine Beschäftigung zu erlangen oder diese zu erhalten.

Grip et al. kommen daher zu der Schlussfolgerung: „An important characteristic of a protean career is that individual workers themselves, not organizations, manage it (Grip et al. 2004, S. 211)." Daraus wird deutlich, dass Employability auch ganz wesentlich von Einstellungen der Erwerbspersonen und deren Mentalitäten bestimmt wird. In den 1990er Jahren gab es die ersten Bemühungen den Ansatz der Employability zu quantifizieren. So wurden die verschiedenen Determinanten von Employability beispielsweise in den Niederlanden im Rahmen von einzelnen Indikatoren quantifiziert und zu dem Industry Employability Index zusammengeführt (Grip et al. 2004, S. 225). Insofern stellt sich die Frage, wie Maßnahmen zur Employability für gering Qualifizierte konkret auszustatten sind.

---

[3]   Quelle: Eurostat; Online-Datenbank.

Abbildung 4-3: *Arbeitslosigkeit von Arbeitnehmern mit niedrigster Qualifikationsstufe im EU-Vergleich[4]*

4.4 Arbeitsmarktpolitische Reformen in der EU

Die vergleichenden arbeitsmarktpolitischen Studien und die Evaluierungsergebnisse in den 1990er Jahren haben in der Europäischen Union zu einer kritischen Bestandsaufnahme der Arbeitsmarktpolitik geführt. Das Ziel zahlreicher Reformen ist die Effektivität und die Effizienz der Arbeitsmarktpolitik zu steigern. Dabei geht es vor allem darum, von einer aktiven zu einer aktivierenden Arbeitsmarktpolitik zu gelangen. Der Begriff der Aktivierung ist umfassender und beschränkt sich nicht nur auf die bekannten Programme aktiver Arbeitsmarktpolitik.

Die aktivierende Arbeitsmarktpolitik zielt auch auf eine stärkere Eigenverantwortung der Arbeitnehmer, eine Verbesserung der Rahmenbedingungen, Höherqualifizierung, Förderung von Innovation zur Erhaltung bzw. Stärkung der Beschäftigungsfähigkeit (Employability) sowie auf eine Neuorientierung der Beziehungen zwischen Arbeitnehmer- und Arbeitgebervertretern bzw. deren Interessenorganisationen (Co-Management, Dialogorientierung) ab. Der Zielkatalog wurde dementsprechend um folgende Ziele erweitert:

---

[4] Quelle: Eurostat; Online-Datenbank.

- Verbesserung der wirtschaftlichen Rahmenbedingungen,
- Stärkung der Eigenverantwortung,
- Befähigung zur selbstständigen Anpassung an die Herausforderungen des Arbeitsmarktes,
- Förderung der Risikobereitschaft,
- Vorbeugung und Ausgleich von Benachteiligungen,
- Dialogorientierung der Arbeitnehmer- und Arbeitgeberbeziehungen.

Eine wesentliche Voraussetzung der aktivierenden Arbeitsmarktpolitik in Ländern der EU war eine konsequente Dezentralisierung der Arbeitsverwaltung. Besonders hervorzuheben sind in diesem Zusammenhang Dänemark und die Niederlande, die hierbei wichtige Akzente gesetzt haben. So gibt es in Dänemark regionale Arbeitsmarkt-Räte, die sich aus lokalen Vertretern der Politik, Gewerkschaften und Unternehmen zusammensetzen. Durch die Dezentralisierung der Arbeitsverwaltung, wie es auch in der Bundesrepublik Deutschland nun umgesetzt wurde, soll erreicht werden, dass Arbeitsmarktpolitik der Vielfalt lokaler und regionaler Unterschiede Rechnung tragen kann.

Weiterhin strebt die EU einen Paradigmenwechsel zu einem längeren Erwerbsleben an. Die Mitgliedsländer der EU mussten bis zum Jahr 2006 eine Gesetzgebung gegen Altersdiskriminierung sowohl im öffentlich-rechtlichen Bereich als auch in der privaten Wirtschaft verabschieden. Vorreiter sind besonders Finnland und Dänemark, die hierzu umfassende Programme implementiert haben (u. a. Weiterbildung von Arbeitnehmern und Arbeitgebern über die Vermittlung spezieller Lern- und Arbeitstechniken für ältere Arbeitnehmer). Insofern nimmt Employability in der Neuorientierung der EU-Arbeitsmarktpolitik eine wichtige Rolle ein. Dabei geht es jedoch um unterschiedliche Zielgruppen, die spezifischer Maßnahmen zur Beschäftigungsfähigkeit bedürfen. Das gilt für gering Qualifizierte in besonderem Maße.

4.5 Schlussfolgerungen

Die Globalisierung wirkt sich auf die nationalen Arbeitsmärkte aus. Dies wurde besonders für Industrieländer wie Deutschland näher begründet. Auch wenn die Auswirkungen nicht überschätzt werden sollten, stellen sich dennoch neue Herausforderungen an die Arbeitsmarktpolitik. Dabei gilt zu berücksichtigen, dass sich die Arbeitslosigkeit sowohl quantitativ als auch qualitativ in den Industrieländern sehr unterschiedlich darstellt und es insofern keine einheitliche Arbeitsmarktpolitik geben kann.

Die passive und aktive Arbeitsmarktpolitik sind die beiden traditionellen Säulen. Sie wurden in der Vergangenheit inhaltlich mehrfach modifiziert. Eine Erweiterung folgte durch die neue Säule der aktivierenden Arbeitsmarktpolitik. Diese setzt besonders neue Akzente in Richtung der Eigenverantwortung der Arbeitnehmer, Stärkung der Rahmenbedingungen für eine Höherqualifizierung und eine Stärkung der Dialogorientierung zwischen Arbeitgeber- und Arbeitnehmervertretern. Damit erhalten besonders Maßnahmen zur Förderung der Employability einen wichtigen Stellenwert. Für die außerordentlich wichtige Zielgruppe der gering Qualifizierten stellt sich jedoch die Frage, ob hier Maßnahmen zur Förderung der Employability ausreichen. Es ist vielmehr notwendig die Zahl der Schulabbrecher und der schwachen Hauptschulabsolventen zu verringern.

Literatur

ANDERTON, R. UND BRANTON, P. (2006): Globalisation and the labour market, in: Routledge studies in modern world economy (56), Routledge, London, S. 1-10.

BARBA-NAVARETTI, G.B. UND VENABLES, A.J. (2004): Multinational Firms in the World Economy, Princeton, Princeton University Press.

BHAGWATI, J. UND DEHIJA, V.H. (1994): FreeTrade and Wages of the Unskilled. Is Marx Striking Again?, in: BAGWATI, J. UND KOSTERS, M. (eds): Trade and Wages. Leveling it Down?, Washington, D.C.

BLANCKE, S., ROTH, C. UND SCHMID, J. (2000): Employability als Herausforderung für den Arbeitsmarkt – Auf dem Weg zur flexiblen Erwerbsgesellschaft, Arbeitsbericht Nr. 157,:Akademie für Technikfolgenabschätzung, Stuttgart.

BUCH, C.M., KLEINERT, J., LIPPONER, A. UND TOUBAL, F.: Determinants and Effects of Foreign Direct Investment: Evidence from German Firm-Level Data, in: Economic Policy 41, 2005, S. 52-110.

DE GRIP, A., VAN LOO, J. UND SANDERS, J. (2005): The Industry Employability Index: Taking account of supply and demand characteristics, International Labour Review, Vol. 143, No. 3, Geneve.

EMMERICH, K. (2003): Hintergrund und Stand der arbeitsmarktpolitischen Reformdiskussion in Europa, unveröffentl. Manuskript, Nürnberg, www.iab.de.

FEHN, R. UND THODE, E. (1997): Globalisierung der Märkte – Verarmen die gering qualifizierten Arbeitnehmer?, in: WiSt, Nr. 8. S. 397-404.

FRANZ, W. (2006): Arbeitsmarktökonomik, 6th edition, Berlin, Heidelberg, New York.

KLEINERT, J., SCHIMMELPFENNIG, A., SCHRADER, K. UND STEHN, J. (2000): Globalisierung, Strukturwandel und Beschäftigung, Kieler Studien 308, Tübingen.

KOCH, E. (2000): Globalisierung der Wirtschaft, München.

KRUGMAN, P.R. UND HELPMAN, E. (1987): Market Structure and Foreign Trade: Increasing Returns, Imperfect competition, and the International Economics, Cambridge/MA, London.

KRUGMAN, P.R. UND HELPMAN, E. (1993): Strategic Trade Policy and New International Economics, Cambridge/MA, London.

KRUGMAN, P.R. UND HELPMAN, E. (1994): Rethinking International Trade, Cambridge/MA, London.

KRUGMAN, P.R. UND LAWRENCE, R.Z. (1994): Trade, Jobs and Wages, in: Scientific American, April, S. 44-49.

LAWRENCE, R.Z. UND SLAUGHTER, M.J. (1993): International Trade and American Wages in the 1980s: Giant Sucking Sound or Small Hiccup?, in: Brooking Papers on Economic Activity, Vol. 1, S. 161-226.

OECD (2002): Economic Outlook No. 72, Paris.

OECD (2002): Employment Outlook, Paris.

REINBERG, A. (2003): Schlechte Zeiten für gering Qualifizierte? – Arbeitsmarktsituation, Beschäftigung und Arbeitsmarktperspektiven, in: FRIEDRICH-EBERT-STIFTUNG (Hrsg.): Gering Qualifizierte – Verlierer am Arbeitsmarkt?! Konzepte und Erfahrungen aus der Praxis, Bonn, S. 13-26.

STRAUBHAAR, T. (2004): Internationalisierung der Arbeitsmärkte: Rückwirkungen auf die Politik, in: HÖNEKOPP, E., JUNGNICKEL R. UND STRAUBHAAR T. (Hrsg.): Internationalisierung der Arbeitsmärkte, (Beiträge zur Arbeitsmarkt- und Berufsforschung, 282), Nürnberg, S. 359-374.

UNCTAD (2003): World Investment Report 2003, FDI Policies for Development: National and International Perspectives, New York, Geneva.

WALWEI, U., WERNER, H. UND KÖNIG, I. (2001): Was und wie man von anderen lernen kann, IAB Werkstattbericht, Ausgabe Nr. 2 / 31.1.01.

WISSENSCHAFTLICHER BEIRAT BEIM BUNDESMINISTERIUM FÜR WIRTSCHAFT UND TECHNOLOGIE: (2006) Der deutsche Arbeitsmarkt in Zeiten globalisierter Märkte, Bonn.

WOOD, A. (1998): Globalisation and the Rise in Labour Market Inequalities, in: The Economic Journal, Vol. 108, S. 1463-1482.

WOOD, A. (1995): How Trade Hurts Unskilled Workers, in: Journal of Economic Perspectives, Vol. 9, S. 57-80.

Teil I

Beginners ... under way

Peter Speck und Rolf C. Zipf

5 Private Studienfinanzierungen
Neue Chancen für die eigene „Investition in die Zukunft"

5.1 Einleitung

Ein Hochschulstudium kostet sehr viel Geld: der „typische Student" benötigte im Jahr 2006 – in den meisten Bundesländern vor der Einführung allgemeiner Studiengebühren – monatlich 770 Euro zur Finanzierung seines Studiums.[1] Der größte Teil dieses Betrags (rd. 52 %) wird nach wie vor durch die Eltern beigesteuert, gefolgt vom eigenen Verdienst (rd. 24 %) aus Tätigkeiten während des Studiums. Für diese häufig fachfremden Tätigkeiten verwendet der „typische Student" fast ein Fünftel seines gesamten wöchentlichen Zeitbudgets. Anders ausgedrückt: Durch die Notwendigkeit zur Erwerbstätigkeit verläuft das Studium wesentlich langsamer und weniger zielgerichtet, als wenn es keine „finanzielle Lücke" geben würde.

Der hohe Finanzierungsanteil der Eltern wirft eine Reihe von sozialpolitischen Fragen auf, die auch von der BAföG-Finanzierung nicht abschließend beantwortet werden. Nur etwa 23 % aller Hochschulstudenten[2] erhalten eine BAföG-Finanzierung – davon erhalten rd. 47 % eine Vollförderung.[3] Das bedeutet, dass nur rd. 10 % aller Studierenden den BAföG-Höchstbetrag erhalten.[4] BAföG bleibt also eine Lückenfinanzierung für einige wenige, basierend auf dem sozialpolitischen Aspekt der „Bedürftigkeit" eines Studenten.

Fakt ist: Bereits vor der Einführung allgemeiner Studiengebühren belaufen sich die Gesamtkosten eines vierjährigen Hochschulstudiums auf bis zu 40.000 Euro und mehr, als Investition in die Zukunft.

Durch die Einführung allgemeiner Studiengebühren in Höhe von 500 Euro pro Semester in mehreren Bundesländern erhöhen sich die Gesamtkosten eines Studiums nochmals deutlich. Aber Studieren wird auch durch gestiegene Anforderungen des Arbeitsmarktes an Absolventen teurer. In bestimmten Studiengängen findet kein Absolvent attraktive Einstiegspositionen, wenn nicht während des Studiums z. B. Auslandserfahrungen durch Studium und Praktika gesammelt

---

[1] „Die wirtschaftliche und soziale Lage der Studierenden in der Bundesrepublik Deutschland 2006", 18. Sozialerhebung des Deutschen Studentenwerks, Bonn/Berlin 2007, S. 178.
[2] „Die wirtschaftliche und soziale Lage der Studierenden in der Bundesrepublik Deutschland 2006", a.a.O., S. 251.
[3] Pressemitteilung Nr. 280 des Stat. Bundesamtes vom 12.07.2007.
[4] „Die wirtschaftliche und soziale Lage der Studierenden in der Bundesrepublik Deutschland 2006", a.a.O., S. 263.

wurden. Ein Studienjahr im Ausland kostet jedoch leicht 10.000 Euro und mehr: Studiengebühren an ausländischen Hochschulen, erhöhte Lebenshaltungskosten und Reisekosten summieren sich.

Außerdem wechseln Studierende mitunter die Hochschulen, z. B. um den Abschluss an einer renommierten Universität absolvieren zu können. Darüber hinaus ist es häufig erforderlich, wertvolle Fachpraktika zu absolvieren, die den Studienverlauf zwar fördern – aber schlecht oder gar nicht bezahlt sind (Generation Praktikum). Auch dies muss finanziert werden.

Studieren wird also in den nächsten Jahren tendenziell noch teurer. Der heute schon sehr hohe finanzielle Anteil der Eltern kann nicht beliebig gesteigert werden – insbesondere dann nicht, wenn die Qualifizierung breiter Schichten und nicht nur die der Kinder wohlhabender Eltern als gesellschaftliches Ziel gelten soll. Daraus ergibt sich die Notwendigkeit, für die Studienfinanzierung eine neue Basis zu schaffen. Dies gilt umso stärker, wenn berücksichtigt wird, dass in den nächsten Jahren nicht weniger, sondern mehr Absolventen benötigt werden – zu befürchten ist ein „heftiger" und „dauerhafter" Fachkräftemangel.[5] Daraus folgt, dass die Studienbedingungen für alle (und nicht nur für die Kinder wohlhabender Eltern) verbessert werden müssen.

Schon kurz nach dem Verfassungsgerichtsurteil zur Frage der Rechtmäßigkeit allgemeiner Studiengebühren vom Januar 2005 hat sich deshalb in Deutschland eine Reihe von staatlichen und privaten Finanzierungsmöglichkeiten entwickelt (siehe Tab. 5-1). Im Kern bieten diese Konzepte die Möglichkeit, studienbedingte Kosten (Lebenshaltungskosten, Studiengebühren, Einmalaufwendungen) zu finanzieren, um die Investition in die eigene Ausbildung, und damit die eigene Zukunft, zu ermöglichen.

„Studienfinanzierung" ist ein Teilaspekt von Bildungsförderung und bedeutet insofern weit mehr als nur eine Finanzdienstleistung. Die Investition in ein Studium, in die eigene Zukunft, verspricht erst dann maximalen Nutzen, wenn neben optimalen finanziellen Rahmenbedingungen auch weitere Förderung (z. B. gezielte Aus- und Weiterbildungsangebote, Trainings, Coachings etc. als flankierende Maßnahmen) die Berufs- und Karrierechancen verbessern. Dies ist ein völlig anderer Ansatz. Er hat nicht den Finanzdienstleistungscharakter der Studienfinanzierung, sondern den Fördergedanken als Kern. Deshalb verwundert es nicht, dass bereits lange vor dem o. g. Urteil hierzu Angebote auf den Markt kamen und zwar in Form von sog. „Bildungsfonds" (auch „Studienfonds" genannt). Hierbei handelt es sich um einkommensabhängige Studienfinanzierungskonzepte, bei denen neben der Finanzierung sämtlicher studienbedingter Kosten auch weitere berufs- und karrierefördernde Maßnahmen treten.

Der Initiator deutscher Studien- und Bildungsfonds, die CareerConcept AG aus München (www.career-concept.de) hat als Pionier der einkommensabhängigen Studienfinanzierung in Deutschland bereits 2002 den ersten Bildungsfonds aufgelegt und konnte seither zahlreiche weitere Fonds auflegen. Im Jahr 2007 nun wird das Bildungsfonds-Konzept durch eine Kooperation zwischen dem in der Industrie- und Prozessautomatisierung tätigen Unternehmen Festo (www.festo.com), und der CareerConcept AG erweitert. Erstmals gibt es einen Bildungsfonds, der das Konzept der Corporate Educational Responsibility (CER ®), d. h. die gesellschaftliche

---

5   Dohmen, Dieter: „Bildung entscheidet über Zukunft des Standortes Deutschland", in: Personalführung, Heft 09/2007, S. 24-31.

5 Private Studienfinanzierungen

Tabelle 5-1: Bundesweite Anbieter von Studienfinanzierungen[6]

Unternehmen (Name des Darlehens)	www.	Monatl. Förderung[a] in Euro	Effektivzinssatz in %	Auszahlungsdauer in Semestern[a]	Beginn der Rückzahlung ab Monat[b]	Dauer der Rückzahlung in Jahren[a]
Career Concept (Bildungsfonds)	bildungsfonds.de	1.000	_[c]	RSZ[d] plus 1	Ab Verdienst	9
Deutsche Bank (db Studentenkredit)	deutsche-bank.de/ studentenkredit	800[e]	5,9/ bis 8,9[f]	10	13	12
Deutsche Bildung (Studienförderung)	deutsche-bildung.de	1.000	_[c]	Durchschnittl. Studiendauer plus 3	Ab Verdienst	k.A.
Deutsche Kreditbank (DKB Studenten-Bildungsfonds)	dkb-studenten-bildungsfonds.de	500	5	RSZ[d] plus 2	13	k.A.
Dresdner Bank (Dresdner Flexistudienkredit)	dresdner-studentenbanking.de	1.500	5,89/ bis 8,89[f]	14	13 (bei Referendaren 25)	15
KfW (KfW-Studienkredit)	kfw-foerderbank.de	650	6,34	14	24	25
SEB (SEB Studienkredit)	seb-bank.de	1.041[g]	6,99–7,99	8	13	6
Sparkassen[h] (Sparkassen-Bildungskredit)	sparkasse.de	800	6,01	12	13	10

[a] Maximal; [b] nach Studienabschluss; [c] Rückzahlung eines vorher definierten Anteils vom Einkommen; [d] Regelstudienzeit; [e] in den ersten beiden Semestern 200; [f] in Auszahlungsphase/in Rückzahlungsphase; [g] für Studiengebühren an privaten Hochschulen; [h] Konditionen sind regional unterschiedlich. Hier: Sparkasse Dortmund; Quelle: CHE, eigene Recherche

Verantwortung von Unternehmen zur Ausbildung und Qualifizierung junger, talentierter Menschen, praktisch umsetzt (siehe Abschnitt 5.5). Der Festo Bildungsfonds stellt eine Kombination aus finanzieller und immaterieller Studienförderung, nicht als reine Finanzdienstleistung, sondern als ganzheitliche Berufs- und Karriereförderung im Netzwerk, dar. Damit wird ein lange gefordertes Engagement der Wirtschaft für eine Verbesserung der Bildungssituation umgesetzt.[7] Dieses Konzept und die grundsätzlichen Darstellungen von Bildungsfinanzierungsmöglichkeiten sind Gegenstand des vorliegenden Artikels.

---

[6] Quelle: Wirtschaftswoche Nr. 27/2007, S. 108.
[7] Müller-Böling, Detlef: „Wo bleibt die Wirtschaft?", in: Financial Times Deutschland, 30.05.2007, S. 28.

5.2 Anforderungen von Studierenden an Studienfinanzierungslösungen

Wie bei jeder Finanzierung stellt sich auch bei Studienfinanzierungen das grundsätzliche potenzielle Risiko sowohl für den Kapitalgeber als auch für den Kapitalnehmer, dass die erforderlichen Rückzahlungsleistungen nicht erbracht werden können. Dieses Risiko wird von Studierenden, im Vergleich zu bspw. Konsumentenkrediten, als relativ hoch empfunden, denn

- der eigentliche Studienerfolg ist unsicher (es ist unklar, ob der Studienabschluss überhaupt errungen wird),

- der spätere Beschäftigungserfolg ist unsicher (es ist unklar, in welcher Zyklusphase des Arbeitsmarktes der Berufseinstieg später erfolgen wird, d. h. inwiefern überhaupt später ein Beschäftigungsverhältnis erlangt werden kann und zu welchen Konditionen),

- die späteren persönlichen Lebensumstände sind unsicher (es ist unklar, welche individuellen Lebensentscheidungen, die die finanzielle Leistungsfähigkeit beeinflussen (z. B. Elternschaft, Promotion) und inwiefern die Rückzahlung eines Studiendarlehens davon betroffen sein kann).

Häufig wird der Charakter einer Studienfinanzierung subjektiv als „Schulden" wahrgenommen. Vor diesem Hintergrund überrascht es wenig, dass Studierende insgesamt relativ risikoavers im Hinblick auf Studienfinanzierungslösungen sind.

Diese Wahrnehmung verändert sich zunehmend. Ein Studium wird als Investition in die eigene berufliche Zukunft und weniger als Konsumausgaben bzw. „Ware" wahrgenommen.[8]

Aus Sicht der Finanzwirtschaft ist das Finanzierungsrisiko bei Studienfinanzierungslösungen tatsächlich gering: So liegt z. B. die generelle Akademikerarbeitslosigkeit signifikant unter der des Bevölkerungsdurchschnitts.[9]

Auch im Hinblick auf die Ausfallwahrscheinlichkeiten sind Studierende keine besonders risikoreiche Zielgruppe. Vereinzelt werden in den Medien teilweise hohe Ausfallquoten bei Studienfinanzierungen zitiert – hierbei handelt es sich aber häufig um politisch gewollte Ausfälle, so z. B. die Rückzahlungserlass-Regelung beim BAföG in den Fällen besonders herausragender Studienleistungen. Außerdem gibt es auch aus der Praxis hinreichende Anzeichen, dass Studenten als Zielgruppe nicht risikoreicher zu bewerten sind als andere Zielgruppen.[10]

---

[8] Langer, Markus F.: „Studienkredite: die Sicht der Kunden", in: bank und markt Heft 2, Februar 2007, S. 33-36.
[9] Reinberg, Alexander; Hummel, Markus: „Höhere Bildung schützt auch in der Krise vor Arbeitslosigkeit", in: IAB Kurzbericht, Ausgabe 9, 13.06.2005, S. 2 (http://doku.iab.de/kurzber/2005/kb0905.pdf).
[10] Gilge, Björn: „Der Aufbau und die Bindung von potenzialstarken Kunden ist entscheidend", in: bank und markt Heft 2, Februar 2007, S. 27-29.

5.3 Finanzierungsmodelle

Im Markt für Studienfinanzierung gibt es grundsätzlich zwei verschiedene Finanzierungsmodelle: solche mit einer einkommensunabhängigen Rückzahlung („Studienkredit") und solche mit einer einkommensabhängigen Rückzahlung („Bildungsfonds").

5.3.1 Studienkredit

Ein Studienkredit ähnelt vom Aufbau her einem klassischen Konsumentenkredit, bei dem die Auszahlung der Darlehenssumme zeitlich gestreckt erfolgt, meist in monatlichen Auszahlungsbeträgen. Es wird ein Zinssatz vereinbart, der über die gesamte Laufzeit fest oder auch variabel sein kann. Die Rückzahlung erfolgt in Raten mit einer fest definierten Höhe oder in einer Höhe, die vom späteren Einkommen abhängt. In jedem Fall ist aber die Auszahlungssumme zuzüglich der vereinbarten Effektivverzinsung zurückzuzahlen, d. h. die Rückzahlungsdauer verlängert sich, wenn die Rate wegen eines geringen Einkommens niedriger ausfällt. Dadurch erhöhen sich die absoluten Kreditkosten entsprechend. Je niedriger das Einkommen ist bzw. je niedriger die gewählte monatliche Rate (und damit je länger die Rückzahlungsdauer) ist, umso teurer wird der Kredit. Außerdem gilt bei einer Rate in einer fixen Höhe: je niedriger das Einkommen ist, umso höher ist der Prozentsatz des Einkommens, der für die spätere Rückzahlung des Studienkredits aufgewendet werden muss. Ein Studienkredit belastet also in der Startphase des Berufseintritts umso mehr, je niedriger das Einkommen ist.

5.3.2 Bildungsfonds

Ein Bildungsfonds (auch „Studienfonds" genannt) hingegen ähnelt eher einer Eigenkapital- als einer Fremdkapitalfinanzierung. Auch beim Bildungsfonds wird die Auszahlung der Darlehenssumme zeitlich gestreckt und erfolgt meist, wie beim Studienkredit, in monatlichen Raten. Allerdings wird, anders als bei einer Fremdkapitalfinanzierung mit einem Studienkredit, **kein** fester Zinssatz vereinbart. Stattdessen wird bereits bei der Finanzierungszusage ein bestimmter Prozentsatz des späteren Einkommens fixiert, welcher über eine definierte Anzahl von Rückzahlungsmonaten an den Bildungsfonds zurückzuführen ist.

5.3.2.1 Kopplung an die Einkommensentwicklung

Bei einer Bildungsfonds-Finanzierung ist die Höhe der späteren Rückzahlung also direkt an die spätere Einkommensentwicklung gekoppelt. Bei einer niedrigen Einkommenshöhe erhöhen sich die absoluten Finanzierungskosten also nicht wie bei einem Studienkredit, sondern sinken (relativ) oder entwickeln sich (absolut) parallel zur finanziellen Leistungsfähigkeit. Die relative Belastung des Einkommens mit der Rückzahlung der Studienfinanzierung bleibt hingegen konstant, erhöht sich also nicht bei niedrigerem Einkommen.

Sollte das Einkommen kurzfristig ausfallen (z. B. bei Arbeitslosigkeit), so muss in diesen Monaten auch nicht zurückgezahlt werden; die Rückzahlungsdauer verschiebt sich dann so lange, bis wieder Einkommen erzielt wird. Bei lang andauernder Arbeitslosigkeit erlischt die Rückzahlungsverpflichtung vollständig. Sollte sich die Rückzahlung aufgrund der Lebenssituation (z. B. Elternschaft, Promotion) als schwierig erweisen, weil kein Einkommen erzielt werden kann, muss auch in diesen Monaten nicht zurückgezahlt werden. Bei einer Bildungsfonds-Finanzierung richtet sich die Rückzahlung also nach der Lebenssituation des Einzelnen und nicht umgekehrt.

5.3.2.2 Kreditportfolio-Ansatz

Ein solches Modell funktioniert nicht auf der Betrachtung des einzelnen Finanzierungsteilnehmers (Darlehensnehmers), sondern nur mit einer Vielzahl von einzelnen Finanzierungsverhältnissen (zwischen Kapitalgeber und Kapitalnehmern). Damit wird das Finanzierungsrisiko zusammengefasst und somit eine mehrschichtige Diversifikation erreicht. Dieses Pooling findet in Bildungsfonds-Gesellschaften statt, die eine Vielzahl von Studienfinanzierungsverträgen zusammenfassen und damit ein Kreditportfolio generieren. Dabei wird durch die Finanzierung unterschiedlicher Studiengänge, Studienjahrgänge, Hochschulen und Abschlüsse eine breite Diversifikation erreicht.

5.3.2.3 Auswahlprinzip

Außerdem ist eine weitere Voraussetzung für die Funktionsfähigkeit eines solchen Modells, dass nur chancenreiche Studienvorhaben finanziert werden können – es also ein Bewerbungs- und Auswahlverfahren geben muss (Risikominimierung des Bildungsfonds und damit des Kreditgebers). Zwar können prinzipiell Bewerberinnen und Bewerber aller Fach- und Studienrichtungen finanziert werden, es müssen aber solche Studierende sein, die mit hoher Wahrscheinlichkeit ihr Studienvorhaben erfolgreich abschließen und gute Berufschancen haben.

Ein solches Bewerbungs- und Auswahlverfahren wurde von CareerConcept in Zusammenarbeit mit auf Eignungsdiagnostik spezialisierten Partnern entwickelt. Es berücksichtigt, neben der Entwicklung der akademischen Leistungen, auch eine Vielzahl weiterer Faktoren, wie etwa persönliches Engagement, praktische Erfahrungen, aber auch persönlichkeitsorientierte Aspekte wie etwa Teamfähigkeit und Belastbarkeit.

5.3.3 Studienkredit vs. Bildungsfonds

Bisherige Erfahrungen zeigen, dass für den einzelnen Studenten das empfundene Rückzahlungsrisiko bei einer Studienkreditfinanzierung tendenziell höher ist als bei einer Bildungsfonds-Finanzierung – denn die spätere, unsichere Beschäftigungssituation und die unsichere Lebenssituation stellen bei einer Bildungsfonds-Finanzierung ein geringes Problem für den Studenten gegenüber einem Studienkredit dar.

Diese unterschiedliche, subjektive Bewertung von Studienkrediten und Bildungsfonds aus Sicht der Studenten schlägt sich auch in den Anforderungen der Studierenden an die jeweiligen Finanzierungslösungen nieder.

5.3.3.1 Bewertung: Studienkredit

Bei Studienkrediten stellen die Studierenden, aufbauend auf dem Risikobewusstsein, neben dem zu zahlenden Zinssatz auch den Rückzahlungsbeginn, die Rückzahlungsdauer, die Kredithöhe und Auszahlungsperiode, die monatliche Inanspruchnahme (maximaler Finanzierungsbetrag pro Monat) sowie den Namen des Finanzierungsgebers bei der Beurteilung der Attraktivität einer Studienkreditlösung in den Vordergrund.[11] Dies verwundert auf den ersten Blick nicht: Ein reiner Studienkredit (bei dem die Rückzahlung nicht vom späteren Einkommen abhängt) ist ein austauschbares „Produkt von der Stange", das weder die individuelle Leistungsfähigkeit noch die individuellen Studienumstände berücksichtigt. Hier steht folglich der Preis (Zins) an erster Stelle der genannten Kriterien – zumal der Preis bei einem Studienkredit der einzige Faktor ist, der das empfundene Risiko beeinflussen kann. Wichtig ist auch, dass die Rückzahlung möglichst spät beginnt und zeitlich möglichst lang gestreckt werden kann, so dass in den ersten Berufsjahren die Belastung aus dem Studienkredit gering ist.

Gleichzeitig erscheint den Studierenden auch relevant, dass keine banküblichen Sicherheiten verlangt werden.[12]

5.3.3.2 Bewertung: Bildungsfonds

Bei der Befragung von Studierenden zu ihren Anforderungen an eine Bildungsfonds-Finanzierung, steht naturgemäß die reine Einkommensabhängigkeit im Vordergrund. So war für rund 40 % der befragten Studierenden, die sich für eine Bildungsfonds-Finanzierung entschieden haben, die rein einkommensabhängige Rückzahlung ausschlaggebend.[13] Im Vordergrund steht dabei nicht so sehr der absolut zu zahlende Preis; dieser lässt sich im Voraus bei einer einkommensabhängigen Studienfinanzierung naturgemäß gar nicht bestimmen. Vielmehr steht erst nach dem letzten Rückzahlungsmonat fest, ob der Studierende überhaupt einen positiven Zins bezahlt hat und wenn ja, wie hoch dieser war.

Im Vordergrund steht für die Studierenden, dass die relative Rückzahlungsbelastung (also die anteilige Belastung des späteren Einkommens mit der Bedienung der Studienfinanzierung) transparent und verlässlich ist. Denn genau dieser Gesichtspunkt ist es, der das subjektiv empfundene Risiko aus Sicht der Studierenden bei einer Bildungsfonds-Finanzierung quasi auf Null sinken lässt.

---

[11] Klenk, Peter: „Bildungskredit: Was wollen die Studenten", in: bank und markt Heft 2, Februar 2007, S. 30-32.
[12] Fleischer, Peter: „Studienfinanzierung bei der KfW: neue Vertriebswege", in: bank und markt Heft 2, Februar 2007, S. 22-24.
[13] Empirische Untersuchung von CareerConcept unter Bildungsfonds-Studierenden, nicht veröffentlicht, Dezember 2004.

Dadurch treten andere Eigenschaften der Bildungsfonds-Finanzierung in den Vordergrund. Hierzu gehört z. B. der Umstand, dass es ein rein leistungsorientiertes Bewerbungs- und Auswahlverfahren gibt und eben **keine** soziale Selektion wie bspw. bei BAföG und dass **keine** banküblichen Sicherheiten benötigt werden.

Darüber hinaus wünscht sich ein Großteil der Studierenden, durch persönliche Kontakte zu Unternehmen und promotionsbetreuenden Lehrstühlen zusätzlich zu der finanziellen Unterstützung weitere berufs- und karrierefördernde Mehrwerte zu erreichen.[14]

5.4 Ziele der Anbieter von Studienkrediten

Aus den unterschiedlichen Grundansätzen von Studienkrediten und Bildungsfonds folgen die unterschiedlichen Ziele der verschiedenen Anbieter dieser Finanzierungsangebote. Die nachfolgenden Abschnitte haben keinen Anspruch auf Vollständigkeit. Sie sollen skizzenhaft die unterschiedlichen Positionen darstellen. Eine ausführliche Übersicht ist in der CHE-Studie 2007 dargestellt.[15]

5.4.1 Anbieter von Studienkrediten

Bei den Anbietern von reinen Studienkrediten gilt es zunächst zwischen staatlichen und privaten Einrichtungen zu unterscheiden.[16]

5.4.1.1 Staatliche Anbieter

Bei den staatlichen Einrichtungen gibt es zum einen Programme der Förderbanken der Länder, die rein auf die Finanzierung der allgemeinen Studiengebühren abzielen. Diese Finanzierungsprogramme leiten sich aus dem Gebot der sozialverträglichen Gestaltung der Studiengebühren ab. Das bedeutet, dass diese Banken keine Gewinnerzielungsabsicht verfolgen, sondern einzig ihrem staatlich definierten Auftrag nachkommen.

Zum anderen gibt es das Studienfinanzierungsprogramm der KfW, bei dem wohl ebenfalls keine Gewinnerzielungsabsicht unterstellt werden kann.

---

[14] Emprische Untersuchung von CareerConcept unter Bildungsfonds-Studierenden, nicht veröffentlicht, Februar 2006.
[15] Müller, Ulrich / Langer, Markus F.: CHE-Studie, Arbeitspapier Nr. 91, Mai 2007.
[16] Langer, Markus F.: a.a.O. S. 34-35.

5.4.1.2 Private Anbieter

Von Volks- und Raiffeisenbanken und von Sparkassen gibt es Konzepte, bei denen eher die Kundengewinnung im Vordergrund steht, als die Gewinnerzielungsabsicht. Dies geschieht insbesondere vor dem Hintergrund, dass Akademiker wegen des hohen zukünftigen Kundenwerts eine äußerst interessante Zielgruppe für Banken darstellen. Die Sparkasse Essen bspw. erkennt „einen rund 50 Prozent höheren Kundendeckungsbeitrag I, eine höhere Produktnutzungsquote, aus der ein höheres Cross-Selling-Potenzial[17] resultiert, einem guten Nettoeinkommen sowie einer hohen Vermögensbildung. Der ‚zukünftige Kundenwert' eines Studenten rechtfertigt es, dass bereits während des Studiums intensiver in die Kundenbeziehung mit Studenten investiert wird."[18]

Obwohl Studenten eine relativ geringe Bindung an ihr Kreditinstitut aufweisen und auch regional mobil sind, stellen Studienkredite „ein mächtiges Instrument in der Akquise, Bindung und im Cross-Selling mit Blick auf eine große und attraktive Zielgruppe"[19] dar.

Bei den privaten Anbietern von Studienkreditmodellen (insbes. den Großbanken) steht darüber hinaus offenbar nicht nur die Kundengewinnung im Vordergrund, sondern auch die Gewinnerzielung; diese Vermutung leitet sich aus den Rahmenbedingungen und auch den Zinssätzen (siehe Abb. 5-1) ab.

Zusammenfassend kann festgehalten werden, dass die Anbieter von Studienkrediten in erster Linie primär an der Rückzahlung der ausgereichten Finanzierungsmittel (und darüber hinaus Erzielung eines Gewinns) interessiert sind und mit Studienkrediten in zweiter Linie das Ziel verfolgen, potenzielle zusätzliche Kunden gewinnen zu können.

5.4.2 Anbieter von Bildungsfonds

Bei den Anbietern von Bildungsfonds stehen andere Ziele im Vordergrund. Dies unterscheidet sich bereits im Zugang zu einer Bildungsfonds-Finanzierung. Bei einem Studienkredit erfolgt i. d. R. nur eine Kreditwürdigkeitsprüfung des Antragsstellers. Diese zielt auf die Prüfung der Vermögensmasse bzw. auf die spätere Fähigkeit ab, das Darlehen zuzüglich der vereinbarten Zinsen zurückzuzahlen. Zwar verlangen die meisten Anbieter keine Stellung banküblicher Sicherheiten, dennoch dürfen Antragsteller von Studienkrediten keine weiteren nennenswerten Verpflichtungen wie etwa Ratenkredite oder Unterhaltsverpflichtungen haben. Weitere Anforderungen, etwa an die Studienleistungen und/oder Berufs- und Karriereaussichten, werden bei Studienkreditmodellen in der Regel nicht gestellt.

Bei einer Bildungsfonds-Finanzierung hingegen steht ein mehrstufiges Bewerbungs- und Auswahlverfahren vor dem Beginn der Finanzierung. Mit diesem Verfahren sollen Bewerber identifiziert werden, bei denen eine hohe Erfolgswahrscheinlichkeit im Hinblick auf den guten Stu-

---

[17] D. h. die Möglichkeit, ein und demselben Kunden mehrere verschiedene Bankprodukte verkaufen zu können, d.V.
[18] Gilge, Björn: a.a.O., S. 28.
[19] Langer, Markus F.: a.a.O., S. 36.

dienabschluss einerseits und die spätere Beschäftigungsaussicht andererseits gegeben ist. Das bedeutet, dass neben dem Aspekt der Fachkompetenz auch zahlreiche weitere Gesichtspunkte von Bedeutung sind, die die Employability beeinflussen (bspw. Analysefähigkeit, Kommunikationskompetenz, Leistungsmotivation).[20] Im Kern erfolgt der Zugang zu einer Bildungsfonds-Finanzierung also auf der Basis einer Potenzialbestimmung. Der „Wert des Intellectual Capital" dient als Zugangsvoraussetzung für die Finanzierung. Ähnlich wie ein Konsumentenkredit, der mit dem tatsächlich vorhandenen Einkommensstrom des Darlehensnehmers besichert wird, wird bei einer Bildungsfonds-Finanzierung die Finanzierungssumme mit dem Potenzial des Finanzierungsnehmers besichert, nach dem Studium ein entsprechendes Einkommen erwirtschaften zu können.

Ein solches Bewerbungs- und Auswahlverfahren erfordert aus Anbietersicht daher eben nicht nur Kompetenzen im Bereich Finanzdienstleistung, sondern auch solche im Bereich der Personalwirtschaft. Bei einer reinen finanzwirtschaftlichen Kreditwürdigkeitsprüfung lassen sich die Studien- und Erfolgsaussichten, die spätere „Beschäftigungsfähigkeit", nur mit einem strukturierten Bewerbungs- und Auswahlverfahren eruieren, das auf Erkenntnissen der potenzialorientierten Eignungsdiagnostik basiert. Bei CareerConcept wird hierfür auf ein mehrstufiges Verfahren zurückgegriffen, das systematisch über Jahre hinweg entwickelt wurde: das Auswahlverfahren CareerPotential.

Dieses Verfahren

- basiert auf einem permanenten Screening der Studien- und Hochschullandschaft (so werden z. B. die Reputation der jeweiligen Hochschule, die Aussichten des jeweiligen Studiengangs und des angestrebten Studienabschlusses in Betracht gezogen),
- berücksichtigt objektive und subjektive Aspekte des bisherigen Werdegangs mit Hilfe eines komplexen Rating-Verfahrens (z. B. die Entwicklung der schulischen bzw. akademischen Leistungen, spezielle Kenntnisse oder Auslandsaufenthalte, aber auch sonstiges Engagement, erhaltene Auszeichnungen und/oder Stipendien).
- analysiert mit Hilfe eines Online-Assessment-Centers persönlichkeitsorientierte Aspekte (bspw. Zielstrebigkeit, Teamfähigkeit, Kreativität)
- beinhaltet in einzelnen Fällen strukturierte Auswahlgespräche,
- führt sämtliche Datenpunkte in ein systematisches Punktraster, so dass als Ergebnis des Verfahrens eine strukturierte Finanzierungsentscheidung gefällt werden kann.

Nur die besten Bewerber erhalten eine Finanzierungszusage.

Darüber hinaus verfolgen bei einer Bildungsfonds-Finanzierung beide Seiten, Kapitalgeber und Kapitalnehmer, ein und dasselbe übergeordnete Ziel: den erfolgreichen Berufsstart des Kapitalnehmers (**übereinstimmende Zielhomogenität**).

Während bei einer Studienkreditfinanzierung eine **Zielheterogenität** der Beteiligten gegeben ist (der Kapitalgeber will möglichst hohe Zinsen erwirtschaften, der Kapitalnehmer will mög-

---

[20] Jochmann, Walter: „Einsatz von Auswahl-Instrumenten unter dem Aspekt der Employability". Kapitel 7 in diesem Buch.

lichst niedrige Zinsen zahlen), steht also bei einer Bildungsfonds-Finanzierung eine **Zielhomogenität** im Vordergrund. Beide Beteiligten, Kapitalgeber wie Kapitalnehmer, streben ein möglichst sicheres und hohes späteres Einkommen des Studenten (Kapitalnehmers) an.

Der Student zahlt bei einem Bildungsfonds (bis zu einer Höchstgrenze der maximalen Effektivverzinsung auf das ausgereichte Kapital) absolut gesehen umso mehr zurück, je höher sein späterer Verdienst ist. Der Prozentsatz, der vom späteren Einkommen an den Bildungsfonds abzuführen ist, steigt mit steigendem Einkommen jedoch nicht überproportional an (wie das etwa beim deutschen, progressiven Einkommensteuersystem ist), sondern bleibt konstant. Bei einer einkommensabhängigen Rückzahlung mit dem Bildungsfonds-Konzept ist für den Studenten ein starker Anreiz gegeben, ein möglichst hohes Einkommen zu erzielen. Kapitalgeber und Kapitalnehmer befinden sich bei einer Bildungsfonds-Finanzierung damit in einer klassischen win-win-Situation.

Um diese win-win-Situation aufzubauen und zu unterhalten, gehören zu einer Bildungsfonds-Finanzierung immer auch weitere Leistungen. So werden die Studierenden regelmäßig in einem Newsletter über studienrelevante Neuigkeiten informiert; sie erhalten wichtige Termine für Absolventenmessen und -kongresse, Absolventenveranstaltungen, für Seminare/Coachings und Trainings und dergleichen mehr. Außerdem können interessierte Unternehmen den Bildungsfonds-Studenten gezielt Angebote für Praktika, Diplomarbeiten, Werkstudententätigkeiten oder aber auch Stellenvakanzen unterbreiten. Die durch Bildungsfonds Finanzierten wissen, dass ihr eigenes berufliches Fortkommen auch im Interesse des Bildungsfonds-Anbieters liegt. In Abschnitt 5.5 wird dies am Beispiel der CER-Philosophie und des Netzwerkgedankens des Festo Bildungsfonds gezeigt.

5.5 Corporate Educational Responsibility (CER ®): der Festo Bildungsfonds

5.5.1 Grundgedanke des Festo Bildungsfonds

Festo und CareerConcept tragen diesen Gedanken der win-win-Situation nun gemeinsam einen wichtigen Schritt weiter. Der Festo Bildungsfonds verbindet erstmals unternehmerisches Engagement im Bereich der Studienfinanzierung mit einem gezielten Angebot zur aktiven Berufs- und Karriereförderung.

Der Festo Bildungsfonds bildet dabei die Plattform für ein breit angelegtes, innovatives unternehmerisches Engagement. Damit wird erstmals der politischen Forderung Rechnung getragen, dass sich die Wirtschaft für die Verbesserung der Bildungssituation engagieren muss. Neben dem Unternehmen Festo setzen sich ein Unternehmensverbund (wie z. B. Drägerwerk, EDAG, Index, Heidelberger Druck, Sick AG) und ein Netzwerk der Wissenschaft (wie z. B. IAO, Uni-

Abbildung 5-1: Bereiche, die im Fokus der Finanzierung stehen

- Zusatzqualifikation
- Master-Studium
- Vertiefung im Bereich der Ingenieurwissenschaften und Technik
- Vertiefung in verwandten Bereichen der Ingenieurwissenschaften und Technik, sowie Betriebswirtschaftslehre
- Bachelor-Abschluss
- Studiengangsunabhängiger Abschluss
- Abschluss Ingenieurwissenschaften & Technik

versität Stuttgart, Heinz-Nixdorf-Institut, Universität Paderborn, TU München)[21] für die Erreichung der Ziele des Festo Bildungsfonds ein – gepaart mit der praktischen Erfahrung und dem Umsetzungs-Know-how im Bildungsfonds-Bereich von CareerConcept. Im Vordergrund steht, dass kein Intellectual Capital durch persönliche Budgetgrenzen von Studenten verloren gehen darf. Jeder, der an seine Leistungsfähigkeit und seine Zukunft glaubt und zu den Top-Performern gehört, soll auch die finanziellen Möglichkeiten haben, in ein Studium oder in eine weitere Qualifizierung investieren zu können.

Der Festo Bildungsfonds finanziert den Studierenden und Doktoranden schwerpunktmäßig in naturwissenschaftlich technischen Fachrichtungen und verwandten Studienbereichen sämtliche studienbedingten Kosten, also Lebenshaltungskosten, Studiengebühren und Einmalzahlungen (siehe bspw. Abschnitt 5.2.1.2.).

Die vom Festo Bildungsfonds finanzierten Geförderten können darüberhinaus auf zahlreiche berufs- und karrierefördernde Zusatzangebote zugreifen. So ist mit der Finanzierung der Zugriff auf Online-Lernangebote von Festo verbunden. Sie können damit sowohl kostenfrei gegen Vorlage von Bildungsgutscheinen, die die Bildungsfonds-Studierenden bzw. -Promovenden zu

---

[21] Eine detaillierte aktuelle Gesamtübersicht findet sich unter www.festo-bildungsfonds.de.

Beginn der Finanzierung ausgehändigt bekommen, oder über vergünstigte Teilnehmergebühren, diese Angebote nutzen.

5.5.2 Netzwerkgedanke im Festo Bildungsfonds

Der Festo Bildungsfonds unterhält ein Netzwerk von Hochschulprofessoren, die den Bildungsfonds-Studierenden für Beratung in Fragen des Studienverlaufs bzw. einer möglichen Promotion zur Verfügung stehen. Die Hochschulprofessoren ihrerseits können mit für eine Promotion aussichtsreichen Kandidaten Kontakt aufnehmen, denen sie auch dann eine attraktive Finanzierungslösung bieten können.

Die beteiligten Professoren verfolgen also das Ziel der Qualitätssicherung in der Lehre (Lehrangebot, -inhalt, -körper) an den Universitäten und Fachhochschulen – dazu gehört es auch, den Praxisbezug des Studiums auszubauen. Die Kontakte innerhalb des Netzwerks des Festo Bildungsfonds helfen dabei, das nationale und internationale Netzwerk der Universitäten und Fachhochschulen zu unterstützen, auszubauen und damit den Absolventen den Berufseinstieg auf dem globalen Arbeitsmarkt zu erleichtern.

Gleichzeitig können die beteiligten Professoren ihren eigenen Forschungsbereich stärken und zielgerichtet erweitern. Die Professoren verstehen sich dabei als festen und aktiven Bestandteil der Community und engagieren sich für diese und deren Mitglieder.

Außerdem sind Unternehmen Teil des Festo Bildungsfonds-Netzwerks, die den Festo Bildungsfonds-Studierenden im Rahmen von Kontakten, Vorträgen von Führungskräften und Exkursionen interessante Möglichkeiten bieten, frühzeitig Praxiskontakte zu knüpfen und den eigenen beruflichen Werdegang vorzubereiten.

Die Unternehmen des Festo Bildungsfonds-Netzwerks stellen also gezielt Zugang zu Praxiswissen zur Verfügung und unterstützen damit die Studierenden bei der Erreichung der Meilensteine ihres Studiums.[22] Erstmals im Bereich der Bildung ermöglicht der Festo Bildungsfonds für die beteiligten Unternehmen nicht nur die Befriedigung der (materiellen und immateriellen) Bedürfnisse aktueller Studierendengenerationen, sondern vielmehr die Sicherung der Befriedigung der Bedürfnisse künftiger Studierendengenerationen im Sinne einer nachhaltigen Entwicklung – denn der Festo Bildungsfonds versteht sich nicht nur in finanzieller Hinsicht als dauerhaftes, nachhaltiges und revolvierendes System. Die Unternehmen ermöglichen durch ihr dauerhaftes Engagement die Sicherung der Employability der vom Festo Bildungsfonds geförderten Studierenden durch zusätzliche Qualifikationsmaßnahmen. Die Unternehmen verstehen sich als festen und aktiven Bestandteil der Festo Bildungsfonds-Community und engagieren sich für diese und deren Mitglieder.

Auch die Studierenden sind aktiver Teil der Festo Bildungsfonds-Community. Durch die Rückzahlung der empfangenen finanziellen Mittel wird der Festo Bildungsfonds für die nachfolgen-

---

[22] „Generationenvertrag für Ingenieure: Festo-Eigentümer starten unternehmensnahen Bildungsfonds", Frankfurter Allgemeine Zeitung, 16. Juli 2007.

Tabelle 5-2: Nutzen für alle Beteiligten

Professoren	Unternehmen	Studierende
■ Neue, eigene Gestaltungsmöglichkeiten in der Arbeitsplatz-Finanzierung	■ Teilnahme bei allen Aktivitäten des Festo Bildungsfonds	■ persönlicher Kontakt zu innovativen nationalen und internationalen Unternehmen und deren Management
■ Unterstützung bei internationalen Drittmittel-Aufträgen bereits in der Angebotsphase durch die Unternehmen im Netzwerk	■ Kontakt zu einem exklusiven Kreis von Professoren, Doktoranden und Studenten des Festo Bildungsfonds	■ Exkursionen und persönliche Gespräche mit Praxisbezug
■ Erweiterte Exkursionsangebote für seine Studenten zu Netzwerkunternehmen	■ Zugriff auf das Kompetenzprofil der jeweiligen Studenten, soweit dieses vom Studenten freigegeben ist	■ Aktuelle Themen und Einblicke in die Wissenschaft durch Vorträge und Kolloquien von Professoren
■ Kontaktmöglichkeiten zu Unternehmen, die eine berufsbegleitende Master-Ausbildung anbieten	■ Platzierung von Dissertations- oder Diplomarbeitsthemen im Netzwerk, ohne finanzielle Verpflichtung	■ Schaffung eines persönlichen Netzwerkes zur Verbesserung der Berufs- und Karrierechancen – auch nach der Ausbildung
■ Aktive Teilnahme an Diskussionsrunden / Trendkolloquien, die vom Festo Bildungsfonds veranstaltet werden	■ Nutzung des Festo Bildungsfonds als Finanzierungsangebot für die eigenen Mitarbeiter	■ Aufbau interdisziplinärer Kompetenzen
■ Mitarbeiter des Lehrstuhls können an Exkursionen des Festo Bildungsfonds teilnehmen	■ Positionierung des Festo Bildungsfonds als Element einer strategischen HR-Strategie im Hinblick auf die demographische Veränderung	■ Ausbau der Kompetenzen in angrenzenden Forschungsfeldern
■ Plattform für Forschungsarbeiten und Dissertationsthemen	■ Nutzung des Professoren-Netzwerks für interne Veranstaltungen	
■ Zugriff auf das Kompetenzprofil der jeweiligen Studenten, soweit dieses vom Studenten freigegeben ist		

den Studierendengenerationen stabilisiert und es werden dabei andererseits den nachfolgenden Studierendengenerationen die gleichen Chancen eröffnet. Mit anderen Worten: Der Geförderte wird zum Förderer. Tabelle 5-2 verdeutlicht die wichtigsten Nutzen für alle Beteiligten.

Abbildung 5-2: *Festo Bildungsfonds: Vernetzung der Beteiligten*

[Diagramm: Teilnehmer im Zentrum, umgeben von Experten on top (oben), Hochschule (links), Unternehmen (rechts), Festo Bildungsfonds (unten); Verbindungen: Qualif. (oben, links, rechts) und Finanz. (unten)]

Der Festo Bildungsfonds unterhält somit ein ganzheitlich orientiertes Netzwerk mit wechselseitigen win-win-Situationen als einzigartiges Alleinstellungsmerkmal gegenüber anderen Studienfinanzierungsangeboten.

5.5.3 Bewertung

Durch die Vernetzung der unterschiedlichen Beteiligten (Hochschulprofessoren, Unternehmen, Studierende) stellt der Festo Bildungsfonds das Konzept der Corporate Educational Responsibility in den Vordergrund: Alle am Festo Bildungsfonds Beteiligten haben sich also unter dem Dach der Corporate Educational Responsibility zusammengeschlossen und bilden so eine CER-Community. Der Festo Bildungsfonds fungiert als Katalysator bzw. als Initiator dieser gemeinsamen Initiative für Bildung und eröffnet für die durch den Festo Bildungsfonds finanzierten Studierenden ganz neue Möglichkeiten für ihre Beschäftigungsaussichten. Es entsteht eine wechselseitige win-win-Situation in neuer Qualität.

5.6 Zusammenfassung und Ausblick

Die einkommensabhängige Studienfinanzierung mit Bildungsfonds stellt einen immer wichtigeren Baustein in der sich entwickelnden Studienfinanzierungslandschaft in Deutschland dar. Aus Studierendensicht ist eine Bildungsfonds-Finanzierung aus Risikogesichtspunkten einer Studienkreditfinanzierung überlegen. Wegen des notwendigen Bewerbungs- und Auswahlverfahrens ist und bleibt der Zugang zu einer Bildungsfonds-Finanzierung begrenzt bzw. nur besonders guten Studierenden unabhängig von der sozialen Herkunft vorbehalten. Im Unterschied zu einer Studienkreditfinanzierung verfolgen bei einer Bildungsfonds-Finanzierung sowohl Kapitalgeber als auch Kapitalnehmer aktiv ein und dasselbe Ziel: den beruflichen Erfolg des Kapitalnehmers.

Dies führt dazu, dass bei einer Bildungsfonds-Finanzierung neben den finanzwirtschaftlichen Aspekten immer auch personalwirtschaftliche Aspekte eine wichtige Rolle spielen. Die „Employability", d. h. die Fähigkeit, die im Studium erworbenen Kenntnisse und Fähigkeiten auf dem Arbeitsmarkt erfolgreich einsetzen zu können, spielt eine herausragende Rolle. Es liegt im Interesse aller Beteiligten, also von Kapitalgeber und -nehmer, diese Employability zu fördern. Mit dem Festo Bildungsfonds wird der Kreis der direkt Beteiligten nun erstmals deutlich erweitert: auch Hochschulprofessoren engagieren sich dafür, die Aussichten der finanzierten Studierenden bzw. Promovenden durch gezielte Ansprache und Förderung zu verbessern, und Unternehmen engagieren sich für eine verbesserte Employability der Studierenden und schaffen dadurch bisher nicht dagewesene Möglichkeiten. Die Studierenden selbst leisten durch ihre Rückzahlungen einen wertvollen Beitrag dafür, dass nachfolgende Studierende ebenfalls finanziert werden können: Ein „Kreislauf für Bildung" entsteht.

Ulrich Kirschner und Timm Stegentritt

6 Strategien für die Nachwuchssicherung von Unternehmen

Untersuchung am Beispiel der Robert Bosch GmbH, Werk Homburg

6.1 Einleitung

Die Robert Bosch GmbH ist eines der größten Industrieunternehmen Deutschlands. In den drei Unternehmensbereichen Kraftfahrzeugtechnik, Industrietechnik sowie Gebrauchsgüter und Gebäudetechnik wurden im Jahr 2006 rund 44 Milliarden Euro umgesetzt. Die starke internationale Ausrichtung des Unternehmens lässt sich an der Verteilung der Mitarbeiterzahl erkennen: Von den rund 261.000 Mitarbeitern, die Anfang 2007 bei Bosch beschäftigt sind, arbeiten rund 58 % im Ausland. Einst aus der „Werkstätte für Feinmechanik und Elektrotechnik" in Stuttgart hervorgegangen ist das Unternehmen des Firmengründers Robert Bosch heute in mehr als 50 Ländern mit rund 270 Standorten vertreten.

Unser Werk in Homburg gehört mit rund 5.400 Mitarbeitern zum Geschäftsbereich Diesel Systems. Weitere 900 Mitarbeiter arbeiten daneben in Homburg für die Bosch Rexroth AG. Durch die europaweit starke Zunahme des Dieselanteils bei neu zugelassenen Fahrzeugen stellt der Geschäftsbereich Diesel Systems mit fast 7,8 Milliarden Euro Umsatz und 58.200 Mitarbeitern den größten Bereich der Bosch-Gruppe dar. Am Siegeszug des Dieselmotors hat insbesondere das in Homburg gefertigte Hochdruck-Einspritzsystem Common Rail einen maßgeblichen Anteil. Dieses löst sukzessive die konventionellen Erzeugnisse Reihenpumpe und Verteilereinspritzpumpe ab. Es sorgt dafür, dass Dieselmotoren effizienter, leiser und sauberer arbeiten. Um weitere Optimierungen in Verbrauch, Emissionen und Leistung zu erzielen und mithin wettbewerbsfähig zu bleiben, entwickeln wir unsere Erzeugnisse ständig weiter. So läuft derzeit beispielsweise der Serienhochlauf von Common-Rail-Injektoren, in denen Piezo-Elemente die Einspritzung des Kraftstoffs steuern.

Die zunehmende technische Komplexität unserer Erzeugnisse stellt besondere Anforderungen an die Qualifikation unserer Mitarbeiter.

6.2 Auswahl der Zielgruppen

Wenn wir das Thema Nachwuchssicherung betrachten, müssen wir zunächst die Mitarbeitergruppen identifizieren, deren „Nachwachsen" sicher gestellt sein muss. Angelernte Arbeitskräfte, die in der Vergangenheit die weniger komplexen Arbeitsgänge im Produktionsumfeld übernahmen, stehen in einem strukturschwächeren Gebiet wie dem Saarland und der angrenzenden Westpfalz in ausreichender Zahl zur Verfügung. Hier bedarf es keiner besonderen Akquisitionsstrategie.

Wenn wir uns aber die ständige Weiterentwicklung unserer Produkte und die zu deren Realisierung höchst aufwändigen Fertigungsprozesse und die damit verbundenen anspruchsvollen Planungsaufgaben vor Augen führen, wird klar, dass die Ausbildung unserer Mitarbeiter künftig immer stärker im Fokus stehen muss. Dies gilt im Übrigen für alle Mitarbeitergruppen: vom Maschinenbediener im Betrieb über Facharbeiter, Fertigungsplaner, Controller oder Einkäufer. Darüber hinaus muss dem Unternehmen ein hinreichend großer Führungskräftepool zur Verfügung stehen. Neben dem Fachwissen dieser Personen ist vor allem soziale Kompetenz unerlässlich.

Im Folgenden werden zwei Nachwuchs-Zielgruppen unterschieden, auf die wir unsere Strategien ausrichten:

- Schüler mit mittlerem Bildungsabschluss und Abitur,
- Studenten und Hochschulabsolventen.

6.3 Nachwuchs-Zielgruppen und Strategien

6.3.1 Schüler mit mittlerem Bildungsabschluss und Abitur

Die Gruppe der Schüler spielt für Bosch in zweierlei Hinsicht eine Rolle. Einerseits rekrutieren wir aus ihr unsere Auszubildenden, andererseits suchen wir Abiturienten, die wir im Rahmen eines Studiums an der Berufsakademie frühzeitig ans Unternehmen binden können.

6.3.1.1 Technisch-gewerbliche und kaufmännische Ausbildung

Der Standort Homburg bildet junge Menschen in folgenden technisch-gewerblichen und kaufmännischen Berufen aus:

Industrieelektroniker, Mechatroniker, Zerspanungsmechaniker verschiedener Fachrichtungen, Industriemechaniker verschiedener Fachrichtungen, Industriekaufleute sowie nach Bedarf Fachinformatiker und Informatikkaufleute. Voraussetzung ist der mittlere Bildungsabschluss. In Frage kommende Bewerber für die kaufmännische Ausbildung haben heute in der Regel Abitur oder Fachabitur. Da die Zahl der Bewerbungen jährlich die Zahl der angebotenen Ausbildungsplätze im technisch-gewerblichen um den Faktor 3, im kaufmännischen Bereich gar um den Faktor 15 übersteigt, sehen wir uns als größtes Unternehmen in Homburg in der günstigen Situation, die besten Kandidaten auswählen zu können. Hier genügen also fast schon der gute Ruf des Hauses Bosch und der Ruf, eine qualitativ hochwertige Ausbildung anzubieten. Dennoch gibt es auch strategische Ansätze, um für unsere Ausbildung zu werben. So veranstalten wir beispielsweise Jahr für Jahr einen Tag der offenen Tür in unserer Ausbildungsabteilung mit dem Zweck, jungen technikbegeisterten Menschen die Berufsbilder in der Kraftfahrzeugindustrie näher zu bringen. Außerdem beteiligen wir uns am jährlich bundesweit stattfindenden Girl's Day. So haben uns auch in diesem Jahr rund 60 Mädchen besucht, um sich aus erster Hand über die Möglichkeiten im technischen Berufsumfeld zu informieren.

Eine intensive Partnerschaft zur Homburger Robert-Bosch-Realschule runden unsere Aktivitäten mit dieser Zielgruppe ab. Aktivitäten in dieser Partnerschaft sind beispielsweise

- Unterstützung bei der Einrichtung eines Werkstattraumes,
- Schulung Methodenkompetenz für Lehrer,
- Kooperationsdidaktik, d.h. wir stellen für einzelne Lehrinhalte Referenten aus der Praxis,
- Berufswahlvorbereitung für Schüler (z.B. Praxistage).

Die Auszubildenden sind nach der Ausbildung für die Übernahme auf eine Planstelle vorgesehen. Technisch-gewerbliche Auszubildende werden dann als Facharbeiter in den Bereichen Fertigung, Technische Funktionen oder Qualitätssicherung beschäftigt. Die fertig ausgebildeten Industriekaufleute stehen uns als Sachbearbeiter in den indirekten Bereichen des Werkes zur Verfügung. Einsatzmöglichkeiten gibt es dabei in fast jeder Abteilung, wobei Stellen in Logistik als Teile- oder Erzeugnisplaner, im Einkauf oder im Rechnungswesen dominieren.

Die in Homburg angebotenen Ausbildungsberufe stellen dabei kein statisches Portfolio dar. Mittelfristige Erfordernisse des Marktes spielen bei der Festlegung eine ebenso entscheidende Rolle wie der kurzfristige Bedarf bestimmter Fachabteilungen. So wurde beispielsweise vor einiger Zeit gezielt eine Werkstoffprüferin ausgebildet, die als Fluktuationsersatz im Bereich der Qualitätssicherung dringend benötigt wurde. Vom Markt hätten wir einen geeigneten Kandidaten nur mit größter Mühe bekommen. Um solche und ähnliche Maßnahmen rechtzeitig zu ergreifen, tagt regelmäßig ein Ausschuss für strategische Bildungsplanung, dessen oberstes Ziel es ist, zukünftige Bildungsbedarfe zu erkennen und geeignete Maßnahmen abzuleiten.

6.3.1.2 Das Studium an der Berufsakademie

Weiterhin sind für uns innerhalb der Zielgruppe der Schüler die Abiturienten von Interesse, die grundsätzlich an einem Studium in den Bereichen Maschinenbau oder Wirtschaftsingenieurwesen interessiert sind. Für diese bietet der Standort Homburg in Zusammenarbeit mit der ASW Berufsakademie Saarland die Möglichkeit, einen Bachelor-Abschluss innerhalb von drei Jahren zu erlangen. Dabei wechseln sich Theoriephasen an der Akademie und Praxisphasen im Unternehmen ab, um den Studenten möglichst praxisnah auszubilden, ohne auf die relevanten Inhalte des Ingenieurstudiums zu verzichten. Für einen Fertigungsstandort wie Homburg ist dabei der Praxisbezug während der Ausbildung von größerer Bedeutung als für Bereiche, deren

Bezug zur Produktion weniger stark ausgeprägt ist. Während der BA-Absolvent der Fachrichtung Maschinenbau im Werk sofort als Ingenieur, z.B. Fertigungsplaner, eingesetzt werden kann, wäre er in der Produktentwicklung wahrscheinlich am falschen Platz. Praxisnähe hat hier zwei Bedeutungen: zum einen geht es darum, unternehmensspezifisch, d.h. auf die Belange des Ausbildungsunternehmens hin ausgebildet zu werden, zum anderen aber auch emotional bereits sehr früh eine Beziehungsebene zu „seinem" Unternehmen aufzubauen. Um unternehmensspezifisch auszubilden, bedarf es aber auch der Möglichkeit, von Seiten des Unternehmens Einfluss auf Curriculum und Prüfungsordnung des Ausbildungsträgers zu nehmen. Nur so kann sichergestellt werden, dass neue Markttendenzen ohne Verzug in Ausbildungsinhalte einfließen können. Bosch Homburg sichert sich diese Möglichkeit durch personelle Beteiligung in Präsidium und Prüfungsausschuss der ASW.

Die emotionale Bindung des BA-Studenten an das Unternehmen wird durch folgende Faktoren verstärkt:

- Der Bewerber durchläuft ein mehrstufiges Auswahlverfahren im Unternehmen, um einen der wenigen Studienplätze zu bekommen. Wer dieses besteht, kann für sich den ersten Erfolg im Unternehmen verbuchen.

- Der Student gilt als Mitarbeiter, der sich – gute Studienleistungen vorausgesetzt – sicher sein kann, von Bosch als Ingenieur übernommen zu werden.

- Die Studenten werden bereits während ihres Studiums in anspruchsvolle Projekte eingebunden. Dies stärkt ihre Akzeptanz bei den Mitarbeitern und fördert eine frühzeitige Integration.

- Am Ende jeder Praxisphase stellen die Studenten vor der Werkleitung ihre Projekte bzw. Lerninhalte vor und diskutieren über ihre Eindrücke im Unternehmen. Dies vermittelt den jungen Leuten die Bedeutung ihrer Ausbildung für das Unternehmen.

- Bosch zahlt seinen Studenten eine überdurchschnittliche Ausbildungsvergütung, übernimmt die Studiengebühren und bietet ähnliche Sozialleistungen wie für alle anderen Mitarbeiter.

Bei der Auswahl der BA-Studenten setzen wir auf Abiturienten mit allgemeiner Hochschulreife und guten bis sehr guten Leistungen in Mathematik, Physik und Englisch. Mit Bewerbern, die diese Kriterien erfüllen, führen wir eine Reihe von Tests[1] durch, um eine objektive Aussage über deren Eignung zum Studium machen zu können.

Zusammenfassend lässt sich feststellen, dass die vom Unternehmen selbst ausgebildeten BA-Studenten eine sinnvolle Ergänzung zu den vom Markt angebotenen Ingenieuren darstellen. In Fertigungswerken, in denen spezifische Praxiserfahrung von großer Bedeutung ist, sind sie gar die wertvollere Alternative. Die Studenten werden nach Abschluss ihres Studiums auf adäquaten Arbeitsplätzen mit gehobenem Sachbearbeiter-Niveau eingesetzt. Ihnen steht sowohl die Fach- als auch die Führungslaufbahn offen. Im Werk Homburg startet im Herbst 2007 bereits der 6. Maschinenbau-Jahrgang sein Studium. Die Erfahrungen bei der Übernahme erster Plan-

---

[1] MTAS (Mathematiktest für Abiturienten und Studienanfänger), PTV (Test zur Untersuchung des praktisch-technischen Verständnisses), MIT (Mannheimer Intelligenztest) sowie Präsentationsübung, Gruppenübung und Einzelgespräche.

stellen waren so positiv, dass entschieden wurde, sich auch am neu gegründeten Studiengang Wirtschaftsingenieurwesen an der ASW zu beteiligen.

6.3.2 Studenten und Hochschulabsolventen

Die zweite Zielgruppe, die für uns unter dem Aspekt Nachwuchssicherung von Bedeutung ist, sind Studenten und Absolventen von Universitäten und Fachhochschulen. Dabei spielt auch die Sicherung unseres Führungsnachwuchses eine Rolle, da Bosch Führungspositionen i.d.R. aus den eigenen Reihen besetzt.

Für diese Zielgruppe bieten wir

- Praktika und Diplomarbeiten sowie Promotionen,
- den Direkteinstieg,
- Trainee-Programme.

6.3.2.1 Die Kontaktaufnahme: Praktika, Diplomarbeiten und Promotionen

Praktika bieten den Studenten bekanntlich die erste Möglichkeit, mit dem Unternehmen in Kontakt zu kommen. In der Vergangenheit wurden diese Kontakte allerdings nur unzureichend gepflegt. Vor dem Hintergrund eines regelmäßigen Bedarfs an Hochschulabsolventen hat Bosch sich 2002 entschlossen, das Studentenprogramm „students@bosch" ins Leben zu rufen.

Zielsetzungen hierbei sind

- die Rekrutierung von potenziellen Mitarbeitern durch frühzeitige Ansprache und gezielte Förderung von qualifizierten Studenten sowie
- die Verbesserung des Unternehmensimages in der Zielgruppe der Studenten.

Voraussetzung für die Aufnahme in das zweistufige Studentenprogramm ist eine erfolgreich absolvierte Tätigkeit bei Bosch (Praktikum, Praxisstudententätigkeit). Studenten, die sich durch sehr gute Leistungen während ihrer Tätigkeit ausgezeichnet haben, wird somit die Möglichkeit gegeben, mit Bosch in Kontakt zu bleiben (Kontaktprogramm). Sie führen ein individuelles Kontaktgespräch mit der Personalabteilung, bekommen weitere Entwicklungsmöglichkeiten aufgezeigt, werden zu speziellen Veranstaltungen am Standort eingeladen und erhalten regelmäßig einen Newsletter.

Die besten zehn Prozent dieser Studenten werden aufgrund ihrer überdurchschnittlichen Leistungen und eines hohen Potenzials an persönlicher und fachlicher Kompetenz in ein Förderprogramm aufgenommen. Nach einer standortübergreifenden Kick-off-Veranstaltung erhalten die Studenten eine gezielte Vermittlung von Nachfolgetätigkeiten (z.B. Auslandspraktika, Diplomarbeit) und einen Mentor aus der Fachabteilung. Außerdem können sie an bestimmten Veranstaltungen wie Seminaren oder Fachtagungen teilnehmen.

Mit diesem Programm bieten wir eine intensive berufsvorbereitende Begleitung und Förderung. Wir verkürzen den Rekrutierungsprozess und bauen unsere Entscheidung für den Berufseinstieg auf fundierten Erfahrungen beider Seiten auf. Die Orientierungsphase im Unternehmen wird verkürzt, die Fluktuationsrate gesenkt.

Diplomarbeiten und Promotionen bieten die Gelegenheit, entweder aufbauend auf ein Praktikum oder völlig unabhängig davon in der Praxis auftauchende Fragestellungen mit wissenschaftlichen Ansätzen zu lösen. Themen für wissenschaftliche Arbeiten können tagesaktuell im Internet abgefragt werden. Durch die Integration des Diplomanden oder Doktoranden in die Fachabteilung entsteht eine konstruktive Zusammenarbeit, die in vielen Fällen in eine dauerhafte Zusammenarbeit mündet.

Bei der Auswahl von Praktikanten, Diplomanden oder Doktoranden werden heute annähernd die gleichen Maßstäbe angelegt wie bei der Einstellung von Mitarbeitern. Gute Studienleistungen, anspruchsvolle Praktika, ggf. erste Auslandserfahrungen und eine ansprechende Persönlichkeit sind entscheidende Auswahlkriterien. Eine wichtige Rolle spielt hierbei die Frage: Können wir uns den Bewerber heute schon als potenziellen Bosch-Mitarbeiter vorstellen? Sollten wir diese verneinen, ist von einer Beschäftigung abzusehen.

6.3.2.2 Der Berufseinstieg

Der Direkteinstieg

Die klassische Variante, nach erfolgreichem Abschluss eines Studiums bei Bosch einzusteigen, ist der Direkteinstieg. Interessierte Absolventen bewerben sich entweder auf eine ausgeschriebene Stelle oder senden uns initiativ ihre Bewerbung. Nach einem Auswahlverfahren und der Entscheidung für einen Kandidaten beginnt dieser seine Tätigkeit nach umfassender Einarbeitung direkt „on the job". Dabei stehen ihm erforderliche Qualifizierungsmaßnahmen zur Verfügung.

Die in Frage kommende Zielgruppe für den Direkteinstieg sind Absolventen mit guten bis sehr guten Studienleistungen, anspruchsvollen (Industrie-)Praktika und idealerweise mit internationaler Erfahrung. Überdurchschnittliches Engagement, Kreativität und Eigeninitiative gehören zu den gesuchten Stärken. Mobilität zum Einsatz an unterschiedlichen Standorten ist erwünscht, aber kein Ausschlusskriterium. Vorteile ergeben sich beim Direkteinstieg insbesondere aus der fachlichen Tiefe, die ein neuer Mitarbeiter sich in den ersten Jahren aneignet. Zur Weiterentwicklung stehen den Mitarbeitern umfangreiche Qualifizierungsmaßnahmen sowie alle Instrumente der Personalentwicklung (siehe 6.3.2.4) zur Verfügung. Mitarbeiter, die eine Weiterentwicklung in Fach- und Führungslaufbahn anstreben, sollten spätestens nach zwei bis drei Jahren Aufgabe bzw. Funktion wechseln, um an fachlicher Breite zu gewinnen. Sogenannte „Kaminaufstiege" sind bei Bosch in aller Regel nicht gewünscht.

Das Trainee-Programm

Im Rahmen eines Trainee-Programms durchlaufen Hochschulabsolventen in den ersten zwei Jahren ihrer Zugehörigkeit zum Unternehmen verschiedene Stationen in unterschiedlichen Funktionsbereichen und an wechselnden Standorten im In- und Ausland. In den bis zu sechs Monaten dauernden Stationen in einem Bereich werden die Trainees dabei sowohl mit Aufgaben des Tagesgeschäfts als auch mit Veränderungsprojekten, die eigenverantwortlich bearbeitet werden, konfrontiert. Zielsetzungen hierbei sind, Absolventen mit erkennbarem Führungspotenzial die erforderliche fachliche Breite des Unternehmens zu vermitteln, aber auch ihr bereichsübergreifendes Denken und Handeln zu fördern, um sie mittel- bis kurzfristig auf die Übernahme von Führungsaufgaben vorzubereiten. Als Mentor steht dem Trainee ein Leitender Direktor des Unternehmens (ein Werk- oder Geschäftsbereichsleiter) zur Seite. Mit ihm plant er den Ablauf des Programms und die spätere Übernahme auf eine Planstelle. Auf dieser ersten Planstelle nach dem Trainee-Programm wird sich der Mitarbeiter i.d.R. die notwendige fachliche Tiefe aneignen, bevor er die erste Führungsverantwortung übernimmt.

Bei sogenannten „High-Potentials", (promovierten/postgraduierten) Berufseinsteigern mit überdurchschnittlichem Führungspotenzial und internationaler Erfahrung, ist es unser erklärtes Ziel, diese nach spätestens sechs Jahren in Abteilungsleiterfunktionen einzusetzen. Das Trainee-Programm wird in diesen Fällen zeitlich straffer organisiert.

Anzumerken ist, dass Direkteinstieg und Trainee-Programm grundsätzlich die gleichen Entwicklungschancen bieten. Deshalb sind wir zur Besetzung vakanter Führungspositionen auch auf gute Direkteinsteiger dringend angewiesen. Trainee-Bewerber wählen wir allerdings bereits als Führungsnachwuchs aus, was rechtfertigt, dass wir bei den Auswahlkriterien höhere Maßstäbe anlegen als bei Direkteinsteigern.

6.3.2.3   Hochschulmarketing

Um qualifizierte Studenten und Absolventen für Bosch gewinnen zu können, bedarf es vielfältiger Aktivitäten. Diese sind im Kontext der folgenden aktuellen Bedarfs- und Arbeitsmarktsituation zu definieren:

- Das Unternehmen hat weiterhin einen hohen Bedarf an Hochschulabsolventen zur Besetzung seiner Fach- und Führungspositionen. Dies gilt insbesondere für den technischen Bereich.

- Die Absolventenzahlen sind vor allem bei den Ingenieuren weiterhin rückläufig.

- Herkömmliche Personalmarketing-Instrumente wie Stellenanzeigen und Hochschulmessen führen alleine nicht zum Erfolg.

Wenn wir von unserer Zielgruppe Studenten/Absolventen als attraktives, innovatives Unternehmen wahrgenommen werden wollen, müssen wir uns entsprechend präsentieren. Dabei spielt Einheitlichkeit als Garant für die Wiedererkennung eine große Rolle. Bei Bosch wird der einheitliche Auftritt von zentraler Seite sichergestellt und den Standorten die notwendigen Tools wie Messestände und Unternehmenspräsentationen zur Verfügung gestellt. Das operative Hochschulmarketing führen die Standorte dezentral durch, aber mit hoher Priorität gegenüber festgelegten „Zielhochschulen". Zielhochschulen sind solche, die für mehrere Standorte oder Bereiche von Bosch für die Gewinnung neuer Mitarbeiter von herausragender Bedeutung sind. Der Hochschulbeauftragte eines Standortes betreut ein bis zwei der 34 festgelegten Zielhochschulen. Für das Werk Homburg sind dies die Universitäten in Saarbrücken und Kaiserslautern.

Dort sind wir nicht nur auf Hochschulmessen präsent, sondern unterhalten verschiedene Direktkontakte zu Lehrstühlen. In diesem Rahmen finden in fast jedem Semester verschiedene Veranstaltungen statt, so z.B. Hochschultage mit Werksführung, Vorträgen und Diskussionen oder Workshops und Planspiele am Standort sowie Vortragsreihen und Podiumsdiskussionen an der Hochschule. Bei diesen Veranstaltungen geht es nicht darum, eine anonyme Masse von Studenten mit Zahlen und Fakten des Unternehmens zu konfrontieren, sondern vielmehr mit einem vorselektierten interessierten Publikum in Dialog zu treten. Aus diesen Kontakten heraus rekrutieren wir laufend Kandidaten sowohl für Praktika und Diplomarbeiten als auch für Trainee-Programme und den Direkteinstieg.

Neben den Aktivitäten, die wir unter Akquisitionsgesichtspunkten betreiben, vergeben wir auch Forschungs- und Entwicklungsprojekte an Institute. Hier entsteht häufig eine längerfristige Zusammenarbeit, die unseren Mitarbeitern z.B. für Fachvorträge Tür und Tor an den Universitäten öffnen. Solche Gelegenheiten nutzen wir dann auch gezielt, um Einstiegsmöglichkeiten bei Bosch zu diskutieren und um Studenten für unser Unternehmen zu begeistern.

Unabhängig vom Anlass, der uns mit Studierenden in Kontakt bringt, gilt es, Begeisterung zu vermitteln. Dies schaffen wir, indem wir den Fokus auf Merkmale richten, die uns vom Wettbewerb unterscheiden, sei es der internationale Mitarbeitereinsatz, Mentoring und Netzwerkbildung während des Trainee-Programmes, die breite Palette betrieblicher Weiterbildung oder die aufeinander abgestimmten Instrumente der Mitarbeiterentwicklung. Auf letztere soll im folgenden Abschnitt kurz eingegangen werden.

6.3.2.4 Die Instrumente der Mitarbeiterentwicklung

Unter Mitarbeiterentwicklung verstehen wir einerseits eine kontinuierliche Qualifizierung aller Mitarbeiter und andererseits die Förderung von Potenzialträgern für Aufgaben mit größerer Verantwortung. Zur Umsetzung stehen uns folgende Instrumente zur Verfügung:

- Das *Mitarbeitergespräch* als jährlich stattfindendes Gespräch zwischen Mitarbeiter und Vorgesetzten. Dieses beinhaltet Status der Zielerreichung des vergangenen Jahres, neue Zielvereinbarung für das Folgejahr, Festlegung von Maßnahmen zur Erhaltung und Steigerung der Leistungsfähigkeit sowie Rückmeldung über Leistungsverhalten des Mitarbeiters.

- Im *Mitarbeiterentwicklungsgespräch* diskutieren Mitarbeiter, Vorgesetzter und Personalreferent die persönlichen Entwicklungsziele des Mitarbeiters im Mittelfristbereich, arbeiten Stärken und Steigerungsmöglichkeiten des Mitarbeiters heraus und definieren Entwicklungsmöglichkeiten. Dieses Gespräch kann jederzeit vom Mitarbeiter oder seinem Vorgesetzten initiiert werden.

- In der *Mitarbeiterentwicklungsdurchsprache* besprechen Vorgesetzte und Personalreferent das Weiterentwicklungspotenzial aller Mitarbeiter vor dem Hintergrund einer mittelfristigen

Personalplanung. Mitarbeiter mit Führungspotenzial werden zur Aufnahme in den Förderkreis vorgeschlagen.

- Aufgenommen in den *Förderkreis* werden Mitarbeiter, bei denen aufgrund ihrer fachlichen und persönlichen Entwicklung absehbar ist, dass sie in spätestens vier Jahren Personalverantwortung übernehmen bzw. die nächst höhere Einkommensgruppe erreichen können. Förderkreismitgliedern wird ein breites Spektrum an persönlichen Weiterbildungsmaßnahmen angeboten. Sie stehen weltweit für die Besetzung von Führungspositionen im Fokus.

- Neuaufgenommene Förderkreismitglieder durchlaufen ein *Mitarbeiterentwicklungsseminar*, welches den Teilnehmern Aufschluss über das persönliche Stärken-Schwächen-Profil geben soll. Hierauf abgestimmte Maßnahmen unterstützen die Entwicklung des Mitarbeiters in Richtung des Förderziels.

Die konsequente Anwendung dieser Instrumente bewirkt, dass Potenzial erkannt und weiterentwickelt wird. Die Angst manches Hochschulabsolventen, in einem Großunternehmen nicht ausreichend auf eigenes Fachwissen und Persönlichkeit aufmerksam machen zu können, ist deshalb bei Bosch unbegründet.

6.4 Ausblick

Auch beim Thema Nachwuchssicherung stehen Unternehmen untereinander im Wettbewerb. Es gilt, nach zielgruppenbezogenen Maßstäben und unter Einhaltung spezifischer Restriktionen (z.B. Obergrenze bei Ausbildungsvergütung oder Gehalt) die besten Kandidaten für das eigene Unternehmen zu gewinnen. Unsere Wettbewerber unterscheiden sich hier je nach Zielgruppe. Während sich unser Werk in Homburg beispielsweise bei der Suche nach Auszubildenden an einem übersichtlichen, regionalen Markt bedienen kann, wo wir im Fokus der Zielgruppe stehen, sind unsere Wettbewerber bei der Akquisition von Fach- und Führungsnachwuchs die Benchmarkführer der internationalen Automobilindustrie oder sogar Unternehmen völlig anderer Branchen. Um hier erfolgreich zu sein, genügt es nicht, Daten und Fakten des Unternehmens für sich sprechen zu lassen. Sicherlich ist es unerlässlich, die eigene Begeisterung für das Unternehmen und Qualitätsmerkmale zu kommunizieren. Wichtiger ist jedoch, dass der potenzielle Mitarbeiter Begeisterung tatsächlich spürt und Qualität bereits bei der ersten Kontaktaufnahme erleben kann, z.B. durch schnelle Reaktionszeiten auf Bewerbung oder kompetente Gesprächspartner mit Persönlichkeit.

Daneben sind Attraktivität und inhaltliche Aspekte der Einstiegsprogramme von wesentlicher Bedeutung. Wer wie Bosch seinen Auszubildenden Methodenseminare und Auslandsaufenthalte anbietet, gute Praktikanten in ein Förderprogramm aufnimmt und anspruchsvolle Trainee-Programme im internationalen Kontext anbietet, wird in der Gunst des Nachwuchses auf den vorderen Plätzen liegen.

Walter Jochmann

7 Einsatz von Auswahl-Instrumenten unter dem Aspekt der Employability

7.1 Einleitung

Die Zielgruppe der Berufseinsteiger trifft auf einen in mehrjährigen Nachfragewellen funktionierenden Arbeits- und damit Bedarfsmarkt. Während in den Siebziger und Achtziger Jahren von klassischen Siebenjahres-Zyklen starker und problematischer Nachfrage gesprochen wurde, sind nach einer fast zehnjährigen perspektivenreichen Phase in den Neunziger Jahren nunmehr Nachfrage-Probleme in den meisten Berufsgruppen gültig – hoffentlich nicht mit sieben- bis zehnjährigem Verlauf, sicherlich aber noch auf Grund des „Angebotsüberhangs" bis zum Jahr 2005. Statistisch gesehen stellt sich bei ähnlichen Bedarfszahlen wie Ende der Neunziger Jahre der ‚war for talents' mit absoluter Sicherheit wieder ein, die derzeitigen Bewerbungserfahrungen hochtalentierter und hoch qualifizierter Absolventen machen diesen statistischen Optimismus allerdings schwer glaubhaft. Die entscheidende Frage ist, wie sich das Verhältnis klassischer Zykluseffekte zu dauerhaften Veränderungen der Arbeitsmärkte von morgen gestaltet. Diese Veränderungen können sich auf Berufsbilder und Job-Familien, auf die Ausgestaltung fachlicher und überfachlicher Anforderungen an qualifizierte Berufseinsteiger beziehen. Antworten hierzu leiten sich natürlich aus den zukünftigen europäischen und insbesondere auch deutschsprachigen Wirtschaftsraum dominierenden Industrien und ihren Unternehmensstrukturen ab, aus der Wertschöpfungstiefe der zugehörigen Geschäftsmodelle und ihrer Veränderungsgeschwindigkeit. Bei aller Problematik zur Vorhersage von Wirtschaftsentwicklungen lassen sich für dienstleistungs- und wissensdominierte Berufsbilder über bestehende Best Practices Entwicklungsperspektiven zu den Employability-bestimmenden Kompetenzfeldern ableiten. Es ist zu erwarten, dass neben allen fertigkeits- und verhaltensorientierten Teilkompetenzen persönliche Einstellungen wie Lern- und Veränderungsbereitschaft, Neugier, Commitment und Zielorientierung zu Marktwert-bestimmenden Faktoren heranreifen werden.

7.2 Arbeitsmärkte von morgen

Die Gruppe von Berufseinsteigern gliedert sich in:

- einen relativ kleinen Prozentsatz von angelernten Arbeitnehmern – dessen Job-Perspektiven schon heute sehr problematisch einzuschätzen sind.
- einen stabilen, prozentual gegenüber Studienabsolventen sogar zunehmenden Anteil von Absolventen einer klassischen Berufsausbildung – in den Bereichen Technik, Informations-

Abbildung 7-1: Absolventen 2001 nach Fachrichtungen[1]

- andere Fächer 10% — 19700
- Humanmedizin 9% — 18600
- Mathematiker/Naturwissenschaftler 14% — 28800
- Sprach- und Kulturwissenschaften 14% — 35700
- Ingenieurwissenschaften 18% — 37100
- Rechts-, Wirtschafts- oder Sozialwissenschaftler 35% — 68300

verarbeitung, kaufmännischer Bereich und Verwaltung, Naturwissenschaft, unterschiedlichster Dienstleistungsbereiche wie Handel, Verkehr/Touristik und Gesundheit.

- die Absolventen von FH/Universitäts-verankerten Studiengängen – kaufmännische und technische Funktionen dürften die Nachfrage dominieren, jedoch gibt es langfristig steigende Nachfragen in den Bereichen Naturwissenschaft, Informationstechnologie, Sozialwissenschaften und Rechtswissenschaften.

Abbildung 7-1 zeigt die Entwicklung von Absolventenzahlen in den wesentlichen wirtschaftsrelevanten Studiengängen auf, wobei folgende übergreifende Trends zu beobachten sind:

- Breite, generalistische angelegte Studiengänge etwa im kaufmännischen Bereich haben steigende Attraktivität.

- In bestimmten naturwissenschaftlichen und technologischen Bereichen nimmt angesichts momentaner Arbeitsmarkt-Perspektiven und teilweise auch gesellschaftsweiter Technikmüdigkeit die Absolventenanzahl ab.

- Geisteswissenschaftliche Fächer erfahren trotz problematischer Arbeitsmarktperspektiven einen Zulauf.

- Sozialwissenschaftliche Fachrichtungen erfahren mit Blick auf die gesellschaftlich steigende Bewertung kommunikativer Werte, auch die Sozialpsychologisierung breiter Teile der Betriebswirtschaft, einen klaren Zulauf.

---

[1] Quelle: Destatis – Statistisches Bundesamt Deutschland 2003.

7 Einsatz von Auswahl-Instrumenten unter dem Aspekt der Employability

Mir erscheinen die Tendenzen in der Berufswahl mindestens ebenso von gesellschaftlichen Popularitätswellen bestimmt zu sein wie durch den nüchternen Blick auf mittelfristige Bedarfszahlen der Industrie. Der Trend zu dienstleistungsorientierten Berufsbildern im non-akademischen Bereich dürfte sich analog zu anderen Wirtschaftsregionen und zur Strukturierung des Bruttosozialproduktes weiter verstärken, was für die fachliche Substanzerhaltung derzeit erfolgreicher Produktionszweige ernste Probleme nach sich ziehen dürfte. So zeigen sich in Teilsegmenten der Automobilzuliefererindustrie und der Elektrotechnik / Elektronik schon heute Engpässe im Ingenieurbereich. Es bleibt eine spannende bildungspolitische und volkswirtschaftliche Fragestellung, wie das Matching von Absolventen-Angebot und Nachfrage mit dem notwendigen Vorlauf und entsprechenden Informations- und Marketingprogrammen verbessert werden kann.

Prognosen über die wirtschaftliche Entwicklung sind schwierig – zu vielfältig sind die weltwirtschaftlichen Vernetzungen, der Einfluss von politischen Krisen und die Durchsetzungsgrade von potenziellen technologischen und dienstleistungsbezogenen Innovationen. Abbildung 7-2 verdeutlicht Verteilungen und Entwicklungslinien von Arbeitsplätzen über grobgerasterte Branchenfelder. Unsere internen Prognosen zur Entwicklung von Industrien und resultierenden Arbeitsplatzbedarfen sehen die besten Wachstumsprognosen in breiten Dienstleistungsbereichen (Gesundheitswesen, Health Care, Verwaltung), in ausgewählten technisch-naturwissenschaftlichen Industrien mit bedeutsamen großen und mittelständischen Anbietern sowie (hoffentlich) in Spitzentechnologien um die Nanotechnik, Elektronik und Biotechnologie.

Abbildung 7-2: Erwerbstätige in Deutschland nach Wirtschaftsbereichen

Quelle: Destatis – Statistisches Bundesamt Deutschland. Bezug: jeweils 1. Quartal

Abbildung 7-3: *Unternehmensstruktur in Deutschland nach Umsatzgröße 2001*[2]

Umsatz in €	Anzahl der Unternehmen
50 Mio. und mehr	8.016
5 Mio. - 50 Mio.	63.840
500.000 - 5 Mio.	473.953
100.000 - 500.000	1.023.633
16.617 - 100.000	1.351.541

Ein weiterer Blickwinkel auf Arbeitsmarkt-Bedarfe liegt in der Verteilung der Größenklassen von Unternehmungen und Institutionen. Abbildung 7-3 und 7-4 zeigen die Bedeutung unterschiedlicher Größenklassen für den Arbeitsmarkt, ergänzt durch den erwirtschaften Anteil am Bruttosozialprodukt. Schon heute ist jedem bewusst, dass die kleinen Unternehmen in der Bandbreite vom Kleinstbetrieb bis zum Mittelständler mit einigen hundert Angestellten das Hauptgewicht der wirtschaftlichen Entwicklung ausmachen – wobei das Beibehalten der weltweiten Wettbewerbsfähigkeit in zentralen Industrien durch einige Aushängeschilder wie etwa in der Automobilindustrie oder der pharmazeutischen Industrie geprägt wird. Ohne die erfolgreiche Präsens mehrerer deutscher Automobilhersteller mit Weltgeltung wäre die riesige Anzahl an multiplizierten Arbeitsplätzen in der Zuliefererindustrie und hier von Großkonzernen bis hin zu vielen in der Wertschöpfungskette dann nachgeordneten kleinen Produktionsunternehmen kaum denkbar. Der wahrscheinlich zumindest für den deutschsprachigen Bereich unverzichtbare Anteil von 20 % produktionsbezogenem Bruttosozialprodukt ist ohne weltweit führende Technologien nicht denkbar. Schon unter diesen Rahmenbedingungen ist der Druck durch internationale Arbeitskosten, die häufig 90 % unter deutschen Referenzkosten stehen, extrem hoch. Eine gewisse Produktionskompetenz wird gerade in der Impulsgebung für Forschung und Entwicklung sowie Design und Marketing allerdings notwendig sein, um über die integrierte und konzentrierte Kompetenz des Wertschöpfungsprozesses auch die Innovationspotenziale von morgen zu entfalten. Dies mag eine Absage an die Vision deutscher Innovation-, Strategie- und Marketing-Centers sein, denen lokale Vertriebe und nomadenhaft die weltweit günstigen Produktionsstandorte zugeordnet sind. Im Dienstleistungsbereich stellt sich die Situation anders dar – ein durch die Entwicklung der Lebensqualität und privatem Vermögen stabiler Bedarf wird hohe Bedarfszahlen nach zeitlich flexiblen, service- und kontaktorientierten Berufsbildern mit allerdings maximal mittleren Vergütungsebenen generieren.

---

[2] Quelle: Destatis – Statistisches Bundesamt Deutschland 2003.

Abbildung 7-4: Anteil der Unternehmen (nach Umsatz) am Bruttosozialprodukt 2001[3]

Umsatz in €	Prozent des BSP
50 Mio. und mehr	58%
5 Mio. - 50 Mio.	20%
500.000 - 5 Mio.	15%
100.000 - 500.000	5%
16.617 - 100.000	2%

7.2.1 Resultierende Kompetenzfelder für Berufseinsteiger

Der Begriff der Employability oder Beschäftigungsfähigkeit umfasst zwei wesentliche Facetten: zum einen die Verfügbarkeit an vielseitig einsetzbaren fachlichen und überfachlichen Kompetenzen, zum anderen das Prinzip der Mitverantwortung oder Selbstverantwortung in der Platzierung der eigenen Arbeitskraft in einem dauerhaft dynamischen Arbeitsmarkt (Locke and Morley). Mit Blick auf die erste Seite dieser Medaille Employability stellt sich die Frage nach den Grundstrukturen sowie den stabilen und veränderungsorientierten Inhalten von Kompetenzmodellen. Hierbei werden Kompetenzen als Berufs- und Arbeitsziel-relevante Kenntnisse, Fertigkeiten, Erfahrungen und Fähigkeiten sowie Werthaltungen definiert (siehe Abb. 7-5).

Bei aller Ausdifferenzierung, die sich in den immer stärker in der Entwicklung befindlichen Kompetenzmodellen in zumindest größeren Unternehmungen zeigt, repliziert sich die grobe Dreiteilung in fachliche, verhaltensbezogene und werteorientiert-persönlichkeitsbestimmte Kompetenzdimensionen (W. Dr. Jochmann, 2003). Hierbei sehe ich den Kompetenzbegriff als Weiterentwicklung der klassischen Anforderungsdimensionen in den Siebziger und Achtziger Jahren – um den Aspekt der Beobachtbarkeit im Alltag durch Kollegen und Vorgesetzte einerseits, die Validierung durch wirkliche Zielerreichungen / faktische Erfolge andererseits. Insgesamt stehen etwa 50 Kompetenzdimensionen aus den Feldern Verhaltenskompetenz und Persönlichkeitskompetenz / Werthaltungen und Einstellungen zur Verfügung, von denen die folgenden derzeit als Erfolgsfaktoren für High Potentials identifiziert werden:

---

3   Quelle: Destatis – Statistisches Bundesamt Deutschland 2003.

Walter Jochmann

Abbildung 7-5: Ganzheitliches Persönlichkeitsmodell

- Kommunikationsqualität und Überzeugungskraft,
- Analysevermögen und logische Stringenz,
- emotionale Intelligenz als Kombination aus Kooperationsbereitschaft, Sensitivität und Einfühlungsvermögen,
- Führungs- und Beeinflussungsmotivation,
- Handlungs- und Resultatsorientierung,
- Lernbereitschaft und Lernfähigkeit,
- Kontaktorientierung und Begeisterungsfähigkeit.

Hinter diesen Kompetenzdimensionen stehen mit Blick auf anspruchsvolle Spezialistenaufgaben sowie Führungsfunktionen grundsätzlich etwa 120 Teilkompetenzen, die abgrenzbare wünschenswerte Zieleigenschaften beschreiben, beispielsweise

- sprachliche Ausdrucksfähigkeit,
- körpersprachliche Souveränität,
- Hilfsbereitschaft,
- numerisches Denken,
- Abstraktionsfähigkeit.

7 Einsatz von Auswahl-Instrumenten unter dem Aspekt der Employability

Abbildung 7-6: *Qualifikationen mit wachsender Bedeutung[4]*

Zukünftig wichtiger werden	Mittelwert 1 2 3 4 5
1. Sozialkompetenz	2,73
2. Auslandserfahrungen während des Studiums	2,65
3. Praxisorientierung im Studium	2,64
4. Mobilität	2,62
5. Interdisziplinäre Ausbildung	2,59
6. Generalistische Ausbildung	2,34
7. Fachkenntnisse	2,17
8. Ansehen der Hochschule	2,10
9. Studiendauer	2,05
10. Noten	1,89
11. Berufsausbildung vor dem Studium	1,89

Für das Feld der fachlichen Kompetenzen wird in klassischen Kompetenzmodellen entweder eine Sammeldimension definiert (sie kombiniert die klassischen Merkmale von Arbeitsmenge und Arbeitsgüte sowie notwendige Wissens- und Erfahrungsinhalte), alternativ wird etwa ein Drittel der insgesamt festgelegten Kompetenzdimensionen für diesen Fachbereich „reserviert". Dieses Drittel dürfte auch mit Blick auf die Employability für Berufseinsteiger die richtige Gesamtbotschaft sein, wenn Berufserfolge prognostiziert werden – ein Fazit aus über 30-jähriger Erfahrung im Umgang mit High Potentials, Spezialisten und der mittleren Führungsebene lässt eine Drittelung der Relevanz von Fachkompetenz, Verhaltenskompetenz und Einstellungen ableiten. Für die Ebene des obersten Managements gilt dann ein Mix aus 20–30 % Managementkompetenzen (Überführung der Fachkompetenz in das fachübergreifende Beherrschen etwa von Strategiemethoden, kaufmännischen Steuerungsinstrumenten und Change-Management-Werkzeugen), weiteren 20–30 % an insbesondere kommunikativen Kompetenzen und einem Schwerpunkt an Persönlichkeitsmerkmalen (beispielsweise Vorbildwirkung, Authentizität, Werteorientierungen und Verantwortungsbewusstsein – zudem visionäres Denken, Wachstumsorientierung und Konfliktfähigkeit).

Abbildung 7-6 dokumentiert die Ergebnisse einer Kienbaum-Studie mit 230 teilnehmenden Unternehmen und der Einschätzung von PersonalleiterInnen, welche Qualifikationen für den Berufseinstieg an Bedeutung gewinnen werden. Die übergreifenden Botschaften sind hierbei Erwartungen an kommunikative Fähigkeiten, internationale Erfahrungen, Pragmatismus, Flexibilität und Mobilität, übergreifende fachliche Ausrichtung. Insgesamt verlieren formale Ausbildungskriterien wie Noten, Studiendauer, Image der Universität etc. gegenüber klar dokumentierten Erfahrungen und bisherigen Erfolgen in außerberuflichen Feldern, die eine analoge

---

4 Quelle: Kienbaum High Potential Studie 2002.

Bedeutung und Vorhersagekraft für beruflichen Ehrgeiz und Zielorientierung besitzen. Somit gewinnen auch Fremdsprachen, außerberufliche Engagements und Auslandsaufenthalte sowie Praktika (inhaltliche Ausrichtung, beteiligtes Unternehmen) an Bedeutung.

Mit Blick auf Employability und hier sowohl allgemein gültige Zukunftskompetenzen als auch Lernbereitschaft und Selbstverantwortung stellt sich die konsequente Frage nach bestätigten oder auch neuen Kompetenzdimensionen. Unter Anwendung inhaltlicher Ableitungsmethoden kommen wir dabei zu dem Ergebnis, dass mit hoher Wahrscheinlichkeit die folgenden Kompetenzdimensionen mit einer hohen Ausprägung an Employability verbunden sind:

- Analysefähigkeit: Aufnahmefähigkeit, abstraktes Denken, Numerik, Erinnerungsvermögen und Vernetzungskompetenz.

- Handlungs- und Zielorientierung: Pragmatismus, Prioritätensetzung, Output-Orientierung, Handlungskonsequenz.

- Flexibilität und Lernbereitschaft: Neugierde, Verhaltensbandbreite, Mobilität, generalistisches Interessenspektrum.

- Kommunikationskompetenz: Offenheit, Kooperationsbereitschaft, Überzeugungskraft, Begeisterungsfähigkeit.

- Leistungsmotivation: Fachlicher Ehrgeiz, Selbstmotivation, Einsatzbereitschaft, inhaltliche Begeisterungsfähigkeit.

- Dynamik und Belastbarkeit: Leistungsfähigkeit, Konzentrationsvermögen, Agilität, Ausgeglichenheit.

Ein Blick auf diese Employability-relevanten Kompetenzdimensionen zeigt etwa einen jeweils 50-prozentigen Anteil an verhaltensorientierten sowie persönlichkeitsorientierten Dimensionen (Radlett, Herts. 2001). Hinzu kommen mit dem Fokus Employability wahrscheinlich folgende Fachdimensionen:

- IT-Anwendungskenntnisse,

- Fremdsprachenkompetenz mit Fokus Englisch,

- Grundlagen Betriebswirtschaft / kaufmännisches Denken,

- Arbeitstechnik und Selbstorganisation,

- Generalistische Ausbildung mit Ergänzung klassischer kaufmännischer Sichtweisen durch: Geschichte, Gemeinschaftskunde, Sozial- und Gesellschaftskunde, Religion und Philosophie.

Insgesamt sind Employability-relevante Kompetenzen zum großen Teil schon in heutigen Anforderungsprofilen für Trainees / High Potentials enthalten (W. Jochmann 1998) Es wird darauf ankommen, sie auf die non-akademischen Einsteigergruppen anzuwenden bzw. in den Ausbildungsgängen und nachfolgenden Auswahlinstrumenten adäquat / zielgruppengerecht abzubilden. Eine Kernbotschaft von Employability ist Flexibilität mit den Ausformungen von Lernbereitschaft, Lernfähigkeit, fachlicher und regionaler Mobilität, interkultureller Kompetenz mit

7 Einsatz von Auswahl-Instrumenten unter dem Aspekt der Employability

Abbildung 7-7: Kompetenzpyramide

```
                         Wissen
     Fachkompetenzen     Fertigkeiten              Veränderbarkeit ↑
                         Erfahrungen
                    Arbeitsorganisation/
                    Projektmanagement
   Verhaltens-     Kommunikationsfähigkeiten
   kompetenzen
              Führung (Motivation, Steuerung, Delegation, Coaching)
                    Problemlöse-Kompetenz
                    Belastbarkeit und Dynamik
     personale
     Kompetenzen       Leistungsmotive
              Kundenorientierung / unternehmerisches Denken
                Integrität / Verantwortungsbewusstsein
```

entsprechenden Fremdsprachenkenntnissen / Erfahrungen in internationalen Teams und interkultureller Sensitivität / Toleranz. Hinter diesen Dimensionen stehen klassisch-lernbare methodische Handwerkszeuge, trainierbare Verhaltenskompetenzen und schwer veränderbare, ererbte oder früh in der Sozialisation erworbene Persönlichkeitskompetenzen (siehe Abbildung 7-7).

7.2.2 Das Spektrum der Auswahlinstrumente

In der Einschätzung sowohl von Berufseinsteigern als auch mittleren und oberen Führungskräften sowie Spezialisten unterscheidet man nach folgenden Erhebungsmethoden (siehe auch Schuler, H. 1998).

- Unterschiedlichste Formen der Interviewführung – Basis von Einschätzungen sind hier die Aussagen-Inhalte des Kandidaten und die Wirkung mit Blick auf Souveränität und Glaubwürdigkeit.

- Der Einsatz von psychologischen Fragebögen (6) mit den Ausrichtungen auf Intellekt, Leistungsfähigkeit und Persönlichkeitsanalyse – von erheblicher Bedeutung sind dabei Konstruktionsqualität und Anwendungsakzeptanz, wobei insbesondere die Persönlichkeitsfragebögen mit dem Problem sozialer Erwünschtheit im Antwortverhalten fertig werden müssen.

- Analyse der Biografie mit den faktischen Ausbildungsstationen und Erfahrungen – Prämissen sind hierbei die Forderung nach dokumentierten Resultaten und die Aussage, dass die Vergangenheit eines Menschen die beste Prognosequalität für seine Zukunft abgibt.

- Bearbeitung von Arbeitsproben in Form von Fallstudien und Kommunikationssituationen – Anwendung der Assessment-Center-Methodik mit auf das jeweilige Zielprofil zugeschnittener Verfahrenskonstruktion.

Je nach Beurteilungs- und Auswahlsituation finden sich in der Anlehnung an maßgeschneiderte Zielprofile ebenso maßgeschneiderte Methodenkombinationen. Für akademische Berufseinsteiger dominieren beispielsweise im deutschsprachigen Raum entweder teilstrukturierte Interview- (in der Regel zwei bis drei Stationen mit unterschiedlichen Gesprächspartnern) oder eintägige Assessment-Center-Varianten in der Kombination aus Interview, Fragebogen und Fallbearbeitungen / Gruppendiskussionen. Die Vorhersagekraft und Trefferquote scheint sich mit erweiterter Einschätzungsdauer und Zunahme des Methodenmixes von 60 % (klassisch-intuitives Interview) auf 85 % zu erhöhen. Hierbei ist es insbesondere die Herausforderung, durch die „menschlich überzeugende und selbstdarstellerische Hülle" hindurch auch intellektuelle Fähigkeiten und insbesondere Persönlichkeitskompetenzen treffsicher herauszuarbeiten. Mit Blick auf die Employability-relevanten Kompetenzen ergibt sich somit

- eine klassische biografische Analyse bisheriger Erfahrungen (Fachdimensionen, Internationalität)

- die Kombination aus Fragebogen-Einsatz (immer stärker online-orientiert) und nachfolgender Interviewführung mit Blick auf Kommunikationskompetenz und Persönlichkeitsdimensionen

- die Durchführung von selektiven Intelligenztests oder vielmehr analytischen Fallstudien zur Bewertung von Analysevermögen und Arbeitsstil. Exemplarisch für die Schlüsseldimension von Lernbereitschaft und Lernfähigkeit zeigt Abbildung 7-8 die notwendige Anforderungsdetaillierung und die diagnostischen Methodenoptionen auf.

Ein Fazit für die persönlichkeitsorientierten Kompetenzdimensionen ist für die Beurteilungsaufgabe, dass ein optimaler Methodenmix aus vorbereitender Biografieanalyse, Vorab-Fragebogenbearbeitung und dann einem intensiven teilstrukturierten Interview besteht. Um dieses Interview von einer klassischen Selbstverkaufs-Situation mit Freiraum für Sympathieeffekte und sonstige Beurteilungsfehler wegzuführen, sind intensive Beschreibungen der Kompetenzdimensionen sowie ihrer Teilkompetenzen und Beobachtungsanker einerseits sowie Fragefelder und Fragetechniken andererseits vorzubereiten. Die nachfolgenden Interviewtechniken haben sich hierbei bewährt:

- in der Startphase des Interviews sehr öffnende Fragestellung und deutlicher Darstellungsfreiraum für den Bewerber,

- episodische Vertiefungsfragen mit der Konkretisierung von erreichten Ergebnissen, Umfeldbedingungen und persönlichen Schlussfolgerungen,

- reflektorische Fragen zur Ableitung von Motiven und Lebensmustern,

- Fragen zum Abgleich unterschiedlicher Eindrücke – etwa aus Interview, Lebenslauf und Fragebogen-Ergebnissen,

Abbildung 7-8: Erfassung Kernkompetenzen

Lernbereitschaft und Lernfähigkeit

» Weiterbildungs-Motivation
» Offenheit für Feedback
» inhaltliches Interesse
» innere Flexibilität

» Aufnahmevermögen
» Adaptionsfähigkeit
» Ergebnisanalyse
» Geduld und Ausdauer

Interview
Fragebogen
Biografie
Fallstudien

- gewisse Konfrontation mit Widersprüchen und nicht-authentischen / glaubhaften Eindrücken,

- reflektorische und analogieorientierte Vertiefungsfragen zu Berufszielen, treibenden Motiven und persönlichen Erfolgsfaktoren.

Abbildung 7-9 zeigt das Ergebnisprofil eines online-basierten berufsbezogenen Interessentests, Abbildung 7-10 den wünschenswerten Zielkorridor auf einem Selbsteinschätzungs-Instrument zur Motivationsanalyse.

Zur Analyse zwischenmenschlicher und analytischer Verhaltenskompetenzen mit den Merkmalen von Technikbeherrschung / Fertigkeiten, Verhaltensdurchgängigkeit und Glaubwürdigkeit ist die Kombination aus Fragebogen und Fallstudie, natürlich unterstützt durch ein einleitendes Interview, eindeutig zu bevorzugen. Gerade im intellektuellen Bereich stoßen Interviewtechniken an ihre Grenzen – sprachlich flexibel und im Auftreten sympathische / souveräne Gesprächspartner bewältigen inhaltliche Vertiefungsfragen souverän (Blender-Effekt); introvertiert-schüchterne „Spezialisten" transportieren ihre hervorragende Fachkompetenz und inhaltliche Begeisterungsfähigkeit nicht ausreichend resultierender Beurteilungsfehler aus Bescheidenheit / Understatement und begrenzter Kommunikationskompetenz (Sarges, W. 1996 und W. Jochmann, 1998). Deshalb hat sich in der Berufseinstiegs-Diagnostik das Assessment-Center-Instrumentarium sehr gut durchsetzen können. Es variiert von einer mehrstündigen / halbtägigen Schmalspur-Version über die klassische und empfehlenswerte Eintages-Durchführung bis hin zu mehrtägigen Durchführungsformen (eher bekannt für die Potenzialanalyse vorhandener

Abbildung 7-9: Ergebnisprofil online-basierter berufsbezogener Interessentest[5]

Kategorie	Merkmal	Ihr Ergebnis	Vergleichsgruppe*
Berufliche Interessen	Beratung	50,0%	54,1%
	Technik	25,0%	25,7%
	Problemlösendes Denken	75,0%	69,4%
	Führen	50,0%	52,2%
	Marketing	65,0%	48,2%
	Engagement und Verantwortung	75,0%	79,4%
	Innovatives Denken	68,8%	64,6%
	Organisation	43,8%	56,0%
	Repräsentation	25,0%	55,1%
Zusammenarbeit	Teamfähigkeit	50,0%	62,9%
	Hilfsbereitschaft	93,8%	80,7%
Kreativität	Einfallsreichtum	50,0%	60,7%
	Offenheit für Neues	62,5%	67,5%
	Pragmatische Arbeitshaltung	12,5%	33,9%
Motivation	Karriere und Gehalt	67,9%	75,8%
	Sicherheit	67,9%	60,0%
	Image	41,7%	57,9%
	Persönliche Entwicklung	75,0%	84,8%
	Selbstverwirklichung und Identifikation	65,0%	78,2%
	Betriebsklima	66,7%	73,9%
	Mobilität	37,5%	48,3%
	Freizeit	50,0%	52,2%

*Resultate potenzieller MitbewerberInnen

[5] Quelle: geva-institut 2002.

Abbildung 7-10: Wünschenswerter Zielkorridor Selbsteinschätzungs-Instrument zur Motivationsanalyse

	1 gering	2	3	4	5 hoch
Einflussmotivation Will Einfluss auf andere besitzen	○	○	⬤		○
Erfolgsmotivation Will sich selbst neue, herausfordernde und schwierige Ziele setzen und erreichen	○	○	○	⬤	
Veränderungsmotivation Will Strukturen verändern, bewegen	○	○	○	⬤	○
Problemlösemotivation Will in Aktivität stehen und auch unter widrigen Umständen Probleme lösen	○	○	○	⬤	
Misserfolgsmotivation Will alles richtig machen, Fehler vermeiden	⬤		○	○	○
Wettbewerbsmotivation Will sich mit anderen messen, eigene Leistung mit anderen vergleichen	○	○	⬤		○
Arousal Will Abwechslung haben durch immer wieder neue und unbekannte Aufgaben	○	○	○	⬤	○
Anschlussmotivation Will nette Kontakte zu Kollegen haben	○	⬤		○	○
Statusmotivation Will Ansehen im Beruf/ in der Gesellschaft haben (anerkannte Position, nach außen sichtbare Symbole)	○	⬤	○	○	○
Hilfsmotivation Will das Gefühl haben, gebraucht zu werden und helfen zu können	○	○	⬤		○
Extrinsische Motivation Will Anerkennung/Rückmeldung von seinen Mitarbeitern/Vorgesetzten bekommen	○	○	⬤	○	○
Zahlenmotivation Will Freude haben an der Steigerung seiner Geschäfts-/Verkaufszahlen	○	○	○	⬤	
Materielle Motivation Will hohes Gehalt und damit verbundenen Lebensstil erreichen/halten	○	⬤	○	○	○
Entwicklungsmotivation Will die eigene Persönlichkeit erfahren und weiterentwickeln	○	○	○	⬤	

Abbildung 7-11: *Ablauf eintägiges Auswahl-Assessment Hochschulabsolventen Großbank*

10.00 – 10.15	Einführung und allgemeine Informationen zu Acs
10.15 – 11.00	Interview (Werdegang und Motivation)
11.00 – 11.30	Zwischenfeedback
11.30 – 12.00	Präsentation
12.00 – 12.30	Zwischenfeedback
12.30 – 13.00	Kienbaum-Management-Fragebogen
13.00 – 13.30	Mittagspause
13.30 – 14.30	Vorbereitung Fallstudie
14.30 – 15.00	Durchführung Fallstudie
15.00 – 15.30	Zwischenfeedback
15.30 – 15.45	Vorbereitung Mitarbeitergespräch
15.45 – 16.15	Durchführung Mitarbeitergespräch
16.15 – 16.45	Abschlussfeedback

Nachwuchskräfte und Manager der mittleren Ebene). Abbildung 7-11 zeigt den Verlauf des eintägigen Auswahl-Assessments für Hochschulabsolventen einer Großbank.

Das verbleibende Feld fachlicher Kompetenzen wird eindeutig am besten über die Kombination aus vorbereitender Biografieanalyse und anschließendem Interview analysiert. Es kann sich bei dem non-akademischen Bereich allerdings empfehlen, mit Blick auf englische Sprachkenntnisse, IT-Anwendungen oder auch kaufmännisch-betriebswirtschaftliches Denken Mini-Fallstudien oder Fach-Fragebögen / Prüfungen ergänzend einzusetzen. Beispiele hierzu sind eine englische Interviewführung, die Analyse betriebswirtschaftlicher Daten, die Arbeitsprobe einer Präsentationserstellung am PC oder die Selbstorganisation in einer umfangreichen Stärken-Schwächen-Fallstudie. In der Vergangenheit wurde bei dieser Methodenorientierung die saubere Analyse des bisherigen Lebenslaufes mit notwendigen Analogien geforderter Leistungsergebnisse unterschätzt – etwa in der Wahrnehmung von real gegebenen Chancen für Auslandsaufenthalte, in der Dokumentation von Vertriebsaufgaben, in der Wahrnehmung von Führungs- und Steuerungsaufgaben etwa als Klassensprecher oder Leiter von Jugendgruppen.

7.2.3 Von der Einzelanalyse zur Förderung von Employability

Die Auswahlsituation bringt Bewerber mit in der Regel raren Beschäftigungsmöglichkeiten zusammen, die derzeitigen Quoten von ernsthaften / vorselektierten Bewerbern für offene Positionen liegt im Traineebereich bei 1:5. Das Prinzip der Bestenauslese wird bei sorgfältiger methodischer Vorbereitung und fachlicher Qualifizierung der Diagnostiker Trefferquoten zwischen 80 und 90 % erbringen können. Auch die Frage der jeweiligen Anforderungsprofile wird sich durch Professionals mit Blick auf die relevanten Branchen und Berufsbilder eindeutig lösen lassen. Hier wird die Hauptaufgabe darin bestehen, klassisch-bewährte Anforderungslisten mit Prioritäten zu versehen und den jeweiligen Berufsgruppen-spezifischen Zuschnitt zu

7 Einsatz von Auswahl-Instrumenten unter dem Aspekt der Employability

erzielen – dabei ist es ein Fehler, mit langen Generalprofilen zu arbeiten und dann beispielsweise gerade für fachliche Kernkompetenzen zu viele Bewerber fälschlicherweise auszusondern.

Wie kann es nun prophylaktisch gelingen, die Ausbildungs- und Studiengänge, wahrscheinlich sogar die Schulausbildung auf die zukünftigen Arbeitsmärkte mit den Merkmalen von Flexibilität, Internationalität, Generalismus und hoher Leistungsbereitschaft vorzubereiten? Aus meiner Sicht bietet sich hierzu die Kombination aus Information und Transparenz einerseits, aus Fakten-orientierter und erlebnisorientierter Qualifizierung andererseits an. Insgesamt werden sich moderne Lernformen schon in Schulen orientieren müssen am Einsatz

- klarer Beschreibung von best practice-Beispielen (etwa Aufzeigen neuer Berufsbilder oder der Ausbildungsgänge in anderen Staaten)
- von modernen Visualisierungs- und Moderationstechniken
- von Einladungen von Vertretern relevanter Branchen und Berufsgruppen
- der Ermöglichung von Unternehmensbesuchen und Praktika in zukunftsrelevanten Kompetenzfeldern
- der konsequenten Qualifizierung des Lehrpersonals in Inhalten und Verhaltenskompetenzen von Employability – Lehrkräfte müssen sich an Vorbild-Merkmalen messen lassen.

Es wird darauf ankommen, einer in Teilen freizeit- und erlebnisorientierten sowie orientierungslosen Jugend die Chancen und Risiken in den Arbeitsmärkten von morgen und die resultierenden Performance-Erwartungen aufzuzeigen. Häufig ist es Unverbindlichkeit und mangelnde Darstellung der Konsequenzen in den letztlich selbst zu wählenden Bildungsinvestitionen, die junge Menschen in engeren Arbeitsmärkten oder hochselektiven Ausbildungsgängen scheitern lässt. Gegenüber einem isolierten Elitedenken wird die Aufgabe zur Beschäftigungssicherung eher eine kollektive Verbindlichkeit erforderlich machen, zu der Lehrkörper, potenzielle Arbeitgeber und Elternhäuser beitragen müssen.

Abbildung 7-12 verdeutlicht die heutigen Empfehlungen an Bewerber, die sich für attraktive Einstiegsfunktionen etwa im Traineebereich bewerben. Aus diesen Anforderungen lassen sich Qualifizierungsinhalte und wünschenswerte Einstellungsmuster ableiten – etwa in die Richtungen strukturierter Vorbereitung, klarer eigener Standortbestimmung, hoher kommunikativer Kompetenz in der Balance zwischen Sympathie und sich auf andere einstellen einerseits, der Vermittlung von Selbstsicherheit und Eigenständigkeit andererseits.

Der Schritt von der Diagnostik Employability-relevanter Kompetenzen zur proaktiven Förderung in den vorangehenden Ausbildungsstationen führt zu folgenden abschließenden Empfehlungen:

- Deutlich intensivere Vorbereitung auf Mechanismen der Wirtschaft und alternative Berufsbilder im Profit-Bereich schon in den Schuljahren 8–10, vertiefend 11–13.
- Deutliche Verstärkung grundlegender betriebswirtschaftlicher Inhalte zumindest ab Realschule.
- Verbesserung der Unterstützung in der Berufswahl – seitens Lehrpersonal, Arbeitsämtern und Personalbereichen von Unternehmungen / Organisationen.

Abbildung 7-12: *Empfehlungen für den Bewerbungs- und Auswahlprozess*

- Strukturierung und Umfang der Bewerbungsunterlagen – less is more.
- Faktoren der Einzigartigkeit – unique competence proposition.
- Strukturen und Erfolgsfaktoren des Zielunternehmens kennen.
- Klares Erklärungsmuster – wieso dieses Unternehmen, wieso ich?
- Gesprächspartner spiegeln und Zeichen setzen!
- Intelligente Fragen stellen ...
- Commitment und Standing dokumentieren.

- Verstärkung ausbildungsbegleitender Praktika.

- Weitere Professionalisierung des Englischunterrichtes und idealerweise Auslandsaufenthalte vor Schulabschluss.

- Deutliche Intensivierung berufsvorbereitender Informationen über zukünftige Arbeitsmärkte, Branchenentwicklungen und resultierende Berufsbilder.

- Abbildung Employee-relevanter Kompetenzen in passenden Schulfächern – beispielsweise Toleranz, internationales Wissen und interkulturelle Sensibilität, Kommunikationskompetenz.

- Ermutigung zu schulbegleitenden Steuerungs- und Führungsaufgaben – etwa im Rahmen von sozialen oder sportorientierten Vereinen.

Employability fängt nicht mit der Bewerbungsphase um Ausbildungs- und Studienplätze an. Sie beinhaltet angeborene und früh sozialisierte Persönlichkeitstendenzen, allerdings auch klare Veränderungspotenziale durch Informationstransparenz und Vorbilder schon im frühen Jugendalter. Ein Teil der Wettbewerbsfähigkeit der dienstleistungs- und wissensbasierten Branchen im deutschsprachigen Europa wird davon abhängen, ob wir junge talentierte Menschen zielgerichtet für diese Industrien und mit ihnen vorhandene Perspektiven und Selbstentfaltungsmöglichkeiten gewinnen. Die self-fulfilling-Prophecy wird in beiden Richtungen funktionieren – im negativen Sinne Wirtschafts-Skeptismus und Elite-Angst mit Freizeitorientierung und beruflichem Mindestleisten bewirken – im positiven Sinne eine Aufbruchstimmung erzeugen, die geprägt ist von internationaler Offenheit, Neugierde, Begeisterung und Gestaltungswillen für die Welt von morgen.

Literatur

BRICKENKAMP, R. (2002): Handbuch psychologischer und pädagogischer Tests (Band 1/2). Hogrefe, Göttingen.

ETZEL, S. und KÜPPERS, A. (2002): Mit Methodenvielfalt zum Ziel – Computergestützte und klassische Assessment-Techniken in R. BÄCKER und S. ETZEL: Einzel Assessment, Düsseldorf: Symposium Publishing.

JOCHMANN, W. (1998): Modelle zur Beurteilung von Persönlichkeit, Potentialen und Leistungsverhalten. in: JOCHMANN, W. (Hrsg.): Innovationen im Assessment-Center. Schäffer-Poeschel-Verlag, Stuttgart.

JOCHMANN, W. (1998): Change-Prozesse mit der Methodik Assessment-Center unterstützen. in: JOCHMANN, W. (Hrsg.): Innovationen im Assessment-Center, Schäffer-Poeschel-Verlag, Stuttgart.

JOCHMANN, W.(1998): Zukunftsorientierte Konzepte und Instrumente eines erfolgreichen Personalmanagements. In: FRÖHLICH, W. (Hrsg.): Moderne Personalarbeit der Zukunft. Datakontext-Fachverlag, Frechen.

JOCHMANN, W. (1998): Strategische Aufgabe: Personalmanagement. in: Markt und Mittelstand.

JOCHMANN, W.: Bilanz und Veränderungen des Instrumentes Management Audit, Personal 04/2003.

LOCKE, L. und MORLEY, W.: Enhancing Employability, Recognising Diversity: Making Links Between Higher Education and the World of Work, July 2002, Harvey, A. Universities UK and CSU.

LOHAUS, D. und HABERMANN W.: Employability statt Outplacement, Personal 07/2003.

Radlett, Herts. (2001): Graduates' Employability Skills, Developing Personal Skills for the Workplace Whilst at University: Industry and Education.

SARGES, W. (Hrsg.) (1996): Weiterentwicklung der Assessment Center Methode. Hogrefe, Göttingen.

SARGES, W. und WOTTAWA, H. (Hrsg.) (2001): Handbuch wirtschaftspsychologischer Testverfahren. Pabst Science Publishers, Lengerich, S. 89–102/405–408.

SCHULER, H. (1998): Psychologische Personalauswahl, Verlag für Angewandte Psychologie, Göttingen.

SULLIVAN, SHERRY E.: The Changing Nature of Careers: A Review and Research Agenda, Journal of Management, May–June 1999 v25 i3 p457.

Stefan F. Dietl und Ulrich Höschle

8 Employability durch Ausbildung
Auswirkung, Konsequenz und Konzepte

In diesem Beitrag wird aufgezeigt, wie das Grundkonzept der Employability im Rahmen einer Ausbildungskonzeption zum Nutzen der Auszubildenden und des Unternehmens umgesetzt werden kann. Das Beispiel stellt die Festo AG & Co. KG in Esslingen dar.

8.1 Das unternehmerische Umfeld

Das Umfeld von Unternehmen ist von unterschiedlichen Einflussfaktoren geprägt, die sich zunehmend auf die Personal- und Ausbildungspolitik auswirken:

- Durch die Globalisierung und das Internet werden Informationen schneller übermittelt und stehen weltweit zur Verfügung.
- Kommunikation über E-Mail und SMS verändert das Informations- und Kommunikationsverhalten.
- Kontinuierlicher Wissenszuwachs verlangt Wissensmanagement und verursacht abnehmende Halbwertszeit des Wissens.
- Die Ökonomisierung verlangt einen höheren und erkennbaren Wertschöpfungsbeitrag auch durch den Erfolgsfaktor Human Resources Management in allen Kernprozessen.
- Demografische Veränderungen spiegeln sich auf Grund geringer werdenden Geburtenraten in einer abnehmenden Bevölkerungszahl wider (quantitative Veränderungen). Hinzu kommt die Veralterung der Gesellschaft als qualitativer Aspekt. Vor diesem Hintergrund wird es schwieriger, hoch qualifizierte Nachwuchskräfte auf dem Arbeitsmarkt zu beschaffen. Nicht nur Arbeitnehmer, sondern vielmehr auch Unternehmen müssen sich in Richtung Employability weiterentwickeln.
- etc.

Vor diesem Hintergrund muss ein zukunftsweisendes Human Resources Management all diese Aspekte in die eigene Strategie integrieren, um keine Wettbewerbsnachteile für das Unternehmen zu erfahren. Diese Trends wirken sich insbesondere in der Qualifizierungsstrategie von Unternehmen aus. Lernen, Qualifizierung und eine positive Veränderungskultur sind wichtige Bausteine, um Employability seitens der Arbeitnehmer und der Unternehmen zu erzielen.

Der Qualifizierungsprozess eines Unternehmens ist dabei mehrschichtig. Ein zukünftiger Mitarbeiter kann als Auszubildender oder Studierender an einer Berufsakademie die unternehmenseigene Ausbildung durchlaufen, nach Abschluss eines Studiums als Trainee beginnen, als mehrjähriger Mitarbeiter als Potenzialträger oder als High-Potenzial identifiziert und gefördert werden. Im Rahmen dieses Aufsatzes stehen Auswirkung, Konsequenzen und Gestaltungsmöglichkeiten der betrieblichen Erstausbildung im Mittelpunkt. Dies sind zum einen die Auszubildenden im dualen Ausbildungssystem zum anderen auch Teilnehmer kooperativer Studiengänge wie der Berufsakademie.

8.2 Konsequenz für die Ausbildung

Nichts ist konsequenter als der Wandel. Durch die aufgezeigten Einflussfaktoren resultieren Veränderungen in der Arbeitswelt. Wissensaneignung ist dabei sehr wichtig, um die Veränderungen und die Einflussmöglichkeiten erkennen und abwägen zu können. „Mindestens genau so wichtig ist es, die Fähigkeit zu lernen zu vermitteln. Wissen veraltet, aber die Fähigkeit zu lernen bleibt."[1] „Nur" Wissen zu besitzen, reicht auf Grund der abnehmenden Halbwertszeit nicht mehr aus. Gelerntes ist wichtig, aber die Fähigkeit zu lernen ist viel wichtiger. Anstatt Wissen zu entwickeln, müssen Menschen entwickelt werden, deren innere Einstellung Veränderungen gegenüber positiv ist und die in der Lage sind, diese zu erkennen und aktiv mitzugestalten.

Diese Anforderungen benötigen eine ausgeprägte Persönlichkeits-, Sozial- und Methodenkompetenz.

Die Persönlichkeitskompetenz ist dabei der entscheidende Faktor. Sie beinhaltet die eigenen, individuellen Werte und Normen wie die Bereitschaft zu leisten, Beziehungen mit Unternehmen einzugehen, Kreativität, Wertschätzung anderen Menschen gegenüber, um nur einen Auszug der Persönlichkeitskompetenz darzustellen. Die Sozialkompetenz könnte auch als Interaktionskompetenz bezeichnet werden, da sie dann zum Ausdruck kommt, wenn mehrere Menschen beisammen sind und beispielsweise gemeinsam in einem Projekt arbeiten. Hierzu gehört beispielsweise die Kontaktfähigkeit oder Kooperationsfähigkeit. Die Methodenkompetenz stellt eine Art Transferkompetenz dar, die benötigt wird, wenn vorhandenes Fachwissen in die Praxis umgesetzt werden soll. Die alle Kompetenzen umfassende Handlungskompetenz wird noch ergänzt durch die Fachkompetenz. Sie beinhaltet das gesamte Wissen eines Menschen. Insbesondere die Persönlichkeits- und Sozialkompetenz und bedingt die Methodenkompetenz sind extrafunktionaler Art. Dieter Mertens hat Mitte der Siebziger extrafunktionale Qualifikationen auch als Schlüsselqualifikationen bezeichnet, die es dem Einzelnen ermöglichen, sich in einer ständig verändernden Arbeitswelt zurecht zu finden und somit zur Employability zu kommen.

Vor diesem Hintergrund müssen Schlüsselqualifikationen stärker in Qualifizierungskonzepte integriert werden, ohne dabei das nötige Fachwissen zu vernachlässigen.

---

1 Rau, Johannes: „Noch ein wenig mehr". Über die Verantwortung für die berufliche Bildung. In: Wirtschaftswoche. Nr. 21 vom 26.7.2001. S. 36.

Die Berufsausbildung hat dabei die Chance, diese Anforderung von Beginn an in die Qualifizierung des eigenen Nachwuchses integrieren zu lassen und das Ausbildungskonzept entsprechend zukunftsfähig zu gestalten.

Hierbei baut sie notwendigerweise auf Vorarbeiten aus dem Bereich der allgemeinen Schulbildung auf. Nicht erst seit der PISA-Studie sind in diversen Schularten entsprechende Konzepte entstanden und in der Umsetzung. Hier gilt es für Wirtschaft und Schulen konzeptionell zusammenzuarbeiten.

8.3 Konzepte für die Ausbildung

Grundlage der gesamten Ausrichtung einer Ausbildung ist das Anforderungsprofil. In ihm werden alle relevanten Kriterien verankert, die im Auswahlverfahren systematisch diagnostiziert, während der Ausbildung gefördert und entwickelt und dann jeweils evaluiert werden sollen.

Wenn das Bewusstsein einer abnehmenden Halbwertszeit des Wissens proaktiv genutzt werden soll, ist es konsequent, dass im Anforderungsprofil schwerpunktmäßig die Eigenschaften und Anforderungen integriert werden, die langfristig angelegt sind und nicht einer permanenten Entwertung unterliegen. Zudem müssen im Anforderungsprofil speziell im Kontext der Mitarbeiterauswahl die Eigenschaften und Anforderungen einfließen, die wegen ihrer Langfristigkeit nur schwer zu verändern sind. Ziel im Anforderungsprofil ist es, diese Anforderungskriterien zunächst zu identifizieren, zu definieren und zu operationalisieren.

Welches sind nun die erfolgsrelevanten Anforderungen eines Unternehmens? Um diese Frage beantworten zu können, stehen mehrere Vorgehensweisen zur Auswahl. Im Rahmen der „Critical Event Method" oder „Critical Incident Method"[2] werden besonders kritische Situationen eines Auszubildenden beschrieben, die er meistern muss, um erfolgreich zu sein. Aus diesen Situationen werden dann die Eigenschaften abgeleitet und fließen ins Anforderungsprofil ein.

Bei einer weiteren Methode werden zunächst die entscheidenden Einflussfaktoren identifiziert, die auf das Unternehmen in den nächsten Jahren gravierend einwirken. Aus der daraus abgeleiteten Unternehmensstrategie werden dann die Anforderungen definiert. Taucht eine Anforderung mehrfach auf, ist dies ein Indikator dafür, dass sie besonders relevant ist.

Um das Anforderungsprofil multiperspektivisch zu entwickeln und somit einen möglichst breiten Konsens zu erzielen, müssen andere Personen als die in der Ausbildung tätig sind, integriert werden. Dies sind beispielsweise Mitarbeiter und Führungskräfte aus einigen Fachbereichen, die Geschäftsleitung, Referenten des Personalwesens, ehemalige Auszubildende oder sogar externe Kunden des Unternehmens.

Damit das Anforderungsprofil im Rahmen des Auswahlverfahrens berücksichtigt werden kann, sollen maximal fünf bis acht Anforderungskriterien herangezogen werden. Mehr sind in einem praktikablen Auswahlverfahren nicht zu diagnostizieren.

---

[2] Vgl.: Paschen, Turck, Weidemann, Stöwe: Assessment-Center professionell. Luchterhand-Verlag. 2002.

Abbildung 8-1: Herleitung von Anforderungskriterien am Beispiel eines Mobilfunkherstellers[3]

Abbildung 8-2: Multiperspektivische Identifikation von Anforderungen

---

3 Vgl. Dietl, Stefan F.: Ausbildungsmarketing und Bewerberauswahl. Köln 2003. S. 50.

Abbildung 8-3: Mögliche Definition des Anforderungskriteriums „Kommunikationsfähigkeit"

- Kann seine Ausdrucksweise der Situation / dem Gesprächspartner anpassen.
- Wird verstanden und kann anderen zuhören.
- Kann die Wirkung seiner Kommunikationsfähigkeit messen.
- Verwendet Kommunikation als zentrales Instrument der Kooperation.
- Trägt dazu bei, eine für ihn und seine Anliegen günstige Gesprächsatmosphäre aufzubauen.

Es ist nicht ausreichend, die relevanten Kriterien nur zu identifizieren. Sind mehrere Beobachter in einem Auswahlverfahren integriert, würde jeder unter dem Begriff z. B. „Kommunikationsfähigkeit" etwas anderes verstehen. Anforderungskriterien müssen definiert werden. Die Definition stellt dar, was unter diesem Begriff verstanden wird.

Die Definition berücksichtigt noch nicht die Beobachtbarkeit der Anforderung. Dies wird durch die Operationalisierung (= Beobachtbarkeit) erreicht. Die Kernfrage ist: Wie kann die gewünschte Eigenschaft beobachtet werden? Was muss bei einem Bewerber sichtbar sein, damit diese Eigenschaft beobachtbar ist?

Nachdem alle Anforderungskriterien identifiziert, definiert und operationalisiert wurden, entsteht ein Anforderungsprofil, das mit den unternehmensspezifischen Schlüsselqualifikationen die Basis für das Auswahlverfahren darstellt.

Das Auswahlverfahren muss so konstruiert sein, dass es die gewünschten Eigenschaften erkennen lässt, um einen Abgleich von Anforderungsprofil und Qualifikationsprofil zu ermöglichen.

Während in der Vergangenheit nach dem „besten" Bewerber gesucht wurde, wird heute und auch zukünftig nach dem „passenden" gesucht. Gewiss werden noch Schulnoten und schriftliche Testverfahren als erstes Filterkriterium verwendet. In naher Zukunft wird durch die abneh-

Abbildung 8-4: Mögliche Operationalisierung des Anforderungskriteriums „Kommunikationsfähigkeit"

Positiv: Der Bewerber...	Negativ: Der Bewerber...
... passt sich dem Sprachniveau seines Gesprächspartners an. ... hat einen angemessenen Anteil zwischen Reden und Zuhören. ... redet mit klarer Sprache und deutlicher Stimme ... kann bei der Kommunikation in die Augen anderer schauen.	...bemüht sich wenig, anderen etwas zu erklären ...wirkt abwesend. ...drückt sich vage, schwammig und missverständlich aus ...wird von anderen missverstanden (inhaltlich und akustisch)

Abbildung 8-5: Anforderungsprofil für Auszubildende der Festo AG & Co. KG

mende Demografie die Anzahl der Bewerbungen stark zurückgehen, sodass mehr Zeit für den einzelnen Bewerber investiert werden kann. Ein systematisches und fundiertes Testverfahren verfügt eine entsprechende Validität und Reliabilität (z. B. IST 2000r). Es ermöglicht dabei Aussagen über die Intelligenz und, über den Determinationskoeffizienten, über potenzielle Entwicklungen und Prognosen zum „Berufserfolg".

Gruppenauswahlverfahren bieten die Möglichkeit, dass mehrere Bewerber gleichzeitig beobachtet werden. Dies hat zum einen den qualitativen Vorteil, dass mehrere Bewerber unmittelbar miteinander verglichen werden können und über Verhalten in speziellen Situationen nicht gesprochen werden muss, sondern genau dieses Verhalten kann in der Situation beobachtet werden. Sie bieten zudem ökonomischen Vorteil, da der Man-Power-Input pro Bewerber trotz mehrerer Beobachter in der Regel geringer ist, als bei einem Einzelinterview.

Abbildung 8-6: Struktur Auswahlverfahren

```
                    ┌─────────────────────────┐
              ┌────▶│        Bewerber         │
              │     ├─────────────────────────┤
              │     │      Bewerbung:         │
              │     │  Anschreiben / Lebenslauf│
              │     │  Lichtbild / Zeugnisse  │
              │     ├─────────────────────────┤
              │     │  Anschreiben interessant?│
              │     │  Lebenslauf macht neugierig?│
              │     │  Zeugnisse gut?         │
              │     └─────────────────────────┘
              │◀──nein      │ ja
              │             ▼
              │     ┌─────────────────────────┐
              │     │    Eignungstest gut?    │
              │◀──nein      │ ja
              │             ▼
              │     ┌─────────────────────────┐
              │     │     Gruppengespräch     │
              │     ├─────────────────────────┤
              │     │   Einzelinterview gut?  │
              │     └─────────────────────────┘
              │◀──nein      │ ja
                            ▼
                    ┌─────────────────────────┐
                    │   Ausbildungsvertrag    │
                    └─────────────────────────┘
```

Ein systematisiert geführtes Einzelinterview vermittelt einen weiteren persönlichen Eindruck darüber, ob der Bewerber mit seinem Verhalten in die Unternehmenskultur passt bzw. denkbar ist.

Im nächsten Schritt müssen die im Anforderungsprofil definierten Kriterien gefördert werden. Dafür stehen viele Ausbildungsmethoden zur Auswahl. Ganzheitliche Ausbildungsmethoden müssen zukünftig noch mehr spezielle Faktoren erfüllen.

Durch die beschriebene, zunehmende Ökonomisierung und die daraus entstehende Notwendigkeit, dass der Wertschöpfungsbeitrag von allen Bereichen zu forcieren ist, muss die Ausbildung sich zukünftig noch mehr in diesen Prozess einbringen.[4] Somit kann sie einen positiven Beitrag für das Unternehmen bringen. Allerdings darf die Wertschöpfung nicht auf Kosten der Schlüsselqualifizierung (dem Bildungsaspekt) verstärkt werden. Diese beiden Aspekte würden zwar kurzfristig einen Vorteil verschaffen, allerdings sind damit noch längst keine zukünftigen Bewerber gewonnen. Sind die eingesetzten Ausbildungsmethoden jedoch wertschöpfend, schlüsselqualifizierend und machen den Auszubildenden zusätzlich Spaß, verbreiten sie ihre positiven Eindrücke bringen sie diese Botschaft in ihrem privaten Umfeld, sei es ihre Cliquen, ihre Eltern

---

[4] Vgl.: Dietl, Stefan F., Frick, Gerold: Das Prinzip „Wertschöpfung" in der kaufmännischen Ausbildung. Personalführung 7 / 2000. S. 30 ff.

oder in ihrem Freundeskreis. So verbreitet sich diese positive Botschaft und sichert auch in einem zunehmend schwerer umkämpften Bewerbermarkt genügend und gute Bewerbungen.

Zunächst müssen Auszubildende daran gewöhnt werden, von bisher oftmals passiven Rolle des Schülers in die aktive Rolle des Auszubildenden zu wechseln. Im Rahmen von *Einführungsveranstaltungen* sollten nicht nur Begrüßungsreden gehalten oder Unterlagen verteilt werden. Vielmehr können sie genutzt werden, um eine Vertrauensbasis zwischen Ausbilder[5] und Auszubildenden zu bilden. Besonders positiv werden Veranstaltungen gesehen, die außerhalb eines typischen Unterrichts- oder Seminarraumes stattfinden. In Jugendherbergen können zu relativ niedrigen Preisen Veranstaltungen durchgeführt werden. Außerdem gibt es die Möglichkeit, in Form eines „Einführungs-Camps" teambildende Übungen durchzuführen. So werden gezielt die gewünschten Schlüsselqualifikationen aus dem Anforderungsprofil gefördert.

Nach einem erfolgreichen Einstieg fällt es den Auszubildenden leichter, Aufgaben zu übernehmen und eigenständig, Lösungen zu erarbeiten. In einer stark ausgeprägten Angstkultur bzw. in autoritativen Ausbildungsstrukturen wird dies nicht gelingen.

Auf dieser Basis können weiterführende Ausbildungsmethoden aufbauen. Im Rahmen von betriebspädagogischen Seminaren können neben der Vermittlung von Kommunikations- und Präsentationsfähigkeit, Kooperationsfähigkeit und Projektarbeit konkrete Problemstellungen analysiert ,Lösungen dafür entwickelt und präsentiert werden. Zur langfristigen Lerntransfersicherung können beispielsweise KVP-Teams in diesen Seminaren installiert werden, die auch nach Abschluss des Seminars für eine bestimmte Zeit auch über die Ausbildungsgrenzen hinaus bestehen bleiben.

Die gewonnenen Erfahrungen können dann auch in anderen Abteilungen oder sogar im Rahmen von mehrwöchigen *Auslandseinsätzen* in Landesgesellschaften, Vertriebs- oder Geschäftspartner (z. B. bei Kunden oder Lieferanten) eingebracht werden. Auszubildende sind meist sehr offen und interessiert, schon früh in unterschiedlichen Kulturkreisen interkulturelle Kompetenzen zu sammeln. Dies ist gerade im Zuge der Globalisierung besonders relevant. Damit können durchaus wertschöpfende Leistungen verbunden werden. Ob Studierende an der Berufsakademie oder Auszubildende: Beide können im Ausland Projekte bearbeiten, die zwar schon seit längerer Zeit stehen, bislang aber mangels Kapazitäten nicht realisiert wurden. Angehende Diplom-Ingenieure (BA) der Fachrichtung Mechatronik ist es z. B. gelungen, durch eine selbst entwickelte und realisierte technische Vorrichtung die Rüstzeit einer Maschine von 90 Minuten auf 20 Minuten zu reduzieren. Die entstandenen Flug- und Unterkunftskosten waren dadurch innerhalb weniger Tage amortisiert.

Die Kriterien „Wertschöpfung, Schlüsselqualifizierung und Spaß" werden in besonderem Maße in *Lerninseln oder Juniorenfirmen* gefördert. In eine Juniorenfirma oder Lerninsel fließen mehrere Faktoren ein:[6]

---

5   Im Rahmen dieses Berichts werden die Personen als „Ausbilder" bezeichnet, die diese Aufgabe als Hauptaufgabe haben. Die Mitarbeiter, die diese Aufgabe eher sekundär erfüllen, werden als Ausbildungsbeauftragte bezeichnet
6   Vgl.: Kutt, Konrad: Juniorenfirma. In: Wittwer, Wolfgang: Methoden der Ausbildung. Didaktische Werkzeuge für Ausbilder. Köln, 2000. S. 33.

- Es handelt sich um ein „Realprojekt",
- sie ist auf Dauer angelegt,
- sie wird unter dem „Schirm" des Ausbildungsbetriebes gegründet,
- sie wird möglichst weitgehend in eigener Verantwortung der Auszubildenden geführt,
- sie ermöglicht eine flexible, zeitlich-organisatorische Realisierung,
- sie ist innovativ für den Betrieb und ermöglicht einen messbaren Zusatznutzen,
- sie verbindet arbeiten und lernen,
- sie ermöglicht selbstständiges Arbeiten durch die Auszubildenden.

Lerninseln können in der Form eines internen Dienstleisters für Mitarbeiter, Führungskräfte und Management fungieren und Leistungen erbringen, die von jedem benötigt werden. Welcher Mitarbeiter oder welche Führungskraft wünscht sich nicht eine Unterstützung, die seine Notizen während einer Dienstreise oder Aufzeichnungen auf ein Diktaphon einer Auslandsreise als Präsentation aufbereitet. Diese Aufgaben können Auszubildende in einer Lerninsel übernehmen, die Back-Office-Charakter hat. Sie sind dabei selbst verantwortlich für ihre gesamte Büroausstattung, für eine möglichst hohe Auslastung, für eine hohe Kostendeckung aber auch für die eigene Büromaterialverwaltung, für die Kalkulation von Preisen, für die Erstellung von Statistiken. Statistiken sollen den Erfolg und die Leistungen der Auszubildenden quantifizieren, evaluieren und letztlich dokumentieren.

Eine weitere Lerninsel ist der weltweite Vertrieb von Werbe- und Geschenkartikel. Welches Unternehmen ab einer bestimmten Größe hat nicht ein kleines Sortiment. Werden diese Artikel dezentral beschafft und vertrieben, werden Synergien nicht genutzt, da mehrere Mitarbeiter mit einer ähnlichen Aufgabe beschäftigt sind. Wird dies dagegen zentral von Auszubildenden übernommen, werden diese Synergien genutzt und das Corporate Design eines Unternehmens konsequent umgesetzt. Die Auszubildenden sind dabei verantwortlich für die gesamte Sortimentssteuerung. Es müssen laufend neue Artikel aufgenommen werden. Jeder Auszubildende kann somit die Funktion eines „Produktmanagers" einnehmen und „sein" Produkt einführen. Hinzu kommt die notwendige Vermarktung über einen Katalog, über Mail, über Newsletter oder ergänzend über den eigenen Intranetauftritt. Bei regelmäßigen Verkaufsaktionen auf dem Firmengelände werden Auszubildende auch direkt von den firmeninternen Kunden gelobt – sie lernen aber auch den Umgang mit Kritik. Eine regelmäßig durchgeführte ABC-Analyse ist die Grundlage dafür, dass auch wenig verkaufte Produkte aus dem Sortiment herausgenommen werden und bietet die Möglichkeit, theoretisches Schulwissen in die Praxis umzusetzen. Sie beantworten außerdem Anfragen von Mitarbeitern aus allen Abteilungen und allen Landesgesellschaften zu den jeweiligen Produkten. Wo kann das Funktionieren eines kleinen Unternehmens transparenter erlebt werden?

Speziell in diesem Lerninsel-Modell werden die drei Anforderungskriterien in besonderem Maße berücksichtigt. Die Auszubildenden erleben alle interdependenten Prozesse eines kleinen, international agierenden Handelsunternehmen anfallen. Dies prägt das unternehmerische Handeln und Denken der Auszubildenden in besonderem Maße und unterstützt den Prozess „vom Azubi von Heute zum Mitunternehmer von Morgen". Durch die übertragene Verantwortung wird das Selbstbewusstsein gestärkt und gibt den Auszubildenden ein positives Gefühl. Sie erlernen das Kommunizieren über verschiedene Medien: über E-Mail, Fax, Briefe und Telefon wird jeweils in unterschiedlichen Sprachen verhandelt und Aufträge angebahnt. Darüber hinaus werden Leistungen erbracht, die für ein Unternehmen unerlässlich sind.

In den regelmäßig durchgeführten Meetings (einmal pro Woche für 60 Minuten), werden in englischer Sprache offene Fragen geklärt und Entscheidungen getroffen. Speziell dafür wird ein eigenes Lexikon geführt, in das alle relevanten, aber unbekannten Vokabeln aufgenommen werden. Die Auszubildenden erwerben hierbei gemeinsam mit ihrem Ausbilder internationale Sprachkompetenz.

Die klassische Ausbildungsmethode war lange Zeit die *Unterweisung* oder das *Lehrgespräch*. „Gespräche zwischen Ausbilder und Auszubildendem, die der Wissensvermittlung, Erkenntnisgewinnung oder Impulsgebung im Zusammenhang mit der Durchführung von Aufgaben dienen."[7] Meist geschieht dies am Lernort in der Abteilung, wenn der Ausbilder oder der lokale Ausbildungsbeauftragte dem Auszubildenden etwas erklärt. [8]

Beim *Multiplikatorenkonzept* hat der Auszubildende die Möglichkeit die Funktion des Referenten (= Repetierenden) einzunehmen. Dies verfestigt nicht nur sein Wissen, sondern bietet die Möglichkeit einer kostengünstigen Wissensweitergabe. Ob ein Internetkurs für Führungskräfte oder eine Schulung für die neuen Auszubildenden – in allen Fällen wird ihm die Wissensvermittlung zugetraut und ermutigt ihn.

Ein relativ neuer Trend ist *„soziales Lernen"*. Auszubildende arbeiten gemeinsam mit sozialen Minoritäten wie behinderte Menschen, sozial abgedriftete Jugendliche oder alten Menschen. Ziel ist u. a. eine Verschiebung der Koordinate im eigenen Wertesystem und den Jugendlichen aufzuzeigen, wie Menschen, die in einer „anderen Welt" als jemand selbst lebt, leben und sich darin zurechtfinden müssen. Auszubildende können dabei helfen, dass diese Menschen sich einfacher zu Recht finden und lernen dabei nachhaltig den Umgang mit diesen Menschen. So können Auszubildende (z. B. angehende Bankkaufleute) Essen an Obdachlose ausgeben, gewerblich-technische Auszubildende können Vorrichtungen für eine Behindertenwerkstatt konstruieren und fertigen, kaufmännische Auszubildende können sozial benachteiligte Jugendliche bei deren Bewerbung am PC helfen etc. Durch die Kommunikation und Kooperation in diesen Projekten wird schon jetzt die Konsequenz einer abnehmenden Demografie – Integration von sozialen „Randgruppen" im weitesten Sinne – aufgezeigt und bietet wertvolle Erfahrungen. Zudem erfahren Auszubildende in Projekten mit „Jugendlichen im Abseits", wie schnell ein Abdriften möglich ist und handeln präventiv, um nicht selbst in solche Situationen zu kommen.

Nicht zuletzt dient auch *e-Learning* zur Förderung der Employability von jungen Menschen. Wissen wird zeitnah aufgenommen (Learning on demand), wobei das Lerntempo und die Lernzeit vom Lernenden selbst bestimmt wird. Ergänzt durch Start- und Präsenzveranstaltungen fördert „blended learning" nicht nur die reine Fachkompetenz, sondern bietet durchaus die Möglichkeit, auch Methoden- und Sozialkompetenz zu unterstützen. Durch die wegfallenden

---

7 Vgl.: Häcker, Eberhard: Ausbilder-Topics von A–Z. Schnelle Antworten zu den wichtigsten Fragen der Ausbildungspraxis. Köln 2001.
8 Vgl.: Dietl, Stefan; Speck, Peter: Strategisches Ausbildungsmanagement. Verlag Recht und Wirtschaft. Heidelberg, 2003.

8 Employability durch Ausbildung

Trainer- und Reisekosten hat das Unternehmen – langfristig angelegt – durchaus die Möglichkeit, eine kostengünstige, bedarfsorientierte und insbesondere bei Jugendlichen akzeptierte Lernmethode anzubieten. Durch die Offenheit der Zielgruppe „Jugendliche" gegenüber dem „Lerninstrument PC" wird ein positives Image in das Unternehmen hineintransportiert und reduziert somit die bisherigen mentalen Hürden bei erfahrenen Mitarbeiter.

Alle Ausbildungsmethoden entwickeln den Auszubildenden und unterstützen seine Employability. Er lernt, sich auf unbekannte, neue Situationen einzustellen und ist in diesen schnell handlungsfähig. Veränderungen schrecken den zukünftigen Mitarbeiter nicht mehr ab, da er sie mehrfach erfolgreich gemeistert hat. Er ist es gewohnt, selbstständig zu arbeiten, Eigenverantwortung und Verantwortung für das Unternehmen zu übernehmen. Situatives Handeln wird zur Gewohnheit und stärkt die Veränderungsfähigkeit. Dies alles führt zu einer positiv ausgeprägten Employability beim Auszubildenden und zukünftigen Mitarbeiter eines Unternehmens.

Voraussetzung ist jedoch, dass ihm die Möglichkeit geboten wird, sein Verhalten jeweils aktiv zu reflektieren. Durch ein fundiertes Beurteilungsgespräch muss sich der jeweilige Ausbilder konstruktiv kritisch mit dem Auszubildenden auseinander setzen. Nur konkrete und konstruktive Hinweise bringen den Auszubildenden weiter und optimieren sein Verhalten und seine Veränderungsfähigkeit.

Wenn zukünftig weiter veränderte Anforderungen von Auszubildenden erfüllt werden müssen, bedeutet dies gleichzeitig ein verändertes Anforderungsprofil an das Ausbildungspersonal. Grundsätzlich erfordert eine aktivere Rolle des Auszubildenden eine passivere Rolle des Ausbilders. Er wird in erster Linie ein Lernbegleiter oder Coach.

Der Ausbilder muss dafür sorgen, dass der Auszubildende nicht nur seine Leistungsbereitschaft und seine Leistungsfähigkeit entfalten kann, sondern dass die Leistungsmöglichkeit existiert.

Häufig besteht der Eindruck, dass Auszubildende oftmals sich nicht in dem Maße einbringen dürfen, wie sie es könnten und wollten. Diese Hürde im Unternehmen zu überwinden ist zunächst eine der Hauptaufgabe für den Ausbilder und die Ausbildungskonzeption.

Er selbst muss sich darüber im Klaren sein, dass er zum einen eine Vorbildfunktion einnimmt und von den Auszubildenden imitiert wird. Wenn er sich unveränderbar zeigt und Veränderun-

Abbildung 8-7: Die Leistungstriade

Leistungs-MÖGLICHKEIT
(= „Dürfen")

Die Leistungs-Triade

Leistungs-FÄHIGKEIT
(= „Können")

Leistungs-BEREITSCHAFT
(= „Wollen")

gen bzw. Ideen der Auszubildenden ignoriert, wird dieses Verhalten im Unternehmen durch die Auszubildenden multipliziert. Er ist so gesehen ein Katalysator für die gewünschten Verhaltensweisen. Der Ausbilder ist Kulturträger und -gestalter und hat für eine positiv ausgeprägte Fehlerkultur zu sorgen. Fehler werden immer entstehen. Erfolgreiche Unternehmen unterscheidet der Umgang mit diesen Fehlern. Ob ein Fehler vertuscht und verheimlicht wird oder ob er als Chance der Veränderung und Optimierung gesehen wird – der Ausbilder hat diesen Ansatz in die Ausbildung einfließen zu lassen.

All diese Anforderungen verlangen beim Anforderungsprofil eines Ausbilders eine stärkere Ausprägung der Persönlichkeits-, Sozial- und Methodenkompetenz als in der Vergangenheit.

Eine individuelle Personalentwicklung muss ergänzt werden durch kollektive und teambildende Qualifizierungsmaßnahmen, an der alle Ausbilder (je nach Unternehmensgröße) teilnehmen. Ziel hierbei ist, das Ausbilderteam auf einen gemeinsamen Stand zu bringen und Charakterzüge der einzelnen Ausbilder untereinander bekannter zu machen. Nur wenn jeder Ausbilder die Stärken seiner Kollegen kennt, kann er sich bei Fragen gezielt an die anderen wenden.

Darüber hinaus müssen die Ausbildungsbeauftragten in den Fachabteilungen höhere Ansprüche erfüllen.

Durch ein attraktives Ausbildungskonzept wird schon bei Auszubildenden Employability entwickelt. Zukünftig müssen aber auch Unternehmen Employability unter Beweis stellen, da sie mit anderen Unternehmen mehr und mehr um gute Mitarbeiter konkurrieren. Nur wenn sie sich auf den veränderten Führungs- und Beschäftigungsanspruch rechtzeitig einstellen, wird die Gewinnung neuer Arbeitskräfte erleichtert.

8.4 Fazit

Auf den beschriebenen Maßnahmen und Instrumenten können weitere aufbauen. Was in heutiger Zeit Knowledge-Management ist, könnte zukünftig zum Competence-Management werden. Es wird nicht mehr ausreichend sein, „Wissen" zu managen bzw. Datenbanken zu entwickeln, aus denen hervorgeht, wer was weiß. Vielmehr müsste darauf geachtet werden, wer kann was. Es sollte gelingen, die Potenziale der einzelnen Auszubildenden sehr schnell und zutreffend zu identifizieren, gezielt zu fördern und dann bei der Übernahme in ein anschließendes Beschäftigungsverhältnis eine Funktion zu finden, auf der der Auszubildende seine individuellen Potenziale rasch entfalten und erschließen kann. Als Konsequenz führt dies zu einer optimalen Zufriedenheit und zu einem maximalen Leistungsoutput, wodurch letztlich auch das Unternehmen seinen „Return on Qualification" maximieren kann.

Dieser Return on Qualification kann allerdings nur entstehen, wenn die Ausbildung zukünftig auch an anderen Maßstäben als der Anzahl von IHK Auszeichnungen gemessen wird. Werden weiterhin verstärkt „die besten Bewerber" eingestellt, erhöht sich die Gefahr, dass diese auch nach Abschluss der Ausbildung das Unternehmen verlassen. Der langfristige Nutzen kann aber nur entfaltet werden, wenn ambivalente Evaluationskriterien herangezogen werden. So ist die Verbleibensquote nach der Ausbildung ein interessanter Indikator für eine gute Ausbildung.

Eine hohe Übernahmequote direkt nach der Ausbildung und eine lange Verbleibensquote sind die Grundlage dafür, dass Karrierepfade entstehen und aufgezeigt werden können. Dies sind nicht nur gute Argumente, die für eine gute Ausbildung sprechen. Vielmehr kann damit Marketing – nach innen Richtung Management und nach außen Richtung Bewerber – gemacht werden, was auf Grund des wirtschaftlichen Umfeldes wiederum einen Wettbewerbsvorteil darstellt.

Wichtig für die Nachhaltigkeit der Investitionen in die Ausbildung ist natürlich die „Anschluss"-Qualifizierung nach der Übernahme in ein Beschäftigungsverhältnis. Sie setzt bereits bei der systematischen Einarbeitung ein, setzt sich über die regelmäßige Weiterbildungsplanung fort bis hin zur eventuellen Nennung für ein Potenzialentwicklungsprogramm[9]. Auf diese Weise werden die Talente aus der Ausbildung im Sinne der Employability „behandelt".

Über den beschriebenen Weg wird Employability beim zukünftigen Mitarbeiter aber auch seitens des Unternehmens sichergestellt. Nur über diesen Weg wird die Ausbildung in Zukunft als Wertschöpfungsfaktor und Businesspartner anerkannt und sichert somit ihren langfristigen Erfolg. Die Zukunft hat begonnen.

Literatur

DIETL, S. / FRICK, G.: Das Prinzip „Wertschöpfung" in der kaufmännischen Ausbildung. Personalführung 7/2000. S. 30 ff.

DIETL, S. (2003): Ausbildungsmarketing und Bewerberauswahl, Köln, S. 50.

DIETL, S. / SPECK, P. (2003): Strategisches Ausbildungsmanagement. Verlag Recht und Wirtschaft, Heidelberg.

JARON-THEILER C. / SPECK P. (2003): Internationale Personalentwicklung bei der Festo AG & Co. KG. in: SPECK / WAGNER (Hrsg.): Personalmanagement im Wandel. Vom Dienstleister zum Businesspartner. S. 347 ff. Gabler Verlag, Wiesbaden.

KUTT, K. (2000): Juniorenfirma. in: Wittwer, W.: Methoden der Ausbildung. Didaktische Werkzeuge für Ausbilder. Köln. S. 33.

HÄCKER, E. (2001): Ausbilder-Topics von A–Z. Schnelle Antworten zu den wichtigsten Fragen der Ausbildungspraxis. Köln.

PASCHEN / TURCK / WEIDEMANN / STÖWE (2002): Assessment-Center professionell. Luchterhand-Verlag.

RAU, J.: Noch ein wenig mehr über die Verantwortung für die berufliche Bildung. in: Wirtschaftswoche 21/2001, S. 36.

---

[9] Vgl.: Jaron-Theiler, Speck: Internationale Personalentwicklung bei der Festo AG & Co. KG. In: Speck, Wagner (Hrsg.): Personalmanagement im Wandel. Vom Dienstleister zum Businesspartner. S. 347 ff. Gabler Verlag, Wiesbaden 2003.

Werner Rössle

9 Berücksichtigung von Employability im Studium an der Berufsakademie Baden-Württemberg
University of cooperative education

9.1 Einleitung

Die Berufsakademie (BA) vermittelt – so der § 1 des Berufsakademiegesetzes – eine wissenschaftsbezogene und zugleich praxisorientierte berufliche Bildung. Sie erfüllt ihre Aufgabe durch das Zusammenwirken der staatlichen Studienakademie und den beteiligten Ausbildungsstätten (duales System). Es ist damit klar zu stellen, dass der „schulische" Ausbildungsträger, die staatliche Studienakademie, keine Schule nach dem Landesschulrecht und damit auch keine Berufsschule im Sinne eines Partners im „dualen System" der Berufsausbildung ist. Des weiteren wird die BA-Ausbildung trotz der über die angeschlossenen Betriebe integrierten Praxiskomponenten vom Berufsbildungsgesetz (BBiG) nicht erfasst, da sie sich innerhalb jenes Gestaltungsraumes „beruflicher Bildung" befindet, der jenseits der Bedingungen des „Ausschließlichkeitsgrundsatzes" (§ 28 BBiG) liegt.

Es ist zu beweisen, dass das duale Studium an der BA die Richtigkeit dieser Behauptung zeigt und damit einen bedeutenden Beitrag zur „Employability" leistet. Damit kann auch bewiesen werden, dass das BA-Konzept nach baden-württembergischem Muster seinen berechtigten Platz in der Hochschullandschaft neben Universitäten und Fachhochschulen haben muss. Die nachstehenden Ausführungen berücksichtigen nur zum Teil die für 2009 geplante Umwandlung der Berufsakademie Baden-Württemberg in eine Hochschule. Dadurch werden sich sicher einige strukturelle Änderungen ergeben, wobei der bewährte duale Charakter (Theorie und Praxis) aber bestehen bleibt.

9.2 Zur Entstehung der Berufsakademie

Die Veränderung des Bildungswesens eines Landes vollzieht sich – auch im Zeichen der sozialen Modernisierungsbewegung – als ein längerfristiger historischer Prozess. In ihm finden sich manche konkrete Innovationsvorhaben eingestreut, die oft nur engere Teilbereiche, gelegentlich aber auch umfassendere Neustrukturierungen betreffen. Neuerungen sind im Allgemeinen nur dann von Dauer, wenn sie sich als Reflex des Übergangs in eine andere geistesgeschichtliche

Epoche erweisen oder wenn politische Machtverschiebungen eintreten bzw. irreversible sozioökonomische Modernisierungs- und Differenzierungsprozesse im Hintergrund stehen.

Nicht immer erkennt der Staat – er ist immer noch der mächtigste Träger bildungspolitischer Initiativen – als erster die Zeichen der Zeit. Das gilt auch für die Entstehungsgeschichte der Berufsakademie Baden-Württemberg (BA). Der Anstoß für ihre Errichtung wurde zu Beginn der siebziger Jahre von der privaten Wirtschaft gegeben. Sie verfolgte das Ziel, für dispositivoperative Funktionen – zunächst im kaufmännischen Bereich – optimal qualifizierte Nachwuchskräfte heranzubilden. Die Entscheidung für eine wissenschaftsorientierte und zugleich praxisnahe Abiturientenausbildung wurde jedoch nicht nur von der Absicht bestimmt, ein an spezifische Leistungsanforderungen angepasstes Qualifikationsprofil zu vermitteln. Sie war auch eine Reaktion auf vorausgegangene Veränderungen im Bildungswesen. Der Sog zum Gymnasium lenkte seit Mitte der sechziger Jahre die vorhandenen „Begabungsreserven" von dem über mittlere Abschlüsse führenden herkömmlichen Zugangsweg zu dispositiv-operativen Funktionen ab. Bei der Übergangsquote der Abiturienten in den Hochschulbereich von mehr als 90 % zeichnete sich für die Betriebe die Gefahr ab, dass durch Überbetonung der theoretischen, bei gleichzeitiger Vernachlässigung der praktischen Ausbildungskomponente die Rekrutierung für anspruchsvollere dispositiv-operative Funktionen erheblich erschwert würde. Hinzu kam, dass in dieser Zeit das Vertrauen der Wirtschaft in die Qualität eines Hochschulstudiums zumindest gegenüber bestimmten Hochschulen abnahm.

Aus einer Distanz von mehr als fünfundzwanzig Jahren zeigt sich, dass das unter der Kurzbezeichnung „Stuttgarter Modell" im Jahre 1972 in Kooperation der Firmen Daimler-Chrysler AG (damals Daimler-Benz AG), Robert Bosch GmbH und Standard Elektrik Lorenz AG (heute Alcatel) unter Beteiligung der Württembergischen Verwaltungs- und Wirtschaftsakademie (VWA) entwickelte Ausbildungskonzept nicht als Überreaktion auf krisenhafte Erscheinungen im Bildungswesen in einer kurzen gesellschaftspolitischen Umbruchphase gewertet werden kann. Die sich damals abzeichnenden quantitativen Verschiebungen zwischen den drei Sektoren des dreigliedrigen Bildungswesens dürften inzwischen die Erwartungen der Gründer des „Stuttgarter Modells" mindestens erreicht, wahrscheinlich jedoch übertroffen haben. Auch die Prognose, die traditionellen universitären Studiengänge für Abiturienten würden aus Kapazitätsgründen und wegen ihres curricularen Zuschnitts den an sie gestellten Erwartungen nicht gerecht werden können, hat sich bestätigt. Das „Stuttgarter Modell" mit seinem in den tertiären Bildungssektor übertragenen dualen Ausbildungskonzept, das die Lernorte Betrieb und VWA auf eine wissenschaftsbezogene und zugleich praxisorientierte berufliche Bildung verpflichtete, bot gewissermaßen schon ein organisatorisches Muster für das zur damaligen Zeit von der Bildungskommission des Deutschen Bildungsrates erörterte Problem, die zunehmende Zahl der Abiturienten mittels „berufsqualifizierender Bildungsgänge im tertiären Bereich in das Beschäftigungswesen adäquat einzugliedern", so der Deutsche Bildungsrat 1973.

Die unter dem Einfluss des baden-württembergischen Kultusministers Wilhelm Hahn 1974 getroffene Entscheidung, das „Stuttgarter Modell" zur Keimzelle einer BA Baden Württemberg zu erklären und die ursprünglich von der VWA betreute wissenschaftliche Qualifikationskomponente vom Staat getragenen „Studienakademien" zuzuordnen, war durchaus umstritten (vgl. dazu auch die vor allem mündlich geäußerten Bedenken von Richard Osswald), fand jedoch bei den unmittelbar Betroffenen eine positive Aufnahme. In der Modellversuchsphase konnte sich die BA als eine funktionsgerecht arbeitende Institution im tertiären Sektor des Bildungswesens auch nach dem Urteil der Bund-Länder-Kommission für Bildungsplanung und Forschungsförderung (Beschluss vom 15.12.1980) legitimieren. Rein quantitativ hatte die BA in Baden-Württemberg jedoch vor der Überführung in eine staatliche Regeleinrichtung noch nicht zu einer bedeutsamen Entlastung des Hochschulbereichs geführt.

Wenn das „Stuttgarter Modell" und in der Folge die Berufsakademien nicht nur institutionalisierte Organisationsgerüste blieben, die als ungenutzte Qualifikationsmöglichkeit ein Schattendasein hätten führen müssen, sondern mit Leben erfüllt und funktionsgerecht genutzt wurden, dann bestätigte sich damit die meist unterschwellige Vermutung, mit der Expansion der Abiturientenzahl und der damit z.T. in Verbindung stehenden Aktivierung des Bildungsinteresses sogenannter „hochschulferner Schichten" würde ein breiteres Spektrum an Ausbildungs- und Berufsinteressen in den tertiären Sektor einmünden. Die damaligen Forschungsergebnisse zeigten, dass in der Abiturientenschaft Einstellungsmuster vorhanden waren, die offenbar eine besondere Affinität zur BA-Ausbildung aufwiesen. Im Vordergrund standen unter den BA-Studierenden mit rund 30 % diejenigen, für die die praktische Ausbildungsdimension von besonderer Attraktivität war. Mit jeweils rund 25 % folgten Studenten, die sicher sein wollten, das in der Ausbildung Angeeignete später auch praktisch umsetzen zu können, und solche, die sich von der BA Arbeitsplatzsicherheit und Aufstiegsmöglichkeiten versprachen. Dieser Befund war nicht frei von methodischen Mängeln und sollte deshalb auch nicht überbewertet werden. Andererseits bietet er jedoch eine vorläufige Erklärungsskizze dafür, weshalb mit der BA gemachte Angebot für attraktiv gehalten und angenommen wurde.

9.3 Bildungspolitische Begründung der BA und ihre Organisationsstruktur

Im (noch) gültigen BA-Gesetz wird formuliert:

„Die Berufsakademien gehören dem tertiären Bildungsbereich an (....). Die nach drei Jahren erfolgreich abgeschlossene Ausbildung an der Berufsakademie steht den vergleichbaren berufsbefähigenden Abschlüssen an staatlichen Hochschulen gleich".

Mit der dualistischen Lernortstruktur und den Kooperationsbeziehungen zwischen staatlichen Einrichtungen und Ausbildungsstätten steht die BA gewissermaßen im „Mittelraum" zwischen beruflicher Erstausbildung und Hochschulstudium. Manfred Erhardt, einer der Initiatoren des BA-Gedankens, spricht bildhaft von einem „Flaggschiff der dualen Berufsausbildung".

Die Rechtsbasis der BA steht zwar außerhalb des klassischen Hochschulrechts, sie begründet einen Sonderweg in der Hochschulpolitik. Er hat institutionelle und strukturelle Aspekte, die im Folgenden gekennzeichnet werden und die beweisen, dass die heutigen Entwicklungen zur Praxisorientierung an Universitäten und Fachhochschulen bei der BA schon seit ihrer Gründung ein Faktum war.

- Die BA existiert nicht als Institution im eigentlichen Sinne: Sie ist Inbegriff des funktionellen Zusammenwirkens zweier Lernorte bzw. Ausbildungsträger „auf dem Boden ihrer jeweiligen Rechtsordnungen", so Manfred Erhardt im Jahre 1993.

- Bildungspolitisch wird die BA als eine Einrichtung des tertiären Bereichs, jedoch noch nicht als „Hochschule" (Anmerkung des Verfassers: fälschlicherweise) angesehen. Die Kultusministerkonferenz (KMK) definiert die BA als „Einrichtungen des tertiären Bildungsbereichs außerhalb der Hochschulen", deren Ausbildung „Abiturienten in Stufen zu einem wissenschaftlichen und berufsqualifizierenden Abschluss (führt), der mit einem Hochschulabschluss vergleichbar ist" (KMK 1976). Die „Nichtinanspruchnahme" des Attributs „Hochschule" kann mit dem Hinweis auf die bildungspolitisch gewollten Essentialia der BA „erklärt" werden: Erhardt verweist darauf, dass das Landesrecht die BA „nicht von ungefähr außerhalb des Hochschulbereichs angesiedelt" habe (Erhardt 1993). Damit unterliegt die BA weder dem Universitäts- noch dem FH-Gesetz des Landes Baden-Württemberg. Da das baden-württembergische BA-Gesetz jedoch eindeutig von einer tertiären Positionierung ausgeht, kann die BA auch nicht als dem Schulsektor angehörig angesehen werden. Sie verfügt damit zweifelsohne über einen juristisch wie auch bildungspolitisch einzigartigen Status, der ursächlich ist für die andauernde bildungspolitische Debatte um die „Gleichwertigkeit" bzw. „Gleichstellung" der BA-Ausbildung im Verhältnis zu jener der FH. Zurzeit wird von Prof. Dr. Hailbronner von der Universität Konstanz ein Gutachten im Auftrag der Landesregierung von Baden-Württemberg erstellt, das u.a. auch den Hochschulcharakter der BA klären soll. Ab 2009 erhält die Berufsakademie Baden-Württemberg nach dem Willen des Ministeriums für Wissenschaft, Kultur und Forschung Hochschulcharakter.

- Mit der sektoralen Zuordnung zum tertiären Bereich des Bildungswesens ergeben sich dennoch spezifische Besonderheiten, die die Nähe zu den „klassischen" Hochschulen unterstreichen: Für das hauptamtliche Lehrpersonal der BA gelten dieselben Einstellungsvoraussetzungen wie für das der Hochschulen im Allgemeinen bzw. der FH im Besonderen. Die Klientel der BA erwirbt ein Abschlusszertifikat, das von der Nomenklatur her an FH- und Universitätsabschlüsse angeglichen ist: Es unterscheidet sich lediglich durch den Zusatz „(BA)" von Hochschuldiplomen. Das Studium ist wie im Hochschulbereich in Studienhalbjahre eingeteilt. Dagegen ist die Grundorientierung der didaktisch-curricularen Struktur der Ausbildung in den Ausbildungsbereichen Wirtschaft und Sozialwesen weniger am Funktionsprinzip, das für den Hochschulsektor im Vordergrund steht, als am „Branchenprinzip", also institutional, orientiert.

- Eine weitere augenfällige strukturelle Verwandtschaft mit der klassischen beruflichen Erstausbildung zeigt sich in Folgendem: Die Mitwirkung der Ausbildungsstätten ist durch deren Mitgliedschaft im Kuratorium sowie in den jeweiligen Fachausschüssen garantiert. Das Kuratorium „beschließt Empfehlungen in allen Angelegenheiten der Berufsakademie von grundsätzlicher Bedeutung, insbesondere für das Zulassungs-, Ausbildungs- und Prüfungswesen", während die Fachausschüsse beratend zuständig sind für „die überörtlichen fachlichen Angelegenheiten der an der Berufsakademie eingerichteten Ausbildungsbereiche", insbesondere für „die Aufstellung von Studien- und Ausbildungsplänen".

- Kuratorium und Fachausschüsse sind zu gleichen Teilen mit Vertretern des Landes (z. B. der BA sowie Vertreter von Ministerien) sowie Vertretern der beteiligten Ausbildungsstätten besetzt. Hiervon ist wiederum die sog. „Anerkennungsfrage" berührt, bei der der juristische Streit gegenwärtig maßgeblich von der unterschiedlichen Interpretation struktureller Merkmale der zu vergleichenden tertiären Bildungsinstitutionen bestimmt wird.

9 Berücksichtigung von Employability im Studium an der Berufsakademie

- Schließlich lässt sich auf strukturelle Besonderheiten verweisen, die der BA den Charakter einer Bildungseinrichtung verleihen, die keiner herkömmlichen Kategorie eindeutig zugeordnet werden kann. Dazu gehört die Stufung des Ausbildungsganges in Verbindung mit der Zertifizierung eines ersten berufsqualifizierenden Abschlusses, die atypisch ist für das Hochschulstudium wie auch für die Mehrzahl der Ausbildungsgänge im Rahmen der „dualen Ausbildung". Zudem verweist die Struktur des Lehrkörpers im Falle der BA auf einen wesentlichen Aspekt von Andersartigkeit im Vergleich zu den Hochschulen: der größte Anteil wird von den nebenamtlichen Lehrkräften aus Wissenschaft und Praxis gestellt.

- Die Zulassung zum Studium erhält nur, wer neben der allgemeinen Hochschulreife einen Ausbildungsvertrag mit einer Ausbildungsstätte (dualer Partner) vorweisen kann. Sie meldet den Studierenden bei der Studienakademie zur Ausbildung an und verpflichtet sich im Ausbildungsvertrag zur Freistellung für den Besuch der Lehrveranstaltungen an der Studienakademie sowie zur Einhaltung der Prüfungsvorschriften und Ausbildungspläne (§ 8 I BAG) sowie zur Zahlung einer durchgängigen Ausbildungsvergütung.

Die Organisationsstruktur der BA ist Rahmenbedingung des von ihr praktizierten curricularen Arrangements. Dabei formuliert die BA folgende Soll-Merkmale:

- Praxisnähe bei gleichzeitigem Wissenschaftsbezug der Ausbildungsinhalte: Es handelt sich um die Verknüpfung zweier didaktisch-curricularer Prinzipien unter der Zielvorstellung der reibungslosen Eingliederung des BA-Absolventen in das Beschäftigungswesen und seiner Positionierung im dispositiv-operativen Bereich. Mit der Praxis- und Betriebsbindung des Ausbildungsprozesses solle die Mobilität der Absolventen im überbetrieblichen wie auch die Flexibilität hinsichtlich potenzieller beruflicher Einsatzmöglichkeiten im innerbetrieblichen Sinne erreicht werden.

- Duales Lernkonzept:: Die Ausbildungskonzeption transponiert das dualistische Prinzip auf die tertiäre Ebene. Die „Wechselausbildung" zwischen Studienakademie und Ausbildungsbetrieb soll zur Effizienz von Lernprozessen führen und die theoretische und berufspraktische Ausbildung sowie den Erfahrungsraum betrieblichen Arbeitens verbinden.

- Didaktisch-curriculare Verzahnung von Theorie und Praxis: Die Studienpläne der Studienakademie und die Ausbildungspläne der Betriebe sind aufeinander abgestimmt. Garantiert wird dies durch ausbildungsbereichsspezifische Fachausschüsse, die sich aus Vertretern des Landes, der Studienakademien sowie der Ausbildungspartner zusammensetzen.

- Kooperation von Staat und Wirtschaft: Konstitutiv ist der Mitbestimmungsanspruch der „beteiligten Praxisfelder". Er prägt das Bild der den eigentlichen „Lernverbund" überlagernden Gremienstruktur (Kuratorium, Fachausschüsse, Duale Senate sowie Konferenzen der Studienakademie).

- Differenzierte Struktur der Dozentenschaft: Der nebenamtliche Lehrkörper der Studienakademien setzt sich aus Hochschullehrern von Universitäten und Fachhochschulen, Lehrern berufsbildender Schulen sowie Dozenten zusammen, die aus der Betriebspraxis kommen. Damit ist gesichert, dass Praxiserfahrung nicht nur in den betrieblichen Teil, sondern auch in die Ausbildung an der Studienakademie eingebaut wird.

Werner Rössle

- Stufung des Ausbildungsganges: Nach zwei Jahren Ausbildung kann ein Zwischenabschluss – ähnlich der Stufenausbildung im „dualen System" – abgelegt werden, der zu einer qualifizierten Berufstätigkeit befähigt (Wirtschafts-, Ingenieurassistent, Erzieher). Die Abschlüsse am Ende der Ausbildung werden diplomiert (Diplom-Betriebswirt, Diplom-Wirtschaftsinformatiker, Diplom-Ingenieur, Diplom-Wirtschaftsingenieur, Diplom-Sozialpädagoge). Die zweite Ausbildungsphase, die ein weiteres Jahr dauert, ist durch die Spezialisierung auf einen betrieblichen Funktionsbereich, einen Fachbereich bzw. einen Studienschwerpunkt bestimmt und wird durch Wahlpflichtfächer und Zusatzfächer (z. B. Fremdsprachen) ergänzt.

9.4 Entwicklung der Berufsakademie

Die BA Baden-Württemberg kann nach über 30 Jahren auf eine Entwicklung zurückblicken, die durch Expansion ihrer institutionellen Strukturen sowie durch das Wachstum von Ausbildungskapazität und Ausbildungsbeteiligung gekennzeichnet ist. Die Zahl der Standorte hat sich von ursprünglich zwei Akademien (Stuttgart und Mannheim) auf zwischenzeitlich acht vergrößert (ohne die Außenstellen Horb, Friedrichshafen und Bad Mergentheim). Insgesamt werden zurzeit ca. 30 Studiengänge in den drei Studienbereichen Wirtschaft, Technik und Sozialwesen angeboten.

Die Zahl der Studierenden stieg von 163 im Jahre 1974, also dem Gründungsjahr, auf über 21.000 Studierende im Jahr 2007. Im Jahr 2007 wurden ca. 8.500 Studierende immatrikuliert, davon alleine in Stuttgart rund 2.000. Interessant ist, dass über 10 % der Abiturienten in Baden-Württemberg den Weg zum dualen Studium gewählt haben. Im Bereich der Wirtschaftswissenschaften weist die BA in Baden-Württemberg den größten Prozentsatz der erfolgreich abgeschlossenen Prüfungen auf (ca. 45 %).

Die Erfolgsquote des BA-Studiums kann im Vergleich zu derjenigen des Universitätsbereichs als relativ hoch angesehen werden. Die sog. „Drop-out-Quote", d. h. der Anteil eines Studienjahrgangs, der den Absolventenstatus nicht erreicht, liegt nach wie vor bei rund 10–15 %. Das liegt unter anderem sicher auch daran, dass die Studierenden in einem bezahltem Vertragsverhältnis mit einem Ausbildungspartner stehen und dadurch das Studium mit einer großen Disziplin absolviert wird.

Die Arbeitsmarktchancen der BA-Absolventen sind gut. Nur wenige, dann aber meist spektakuläre Informationen sprechen von einer Nichtübernahme der Absolventen durch den Ausbildungsbetrieb. Die Übernahmequote liegt im Bereich Wirtschaft immerhin bei über 80%, in den Bereichen Technik und Sozialwesen sind die Quoten nur unwesentlich geringer. Man kann also mit Fug und Recht von einer erfolgreichen Employability sprechen.

9.5 Der Übergang vom Studium in den Beruf

Pauschal kann festgestellt werden, dass die BA-Absolventen der drei Ausbildungsbereiche Wirtschaft, Technik und Sozialwesen meist zügig, d. h. innerhalb der ersten drei Monate nach Studienende, ohne größere Schwierigkeiten im Anschluss an ihr Studium eine reguläre Beschäftigung aufnehmen. Durchschnittlich über drei Viertel der Ingenieure und Betriebswirte verbleiben zunächst beim Dualen Partner. Aber auch die Absolventen, die vom Ausbildungsbetrieb keine Stellenzusage erhalten haben oder die ein Angebot nicht annehmen, fanden und finden in der Regel nach kürzester Zeit eine Beschäftigung oder nehmen Weiterbildungsangebote (z.B. Masterstudium) an. Zwei bis zweieinhalb Jahre nach Studienende arbeiten noch 55 % der Ingenieure und 51 % der Betriebswirte in ihrem Ausbildungsbetrieb, während 30 % bzw. 37 % von ihnen in einem anderen Betrieb tätig sind. Von Arbeitslosigkeit waren und sind die BA-Absolventen auch in konjunkturell schwierigen Zeiten kaum betroffen. Die Arbeitslosenquote, die bei den Ingenieuren wenige Monate nach Studienende deutlich unter dem Bundesdurchschnitt und unterhalb der Arbeitslosenquote von FH- und Uni-Absolventen lag, bewegte sich zwischen 1–2 % und stieg in der für den technischen Bereich konjunkturell äußerst schwierigen Phase Ende 1993 auf 3–4 % an. Bei den Betriebswirten bewegte sie sich um 1 %.

Die offensichtlich guten Berufschancen der BA-Absolventen unterstreichen auch die Befunde zu ihren Bewerbungsaktivitäten. Nur 13 % der Ingenieure, 5 % der Betriebswirte und 4 % der Sozialpädagogen berichteten, sie hätten auf ihre Bewerbungen bei anderen Einrichtungen keine Einladung zu einem Vorstellungsgespräch erhalten. 80–90 % gaben an, ihnen wäre in diesem Falle auch ein Stellenangebot unterbreitet worden. Bei ihrer Bewerbung legten sie besonderen Wert auf anspruchsvolle und sinnvolle Aufgaben. Im Vergleich zu FH- und Uni-Absolventen waren sie bei ihrer Stellensuche aber status- und sicherheitsorientierter. Dies könnte ein weiterer Anhaltspunkt dafür sein, dass die – zwar geringen, aber durchaus vorhandenen – Unterschiede im Übergang vom Studium bis zur ersten Beschäftigung zwischen BA-Absolventen einerseits und FH- und Uni-Absolventen andererseits eher auf die o.g. unterschiedlichen Einstellungen der Absolventen als auf ihre generellen Berufschancen zurückzuführen sind.

Bei der beruflichen Einarbeitungsphase scheinen vor allem jene BA-Absolventen im Vorteil, die im Ausbildungsbetrieb verbleiben. Sie profitieren davon, dass sie bereits während ihres Studiums Gelegenheit hatten, sich mit den Organisations- und Sozialstrukturen des Betriebes vertraut zu machen. Sofern BA-Absolventen den Ausbildungsbetrieb nach Beendigung des Studiums verlassen, kann es vereinzelt zu größeren Schwierigkeiten als bei FH- und Uni-Absolventen kommen.

BA-Absolventen beschreiben mehrheitlich ihre Tätigkeit als „fordernd", d.h. als eine Tätigkeit, die relativ große Gestaltungsräume lässt und bei der die fachlichen Stärken zur Geltung gebracht werden können. Möglichkeiten zur wissenschaftlichen Tätigkeit bieten sich jedoch ebenso selten wie Chancen zu politischer Einflussnahme. Die Perspektiven zur beruflichen Weiterqualifizierung, des Aufstiegs, der Übernahme von Koordinations- und Leitungsaufgaben werden von 50 % der Absolventen als hoch eingeschätzt. Hier heben sich Uni-Absolventen – zumindest in den Bereichen Technik und Wirtschaft – z. T. deutlich ab. Im Vergleich zu FH-Absolventen beschreiben die BA-Absolventen ihre berufliche Situation insgesamt betrachtet als „fordernder" und anspruchsvoller.

Werner Rössle

Bei einer Bewertung der Unterschiede in der beruflichen Situation zwischen BA-Absolventen einerseits und FH- und Uni-Absolventen andererseits ist Vorsicht und Differenziertheit anzuraten. Über die mehrfach angesprochenen grundsätzlichen Probleme des hier vorgenommenen Vergleichs hinaus ist dabei insbesondere zweierlei zu berücksichtigen: Erstens blicken FH- und Uni-Absolventen zwei Jahre nach Studienende noch nicht auf dieselbe Berufserfahrung zurück, weil sie im Durchschnitt erst später mit einer regulären Beschäftigung beginnen. Zweitens finden sich BA-Absolventen häufiger in kleineren und mittleren Betrieben. Da viele Absolventen des tertiären Sektors die ersten beiden Jahre nach Studienende mit der Suche einer Beschäftigung, beruflicher Qualifizierung (z. B. Trainee, Anerkennungsjahr) und mit der Einarbeitung in eine berufliche Tätigkeit verbringen, dürfte eine Differenzierung der Berufskarrieren ferner erst noch bevorstehen. Von daher wird im Weiteren zu prüfen sein, wie die Unterschiede und Gemeinsamkeiten zwischen FH-, BA- und Uni-Absolventen nach längerer Berufserfahrung ausfallen.

Für die ersten beiden Jahre nach Studienende lässt sich abschließend aber feststellen, dass sich die Hypothese, Absolventen der BA hätten einen quantitativen und qualitativen Arbeitsmarktvorteil, nur voll bestätigt. Die Befunde legen auch hier eine differenziertere Sichtweise nahe: BA-Absolventen gehen zwar schneller und zielstrebiger in eine Beschäftigung über als FH- und Uni-Absolventen, die Arbeitslosenquoten halten sich nach Aufnahme der Erstbeschäftigung jedoch ungefähr die Waage. Gegenüber den FH-Absolventen ist die positive Einschätzung der Ausbildungsadäquanz bei ehemaligen BA-Studierenden ausgeprägter; gegenüber den Uni-Absolventen trifft dies nur im Bereich Sozialarbeit/-pädagogik zu, was in deutlichem Widerspruch zu der häufig geäußerten Vermutung steht, Uni-Absolventen seien auf Grund ihrer „praxisfernen" und „wenig bedarfsgerechten Ausbildung" im Nachteil.

Nach den Untersuchungsergebnissen von Zabeck und Zimmermann lässt sich aber auch die Hypothese der fehlenden Befähigungsbreite von BA-Absolventen in ihrer pauschalierten Form nicht halten: Sofern BA-Absolventen den Betrieb bzw. Betrieb und Branche wechseln, treten kaum Schwierigkeiten bei der Übernahme zugewiesener Funktionen auf. Betriebswechsler erreichen in den ersten zwei Jahren dieselben Positionen wie im Ausbildungsbetrieb Verbliebene, ihr Einkommen ist z. T. sogar höher und kennzeichnen ihre berufliche Situation als ebenso gut, ja sogar als anspruchsvoller und aussichtsreicher. Auch im BA-FH-Uni-Vergleich fallen sie nicht negativ aus dem Rahmen. Denkbar wäre, dass nur die „besseren" BA-Absolventen den Ausbildungsbetrieb verlassen, also solche, die auf Grund ihrer Leistungsfähigkeit umstellungsfähiger sind. Diese These wird scheinbar dadurch gestützt, dass Betriebs- und Branchenwechsler bei ihrer Assistentenprüfung bessere Noten erzielten als die Verbliebenen; ihre Abiturnote und ihre Zensuren im Rahmen der BA-Diplomprüfung bestätigen die Tendenz der Zwischenprüfung jedoch nicht.

Festzustellen ist hingegen, dass Branchenwechsler ihre Beschäftigung etwas seltener als adäquat betrachten und dass sie gemeinsam mit den Betriebswechslern etwas häufiger von Schwierigkeiten mit der Umsetzung des Gelernten infolge von Defiziten im Fachwissen berichten. Branchenwechsler plädieren auch häufiger dafür, das BA-Studium breiter anzulegen. Für weitere Studien könnte es aufschlussreich sein, der noch weitgehend offenen Frage nachzugehen, weshalb die Wechsler sich auffällig häufig in Klein- und Mittelbetrieben wiederfinden und welche systematischen Unterschiede zu Verbliebenen und zu FH- und Uni-Absolventen damit einhergehen.

9 Berücksichtigung von Employability im Studium an der Berufsakademie

Es kann festgehalten werden, dass die BA-Absolventen

- vielfach qualitative und quantitative Arbeitsmarktvorteile aufweisen, ebenso vielfach Einarbeitungsvorteile im Betrieb haben und auch keine Defizite in der Befähigungsbreite aufweisen, auch wenn sie den Betrieb oder die Branche wechseln.

9.6 Verbleib und berufliche Karriere der Absolventen

In Untersuchungen und Befragungen ermittelte Ergebnisse lassen den Schluss zu, dass BA-Absolventen dauerhaft in das Beschäftigungssystem integriert sind, dass sie sich dort ohne Schwierigkeiten funktionsfähig halten können und dass sie Funktionen übernehmen, die sie in der Regel als anspruchsvoll und mehrheitlich als ausbildungsadäquat kennzeichnen. Vergleicht man ihre Tätigkeiten und Funktionen mit denen von FH- und Uni-Absolventen, so zeigen sich vielfach Überschneidungen. Das gilt vor allem für die Relation von BA- und FH-Absolventen. Soweit Unterschiede vorhanden sind, korrespondieren sie mit den von den Trägern der BA intendierten Differenzierungsansprüchen. Einschränkungen sind hinsichtlich der Ausbildungsadäquanz der Beschäftigung von BA-Absolventen zu machen. Diese Bewertung stützt sich insbesondere auf folgende zentrale Befunde:

- Fünf Jahre nach Studienende sind 85 %, zehn Jahre danach 95 % der BA-Ingenieure erwerbstätig. Die Beschäftigungsverhältnisse sind mit wenigen Ausnahmen unbefristet. Rund 75 % beider Gruppen waren kontinuierlich beschäftigt. Unterbrechungen waren selten von Arbeitslosigkeit verursacht. Querschnittlich betrachtet liegt die Arbeitslosenquote bei den Absolventen äußerst niedrig und steigt bei Konjunkturkrisen nur leicht an. Sie liegt damit immer noch unter dem allgemeinen Bundesdurchschnitt, und sie ist – vorsichtig formuliert – zumindest nicht höher als die allgemeinen Quoten für FH- und Uni-Absolventen.

- Die Einschätzung, dass BA-Absolventen im Sinne von Employability ohne größere Schwierigkeiten auf dem Arbeitsmarkt bestehen und sich auch längerfristig funktionsfähig halten können, ist keineswegs nur darauf zurückzuführen, dass sie in ihrem Ausbildungsbetrieb verbleiben. Fünf Jahre nach Studienende sind noch rund 50 % der BA-Ingenieure, nach zehn Jahren noch 43 % im Ausbildungsbetrieb tätig. Bei den Betriebswirten sind es ca. 30 % nach fünf Jahren bzw. 20 % nach zehn Jahren. Viele haben Beschäftigungswechsel hinter sich, die zumeist von ihnen selbst initiiert wurden, um die berufliche oder persönliche Lebenssituation zu verbessern.

- BA-Absolventen verteilen sich auf Betriebe aller Größenklassen; sie sind über zahlreiche Branchen verstreut und in nahezu allen betrieblichen Funktionsbereichen zu finden.

- Der betriebliche Einsatz der BA-Absolventen unterscheidet sich z.T. von dem von FH- und Uni-Absolventen. Das zeigt sich u.a. an der Personalverantwortung. Zwar ist die ihnen unterstellte durchschnittliche Mitarbeiteranzahl nicht geringer. Vorwiegend sind ihnen aber Personen ohne Hochschulstudium zugeordnet.

■ Was die an sie gestellten beruflichen Anforderungen betrifft, heben BA-Absolventen der Ausbildungsbereiche Technik und Wirtschaft vor allem Problemlösefähigkeit und sog. Arbeitstugenden hervor, die häufig auch als „Schlüsselqualifikationen" bezeichnet werden.

An diesen Befragungsergebnissen lassen sich nachstehende Folgerungen ableiten: Die pauschale Vermutung, BA-Absolventen wären zu betriebs- und branchenspezifisch ausgebildet, was sich langfristig nachteilig auf ihre Beschäftigungsaussichten auswirke, lässt sich Langzeituntersuchungen zufolge nicht halten. In der Qualität ihrer Berufskarrieren sind die Wechsler den Verbliebenen gegenüber nicht im Nachteil. Im Gegenteil: Oft haben Wechsler Verbliebenen vieles voraus. Die Befunde unterstreichen die sehr guten Beschäftigungsaussichten von BA-Absolventen.

9.7 Berufliche Zufriedenheit und Identität

Berufliche Zufriedenheit und Identität sind wichtige Aspekte im Rahmen von Employability.

Zur Frage nach der beruflichen Zufriedenheit der BA-Absolventen kann thesenartig festgehalten werden:

1. Die BA-Absolventen bringen im Hinblick auf ihre berufliche Gesamtsituation ein hohes Maß an Zufriedenheit zum Ausdruck. Nur jeder Vierzehnte ist mit seiner beruflichen Situation (gar) nicht zufrieden.

2. Im Laufe der Berufstätigkeit scheint die Zufriedenheit mit einer Reihe von Aspekten der beruflichen Situation zuzunehmen. Hinweise hierfür ergeben sich daraus, dass die BA-Absolventen, die bereits zehn Jahre im Beruf sind, höhere Zufriedenheitswerte aufweisen als jene Absolventen, die auf eine erst fünfjährige Berufstätigkeit zurückblicken können. Die Zufriedenheits-„Profile" verändern sich über die Zeit jedoch kaum. Am zufriedensten sind die Absolventen mit den Inhalten ihrer Tätigkeit sowie mit der ihnen gebotenen Möglichkeit, einer persönlich fordernden Arbeit nachzugehen.

3. Die Absolventen des Ausbildungsbereichs Wirtschaft haben ein mit den FH- und Uni-Absolventen vergleichbares Zufriedenheits-„Profil", während die BA-Ingenieure mit einer Reihe von Aspekten der beruflichen Situation deutlich weniger zufrieden sind als ihre Kollegen von der FH und Uni.

Zur Frage der beruflichen Identität der Studierenden bzw. der BA-Absolventen gilt:

1. Der Bereich des Beruflichen hat für die Studierenden wie auch für die Absolventen eine relativ hohe Bedeutung. Die Studierenden „definieren" sich relativ stark über den Beruf.

2. Das berufliche Selbstkonzept, das berufliche Idealkonzept, die Kontrollüberzeugung sowie die Verwirklichung von Selbstansprüchen stellen wichtige Dimensionen der beruflichen Identität dar.

    a) Auf die für das berufliche Selbstkonzept zentrale Frage, wie man sich selbst als Person sieht, beschreiben sich die Studierenden vor allem als selbständig sowie praxisbezogen denkend und handelnd, kontaktbereit und -fähig, flexibel und umstellungsfähig sowie einsatzbereit und leistungsfähig.

b) Die beiden Karriereaspekte „beruflicher Aufstieg" und „hohes Einkommen" spielen auch beim beruflichen Idealkonzept, also bei der Frage danach, wie man als Person sein möchte, nur eine untergeordnete Rolle. Vielmehr möchten die Studierenden gerne über jene Kompetenzen verfügen, die es ermöglichen, Verantwortung zu übernehmen sowie ihre Vorstellungen und Ideale zu verwirklichen.

c) Anzeichen für einen Identitätswandel während der Ausbildung gibt es nicht. Dies deutet darauf hin, dass die Studien- bzw. Ausbildungssituation keine gravierenden oder gar dramatischen Situationsveränderungen, Einschnitte oder Diskontinuitäten aufweist, die bei den Studierenden zu völlig neuen, nachhaltig betroffen machenden Selbsterfahrungen führen würden.

d) Die BA ist für die allermeisten Studierenden die ihnen angemessene Ausbildungsstätte. Es wurde festgestellt, dass bei nur einem kleinen Prozentsatz das Studium bzw. dass die praktische Ausbildung nicht ihren Vorstellungen entspreche.

3. Die Studierenden unternehmen in einem hohen Maße bewusst Aktivitäten, um ihre Selbsteinschätzungen abzusichern. Diese Aktivitäten werden über die gesamte Studienzeit hinweg beibehalten.

4. Daraus lässt sich schließen, dass im Vergleich zu Berufspersonen ohne Studium die BA-Absolventen ihre berufliche Lage vor allem gekennzeichnet sehen durch größere Verantwortung, bessere Aufstiegsmöglichkeiten, umfassendere Tätigkeiten und durch die Möglichkeit, die eigenen Qualifikationen in größerem Ausmaß einsetzen zu können.

9.8 Didaktische Analyse der Ausbildungsgestaltung an den Lernorten Studienakademie und Ausbildungspartner

Die Zweckrationalität der Ausbildungsgestaltung in Theorie und Praxis ist bei einem dualen Studium von enormer Bedeutung. Das bestehende Ausbildungskonzept gibt darauf folgende Antworten:

1. Die Lehrveranstaltungen an der Studienakademie entsprechen in der Regel der ihnen im BA-Konzept zugewiesenen Funktion: Die Studierenden erhalten einen auf praktische Problemstellungen bezogenen Unterricht, der als transfer- bzw. anwendungsförderlich und damit als „zweckrational" zu bezeichnen ist.

2. Evaluationsergebnisse zeigen, dass die Studierenden an die Dozenten, die aus der beruflichen Praxis stammen, die besten Bewertungen vergeben. Hervorgehoben wird, dass sie am häufigsten auf aktuelle und praxisrelevante Probleme eingehen, sie verstünden es am besten, den Anwendungsbezug des vermittelten Wissens herausstellen und das Lernklima in ih-

ren Veranstaltungen sei am besten. Traditionelle Wissensvermittlungsformen verlieren an Bedeutung.

3. In den Betriebsphasen sind die Studierenden vorwiegend in den regulären betrieblichen Arbeitsablauf eingebunden. Mit zunehmender Ausbildungszeit im Betrieb sind die BA-Studierenden mit Projektaufgaben betraut.

4. Demzufolge sind die BA-Studierenden fast überwiegend in ein positives Arbeitsklima eingebunden.

5. Von der Studienakademie wird streng darauf geachtet, dass ein hohes Maß an Umsetzung von Theorie in Praxis erreicht wird. Hier sind sicher partiell noch Defizite vorhanden.

9.9 Die Berufsakademie – eine duale Hochschule?

Die Berufsakademie wurde 1972 bzw. staatlich 1974 außerhalb des Hochschulbereiches gegründet, um das sehr bewährte Modell der Dualen Berufsausbildung auf den tertiären Bereich zu übertragen. Seither hat sich die Berufsakademie in Baden-Württemberg sowie in Berlin, Sachsen und Thüringen zu einer überaus erfolgreichen Einrichtung entwickelt, wie die im Abschnitt 5.4 ausgewiesenen Zahlen zeigen. Auch die Mehrzahl der Ausbildungspartner sprechen der BA höchste Anerkennung aus. Diese ist allerdings vor allem bei den sog. KMU durch die sich teilweise verschlechternde Bewerberlage in Gefahr geraten.

Da die Berufsakademie (noch) keine Hochschule ist, sind die Abschlüsse der BA nur eine Berufsbezeichnung und kein akademischer Grad. Dies führt zu einer Reihe von Problemen und teilweise Missverständnissen, wovon hier nur die zentralen angeführt werden sollen:

- Studenten: Häufig erhalten sie eine Ablehnung der Zulassung zu Aufbaustudiengängen, da kein „echtes Studium" – gemeint ist ein Hochschulstudium – vorliegt. Eine Verbesserung der Situation hat sich allerdings dadurch ergeben, dass nach erfolgreichem Abschluss des Evaluierungs- und Akkreditierungsverfahrens durch die Open University of England sich den BA-Absolventen die Möglichkeit eröffnet, parallel zum Diplom den Titel „Bachelor (Hons)" zu erwerben. Master-Studiengänge mit Kooperationspartnern gibt es bereits, weitere sind in Planung.

- Unternehmen: Diese haben oft Schwierigkeiten, geeignete Studenten zu finden, da Abiturienten „Durchgängige Studienmodelle" (mit Bachelor- und Masterstudiengängen) bevorzugen und die BA ohne adäquaten akademischen Abschluss mehr und mehr gemieden werden könnte.

Gleichzeitig verändert sich die Hochschullandschaft in Deutschland. Vielfach werden bewährte Erfolgsfaktoren des BA-Konzeptes (kooperative Studiengänge der Hochschulen und so genannte Berufsakademien im Sekundarbereich) übernommen. Zur Abgrenzung wird dabei häufig auf die Anerkennungsproblematik hingewiesen und damit nachhaltig das Image der BA beschädigt. Sinnvollerweise ist die Berufsakademie Baden-Württemberg in das Bologna-Abkommen einbezogen. Es sieht vor, dass bis 2010 bzw. spätestens 2012 gestufte Hochschulzugänge mit Abschluss „Bachelor" und „Master" an allen Hochschulen eingeführt werden. So gesehen ist die „Hochschulwerdung" der Berufsakademie Baden-Württemberg ab 2009 nur von Vorteil.

Aktuell wird durch verschiedenste Interessengruppen (u. a. Direktorenkonferenz der BA, Unternehmen und Studenten) nachhaltig und überzeugend die Weiterentwicklung der BA in eine „Duale Hochschule" gefördert. Wichtig dabei ist allen Beteiligten, dass die Erfolgsfaktoren der BA voll erhalten bleiben sollen und können.

Durch Gutachten werden zurzeit die rechtlichen Möglichkeiten einer „Dualen Hochschule" ausgelotet. Es ist wünschenswert, wenn unter Berücksichtigung der Ergebnisse des fast abgeschlossenen Gutachtens die Möglichkeiten der Weiterentwicklung der BA zu einer „Dualen Hochschule" von Partnerunternehmen, Studenten, Absolventen und der Staatlichen Studienakademie ergebnisoffen diskutiert werden würde, um für eine weitere politische Umsetzung ein abgestimmtes und tragfähiges Konzept zu erzielen.

9.10 Zusammenfassung und Ausblick

Die im Jahre 1972 gegründete Berufsakademie ist ein allseits anerkanntes Erfolgsmodell geworden. Die Studenten- und Absolventenzahlen sowie die Zahl der beteiligten Partnerunternehmen zeigen dies deutlich. In zahlreichen Führungspositionen sitzen Damen und Herren, die Absolventinnen und Absolventen der Berufsakademien sind. Von diesen Beteiligten werden immer wieder die Erfolgsfaktoren „Praxisnähe durch die Praxisphasen sowie die praxisbezogenen Lehrveranstaltungen, kurze Studiendauer, kleine Kursgruppen, finanzielle Unabhängigkeit der Studenten sowie die hohen Übernahmequoten" hervorgehoben. Letzteres ist vor allem im Zeichen einer schwachen konjunkturellen Lage ein besonders wichtiger Faktor im Rahmen der „Employability". Auf diesen Sachverhalt weisen die zahlreichen „Alumni"-Institutionen an den einzelnen Berufsakademien immer wieder mit großem Nachdruck hin.

Die hohe Flexibilität der Lehrenden bezüglich Zeit und Inhalt des zu vermittelnden Stoffes führt der BA ständig neue Bewunderer zu. Allerdings gerät diese Bewunderung etwas in Gefahr, wenn sowohl Partnerunternehmen als auch Absolventen durch die Anerkennungspraxis bei deutschen Hochschulen Bedenken und Vorbehalte gegenüber der BA äußern. Der erfolgreiche Evaluierungsprozess durch die ZEvA in Hannover und die geplante Umwandlung in eine Hochschule ist für die Beschäftigungssituation vieler junger Menschen innerhalb und außerhalb Baden-Württembergs nur von Vorteil.

Literatur

Eine aussagefähige Aussage über die Berufsakademie Baden-Württemberg – Staatliche Studienakademie – mit vielen weiteren Literaturangaben ist die Studie von

ZABECK J. UND ZIMMERMANN M. (Hrsg.) (1995): Anspruch und Wirklichkeit der Berufsakademie Baden-Württemberg – Eine Evaluationsstudie, Weinheim.

Walter Koch

10 Ausbildung
Die Bedeutung für die Unternehmen und für den regionalen Standort

10.1 Für die Anforderungen von morgen müssen wir heute trainieren

Mit dem stetigen Strukturwandel in der Wirtschaft verändern sich nicht allein die Profile von Wirtschaftsbereichen und Unternehmen, sondern auch ganz wesentlich die Anforderungen an die Arbeitskräfte. Doch nicht nur die Belegschaften müssen sich anpassen, auch diejenigen, die vor dem Eintritt ins Berufsleben stehen, müssen anders auf ihre Aufgaben in den Betrieben vorbereitet werden als vor 20 Jahren. Die Fragen nach Ausbildungsformen und -inhalten müssen ständig neu gestellt und beantwortet werden. Zum einem ist das eine gesellschaftliche Aufgabe, zum anderen aber auch eine ureigene betriebswirtschaftliche, der sich jedes Unternehmen immer wieder erneut stellen muss.

Das Saarland hat diese Entwicklung durch die Abkehr von der Montanindustrie in jüngster Vergangenheit bereits intensiver durchlebt als andere Regionen. Den Veränderungsprozess haben die Saarländer gemeinsam mit den heimischen Unternehmen gut gemeistert. Doch der Wandel geht weiter und nimmt Fahrt auf. Neue Entwicklungen der Informations- und Computertechnologie, neue Dienstleistungen und Fertigungsstrukturen verändern Berufsbilder, lassen andere ganz verschwinden und schaffen auf der anderen Seite neue Qualifikationsanforderungen. Denn nur wenn die Unternehmen die qualifizierten Fachkräfte haben, die sie für ihre modernen Produkte und Fertigungstechnologien benötigen, haben sie eine Chance auf den immer enger zusammenwachsenden Märkten der Welt.

Unser Ausbildungssystem muss sich in noch nie da gewesenem Maße neuen Herausforderungen stellen. Neue Inhalte für die Ausbildung auf allen Ebenen werden notwendig. Die künftige Facharbeit wird anspruchsvoller und zugleich interessanter. Es wird zunehmend darum gehen, wer den Zugriff auf methodisches Wissen hat und wer nicht.

Die heutigen Nachwuchskräfte werden in ihrem beruflichen Werdegang unter einem stärkeren Anpassungsdruck stehen als die vorhergehenden Generationen. Es ist Aufgabe der gesamten Gesellschaft, sie darauf vorzubereiten. Ein entscheidender Baustein dazu ist eine hohe Qualifikation durch eine entsprechende berufliche Aus- und Weiterbildung. Umso mehr gilt in der Zukunft: eine gute Qualifikation ist die beste Versicherung gegen Arbeitslosigkeit.

Walter Koch

10.2 Müssen wir unser Modell der Berufsausbildung über Bord werfen?

Die Berufsausbildung im dualen System ist ein deutsches Erfolgsmodell, schlägt sie doch Jahr für Jahr für rund zwei Drittel aller Schulabsolventen in 345 anerkannten Ausbildungsberufen eine Brücke ins Arbeitsleben. Gegenüber den schulischen Berufsausbildungen, die in den meisten anderen europäischen Ländern dominieren, haben sich die Vorteile klar herauskristallisiert. Die effiziente Verbindung von Theorie und Praxis, Wissen und Können, Denken und Handeln, macht die duale Berufsausbildung gegenüber den schulischen Varianten überlegen. Während die Ausbildung dort virtuell bleibt, heißt es für deutsche Auszubildende bereits sehr früh in den Betriebsalltag integriert zu werden und seinen Mann bzw. seine Frau zu stehen. Durch die Kombination von berufspraktischem und schulischem Lernen entspricht die duale Berufsausbildung den Erfordernissen in der modernen Arbeitswelt und die bundesweit einheitlichen Ausbildungsordnungen sorgen für die nötige Transparenz auf dem Arbeitsmarkt.

Die hohe Qualifikation der deutschen Facharbeiter hat wesentlich zum Aufschwung am Wirtschaftsstandort Deutschland nach dem zweiten Weltkrieg beigetragen. Im Laufe der Jahre und Jahrzehnte ist jedoch Sand ins Ausbildungsgetriebe geraten, ehemals eindeutige Profile haben sich abgeschliffen oder passen nicht mehr in die moderne Zeit. Die Anzeichen dafür sind offensichtlich: Viele Jugendliche bewerben sich vergebens um eine Ausbildungsstelle in ihrem Traumberuf, Unternehmen suchen händeringend geeignete Auszubildende für nicht besetzte Lehrstellen, immer mehr Schulabgänger ziehen ein Studium der Ausbildung vor, alle paar Jahre gibt es Meldungen über die Ausbildungsmisere und der Ruf nach einer Ausbildungsabgabe wird laut.

Zweifellos gehört das deutsche Modell auf den Prüfstand und es sind auch einige große Reparaturen notwendig (die Bereiche in denen die Stellschrauben mehr oder weniger stark angezogen werden müssen, sollen später noch einmal angesprochen werden). Von Verschrotten kann aber keine Rede sein, das deutsche Modell der dualen Berufsausbildung ist zukunftsfähig, es wird auch langfristig das Rückgrat der Fachkräfteausbildung bleiben.

10.3 Rückgang bei Bewerbern

Die duale Ausbildung genießt in der Öffentlichkeit weiterhin ein gutes Ansehen, was ein Blick in die Statistik beweist: Im Jahre 2002 lag die Zahl der Bewerber um die Ausbildungsstellen bei knapp 600.000. Dennoch darf man nicht verschweigen, dass immer weniger Jugendliche eines Jahrgangs einen Ausbildungsplatz suchen, besonders Abiturienten hatten immer seltener das Verlangen eine Lehre zu absolvieren. Ihr Anteil an allen Auszubildenden ging in den letzten Jahren deutlich zurück, sie weichen auf alternative Ausbildungsgänge aus oder entscheiden sich für ein Hochschulstudium. Eine gefährliche Entwicklung, der die Unternehmen gegensteuern müssen, denn gerade auch die leistungsfähigeren Schüler werden für eine Facharbeiterkarriere in den Betrieben gebraucht. Ursächlich hierfür ist u. a. die höhere Attraktivität der so genannten „white collar"-Berufe. Das zu unrecht schlechte Image einiger Ausbildungsberufe lässt viele Jugendliche vor der betrieblichen Berufsausbildung zurückschrecken.

10.4 Blick in die Zahlen

Der positive Trend der vergangenen Jahre auf dem deutschen Ausbildungsstellenmarkt hat sich im Jahre 2002 nicht fortgesetzt und wird sich auch 2003 nicht wieder einstellen. Die Anzahl der angebotenen Lehrstellen ging um knapp 50.000 zurück, die Anzahl der Bewerber dagegen wurde nur um knapp 40.000 kleiner. Insgesamt wurden im Jahr 2002 im Vergleich zum Vorjahr daher 6,8 % weniger Ausbildungsverträge abgeschlossen.

Etwas besser sah die Bilanz 2002 im Saarland aus. Die eingetragenen Ausbildungsverhältnisse konnten seit Mitte der 90er Jahre um gut 20 % erhöht werden und das Saarland weist die höchste Ausbildungsdichte (Ausbildungsplätze je 1.000 Einwohner) im Vergleich zu allen anderen alten Bundesländern auf. Im letzten Jahr konnten die rund 2.800 ausbildenden Firmen aus Handel, Dienstleistung und Industrie rein rechnerisch jedem Suchenden einen Ausbildungsplatz anbieten. Einen Lichtblick am Ausbildungsmarkt bietet auch die saarländische Metall- und Elektroindustrie (M+E-Industrie). Zwar wurden auch hier weniger Lehrstellen angeboten, doch mit 1.945 Stellen übertraf das Angebot auch 2002 die Nachfrage, die bei 1.463 Stellengesuchen lag. Dieses Überangebot an Ausbildungsstellen ist nun schon seit vielen Jahren zu beobachten. Zum einen ein Indiz für das Engagement der M+E-Betriebe, zum anderen aber auch ein Hinweis auf eine mangelnde Nachfrage bei den Schulabgängern.

Im Jahre 2003 wird es schwieriger, eine ausgeglichene Bilanz auf dem Ausbildungsstellenmarkt zu erreichen. Das Ausbildungsangebot folgt stets der Beschäftigung und geht demnach in konjunkturell harten Zeiten zurück. Kann man einem Unternehmer verdenken, dass er keine Verantwortung für neue Auszubildende übernimmt, wenn er ums Überleben seines Betriebes kämpft?

Zusätzlich zur schwachen Konjunktur kommen skeptische Erwartungen über die weitere Entwicklung und ein hoher Kostendruck. Alles zusammen führt dazu, dass die Firmen derzeit kaum über den eigenen Bedarf ausbilden.

Allen Unkenrufen, die schon den Niedergang unseres Ausbildungssystems herbei redeten, muss jedoch eine klare Absage erteilt werden. Immerhin wurden zum Jahresende 2002 bundesweit 1,62 Millionen Auszubildende beschäftigt.

Die deutschen und insbesondere die saarländischen Unternehmen haben die Notwendigkeit verstärkter Bemühungen um die Ausbildung sehr wohl erkannt. In den letzten Jahren hat sich der Anteil der ausbildenden Betriebe im Saarland von 30 auf 36 % erhöht. Das reicht noch nicht aus und daher müssen weitere Reserven mobilisiert werden.

10.5 Berufsausbildung als Unternehmensziel

Die Argumente, die für die Berufsausbildung als Unternehmensziel sprechen sind überzeugend. Für die Betriebe ist das Ausbilden von jungen Menschen weiterhin das zentrale Instrument der Personalgewinnung. Zum einen können Unternehmen auf diesem Wege ihre Nachwuchskräfte qualifizieren und zum anderen erhöht die betriebliche Ausbildung die Bindung der Fachkräfte an das Unternehmen.

Walter Koch

In einer Zeit, wo qualifizierte Mitarbeiter als Leistungs- und Wissensträger ein entscheidender Wettbewerbsfaktor sind, legt die Ausbildung den Grundstein für ein lebensbegleitendes Lernen. Die Ausbildungsordnungen bestimmen lediglich die Minimalanforderungen. Der Ausbildungsbetrieb kann die Inhalte, die darüber hinaus gehen, in Eigenregie festlegen. Dadurch, dass er seine technischen und organisatorischen Besonderheiten einfließen lässt, kann er die Qualifikationen vermitteln, die im Betrieb tatsächlich gebraucht werden und auf diese Weise seinen spezifischen Bedarf an Facharbeitern decken.

10.6 Integration ins Unternehmen

Die Auszubildenden lernen sehr früh die internen und betriebsindividuellen Arbeitsabläufe, aber auch die Ziele und Werte ihres Ausbildungsbetriebes kennen. Durch die frühe Integration ins Mitarbeiterteam identifizieren sich die Auszubildenden mit ihrer Arbeit und ihrem Unternehmen und haben eine hohe Leistungsmotivation und nur geringe Fehlzeiten. Die Fluktuation ist gering und langwierige Einarbeitungszeiten gibt es auch nicht.

Umgekehrt lernt der Arbeitgeber bereits sehr früh die Stärken und Schwächen seiner zukünftigen Fachkräfte kennen und kann sie für seine Personalplanung nutzen, Fehlbesetzungen kann er verhindern. Ein erheblicher Vorteil, wenn es darum geht, die Rentabilität von Sachinvestitionen wie Maschinen und Geräte hoch zu halten. Nur wenn kostenträchtige Stillstandszeiten vermieden werden, kann ein Unternehmen rentabel arbeiten. Für die Bedienung und die Instandhaltung der Anlagen werden qualifizierte Fachkräfte benötigt, für die ein Unternehmen durch eine betriebliche Ausbildung Vorsorge treffen kann.

Hoch- und vielseitig qualifizierte Facharbeiter können teamorientiert geführt werden. Ihre umfassende Qualifikation ermöglicht heute viel mehr Gestaltungsvielfalt und Dispositionsspielraum am Arbeitsplatz. Die selbst ausgebildeten Mitarbeiter können ihr Unternehmen am besten einschätzen, sie wissen „was geht" und was sie dem Kunden versprechen können. Wenn es darauf ankommt können sie neue Anforderungen flexibel bewältigen. Herausforderungen durch kurzfristige Produktionsumstellungen und Veränderungen der Marktkonstellationen sind mit einem solchen Team leichter zu meistern.

Entscheidungsfähige und kreative Mitarbeiter ermöglichen es den Unternehmen frühzeitig auf neue Trends zu reagieren. So können Unternehmen bereits durch eine entsprechend gestaltete Ausbildung den Grundstein dafür legen, dass sie ihre im Wettbewerb dringend benötigte Innovationsfähigkeit behalten.

10.7 Reine Kostenabwägung?

Nicht zuletzt stehen die Ausbildungskosten im Raum. Lohnt sich der Aufwand wirklich? Da sind auf der einen Seite die Personalkosten, die über 85 % der gesamten Ausbildungskosten ausmachen. Sie setzen sich aus der eigentlichen Ausbildungsvergütung und den Ausbildergehältern einschließlich Sozialversicherungsbeiträge und Sozialleistungen zusammen. Hinzu kommen die Sach- und Anlagekosten, die die Kosten für den Arbeitsplatz, die Ausstattung, die Lehrwerkstatt, die Prüfungsgebühren, das Lehrmaterial und vieles mehr beinhalten.

Immerhin zahlten die Unternehmen nach einer Studie des Bundesinstituts für Berufsbildung (BIBB) im Jahre 2000 durchschnittlich 16.435 Euro pro Auszubildenden. Insgesamt beliefen sich die Kosten für die Qualifizierung der 1,7 Millionen Auszubildenden damit im Jahre 2000 auf 28 Milliarden Euro.

Allerdings bringen die Auszubildenden durch ihre Arbeitsleistung den Unternehmen auch einen geldwerten Nutzen. Im ersten Jahr erwirtschaften die Fachkräfte von morgen immerhin schon 5.400 Euro, im dritten Lehrjahr sind es bereits knapp 11.000 Euro. Wenn man also die direkte Gegenrechnung aufmacht, erarbeiteten die Auszubildenden im Jahr rund 13 Milliarden Euro, das sind knapp 50 % der Aufwendungen der Betriebe.

Darüber hinaus sparen die Unternehmen hohe Kosten bei der Suche, Einarbeitung und Qualifizierung von Fachkräften, wenn sie sich diese selbst ausbilden. Das BIBB bezifferte diese Einsparung auf durchschnittlich 5.800 Euro je Fachkraft. Hinzu kommen die nicht unmittelbar messbaren Vorteile.

Viele der Vorzüge kann ein Unternehmen aber erst für sich verbuchen, wenn es eine konstante Nachwuchsarbeit über viele Jahre hinweg betreibt. Unternehmen, die einen langen Atem beweisen und eine qualitativ hochwertige Ausbildung bieten, müssen sich um geeignete Nachwuchskräfte keine Sorgen machen. Sie sind in der komfortablen Situation, unter den Besten einer Region auswählen zu können und müssen auch nicht Gefahr laufen, dass die frisch ausgebildeten Facharbeiter sich einen neuen Arbeitgeber suchen. Die Ausbildungskosten haben sich schnell amortisiert.

10.8 Segen für die Region

Nicht zu unterschätzen ist das Image, das sich ein Unternehmen durch eine vorbildliche Ausbildungstätigkeit in der Öffentlichkeit verdient – auch über die Ortsgrenzen hinaus. Schließlich können die Bemühungen der Unternehmen das Schicksal einer ganzen Region bestimmen. Bestes Beispiel ist das Saarland. Lange Jahrzehnte hat es von seinen natürlichen Ressourcen wie der Steinkohle profitiert und gelebt. Mit dem Niedergang des Bergbaus war eine Entwicklung zu einer Ökonomie, die immer stärker auf das Wissen setzt, geradezu ein Zwang. Natürlich wurde in den letzten Jahrzehnten auch im Steinkohlebergbau gut ausgebildet, aber mittlerweile machen Güter und Dienstleistungen, die einen hohen Anteil an Humankapital beinhalten, die Exportstärke unseres Landes aus. Und das ging nur durch engagierte Unternehmen, die die Akzente in der Ausbildung neu setzten.

Es stimmt auch heute weniger denn je, dass das Saarland nur „verlängerte Werkbank" bei Neuansiedlungen gewesen sein soll. Die Arbeitsplätze im verarbeitenden Gewerbe erfordern zunehmend eine hochwertige Berufsausbildung, beim Faktor „einfacher Arbeitskraft" kann das Saarland nicht mehr konkurrieren, dafür sind die Lohnstückkosten am Standort zu hoch. Im

Wettbewerb ist als Alleinstellungsmerkmal in der Produktpalette gefragt und dazu benötigen die saarländischen Unternehmen Know-how und gut ausgebildete Servicekräfte.

Die Ausbildung ist entscheidend für einen rohstoffarmen Standort. Mehr denn je heißt es nämlich jetzt, die Innovationsfähigkeit zu erhalten und zu verbessern für ein nachhaltiges Wirtschaftswachstum und den Abbau der Arbeitslosigkeit an der Saar.

10.9 Logische Zusammenhänge

Die Wirkungskette erscheint logisch: Eine gute Ausbildung sorgt für gut qualifizierte und motivierte Fachkräfte für die Unternehmen am Standort. Richtig eingesetzt und mit den entsprechenden Investitionen kombiniert, erwirtschaften sie eine hohe Produktivität. Diese Firmen haben die besten Chancen, wirtschaftlich erfolgreich zu sein. Der Erfolg der Unternehmen wiederum bedeutet sichere Arbeitsplätze, Aufschwung und Wohlstand für die Menschen und den ganzen Standort.

Doch so einfach das klingt, es bedeutet permanente Anstrengungen aller Beteiligten, den Kreislauf in Schwung zu halten.

10.10 Ausbildungshemmnisse beseitigen

Mangelnde Flexibilität und Anpassungsfähigkeit eines Ausbildungssystems hemmen die Innovations- und Zukunftsfähigkeit des Wirtschafts- und Bildungsstandortes Deutschland. Zwar wurden seit 1996 133 Ausbildungsberufe modernisiert und 45 neue sind entstanden, aber es besteht kein Grund, sich auf den erworbenen Lorbeeren auszuruhen, wie die rückläufige Anzahl abgeschlossener Ausbildungsverträge zeigt.

Fragt man die deutschen Unternehmen nach Verbesserungswünschen am Ausbildungssystem (Umfrage des Instituts der deutschen Wirtschaft, IW), steht an erster Stelle die schnellere Integration neuer Qualifikationsanforderungen in die Ausbildungsordnungen, gefolgt von dem Wunsch nach Modernisierung und neuen Berufen und dem Bedürfnis nach größeren Gestaltungsspielräumen bei den Ausbildungsinhalten. Die Ausbildung zum Facharbeiter muss neben Fachwissen auch Lern- und Methodenkompetenz vermitteln und die sozial-kommunikativen Fähigkeiten stärken.

Aber auch die Unternehmen sind gefordert: Lebenslanges Lernen darf nicht nur ein geflügeltes Wort bleiben, es muss auch mit Inhalten gefüllt werden. Dazu ist nicht nur die Bereitschaft bei den Beschäftigten notwendig, auch die Ausbildungs- und Weiterbildungsanstrengungen müssen in einem Gesamtkonzept eng verzahnt werden, um die Belegschaft „fit" zu halten.

10.11 Qualifikation der Schulabgänger verbessern

Ein ganz zentrales und Besorgnis erregendes Problem ist die mangelnde Qualifikation der Schulabgänger. Unternehmen können immer weniger darauf vertrauen, dass die Bewerber auf die zu vergebenden Ausbildungsstellen einem gewissen Anforderungsprofil entsprechen und „ausbildungsfähig" sind. Auf neudeutsch heißt das, dass die „Employability" nicht mehr stimmt. Die Gründe sind spätestens seit PISA allgemein bekannt: ungenügende schulische Voraussetzungen in den Grunddisziplinen Rechnen, Lesen und Schreiben sowie große soziale Defizite. Viele Unternehmen konnten ihre Ausbildungsplätze auf Grund der mangelhaften Bewerberqualifikation nicht oder nur mangelhaft besetzen und bieten sie angesichts der verschlechterten Wirtschaftslage jetzt gar nicht mehr an.

Hier stehen Staat und nicht zuletzt jeder Jugendliche selbst in der Verantwortung. In der Schule müssen die Jugendlichen mit dem Rüstzeug ausgestattet werden, um eine Berufsausbildung erfolgreich zu absolvieren. Auf diese elementaren fachlichen und sozialen Fähigkeiten müssen die Ausbilder in Berufsschulen und Betrieben bei den Auszubildenden vertrauen und aufbauen können. Werden sie gezwungen, Grundlagenbildung zu übernehmen, kommen die fachlichen Bildungsinhalte zu kurz und die Ausbildung wird für die Betriebe unattraktiv.

10.12 Was passiert mit denen, die es nicht schaffen?

Wir müssen aber auch an die Jugendlichen denken, die mit den steigenden Anforderungen des Berufsalltags nicht Schritt halten können. Durch neue, von Theorie entfrachtete Ausbildungsgänge können wir ihnen eine Integration in die Arbeitswelt ermöglichen und ein Arbeitskräftepotenzial erschließen, dass in Zukunft bei immer weniger Nachwuchskräften dringend benötigt wird. Die Alles-oder-Nichts-Verweigerungshaltung der Gewerkschaften, wenn es darum geht, Berufe für praktisch Begabte zu schaffen, nützt den lernschwachen Schulabgängern wenig. Auch eine zweijährige Ausbildungszeit in einigen Berufsfeldern darf kein Tabu sein.

10.13 Leistung fördern

Gleichzeitig müssen leistungsstarke Jugendliche ebenso gefördert werden. Bereits jetzt können Auszubildende während der Lehre einen Schulabschluss machen und dadurch die Hochschulzulassung erwerben.

Die Entwicklung geht sogar weiter – das Modell der dualen Berufsausbildung färbt ab. Seit den siebziger Jahren entstanden auf Initiative der Wirtschaft Sonderausbildungsgänge für Abiturienten mit dem Ziel, auch hier durch eine Verknüpfung von praktischer Ausbildung im Betrieb und theoretischem Unterricht an Berufsakademien und Fachhochschulen qualifizierte Nachwuchskräfte auszubilden. Das Konzept scheint aufzugehen, denn im Jahr 2001 stellten bundesweit bereits 6.500 Betriebe etwa 28.000 Ausbildungsplätze in diesen Ausbildungsgängen zur Verfügung. Das waren 8.000 mehr als zwei Jahre zuvor. Auch die saarländischen Unternehmen haben nicht untätig zugesehen und im Jahre 2001 den Fachbereich Maschinenbau als dritten Studiengang an der Berufsakademie des Saarlandes (ASW) gegründet, der bereits im ersten Semester mit über 40 Auszubildenden der saarländischen Industrie hervorragend angenommen wurde. Darüber hinaus gibt es zahlreiche Kooperationen zwischen der Hochschule für Technik und Wirtschaft des Saarlandes (HTW) und saarländischen Firmen, um auch hier den Transfer von Theorie und Praxis für die Studierenden zu erleichtern.

Doch die Berufsausbildung muss noch weiter angepasst werden. Mit einem modularen Ausbildungssystem könnten neben den Standardelementen auch Zusatzqualifikationen, wie Fremdsprachen und technische und kaufmännische Lernmodule während der Regelausbildungszeit vermittelt werden.

Elitenförderung darf nicht auf Grund falsch verstandener Chancengleichheit unter den Tisch fallen. Eine hoch industrialisierte Volkswirtschaft, die mit Rohstoffen nicht reich gesegnet ist, braucht vor allem eins: Spitzenkräfte.

10.14 Zum akademischen Nachwuchs

Die Bundesrepublik Deutschland nimmt unter den Industrienationen, was den Anteil an Akademikern betrifft, eine Position im Mittelfeld ein. In dem Akademiker-Anteil liegt nicht das eigentliche Problem, eher in der Verteilung auf die einzelnen Wissenschaftsdisziplinen. Vor allem aber treten Jung-Akademiker in Deutschland wegen zu langer Schulzeiten und zu langer Studienzeiten zu spät in das Berufsleben ein. So liegt im Gegensatz zu Frankreich mit durchschnittlich 24 Jahren das Berufseintrittsalter in Deutschland bei etwa 27 Jahren. Das bedeutet eine erhebliche Belastung für die deutsche Volkswirtschaft und insbesondere für die Sozialsysteme.

Ein Problem für die deutsche Industrie – insbesondere auch in den Bereichen Forschung und Entwicklung – stellt die in der Vergangenheit deutlich zurückgegangene Neigung zu technischen Disziplinen und den Naturwissenschaften dar. Nach Einbruch der entsprechenden Studierendenzahlen Mitte der 90er Jahre hat sich die Situation zwar verbessert, aber die Zahlen von Ende der 80er Jahre sind noch nicht annähernd wieder erreicht.

Es muss unter den Schülern wie auch bei den Lehrern für die technische/naturwissenschaftliche Ausbildung gezielt geworben werden. Insbesondere bei den überdurchschnittlich qualifizierten Schülern muss das Interesse für diese für unsere Zukunft so wichtigen Disziplinen geweckt werden.

Die Förderung der Eigenverantwortung unter Schülern und Studenten sowie die Stärkung der Autonomie der Hochschulen bringen mehr Markt in die Ausbildungslandschaft. Verkürzte Schulzeiten (G8 im Saarland), frühere Einschulung und gestraffte Studien stellen die Absolventen unserer Hochschulen künftig unserer Gesellschaft deutlich früher zur Verfügung als heute. Das steigert die Leistungsfähigkeit der deutschen Wirtschaft im internationalen Wettbewerb.

10 Ausbildung

Die Wirtschaft muss allerdings diese Chancen auch nutzen, indem sie selbstbewussten und leistungsstarken Jungakademikern reizvolle Aufgaben und ein leistungsförderndes Arbeitsumfeld anbietet.

Der heute festzustellende Rückstand im Bildungswesen und in der intellektuellen Leistungsfähigkeit unserer jungen Menschen gegenüber denen anderer Industrienationen muss schnellstens aufgearbeitet werden. Ansonsten werden wir unseren nach wie vor hohen Wohlstand und die komfortable soziale Absicherung nicht halten können.

10.15 Zukunftsperspektive für die Unternehmen und den Standort Saarland

Die Anzahl der Schulabgänger wird auf Grund der demografischen Entwicklung schon in ein paar Jahren sinken, doch die Nachfrage nach gut ausgebildeten Facharbeitern wird auch in Zukunft weiterhin hoch sein. Der Wettbewerb zwischen den Unternehmen um die besten Köpfe wird sich verschärfen und die Betriebe tun daher gut daran ihre Mitarbeiter von morgen bereits heute auszubilden. Zum Wohle des eigenen Erfolges und den bereits beschriebenen positiven Effekten für die Region. Dabei können auch Lernortverbünde (Ausbildungsverbünde und Lernortkooperation) oder in Ausnahmefällen die überbetriebliche Ausbildung die richtige Strategie sein, die Entwicklung zu einer „lernenden" Region wesentlich voranzubringen.

Zwei Megatrends sind dabei zu beachten: Zum einem wird die Entwicklung zur Dienstleistungsgesellschaft voranschreiten. Prognosen ergeben, dass im Jahr 2015 ungefähr 70 % der Erwerbsfähigen in dienstleistungsnahen Branchen arbeiten werden. Zugleich wird der Trend zu steigenden Qualifikationsniveaus anhalten. Arbeiternehmer ohne oder mit schlechter Ausbildung werden immer weniger benötigt.

10.16 Investition in die Zukunft

Zurzeit beschäftigt uns aber ein anderes Problem. Die Anzahl der Schulabgänger wird auf kurze Sicht weiter wachsen und eine Besserung am Arbeitsmarkt ist nicht in Sicht. Das Problem mangelnder Ausbildungsplätze droht sich in vielen Bundesländern zu verfestigen. Sogar im Saarland ist der Ausgleich gefährdet.

Die Forderung nach einer Ausbildungsumlage ist aber ein völlig ungeeigneter Griff in die Mottenkiste. Auf diese Weise wird das Problem nicht gelöst. Würden wir alle Unternehmen, die nicht oder nicht ausreichend ausbilden, verpflichten, eine Ausbildungsumlage zu zahlen, bedeutet das einen schleichenden Abschied von der betrieblichen Ausbildung. Viele Unternehmen würden sich ruhigen Gewissens von der Ausbildungsverpflichtung frei kaufen und die Verantwortung auf den Staat übertragen. Der kann jedoch nur außerbetriebliche Maßnahmen anbieten, womit die großen Vorteile der betrieblichen Ausbildung verloren wären. Durch eine Ausbildungsplatzumlage entstünde neuer Verwaltungsaufwand und damit ein weiterer Kostenschub für die Unternehmen, der negative Effekte auf Ausbildungs- und Arbeitsplätze hat. Und was geschieht mit den Unternehmen, die Auszubildende suchen, aber keinen geeigneten Bewerber finden?

Einen Zuwachs an betrieblichen Ausbildungsplätzen kann man so jedenfalls nicht erreichen! Dafür sind ganz andere Dinge notwendig.

An erster Stelle steht eine beschäftigungsfreundliche Wirtschafts-, Finanz-, Arbeitsmarkt- und Sozialpolitik als beste Voraussetzung für mehr Ausbildungsplätze. Staat und Gewerkschaften müssen auch an den bereits angesprochenen Verbesserungen am Ausbildungssystem mitarbeiten sowie an der Beseitigung tarifpolitischer Hemmnisse wie der Übernahmeverpflichtung in der M+E Industrie. Schließlich sind auch die Jugendlichen gefordert: Flexibilität beim Berufswunsch und Mobilität helfen bei der Suche nach einer Ausbildungsstelle.

Jeder ausbildungswillige und ausbildungsfähige junge Mensch muss sich darauf verlassen können, dass er nach Abschluss der allgemein bildenden Schule eine Berufsausbildung beginnen kann. Diese Möglichkeit zu sichern, ist zentrale Aufgabe von Politik und Gesellschaft. Die Unternehmen bekennen sich hierzu auch in Zeiten schwacher Konjunktur. Selbst wenn wirtschaftliche Zwänge befristet zu einem Rückgang des Angebotes an Ausbildungsplätzen führen, bleibt es bei der Grundüberzeugung:

„AUSBILDUNG IST DIE BESTE INVESTITION IN DIE ZUKUNFT."

Teil II

Advanced ... on the way

Christopher Jahns, Evi Hartmann und Edda Feisel

11 Welchen Beitrag private Universitäten zur Förderung der Employability leisten können
Untersuchung am Beispiel der European Business School

Die rasanten Entwicklungen in Technologie, Gesellschaft, Ökonomie und anderen Gebieten haben die Arbeitswelt nachhaltig verändert und neu definiert. Aus- und Weiterbildung gewinnen in unserer heutigen Wissensgesellschaft immer mehr an Bedeutung und sind die Voraussetzung für Flexibilität und Wettbewerbsfähigkeit. Während früher der einmal erlernte Beruf ein Leben lang ausgeübt wurde, müssen heute Fähigkeiten und Kompetenzen ständig neu justiert und dem veränderten Umfeld angepasst werden.

Beschäftigungsfähigkeit statt Arbeitsplatzsicherheit. Die European Business School hat sich als erste private wissenschaftliche Hochschule in Deutschland diesem Konzept stets verpflichtet gefühlt und ihre Absolventen durch die Kombination einer Vielzahl von Bausteinen optimal auf den Arbeitsmarkt vorbereitet. Gerade Universitäten sind vor den sich wandelnden Arbeitsmärkten dazu verpflichtet, ihre Studenten so auszubilden, dass sie „employable", d.h. in der Lage sind, eine Beschäftigung zu finden, zu halten und sich auf dem Arbeitsmarkt frei zu bewegen. Dennoch gelingt es den privaten Universitäten oftmals besser als den staatlichen Universitäten die Employability sicherzustellen. Welche Methoden die privaten Universitäten anwenden, um die Beschäftigungsfähigkeit sicherzustellen, wird im folgenden Artikel beispielhaft an der European Business School dargestellt.

11.1 Employability als Leitbild für Universitäten

Die Entwicklungen der letzten Jahre haben die Strukturen der Arbeitswelt nachhaltig beeinflusst und verändert. „Mein Job ist sicher." Während diese Aussage vor einigen Jahren nichts Ungewöhnliches war, gibt es heute keinen Garant mehr auf eine lebenslange Beschäftigung. Die früher genossene Ausbildung und die vermittelten Fähigkeiten und Kenntnisse können heute bereits überholt sein und nicht mehr genügen, um eine ausreichende Wertschöpfung zu erwirtschaften und den eigenen Arbeitsplatz zu garantieren. Hinzu kommt, dass nicht nur die Unternehmen, sondern auch die Arbeitnehmer opportunistischer geworden sind und beide Parteien sich schneller voneinander trennen. „Ich bin für den Arbeitsmarkt attraktiv." Dieser Aussage wird in Zukunft mehr Gewicht eingeräumt werden als dem Streben nach Arbeitsplatzsicherheit.

Employability ist ein dynamisches Konzept und unterliegt den Veränderungen der sich wandelnden Ökonomien, Arbeitsmärkte und Qualifikationen. Wörtlich ins Deutsche übersetzt bedeutet der Begriff Employability „Beschäftigungsfähigkeit". Ebenso werden „Arbeitsmarktfähigkeit" bzw. „Arbeitsmarktfitness" synonym verwendet. Während der Begriff in den letzten Jahren zu einem Schlagwort wurde, ist das Konzept keineswegs neu, hat sich jedoch in den letzten Jahren stark verändert. Aufgrund der Dynamik des Konzeptes ist auch die Definition zumeist recht allgemein gehalten. Während für einige die Beschäftigungsfähigkeit lediglich darin besteht, produktiv zu sein und eine Tätigkeit innezuhaben, umfassen die meisten Definitionen zur Employability drei Bereiche:

- *Die Fähigkeit*, auf Grundlage der individuellen Fähigkeiten und Kenntnisse *eine Beschäftigung zu finden*.

- *Die Fähigkeit*, vor einem sich verändernden Arbeitsmarkt den neuen Anforderungen gerecht zu werden und *eine Beschäftigung zu halten*.

- *Die Fähigkeit,* über die Kompetenzen und den Willen zu verfügen, die eigene Karriereplanung zu gestalten und *sich unabhängig im Arbeitsmarkt bewegen zu können*.

Employability bedeutet somit nicht „reaktiv" gegenüber dem Arbeitsmarkt zu agieren, sondern ist als „proaktives" Konzept zu verstehen. Der dynamische Arbeitsmarkt erfordert bereits heute und auch zukünftig eine höhere Mobilität der Arbeitnehmer.

Employability verlangt nicht nur ein neues Selbstverständnis von Arbeitnehmern und Arbeitgebern, sondern muss bereits in der universitären Ausbildung verankert sein. Da die Universitäten das Fundament für die spätere Berufstätigkeit legen, ist die Förderung der Employability seit 1998 auch ein erklärtes Ziel des Bologna-Prozesses. Laut Bologna-Verordnung ist die Vermittlung der Employability an Universitäten "relevant to the European labour market" und "a key way to promote citizens mobility and employability and the continent's overall development."

Die Tatsache, dass Hochschulen ihre Studenten auf das Berufsleben vorbereiten sollen, ist jedoch keineswegs neu und als gesetzliche Pflicht auch im Hochschulrahmengesetz (HRG) verankert. So lautet § 2 Abs. 1 Satz 2: „Sie [die Hochschulen] bereiten auf berufliche Tätigkeiten vor, die die Anwendung wissenschaftlicher Erkenntnisse und wissenschaftlicher Methoden oder die Fähigkeit zu künstlerischer Gestaltung erfordern."

Daraus folgt, dass die Hochschulen nunmehr der Herausforderung gegenüberstehen, ihren Studenten eine Qualifizierung anzubieten, die sich den wandelnden Arbeitsmärkten anpasst. Die bisherige Ausbildung, die den einmal erlernten Beruf in den Vordergrund gestellt hat, hat sich überlebt. Das oft geforderte lebenslange Lernen muss sich auch in den Hochschulen und Lehrplänen wieder finden.

Dennoch zeigen Untersuchungen wie beispielsweise das CHE-Ranking zur Employability, dass es staatlichen Universitäten im Vergleich zu den privaten oftmals schwerer fällt, bei ihren Hochschulabsolventen die Employability zu fördern und diese in ihren Lehrplänen zu verankern. Dies zeigt sich unter anderem an hohen Studienabbruchquoten sowie an der Vielzahl von Absolventen, die sich nach der Beendigung ihres Studiums erst durch Praktika ihre persönliche „Employability" erwerben müssen. Studenten von privaten Hochschulen hingegen erhalten schon vor der Beendigung ihres Studiums mehrere Jobangebote und sind in der Lage, eigenständig eine Beschäftigung zu finden, ihre eigene Karriereplanung zu steuern und sich frei auf dem Arbeitsmarkt zu bewegen.

Doch wie gelingt es den privaten Universitäten, ihren Studenten die notenwendigen Schlüsselkompetenzen zu vermitteln, die sie dazu befähigen, sich auf den Arbeitsmärkten frei zu bewegen? Dies soll im Folgenden am Beispiel der European Business School näher dargestellt werden.

11.2 Die European Business School

Die European Business School (EBS) International University Schloss Reichhartshausen wurde 1971 als erste private wissenschaftliche Wirtschaftshochschule in Deutschland gegründet. Heute zählt sie zu den führenden Hochschulen im Bereich BWL in Deutschland und verfügt mit 55 Professoren über eine der drei größten BWL-Fakultäten in Deutschland.

Die EBS hat es sich zum Ziel gesetzt, durch die Verbindung von Theorie und Praxis qualifizierten Führungsnachwuchs auszubilden. Die „Leaders" von morgen sollen sich nicht nur durch eine exzellente fachlich-wissenschaftliche Kompetenz auszeichnen, sondern gleichzeitig über praktische und internationale Erfahrungen verfügen und sich als gefestigte Persönlichkeiten erweisen.

Jährlich beginnen etwa 220 Studienanfänger ihr Studium und werden optimal auf das Arbeitsleben vorbereitet. In Summe verfügt die EBS über 1.200 Studenten, die bereits vor der Beendigung ihres Studiums unter durchschnittlich drei Stellenangeboten ihren Berufseinstieg auswählen können. Auch die mehr als 3.000 Alumni haben ihre weltweite „Employability" deutlich unter Beweis gestellt und sind über den Globus verstreut in führenden Positionen tätig.

Bezüglich der im Vergleich zu staatlichen Universitäten höheren Studiengebühren hat es sich die EBS zum erklärten Ziel gemacht, allen Interessenten unabhängig von ihrer wirtschaftlichen Situation den Zugang zum Studium zu ermöglichen. Hierfür gibt es verschiedene Förderungsmöglichkeiten, wie beispielsweise die Vergabe von Vollstipendien für die besten Bewerber oder die Förderung durch Bildungsfonds. Im Vergleich zu Studienkrediten ermöglichen Bildungsfonds eine individuelle Rückzahlung, die sich an dem Einkommen des Förderungsnehmers orientiert und auf einen Maximalbetrag begrenzt ist. Um qualifizierten Studierenden ein Studium zu ermöglichen, kooperiert die EBS sowohl mit dem eigens eingerichteten Bildungsfond der EBS-Alumni als auch mit dem ersten firmeneigenen Bildungsfond in Deutschland, dem Festo Bildungsfond.

Die EBS versteht sich als attraktive Alternative zum öffentlichen Bildungssystem und will ihre Studenten optimal auf den sich wandelnden Arbeitsmarkt vorbereiten. Dass ihr dies gelingt, spiegelt sich auch in den jährlichen Rankings wider. Die EBS findet sich nicht nur kontinuierlich unter den ersten drei Rängen wieder, sondern wird auch von vielen Personalern als die Universität eingeschätzt, die ihre Studenten am besten auf das Arbeitsleben vorbereitet. Die EBS nimmt die Herausforderung einer sich ändernden Umwelt an und basiert ihr Konzept auf vier Bausteinen, welche in ihrer Kombination die Studenten zu einer hohen Eigenständigkeit und Employability führen.

11.3 Akademische Exzellenz als Grundpfeiler

Auch wenn das Konzept der Employability bedeutet, dass sich der Fokus vom einmal erlernten, lebenslang ausgeübten Beruf abwendet, so schafft doch die Ausbildung die erste Basis für die später ausgeübten Tätigkeiten. An der European Business School wird diese Basis durch verschiedene Bachelor- und Masterprogramme mit einer Vielzahl von Schwerpunkten gelegt.

Die akademische Exzellenz und die theoretisch fundierten Inhalte schaffen das Fundament für den späteren Beruf. Es ist nicht nur von Bedeutung, dass die vermittelten Inhalte sich auf höchstem akademischem Niveau bewegen, sondern auch, dass sie anwendungsorientiert sind. Um die Studenten optimal auf das spätere Berufsleben vorzubereiten, wendet die EBS das so genannte „modular-integrative" Lehr- und Lernkonzept an. Dies bedeutet, dass die wissenschaftlichen Methoden in den eigenen Kursen stets mit Bezug auf die Praxis vermittelt werden, so dass die Studierenden dieses Wissen auf Probleme aus dem „richtigen Leben" anwenden können. Dies kann beispielsweise so aussehen, dass Studententeams einer Finanzvorlesung theoriegeleitete Lösungen für aktuelle Herausforderungen in diesem Bereich erarbeiten. Zum Ausdruck kommt die enge Verbindung auch in der Bearbeitung von Case Studies. Mit den Praktikern stimmt die EBS ihre Themen ab und fundiert sie mit dem entsprechenden wissenschaftlichen Know-how. Stets wird nach der bestmöglichen Vernetzung von fachlichen Methoden und Inhalten gesucht. Das „modular-integrative" Lehr- und Lernkonzepts zieht sich an der EBS wie ein roter Faden durch alle Studienprogramme und passt sich der Dynamik der Arbeitsmärkte an. Somit ist das Studium an der EBS nicht auf eine einmalige Ausbildung angelegt, sondern wird ständig aktualisiert und den veränderten Anforderungen angepasst. Der konsekutive Master of Science baut auf den eher generalistischen Kenntnissen des Erststudiums (Bachelor of Science) auf. Je nach Studienabschluss verschieben sich in den unterschiedlichen Bachelor- und Master-Programmen die Akzente in eine eher forschungsorientierte oder stärker praxisbezogene Richtung.

Zusätzlich gelingt es der EBS, die Qualität der Lehre durch ein besonders intensives Betreuungsverhältnis sicherzustellen. An der EBS liegt das Verhältnis von Professoren zu Studenten bei 1:15, wohingegen es an staatlichen Universitäten vier bis sechs Mal so hoch ist. Durch die individuelle Betreuung und persönliche Ansprache lassen sich der inhaltliche Anspruch und Austausch realisieren, sowie die Inhalte vertiefen.

Employability bedeutet nicht nur die fachlichen Kompetenzen permanent anzupassen, sondern umfasst auch die sozialen und methodischen Kompetenzen. Eine Person, die employable ist, ist aktiv, ergreift Initiative und ist offen für Neues. Um den Blick auf Unbekanntes und Neues zu schärfen, stärkt die EBS in den Modulen „Theory of Science and Methods" sowie „Cross Cultural Communication and Management" die methodischen Kompetenzen und interkulturellen Qualitäten ihrer Studenten.

Die herkömmliche Ausbildung an staatlichen Universitäten ist nach wie vor auf eine einmalige Ausbildung gerichtet. Das Konzept des lebenslangen Lernens findet sich nur in wenigen Lehrplänen wieder und viele Absolventen müssen sich ihre Beschäftigungsfähigkeit erst nach Beendigung ihres Studiums „erarbeiten", da viele Studierende zwar einen Beruf erlernt haben, aber dennoch nicht beschäftigungsfähig sind. Dies liegt daran, dass viele Unternehmen ihre Absolventen primär nach ihrer vorweisbaren Praxiserfahrung beurteilen und weniger nach ihrem Berufsabschluss. Die Praxisnähe ist daher ein zweiter wichtiger Baustein des EBS-Konzeptes.

11.4 Praxisnähe

Employability bedeutet, arbeitsbezogene Kompetenzen zu entwickeln und sich auf den Arbeitsmärkten frei bewegen zu können. Gerade für junge Studenten, die nur über eine geringe bzw. keine Berufserfahrung verfügen, ist es besonders wichtig, frühzeitig über Praktika mit der Arbeitswelt in Berührung zu kommen. Theorie und Praxis sind daher in den Bachelor- und Master-Programmen der EBS von Beginn an stark ineinander verknüpft.

Die Praxisnähe wird an der EBS durch Pflichtpraktika geschaffen. In der vorlesungsfreien Zeit haben die Studenten mindestens 20 Wochen Praktika zu absolvieren, davon die Hälfte im Ausland. Die Studenten bekommen einen intensiven Einblick in unterschiedliche Arbeitsbereiche. Kontakte zu potenziellen späteren Arbeitgebern bieten den Studenten nach Beendigung des Studiums die besten Voraussetzungen für einen guten Start in die Arbeitswelt.

Employability heißt, ohne substanzielle Unterstützung eines Dritten die eigene Karriereplanung zu steuern. Beschäftigungsfähigkeit baut somit primär auf der Eigenverantwortung und Selbstständigkeit eines jeden Einzelnen auf. Diese Eigenverantwortung bedeutet auch, sich über die eigenen Stärken und Schwächen bewusst zu sein und muss früh gefördert werden. Indem die Studenten Praktika absolvieren, werden sie gefordert, sich mit ihren individuellen Berufsplänen auseinanderzusetzen und lernen ihre eigenen Fähigkeiten besser einzuschätzen. Ebenso lernen sie frühzeitig, aktiv auf Unternehmen zuzugehen. Diese Erfahrungen helfen, die Mechanismen des Arbeitsmarktes früh zu verstehen und ein Verständnis dafür zu schaffen, die eigene Berufsplanung selbst in die Hand zu nehmen und Netzwerke zu knüpfen.

Studenten, die zu Beginn ihres Studiums noch Schwierigkeiten haben, eigenständig die Praktikumssuche anzugehen, steht die Universität mit „Career Foren" zur Seite. Hier präsentieren sich die Partnerunternehmen der EBS auf dem Campus. Die Studenten haben die Möglichkeit, direkt vor Ort mit den Unternehmensvertretern ins Gespräch zu kommen. Da viele junge Studenten Angst vor Vorstellungsgesprächen verspüren, werden diese mit Unternehmensvertretern simuliert und die Studierenden bekommen ein direktes Feedback, wie sie im Gespräch wirken und was sie für zukünftige Gespräche verbessern können. Die Studenten lernen ihre eigenen Fähigkeiten und Talente besser einzuschätzen und können künftige Kommunikationsstrategien für Vorstellungsgespräche entwickeln.

Die EBS schafft damit eine exzellente Plattform, um ihren Studenten den Weg ins Berufsleben zu erleichtern. Für die Studierenden als auch für die Unternehmen ist es entscheidend, dass die Absolventen beim Berufseinstieg aus dem Stand in der Praxis bestehen können und in der Lage sind, den sich ständig wechselnden Anforderungen gerecht zu werden. Durch die Vielzahl der Praktika, die die Studenten während ihres Studiums absolvieren müssen, stehen die „EBS'ler" im Ruf oftmals eine höhere Qualifikation mitzubringen, als Studenten des gleichen Semesters von anderen Hochschulen.

Employability baut primär auf der Eigenverantwortung eines Einzelnen auf. Die richtige persönliche Einstellung ist begründend für das Konzept der Employability. Neben den fachlichen gewinnen besonders die sozialen und überfachlichen Kompetenzen zukünftig noch mehr an Bedeutung. Diese werden mit den dritten und vierten Bausteinen des EBS-Konzeptes, der Internationalität sowie der Personalentwicklung, besonders gefördert.

11.5 Internationalität

Das Konzept der Employability zielt darauf ab, die Qualifikationen und Fähigkeiten von Arbeitnehmern so zu „stärken", dass sie sich auf flexibilisierten Arbeitsmärkten frei bewegen können. Doch die Arbeitsmärkte werden immer internationaler und es wird von vielen Arbeitnehmern erwartet, dass sie ihre uneingeschränkte Mobilität unter Beweis stellen und beispielsweise auf Projekten im Ausland arbeiten. Zusätzlich findet ein immer stärkerer Austausch mit anderen Ländern statt und ein einzelner Arbeitnehmer muss in der Lage sein, mit seinen Kollegen aus anderen Regionen zu kommunizieren.

Um mit dieser erhöhten Komplexität umgehen zu können, ist es unabdingbar, internationale Erfahrungen zu sammeln. Obligatorische Auslandsaufenthalte sind daher neben intensivem Sprachunterricht in die Studienprogramme der EBS integriert.

In der globalisierten Welt sind Sprach- und Kulturkompetenz wichtige Erfolgsfaktoren. Im Zentrum für Wirtschaftssprachen der EBS vermitteln mehr als 31 Sprachtrainer aus 15 Nationen die wichtigsten Wirtschaftssprachen dieser Welt. Die Studenten erweitern durch die Sprachen ihre kommunikativen Fähigkeiten und entwickeln eine Sprachkompetenz, die sie befähigt, sich in der globalen Arbeitswelt zu bewegen. Die Sprachausbildung ist praxisnah und Studenten präsentieren z.B. wirtschaftsbezogene Aufgabenstellungen, um so optimal auf das spätere Berufsleben vorbereitet zu werden.

Es ist nicht nur wichtig, Sprachen zu lernen, sondern internationale Erfahrungen „live" zu erleben. Daher verbringen die Studenten typischerweise zwei Auslandssemester an einer der mehr als 140 Partneruniversitäten weltweit. Von China bis Chile, von Dänemark bis Indien können die Studenten wählen, an welcher Hochschule sie ihr Auslandssemester absolvieren wollen. Ein Studium im Ausland stärkt die Kompetenz, auf unterschiedliche und wechselnde Anforderungen einzugehen und diese zu verarbeiten. Ebenso steigt die Belastbarkeit, in ungewohnten Situationen zu bestehen und einen klaren Kopf zu behalten. Neben der Steigerung der sozialen Kompetenzen haben die Studenten außerdem die Möglichkeit, ihre weltweite Employability zu verbessern, indem sie an den Partnerhochschulen einen zweiten Hochschulabschluss erwerben können. Viele der EBS Studenten nutzen diese Weiterqualifikation und beginnen den Schritt ins Berufsleben in dem Land, in dem sie einen Zusatzabschluss erworben haben.

Neben der theoretischen Ausbildung, die auf der Vermittlung von aktuellem akademischen Wissen, Praxisnähe und Internationalität basiert, ermutigt die EBS ihre Studenten dazu, sich intensiv mit den eigenen Stärken und Schwächen auseinanderzusetzen und die eigene Persönlichkeit zu entwickeln. Gerade im Hinblick auf Employability ist eine breite Basis an „Soft-Skills" von besonderer Bedeutung. Diese werden im vierten Baustein, der Persönlichkeitsentwicklung, besonders gefördert.

11.6 Persönlichkeitsentwicklung

Employability bedeutet, dass Arbeitnehmer zum „Unternehmer in eigener Sache" werden. Sie müssen in der Lage sein, ihre Bedürfnisse sowie ihre Fähigkeiten und Kompetenzen zu erkennen und Beschäftigungsangebote kritisch zu beurteilen und auszuwählen. Neben den fachlichen Kompetenzen gewinnen auch die sozialen und methodischen Kompetenzen zukünftig weiter an Bedeutung. So wurde in empirischen Studien gezeigt, dass gerade die sozialen und methodischen Kompetenzen für die Employability unabdingbar sind. Eine Person, die employable ist, ist bereit zu Weiterbildung, Weiterentwicklung und Veränderung. Sie zeigt außerdem Eigeninitiative, Eigenständigkeit, Eigenverantwortung, Selbstorganisation, Engagement, Flexibilität und Mobilität.

All diese Fähigkeiten werden an der EBS intensiv durch die Persönlichkeitsentwicklung gefordert und gefördert. Die Persönlichkeitsentwicklung und soziales Engagement ist an der EBS nicht nur ausdrücklich erwünscht, sondern fester Bestandteil des Studienkonzeptes. Ziel ist es, die Studenten frühzeitig mit sozialen Aufgabenstellungen zu konfrontieren und ihnen zu ermöglichen, gesellschaftliche Verantwortung zu übernehmen. Da dieser wichtige Aspekt der Persönlichkeitsentwicklung nicht alleine in den Hörsälen und Seminarräumen zu vermitteln ist, stehen den Studenten mehr als 20 studentische Ressorts zu Verfügung, in denen sie Autonomie und Selbstverantwortung üben können.

Das Spektrum des studentischen Engagements in den Ressorts ist breit. Es reicht von karitativen Aufgaben bis hin zur Organisation von Großveranstaltungen. Das „International Student Relations Ressort (ISR)" ist zum Beispiel für die Integration der Austauschstudenten an der EBS zuständig. Hierzu gehören kulturelle Ausflüge und Veranstaltungen aller Art sowie die Betreuung der „Incomings", der ausländischen Studenten, die ein Semester an der EBS verbringen.

Schließlich dient auch das Coaching-Programm dazu, die Persönlichkeit zu entwickeln. Dieses einzigartige Programm hilft den Studenten, den richtigen Weg für sich zu finden und die eigene Persönlichkeit voll zu entfalten. Hierfür erhält jeder EBS Studierende – ob im Bachelor oder Masterstudiengang – auf Wunsch ein persönliches Coaching mit bis zu vier Gesprächen pro Semester. Dahinter steht ein intensiver Dialog zwischen den Coachees und ihren Coaches. Diese sind erfahrene Führungskräfte aus der Praxis, die ihrerseits an der EBS eine Ausbildung zum systematischen Coach durchlaufen haben. Die Aufgabe des Coaches besteht darin, durch gezielte Fragen eine Außensicht auf die eigene Person zu ermöglichen. Dabei wird schnell eine Divergenz zwischen Selbst- und Fremdbild möglich. Durch das Coaching sollen gedankliche Prozesse lediglich angeregt, jedoch nicht gelöst werden. Das Coaching hilft, die persönlichen Bedürfnisse besser kennen zu lernen und sich für die eigenen Bedürfnisse zu sensibilisieren. Das Coaching fördert die Aktivität des Einzelnen, da man lernt, Handlungsalternativen aufzuzeigen. Es hilft für das spätere Arbeitsleben, Lösungen zu finden und Entscheidungen zu treffen.

11.7 Zusammenfassung

Die Förderung der Employability von Studenten ist eine Aufgabe, der sich die Hochschulen nicht widersetzen können. Die veränderte Arbeitswelt verlangt von Hochschulabsolventen eine Vielzahl von Fähigkeiten, die weit über die fachlichen Fähigkeiten hinausgehen. Die bisherige Fixierung auf Berufsabschlüsse verliert an Bedeutung, da sie nur noch ein, aber nicht mehr das einzige Element in dem Profil von Erwerbstätigen darstellt. Somit wird der einmal erlernte, lebenslang ausgeübte Beruf durch das individuelle gesamte Fähigkeits- und Erfahrungsprofil des Arbeitnehmers ersetzt.

Für die Universitäten ist dies mit der Verpflichtung verbunden, auch die Methoden- und Sozialkompetenzen ihrer Studenten stark zu fördern. Dennoch tun sich staatliche Universitäten oftmals schwer, das Konzept der Employability in ihren Lehrplänen zu verankern und die Employability zu operationalisieren. Dieser Artikel hat beispielhaft anhand der European Business School gezeigt, mit welchen Methoden es einer privaten Hochschule gelingt, ihre Studenten fit für den Arbeitsmarkt zu machen.

Auch wenn der Anteil der Studenten an privaten Universitäten in Deutschland mit 2 Prozent aller Studierenden noch recht gering ist, so ist doch die Nachfrage in den letzten Jahren rasant gestiegen, da es den privaten Universitäten gelingt, ihre Studierenden optimal auf das Arbeitsleben vorzubereiten.

Hierbei bedarf es weit mehr als nur der Vermittlung von Fachwissen. Das EBS-Konzept basiert auf vier Bausteinen, mittels derer die Studenten frühzeitig lernen, ihre eigene Karriereplanung zu steuern, ihre Kompetenzen zu überprüfen und den Anforderungen anzupassen. Neben der Praxisnähe ist auch das Sammeln von internationalen Erfahrungen sowie die Persönlichkeitsentwicklung ein entscheidendes Element in der Förderung von Employability.

Employability baut auf Eigenverantwortung auf. Es ist daher eminent wichtig, diese frühzeitig zu fördern. Die Studenten lernen bereits zu Beginn ihres Studiums, sich intensiv mit ihren Stärken und Schwächen auseinander zu setzen und entwickeln Selbstvertrauen in die eigenen Fähigkeiten und Kompetenzen. Sie lernen, für ihr eigenes Handeln Verantwortung zu übernehmen und sind später in der Lage, auch in schwierigen Situationen angemessen handeln zu können und sich den Veränderungen des Arbeitsmarktes anzupassen. Das EBS-Konzept stellt einen möglichen Weg dar, die Employability von Studenten nachhaltig zu fördern.

Literatur

EBS (2007): We develop leaders, Corporate Publication, European Business School.

HILLAGE, J. UND POLLARD, E. (1998): Employability: Developing a Framework for Policy Analysis, Research Report No. 85, The Institute for Employment Studies, Sudbury: DfEE Publications.

HRG (2007): Hochschulrahmengesetz, Bundesministerium für Bildung und Forschung.

KNUTH, M. (1998): Von der „Lebensstellung" zur nachhaltigen Beschäftigungsfähigkeit. Sind wir auf dem Weg zur Hochgeschwindigkeitsarbeitsmarkt? In: Bosch, G.(Hrsg.): Zukunft der Erwerbsarbeit. Strategien für Arbeit und Umwelt.

MCKENZIE, P. UND WURZBURG, G. (1998): Lifelong Learning and Employability. In: The OECD Observer, No. 209 December 1997 / January 1998, S. 13-17.

MÜLLER-BÖLING, D. UND ZÜRN, M. (2007): Private Hochschulen in Deutschland, Reformmotor oder Randerscheinung? Berlin. Hertie School of Governance, CHE Centrum für Hochschulentwicklung.

RUMP, J. UND EILERS, S. (2006): Managing Employability. In: RUMP, J., SATTELBERGER, T. UND FISCHER, H. (Hrsg.): Employability Management – Grundlagen, Konzepte, Perspektiven. Gabler Verlag Wiesbaden, S. 13-73.

Hans Klaus

12 Employability und Studium

Die „Employability" von Hochschulabsolventinnen und -absolventen im neuen gestuften Abschlusssystem mit Bachelor- und Mastergrad ist umstritten. Der Beitrag präzisiert diese Anforderung unter Rückgriff auf das Konzept der „Handlungskompetenz" und zeigt am Beispiel betriebswirtschaftlicher Studiengänge, wie sich dieses Verständnis in Inhalten und Methoden der Studienangebote an Hochschulen niederschlägt.

12.1 Employability als Studienziel im Bologna-Prozess

Im Zuge des „Bologna-Prozesses" ist „Employability" (üblicherweise mit „Beschäftigungsbefähigung" übersetzt) zu einem zentralen Begriff in der Diskussion um die didaktisch-inhaltliche und die methodische Gestaltung von Studienangeboten geworden. Seinen Namen bekam dieser Prozess der Veränderungen des europäischen Hochschulsystems, weil sich in Bologna, der Stadt mit der vielleicht ältesten Universität Europas, im Jahre 1999 Vertreter von 29 europäischen Staaten darauf verständigten, bis 2010 einen gemeinsamen europäischen Hochschulraum zu schaffen. Damit, das hatte die ein Jahr zuvor von Deutschland, Frankreich, Groß Britannien und Italien verabschiedete Sorbonne-Deklaration auf den Weg gebracht, sollten Hemmnisse des internationalen Austausches von Studierenden und Lehrenden abgebaut werden.

Im Kern der Bemühungen steht seither das gestufte Abschlusssystem mit den Abschlussgraden Bachelor und Master. Der Bachelor soll dabei im neuen System der Hochschulausbildung den Regelabschluss darstellen. Er kann bereits nach sechs Studienhalbjahren erworben werden, aber auch erst nach sieben oder gar acht. Ein sich inhaltlich an den Bachelor anschließender Master als zweiter berufsqualifizierender Abschluss darf dann höchstens zu einer Gesamtregelstudienzeit von fünf Jahren führen. Ein solches Masterprogramm heißt „konsekutiv"; es vertieft, oft im Sinne einer Spezialisierung, die Kompetenzen in derselben Disziplin. Ein nicht-konsekutives Masterprogramm baut inhaltlich nicht auf dem Bachelor auf (z. B. Master in Betriebswirtschaft nach Bachelor in Naturwissenschaft oder Jurisprudenz); wenn zwischen den beiden Studien (unabhängig von den Disziplinen) eine Berufsphase liegen muss, spricht man von einem weiterbildenden Masterprogramm.[1] Bei einem Masterprogramm ist anzugeben, ob es stärker die Anwendung oder die Forschung fokussiert; der Anspruch ist zu begründen, im Lern- und Lehrplan umzusetzen und auch in der Akkreditierung zu überprüfen.

---

1 Vgl. Kultusministerkonferenz: Ländergemeinsame Strukturvorgaben gemäß § 9 Abs. 2 HRG für die Akkreditierung von Bachelor- und Masterstudiengängen (Beschluss der Kultusministerkonferenz vom 10.10.2003).

Nach der Bologna-Erklärung fanden bzw. finden weitere Ministertreffen in Prag (2001), Berlin (2003), Bergen (2005), London (2007) und Leuven (2009) statt. Sie konkretisier(t)en einzelne Elemente des europäischen Hochschulraums: Bedingungen lebenslangen Lernens, Qualitätssicherung von Studien, European Credit Transfer and Accumulation System (ECTS; zur Sicherstellung der Studierbarkeit der Angebote und zur Anrechnung von erbrachten Leistungen auf der Basis des quantifizierten Arbeitseinsatzes), Vorgaben für einen Qualifikationsrahmen zur Definition der Kompetenzziele der Studienstufen, Neuregelung der Promotion (strukturierte Lehr- und Forschungspläne statt Doktormutter/-vater-Prinzip).

Für die Umsetzung der nicht rechtlich verbindlichen Absprachen bleiben die Staaten (heute machen 45 Staaten „bei Bologna mit") verantwortlich; in Deutschland ist der Umsetzungsprozess dadurch spezifisch geprägt, dass die Bundesländer in ihrer Kultushoheit die europäischen Absprachen unterschiedlich adaptieren.[2]

Um Employability / Beschäftigungsbefähigung zu gewährleisten, sollen die neuen Studienangebote in einem „Paradigmenwechsel" nicht mehr wie die bisherigen Diplom-, Magister- und Staatsexamensangebote v. a. am Input, den die Lehrenden – ihren (Forschungs-) Interessen folgend – geben, sondern am Output oder Outcome orientiert sein: Welche Kompetenzen sollen AbsolventInnen haben? Und: Mit welchen Lern- und Lehrmethoden sollen diese Kompetenzen erworben bzw. „vermittelt" werden? Schon der Bachelor soll in Abgrenzung zu den Diplom- und Magisterstudien ein eigenständiges berufsqualifizierendes Profil besitzen. Also steht eine inhaltliche wie methodische Neukonzeption für Bachelor- und Master-Studiengänge an; eine strukturelle Vermischung des neuen Studiengangsystems mit dem alten ist auszuschließen. Die Studiengänge sollen Beschäftigungsbefähigung durch ein breites Fundament, fachliches Wissen und durch „Schlüsselqualifikationen" gewährleisten. Vor dem Hintergrund des Bestrebens, die Mobilität der Menschen in Europa (und darüber hinaus) zu fördern, ist der Kanon der zu erwartenden Kompetenzen um internationale und interkulturelle Aspekte erweitert.

Um Erwartbarkeit und Vergleichbarkeit der Kompetenzen nach Studienabschluss zu erreichen, sollen nationale Qualifikationsrahmen auf der Basis des internationalen Abkommens eine systematische Beschreibung der Qualifikationen liefern, die das Bildungssystem eines Landes hervorbringt. Diese Beschreibung beinhaltet eine allgemeine Darstellung des Qualifikationsprofils einer/eines Absolventin/ Absolventen, die/der den zugeordneten Abschluss besitzt, eine Auflistung der angestrebten Lernergebnisse (outcomes), eine Beschreibung der nach dem Abschluss verfügbaren Kompetenzen und Fertigkeiten und eine Beschreibung der formalen Aspekte eines Ausbildungslevels (Arbeitsumfang in ECTS Credits, Zulassungskriterien, Bezeichnung der Abschlüsse, formale Berechtigungen).

Bachelor-, Master- und Doktoratsstudienprogramme werden im (Entwurf zum) deutschen Qualifikationsrahmen als drei aufeinander aufbauende Qualifikationsstufen anhand der (fächer- bzw. studiengangspezifisch zu konkretisierenden) Kategorien „Wissen und Verstehen" und

---

2 Vgl. hierzu und zum Folgenden: Kultusministerkonferenz: Ländergemeinsame Strukturvorgaben gemäß § 9 Abs. 2 HRG für die Akkreditierung von Bachelor- und Masterstudiengängen (Beschluss der Kultusministerkonferenz vom 10.10.2003).

"Können" beschrieben.[3] Bei Wissen und Verstehen geht es um (fachbezogene) Wissensverbreiterung (breites und integriertes Wissen und Verstehen der wissenschaftlichen Grundlagen des Lerngebietes) und Wissensvertiefung (kritisches Verständnis der wichtigsten Theorien, Prinzipien und Methoden des Studienprogramms und Fähigkeit, Wissen vertikal, horizontal und lateral zu vertiefen). Mit der Kategorie Können wird abgestellt auf (Überfachliche) Wissenserschließung: instrumentale Kompetenz im Sinne der Anwendung des Gelernten und auf Systemische Kompetenz im Sinne von Verwertung von Informationen, Entscheidungsfähigkeit und selbstständiger Gestaltung weiterführender Lernprozesse.

Die Einhaltung von inhaltlichen und formalen Vorgaben des Qualifikationsrahmen und weiterer Elemente vom Mindest-Qualitätsstandards ist einem (weitgehend) staatsfreien **Akkreditierungssystem** übertragen worden, in dem heute sechs Agenturen unter Aufsicht durch den Akkreditierungsrat arbeiten. Das System arbeitet nach dem Prinzip der Programmakkreditierung: Jeder Studiengang und seine Qualitätsvoraussetzungen beim jeweiligen Anbieter werden geprüft. In den Akkreditierungsverfahren arbeiten als Peers HochschullehrerInnen sowie jeweils VertreterInnen der Studierenden (Studierbarkeit!) und der Berufswelt (Anwendungs- bzw. Praxisoerientierung!) mit.

Die bis heute im gestuften Abschlusssystem eingeführten Studiengänge stoßen auf Zustimmung und Ablehnung. Mit Blick auf Employability wird einerseits begrüßt, dass mit dem Bachelor ein erster berufsqualifizierender Abschluss in einer kürzeren Regelstudienzeit als bisher erworben werden könne und dass die Outputorientierung bei der Neugestaltung zu AbsolventInnen mit mehr „Schlüsselqualifikationen", die schneller und besser einsetzbar seien, führe. Andererseits wird etwa von Studierenden (-Verbänden) eingewandt, dass das Humboldtsche Bildungsideal endgültig aufgegeben werde, weil mit der der stärkeren Verschulung des Studienprozesses und mit der Reduktion auf rein wirtschaftliche und tätigkeitsbezogene Studieninhalte nur noch ein unmittelbares, kurzfristiges und kurzsichtiges Interesse an der Verwertung aktueller und konkreter Fertigkeiten im Vordergrund stünde. Genau eine solche Ausrichtung auf praktische Verwertbarkeit der Lernergebnisse geht (neuerdings) Vertretern der Arbeitgeber aber nicht weit genug, allerdings mit den differenzierenden Argumenten: Vor allem der (auf drei Jahre) verkürzte *Bachelor*studiengang erbringe nur ein geringeres Qualifikationsniveau und einen schlechter berufsqualifizierenden Abschluss, weil bzw. wenn *Praxissemester* und Auslandsaufenthalte entfielen. Man sieht insoweit das „gute alte Diplom" (vor allem im ingenieurwissenschaftlichen Bereich) im Vorteil. Dieses Diplom galt andererseits nach den Befunden einer Studie des Deutschen Industrie- und Handelskammertages aus 2004 bei Unternehmen wegen der mangelhaften Beschäftigungsbefähigung der HochschulabgängerInnen nach altem System als schlecht und dringend und grundlegend reformbedürftig; gerade wegen seiner besseren Beschäftigungsbefähigung werde der Bachelor begrüßt.[4]

Wie steht es nun mit der Employability „nach Bologna"? Erste Konturen des neuen gestuften Studiengangsystems haben sich gefestigt, weitere müssen sich herausbilden. Es ist deshalb zu

---

[3] Vgl. Qualifikationsrahmen für Deutsche Hochschulabschlüsse, erarbeitet im Zusammenwirken von Hochschulrektorenkonferenz, Kultusministerkonferenz und Bundesministerium für Bildung und Forschung und von der Kultusministerkonferenz am 21.04.2005 beschlossen.
[4] Vgl. DIHK: Fachliches Können und Persönlichkeit sind gefragt. Ergebnisse einer Umfrage bei IHK-Betrieben zu Erwartungen der Wirtschaft an Hochschulabsolventen, o.O. 2004.

fragen, ob es nicht etwas früh sei, die Neuerung komplett abzulehnen, vielleicht gar wieder zum Diplom zurückkehren zu wollen. In die Beurteilung des neuen Systems fließen unwillkürlich Wahrnehmungen und Wertungen des angelsächsischen Hochschulsystems ein. Beachtlich ist, dass sich der europäische Hochschulraum strukturell und kulturell vom angelsächsischen unterscheidet. Letzterer (einschließlich seiner asiatischen Epigonen) wird geprägt von der Akzeptanz des Bachelorabschlusses als des „echten" Regelabschlusses, der in die Berufstätigkeit führt. Dabei ist der Bachelor oft gar nicht tätigkeitsspezifisch inhaltlich ausgerichtet, noch ist er fachlich immer abgerundet; die Curricula eröffnen mit ihrer Betonung von „soft skills" im methodischen, sozialen und persönlichen Bereich viele inhaltliche Optionen, der Abschlussgrad wird vergeben, wenn die bzw. der Studierende die vorgeschriebenen Credits erworben hat. Dem Menschen mit Bachelorabschluss wird die Chance eingeräumt, am Arbeitsplatz zu lernen und sich zu bewähren. Die – ziemlich artifiziell anmutende – Unterscheidung von konsekutiven, nonkonsekutiven und weiterbildenden Programmen kennt dieses System so nicht. Angelsächsische Masterprogramme sind in aller Regel spezialisierend-vertiefend oder (wie der MBA) auf generelle Managementkompetenz ausgerichtet. Sie werden üblicherweise erst nach einer mehrjährigen Phase beruflicher Tätigkeit studiert. Im deutschen Denken – dem Diplom verbunden – gilt der Master oft noch als der „wahre" Abschluss, der Bachelor „nur" als Ausstiegsmöglichkeit für den, der den Master nicht schafft. Gewollt ist der Bachelor nach Bologna aber auch hier als Regelabschluss, kürzer als das Diplom, intensiviert vom Workload her, durch spezifische Anforderungen allerdings doch relativ stärker als der angelsächsische auf konkrete Bedürfnisse des Arbeitsmarkts ausgerichtet. Wir müssen noch lernen, das europäische Regelwerk der gestuften Abschlüsse und seine spezifische deutsche Adaption zu verstehen und damit umzugehen – und dann auch weiter zu entwickeln. Dringend geboten scheint es v. a., den Grundbegriff, um den sich positive wie negative Urteile ranken, im Konsens genauer zu fassen. Eine Präzisierung sei nachfolgend versucht; den Konsens der Disputanten kann diese nicht ersetzen.

12.2 Employability als Studienziel in der Realität: Das Unbestimmtere als Maßstab des Bestimmteren

Dem Begriff der Employability wohnt zunächst einmal eine funktionale Perspektive inne, es geht um Verwertbarkeit der im Studium erworbenen Kompetenzen: Der Mensch als Kompetenzträger soll eine Vorbereitung auf sein späteres Leben erfahren,[5] um den Lebensunterhalt sichern zu können, die Betriebe[6] wollen diese Kompetenzen in ihren Prozessen wirtschaftlich verwerten.[7] Wie sieht die Arbeitswelt aus, welche Kompetenzen sind insoweit funktional? Holzschnittartig ergibt sich folgendes Bild: Unter wirtschaftlichem Druck und unter dem Ein-

---

[5] Vgl. zu dieser Funktion Luhmann, N., Das Erziehungssystem der Gesellschaft, Frankfurt am Main 2002, S. 47 grundsätzlich und S. 71 für die Hochschulen.

[6] Verstanden als „arbeitsorganisatorische Einheiten", wie sie – unter der Voraussetzung der Arbeitsteilung – in jeder Branche, in jedem beruflichen Umfeld vorkommen.

[7] Vgl. (negativ kritisch) Krautz, J., Pädagogik unter dem Druck der Ökonomisierung. Zum Hintergrund von Standards, Kompetenzen und Modulen, in: Pädagogische Rundschau 1/2007, insbes. S. 83.

fluss neuer Managementkonzepte mit ihrer Abkehr von „tayloristisch" spezialisierten Arbeitsplätzen richten Betriebe heute neue, breiter gefächerte Anforderungen an Mitarbeiterinnen und Mitarbeiter, als dies früher der Fall war. Es ist davon auszugehen, dass sich diese Anforderungen im Zeitablauf auch immer wieder verändern werden. Nur: Wie diese Veränderungen aufgrund technischer, organisatorischer und gesellschaftlicher Innovationen aussehen werden, das kann niemand vorhersagen. Deshalb soll eine „Berufsfähigkeit" es ermöglichen, sich in potenziell immer wieder wechselnde anspruchsvolle Aufgaben einzuarbeiten und auch rasch verantwortungsvolle Entscheidungsfunktionen wahrzunehmen. Für ein Studium kann es dann sinnvollerweise nicht (mehr) nur um Berufsfertigkeit in dem Sinne gehen, dass Absolventinnen und Absolventen sofort mit dem Examen eine bestimmte Sachbearbeiterfunktion ausfüllen könnten, für die sie gerade die in den Betrieben aktuellen Techniken und Instrumente „anwendungssicher" beherrschen würden.

Worin aber besteht Berufsfähigkeit bzw. Beschäftigungsbefähigung dann? Schier unzählig sind die Versuche, diese Kernfrage nach den für die Karriere „richtigen" Studieninhalten so präzise zu beantworten, dass ein abschließender und in sich geschlossener Fächerkatalog für jeden Studiengang herauskäme. Bezüglich einiger Kernfächer einer Studienrichtung kann man sicher punktuell rasch Einigkeit erzielen. Aber es muss doch immer offen bleiben, ob eine bestimmte fachliche Ausrichtung im Studium das künftige Berufsleben und vor allem den beruflichen Erfolg bestimmen kann. „I studied Chemistry, and after some years I found myself marketing oil." So beschrieb der Marketingmanager und Leiter der Stabsabteilung „Strategische Planung" eines niederländischen Ölkonzerns seine ganz und gar „ungeplante" Karriere. Er, ein Belgier, der nach dem Studium im Labor, später in Vertrieb und Controlling arbeitete, sagte dies in der Rückschau mit Verwunderung in der Stimme, in der Konzernsprache Englisch. – Was befähigte ihn zu seinen gewaltigen Sprüngen in der Hierarchie und zwischen den Disziplinen? Sicher regionale und geistige Mobilität und Weiterbildung in Betriebswirtschaft und Management, aber v. a. wohl Lernfähigkeit, Durchhaltevermögen, Methodenkompetenz, Auffassungsgabe, Umstellungsfähigkeit und Sozialkompetenz oder wie die „Schlüsselqualifikationen" alle heißen. Nur so war und ist er in der Lage, die vielen und vielfältigen Neuerungen im Berufsweg zu bewältigen und mit „Komplexität" umzugehen.

Für Absolventinnen und Absolventen von Hochschulen wird die fachliche Entwicklung ihrer Aufgaben im künftigen Berufsleben immer unsicher, immer unbestimmt, ja letztlich unbestimmbar sein. Sie werden in relativ kurzen Abständen immer wieder neue Aufgaben und ggf. auch frühzeitig Verantwortung in veränderten Kontexten übernehmen müssen. Ein Studium sollte sie also „lehren", mit dieser Unbestimmtheit umzugehen, es sollte eine umfassende Handlungskompetenz aufbereiten. Es wird nicht möglich sein, diese in ihren Komponenten vollinhaltlich auszuformen. Dennoch muss überlegt werden, welche Akzente bei den Elementen der Handlungskompetenz zu setzen sind. Nur so kann es gelingen, das Unbestimmtere (im künftigen Berufsleben) zum Maßstab des Bestimmteren (der Inhalte im Studium) zu machen und die Studierenden auf den Beruf vorzubereiten. Unmittelbar praktische Orientierung und die Beherrschung eines relativ eng umrissenen Fachgebiets für den Einstieg sind damit als Anforderungen nicht ausgeschlossen, im Gegenteil. Aber darauf sollte der „Nutzen" eines Studiums nicht beschränkt bleiben. Gerade aus Sicht des Arbeitgebers wird die Fähigkeit, mit Veränderungen im Arbeitsleben umzugehen, den zentralen Wert darstellen. Dies jedenfalls dann, wenn er ein nachhaltiges, langfristig orientiertes Management der „Humanressourcen" betreibt und sich von der in der Regel ineffektiven Politik des „hire-and-fire" verabschiedet.

12.3 Bildungselemente im Studium?

Mit dem Bologna-Prozess lebt in den Versuchen der Präzisierung von „Employability" bzw. „Beschäftigungsbefähigung" die alte Diskussion wieder auf, ob ein Studium der bloßen Ausbildung dienen **oder** auch „zweckfreie" Elemente enthalten solle. Ausbildung und Bildung gelten insoweit als Gegensätze. Die beschriebene funktionale bzw. Verwertungsperspektive stellt auf eine mehr oder weniger konkrete Berufsqualifizierung ab. Damit gilt ein Studium als unmittelbar zweckorientiert. Es wird als Ausbildung mit dem Ziel durchlaufen, nach dem Abschluss endlich „etwas zu *können*".[8] „Bildung" bedeutet dagegen für den Menschen, dass er ständig daran arbeite, „etwas zu *werden*",[9] dass er danach strebe, sich als soziales und politisches Wesen in der veränderlichen Welt orientieren zu können. Als gebildet mag ein Mensch gelten, „der ein möglichst breites und tiefes Verständnis der vielen Möglichkeiten hat, ein menschliches Leben zu leben",[10] der also – anders formuliert – mit (sozialer, gesellschaftlicher, technischer usw.) Unbestimmtheit umzugehen imstande ist. Eine so verstandene Bildung ist nicht zweck*los*, sondern eben bestenfalls zweck*frei* im (vielleicht oft missgedeuteten) Humboldtschen Sinne.[11] Wilhelm von Humboldt forderte, dass Bildung immer den ganzen Menschen betreffen solle, dass dieser „nicht vorzeitig für wirtschaftliche oder politische Belange ‚abgezweckt' werden"[12] dürfe.

Damit wird deutlich, dass sich Bildung letztlich niemals eingrenzen lässt, dass das, was Bildung ausmacht, sich nicht abschließend angeben lässt, sondern durch Unbestimmtheit und Unbestimmbarkeit gekennzeichnet bleibt. Von daher verbietet es sich auch, einen Kanon der „wahren" Bildungsinhalte angeben zu wollen. Schwanitz' Versuch, „Alles, was man wissen muss",[13] um gebildet zu sein, „enzyklopädisch" zu umreißen und niederzuschreiben, stößt also ins Leere. Obschon „lehrreich" und unterhaltsam, kann dieses Buch bestenfalls einen Überblick über das (germanozentrische?) Wissen liefern, das zur „Allgemeinbildung" gehöre, das einem Menschen helfen könne, in bestimmten Kreisen „mitzureden". So ein Kanon ist insoweit funktional, man möchte wiederum sagen: „abgezweckt", aber eben nicht mehr.

---

8   Bieri, P., Wie wäre es, gebildet zu sein? In: ZEITmagazin Leben 32/2007, S. 26 (Hervorhebung im Original). Als nicht sehr hilfreich erwies sich in diesem Zusammenhang die vom Senat der HRK in einer Presseerklärung vom 16.02.2005 formulierte Frage: „Was muss ein Bachelor wissen, was muss ein Master können?" – Auch ein Bachelor muss „können"!
9   Bieri, P., Wie wäre es, gebildet zu sein? In: ZEITmagazin Leben 32/2007, S. 26 (Hervorhebung im Original).
10 Bieri, P., Wie wäre es, gebildet zu sein? In: ZEITmagazin Leben 32/2007, S. 27.
11 Vgl. Krautz, J., Pädagogik unter dem Druck der Ökonomisierung. Zum Hintergrund von Standards, Kompetenzen und Modulen, in: Pädagogische Rundschau 1/2007, S. 82.
12 Buß, M., Mehr Praxis an deutschen Universitäten? In: Forschung und Lehre 10/1999, S. 521.
13 Schwanitz, D., Bildung. Alles was man wissen muss. Frankfurt am Main 1999.

Warum dieser Ausflug in die Diskussion um „Bildung"? Erstens weil die Fragen nach ob und wie von Bildungskomponenten sehr schnell dringlich werden, wenn es um die Studiengestaltung im angesprochenen Widerstreit unterschiedlicher Interessen geht. Zweitens weil in Deutschland jeder Studiengang als Akkreditierungsbedingung neben „Ausbildung" auch eine „Bildungskomponente" enthalten muss: Es geht um Fächer, die einer nicht auf die Berufstätigkeit bezogenen Ausbildung dienen, sondern eben „einer Orientierung in dieser Welt".[14] Offen bleibt, offen muss bleiben, worin diese Bildungskomponente besteht und welchen Umfang sie im Studium ausmacht. Die Hochschulen sind gefordert, diesen Spielraum aufzunehmen und zu behaupten! Verwertbare Ausbildungselemente und zweckfreie Bildungskomponenten müssen nicht notwendig als sich ausschließend verstanden, sondern je nach Profil des Studiengangs spezifisch „vermählt" werden. Jedenfalls aber wird die Bildungskomponente schon für den Bachelorabschluss gefordert. Sie auf den Master zu verschieben, ist angesichts des Charakters des Bachelors als Regelabschluss nicht zulässig.

12.4 Handlungskompetenz im beruflichen Umfeld

Das berufliche Umfeld fordert vom arbeitenden Menschen – heute mehr denn je – nicht nur die reine Fachkompetenz in der Disziplin, die seinem Einsatz unmittelbar entspricht. So reicht z.B. für kaufmännische Mitarbeiter aller Funktionen und Ebenen betriebswirtschaftliches Fach- und Faktenwissen (Betriebliches Rechnungswesen, Finanzierung, Vorschriften im Steuerrecht oder Handelsrecht usw.) nicht hin. Und im technischen Bereich gilt die klassische Ingenieurskompetenz als unzureichend, um den Anforderungen gerecht zu werden, wie sie sich etwa als Ergebnis von „Reengineering" unter der Umsetzung von „Lean Production" und „Lean Management" ergeben. Die Rollen werden „offener" in dem Sinne, dass Verhaltenserwartungen die Qualifikationen aus verschiedenen klassischen Disziplinen übergreifen („Hybridisierung") und dass sich diese Anforderungen gerade nicht im Voraus genau angeben lassen und auch immer weniger nur von Routinen gekennzeichnet sind.

Als „Manifestationspunkt" der offeneren Rollen ergibt sich ein verändertes bzw. erweitertes, eben auch unschärferes Anforderungsprofil: Neben die Fachkompetenzen treten verstärkt Methoden- und Sozialkompetenz sowie vor allem auch eine geradezu nach Voraussetzung auf Öffnung der Rollen gerichtete Persönlichkeitskompetenz (= konzeptionelle und Entscheidungskompetenz), die dem Individuum eine für künftige Entwicklungen offene Kompetenzgrundlage verschaffen soll. Insoweit sei in diesem Zusammenhang von entwicklungsoffenen Basisqualifikationen gesprochen. Die also notwendige inhaltlich-didaktisch (Neu-)Orientierung eines Studiums sei mit einem „Four-Skills-Approach" veranschaulicht (s. Abb. 12-1)

Didaktisch geht es darum, die immer noch vorherrschende Orientierung des Studiums an den „richtigen" Fachkompetenzen zu überwinden. Verstärkt sollen Angebote zur Aufbereitung der Persönlichkeitskompetenz / Entscheidungs- und konzeptionellen Kompetenz, der Sozialkompe-

---

14 So beispielhaft die Kriterien der FIBAA (Foundation for International Business Administration Accreditation) in ihrem Fragen- und Bewertungskatalog an Hochschulen, Bonn 25.09.2006, S. 15.

Abbildung 12-1: Four-Skills-Approach für (Neu-)Orientierung eines Studiums

Berufsfachlich, auf Arbeitsrolle bezogen, außerfachlich, überfachlich, Rollen übergreifend
Fachkompetenz
Methodenkompetenz
Sozialkompetenz
Persönlichkeitskompetenz

tenz und der Methodenkompetenz unterbreitet werden. So verstanden zielt ein Hochschulstudium darauf ab, neben den nach wie vor gültigen und nötigen Umsetzungsfähigkeiten vor allem auch die Befähigung zur Infragestellung und Reform der Routinen und damit zur erfolgs- und verantwortungskritischen Reflexion zu schaffen.

Im Kontext einer solchen umfassenden Handlungskompetenz spricht man heute gerne von den schon erwähnten „Schlüsselqualifikationen" bzw. Schlüsselkompetenzen. Schlüsselqualifikationen umfassen nach Mertens[15] solche „prozessunabhängigen", „extrafunktionalen" und „tätigkeitsunspezifischen" Kenntnisse, Fähigkeiten und Fertigkeiten, die zwar in einem bestimmten Arbeitsprozess erlernt und trainiert werden können, die aber gerade nicht an diesen Prozess gebunden sind, sondern auf neue Arbeitsbereiche übertragen werden können.

Schlüsselqualifikationen sollen die Eignung für eine größere Zahl von Arbeitsfeldern (Positionen) und Funktionen als alternative Optionen zum selben Zeitpunkt verschaffen und dann ferner auch die Eignung für die Bewältigung einer Sequenz von (meist unvorhersehbaren) Änderungen von Anforderungen in zeitlich wechselnden Arbeitsfeldern. So verstanden gibt es dann auch Schwierigkeiten, bei den Kompetenzkomponenten scharf zu trennen, was denn nun hinreichend sei für eine berufsfachliche Tauglichkeit, was dagegen schon überfachlich wirke. Deshalb die Trennlinie bei jeder Kompetenzkomponente![16] Nachstehend werden die den einzelnen Kategorien der beruflichen Handlungskompetenz kurz erläutert:[17]

Bei der **Fachkompetenz** kommt es bei aller Breite und Tiefe des Stoffes im Sinne einer entwicklungsoffenen Basiskompetenz auf zweierlei an: Nicht bloß zeitbezogene Fakten sind zu vermitteln, wie z. B. Steuersätze oder heute gültige Paragraphen, sondern Gesetzesstrukturen! Anwendungssicherheit ist nicht Ideal eines Studiums, das Langzeitwirkung entfalten sollen!

---

[15] Vgl. Mertens, D., Schlüsselqualifikationen. Thesen zur Schulung für eine moderne Gesellschaft, in: Mitteilungen aus Arbeitsmarkt- und Berufsforschung 1974, S. 36 ff.

[16] Die Beherrschung von Fremdsprachen nimmt in dieser Einteilung insofern eine Sonderstellung bzw. eine übergreifende Position ein, als sie vom Anspruch her zur Allgemeinbildung rechnet, zugleich aber in bestimmten fachlichen Fragen spezifisch wichtig wird und auch für die Erfüllung von beruflichen Aufgaben zusammen mit Menschen anderer Muttersprache relevant wird.

[17] Zur folgenden Kategorisierung der Qualifikationskomponenten vgl. Klaus, H., Qualitätszirkel als Personalentwicklungsinstrument, in: PERSONAL 41 (1989), Nr. 10, S. 402 ff.

Methodenkompetenz kennzeichnet die Fähigkeit, das Wissen um Problemlösungswege jeweils auf den neuen, immer anderen Einzelfall anzuwenden („Methodenwissen": Führungswissen, Projektsteuerung, Problemlösungsmethoden etc.). Notwendig ist dabei die Fähigkeit, Chancen und Risiken einer komplexen Situation im Gesamtzusammenhang zu sehen („vernetztes Denken"). Problemlösungsmöglichkeiten sind systematisch zu entwickeln und unter Einbezug der spezifischen Bedingungen zu vergleichen, um dann einen ziel- und situationsgerechten Entschluss zu treffen, der für das Einzelproblem - auch zeitlich - passende Anschlüsse an andere Entscheidungen finden lässt. Insofern ist die Fähigkeit gefragt, ein Problem aus verschiedenen Blickwinkeln heraus zu betrachten oder - allgemeiner - in verschiedenen Kategorien zu denken.

Hinter der Rede von der **Persönlichkeitskompetenz** oder der konzeptionellen Kompetenz und Entscheidungskompetenz verbergen sich im Einzelnen folgende Aspekte:

- Wesentlich erscheint einmal die als *„Ambiguitätstoleranz"* (Toleranz gegenüber zwei- bzw. mehrdeutigen Situationen) bezeichnete Fähigkeit, sich mit unklaren und widersprüchlichen Situationen bzw. mit offenen Problemstellungen auseinanderzusetzen. Man muss akzeptieren können, dass nicht alle Facetten eines Problems durchdrungen werden können („Komplexität"), dass sich die betrachteten Einflussfaktoren auf eine Entscheidung doch in nicht-vorhergesagter Weise entwickeln können („Unsicherheit") und dass unerwünschte Nebenwirkungen auftreten können.

- *Entscheidungen* sind dabei immer mit *unvollständigen Informationen* zu treffen („offene Probleme").

- *Lernfähigkeit*; sie stellt als generelle Voraussetzung für eine allgemeine berufliche Flexibilität erstens auf die Aneignung von neuem, zusätzlichem (Sach-)Wissen ab, zweitens auf Erlernen bzw. Veränderung von Fertigkeiten und Handlungsweisen im sozialen Kontext.

- *Innovationsfähigkeit*; sie kennzeichnet das Vermögen, Neuerungen zu entwickeln und um- und durchzusetzen.

- *Umstellungsfähigkeit*; sie beinhaltet die Möglichkeit einer Person, sich in neuen Situationen zurechtzufinden, auch wenn diese unbekannte oder ungewohnte Handlungsmuster erfordern.

- Bei all dem darf der Mensch dann aber auch als Person und Persönlichkeit im Ränkespiel äußerer und innerer Reize nicht untergehen, wozu es der Fähigkeit der *Selbstbehauptung* bzw. *Selbstkompetenz* bedarf.

Die allseits eingeforderte **Sozialkompetenz** schließlich sei allgemein die Fähigkeit, mit anderen Personen umzugehen und mit ihnen effektiv und effizient (und human!) zusammenzuarbeiten, als unterstellter Mitarbeiter, als Mitglied eines Teams oder auch als Gruppenleiter; zu denken ist aber auch an Kontakte mit Angehörigen von Liefer- oder Abnehmerfirmen oder von anderen Bezugsgruppen eines Unternehmens. Die erforderliche Sensibilität und Flexibilität im Umgang mit anderen Menschen lässt sich wie folgt verdeutlichen:

- Jedes Organisationsmitglied muss das Handeln anderer Menschen (als Rollenträger und als Person) verstehen und sich in diese hineinversetzen können (*Empathie*).

- Allfällige Konflikte in Sozialbeziehungen sind als solche anzunehmen und im Einvernehmen mit den Betroffenen zu lösen (*Konflikt- und Konsensfähigkeit*).

- *Teamfähigkeit* meint das Vermögen, als Mitglied einer (Arbeits-) Gruppe andere Mitglieder zu unterstützen, sich zurückzunehmen und gemeinsame Aktivitäten voranzutreiben statt zu versuchen, selbst die Gruppe zu dominieren.[18]

- Umgekehrt kann aber auch *Beharrungsvermögen* bzw. Mut gefordert sein, als richtig erkannte eigene Ansichten nicht für eine vordergründige Gruppenharmonie aufzugeben, eine Komponente, die mit der oben genannten Selbstbehauptung korrespondiert.

- In einer Vorgesetztenrolle muss man andere Menschen in einem (wechselseitigen) Einflussprozess zu bestimmten Handlungen veranlassen und anleiten; die erforderliche *Führungskompetenz* drückt sich in der Fähigkeit aus, die gegebene Situation auf ihre Bedingungen (Wünsche und Bedürfnisse, Kenntnis- und Informationsstand der Mitarbeiter, Arbeitsaufgabe etc.) hin abzuschätzen und entsprechendes (kooperatives) Führungsverhalten zu zeigen.

Es ist klar: Zur Erzielung solcher Sozialkompetenzen kann es nicht um bloße standardisierte Sozialtechniken (Benimmregeln, Verhaltensrezepte) gehen, die immer nur einen engen Situationsbezug haben können! Es bedarf einer professionalisierten Kompetenz, die sich der Mensch im Studium erwerben können soll. Was daraus für ein Studium hinsichtlich Anspruch und Methode folgt, wie der Kompetenzerwerb geschehen soll und kann, darauf werden wir im Abschnitt 12.7 zurückkommen.

12.5 Begründung des Studienziels umfassende Handlungskompetenz

So verstanden müssen Studienangebote immer (konkretisierte) „funktionale" Inhalte mit (abstrakteren) „extrafunktionalen" Qualifikationskomponenten verknüpfen. Die Diskussionsbeiträge für eine Stärkung der nicht unmittelbar aufgabenfeldbezogenen Kompetenzen im Studium lassen sich in drei Argumentationslinien zusammenfassen:

(1) Psychologische Implikationen des Umgangs mit „komplexen Systemen"

Unternehmen bzw. Betriebe können verstanden werden als komplexe Systeme, für die sich einige typische Merkmale wie folgt angeben lassen: Solche Systeme sind[19]

- undurchsichtig; also undurchschaut, vielleicht sogar undurchschaubar sowohl hinsichtlich der Zahl der Elemente als auch der Beziehungen der Elemente untereinander

---

[18] Vgl. dazu den launigen und luziden Beitrag der Kolumne „Harald Martenstein hat etwas gegen Teamwork". In: ZEITmagazin Leben 40/07, S. 6.
[19] Vgl. zum Folgenden analog Dörner, D., Die Logik des Misslingens, 1987, S. 58 ff. und bes. S. 288 ff.

- vernetzt; es gibt Rückkopplungen, Neben- und Fernwirkungen: „Was wir erreichen, ist nicht das Ergebnis unserer Absichten, sondern das Ergebnis unbeabsichtigter Nebenwirkungen."
- nicht proportional; die Verdoppelung einer Input-Größe als „Ursache" braucht keine Verdoppelung einer Output-Größe als „Wirkung" zur Folge haben,
- dynamisch, nicht statisch und nicht stationär,
- nicht vollständig vorhersagbar; es gibt immer wieder Überraschungen,
- nicht wirkungssicher; es gibt für den Umgang mit ihnen keine Patentrezepte.

Dass das Management angesichts solcher Bedingungen in komplexen Systemen Fehler macht, überrascht nicht. Diese Fehler weisen bestimmte Regelmäßigkeiten auf. Denn bei Entscheidungen und Fehlentscheidungen des Menschen sind immer wieder dieselben „Gesetzmäßigkeiten" am Werke, nämlich hauptsächlich Linearität des Denkens, Eindimensionalität, Einschränkung des Zeithorizonts. Dieselben Untersuchungen, die diese Unzulänglichkeiten belegen, zeigen aber auch, welche (Kompetenz-)Merkmale jene Personen auszeichnen, die Erfolg haben, die also komplexe Entscheidungssituationen „trotz allem" meistern:

- breites Wissen,
- Vorrat an Strukturierungsprinzipien,
- Selbstsicherheit (statt Angst),
- Entscheidungsfreude,
- bessere Einschätzung der Wichtigkeit von Problemen,
- Bereitschaft, Hypothesen zu formulieren, „sofort" zu prüfen und zu korrigieren (Selbstkritik),
- mehr und tiefere Warum-Fragen,
- Fähigkeit, Unbestimmtheit zu ertragen.

(2) „Fortschrittsfähige Organisation" bzw. „Strategisches Management"

Jede Unternehmung steht ständig in einem Dilemma von Routine und Innovation. Einerseits muss die gültige Strategie effizient umgesetzt werden. Dazu dienen – auf der Organisationsebene – standardisierte, „routinemäßige" Rollenvorgaben an die Mitarbeiter und – auf der personalen Ebene – die funktionalen Kompetenzen. Andererseits muss die aktuelle Strategie zu jeder Zeit auf ihre weitere Tragfähigkeit angesichts interner und externer Veränderungen überprüft werden, um ggf. Neuerungen zu initiieren und so den Systembestand zu gewährleisten (Beurteilung der Effektivität der Strategie und Strategierevision). Dieses Dilemma lässt sich nun nicht, jedenfalls aber nicht vollständig, durch organisatorische Maßnahmen (im Sinne einer Ausdifferenzierung oder Reformulierung der Arbeitsrollen) „auflösen"; den latent widersprüchlichen Anforderungen von Strategierealisierung und Strategiekritik kann letztlich nur auf der personalen Ebene Rechnung getragen werden.[20] Hier sind extrafunktionale Kompetenzen gefordert. Sie sollen es ermöglichen, Änderungsprozesse im gesamten Aufgabenkontext (z. B. neue Technologien, verschärfte Gesetze, Veränderungen der Verbrauchergewohnheiten, soziale Unverträglichkeiten) zu erkennen und deren Bedeutung für das eigene Aufgabenfeld und für das Gesamtsystem zu erfassen und in diesem zur Geltung zu bringen.

(3) „Flexibilitätskonzept" der Berufsforschung

Eine auf gerade aktuelle berufsfachliche Inhalte begrenzte Ausbildung macht den Menschen in der Arbeitswelt funktional immobil. Damit wird die Existenzgrundlage gerade bei hoher Obsoleszenzgeschwindigkeit spezialisierter Fähigkeiten gefährdet. Die Existenzvorsorge durch Ausbildung kann nur durch Inhalte überdauernder Gültigkeit und höheren Abstraktionsniveaus gestützt werden. Die Berufsforschung fasst die auf Mertens zurückgehende Forderung zusammen, im (Berufs-) Bildungssystem sollten jene Qualifikationen dominieren, die den Schlüssel zur umstandslosen und raschen Aneignung wechselnder Spezialkompetenzen ausmachen, eben die „Schlüsselqualifikationen":[21]

- Basisqualifikationen (z. B. logisch-strukturierendes Denken als Voraussetzung mathematischer Kalküle wie auch des Erlernens (fremd-) sprachlicher Grammatik),

- Horizontalqualifikationen (z. B. Informiertheit über Informationen durch Bibliothekskunde oder Statistikkenntnisse, sog. Zugriffswissen),

- Breitenelemente (z. B. Wissen um fächerübergreifende Methoden wie etwa Systemtheorie in den kulturwissenschaftlichen Bereichen, Elektronik in angewandten Naturwissenschaften),

- Vintagefaktoren (zur Verringerung der Bildungsgrenzen zwischen den Generationen, z. B. EDV-Kenntnisse).

Diese Schlüsselqualifikationen haben keinen nur unmittelbaren und begrenzten Bezug zu bestimmten praktischen Tätigkeiten, sie zielen vielmehr ab auf eine gleichzeitige Eignung für eine große Zahl und Vielfalt beruflicher Aufgaben sowie ferner auf die Bewältigung unvorhersehbarer Änderungen beruflicher Anforderungen. Gelten diese Forderungen anerkanntermaßen für die berufliche Bildung, so lassen sie sich erst recht für ein Studium erheben.

---

[20] Vgl. Klaus, H., Qualitätszirkel als Personalentwicklungsinstrument, in: PERSONAL 41 (1989), Nr. 10, S. 402.
[21] Vgl. Mertens, D., Schlüsselqualifikationen. Thesen zur Schulung für eine moderne Gesellschaft, in: Mitteilungen aus Arbeitsmarkt- und Berufsforschung 1974, S. 36 ff.

12.6 Die normative Kompetenz des Mündigen als Studiengegenstand

Trotz der plausiblen und wichtigen Zusammenhänge greift das Flexibilitätskonzept noch zu kurz, wenn es um Ziele und Inhalte eines Studiums geht. Wenn die Akzentuierung genereller Qualifikationskomponenten im Studium den ausschließlichen Sinn hat, die Anpassungsfähigkeit des arbeitenden Menschen an eine „eigengesetzliche" Entwicklung der beruflichen Anforderungen zu erhöhen, wird (Aus-)Bildung instrumentalisiert, d. h. auf ihren Charakter als – hoffentlich geeignetes – Mittel reduziert: Die Daseinsvorsorge ist der Referenzpunkt für den „Nutzen" der (Schlüssel-) Qualifikationen. Normative Gesichtspunkte nimmt diese „Abzweckung" jedenfalls nicht in den Blick. Das Bild des Menschen bzw. seiner Qualifikation für die (veränderliche) Arbeitswelt lässt sich mit der Vokabel „Tüchtigkeit" (= taugend für) treffend umschreiben. Damit bleibt man hinter der hier nicht noch einmal zu begründenden Forderung nach „emanzipatorischer Rationalität" der Bildung, nach Förderung der „Mündigkeit" des Menschen in allen Bezügen der Gesellschaft zurück.[22] Der mündige Mensch kann sich nicht nur an wirtschaftlich-gesellschaftliche Bedingungen anpassen, er besitzt im Gegensatz zum bloß Tüchtigen gerade auch die Fähigkeiten und den Mut, diese Strukturen kritisch zu hinterfragen und ggf. auf deren Veränderung hinzuwirken.[23]

Ein Studium (der Betriebswirtschaftslehre) sollte im Sinne der Mündigkeit bzw. einer wohlverstandenen Handlungskompetenz neben der Stützung beruflicher Flexibilität erstens eine Rekonstruktion der herrschenden Unternehmensordnung in ihrer Einbindung in gesamtwirtschaftliche und gesellschaftliche Ordnungsvorstellungen beinhalten. Zweitens geht es um die kritische Diskussion der Interessenlagen, die bei Reformvorschlägen (z. B. Flexibilisierung des kollektiven Arbeitsrechts, insbesondere der Unternehmensmitbestimmung) bzw. bei Handlungsempfehlungen für die Praxis (etwa zur Beteiligung der Arbeitnehmer am Arbeit gebenden Unternehmen) zum Tragen kommen (sollen). Drittens sollen die AbsolventInnen in moralisch-ethischem Kontext eigenständig und verantwortlich Entscheidungen betreffen, die andere betreffen.

Analoge Überlegungen ergeben sich prima vista auch zu den Argumenten für die fortschrittsfähige Organisation bzw. das Strategische Management. Dienen nicht die aufgrund der notwendigen „Öffnung" organisationaler Rollen heute so stark geforderten extrafunktionalen Kompetenzen letztlich doch einem bestimmten Zweck, nämlich der Lösung des Bestandsproblems des Systems Unternehmung in einer ambigen Umwelt? Man könnte versucht sein, insoweit von einer „Funktionalität extrafunktionaler Qualifikationen" zu reden. Tatsächlich ist jedoch eine differenziertere Betrachtung geboten. Die Verstärkung extrafunktionaler Qualifikationen des Personals lagert, mit Blick auf das – anders eben nicht zu bewältigende – Bestandsproblem,

---

[22] Vgl. ähnlich wiederum Bieri, P., Wie wäre es, gebildet zu sein? In: ZEITmagazin Leben 32/2007; Krautz, J., Pädagogik unter dem Druck der Ökonomisierung. Zum Hintergrund von Standards, Kompetenzen und Modulen, in: Pädagogische Rundschau 1/2007.

[23] Vgl. hierzu etwa Roth, H., Die menschliche Handlungsfähigkeit als Ziel der Erziehung, in: Benden, M. (Hrsg.), Zur Zielproblematik in der Pädagogik, Bad Heilbrunn 1976, S. 115 ff.. Diese relativ alte Quelle sei als Beleg dafür bezogen, dass die Diskussion nicht neu ist; sie scheint im Zuge der Instrumentalisierung von Bildungselementen allerdings ein wenig verschüttet zu sein.

zwar bewusst „Unordnung" in die Organisation ein.[24] Doch damit entsteht zwangsläufig zugleich eine Einbruchstelle für die Thematisierung normativer Fragestellungen im Willensbildungsprozess in der Organisation. Die Arbeitskraft bleibt immer „als ganze Person" wirkungsmächtig. Die Überlegungen zu den personalen Voraussetzungen für eine ethische Sensibilisierung von Unternehmungen machen dies zureichend deutlich.[25] „Instrumentelle" und „normative" Kompetenz (der „Bildung" sehr nahe) sind über die extrafunktionalen Kompetenzen untrennbar verwoben. Damit ergibt sich für die (betriebswirtschaftliche) Hochschul(aus)bildung der Anspruch, solche Kompetenzen verstärkt aufzubereiten.

12.7 Zur Aufbereitung der Handlungskompetenz im Studium

Wenn ein Studium wirklich „etwas fürs Leben mitgeben" soll, dann geht es im Sinne didaktisch-inhaltlicher Konsequenzen weniger um (immer mehr) Wissen als um „Können", weniger um (bloße) Theorie als um theoriegestützte „Praxis".[26] Der (Aus-)Bildungsauftrag geht nicht dahin, alles zu lehren und alles durchsichtig zu machen; das ist ja (leider?) unmöglich. Er lautet etwas subtiler: Es geht um das Bemühen um Anschaulichkeit und Verstehen im Konkreten der Vielfalt des zu Lernenden, wo immer diese erreichbar sind. Wo Anschaulichkeit und Verstehen nicht mehr erreichbar sind, da sollten sie durch Analogien, durch Modelle, durch Algorithmen zu ersetzen versucht werden. Aber das darf keine Beschränkung bedeuten auf einfache, anschauliche, durchschaubare Sachverhalte, etwa auf „lineare" bzw. „proportionale" Systeme, auf Ursache-Wirkungs-Betrachtungen, die weder in naturwissenschaftlich-technischen, noch in sozialwissenschaftlichen Zusammenhängen triftig erscheinen. Vielmehr müssen – gerade mit Blick auf die zu fordernde „Transferfähigkeit" Strategien für den Umgang mit komplizierten, auch mit undurchschauten und undurchschaubaren Systemen entwickelt und gelernt und also gelehrt werden.[27]

An dem Lernen und dem Lehren im Studium hinsichtlich aller vier Kompetenzkomponenten wird allerdings Kritik laut. Während die entwicklungsoffenen Grundlagen der im Berufsfeld erforderlichen Fachkompetenz und der Methodenkompetenz noch als brauchbar gelten, verhindere die zunehmende Spezialisierung der Studiengänge und einzelner Fächer, dass Studierende die disparaten Aspekte (noch) im Zusammenhang sehen und begreifen. Hinsichtlich Persönlich-

---

[24] Vgl. hierzu und zum folgenden Steinmann, H., Schreyögg, G., Management, 4. Auflage, Wiesbaden 2003, S. 126 ff., insbes. S. 139.

[25] Vgl. Schreyögg, G., Implementation einer Unternehmensethik in Planungs- und Entscheidungsprozessen, in: Steinmann, H., Löhr, A. (Hrsg.), Unternehmensethik, 2. Aufl., Stuttgart 1991, S. 247 ff.

[26] Das dem Wort Praxis zugrunde liegende griechische Verb „prattein" bedeutet „handeln", meint nicht bloßes Tun oder Machen („poiein"), sondern absichtsgeleitetes, interessenrelevantes Handeln, das deshalb auch Argumentationen zugänglich ist. Dies hat wichtige Implikationen für die Wissenschaft und für diese Praxis selbst. Vgl. für zwei unterschiedliche Disziplinen: Steinmann, H. (Hrsg.); Betriebswirtschaftslehre als normative Handlungswissenschaft, Wiesbaden 1978; Lenzen, D., Erziehungswissenschaft. Was sie kann, was sie will, Reinbek bei Hamburg 1999.

[27] Vgl. Dörner, D., Die Logik des Misslingens, 1987, S. 295 ff.

keitskompetenz, Entscheidungsfähigkeit und Sozialkompetenz wird u. a. beklagt, dass die Studierenden als „Duckmäuser" verharrten bzw. als „Einzelkämpfer" im Wettstreit um Noten und durch unangemessene Lernformen Teamarbeit nicht einüben könnten, sodass sie später im Betrieb auch nicht mit anderen zusammenwirken könnten.

Nimmt man diese Überlegungen ernst, so sind sowohl die Studieninhalte als auch die zur Anwendung kommenden Lern- bzw. Lehrmethoden auf den Prüfstand zu nehmen.

Sozial-, konzeptionelle und Entscheidungskompetenz lassen sich nicht allein durch Thematisierung und analytische Aufbereitung in spezialisierten Lehrveranstaltungen fördern. Vielmehr sind sie in die verschiedenen Fachinhalte durch entsprechend ausgerichtete Lernformen und durch Unterstützung durch Lehrende als Querschnittsthemen einzubinden. Damit rückt die Methodik[28] des Lehrens (= Förderung des Lernens) in den Mittelpunkt. Erstes Kriterium für die Adäquanz von Lernformen ist das Ausmaß, in dem sich nachhaltiger Lernerfolg (in Veranstaltungen; schlecht kontrollierbar) und Transfererfolg (in das spätere Berufleben; so gut wie nicht kontrollierbar) einstellen können. Ferner ist bedeutsam, dass verschiedene Komponenten von Handlungskompetenz kognitiv („Bewusstheit") und affektiv („Einstellungen") „erlernt", aber erst durch einen konativen Anstoß praktisch wirksam werden.[29] Diesen Einsichten muss man durch den Einsatz angemessener Methoden für Lernen und Lehren Rechnung tragen.

Dabei ist das generelle pädagogische Prinzip selbstständigen und selbstverantwortlichen Lernens zu beachten, das zur grundsätzlichen Präferenz für lernzentrierte und handlungsorientierte Lern- und Lehrformen führt. Dies bedeutet einen „Trend" weg vom darstellend-segmentierten Lehren mit deduktiver Aufbereitung des Stoffes hin zur Förderung problemorientierten-ganzheitlichen Lernens, die induktiv vorgeht und auch „entdeckendes" Lernen zulässt. Als Begründung wird heute üblicherweise auf soziale Wandlungsprozesse und sich verändernde Erwartungshaltungen bei Studierenden abgehoben – ein kurzschlüssiger und „gefährlicher" Gedanke: Sollte man bei sich abermals ändernden Interessen der Lernenden (verstärkte „Konsumhaltung", Verständnis des Unterrichts als „Edutainment") wieder zu deduktiver Frontalvermittlung von Stoff zurückkehren? Stichhaltig ist das – schon analytisch gültige – Argument, dass sich bei problemorientierten-ganzheitlichen Formen Lernziel (Handlungskompetenz) und Lehrmethode (Handlungsstimulanz) entsprechen.

Folgende grundlegende Typen von Methoden des Hochschulunterrichts sind vor diesem Hintergrund auf ihre Eignung hin zu prüfen:

(1) Rezeptiver / darbietender Typ

(2) Geleitet-produktiver / anleitender Typ

(3) Selbstständig-produktiver / anregender Typ

---

[28] Die hier angelegte Trennung in didaktisch-inhaltliche und in methodische Fragen geht zurück auf Klafki. Vgl. Klafki, W., Neue Studien zur Bildungstheorie und Didaktik, Weinheim 1985.
[29] Vgl. Klaus, H., Personalentwicklung im NPO-Sektor – Der Wandel hybrider Organisationen. In: Brinkmann, V. (Hrsg.), Change Management in der Sozialwirtschaft, Wiesbaden 2005, S. 38.

ad (1):
Vorlesungen klassischen Vortragsstils dienen etwa einer Beschreibung von Sachverhalten und Zusammenhängen durch den Vortragenden. Sie verweisen die Studierenden auf eine bloß rezipierend-passive Rolle. Solche Stoffdarbietungen sind unverzichtbar, wenn rahmenartiges Grundlagenwissen zu vermitteln ist, wenn Studierende die kognitiven Lernvoraussetzungen für die Anwendung von Methoden der Typen (2) und (3) (noch) nicht besitzen und / oder wenn es alleine die Anzahl der Hörer verbietet, den Stoff im Dialog von Lernenden und Lehrenden zu erarbeiten. Veranstaltungen dieses Typs eignen sich primär im Kontext der Sachkompetenz sowie zur Strukturierung aller Formen der Selbstinstruktion der Lernenden (mit Hilfe von Fachbüchern, Zeitschriften etc.), die im Rahmen eines Hochschulstudiums als unumgänglich anzusehen ist. Sie nehmen typischerweise bei den neuen Studiengängen einen deutlich geringeren Umfang ein als noch in den Diplomangeboten.

ad (2):
Zu den anleitenden Formen rechnen seminaristische Lehrgespräche. Der Dozent stellt Fragen, zeigt grundsätzliche Entwicklungen auf und moderiert den Erkenntnisfortschritt der Studierenden, die Fragen beantworten, selbst neue Fragen aufwerfen und in Rede und Gegenrede Lösungsvorschläge erarbeiten. So lassen sich vor allem auch soziale und konzeptionelle Kompetenzen einüben und entwickeln. Dies gilt umso mehr, wenn die Teilnehmer z. B. durch (Einzel- oder besser: Gruppen-) Referate in die aktive Rolle der Diskussionsleitung schlüpfen. Sowohl bei Bachelor-, mehr noch bei Masterprogrammen mit ihren geringeren Teilnehmerzahlen in den „classes" nach Vorbild der amerikanischen Business School rücken Veranstaltungsformen dieses Typs in den Mittelpunkt des Arbeitens.

ad (3):
Veranstaltungen des selbstständig-produktiven / anregenden Typs tauchen in vielfältigen Erscheinungsformen auf, z. B. als Fallstudienbearbeitungen („case studies"), Plan- und Rollenspiele oder Bearbeitungen realer Projekte („living cases"). Ihre Eignung gerade für die Förderung sozialer und konzeptioneller Fähigkeiten ist unbestritten hoch. Erstens: Diese Methoden erlauben das für nachhaltigen Erfolg besonders wichtige „learning by doing". Zweitens: Bei Gruppenprojekten können und müssen Studierende ihre durch Berufsausbildung bzw. Praktikum gewonnenen individuellen Kenntnisse und Erfahrungen in gemeinsame Lösungsansätze einbringen; solche Methoden sind der von den Studierenden schon erlebten Wirklichkeit in Organisationen nahe und ermöglichen „Praxisbezug" unter Aufrechterhaltung der gebotenen Distanz. Drittens: Eine Projektarbeit birgt die wichtige Chance des „Lernens am Erfolg": Der Bearbeiter kann Erfolg – oder Misserfolg – seiner Bemühungen selbst zeitnah zu seinem Einsatz feststellen und etwaige Fehler selbstständig beheben. Viertens: Gruppenarbeiten prägen das „Lernen durch Verstärkung" aus, wenn ein Mitglied für seine Fertigkeiten und Handlungsweisen oder Ergebnisse von den anderen Aufmerksamkeit und Anerkennung erfährt. – Selbstständig-produktive Arbeitsformen werden (und müssen das aufgrund der Akkreditierungsanforderungen auch!) in Veranstaltungen anderer Typen integriert, z. B. als Referate mit Präsentationen in Seminaren. Sie bilden zum Teil in Masterprogrammen den Kern des Lernens überhaupt, etwa wenn in Managementprojekten die Stoffzuführung und -erarbeitung sich nur noch nach Maßgabe von konkret auftauchenden Wissensbedarfen zur Lösung eines konkreten betrieblichen Problems vollzieht.

12.8 Profil des Studiums zwischen „Abrichtung" und Zweckfreiheit

Erhebt man für ein Studium Ansprüche wie die vorstehenden, dann wird sofort die Frage aufgeworfen, ob mehr auf eine wissenschaftliche Tätigkeit (Auseinandersetzung mit und Weiterentwicklung von wissenschaftlichen Ansätzen und Theorien) oder auf eine Anwendung in „praktischen" Problemlösungsprozessen abgestellt werden soll. Wenn man den Überlegungen folgen mag, wird deutlich: Eine auf die Anwendungssicherheit von Fertigkeiten und Techniken gerichtete Rollenzuweisung an die Hochschulen, die ihren Absolventinnen und Absolventen das Rüstzeug für die Übernahmen von Führungsaufgaben in Unternehmen bzw. Betrieben (bzw. analoge hochwertige Kompetenzen in anderen Disziplinen) anbieten sollen, greift zu kurz. Allerdings erfolgt, wie erwähnt, eine solche Zuweisung einer „Abrichtungsfunktion" im Zuge der Einführung der gestuften Studiengangstrukturen mit Bachelor- und Masterabschlüssen derzeit gerne wieder. Zum Profil des Bachelors gehört (bei allen Typen des tertiären Bildungssektors!) sicherlich die Anwendungsorientierung auf wissenschaftlicher Grundlage, allerdings unter Betonung überdauernder, immer wieder verwert- und anwendbarer „Schlüsselkompetenzen" auf allen vier Kompetenzebenen (einschließlich zu bestimmender Bildungskomponenten). Der Master als zweiter berufsqualifizierender Abschluss vertieft und erweitert diese Kompetenzen. Seine Absolventen sollen „mehr" können[30].

In diesem Zusammenhang ist zu präzisieren, auf welchem Niveau der Kompetenzerwerb in einem Studium erfolgen soll. Zur Sozialkompetenz wurde oben schon angedeutet, dass diese sich nicht in einem Antrainieren standardisierter Sozialtechniken erschöpfen darf: Studienziel ist nicht das „dumpfe" Wiederholen von routinisierten Verhaltenselementen und kommunikativen Phrasen. Analoge Forderungen sind für die anderen Kompetenzkomponenten gültig. Studienziele im Sinne umfassender Kompetenz für den Beruf sind neben dem Wissen und dessen Reproduktion die Fähigkeit zur Reflexion, die theoretische Einsichten und Begründungen nötig und möglich macht, sowie verantwortungsbewusste Handlung.[31] Anders ausgedrückt: Die Absolventinnen und Absolventen sollen nicht nur beherrschen, „wie etwas geht", sondern auch, „warum das so ist", und „ob man das tun darf oder sollte". Entsprechungen zu dieser Überlegung finden sich in den seit langem bekannten und anerkannten Festlegungen der Kompetenzstufung „Reproduktion – Reorganisation – Transfer – Problemlösefähigkeit" durch den Deutschen Bildungsrat[32] und der Bloomschen Lernzieltaxonomie mit ihren sechs Stufen „Wissen – Verstehen – Anwendung – Analyse – Synthese – Evaluation".[33]

---

[30] Die gemäß KMK-Vorgaben vorzunehmende Typenunterscheidung der Masterabschlüsse in „stärker anwendungsorientiert" und „stärker forschungsorientiert" ist begrifflich unscharf: AbsolventInnen beider Mastertypen sollen die erworbenen Kompetenzen „anwenden" können, die einen in Organisationen außerhalb der Wissenschafts- und Forschungsinstitutionen, die anderen genau in deren Arbeitsfeldern.

[31] Vgl. Lenzen, D., Erziehungswissenschaft. Was sie kann, was sie will, Reinbek bei Hamburg 1999, S. 30 ff.

[32] Vgl. Deutscher Bildungsrat, Bericht '75 - Entwicklungen im Bildungswesen. Bonn 1975.

[33] Vgl. Bloom, B. S., Taxonomy of Educational Objectives, Handbook I: Cognitive Domain, New York 1956.

Gleichzeitig ist pädagogisch bedeutsam, dass sich der Lernprozess durch die Anwendungsbezogenheit des Lernen und Lehrens an konkretisierten Aufgaben und Lösungen betrieblicher Problemstellungen vollzieht. Eine an realen Fällen erworbene Spezialkenntnis ermöglicht (nur) über Abstraktion und Aphairese den Transfer der Einsichten auf neue Handlungsfelder.[34] Damit ist klar: Spezialkenntnisse oder -fertigkeiten stehen nicht als Ziele im Zentrum der didaktischen Bemühungen bei der Gestaltung von Studium, sondern sind – unverzichtbares – Mittel, um umfassende Handlungskompetenz aufzubereiten.

Mit Blick auf die so umrissenen Studienziele sind dann die folgenden didaktisch-inhaltlichen und methodischen Profilelemente zu betonen:

- Keine übergroße grundständige Spezialisierung der Studiengänge, v. a. im Bachelorbereich (die Akkreditierung fordert in der Regel einen generalistischen Ansatz),
- Konzentration auf entwicklungsoffene Basisqualifikationen,
- relativ großer Umfang der Allgemeinen Betriebswirtschaftslehre mit Betonung von Inhalten mit Querschnittsbezug und Entscheidungsorientierung (Controlling, Unternehmenspolitik, Management); vorsichtige Schwerpunktbildungen als „fachliche Akzentsetzungen",
- Betonung der Methodenkompetenz, der Persönlichkeitskompetenz und der Sozialkompetenz (nicht im Sinne bloßer standardisierter Sozialtechniken!),
- Einstieg in den Lernprozess über praktische Probleme, Bedürfnisse und Entwicklungen (induktive, entdeckende Methodik),
- Spiegelung der Theorien und analytische Konzepte an Problemen, Bedürfnissen und Entwicklungen der Praxis,
- Herausarbeiten der Rolle der verschiedenen Theorien als „Deutungsangebote" und Möglichkeiten zur Bewältigung der praktischen Probleme,
- theoriefundierte (ganzheitliches Denken!) und zugleich studierendenfreundliche Lernformen.
- Handlungskompetenz ist nicht zu erreichen, wenn man bloß „darüber spricht"! Nötig sind entsprechende Lern- und auch Prüfungsformen!
- Kleine Lerngruppen statt Massenveranstaltungen,
- hervorragendes Wissen der Lehrenden um die Probleme der Praxis durch intensive Zusammenarbeit mit der Praxis und obligatorische Arbeit in der Praxis,
- Vertiefung des Praxisverständnisses durch umfassende Aktivitäten in der (anwendungsorientierten) Forschung,
- ins Studium integrierte, von Hochschullehrern intensiv zu betreuende berufspraktische Studienteile mit projektbezogenen Aufgaben, die dem Tätigkeitsfeld „fertiger" Betriebswirte entsprechen. Aus Gründen der zeitlichen Kapazitäten kann/soll gerade in einem dreijährigen Bachelorprogramm oft kein volles Praxissemester untergebracht werden. Doch die ge-

---

[34] Vgl. grundlegend Klafki, W., Neue Studien zur Bildungstheorie und Didaktik, Weinheim 1985, S. 218.

wollte Intensivierung des Lernpensums lässt es durchaus zu, bis zu 20-wöchige, von der Hochschule organisierte Praxisphasen in das Studium einzubauen; solche erlauben einerseits die Erfüllung der internationalen Standards, andererseits bleibt den Betrieben die Möglichkeit, die / den Studierende(n) hinreichend kennen zu lernen und in die Abläufe einzubinden. Der Verlust von vier Wochen gegenüber einem Praktikum im Diplom scheint dem Verfasser allerdings „verschmerzbar". Schließlich bleibt es immer eine dezisionistische Problematik, ob 20, 22 oder 24 Wochen „die" Dauer einer Praxisphase darstellen. Umgekehrt ergeht hier aber auch ein klares Plädoyer für den Einbau eines obligatorischen Praktikums längerer Dauer am Stück; es ist nicht recht zu sehen, wie sonst die von der KMK geforderten berufsfeldbezogenen Kompetenzen erworben werden könnten. Diese Einschätzung gilt für beide Hochschultypen, die im Zuge des Bologna-Prozesses hinsichtlich der Lehre – ohne Berücksichtigung des institutionellen Arrangements des tertiären Bildungssektors – ohnehin weitgehend konvergieren dürften.

- Ins Studium integrierte, von Hochschullehrern geleitete reale Projekte, in denen die Studierenden in Gruppen eine konkrete Problemstellung für einen Betrieb lösen und ihre Ergebnisse den Unternehmensvertretern präsentieren (Markt-, Branchen-, Strategieanalysen, EDV-Anwendungen etc.).

Mit Elementen wie diesen kann ein Studium eine „robuste" Befähigung des studierenden Menschen für die unbestimmbare (Berufs-)Welt (als Angestellter oder aber auch als Selbstständiger!) im großen Hause Europa und darüber hinaus ermöglichen. Richtig „aufgezogen", können Bildungskomponenten auch (weiterhin?) ins Studium integriert und mit der auf Verwertung ausgerichteten Ausbildungsfunktion verknüpft werden.

Daniel Wiesner

13 Führung von Mitarbeitergesprächen
Eine strategische Management-Aufgabe

13.1 Einleitung

Über Führung von Mitarbeitergesprächen ist sehr viel geschrieben worden. Es gab und gibt keine Managementausbildung, in der dieses Thema nicht behandelt wird. So bedeutet Management neben Aufgaben wie Organisieren, Entscheiden, Ziele setzen, vor allem Führung von Mitarbeitern. Als Führungskräfte führen wir täglich Gespräche mit Mitarbeitern. Es werden Informationen ausgetauscht und mit Mitarbeitern besprechen wir Ziele, Einzelmaßnahmen und Visionen. Anweisungen werden gegeben, Projekte organisiert, Aufgaben delegiert und versucht, Probleme und komplexe Aufgabenstellungen zu lösen. Doch sehr häufig laufen diese Gespräche nicht besonders strukturiert ab. Allen ist bewusst, dass Mitarbeiter und Führungskräfte „die wertvolle Ressource" einer jeden Organisation sind. Sie werden als die wahren Treiber des Wandels gesehen. Leider wird das Individuum dabei oft viel zu wenig berücksichtigt. Führungskräfte haben einerseits die Aufgabe, die Visionen der strategischen und operativen Ziele der Organisation, andererseits die Ziele der Mitarbeiter in hohem Maß zu erfüllen und die Motivation und Leistungsbereitschaft zu erhalten.

Ein Instrument, diese Führungsaufgabe optimal bewältigen zu können, ist das systematische Mitarbeitergespräch, beginnend bei der Personaleinstellung bis zum Abschlussgespräch bei Verlassen einer Organisation.

Dieses systematische Mitarbeitergespräch ist in der Regel – mit Ausnahme des erwähnten Einstellungs- oder Abschlussgespräches – ein jährliches, strukturiertes, ausführliches Gespräch, in dem, unabhängig von der täglichen Routine und der Diskussion und Besprechung von Tagesproblemen, strategische Perspektiven besprochen werden können. Es werden in diesem Gespräch auch die notwendigen Voraussetzungen für den gemeinsamen Erfolg festgelegt.

Um diese Themenstellung geht es in diesem Beitrag. Es sollen Voraussetzungen und Erfolgsfaktoren der Personalentwicklung und Mitarbeiterführung, deren Kernelement das jährliche Mitarbeitergespräch darstellt, im Kontext des Managementprozesses gesehen werden. Das Mitarbeitergespräch kann nur dann seine volle Wirksamkeit entfalten, wenn es als integrales Element der gesamten Unternehmensprozesse gesehen wird.

Der Autor lässt in diese Ausführungen sowohl wissenschaftliches Know-how, als auch langjährige Praxiserfahrung aus zahlreichen Gesprächen in Industrie, Banken, Consulting-Unternehmen, sowie aus Bildungs- bzw. Hochschulinstitutionen mit einfließen. Viele Denkansätze und Anregungen gehen auch auf Peter F. Drucker, sowie Fredmund Malik zurück. Bei Peter F. Drucker handelt es sich unbestritten um einen der ganz großen und visionären Management-Denker des 20. Jahrhunderts, der auch den Autor mit seinen Ausführungen zum Thema Management stark inspiriert hat.

Letztlich kommt es sowohl in erwerbswirtschaftlichen, als auch in so genannten Non-Profit-Organisationen vor allem auf die Entwicklung und Förderung von Führungskräften und Potenzialträgern an. Je größer eine Organisation ist, und je mehr Führungskräfte ein Manager in einer Organisation hat, umso wichtiger wird die Aufgabe der gezielten Mitarbeiterführung. So gesehen ist Führung von Mitarbeitergesprächen unter besonderer Beachtung der Individualität jedes Einzelnen eine der zentralen strategischen Aufgaben von Führungskräften in Organisationen.

13.2 Ressource Personal und ihr Wissen

Die wesentlichen Herausforderungen für Führungskräfte in Organisationen lauten einerseits in und durch die Organisation verschiedenste Ziele zu erreichen und andererseits die Produktivität zu erhöhen. Dies gilt vor allem für die Wissensarbeiter in Organisationen.

Diese zwei Herausforderungen haben wir heute – im Gegensatz zur Produktivität der manuellen Arbeit (Fliessbandfertigung, Massenproduktion u. ä.) – noch nicht vollumfänglich systematisiert und unter Kontrolle.

Jede Führungskraft, jeder Manager in einer Organisation besitzt fachliche Fähigkeiten. Diese waren i. d. R. auch ausschlaggebend für die Einstellung. Jeder ist ein Fachmann auf einem gewissen Spezialgebiet (z. B. Informatiker, Controller, Techniker etc.). Daneben muss er jedoch auch Spielmacher- und Integrationsfunktionen wahrnehmen. Die Herausforderung lautet, alle drei Bereiche zu nutzen.

Entsprechend den wahrzunehmenden Funktionen bedarf es auch unterschiedlicher Kompetenzen, die in Abb. 13-1 abgebildet sind. Je mehr Spielmacher und Integrationsfunktionen – vorwiegend Managementfunktionen – eine Führungskraft wahrzunehmen hat, umso mehr gewinnen die Aspekte der Persönlichkeits- und Sozialkompetenz an Bedeutung und rücken in den Vordergrund. Wichtig ist es, diese unterschiedlichen Fähigkeiten und Kompetenzen entsprechend den zu erfüllenden Funktionen zu fördern.

An Wissen und Können fehlt es einzelnen Mitarbeitern und Führungskräften oft nicht. Aber was nützen alle Kenntnisse, wenn sie nur zum Reden und Erklären eingesetzt werden und nicht zum Handeln bzw. der Erreichung von Resultaten. Sehr oft ersticken geplante Ansätze von Wollen und effizientem Handeln in langen Sitzungen, endlosen Diskussionen und Kritiken von Besserwissern. Die meisten Führungskräfte wissen, was sie aktiv in Angriff nehmen sollten, wenn ihre Organisation oder Teile davon in Problemen sind – sei es, dass Umsätze, Deckungsbeiträge oder Verkäufe einbrechen, Kundenreklamationen zunehmen oder Qualitätsprobleme in der Leistungserstellung auftreten.

Um sich aus diesen schwierigen Situationen wieder zu befreien, kann auf eigene Erfahrungen zurückgegriffen oder auf Ideen ehemaliger oder aktueller Vorgesetzten, Kollegen und Bekann-

Abbildung 13-1: Arten von Funktionen und Kompetenzen einer Führungskraft

Funktionen **Kompetenzschalen**

- „Integrator"
- „Spielmacher"
- „Fachmann"

Auftreten, Intuition, Erscheinungsbild, Körperhaltung, Sprache, Kreativität
Initiative, Ethik, Einstellungen, Persönlichkeitskompetenz
Motivations-, Integrations-, Kommunikations- und Kooperationsfähigkeit
Einfühlungsvermögen   Soziale Kompetenz
Moderation, Interviews, Gesprächsführung, Projektsteuerung/-planung, Dokumentation, Präsentation, Visualisierung, zielgerichtetes Vorgehen, methodische Kompetenz
Theorie und Praxis   Fachliche Kompetenz

ten aufgebaut werden. Sollte das nicht ausreichen, hat man auch die Möglichkeit, sich externer Berater zu bedienen und auf deren Erfahrungen und Fachwissen zurückzugreifen.

Aber selbst angesichts verfügbaren Wissens passiert sehr oft wenig oder gar nichts. D. h. es wird nicht viel verändert und es wird nichts realisiert. Manche Führungskräfte oder Mitarbeiter reagieren einfach nicht und stecken auch Konzepte von externen Beratern in die Schublade und lassen sie nach dem Abschluss der Arbeiten einfach wieder „sterben". Bei der Auswahl von Verhinderungsmethodiken sind Menschen in solchen Situationen oft sehr kreativ.

Diese Aspekte von Kompetenzen von zu erfüllenden Funktionen sowie die Diskrepanz von Wissen und Handeln sind eine der wesentlichen Rahmenbedingungen von Mitarbeitergesprächen.

Aufbauend auf der angeschnittenen Diskrepanz zwischen Können und Wollen lassen sich Mitarbeiter vereinfacht in vier Kategorien hinsichtlich Potenzialanalysen und Personalentwicklungsfragen unterteilen.

Feld 1 *Kategorie: Hohes Können und keine bzw. geringe Leistungsbereitschaft*

Bei Mitarbeitern dieser Kategorie sollte man als Vorgesetzter rasch ein Gespräch unter vier Augen suchen und Fragen stellen (z. B. Was ist los?), um die Ursachen im beruflichen/privaten Umfeld zu analysieren.

Abbildung 13-2: Felder-Personalentwicklungsportfolio

```
             hoch
              │
              │  ┌──────┬──────┐
              │  │      │      │
   ╭─────╮    │  │  1   │  2   │
   │Können│   │  │      │      │
   │Wissen│   │  ├──────┼──────┤
   │Erfahr.│  │  │      │      │
   ╰─────╯    │  │  3   │  4   │
              │  │      │      │
           niedrig└──────┴──────┘────►
                niedrig       hoch
                      ╭──────────╮
                      │  Wollen  │
                      │Leistungs-│
                      │bereitsch.│
                      ╰──────────╯
```

Feld 2 *Kategorie: Hohes Können und hohes Wollen*

Mitarbeiter dieser Kategorie sollte man Aufgabenkompetenzen und Verantwortung delegieren, selbstständig arbeiten lassen und nicht beschränken und / oder einengen.

Feld 3 *Kategorie: Niedriges Können und geringe Erfahrung und Leistungsbereitschaft*

In wirtschaftlich guten Zeiten stellen solche Mitarbeiter nicht unbedingt sofort ein Problem dar und werden von der Organisation mitgetragen; heute sind sie allenfalls aufzufordern, sich ein neues Betätigungsfeld zu suchen oder zu kündigen.

Feld 4 *Kategorie: Hohe Leistungsbereitschaft und niedriges Können, geringe Erfahrung*

Diese Mitarbeiterkategorie ist behutsam zu fördern und zu unterstützen. Man sollte ihr Hilfestellungen leisten, damit die Betroffenen – i. d. R. Nachwuchsführungskräfte – nicht zu hart von Fehlern bzw. Misserfolgen eingeholt bzw. getroffen werden.

13.3 Ziele formulieren und verabschieden

Können und Wollen der Mitarbeiter sind nur eine der Voraussetzungen für erfolgreiche Unternehmen, und wenn Reden und Diskutieren zum Ersatz für unternehmerische Entscheidungen werden, dann zahlen auf Dauer die Eigentümer, die Kunden und in letzter Konsequenz auch die Mitarbeiter die Rechnung. Wichtig ist, dass Ziele nachvollziehbar aufbereitet und verabschie-

Abbildung 13-3: Das Zielsystem einer Organisation von der Dachstrategie zu den operativen Zielen

```
hoch ↑   gering
                        ╱╲
                       ╱  ╲
                      ╱Dach-╲
                     ╱strategie/╲
Kultur-   Konkreti-  ╱Identität/  ╲
wirkung   sierungsgrad Selbstverständnis
„Wir-                ╱──────────────╲
Gefühl"             ╱Geschäftsfeld-Strategien╲
                   ╱──────────────────────────╲
                  ╱Organisationsstrukturen und ╲
                 ╱      funktionale Konzepte    ╲
                ╱──────────────────────────────────╲
gering  ↓ hoch ╱Operative Konzepte und Maßnahmenpläne╲
              ╱────────────────────────────────────────╲
```

det werden. Wie die Ziele in Organisationen zu Stande kommen ist a priori nicht so relevant. Viel wichtiger ist es, dass diese Ziele auch den für die Umsetzung Verantwortlichen bekannt sind und im Gesamtkontext von Leitbild und Dachstrategie einer Organisation gesehen werden. Das Leitbild und die Dachstrategie bilden den generellen Orientierungsrahmen für die verschiedenen Ziele einer Organisation. Alle Ziele und Geschäftsfelderstrategien sind auf diese Ziele abzustimmen und entsprechend auszuformulieren.

Ziele können grundsätzlich vereinbart oder vorgegeben werden. Noch wichtiger ist aber, dass es sie überhaupt gibt. Gerade potenzielle Spitzenführungskräfte und Führungskräftenachwuchs haben klare Vorstellungen über persönliche und in der Organisation mögliche Ziele. Diese teilweise divergierenden Ziele gilt es möglichst aufeinander abzustimmen.

Vorteile eines solchen idealtypischen Zielvereinbarungsprozesses über mehrere Stufen (Management-by-Objectives), sind sicherlich Motivation und entsprechende höhere Akzeptanz bei den Involvierten. Der entsprechende Erarbeitungsprozess ist jedoch in der Regel recht zeitintensiv. Jährliche Zielfindung kann als ein integrierter dreistufiger Prozess über die verschiedenen Hierarchie-Ebenen vollzogen werden. Idealtypischerweise werden in Phase 1, in der generelle Ziele einer Organisation Top-Down von der Geschäftsleitung oder dem Vorstand mit qualitativen und quantitativen Eckwerten definiert und vorgeben. Aufbauend darauf erfolgt in Phase 2 eine Planung der Ziele von Bereichen/Abteilung. In einer Phase 3 werden Abweichungen zwischen Top-Down und Bottom-Up allenfalls diskutiert, abgestimmt und angepasst.

Abbildung 13-4: Dreistufiger Zielvereinbarungs-Prozess (Management-by-Objectives)

Phase 1	Phase 2	Phase 3
1. Top-down ↓	2. Bottom-up ↑	3. Verabschiedung = Vereinbarung (↑↓)
generelle Ziele [quantitative und qualitative Ziele]	Planung von den Bereichen/ Abtl.	... nach allenfalls notwendigem Abstimmungsprozess

Der Vorteil von Zielvorgaben liegt klar auf der Hand – es ist der Zeitfaktor! Die Motivation und breite Akzeptanz kommen hier sicher etwas zu kurz. Es gibt jedoch sehr wohl Sitzungen und Diskussionen, in denen nicht ausreichend Zeit zur Verfügung steht, um lange Diskussionen hinsichtlich Zielvorgaben durchzuführen. Insbesondere in Krisenzeiten oder wenn Entscheidungen sehr rasch gefällt werden müssen, haben sich Zielvorgaben in der Praxis als sehr praktikabel erwiesen. Ergänzend möchte der Autor auch darauf hinweisen, dass seiner Erfahrung nach kein unmittelbarer Zusammenhang zwischen falschen und richtigen Entscheidungen und der Art der Zielfindung gegeben ist. De facto kann nicht nachgewiesen werden, dass Zielvereinbarungen einen höheren Anteil von richtigen Entscheidungen im Vergleich zu Zielvorgaben „produzieren".

13.4 Ergebnisse und Resultate entscheiden

Wie bereits erwähnt ist es die Aufgabe von Führungskräften, entsprechende Ergebnisse und Resultate zu erzielen. Diese Resultate haben sich an den definierten Zielen, wie in vorherigen Ausführungen dargestellt (Dachstrategie, Geschäftsfeldstrategie), zu orientieren. Doch selbst wenn man davon ausgeht, dass Mitarbeiter und Manager täglich hart arbeiten (d. h. sie bemühen sich, investieren Zeit und Anstrengung, stehen unter Stress etc.), kann man noch nicht daraus folgern, dass auch immer entsprechende Ergebnisse und Resultate erarbeitet werden. Ansonsten wäre es nicht notwendig, sich mit Management-Methoden und Hilfsmitteln wie Sitzungsorganisation, Entscheidungsfindung, Delegation und Organisation zu beschäftigen und sie konsequent anzuwenden.

Abbildung 13-5: Ergebnisse im Kontext von Ziel und Aktionen

```
                    Qualitative und quantitative Ziele

    INPUT                                                OUTPUT
  Wissen, Know-how          Aktionen/Aktivitäten        Ergebnisse
  Arbeitszeit               des Individuums             Resultate
  Anstrengung
  Mühe                                                  „z. B. 3:0"PU
  Stress
```

Menschen sind von Natur aus eher inputorientiert, d. h. sie denken und erzählen eher von Inputs, also von aufgewendeter Zeit, von äußeren Einflüssen, von Stress etc., als von schlussendlich damit erzielten Resultaten. Weder das theoretische Know-how noch die geleistete Arbeit, noch die Anstrengung spielen am Schluss eine Rolle, was wirklich zählt, sind die Resultate. Die entscheidende Frage in diesem Zusammenhang lautet: Was haben wir heute erreicht? und nicht: Was haben wir heute gearbeitet?

Diese Frage sollte im Zuge von Mitarbeitergesprächen immer wieder gestellt und beantwortet werden, nur so kann man die Effektivität von Mitarbeitern wirklich überprüfen. Dies gilt selbstverständlich auch für die eigene Person. Am besten lässt sich dies auch am Beruf eines Fußballtrainers und seinen Erfolgen in der Liga ablesen. Schlussendlich kann diese Berufsgruppe für alle nachvollziehbar, am „Ranking" in der Rangliste bzw. am Tabellenplatz gemessen werden.

Dieses Resultatsdenken darf jedoch nicht dazu führen, dass Führungskräfte in der Organisation zur Erreichung Ihrer Ziele „über Leichen" gehen, d. h. persönliche Situationen bzw. Stärken und Schwächen von Mitarbeitern offensichtlich ausnutzen oder vollständig außer Acht lassen. Man hat es als Führungskraft immer mit ganz normalen Menschen zu tun und auch gewisse soziale Aspekte zu berücksichtigen. Aber schließlich auf das Beispiel des Fußballtrainers heruntergebrochen bedeutet dies, dass gewissen „Aspekten" der Ethik, der Fairness und Verantwortung in der Spielgestaltung Rechnung getragen werden muss.

Diese eher moralischen, ethischen und sozialen Aspekte der Mitarbeiterführung sind in Mitarbeitergesprächen immer wieder zu beachten und anzusprechen. Schlussendlich zählen jedoch beim unmittelbaren Vergleich von Mitarbeitern die erzielten Resultate und nicht die entsprechenden Erklärungen, weshalb etwas nicht funktioniert hat. Erfolgreiche Führungskräfte erzielen außerordentliche Ergebnisse für die Organisation.

13.5 Bedeutung und Größe des Beitrages

Die Einhaltung der Ergebnis- und Resultatsorientierung als ein wesentlicher Aspekt von Mitarbeitergesprächen soll nun weiter konkretisiert werden. Jede Führungskraft muss ihren Blick von Zeit zu Zeit von seinem Verantwortungsbereich auf das „größere Ganze" (das Unternehmen) richten. Größe und Inhalt des persönlichen Beitrages zur Organisation sind ebenfalls in Mitarbeitergesprächen und bei der Neuausrichtung von Stellen zu hinterfragen und anzusprechen. Naturgegeben wird der Beitrag eines Vorstandes zum Gesamtbeitrag ein wesentlich größerer sein.

Die entscheidenden Fragen, die in Mitarbeitergesprächen angesprochen und beantwortet werden sollten:

- Was nützt das, was Sie (wir) tun?
- Was kann ich tun, um für das Ganze (Unternehmen/Organisation) einen wesentlichen Beitrag zu leisten?
- Was tragen Sie (wir) zur Organisation (zu Ihrem Erfolg) bei?

Recht leicht lässt sich der Beitrag von z. B. Vertriebsmitarbeitern oder Mitarbeitern in der Fertigung nachvollziehen und darstellen. Sie sorgen für Verkaufsumsätze oder gefertigte Stücke eines bestimmten Produktes. Bei indirekt produktivem Personal oder gar bei Führungskräften ist das Nachvollziehen und die Darstellung des Beitrages oft sehr viel schwieriger und komplexer. So wird z. B. ein Controller erst dann wirksam und leistet einen Unternehmensbeitrag, wenn ein Abteilungsleiter bzw. ein Mitarbeiter eines anderen Bereiches mittels seiner Analyse, Kennzahlen und Informationen bessere Entscheidungen fällen kann und nicht alleine wegen der grafisch „schön" aufbereiteten Folien und Berichte. Oder ein Dozent in einer Bildungsinstitution leistet erst dann einen „großen" Beitrag, wenn die Absolventen der Institution auf Grund des Gelernten aus seinen Vorlesungen und Seminaren effektives Know-how erhalten haben und dieses entsprechend erfolgreich in der Wirtschaft bzw. in Betrieben einsetzen können. Diese Beitragserzielung lässt sich jedoch nicht immer unmittelbar und einfach nachvollziehen bzw. nachkontrollieren. Man sollte es dennoch immer wieder versuchen und in Mitarbeitergesprächen ansprechen. Je größer und komplexer eine Organisation ist, umso schwieriger ist in der Regel diese Frage nach dem Beitrag zum Ganzen zu beantworten.

Klare und möglichst eindeutige Antworten auf diese Fragen zu erhalten, ist die wesentliche Aufgabe von Führungskräften und als ein wichtiges Element von Mitarbeitergesprächen zu sehen. Das gilt sowohl für den eigenen Beitrag, als auch für den der Mitarbeiter.

13.6 Konzentration auf Weniger und Wesentliches

Als konsequente Ergänzung zu den angesprochenen Aspekten der Ergebniserzielung und Beitragsorientierung ist die Einhaltung des Satzes: „Konzentration auf Weniges und Wesentliches" zu sehen. Jede gute Führungskraft erlernt sehr schnell, dass sich nicht auf allen wichtigen Gebieten einer Organisation, einer Institution bedeutende Beiträge und Resultate erzielen lassen.

13 Führung von Mitarbeitergesprächen

Die Einhaltung dieses Grundsatzes zwingt eine wirksame Führungskraft, dahingehend Prioritäten zu setzen, d. h. sich für (erstrangige Aktionen und Ziele) zu entscheiden und nur eine Sache auf einmal zu tun. Die Führungskraft bzw. der Mitarbeiter kann nicht auf allen für eine Organisation relevanten Gebieten Beiträge leisten. Folglich darf man sich als Führungskraft auch nicht allzu viel auf einmal vornehmen. Man unterliegt der permanenten Gefahr der „Verzettelung". Konkret bedeutet dies für Mitarbeitergespräche, dass die wesentlichen Ziele, Aktionen zu definieren sind (Vorschlag: ca. 5–9). Sie sind entsprechend zu vereinbaren, schriftlich festzuhalten und können somit auch nachvollzogen und kontrolliert werden.

13.7 Potenzial- und Stärkennutzung

Ein weiterer Aspekt für Mitarbeitergespräche ist die Potenzial- und Stärkennutzung. Es kommt darauf an, bereits vorhandene Stärken zu nutzen. Hier handelt es sich um den wichtigsten Ansatz einer Erfolg versprechenden Führung von Mitarbeitern überhaupt. Denn eine Organisation braucht nicht nur Resultate auf den richtigen Gebieten – jede Organisation benötigt überdurchschnittliche Leistungen, man könnte auch sagen „Spitzenleistungen". Dies gilt insbesondere für den gezielten Einsatz von Führungskräften.

Dies wird umso notwendiger, je schwieriger die Marktgegebenheiten (z. B. bei Verdrängungswettbewerb) sind und je schlechter die aktuelle wirtschaftliche Ausgangssituation eines Unternehmens. Doch jede Organisation hat es mit ganz gewöhnlichen Menschen zu tun – mit all ihren Stärken und Schwächen – und diese Menschen sollen nun entsprechende Top- bzw. Spitzenleistungen erbringen. Dieser Tatsache ist in Mitarbeitergesprächen und Diskussionen bzw. Sitzungen immer wieder Rechnung zu tragen. Es gibt nur eine Möglichkeit, den Widerspruch aufzulösen, dass auf der einen Seite Höchstleistungen zu erbringen sind, aber auf der anderen

Abbildung 13-6: Mitarbeiter Stärken-/Schwächen-Profil

Seite in den Organisationen nur ganz gewöhnliche, normale Menschen dafür zur Verfügung stehen: Die möglichst strikte Befolgung des Leitsatzes „Nutzung vorhandener Stärken bzw. Potenziale". Aufgaben müssen den Stärken angepasst und Potenziale gefördert werden.

Folgende Gedanken können in Mitarbeitergesprächen von Nutzen sein:

- Potenziale und Stärken sind möglichst zu identifizieren und wenn möglich durch Aus- und Weiterbildungsaktivitäten oder unternehmensinterne Spezial-Trainings weiter auszubauen.
- Die Schwächen sollte man kennen. Auch Führungskräfte haben Schwächen, die zu akzeptieren sind. Dieser Tatsache wird viel zu wenig Beachtung geschenkt – sie dürfen nur nicht „schlagend" werden. Sie sind als Limitationen bzw. Grenzen in Mitarbeitergesprächen zu beachten. Vermeiden Sie, wenn möglich, Mitarbeiter dort einzusetzen, wo sie Schwächen haben. Leider konzentriert man sich in Mitarbeitergesprächen vielfach auf die Besprechung von Schwächen und in der Folge um deren Beseitigung. Die Individualität und das Stärken-Schwächen-Profil lässt sich in der Praxis nur sehr schwer „verbiegen".
- Die Nutzung der persönlichen Stärken eines Mitarbeiters bei der Erfüllung einer Aufgabe führt zu entsprechend guter Leistung und zur Motivation.

Idealerweise sollten Mitarbeiter durch die Aufgabenerfüllung motiviert werden, da diese seinen Stärken entspricht, denn das, was man gut kann, setzt man lieber und auch besser in die Tat um.

13.8 Vertrauen schenken und nicht missbrauchen

Ein weiterer Aspekt, den Führungskräfte im täglichen Umgang mit Menschen und Situationen beachten sollten ist der des gegenseitigen Vertrauens. In fast allen Führungssituationen spielt dieses gegenseitige Vertrauen und die Erwartung eine gewisse Rolle. Das Vertrauen bildet einen wichtigen psychischen Eckpfeiler der persönlichen Leistungsfähigkeit eines jeden Mitarbeiters und einer Führungskraft und bilden eine zentrale Basis jeder Zusammenarbeit in Organisationen.

Folgende Punkte sind in diesem Zusammenhang zu beachten und finden in Mitarbeitergesprächen Anwendung:

- Klare Spielregeln der Zusammenarbeit definieren – sie bilden den Ausgangspunkt für das gegenseitige Vertrauen.
- Gegenseitiges Vertrauen führt eher zu robusten Führungssituationen, dies ist vor allem in wirtschaftlichen schwierigen Situationen festzustellen
- Vertrauen ist ein Vorschuss, mit dem jeder Mitarbeiter eine Aufgabe beginnt; prinzipielles Misstrauen ist kein guter Ratgeber
- Zuhören und Fragen stellen können und zu sich selbst stehen; jede Führungskraft muss ein gewisses Maß an Integrität besitzen und die Vertrauenskomponente pflegen.

Führungssituationen müssen robust sein, d.h. es müssen entsprechende „Spielregeln" existieren und es darf nicht das „Verlierspiel" gespielt werden (d. h. Spielregeln werden im Nachhinein und jedes Mal zu Gunsten des Stärkeren definiert bzw. ausgelegt). Man muss meinen, was man sagt, d. h. nicht hinterher sagen „das habe ich nicht so gemeint". Eine effektive Führungskraft äußert in solchen Situationen dann besser gar nichts.

13.9 Motivation und Sinngebung

Auf die Frage, was die wichtigste Aufgabe in Mitarbeitergesprächen ist, treten oft Antworten in Richtung Motivation der Mitarbeiter auf. Dass Motivation insbesondere für Leistungsträger eine zentrale Aufgabe ist, ist allseits bekannt. Der Autor ist hinsichtlich dieser Themenstellung ein großer Anhänger von Viktor Frankl, der Begründer der Logotherapie. Er legt dar, dass der Mensch u. a. durch Sinn und die Suche nach Sinn motiviert wird. Eine der Kernaussagen von ihm ist das Bild von Friedrich Nietzsche „ Wer ein Warum zu leben hat, erträgt fast jedes Wie". D. H. der Sinn der Aufgabenerfüllung wird über das „Wann" begründet. Dieser Leitsatz lässt sich sehr gut auf Mitarbeitergespräche transferieren. Mitarbeiter müssen einen Sinn in ihrer Tätigkeit erkennen.

Menschen können in verschiedenen Aufgaben und Zielsetzungen in Organisationen Sinn finden:

- Orientierung und Ausrichtung an einer Sache: Durch die Erfüllung einer Aufgabe, die Erbringung einer Leistung, die Schaffung eines Werkes oder auch dadurch, dass man etwas erlebt. Es muss nicht betont werden, dass darin der Schlüssel zur Motivation liegt.

- Orientierung und Ausrichtung an einer Person oder mehreren, wie in der Hingabe zur Familie, zu Freunden, aber auch an hilfsbedürftigen Menschen. Dieser Weg kann auch im Berufsleben vorkommen

- Der Mensch findet Sinn dadurch, dass er ein Leiden in Leistung verwandelt. Dadurch, dass er Zeugnis ablegt von der wohl menschlichsten Leistung, nämlich einen schweren Schicksalsschlag wie Tod oder schwere Krankheit eines Kindes bzw. Freundes in Würde zu ertragen.

Für die Qualität der zu erfüllenden Führungsaufgabe sind diese Sinnaspekte sicherlich von zentraler Bedeutung. Die Kernaussage lautet: Wir alle – Führungskräfte und Mitarbeiter sind „ganz normale Menschen", und jeder ist „auf der Suche" nach Sinn – sowohl privat als auch beruflich. Diese Sinnsuche ist eine bewegende Kraft schlechthin und spielt auch stark in die berufliche Entwicklung hinein. Sinn in einer Tätigkeit, kann niemals, auch nicht von einem Vorgesetzten gegeben werden. Jeder muss selbst den Sinn in seiner Tätigkeit suchen.

Daniel Wiesner

13.10 Das jährliche Zielvereinbarungs- und Entwicklungsgespräch

Aufbauend zu den bisherigen ergänzenden Aspekten und Grundvoraussetzungen von Mitarbeitergesprächen stellt ein jährliches Zielvereinbarungs- und Entwicklungsgespräch das zentrale Element der Zieldefinition, Leistungsbeurteilung und Potenzialentwicklung von Mitarbeitern dar. Diese Tatsache ist zwar vielen Managern bestens bekannt, dennoch wird aus verschiedenen Gründen (Zeitverzug, Sinnhaftigkeit etc.) darauf verzichtet. Das Gespräch zwischen Mitarbeiter und Vorgesetzten ist, wie bereits eingangs erwähnt, ein wesentlicher Bestandteil der täglichen Zusammenarbeit. Das jährliche Zielvereinbarungs- und Entwicklungsgespräch dient – über den täglichen Kontakt und die damit verbundenen Gespräche und Sitzungen hinaus – einer grundsätzlichen Standortbestimmung. Die gemeinsame Arbeit an der Beurteilung, sowie die Vereinbarung von Zielen und Fördermaßnahmen vertiefen das gegenseitige Vertrauen und verbessern die Zusammenarbeit.

Der schlechteste Einstieg in diese Zielvereinbarungs- und Mitarbeitergespräche ist sicherlich der, ein Eingangsstatement in Richtung „wir müssen dieses Gespräch durchführen und ein entsprechendes Protokoll ausfüllen, weil es der Chef und die Personalabteilung verlangen". Beide Beteiligten, d.h. sowohl Vorgesetzter als auch die unmittelbar angesprochene Führungskraft bzw. Mitarbeiter müssen die Durchführung des Gesprächs in den Grundzügen für sinnvoll und zielführend halten.

Nachfolgend ist ein Leitfaden zusammengestellt, der sich in der Praxis als sehr nützlich herausgestellt hat. Schließlich ist noch zu erwähnen, dass dieses Gespräch ungestört ca. 1,5–2 Std. dauern kann. Auch eine strukturierte Vorgehensweise ergänzt diese Anregung dahingehend, dass erfahrene Führungskräfte Gesprächsergebnisse schriftlich festhalten. Umso qualifizierter und erfahrener die Führungskräfte mit solchen Zielvereinbarungs- und Entwicklungsgesprächen sind, desto weniger benötigen sie solche Leitfäden. Das Gespräch soll unter anderem dazu dienen, die Stärken des Mitarbeiters für zukünftige Aufgaben zu fördern und Entwicklungspotenziale herauszufinden, welche durch gezielte Fördermaßnahmen zur Entfaltung gebracht werden können. Der gemeinsame Erfolg hängt maßgeblich von der Leistung der Mitarbeiter ab.

Beginnen Sie rechtzeitig vor dem Gesprächstermin mit der intensiven Vorbereitung:

- Eine gute Vorbereitung ist die Voraussetzung für ein erfolgreiches Gespräch.
- Überlegen Sie sich, welche Bedürfnisse Sie haben.
- Vermeiden Sie äußere Störungen des Gesprächs.
- Ich-Botschaften und aktives Zuhören fördern den fairen Gesprächsverlauf und ergeben eine offene Atmosphäre.

Die Zukunftsorientierung ist Zweck dieses Gesprächs, deshalb sollten Ursachen und Gründe zwar sauber vermittelt werden, doch die Frage „Wie werden wir in Zukunft noch besser?", sollte stets im Mittelpunkt stehen. Zur Vorbereitung dieses Gesprächs ist in Abbildung 13-7 ein Beispiel einer Checkliste mit möglichen Fragestellungen von der Ergebnisanalyse des vergangenen Jahres bis zur Konsequenz der zukünftigen Zusammenarbeit aufgeführt. Je nach Bedarf können natürlich noch weitere zusätzliche Schwerpunkte gesetzt werden.

Abbildung 13-7: Leitfaden eines Zielvereinbarungs- und Entwicklungsgespräches

❶ *Ergebnisanalyse des vergangenen Jahres*

- Wie vollständig, erfolgreich und rechtzeitig wurden die Ziele der vergangenen Periode erreicht?
- Waren die Zielformulierungen und die Zeitplanung angemessen?
- Welche Randbedingungen haben die Zielerreichung gefördert/gehemmt?
- Welche persönlichen Stärken haben die Zielerreichung gefördert/gehemmt?
- Welche besonderen Stärken/welche Schwächen Ihres/r Mitarbeiters/in haben die Zielerreichung gefördert?

❷ *Rückblick auf die Fördermaßnahmen der vergangenen Periode*

- Konnten das persönliche Wissen und die Erfahrung voll eingesetzt werden?
- Wurden die im letzten Zielvereinbarungs- und Entwicklungsgespräch vereinbarten Fördermaßnahmen/Ausbildungen durchgeführt?
- Was hat sich bewährt? Was nicht?

❸ *Leistungsbeurteilung*

Als **Führungskraft (FK)**

- Geben Sie Ihrem Mitarbeiter ein klares Feedback, wie Sie seine Leistungen beurteilen; was war gut / nicht gut und welche Stärken sehen Sie an ihm.
- Sprechen Sie dabei über konkretes Verhalten und nicht über Eigenschaften. Geben Sie konkrete Beispiele.

Als **Mitarbeiter/in (MA)**

- Fragen Sie Ihre Führungskraft, wie sie Ihre Leistung und Resultate beurteilt und welche Stärken sie an Ihnen sieht.
- Beurteilen Sie das fachliche Verhalten und das Führungsverhalten (Delegation, Organisation, Entscheidungen) Ihrer Führungskraft.

❹ *Konsequenzen für die weitere fachliche und persönliche Entwicklung des/der Mitarbeiters/in*

Als **Führungskraft (FK)**

- Welchen weiteren Entwicklungsweg stellen Sie sich für Ihren Mitarbeiter vor – wie könnten Sie ihn seinen Stärken entsprechend einsetzen?
- Welche seiner Stärken sollten auf diesem Entwicklungsweg weiter ausgebaut werden?
- Wie könnten Sie selbst ihren Mitarbeiter in seiner Entwicklung fördern?
- Was können Sie als Vorgesetzter tun, damit Ihr Mitarbeiter besser arbeiten kann?
- Welche weiteren Fördermaßnahmen sind denkbar (am Arbeitsplatz / außerhalb des Arbeitsplatzes)?

Als **Mitarbeiter/in (MA)**

- Welche weiteren Entwicklungsschritte stellen Sie sich vor – wie können Sie Ihre Stärken am Besten zur Geltung bringen und wie sollten sie ausgebaut werden?
- Was können Sie selbst dazu tun?
- Was können Sie als MA tun, damit Ihr Vorgesetzter besser arbeiten kann?
- Was sollte Ihrer Ansicht nach die FK tun, damit Sie besser arbeiten können?
- Welche weiteren Fördermaßnahmen sind denkbar (am Arbeitsplatz/Seminare etc.)?

❺ *Konsequenzen für zukünftige Zielprozesse und die Zusammenarbeit*

- Was wollen Sie in Zukunft verstärkt beachten (z. B. persönliche Zeitplanung)?
- Welche Randbedingungen sind wie zu ändern?
- Welche unterstützenden Maßnahmen sind wünschenswert?
- Wie empfinden Sie die Arbeit mit Ihrer Führungskraft / Ihrem Mitarbeiter?
- Welche Maßnahmen eignen sich, die Zusammenarbeit im nächsten Jahr zu verbessern?

❻ *Persönliche Anmerkungen*

Auf die im Zusammenhang mit einer Beurteilung relevanten Aspekte der Entlohnung, wird hier bewusst nicht eingegangen. Abschließend sei angeführt, dass das Gespräch schriftlich als Protokoll festzuhalten ist. Als sehr nützlich erweist es sich auch, dass das Protokoll vom Vorgesetzten, als auch vom Mitarbeiter durch Unterschrift bestätigt wird. Ein ordentlicher Gesprächsabschluss dieses jährlichen Zielvereinbarungs- und Entwicklungsgespräches stellt auch ein Handschlag sowie ein Ausblick auf die weitere gemeinsame Zusammenarbeit dar.

13.11 Beurteilung und Feedback

Auch wenn von Führungskräften und Mitarbeitern solche Zielvereinbarungs- und Entwicklungsgespräche konsequent geführt und entsprechende Aufzeichnungen dazu erstellt werden, so besteht doch teilweise Angst vor Beurteilung oder Feedback. Im voran dargestellten Leitfaden werden vor allem die zukünftigen Möglichkeiten der Verbesserung der Mitarbeiter und Führungskräfte dargelegt. Mitarbeiter und Führungskräfte haben jedoch teilweise Angst davor, dass sie nur negative Kritik zu hören bekommen könnten. Vorgesetzte ihrerseits fürchten Mitarbeiter, die auf Kritik mit Abweisung und Gegenargumenten reagieren. Mögliche Folgen sind: beide Seiten halten sich bedeckt und gehen Kritik- und Schwachpunkten aus dem Weg. Dies ist bedauerlich, denn somit fehlt den Führungskräften bzw. den Mitarbeitern das benötigte Feedback, um tatsächliche Leistungsverbesserungen, sei es in fachlichen- oder führungsspezifischen Fragestellungen, zu ermöglichen. Das kann langfristig zur Folge haben, dass beide Seiten ihrer Karriere schaden. Der Autor empfiehlt die Leistungsbeurteilung sowohl in Mitarbeitergesprächen, als auch in der täglichen Zusammenarbeit als integralen Bestandteil zu handhaben. Ungesunde Furcht von solchem Feedback schlägt sich in destruktivem Verhalten, wie Verleumdungen, Herauszögern von Arbeiten, Schwarzmalerei etc. und allenfalls Intrigenspiel nieder. De facto schaden sich alle Beteiligten selbst und der Organisation. Die festgehaltenen Punkte dienen beiden Seiten als Grundlage der Zusammenarbeit und sollten immer wieder ins Gedächtnis gerufen werden (z. B. Ablage im persönlichen Timer). In diesem Sinne kann auch Mitarbeitern nur empfohlen werden, allenfalls Rückmeldungen einzufordern, d. h. aktiv darauf zuzusteuern, wenn es zu keinem Feedback kommt. Bitten Sie ihren Vorgesetzten um regelmäßige Leistungsbeurteilung in Ergänzung zur Leistungsbeurteilung in Mitarbeitergesprächen.

13.12 Fazit

Nachdem nun einige Voraussetzungen und ergänzende Aspekte sowie ein konkreter Leitfaden für die Führung von Mitarbeitergesprächen dargelegt wurden, versucht Abbildung 13-8 nochmals diese Teilbereiche und ihre Wirkungszusammenhänge im Überblick darzustellen.

Perfekt werden wir diese erwähnte Personalmanagementaufgabe als Menschen nie lösen können. Sicherlich kann diese Aufgabenerfüllung durch ein, wie hier besprochenes, standardisiertes Personalentwicklungsgespräch erleichtert werden. Aber auch Leitfaden und Formulare sind reine Hilfsmittel, der Individualität jedes einzelnen Menschen ist unbedingt Rechnung zu tragen.

Diese Abhandlung versteht sich keinesfalls als Rezeptbuch eher als „roter" Leitfaden. Sie verzichtet nicht darauf etwas zu den Grundlagen menschlichen Verhaltens und Reagierens zu sagen und das Thema Vertrauen als besonders relevant hervorzuheben.

Abbildung 13-8: *Das jährliche Zielvereinbarungs- und Entwicklungsgespräch im Kontext von Voraussetzungen und Managementgrundsätzen*

Die Orientierung an diesem „roten" Leitfaden, wie dieser in der Abbildung 13-7 im Detail dargelegt ist, lohnt sich sicherlich. Vor allem für eher unerfahrene Führungskräfte kann er eine Hilfe darstellen, relevante Themen nicht unberücksichtigt zu lassen. Der Leitfaden bringt eine gewisse Struktur und Ordnung in ein effizientes und effektives Mitarbeitergespräch.

Nachhaltige Erfolge lassen sich in unserer Wirtschaft nur durch das aufrichtige und ehrliche Handeln der Führungskräfte und dem damit verbundenen Management der Mitarbeiter erzielen. Unternehmer, die nur Alibihandlungen setzen und sich durch ein Leben ohne Ziele, Nichtentscheidungen oder Nichtkommunizieren hervortun, werden dem Thema Mitarbeiterführung bzw. der Organisation nicht dienlich sein. Dafür Sorge zu tragen, dass diese Aufgabe konsequent wahrgenommen wird, ist Aufgabe der nächst höheren Führungsebene oder der Aufsichtsorgane. Dies erfordert teilweise eine mittelbare Einflussnahme der nächst höheren Hierarchieebene auf diese Zielvereinbarungs- und Entwicklungsgespräche einerseits, als auch auf die Maßstäbe und die Standards zur Beurteilung von Leistungen und Ergebnissen andererseits.

Generell ist der Autor davon überzeugt, dass unsere Gesellschaft Führungskräfte braucht, die verantwortungsvoll, menschlich und strategisch denken und sich als „komplette Menschen" präsentieren, die neben Erfolgen auch Misserfolge und Enttäuschungen persönlich erlebt haben. Erfolgreiche „Überflieger und Gurus", die zu allen Themen der Mitarbeiterführung „Patentrezepte" und „einfache Lösungen" und Meinungen publizieren bzw. anwenden, sind nicht gefragt und können für Unternehmen im Sinne der strategischen Führung sogar gefährlich sein.

Die Führung der Mitarbeiter und untergeordneten Führungskräfte ist vielleicht eine große Belastung, aber sie ist eine sehr große Chance und Herausforderung. Somit kann die Führung von Mitarbeitergesprächen sicherlich und ohne Vorbehalte als eine der strategischen Managementaufgaben von Führungskräften in erfolgreichen Organisationen gesehen werden.

Literatur

BUCKINGHAM, M. ET AL. (2001): Erfolgreiche Führung gegen alle Regeln, Campus Verlag, Frankfurt/New York.

DRUCKER, P. F. (1999): Management im 21. Jahrhundert, Econ Verlag, 2. Auflage, München.

DRUCKER, P. F. (1992): Managing for the future, Butterworth-Heinemann, Oxford.

DRUCKER, P. F. (1995): Die ideale Führungskraft, Econ Verlag, München.

FRANKL, V. E. (1995): Der Mensch vor der Frage nach dem Sinn, Piper Verlag, 7. Auflage, München.

HINTERHUBER, H.H. ET AL. (2002): Erfolg durch Dienen?, Expert Verlag, Renningen.

HORNSTEIN VON, E. ET AL (2000): Ziele vereinbaren, Leistung bewerten, Wirtschaftsverlag Langen Müller/ Helbig, München.

KOTTER, J.P. (1999): Wie Manager richtig führen, Carl Hanser Verlag, München.

MALIK, F. (2000): Führen, Leisten, Leben, Deutsche Verlagsanstalt, 5. Auflage, Stuttgart.

SPRENGER, R. K. (1999): Mythos Motivation, Campus Verlag, Frankfurt/New York.

Richard Weber und Dieter Thiele

14 Auswirkung der Employability auf die Personalpolitik der Unternehmen des Karlsberg Verbundes

„Das Engagement jedes Einzelnen schafft die Voraussetzungen für Sicherheit und Selbstentfaltung innerhalb unserer betrieblichen Gemeinschaft".[1] Als wir 1991 diesen Satz in einer Leitbild-Klausur des Karlsberg Verbundes formulierten, dachte keiner an „Employability". Uns war damals aber klar, dass in einem Unternehmen, in dem der „Mensch im Vordergrund steht" und in dem der Grundsatz gilt „was dem Menschen dient, dient auch dem Unternehmen", bei einigen Mitarbeitern die Haltung aufkommen könnte: Liebes Unternehmen, sorg du allein für mich: für mein Auskommen, meine Zukunft und meine Weiterentwicklung!

14.1 Mitarbeiter müssen zu uns passen wie ein Maßanzug

Wir fühlen uns für die Mitarbeiter in unseren Unternehmen in hohem Maße verantwortlich. Wir erwarten jedoch in gleichem Maße von jedem Einzelnen die Bereitschaft, durch Eigeninitiative, Flexibilität und Eigenverantwortung dafür zu sorgen, dass er seine Beschäftigungsfähigkeit – seine „Employability" – erhält.

Die Erfahrung zeigt, dass dies auch von Seiten der Mitarbeiter so verstanden wird. Wir wollen sicherstellen, dass die Menschen, die zu uns kommen, in unsere Kultur der Eigenverantwortlichkeit, Selbststeuerung und Selbstorganisation passen, dass sie sich integrieren ohne sich anzupassen und sich engagieren aus innerer Überzeugung. Die einen sprechen von strategischer Personalpolitik, wir sprechen von Menschenorientierung. „Unsere personenbezogene Struktur erfordert eine Führung zum Anfassen", die „von persönlicher Nähe geprägt ist".

Das beginnt schon bei der Einstellung ins Unternehmen. Der neue Mitarbeiter muss zu uns passen, zum Unternehmen, der Funktion, den Produkten und den Menschen; passen wie ein Maßanzug. Er muss nicht nur gefallen, sondern passen. Um das zu erreichen, gehen wir nicht von standardisierten Anforderungsprofilen aus, sondern von funktionsspezifischen Profilen der zu besetzenden Stelle. Im Auswahlgespräch loten Personalabteilung und Fachbereich gemeinsam

---

[1] alle Zitate aus:
– Karlsberg (Januar 1992): Unser Leitbild 2000
– Karlsberg (Januar 1992): Leitsätze der Unternehmenskultur des Karlsberg Verbundes
– Karlsberg Brauerei (März 2003): Personalentwicklung der Karlsberg Brauerei

mit dem Bewerber nicht nur aus, ob er die notwendigen Qualifikationen mitbringt, sondern ob diese Funktion auch für ihn eine Perspektive darstellt. Eine Überqualifizierung des Bewerbers führt mit großer Wahrscheinlichkeit zu seiner Enttäuschung. Zum Beispiel fördern exzellente Fremdsprachenkenntnisse, die keine Chancen haben eingesetzt zu werden, bald die Unzufriedenheit. Lieber ist uns dann ein Bewerber mit einer leichten Unterqualifizierung, aber mit dem notwendigen Entwicklungspotenzial. Das schafft Anreiz, motiviert und fördert die Zufriedenheit und verhindert Frust durch Enttäuschung. Deshalb sind die Angaben in unseren Stellenanzeigen realistisch formuliert und wecken keine falschen Erwartungen. Kommunikations- und Teamfähigkeit steht dann in der Ausschreibung, wenn die Funktion dies auch erfordert und ermöglicht, wie z. B. im Kundenteam. Ein solcher Auswahlprozess setzt einen intensiven Dialog zwischen Personal- und Fachabteilung voraus. Einstellungen erfolgen nur im Konsens; das heißt alle Beteiligten müssen die Entscheidung mittragen können.

Wir haben das Ziel, zwei Drittel der freiwerdenden Stellen mit Mitarbeitern aus den eigenen Reihen zu besetzen. Dies ist ein wichtiges Signal für unsere Mitarbeiter, dass sich Leistung lohnt. Dies motiviert sie, sich zu engagieren. Die Erfahrung zeigt, dass eine Stelle, die intern besetzt wird, eine Mehrfachentwicklung ermöglicht. Wenn zum Beispiel die Stelle eines Verkaufsleiters zu besetzen ist und wir uns für einen internen Potenzialträger aus den Reihen der Gebietsverkaufsleiter entscheiden, dann kann ein Außendienstmitarbeiter nachrücken. Dessen freie Stelle kann dann mit einem Vertriebstrainee besetzt und ein neuer Trainee eingestellt werden. Es ist möglicherweise weniger aufwändig, gleich einen Verkaufsleiter von außen einzustellen, als das Prozedere des „Nachrückens" innerhalb des Unternehmens umzusetzen. Aber das Nachrückverfahren bietet für viele in der Organisation eine Entwicklungschance. Eine solche Praxis setzt eine entwicklungsorientierte Einstellung bei allen Beteiligten voraus.

Trotzdem stellen wir auch externe Bewerber ein. Zum Beispiel aus der Not heraus, wenn intern das spezifische Know-how trotz Entwicklungsplanung nicht vorhanden ist. Aber auch, um spezielles Markt-Know-how und Kundenbeziehungen „einzukaufen" oder um Veränderungsprozesse leichter gestalten zu können. Menschen, die von außen kommen, können unsere Organisation mit ihren Ideen, ihren positiven Erfahrungen, die sie in anderen Organisationen gemacht haben, und ihren alternativen Arbeitsweisen befruchten. Sie sind nicht mit der Vergangenheit belastet und packen viele Themen anders an. Wir erleben, dass die in anderen Unternehmen gemachte Erfahrung hilft, sich der besonderen Kultur im Karlsberg Verbund bewusst zu sein und das Positive zu schätzen. Durch die zahlreichen Übernahmen von Unternehmen in den Verbund haben wir gelernt, Menschen zu integrieren. Dabei hilft uns der Grundsatz „Akzeptanz der Andersartigkeit". Dieser lautet: „Nur Unterschiedliches kann sich ergänzen und befruchten. Unser Prinzip der Vielfalt umfasst auch die Vielfalt der Meinungen und Charaktere. Motor und Bremse haben einen gegensätzlichen Charakter. Dennoch sind beide notwendig, um schnell und sicher ans Ziel zu kommen." Oder: Wenn zwei immer die gleiche Meinung haben, ist einer überflüssig.

Um die Menschen zu finden, die zu uns passen, ist für uns mehr notwendig, als Anzeigen in der regionalen und überregionalen Presse zu schalten. Durch ein Netzwerk von Kontakten und Beziehungen zu Hochschulen, Beratern, Unternehmen und qualifizierten Mitarbeitern haben wir einen Pool von Kandidaten. Neben dem Geschäftsbericht und den Produkten sind es vor allem unsere Mitarbeiter selbst, die glaubhaft das Arbeitgeberimage im regionalen Umfeld aufbauen. Was und wie sie sich über das Unternehmen in ihrem privaten Bereich äußern, bestimmt das Bild in der Region. Menschen suchen Aufgaben, die sie erfüllen und die ihnen eine Perspektive bieten. Voraussetzung dafür ist, dass sie sich mit dem Unternehmen identifizieren.

14.2 Bindung an das Unternehmen durch Entwicklungsperspektiven und Möglichkeiten der Mitgestaltung

Oft haben wir den Satz gehört, dass gut qualifizierte Mitarbeiter auch attraktiv für den Arbeitsmarkt sind. Das würde in der Schlussfolgerung auch bedeuten, dass „Employability" die Gefahr fördert, dass die Mitarbeiter schneller das Unternehmen verlassen. Gute Mitarbeiter lassen sich jedoch in der Organisation halten, wenn sie eine Entwicklungsperspektive in ihren Aufgaben und damit einhergehend eine Gehaltsentwicklung sehen. Wichtig sind dabei Zufriedenheit und Spaß am Tun. Dazu tragen die Rahmenbedingungen wie zum Beispiel ein funktionaler Arbeitsplatz und eine angemessene Bezahlung bei. Der Mitarbeiter muss das Gefühl haben, innerhalb der Struktur des Unternehmens und im Vergleich zu seinen Kollegen gerecht entlohnt zu werden. Wichtiger ist jedoch die Wertschätzung, die er erfährt, die persönlichen und beruflichen Entwicklungsaussichten und die Möglichkeit, sich mit seinen Erfahrungen und Kompetenzen einzubringen. „Darüber hinaus bietet die Arbeit in Projektgruppen den Mitarbeitern die Möglichkeit, sich ihren Fähigkeiten und Neigungen entsprechend einzusetzen."

Wenn sich der Mitarbeiter weder überfordert noch unterfordert fühlt, dann fördert dies den Spaß an der Arbeit. Überforderung kann Angst machen, sorgt für Stress, fördert das Kranksein und verursacht Aufwand und Kosten. Unterforderung schafft Unzufriedenheit und Langeweile. Die abnehmende Konzentration führt zu Fehlern. Unzufriedene Mitarbeiter schaffen Unruhe, und eine Kündigung verursacht ebenfalls Aufwand. Deshalb „sollte jeder das tun, was er am besten kann".

Anerkennung erhält der Mitarbeiter zunächst durch seine Arbeit selbst, dann durch seine Führungskraft und seine Kollegen und als drittes durch seine Entlohnung und seine erworbenen Rechte. Als Motivationselement werden letztere dann bedeutsam, wenn sie abgebaut werden. Besonders demotivierend wirkt eine Reduzierung, die für das Umfeld wahrnehmbar wird und zu einem Gesichtsverlust führt. Jeder Mitarbeiter hat sich sowohl im Unternehmen als auch außerhalb ein Image erarbeitet. Nehmen wir ihm zum Beispiel einen angestammten Parkplatz weg, laden wir ihn zu einer wichtigen Veranstaltung nicht mehr ein oder halten wir ein gegebenes Versprechen nicht ein, dann stellt er sich die Frage, was bin ich dem Unternehmen eigentlich noch wert. Keine Gehaltserhöhung macht das wieder gut.

Die Führungskräfte sind aufgefordert dafür zu sorgen, dass die Mitarbeiter sich mit ihren Fähigkeiten einbringen können und eine persönliche und berufliche Entwicklungschance haben. Aber ganz im Sinne von „Employability" sind Offenheit und Lernbereitschaft für Neues gefragt. Wer auf seinem Gebiet das Höchstmaß seiner Leistungen erreicht hat, keine ins Gewicht fallenden Steigerungsmöglichkeiten mehr sieht, der Reiz des Fortschritts fehlt, dann ist es an der Zeit, sich neuen Feldern zuzuwenden. Der Mitarbeiter sollte sein persönliches Leitbild neu definieren, sich neue Ziele setzen, die ihm Raum zu neuer Entfaltung bieten. Auch die verschiedenen Altersstufen im Verlauf des Lebens erfordern die Entfaltung der ihnen entsprechenden Fähigkeiten.

Die richtigen Mitarbeiter zu finden, sie zu fördern und zu fordern ist eine wesentliche Aufgabe aller Führungskräfte. Sich dieser Aufgabe zu entziehen bedeutet, keinen Einfluss mehr zu nehmen auf den strategischen Erfolgsfaktor des Unternehmens: die Mitarbeiter. Für uns ist es der Mensch, der Märkte und Unternehmen gestaltet. Das bedeutet, dass unsere Mitarbeiter durch ihre Persönlichkeit das berufliche Umfeld aktiv beeinflussen und weiterentwickeln.

In Zeiten starker Veränderungen – die neben Aufbruchstimmung auch viel Verunsicherung schaffen – ist eine offene Kommunikation förderlich. Dieses Verhalten gibt dem Mitarbeiter Vertrauen zum Unternehmen. Auch wenn wir noch nicht sofort über Ergebnisse sprechen können, suchen wir doch den persönlichen Kontakt und informieren sehr früh über die Prozesse, die Absichten und weiteren Schritte. Dazu gehört auch darüber zu sprechen, wann die Mitarbeiter was von wem erfahren werden.

14.3 Sinnvermittlung durch „Unser Leitbild"

Zu Beginn seiner Tätigkeit erhält der neue Mitarbeiter nicht nur seinen Einarbeitungsplan. Ihm wird ein persönlicher Coach zugeteilt, der für seine Betreuung zuständig ist. Durch Gespräche mit Führungskräften und Kollegen fühlt er sehr schnell die vorhandene Kultur und kann sie aufnehmen. Gerade in einer großen Organisation ist eine systematische und strukturierte Einarbeitung bedeutsam. Nur so wird der „Maßanzug" zur zweiten Haut.

Die Personalentwicklung hat sicherzustellen, dass die Mitarbeiter über Einstellungen, Motivation, Kenntnisse, Fertigkeiten und Verhaltensweisen verfügen, die sie heute und zukünftig benötigen. Nur so können die Herausforderungen in unserem Wettbewerb erfolgreich bewältigt und dabei eine persönliche Zufriedenheit in der beruflichen Tätigkeit gefunden werden. Der Einstellung bzw. Motivation kommt dabei eine besondere Bedeutung zu, weil wir immer wieder erfahren haben, dass unsere Mitarbeiter durch ihre Motivation auch schnell Defizite in den Kenntnissen und Fertigkeiten ausgleichen konnten. Deshalb legen wir Wert darauf, dass unsere Mitarbeiter den Sinn ihres Handelns nicht nur kennen, sondern sich damit identifizieren können.

Bei der Entwicklung unseres Unternehmens-Leitbildes, das wir alle zehn Jahre neu erarbeiten, binden wir möglichst viele Mitarbeiter ein, damit es zu ihrem Leitbild wird. Darin finden sich Bilder, die zum Zeitpunkt des Entstehens eher Visionen als konkret erreichbare Ziele darstellen. Aber gerade darin liegen die großen Chancen unseres Leitbildes. Die Aussage von Antoine de Saint-Exupéry „Wenn du ein Schiff bauen willst, dann trommle nicht Männer zusammen, um Holz zu beschaffen, Aufgaben zu vergeben und die Arbeit einzuteilen, sondern lehre sie die Sehnsucht nach dem weiten, endlosen Meer.", spiegelt wider, was wir darunter verstehen.

14.4 Personalentwicklung als Erfolgsfaktor

Die Geschäftsleitung der Karlsberg Brauerei hat verschiedene Ziele für die Personalentwicklung erarbeitet. Sie sind abgeleitet zu einem kleineren Teil aus einem erlebten Mangel bzw. Defizit bei den Mitarbeitern, zum überwiegenden Teil jedoch aus der Notwendigkeit heraus, unsere unternehmerischen Ziele zu erreichen. Damit wird die Personalentwicklung zu einem strategischen Erfolgsfaktor, weil sie die Erreichung unserer Unternehmensziele aktiv unterstützt. Die Ziele wurden für jeden verständlich und nachvollziehbar formuliert. Oftmals müssen wir jedoch noch viel tun, um die Zielpunkte zu erreichen. Erreicht haben wir, dass es einen Konsens darüber gibt, in welche Richtung es mit welchen Schwerpunkten geht. Ohne diese von der Geschäftsleitung mit dem oberen Führungskreis festgelegten Ziele bestünde die Gefahr, dass Personalentwicklung zum Spielball der individuellen Interessen und möglicherweise zum Selbstzweck verkümmern würde.

14.5 Ziele der Personalentwicklung

Die Ziele der Personalentwicklung lauten im Einzelnen:

- Für freie Schlüsselpositionen stehen Mitarbeiter mit Potenzial aus den eigenen Reihen zur Verfügung.

- Es ist sichergestellt, dass Schlüsselpersonen bzw. -abteilungen über die notwendigen Kenntnisse, Fertigkeiten und Verhaltensweisen verfügen, um heute und zukünftig ihre Leistung zu erbringen.

- Gute Mitarbeiter werden durch eine systematische (Nachwuchs-) Förderung langfristig an Karlsberg gebunden.

- Die Führungskräfte sind kompetent und erbringen ihre vereinbarte Führungsleistung. Nur Mitarbeiter mit entsprechender Eignung werden als Führungskräfte eingesetzt.

- Durch Zielvereinbarungen ist sichergestellt, dass die Unternehmensziele konsequent umgesetzt werden.

- Fremdsprachen- und interkulturelle Kompetenz für das internationale Geschäft sind vorhanden.

- Es sind Voraussetzungen geschaffen, dass Mitarbeiter moderne Technologien und Verfahren anwenden.

Richard Weber und Dieter Thiele

14.6 Grundsätze der Personalentwicklung als Orientierung

Aus der erlebten Praxis über viele Jahre sind Grundsätze der Personalentwicklung entstanden, die den Beteiligten Orientierung geben. Grundsätze können nicht wie Gesetze alles regeln, aber sie sind wie Leitplanken, innerhalb derer sich alle bewegen können.

Wesentlich ist die erste Aussage „Personalentwicklung unterstützt die Erreichung der Unternehmensziele". Hier wird deutlich, dass Personalentwicklung zunächst einmal eine unternehmerische Dimension hat. Persönliche Entwicklungsziele, die nicht in die Entwicklungsziele des Unternehmens einzuordnen sind, fallen damit nicht weg, sondern werden durch individuelle Lösungen möglichst zur Zufriedenheit aller Beteiligten gefördert. Im Vordergrund jedoch stehen die Unternehmensziele, die es zu erreichen gilt, und dafür kann die Personalentwicklung einen wichtigen Beitrag leisten. Das kann sie jedoch nur dann, wenn sie ihre Aufgabe nicht nur darin sieht, Seminare anzubieten, sondern zielgerechte Lösungen zu entwickeln.

Personalentwicklung bedeutet für die Mitarbeiter eine Entwicklungschance im fachlichen, methodischen und persönlichen Bereich und in den zunehmend herausfordernden Aufgaben. Sie ist allerdings keine Karriereplanung im Sinne von: wenn ich das und das mache, bin ich in x Jahren in der y-Funktion.

„Personalentwicklung ist individuell orientiert, d. h. unter Berücksichtigung der übergeordneten Zielsetzungen auf die Person und die Funktion zugeschnitten." Auch wenn es gilt, Unternehmensziele zu erreichen, werden in der Entwicklungsarbeit die individuellen Voraussetzungen beachtet. Dies kann auch individuelle Maßnahmen wie z. B. ein Coaching zur Folge haben.

Im nächsten Grundsatz „bei Bedarf unterstützt die Personalentwicklung die Erreichung der abteilungs- bzw. unternehmensbezogenen Entwicklungsziele" wird deutlich, dass Personalentwicklung nicht nur einzelne Mitarbeiter, sondern ganze Abteilungen bzw. das gesamte Unternehmen in der Entwicklung unterstützt. Beispiele aus unserer Praxis zeigen, dass damit die größte Wirkung erzielt wird, weil ein organisationsweiter Entwicklungsprozess von allen Beteiligten durchlaufen wird.

Um zum Beispiel in der Logistik sowohl die Kundenzufriedenheit durch eine schnelle, fehlerfreie und freundliche Be- und Entladung als auch die interne Mitarbeiterzufriedenheit durch eine leistungsorientierte finanzielle Anerkennung zu fördern, wurde ein Bereichsentwicklungsprojekt aufgesetzt. Nach einer sorgfältigen Analyse wurde eine zu der Logistik passende Leistungsbewertung entwickelt, die folgende Ziele erfüllt: Sie fordert und fördert die Vorarbeiter, in ihre Führungsverantwortung zu gehen, und sie erkennt die individuelle Leistung der Mitarbeiter finanziell an. Durch die Mitarbeitergespräche werden persönliche Anerkennung, aber auch notwendige Entwicklungen sichergestellt. Damit diese Ziele erreichbar sind, musste ein Bewertungssystem entwickelt werden, das vom Betriebsrat und den Mitarbeitern akzeptiert wird und die Führungskräfte in ihrer Führungskompetenz stärkt. Vor der Einführung war ein umfangreiches Training erforderlich.

Als vor einigen Jahren Projektmanagement als Führungsinstrument unternehmensweit beschlossen wurde, genügte nicht ein Qualifizierungsprogramm für die Projektleiter, sondern mit

14 Auswirkung der Employability auf die Personalpolitik der Unternehmen

allen Beteiligten wurden auf Grund der erlebten Praxis die Grundsätze der Projektarbeit, die Vorgehensweisen und Instrumente erarbeitet. Da Projektarbeit neben dem Tagesgeschäft erledigt werden muss, stellt sie gerade für Potenzialträger eine besondere Bewährungs- und Entwicklungschance dar. Heute werden neue Mitarbeiter im Multiplikatorensystem durch erfahrene „alte" Projektleiter eingewiesen.

Da die Persönlichkeit der Mitarbeiter in einem menschenorientierten Unternehmen von besonderer Bedeutung ist, berücksichtigt die Personalentwicklung sowohl die fachliche und methodische Qualifizierung als auch die für die Funktion notwendige Persönlichkeitsentwicklung.

Die Aussage „Personalentwicklung ist flexibel und kann sich auf Grund der Situation verändern" verdeutlicht, dass keine Strategie für die Ewigkeit geschrieben ist, sondern sich schnell den geänderten Zielen, Umfeldbedingungen und betrieblichen Situationen anpassen muss.

Früher hat es den jungen Mitarbeitern, die als Auszubildende und Trainees zu uns kamen, genügt zu hören, wenn ihr euch engagiert und Leistung erbringt, dann habt ihr eine Zukunft bei Karlsberg.

Heute wollen unsere jungen Leute möglichst konkret hören, wie es mit ihnen weiter geht. Deshalb „ist die Auswahl und Qualifizierung der Auszubildenden und Trainees bedarfs- und zielorientiert und wird in der Personalplanung berücksichtigt."

Grundsätzlich sind Kosten der Personalentwicklung einem Veränderungsprojekt zuzuordnen und werden auch dort budgetiert.

„Bedeutende bereichsübergreifende Maßnahmen, die nicht in anderen Projekten berücksichtigt sind, werden in der Abteilung Personalentwicklung budgetiert."

Das Qualitätsmanagement erfordert über die Zertifizierung, dass „die Qualifikation der Mitarbeiter systematisch erfasst und dokumentiert wird."

„Training durch interne Mitarbeiter hat Vorrang vor externer Trainingsleistung; dies wird unterstützt und anerkannt und fördert die Entwicklung der internen Trainer." Diesen Grundsatz haben wir aufgenommen, weil wir mit dem internen Multiplikatorenkonzept, bei dem erfahrene Mitarbeiter ihre Kollegen qualifizieren, in verschiedenen Veränderungsprojekten gute Erfahrungen gemacht haben. So konnten alle Mitarbeiter innerhalb kurzer Zeit mit neuen PC-Anwendungen vertraut gemacht, Spezialistenwissen in den Kundenteams an die Kollegen vermittelt oder das Projektmanagement-Know-how weitergegeben werden. Voraussetzung ist jedoch, dass die Führungskräfte diese Trainingsaktivitäten auch aktiv unterstützen und anerkennen.

Um in einer Organisation mit über 2.500 Mitarbeitern eine interne berufliche Entwicklung zu ermöglichen und zu fördern, „sind der Karlsberg Verbund und die assoziierten Unternehmen der Personalmarkt, den wir als erstes nutzen".

14.7 Klare Verantwortlichkeiten in der Personalentwicklung

In der Personalentwicklung sind die Verantwortlichkeiten klar geregelt und es wird deutlich, dass in erster Linie die Führungskräfte die verantwortlichen Personalentwickler ihrer Mitarbeiter sind. „Für die systematische Ermittlung des Qualifizierungs- und Entwicklungsbedarfs und die Umsetzung der zielgerichteten Maßnahmen sind die Führungskräfte verantwortlich."

Aber ganz im Sinne von „Employability" sind die Mitarbeiter „mitverantwortlich, dass sie über die notwendigen Kenntnisse, Fertigkeiten und Verhaltensweisen verfügen, um heute und zukünftig ihre Leistung zu erbringen." Diese Mitverantwortung beinhaltet die gesamte Dimension, von der Bereitschaft, die angebotenen internen Qualifizierungsmöglichkeiten zu nutzen, bis hin zum selbstständigen Sorgen für die eigene Qualifikation auch außerhalb der Organisation. Das Unternehmen legt den Schwerpunkt darauf, die betrieblich notwendige Qualifikation sicherzustellen. Bisher werden dem Mitarbeiter dafür überwiegend während der Arbeitszeit kostenfrei Qualifizierungsmöglichkeiten geboten. In Zukunft wird der Anteil der Entwicklungsmaßnahmen außerhalb der regulären Arbeitszeit allein schon deshalb zunehmen, weil an abteilungsbezogenen Maßnahmen alle Mitarbeiter teilnehmen müssen.

Der Geschäftsleitung kommen dabei zwei wesentliche Verantwortlichkeiten zu: „Sie formuliert die übergeordneten Personalentwicklungsziele und schafft für deren Erreichung die Rahmenbedingungen und entscheidet über verhaltensorientierte Entwicklungs- und Qualifizierungsmaßnahmen." Durch den letzten Punkt wird sichergestellt, dass kein Wildwuchs im Bereich der Führungskräfteentwicklung entsteht, der unser spezielles Führungsverständnis verwässert.

Damit die Personalentwicklung auch systematisch umgesetzt wird, „werden alle Qualifizierungs- und Entwicklungsmaßnahmen im Planungsprozess erfasst, besprochen, priorisiert und durch die Geschäftsleitung genehmigt."

Die Abteilung Personalentwicklung hat die Aufgabe, „die Geschäftsleitung und die Führungskräfte in ihrer Verantwortung zur Personalentwicklung gegebenenfalls mit externer Unterstützung zu beraten und zu unterstützen."

Nach unserem Verständnis der Einbeziehung aller Beteiligten in wichtige Entscheidungsprozesse „wird der Betriebsrat bei allen bedeutenden Maßnahmen beteiligt".

In Abbildung 14-1 wird im Überblick deutlich, wer in welchen Prozessschritt verantwortlich eingebunden ist.

Um „Employability" zu Gewähr leisten, sind sicherlich auch Formen der Entwicklung gefordert, die in besonderem Maße ein eigenverantwortliches und selbständiges Lernen fördern.

So sind die kaufmännischen Auszubildenden ab dem ersten Lehrjahr für die Gestaltung ihres „Innerbetrieblichen Unterrichts" verantwortlich. Sie leiten im Wechsel die Veranstaltung, organisieren interne Referenten, bearbeiten gemeinsam Projekte und reflektieren ihre Ausbildung. Den jungen Menschen wird natürlich schnell klar, welche Qualifikationen sie benötigen, um diesen Anforderungen gerecht zu werden, und fordern diese ein. Sie werden ihnen dann praxisgerecht vermittelt, gegebenenfalls auch durch das Nachahmen ihrer älteren Kollegen. Die Ausbilder begleiten und beraten diesen Prozess.

Abbildung 14-1: *Prozess der Personalentwicklung der Karlsberg Brauerei*

Prozessschritt	Verantwortlich	Mitverantwortung	Unterstützung
1. Festlegung der übergeordneten Personalentwicklungs-Ziele und Rahmenbedingungen	Geschäftsleitung		Personalentwicklung
2. Systematische und zielgerichtete Ermittlung des Entwicklungs-Bedarfs der Mitarbeiter und der Abteilungen	Führungskräfte	Mitarbeiter	
3. Erarbeitung und Vereinbarung von Entwicklungs-Maßnahmen			
4. Entwicklung von Umsetzungskonzepten			
5. Planung der Budgets für Entwicklungs-Maßnahmen			
6. Priorisierung, Abstimmung und Entscheidung der Entwicklungs-Maßnahmen	Geschäftsleitung		
7. Umsetzung der Entwicklungs-Maßnahmen		Mitarbeiter	
8. Transfersicherung und Controlling der Umsetzung	Führungskräfte		Personalentwicklung

14.8 Employability als Ausdruck der Unternehmenskultur

Aus unserer Erfahrung können Unternehmen, die ihre Mitarbeiter wertschätzend behandeln, sie fordern und fördern, Eigenverantwortlichkeit und Selbststeuerung ermöglichen und Chancen zur Entwicklung bieten, auch dem Anspruch nach „Employability" der Mitarbeiter gerecht werden. „Beschäftigungsfähigkeit" kann nicht allein in der Verantwortung des Unternehmens liegen, sondern benötigt Mitarbeiter, die dafür aus eigener Motivation und Kraft heraus etwas tun. Dies setzt jedoch eine Unternehmenskultur voraus, die diese Denkweise und Haltung beim Mitarbeiter schätzt und fördert. Der eigenverantwortlich und selbständig handelnde Mitarbeiter muss grundsätzlich und ernsthaft vom Unternehmen gewollt sein. Wir denken, Menschen haben ein gutes Gespür für die Glaubwürdigkeit solcher Aussagen.

Jürgen Fuchs

15 Führen in Know-how-Unternehmen
Wenn die Mitarbeiter ihren Chef bezahlen

15.1 Das neue Kapital: Mensch statt Maschine

Marx und Marktwirtschaft: Seit über 100 Jahren wurden und werden diese Begriffe als gegensätzlich gebraucht, manchmal auch missbraucht. Wie feindliche Brüder stehen sie sich gegenüber. Aber jeder braucht den anderen zur eigenen Profilierung. Karl Marx prangerte an, dass beim Übergang vom Handwerk zur Fabrik die Menschen nicht mehr über die Produktionsmittel verfügen. Handwerksmeister und Gesellen hatten noch ihr eigenes Werkzeug. Die Fabrikhallen und Maschinen waren aber jetzt in der Hand von Kapitalisten, die ihre Arbeiter zu „Sklaven" machten. Er beklagte auch die „Entfremdung von der Arbeit", weil die Arbeiter keine Gewerke mehr erstellen konnten. Die Produktion wurde in kleine Schritte zerlegt. Die Menschen mussten einfache, vorgeschriebene Handgriffe verrichten. So sahen und sehen sie nicht das Ergebnis, den Wert und Sinn ihres Tuns.

Was würde Marx wohl in seinem Buch „Das Kapital" schreiben, wenn er die Wissens- und Dienstleistungs-Unternehmen vor Augen hätte, z. B. Investmentbanken oder Consulting-Unternehmen, Versicherungsmakler oder Wirtschaftsprüfer und exzellent geführte Hotels? Aber auch die Handwerksbetriebe mit qualifizierten Leuten und die ganz „normalen" Dienstleistungsunternehmen wie Banken, Sparkassen, Versicherungen oder Reisebüros, die sich nur durch die Fähigkeiten und Fertigkeiten ihrer Mitarbeiter differenzieren können. Ihre Produkte und Prozesse werden immer leichter austauschbar. In diesen Unternehmen sind die Mitarbeiter und ihr Wissen die wesentlichen Produktionsmittel. Sie sind jetzt das Kapital. Das, was sie vermögen, ist das Vermögen des Unternehmens, sein Leistungs-Vermögen. Nur durch die Leistung der Mitarbeiter für die Kunden kommt Geld in die Kassen der Unternehmen.

Eine wesentliche Konsequenz: Das Unternehmen und sein Management können jetzt nicht mehr über seine Produktionsmittel „verfügen". Die Wissens-Träger, das so genannte „Intellectual Capital", kann man nicht besitzen. Ein Unternehmen kann nur dafür sorgen, dass es für die Menschen attraktiv ist – mit seiner Unternehmenskultur. Wenn die Mitarbeiter wirklich der Mittelpunkt sind und nicht Mittel, dann kommen sie gerne, dann bleiben sie gerne.

In den Wissens- und Dienstleistungs-Unternehmen sind die Mitarbeiter zwar noch Arbeitnehmer. Aber der Arbeitgeber ist nicht mehr der Chef, sondern der Kunde. Dieser gibt die Arbeit – oder auch nicht. Der Kunde erkundigt sich überall, jetzt auch über Internet. Er macht sich kundig und gibt dann Kunde – eine Nachricht, Anfrage oder einen Auftrag. Das ist Marktwirtschaft pur. Kundige Kunden wollen kundige Mitarbeiter, die kompetent, informiert und entscheidungsfähig sind, die in unserem Unternehmen nicht durch Manager dressiert und durch Richt-

Jürgen Fuchs

linien abgerichtet werden. Für das Wohl dieser Menschen würde Marx mehr Marktwirtschaft fordern und weniger Gängelung – innerhalb und außerhalb der Unternehmen. Dann können sie ihre Leistungsfähigkeit voll entfalten und entwickeln. In der Wissens- und Dienstleistungsgesellschaft widersprechen sich die Forderungen von Marx und die Gesetze der Marktwirtschaft nicht mehr.

Das klingt doch zu schön, um wahr zu sein! Wo ist der Haken? Warum spüren wir diese Prinzipien nicht in allen Unternehmen? Die Antwort ist ganz einfach. Die meisten Unternehmen verharren heute noch in den industriellen und frühkapitalistischen Vorstellungen, insbesondere:

- bei ihren Struktur-Modellen
- bei ihren Führungs-Praktiken
- bei ihren Karriere-Bildern
- bei ihren Vermögens-Begriffen

Das wird sich aber in Zukunft ändern: Denken in Netzen wird das Denken in Pyramiden ergänzen, vielleicht sogar ersetzen.

15.2 Die neuen Strukturen: Netze statt Pyramiden

Das gängige Strukturmodell im Unternehmen ist immer noch die Pyramide mit dem Chef an der Spitze, den Mitarbeitern unten und den Kunden manchmal ganz unten. Die Zukunft gehört horizontalen Netz-Strukturen – nicht nur bei virtuellen Unternehmen, sondern auch innerhalb der Firmen. Prinzipien der Marktwirtschaft müssen und werden auch innerhalb der Unternehmen gelten. Zentralbereiche arbeiten dann als Dienstleistungs-Zentren für die anderen Leistungs-Zentren, z. B. Produktion oder Vertrieb. Das Unternehmen ist organisiert wie ein Marktplatz, auf dem jeder nach marktwirtschaftlichen Prinzipien sein Wissen und seine Leistungen an den Mann bringen kann und muss. Jeder Arbeitsplatz hat ein Gesicht und jeder Arbeitsplatz hat Kunden, externe oder interne. All diese Geschäftspartner agieren „auf gleicher Augenhöhe" als echte Partner, wie auf einem richtigen Marktplatz. Das heißt, der Mitarbeiter arbeitet nicht mehr für seinen Chef, sondern für seinen Kunden, seinen Arbeitgeber. Von diesem holt er sich auch sein Lob, sein Feedback. Auf gleicher Augenhöhe und nicht wie ein Hund, der zu Herrchen aufschaut.

15.3 Die neue Führung: Wert-Schöpfung durch Wert-Schätzung

Viele Manager definieren sich heute noch durch das Pyramidenmodell eines Unternehmens. Sie sind Vorgesetzte, die den Mitarbeitern vorgesetzt wurden. Und sie stehen über ihren Untergebenen, die sind unten und geben. Aus diesem Bild leitet sich auch das Führungsselbstverständnis ab. Etwas überspitzt heißt dies: kommandieren, kontrollieren und korrigieren. Denn die Mitarbeiter sind schlechter ausgebildet, unfähiger und unwilliger als ihr Chef. So das Klischee.

In der Wissens- und Dienstleistungs-Gesellschaft haben wir es allerdings mit Know-how-Trägern zu tun, für deren Leistung der Kunde bereit ist, viel Geld zu bezahlen. Sie geben ihre Personalverantwortung morgens nicht an der Pforte ab. Sie übernehmen Verantwortung für ihr Handeln und auch für ihr Nicht-Handeln. Sie müssen, können und dürfen selbst entscheiden; auch schon vor 17.00 Uhr und nicht nur abends als Vorstand im Verein oder in der Familie.

Welche Aufgaben haben jetzt die Führungskräfte in solchen Unternehmen? Führung wird dort definiert als eine Dienstleistung an dem Mitarbeiter als Kunde der Führungskraft. Die als wichtige Dienstleistungen erbringt:

- kommunizieren
- kooperieren
- konzentrieren

Die Führungskräfte müssen die Kräfte fokussieren, eine klare Strategie festlegen und vertreten. Wesentliche Führungsleistungen für die Mitarbeiter sind:

- Orientierung geben und Mitarbeiter inspirieren
- Mut machen und optimale Rahmenbedingungen schaffen
- Personalentwicklung im Sinne von Vermögensentwicklung

In diesem Sinne agieren die Führungskräfte als „Vermögensberater", die den Shareholder Value dadurch steigern, dass die Mitarbeiter mehr vermögen. Für diese Leistungen werden Führungskräfte „von ihren Mitarbeitern bezahlt". Für diese Leistungen holen sie sich auch ihr Feedback von den Mitarbeitern – auf gleicher Augenhöhe. Marktwirtschaft gilt jetzt auch für Führungskräfte. Das marktwirtschaftliche Prinzip innerhalb von Firmen besagt:

- Der Kunde bezahlt den Mitarbeiter – für seine Leistungen.
- Der Mitarbeiter bezahlt den Chef – für seine Leistungen.
- Die operativen Einheiten bezahlen die zentralen Stellen – für ihre Leistungen.

Zentrale Stäbe stehen – wie der Name schon sagt – im Zentrum des Marktplatzes im eigenen Unternehmen und nicht oben an deren Spitze.

Jürgen Fuchs

15.4 Die neue Karriere: Werde-Gang statt Auf-Stieg

Gängige Karrierevorstellungen orientieren sich am Bild der Pyramide aus der traditionellen Industriestruktur. Karriere hieß damals überspitzt formuliert: Aufstieg in die Unproduktivität. Die Tarifsysteme und Statussysteme im Unternehmen lassen es üblicherweise nicht zu, dass „produktive" Mitarbeiter mehr Geld bekommen oder einen höheren Status als ihre Chefs haben. Deswegen passiert es immer wieder, dass man gute Fachleute zu schlechten Führungskräften macht, nur damit man ihnen mehr Geld geben kann. Nach marktwirtschaftlichen Prinzipien verdient derjenige mehr Geld, der mehr vermag und bei seinen Kunden mehr bewirkt. Er soll es nicht nur verdienen, sondern auch bekommen. Deshalb bedeutet Karriere in der Wissens- und Dienstleistungsgesellschaft nicht mehr „Aufstieg auf einer Leiter", sondern „wertvoller werden" durch Wachsen an Fähigkeiten, Fertigkeiten und Wissen.

Werdegang bedeutet gehen und dadurch werden. Jobrotation und Mehrfachqualifikation erweitern den Horizont und geben Sicherheit bei der Bewältigung komplexerer Aufgaben. In den Zeiten vor Taylor und Ford machte man Karriere durch seine Lehr- und Wander-Jahre. Heute sind das die Lern- und Wandel-Jahre. Und die dauern das ganze Leben lang. Karriere heißt jetzt Vermögensentwicklung: mehr vermögen, größere Komplexität bewältigen und mehr Wert beim Kunden schaffen. Fach- und Führungsaufgaben werden gleichrangig und der Wechsel zwischen Fach- und Führungsrollen selbstverständlich – alles im Sinne einer „Kompetenz-Karriere". Jetzt kann und soll *jeder* Karriere machen, ohne „unproduktiv" werden zu müssen. Diese Vermögensentwicklung ist ein wohl verstandener Shareholder Value. Unternehmensinteressen und Mitarbeiterinteressen wachsen zusammen. Unternehmen und Mitarbeiter wollen wachsen an Wissen und Wert, für den externen und internen Kunden. Das ist lebendige Marktwirtschaft.

15.5 Der neue Weg: Marktwirtschaft statt Richtlinien

Diese Gedanken mögen revolutionär wirken, sind es aber nicht. Heinrich Nordhoff, langjähriger VW-Chef, sagte in den 70er Jahren: „Wirklich wertvoll in einem Unternehmen sind nicht die Maschinen und Fabrikhallen, sondern die Menschen, die darin arbeiten, und der Geist, in dem sie es tun". Mit Gruppenarbeit verlagerte man mehr Verantwortung „nach unten", und bei Porsche sagte ein Meister: „Meine Aufgabe als Führungskraft ist, dafür zu sorgen, dass die mir anvertrauten Mitarbeiter ihr teures Gehalt in Stuttgart-Zuffenhausen wert sind und auch wert bleiben". Durch Training und Job-Rotation sorgte er dafür, dass jeder Mitarbeiter alle Tätigkeiten beim Bau eines Motors beherrscht. Der Mitarbeiter darf und braucht nicht mehr an einer Stelle stehen und wenige Handgriffe verrichten. Jetzt baut er den Motor vollständig alleine. Zur Qualitätskontrolle kennzeichnet er ihn mit seinem guten Namen. Bei Porsche wird die von Karl Marx so beklagte „Entfremdung von der Arbeit" dadurch beseitigt, dass der Mitarbeiter wieder ein Gewerk erstellt, einen kompletten lauffähigen Motor. Die Banken und Versicherungen arbeiten daran, die „fallabschließende" Sachbearbeitung mit entsprechender EDV-Unterstützung einzuführen.

„Von Marx zur Marktwirtschaft" ist also nicht nur ein Weg für Dienstleistungsunternehmen, sondern für alle, bei denen das Wissen von Mitarbeitern der wesentliche Produktionsfaktor ist. In solchen Unternehmen haben Marx und Shareholder dasselbe Interesse: Das Management muss die Mitarbeiter gut behandeln, zum Blühen und zum Wachsen bringen. Denn Frust frisst Gewinne.

Wissen ist ein tolles Mittel, um damit Geld zu verdienen: Man hat es. Man verkauft es. Und man hat es dann immer noch. Wissen ist ein Rohstoff, der sich beim Gebrauch nicht verzehrt, sondern noch wertvoller wird – weil die Mitarbeiter etwas dazu gelernt haben. Wertvolles Wissen hat aber zwei „Nachteile". Erstens ist es an Menschen gebunden. Wir finden es nur zwischen den Ohren der Menschen, als „Know-how", als „Gewusst wie". Und zweitens kann kein Chef seine Mitarbeiter per Anweisung oder Druck dazu zwingen, ihr Wissen zu nutzen, es zu erweitern oder sogar mit Kollegen zu teilen. Er kann aber die Menschen begeistern und entfesseln, damit sie sich entwickeln, entpuppen und entfalten: wie Schmetterlinge. Schon in Abschnitt 8.3 wurde dazu sehr passend A. de Saint-Exupéry zitiert.

15.6 Führen von Führungskräften

Zwischen dem Führen von Führungskräften und dem Führen von Mitarbeitern gab es in der streng hierarchischen oder bürokratischen Arbeitswelt wenig Unterschiede. In der marktwirtschaftlichen Dienstleistungs- und Know-how-Welt ist das jedoch anderes:

- Der Mitarbeiter arbeitet für *einen* Kunden,

- die Führungskraft hat aber *mehrere* Kunden-Gruppen:
  - die Mitarbeiter,
  - die externen Kunden und
  - die Shareholder.

Führungskräfte haben also die vielfältige Interessen ihrer Kunden-Gruppen auszubalancieren. Und sie müssen bei ihren Kunden Wirkung erzielen. Gestalten, nicht nur verwalten!

Solche Führungskräfte zu führen und zu bewerten hat sich in der Praxis als sehr anspruchsvoll herausgestellt. Deshalb greift man auch gelegentlich zu 360°-Beurteilungen. Wir bei CSC Ploenzke gehen da noch weiter. Mit über 5.000 Mitarbeitern gelten wir als ein führendes Beratungs- und Dienstleistungsunternehmen der IT-Branche. Wenn wir diese Stellung ausbauen wollen, brauchen wir Menschen, die führen wollen und führen können. Deshalb setzten wir sehr stark auf den professionellen Dialog zwischen der Führungskraft und ihrem Chef. „Führend sein" ist kein Zustand - nichts, was einem zusteht. Sondern etwas, das entsteht, wenn Menschen Menschen führen. Bei CSC Ploenzke richtet sich dieser Anspruch besonders an Führungskräfte, die Führungskräfte führen.

Zur Unterstützung dieses Führungs-Dialogs hat sich bei uns ein Instrument bewährt, das die vielfältigen Leistungen einer Führungskraft für ihre Kunden und ihre Fähigkeiten übersichtlich

Jürgen Fuchs

darstellt und so das Führungsgespräch erleichtert, das bei uns *„Strategie- und Feedback-Gespräch"* heißt. Dieses „S+F-Gespräch" wird im Folgenden etwas detaillierter dargestellt.

15.7 Führungskräfte haben Kunden: Mitarbeiter, externe Kunden und Shareholder

Führungskräfte sind – auch bei uns – nicht automatisch in der Lage, entsprechende Wirkungen zu entfalten und die notwendigen Kompetenzen vorzuweisen. Daher hat sich auch bei uns die Frage gestellt, wie wir unsere Führungskräfte unterstützen können, diesem Leadership-Anspruch gerecht zu werden. Klassisch bieten sich entsprechende Entwicklungsprogramme an, durch einschlägige Business Schools oder durch hausgemachte Veranstaltungen. Bevor sich jedoch die Frage nach Entwicklungsprogrammen stellt, ist es erst mal notwendig, eine „Standortbestimmung" für jede Führungskraft zu machen. Welchen Beitrag soll sie für ihre „Kunden" liefern? In welchem Umfang lebt sie bereits Leadership? Wie wirksam sind ihre Führungsleistungen? Wenn unsere Führungskräfte erkennen wollen, wie sie ihr Leadership-Profil weiter entwickeln können, brauchen sie ein qualifiziertes Feedback von *ihrer* Führungskraft. Schließlich ist sie ja deren Kunde.

Dies ist in der Praxis alles andere als selbstverständlich. Eine Führungskraft scheint allein dadurch, dass sie Führungskraft ist, über „heldenhafte" Fähigkeiten zu verfügen. Die Frage nach Feedback suggeriert eher Unsicherheit – und wer ist schon gerne unsicher. Darüber hinaus sind unsere Führungskräfte so sehr in das Tagesgeschäft eingebunden, dass sie weder Zeit noch Muße haben, sich Feedback zu holen oder Feedback zu geben. Wie es uns dennoch gelungen ist, das Führen von Führungskräften erfolgreich im Unternehmen zu etablieren, soll dieser Beitrag aufzeigen. Vor dem Hintergrund des Selbstverständnisses von Führung bei CSC Ploenzke stellen wir das Strategie- und Feedback-Gespräch als Feedbackinstrument für unsere Führungskräfte vor.

15.8 Das Selbstverständnis von Führung bei CSC Ploenzke

Bei CSC Ploenzke geht es weniger um die klassische Frage, was eine gute Führungskraft auszeichnet (Führungsstil, Eigenschaften, Merkmale), sondern darum, wie wirksam die Führungskraft ist und welchen Nutzen sie stiftet.

- Führung à la CSC Ploenzke heißt:
  Strategie festlegen und Wirkung erzielen

Aus unserer Sicht verkörpern unsere Führungskräfte im Wesentlichen drei Rollen. Sie sind *Trendscouts, Visionäre* und *Enabler*. In diesen Rollen erbringen sie spezifische Leistungen für ihre Kunden, ihre Mitarbeiter, ihren Markt und ihre Shareholder. Der *Trendscout* erkennt Trends

Abbildung 15-1: *Die Führungskraft bei CSC Ploenzke: Ihre Kunden, Fähigkeiten, Leistungen und Wirkungen*

Wirkung für CSC Ploenzke
- Attraktivität
- Vertrauen
- Vorsprung
- Wirtschaftlicher Erfolg

Führungskraft — Leadership-Fähigkeiten — **Leistungen** → **Kunde der Führungskraft**
- Mitarbeiter
- externer Kunde
- Markt
- CSC

Leadership-Fähigkeiten
- Beziehungs-Orientierung
- Ergebnis-Orientierung
- Innovations-Orientierung
- Stabilitäts-Orientierung

Kernleistungen
- Trendscout: erkennt Trends und Gesamtzusammenhänge, analysiert diese auf ihre Bedeutung für den Markt, Kunde, Mitarbeiter, CSC
- Visionär: schafft kraftvolle Bilder, gibt dadurch Orientierung und begeistert Menschen
- Enabler: hilft dem Partner, die notwendigen Entscheidungen abzuleiten und umzusetzen

Nutzenkategorien
- Potenziale erschliessen
- Wettbewerbsfähigkeit erhöhen
- Zukunftsfähigkeit sichern

---

auf dem Markt und in der Technologie. Er analysiert diese auf ihre Bedeutung für seinen Kunden, Kollegen und Mitarbeiter. Als *Visionär* erkennt er Gesamtzusammenhänge und inspiriert sein Umfeld. Er schafft kraftvolle Bilder und gibt dadurch Orientierung. Und als *Enabler* hilft er, die notwendigen Entscheidungen zu treffen und umzusetzen. So schafft er in seinem Umfeld Vertrauen für sich und CSC Ploenzke. Er erzielt Wirkung und steigert das Vermögen des Unternehmens: Das was das Unternehmen vermag. Und genau das interessiert eine wichtige Gruppe seiner Kunden: seine Shareholder. Abbildung 15-1 verdeutlicht diesen Gedankengang.

Jeder, der als Führungskraft im Tagesgeschäft agiert, kennt aber die alltäglichen Dilemmata, denen er in seinem Handeln gerecht werden muss. So muss er beispielsweise immer wieder ausbalancieren. Lege ich mehr Wert auf die *Ergebnis*orientierung in einer Situation oder ist mir die *Menschen*orientierung in diesem Zusammenhang wichtiger. Dies kann kurzfristig die Ergebnisorientierung negativ beeinflussen, aber langfristig positiv auf das Ergebnis wirken. Es lassen sich ohne Mühe weitere Beispiele aufzeigen, die eine hohe Anforderung an Führung bedeuten: adäquat mit gegensätzlichen Interessen umgehen zu können. Deshalb lautet ein zweiter Grundsatz:

Jürgen Fuchs

■ Führen à la CSC Ploenzke heißt:
Widersprüchliche Ziele und Interessen erfolgreich auszubalancieren

Eine letzte wichtige Facette im Kontext von Führung ist das grundsätzliche Verhältnis von Führungskraft und Mitarbeiter. Die klassischen Bilder beschreiben die Führungskraft als Vorgesetzten, den Mitarbeiter als Untergebenen – er ist unten und gibt. Auch wenn diese Wortwahl immer mehr ausstirbt, so erscheint nach wie vor vielen das Machtverhältnis so, dass die Führungskraft – spätestens im Konfliktfall – das Sagen hat und der Mitarbeiter sich fügen muss. Doch in anspruchsvollen beruflichen Zusammenhängen, wo das Know-how der Mitarbeiter maßgeblich über Erfolg oder Misserfolg entscheidet, erzielen derartige Verhaltensweisen eine verheerende Wirkung. Dementsprechend verändern sich die klassisch hierarchisch geprägten Bilder immer mehr zu partnerschaftlichen Vorstellungen, die Führungskraft und Mitarbeiter als zwei Menschen verstehen, die aus ihrer jeweiligen Rolle heraus ihre Leistungen erbringen, die letztendlich zum gemeinsamen Erfolg beitragen. Akzeptiert man darüber hinaus den Sachverhalt, dass in einem Beratungs- und Dienstleistungs-Unternehmen wie CSC Ploenzke die Mitarbeiter die direkte Wertschöpfung erzielen, dann erscheint der letzte Grundsatz gar nicht mehr so revolutionär oder abwegig:

■ Führen à la CSC Ploenzke:
Das ist eine Dienstleistung für Menschen.

15.9 Das „Strategie- und Feedback-Gespräch" als Instrument zum Führen von Führungskräften

Vor dem Hintergrund des vorgestellten Führungsverständnisses bei CSC Ploenzke verfolgen wir mit dem „Strategie- und Feedback-Gespräch" im Wesentlichen vier Zielsetzungen:

■ Aufzeigen der Unternehmens-Strategie und der Trends, die unser Handeln beeinflussen

■ Reflexion und Einschätzung des *Leadership-Profils* der Führungskraft anhand konkreter Merkmale von Führung

■ Reflexion und Einschätzung der *Leadership-Leistungen* der Führungskraft anhand konkreter Leistungsbeschreibungen

■ Vermitteln von strategiekonformen Zielen und Aufzeigen von Richtungen, in die sich die Führungskräfte mit ihren individuellen Fähigkeiten und Potenzialen entwickeln sollen und können

■ Vereinbarung konkreter Umsetzungsschritte

Das Instrument gliedert sich dementsprechend in mehrere Teile: **Leadership-Profil, Leadership-Leistungen**, Zielvereinbarungen und Maßnahmen. Zu allem wird in dem jährlichen Strategie- und Feedback-Gespräch Stellung genommen. Dabei kommt es auf den Dialog zwischen beiden Partnern an, der nur dann erfolgreich sein kann, wenn das Prinzip „der gleichen Augen-

15 Führen in Know-how-Unternehmen

Abbildung 15-2: Das „Leadership-Profil" einer Führungskraft

Innovations-Orientierung
- Verkörpert Chancendenken
- Ist begeisterungsfähig und inspirierend
- Denkt positiv und zielorientiert
- Ist kreativ und mutig

Beziehungs-Orientierung
- Achtet Menschen als Person und Persönlichkeit
- Schenkt und gewinnt Vertrauen
- Kann Zuhören
- Tut, was er sagt
- Kommuniziert verständlich und gewinnend
- Handelt glaubwürdig
- Zeigt Einfühlungsvermögen
- Ist kritikfähig („geben und nehmen")

Ergebnis-Orientierung
- Hat Blick für das Ganze
- Konzentriert sich auf das Wesentliche
- Handelt unternehmerisch
- Handelt zielorientiert
- Erkennt Stärken und nutzt diese (auch die eigenen)
- Zeigt innere Unabhängigkeit
- Ist entscheidungsfreudig und durchsetzungsfähig

Stabilitäts-Orientierung
- Ist integer, konsequent und verlässlich
- Ist verantwortungsbewusst
- Ist glaubwürdig und kalkulierbar
- Zeigt Nachhaltigkeit

Skala: stark wahrnehmbar – wahrnehmbar – kaum wahrnehmbar

---

höhe" eingehalten wird. Die klassische „vertikale Macht-Beziehung" soll bei uns durch eine „horizontale Kunden-Beziehung" ersetzt werden.

Deshalb erstellen sowohl die Führungskräfte als auch ihre Chefs das **„Leadership-Profil"**. Dabei kann es durchaus zu Unterschieden bei der Fremd- und Selbst-Einschätzung kommen. Die Grafik dient dabei als Hilfe bei der Beantwortung folgender Fragen:

- In welchem Umfang lebe ich jede einzelne der vier Dimensionen von Leadership?
- Wie weit sind sie wahrnehmbar?
- Wo sind meine aktuellen Entwicklungsfelder?

Auf jeder Halbachse der vier *Leadership-Dimensionen* wird der Ausprägungsgrad markiert (siehe Abb. 15-2).

Jürgen Fuchs

Abbildung 15-3: *Die Leadership-Leistungen (Ausschnitt: Leistungen für die Mitarbeiter)*

[Grafische Darstellung mit vier Achsen: Mitarbeiter/-innen, Markt, CSC, Kunden, mit Bewertungsskalen "stark wahrnehmbar" bis "kaum wahrnehmbar"]

Mitarbeiter/-innen:
- Verhält sich loyal zum Mitarbeiter auf dem Hintergrund der Unternehmenswerte
- Kooperiert, unterstützt und nutzt die Dienstleistungen von CSC im Bereich Human Capital Management
- Sorgt für Projekt- und Marktfähigkeit des Mitarbeiters (z.B. attraktive Projekteinsätze und zielgerichtete, systematische Skillentwicklung)
- Führt professionelle Gespräche mit Mitarbeitern (z.B. Bewerbungsgespräch, B+F-Gespräch, S+F-Gespräch, Konflikt-Gespräch, Exit-Gespräch)
- Sorgt für einen professionellen Integrationsprozess (z.B. Begrüßungsgespräch, Leben des Patenkonzeptes, Unterstützung beim Aufbau von Netzwerken)
- Schafft Identifikation und Bindung des Mitarbeiters mit CSC (z.B. Karriereentwicklung, Visions- und Strategievermittlung, Freiräume schaffen, emotional events)
- Schafft attraktive Arbeitsbedingungen (z.B. konsequentes Anwenden der BV AO und der BV PEW, attraktive Arbeitsplatz, transparente Gehaltsfindung

---

Im zweiten Teil des Gespräches gilt es, auf der Grundlage der bisher getroffenen Einschätzung die **Leadership-Leistungen** für die Kunden unserer Führungskräfte zu besprechen. Für diesen Teil benutzen die Gesprächspartner eine weitere grafische Darstellung, die in den beiden Abbildung ausschnittsweise für Mitarbeiter bzw. Kunden dargestellt werden (siehe Abb. 15-3 und 15-4). Entsprechende Verfeinerungen gibt es auch für die Führungsleistungen zum Markt und zu den CSC-Shareholdern.

Um zu entsprechenden Einschätzungen zu gelangen, werden folgende Fragen gemeinsam diskutiert und beantwortet:

Abbildung 15-4: *Die Leadership-Leistungen (Ausschnitt: Leistungen für die Kunden)*

Mitarbeiter/-innen (kaum wahrnehmbar)

Markt (kaum wahrnehmbar)

CSC (kaum wahrnehmbar)

Kunden (stark wahrnehmbar)

- Impulse, Ideen und Anregungen für Marktentwicklung geben
- Strategische Beratung der Keyplayer beim Kunden
- Menschen beim Kunden gewinnen und begeistern
- Bedürfnisse des Kunden identifizieren und kommunizieren
- Das Leistungsspektrum von CSC orchestrieren
- Lösungen schaffen
- Resultate und sichtbare Erfolge für Kunden und CSC erreichen
- Beziehungsmanagement als Nutzenstifter beim Kunden inkl. Reklamationshandling
- Vertragsabschlüsse schaffen
- Türöffnen für weitere CSC-Kollegen

- Wie stark waren die Leadership-Leistungen wahrnehmbar? In welchen Bereichen sollen sie sich in der Zukunft stärker entwickeln?
- Wie viel Zeit und Energie hat die Führungskraft in den letzten 3–6 Monaten für die vier Felder Markt, Kunden, Mitarbeiter, CSC verwendet?
- Was ist ihr leicht gefallen? Was ist ihr schwer gefallen?

Bei diesen Überlegungen dienen die den einzelnen Feldern zugeordneten Hauptleistungen als Orientierung, um für die Zukunft die Leistungsschwerpunkte festzulegen. Den Abschluss des

Jürgen Fuchs

Gespräches bildet die Vereinbarung von Zielen und Maßnahmen, die sich aus den bisherigen Ergebnissen und der Strategie des Unternehmens für die Zukunft ergeben. Da die Technik von Zielvereinbarungen mit Führungskräften Allgemeingut ist, verzichten wir hier auf eine ausführliche Beschreibung.

In der Praxis haben sich bei CSC Ploenzke diese Darstellungen sehr gut zur Unterstützung des Dialogs einer Führungskraft mit ihrem Chef bewährt. Sie zeigen einerseits das vielfältige Leistungsspektrum einer Führungskraft auf und erleichtern aber auch durch ihre Übersichtlichkeit die Gesprächsführung. Sie sind eine sehr gute Hilfe, um den Gesprächen mehr Substanz zu geben und qualifiziertes Führen von Führungskräften zu ermöglichen. Und sie lenken nicht durch eine filigrane Schein-Objektivität vom Wesentlichen ab: dem Dialog zwischen zwei Persönlichkeiten, die „auf gleicher Augenhöhe" miteinander kommunizieren.

Ian Walsh

16 Personalentwicklung unter dem Aspekt der interkulturellen Anforderungen an das Management

Die sechs chinesischen Gäste kamen früh morgens am Londoner Heathrow Airport an[1]. Sie wurden zum Hotel gefahren und anschließend zur offiziellen Begrüßung an die Zentrale des britischen Unternehmens. Dort mussten sie zunächst einmal eine Viertelstunde in einem kleinen Besprechungszimmer warten, bis alle britischen Teilnehmer anwesend waren und der Gastgeber, Verkaufs- und Marketingdirektor für China, ein wichtiges Telefongespräch aus Übersee erledigt hatte. In der Zwischenzeit stellten sich die Briten inoffiziell vor und versuchten, Smalltalk zu machen. Dies war schwierig, denn die Delegation hatte trotz Abmachung keinen Dolmetscher dabei. Ein Dolmetscher wurde relativ schnell gefunden aber die Gespräche liefen schleppend. Als der Verkaufsdirektor kam, konnte die Sitzung endlich beginnen. Der Gastgeber redete fast die ganze Zeit, stellte seine Kollegen vor und erläuterte das Besuchsprogramm. Nachdem der offizielle Teil nun vorbei war, wurde ein bisschen geplaudert. Zwei Chinesen ergriffen die Initiative und hielten kurze Reden, um sich für die Begrüßung zu bedanken.

Die zweite Delegation enthielt auch sechs chinesische Ingenieure. Sie kamen schon am Tag vor der ersten Sitzung in London an. Weil es Sonntag war, taten sie weiter nichts, als sich zu erholen. Die Begrüßung am nächsten Vormittag fand im gleichen kleinen Besprechungszimmer statt wie bei der ersten Gruppe. Diesmal war ein technischer Dolmetscher anwesend, weil man aus der ersten Sitzung gelernt hatte, dass technische Kenntnisse notwendig waren. Die Begrüßungssitzung lief glatt und ohne Wartezeiten ab. Der Gastgeber, diesmal der Betriebsdirektor, hieß die Gäste willkommen, ließ die britischen Mitarbeiter sich vorzustellen und bat die Chinesen anschließend sich vorzustellen. Danach stellte er das Unternehmen kurz vor. Diese Sitzung war kürzer als die erste, endete aber auch mit Smalltalk und Vorbereitungen für eine Standortbesichtigung.

Welche Sitzung war erfolgreicher? Die Chinesen fanden die erste Sitzung sowie die Vorbereitungen gut. Das Warten machte ihnen nichts aus. Sie lobten die Gastgeber für ihre Flexibilität und ihre Bereitschaft, das Besichtigungsprogramm kurzfristig zu ändern. Die zweite Delegation war wiederum sehr unglücklich über die Begrüßung. Sie ließen das für sie geplante Training streichen und bestanden darauf, die Zeit stattdessen mit Sehenswürdigkeiten und Einkaufen zu

---

[1] Diese beiden Beispiele wurden entnommen aus: Spencer-Oatey, Helen & Jianyu Xing, Managing Rapport in Intercultural Business Interactions: A Comparison of Two Chinese-British Welcome Meetings. Zu lesen bei http://intercultural.org.uk/?publications/5.pdf. Wird im Journal of Intercultural Studies veröffentlicht.

verbringen. Am Ende des Besuches stritten sie mit den Gastgebern fünf Stunden lang über verschiedene Themen. Was war schief gelaufen?

Das war ein alltägliches Ereignis im interkulturellen Management. Die Chinesen fanden die Sitzordnung beleidigend (der Gastgeber saß am Tischende, die Chinesen an den Seiten): „Bei gleichem Status sollen die Gruppen sich gegenüber sitzen". Auch die Begrüßungsrede gefiel ihnen nicht. Der Gastgeber hatte zwar die guten Arbeitsbeziehungen zu den Chinesen gelobt, die Bedeutung der chinesischen Aufträge für sein Unternehmen gewürdigt und seiner Hoffnung auf eine Fortsetzung der guten Zusammenarbeit Ausdruck verliehen. Die Chinesen meinten aber, die Briten hätten sich nicht ausreichend dankbar für die in der schwierigen Wirtschaftslage lebenswichtigen Aufträge gezeigt. Der Delegationsleiter war sauer, weil er keine Gelegenheit bekam, eine Antwortrede zu halten.

Der britische Betriebsdirektor war verblüfft, als man ihn aufklärte: Er habe doch die Besucher (für britische Verhältnisse) sehr gelobt. Er hatte den Leiter der chinesischen Delegation nicht um eine Gegenrede bitten wollen, um das Treffen informell und ungezwungen zu gestalten. Mit anderen Worten: Er hatte es gut gemeint. So etwas kann sehr teuer werden.

16.1 Die Kosten des interkulturellen Missmanagements

Das sind nur drei von vielen Missverständnissen, die in diesem kurzen Trauerspiel vorkommen, aber die Bedeutung ist klar: Auch wenn beide Gruppen es gut miteinander meinen, können interkulturelle Probleme auftreten und diese sind genau so geschäftsschädigend wie ein schlechtes Produktdesign oder eine ineffiziente Arbeitsorganisation.

Beispiele von der kostspieligen Fehleinschätzung kultureller Unterschiede gibt es genug. Hier einige aus Beratungsprojekten in Deutschland:

- Die Automobilfirma, deren Führungskräfte glaubten, „Hire and Fire" sei in den USA ohne weiteres überall möglich und nicht wussten, dass die Aufnahme in Nachwuchsprogramme nicht altersabhängig gemacht werden darf.[2]

- Das Software-Unternehmen, das Spezialisten mit einer „Green Card" nach Deutschland holte, ohne einen Plan für deren Integration zu haben. Wie immer wieder festzustellen ist: Die Beherrschung einer gemeinsamen Sprache (ob Deutsch oder Englisch) erschwert oft das Problem statt es zu erleichtern, weil man irrtümlicherweise glaubt, nun ohne Weiteres miteinander kommunizieren zu können.

- Die Banken, die lange brauchten, um zu erkennen, dass bei Investment Banking – ob man es mag oder nicht – grundsätzlich eine angelsächsische Kultur herrscht. Die Lehre der 90er Jahre war doch, es reicht nicht in New York oder London präsent zu sein, man muss sich auch wie die Einheimischen verhalten.

---

[2] Siehe Walsh, Ian: Nachwuchsprogramm – Vorruheständler willkommen, in Personalwirtschaft 2/2000.

16 Personalentwicklung unter dem Aspekt der interkulturellen Anforderungen

- Die globalen Key-Account-Teams eines Maschinenbauers, deren Zusammenarbeit durch Mangel an interkulturellen Fähigkeiten beeinträchtigt wurde. Die Amerikaner in den Teams hielten die Deutschen für unhöflich und arrogant, die Deutschen konnten wiederum nicht verstehen, warum sich die Amerikaner unklar ausdrückten.

- Die virtuellen Entwicklungsteams einer IT-Dienstleistungsfirma, deren gemeinsame Sprache (Englisch) nicht ausreichte, um Konflikte effektiv zu managen. Globale Teambildung braucht mehr als nur die beste Konferenz-, Informations- und Kommunikationstechnologie. Man muss auch die unterschiedlichen kulturellen Spielregeln kennen und anwenden.

- Der Luft- und Raumfahrtkonzern, dessen internationale, hoch qualifizierte Ingenieure sich nicht auf ein gemeinsames Vorgehen bei Präsentationen einigen konnten.

In den meisten dieser Unternehmen fand kein adäquates interkulturelles Training statt. Man ist sich des Problems zwar bewusst, meint es aber irrtümlicherweise allein durch Sprachtraining und Geschäftsetikette-Kurse (geeignete Gastgeschenke, den japanischen Geschäftspartner nicht auf die Schulter klopfen, der Freundin des türkischen Kollegen keine Komplimente machen, usw.) zu meistern. Solche Lösungsansätze reichen nicht aus, denn die guten Umgangsformen müssen in jedem Land neu gelernt werden und die Beherrschung einer Sprache garantiert nicht, dass man verstanden wird: Die USA und Großbritannien sind bekanntlich zwei Länder, die durch eine gemeinsame Sprache getrennt sind.[3]

16.2 Entwicklung interkultureller Managementfähigkeiten

Da ist schon ein großer Unterschied, sich erfolgreich im Auslandsurlaub „durchzuwursteln" oder sich beruflich in interkulturellen Situationen professionell zu verhalten. Für das Erste reichen meistens einige Sprachkenntnisse, ein freundliches Lächeln und vielleicht ein bisschen Mut. Für das Zweite braucht man bestimmte Fähigkeiten, die gelernt und trainiert werden müssen. Folgende Themen gehören zur Grundausbildung einer Führungskraft, die international tätig ist (und auch für die Mitarbeiter):

- Analyse-Werkzeuge verstehen und anwenden
- Dialog als Lerninstrument
- Multikulturelle Arbeitssitzungen und Präsentationen
- Internationale Teamfähigkeiten entwickeln
- Worauf der/die Deutsche aufpassen muss
- Chancen der kulturellen Verschiedenheit nutzen

---

[3] George Bernard Shaw.

Ian Walsh

16.2.1 Analyse-Werkzeuge verstehen und anwenden

Für eine Führungskräfte-Grundausbildung reichen Themen wie „Japanische Verhandlungstechniken" oder „Tischmanieren in Saudi-Arabien" nicht aus. Vielmehr müssen Manager generell in der Lage versetzt werden, sich auf andere Kulturen zu sensibilisieren, damit sie Unterschiede rechtzeitig merken und sich danach ausrichten können.

Ein inzwischen verbreitetes Werkzeug bilden die von Fons Trompenaars entwickelten „kulturellen Dimensionen".[4] Diese entstanden aus der Auswertung einer Befragung über zehn Jahre von mehr als 15.000 Führungskräften in 28 Ländern. Die wichtigsten dieser Dimensionen für Führungskräfte sind:

- Universalismus vs. Partikularismus: Achten die Leute auf Regeln und Gesetze oder ziehen sie einen flexiblen, situationsbedingten Ansatz vor?

- Individualismus vs. Kollektivismus: Ist das persönliche Ziel und die persönliche Leistung wichtiger als Gruppenziele und die Gruppenleistung?

- Neutral vs. Affektiv: Werden Emotionen unterdrückt oder werden sie offen gezeigt?

- Spezifisch vs. Diffus: Wie wichtig sind persönliche Beziehungen für das Geschäft (spezifisch = Geschäft geht vor Beziehung, diffus = Beziehung geht vors Geschäft)

- Leistung vs. Zuschreiben: Legitimation von Macht und Status. Hängen Status und Macht von der Leistung ab oder von gesellschaftlichen Faktoren wie Alma Mater, Familie, Alter?

Mit diesen Dimensionen kann man eine Kultur relativ zu einer anderen bewerten. Je nachdem, wie eine Kultur auf der Skala eingestuft wird, können unterschiedliche Konsequenzen für das Verhalten im Geschäftsleben gezogen werden. Was das für den praktischen Umgang mit Geschäftspartnern bedeutet, kann anhand einer der Dimension (universal/partikular) in folgender Situation gezeigt werden: Sie sind Passagier im Auto eines Freundes, als dieser einen Fußgänger überfährt. Sie wissen, Ihr Freund ist zu schnell gefahren. Der Anwalt Ihres Freundes sagt, wenn Sie unter Eid aussagen, die Geschwindigkeit sei 30 km/h gewesen, dann kann dem Freund nichts Schlimmes passieren. Was machen Sie?

Laut Trompenaars reagieren Schweizer, US-Amerikaner und Nordeuropäer fast ohne Ausnahme „universalistisch" d.h. das Gesetz geht vor, es wird nicht gelogen. Nur 70 % der Franzosen und Japaner würden ähnlich handeln, während zwei Drittel der Chinesen und Venezuelaner lügen würden, um den Freund zu retten. Hier gibt es aus interkultureller Sicht kein richtiges oder falsches Verhalten, nur unterschiedliche Perspektiven.[5] Der Manager, der international tätig ist, muss aber die verschiedenen Perspektiven in Einklang bringen (siehe Tabelle 16-1).

---

[4] Trompenaars, A., Hampden-Turner, Charles: *Riding the Waves of Culture*, Economist Books, London, 1993.
[5] Siehe dazu auch Walsh, Ian: Interkulturelles Management – neue Spielregeln lernen, in Lukas, Andreas, Vetter, Ulrike M., Management 1993, Wiesbaden 1993.

Tabelle 16-1: *In Anlehnung an Trompenaars, adaptiert durch Hoecklin*[6]

Universalismus	Partikularismus
Fokus auf Regeln	Fokus auf Beziehungen
Vertrauenswürdig heißt: – Ehrenwort halten	Vertrauenswürdig heißt: – veränderten Umständen Rechnung tragen
Nur eine Wahrheit/ Wirklichkeit	Mehrere Perspektiven der Wirklichkeit
Beispiele: USA, Deutschland, UK	Beispiele: China, Venezuela

16.2.2 Dialog als Lerninstrument

Eine der gefährlichsten Situationen tritt auf, wenn zwei Gesprächspartner sich sprachlich (z. B. auf Englisch) aber nicht kulturell verstehen. Ohne es zu merken, reden sie aneinander vorbei. Ausgehend von Konzepten, die ursprünglich in den 70er Jahren für die US-Armee entwickelt wurden, verstand es vor allem Craig Storti, den interkulturellen Dialog als Lernmethodik zu nutzen.[7] Folgender Dialog ersetzt Bücher, wenn es darum geht, Mentalitätsunterschiede zwischen Europa und dem Nahen Osten zu verstehen:

Peter: Ich habe heute den Zollbeamten gesehen.

Hassan: Oh, gut!

Peter: Er sagte mir, Sie haben nicht mit ihm über die Freigabe der Lieferung gesprochen.

Hassan: Das tut mir Leid, Sir.

Peter: Eigentlich sagte er, dass Sie ihm gänzlich unbekannt sind.

Hassan: Das kann sein, Sir.

Peter: Aber als ich Sie fragte, ob Sie ihn kennen und mir helfen könnten, sagten Sie, Sie würden es versuchen.

Hassan: Ja.

Peter: Aber das stimmte doch nicht. Sie kennen ihn nicht und Sie haben nicht mit ihm gesprochen.

Hassan: Verzeihen Sie, Sir. Ich wollte nur behilflich sein.

Hassan wurde erzogen, auf eine Bitte immer positiv zu reagieren, ob er tatsächlich helfen kann, oder nicht. Gute Manieren sind wichtiger als „die Wahrheit". Ein Araber hätte verstanden, dass

---

6 Hoecklin, Lisa Adent, *Managing cultural differences for competitive advantage*, Economist Intelligence Unit Special Report No. P656, London 1993.

7 Siehe Storti, Craig: Cross-Cultural Dialogues, Intercultural Press, 1994. Storti, Craig: Old World, New World – Bridging Cultural Differences, Intercultural Press, 2001. Der Verfasser hat die Dialog-Beispiele in diesem Abschnitt leicht adaptiert und ins Deutsche übersetzt.

das Angebot nicht buchstäblich zu interpretieren ist, sondern als Zeichen des guten Willens. Hilfe abzulehnen oder zu sagen, dass man den Zollbeamten nicht kenne, wäre sehr unhöflich. Er kennt ihn zwar selber nicht aber vielleicht kennt er jemanden, der ihn kennt. So lange eine Chance besteht, dem Geschäftsfreund zu helfen, gibt es keinen Grund, ihn durch Unhöflichkeit zu beleidigen. Aus seiner Perspektive erwartet Hassan, dass Peter abwartet, ob etwas daraus wird oder nicht. Wenn nicht, sollte dieser davon ausgehen, dass nichts möglich war und eine andere Lösung suchen. Stattdessen bringt er Hassan in Verlegenheit und wirft ihm sogar Verlogenheit vor!

Deutsche Direktheit wird oft als unhöflich empfunden, wie im folgenden Gespräch mit einem Amerikaner (es hätte genauso gut ein Franzose bzw. ein Engländer sein können!)

Jim: Der Dieter ist wirklich unhöflich!

Iris: Wieso?

Jim: Er sagte, mein Büro sei ganz schön unordentlich.

Iris: Aber es stimmt doch.

Jim: Und er sagte, das macht einen schlechten Eindruck, wenn Besuch da ist.

Iris: Aber warum sagst Du, er sei unhöflich?

Iris versteht, dass Dieter Jim helfen möchte, denn er hat doch Recht: Das Büro ist in der Tat unordentlich und das macht einen schlechten Eindruck auf Besucher. Ihm nichts zu sagen, wäre unhöflich. Für andere Kulturen kann diese direkte Art aber beleidigend und intolerant wirken.

16.2.3 Multikulturelle Arbeitssitzungen und Präsentationen

Arbeitssitzungen dauern bekanntlich meist zu lang und sind unproduktiv. Multikulturelle Arbeitssitzungen sind noch mehr dieser Gefahren ausgesetzt. Zusätzlichen zu den üblichen Sprachproblemen haben die Teilnehmer möglicherweise auch ein unterschiedliches Verständnis von Pünktlichkeit, Entscheidungsfindung und Präsentationsstil. In einem multinationalen Unternehmen baute man das Thema Arbeitssitzung in das interkulturelle Führungskräfteentwicklungsprogramm ein.[8]

Foseco ist ein führender Hersteller und Entwickler für Produkte und Verfahren, die in Gießereien weltweit zum Formen und Gießen sowie zur Schmelzebehandlung verwendet werden. Ziel des interkulturellen Trainings war es u. a. eine bessere Basis für die Zusammenarbeit zu schaffen.

Zu den Trainingsinhalten gehörten Themen, die als interkulturelle Minenfelder gelten: Richtig Zuhören, kultureller Stress (Umgang mit Zweideutigkeit und unterschiedlichen Perspektiven), Gesichtsverlust und Gesichtswahrung, Umgang mit Humor, Schweigen als Instrument. Dazu kamen Themen, die von den Teilnehmern selbst als Problemfelder definiert worden waren:

---

[8] Hurn, Brian J., Jenkins, Michael: International peer group development. In Industrial and Commercial Training, Vol. 2, Number 4, 2000.

Begrüßungen, Höflichkeitsgrad, Smalltalk, Verabschiedung, Geschenke, Status der Frauen und Körpersprache.

In Arbeitssitzungen kommen einige dieser Themen zusammen. Bei Foseco wurde die Notwendigkeit erkannt, einen fähigen Moderator einzusetzen, der alle Teilnehmer einbinden konnte. Folgende Erfolgsfaktoren stellten sich für interkulturelle Sitzungen heraus:

- Detaillierte Vorbereitungen
- Akzeptanz der Notwendigkeit, einen Konsens zu finden
- Klare Ziele
- Teilnehmer aus einer geeigneten Hierarchieebene
- Klare Erwartungen
- Kultursensible Moderation
- Eine vorher abgestimmte Tagesordnung
- Dem Sozialisierungsbedarf Rechnung tragen
- Bewusstsein für und Umgang mit Sprachproblemen

Damit es keine Überraschungen bzw. „hidden agendas" gibt, ist außerdem der in Deutschland und Großbritannien beliebte Tagesordnungspunkt „Sonstiges / any other business" zu vermeiden!

Ebenfalls wird die Art zu präsentieren durch die bisher angesprochenen, unterschiedlichen Kulturmuster beeinflusst. Typisch dabei ist der Gebrauch oder Nicht-Gebrauch von Humor. Während der Witz als Eisbrecher sehr gut in angelsächsischen Kulturen ankommt, kann er in anderen Kulturen eher befremdend wirken. Es ist generell auch eine kulturelle Frage, inwieweit eine Präsentation unterhalten, informieren, Wissen dokumentieren soll bzw. welche Mischung für welche Zielgruppe geeignet ist. Darüber hinaus muss auch beachtet werden, ob Informationen rein verbal oder auch durch den emotionalen Ton kommuniziert werden. In europäischen-amerikanischen Kulturen liegt der Schwerpunkt eher auf verbaler Kommunikation. In Japan, den Philippinen, Korea und China wiederum ist der Anteil verbalen Inhaltes relativ gering – nichtverbale Hinweise wie die Tonlage spielen hier eine wichtige Rolle.[9]

16.2.4 Internationale Teamfähigkeiten entwickeln

Teamfähigkeit muss gelernt und weiterentwickelt werden. Die Herausforderungen sind groß genug. Wenn eine interkulturelle Komplikation dazu kommt, ist es nicht verwunderlich, wenn multinationale Teams nicht funktionieren.

---

[9] Siehe hierzu beispielsweise Ishii, Keiko, Reyes, Jose Alberto, Kitayama, Shinobu: Spontaneous Attention to Word Content versus Emotional Tone – Differences among three Cultures. Zu lesen bei: http://lynx.let.hokudai.ac.jp/members/ishii/jose.pdf. Wird veröffentlicht in Psychological Press.

Tabelle 16-2 zeigt eine typische Checkliste für die effektive Teamarbeit sowie die Probleme, die in einem interkulturellen Zusammenhang aufkommen können. So kann die Sprache einen Einfluss auf die Zielklarheit haben: Eine implizite Sprache wie Englisch oder Französisch gibt nicht die Genauigkeit der expliziten deutschen Sprache wider. Selbst eine gemeinsame, gut beherrschte Arbeitssprache ist, wie wir schon gesehen haben, keine Garantie für die gute Kommunikation.

Bei der Zeitplanung sind die unterschiedlichen Interpretationen von Pünktlichkeit zu berücksichtigen: Bedeutet „15 Tage" genau fünfzehn Tage oder ist das ein ungefährer Wert, der zwischen vierzehn und siebzehn schwanken kann?

Die kulturellen Dimensionen von Fons Trompenaars können auch eine Rolle spielen. Ein Beispiel: Gut eingeschworene Teammitglieder sollen ihren Gefühlen Ausdruck geben soll. Nur dass fällt „neutralen" Kulturen (z. B. Japan, Finnland) nicht leicht. Eher das Gegenteil – die Gefühle zu verstecken – wird hier als erstrebenswert angesehen.

Und wie ist das mit der gegenseitigen Unterstützung, wenn man in einer individualistischen Kultur groß geworden ist? Der Autor erinnert sich an einen Beratungseinsatz beim Key-Account-Team eines Automobilzulieferers in Deutschland, als ein Mitglied die Meinung äußerte, der Teamansatz sei in Ordnung, solange er nach seiner individuellen Leistung bezahlt würde!

Konfliktmanagement kann auch unterschiedlich gehandhabt werden. Wo Gesichtsbewahrung als Tugend betrachtet wird, da werden Konflikte eher vermieden als angegangen.

Gute Absichten scheitern oft an kulturellen Barrieren. Eine partizipative Arbeitsweise kann durch die faktische (sprachliche) Dominanz von Muttersprachlern im internationalen Team verhindert werden, oder durch den unterschiedlichen hierarchischen Status einzelner Mitglieder.

Tabelle 16-2: *Checkliste für ein effektives Team – potenzielle Probleme der interkulturellen Teamarbeit*

Kriterien für effektive Teamarbeit	Typische interkulturelle Probleme
1. Klare Ziele	Explizit vs. implizit
2. Gute Kommunikation	Missverständnisse trotz gemeinsamer Sprache
3. Effektive Zeitplanung	Was ist Pünktlichkeit?
4. Ausdruck von Gefühlen	Neutral vs. Affektiv
5. Gegenseitige Unterstützung	Individualismus vs. Kollektivismus
6. Umgang mit Konflikten	Konflikte werden als unfein gesehen
7. Partizipation	Wenige Dominierende (Sprache? Status?)
8. Interesse/Wertschätzung	Wenig Verständnis fürs „Fremde"
9. Vertrauen/Akzeptanz	Misstrauen durch Unverständnis
10. Rollenklarheit	Mögliche Rollen nicht verstanden

Die gewünschte gegenseitige Wertschätzung wird nicht zu Stande kommen, solange es wenig Verständnis für „fremde" Vorgehensweisen und Bräuche gibt. Unverständnis dafür kann auch zu Misstrauen führen, was keine Voraussetzung für eine gute Teamarbeit wäre.

Und schließlich hat die Rollenklarheit nur Sinn, wenn der Begriff an sich eine Bedeutung hat, was nicht unbedingt immer gegeben ist, weil die Individualisierung von Rollen eher ein abendländisches Konzept ist.

Für virtuelle Teams gelten diese Überlegungen umso mehr, als die Kontaktmöglichkeiten meist auf Telefon, E-Mail, Videokonferenz und Intranet beschränkt sind.

16.2.5 Worauf der/die Deutsche aufpassen muss

Tabelle 16-3 erklärt sich von selbst. Sie beinhaltet die Gefahren (und Vorurteile), denen Deutsche in multikulturellen Situationen ausgesetzt sind. Die Vorurteile kommen allerdings nicht ganz von allein, denn sie beruhen letztendlich auf bestimmten typischen Verhaltensmustern, die sich falsch verstehen lassen können.

Tabelle 16-3: *Erkenne dich selbst! Typische deutsche Verhaltensweisen und wie diese falsch interpretiert werden können*

Deutsches Verhalten	Hintergrund	Wird manchmal missverstanden als
Nicht überschwänglich loben („net g'schimpft isch Lob g'nug")	Nüchtern und sachlich bleiben	Die Deutschen schätzen unsere Arbeit nicht
Regeln einhalten	Fair sein	Die Deutschen sind Konformisten
Berechenbar sein	Ungewissheit vermeiden	Die Deutschen sind Konformisten
Immer Klartext sprechen	Es ist rücksichtslos und unehrlich, die Wahrheit nicht zu sagen	Die Deutschen sind unhöflich und unsensibel
Sachlich präsentieren	Inhalte wichtiger als Form	Die Deutschen sind langweilig
Improvisieren heißt schlecht organisiert	Möglichst wenig dem Zufall überlassen	Ohne genaue Anleitung sind die Deutschen verloren
Kritik äußern	Verbesserungen sind immer möglich	Die Deutschen sind nie zufrieden
Guten Tag sagen (z. B. beim Eintritt ins Restaurant)	Höflichkeit, andere Menschen wahrnehmen	Typisch deutsch: Aufgepasst, hier komme ich!

Man hört schon den Einwand: Warum müssen immer wir die Fremdsprachen lernen? Warum müssen immer wir interkulturelle Fähigkeiten entwickeln, wenn die Anderen ihren Vorurteilen freien Lauf lassen?

Für die Führungskräfteentwicklung ist die Antwort klar und eindeutig: Dadurch entwickelt man einen Wettbewerbsvorteil, deshalb ist hier gekränkter Stolz vollkommen fehl am Platz!

Denn Wettbewerbsvorteile werden heute bekanntlich durch ein gutes Management der „weichen" Faktoren – im Gegensatz zu den „harten" Faktoren wie Kosten, Anlagen, Technologie usw. – erreicht. Solche Wettbewerbsvorteile kommen durch das Realisieren des menschlichen Potenzials im Unternehmen, durch die Fähigkeit, schnell zu lernen, durch die Synergiewirkung der Teamarbeit und durch die Nutzung kultureller Vielfalt im internationalen Geschäft zu Stande, was man insgesamt als Management des Humankapitals bezeichnet[10].

16.2.6 Chancen der kulturellen Verschiedenheit nutzen

Kulturelle Verschiedenheit gilt meist als Problem, das es zu lösen gilt. Führungskräfte müssen aber lernen, Kulturunterschiede als Chance, als Ressource zu sehen[11].

So konnte Frank Nuovo, Chefdesigner von Nokia, einige Innovationen einführen, gerade weil er kulturell weit entfernt von der Engineering-orientierten Mentalität der europäischen Handy-Hersteller war. Der Kalifornier merkte einmal, dass keiner im Raum wusste, welches Telefon gerade klingelte – denn alle klangen gleich – und kam auf die Idee unterschiedliche Klingeltöne in Nokia-Handys einzubauen. Auch merkte er, dass die Kalifornier ihre Mobiltelefone mehr als Modeaccessoires denn als Technologiegeräte betrachteten. Diese Erkenntnis führte zu austauschbaren Oberschalen in verschiedenen Farben. Das Handy war schon zum Konsumartikel geworden.

In der Musikindustrie kommen die weltweiten Hits aus New York, Los Angeles oder London. Basis ist die englische Sprache. Musikproduzenten aus anderen Ländern müssen also dafür sorgen, dass ihre Protegés in Englisch singen, wenn sie einen Hit außerhalb der eigenen Landesgrenzen landen wollen. PolyGram wiederum hatte die Idee, Artisten mit transnationalem Potenzial zu suchen und entwickelte dabei zwei große Märkte. Der erste umfasst Lateinamerikaner, Hispano-Amerikaner und Spanier. Der andere besteht aus den 60–100 Millionen im Ausland lebenden Chinesen, die cantonische Popmusik – genannt „Canto" – lieben.

Ein drittes Beispiel: Für das globale Geschäft werden zunehmend Allianzen notwendig. Die 1.000 größten europäische Unternehmen wickeln schon über 30 % des Geschäftes mit Partnern ab[12]. In solchen Partnering-Prozessen spielen interkulturelle Probleme oft eine bedeutende

---

10 Siehe Walsh, Ian: Messung des Humankapitals. In: Human Resource Management. Hrsg. v. Wollert, Artur. (November 2002). Fachverlag Deutscher Wirtschaft.
11 Beyond the diversity problem, INSEAD Quarterly, Vol.1, Issue 2, 2002, Seiten 17–19. Der Beitrag zitiert Forschungsergebnissen der INSEAD-Professoren Doz, Santos und Williamson.
12 Schätzung von Bryan Associates, Rhode Island NJ, USA (unveröffentlicht).

16 Personalentwicklung unter dem Aspekt der interkulturellen Anforderungen

Abbildung 16-1: Ein Modell des interkulturellen Lernens[13]

```
                    Welches Ergebnis
                       wollen wir?
                    /              \
           Keiner allein          Wie machen die
                                      das?
                                     Warum?
                    \              /
                    Welcher Weg führt
                    am besten zum
                       Ergebnis?
              /          |          \
       Unser allein   Keiner allein   Deren allein
           |         /            \        |
         Unser    Beide        Keiner der  Deren
          Weg     Wege           Wege       Weg
         bringt  bringen        bringt     bringt
        Zusatz-  Nutzen         Nutzen    Zusatz-
        nutzen                            nutzen
           |        |            |          |
          Sie     Beide         Beide      Wir
         lernen  lernen        lernen    lernen
        von uns  vonein-       etwas      von
                  ander        Neues     ihnen
```

Rolle. Infolgedessen kann eine Steigerung der Allianz-Effektivität um nur 25 % das Gewinnpotenzial enorm steigern.

Um solche Chancen zu nutzen, gilt es, folgende Fragen zu beantworten:

- Welche kulturellen Normen und Werte führen dazu, dass bestimmte Managementtechniken, Strukturen und Prozesse in einer Kultur so angewandt werden wie sie angewandt werden?

---

[13] Nach Hoecklin, Lisa Adent, *Managing cultural differences for competitive advantage*, Economist Intelligence Unit Special Report No. P656, London 1993.

- Welche Elemente dieser Managementtechniken, Strukturen und Prozesse bieten interessante, herausfordernde oder innovative Ansätze für eine andere Kultur?

- Welche Synergiepotenziale bestehen, wenn man diese Methodiken im Sinne einer „best practice" implementiert?

Hier geht es nicht darum, fremde Kulturen „aufzupfropfen", wie Anfang der 90er Jahre in unzähligen Diskussionen über die Einführung von japanischen Lean-Management-Techniken behauptet wurde.[14]

Solche Fragen lassen sich auch als Benchmarking-Instrumente für interkulturelle Teams anwenden, wie in der Abbildung 16-1. Man fragt sich, warum die anderen ein bestimmtes Vorgehen haben und ob dieses nicht eventuell besser geeignet sei, ein Ziel zu erreichen, als das eigene. Dieser Prozess der interkulturellen Synergiefindung kann auch bei Firmenzusammenschlüssen von Vorteil sein.

16.3 Ausblick

Im Globalisierungszeitalter gehört die interkulturelle Kompetenz zum Grundfähigkeitsprofil jeder höheren Führungskraft. Heute wird die Entwicklung dieser Kompetenz aber meist dem Zufall überlassen – wie nicht so lange her die Führungskompetenz selbst. Dass Führung gelernt und weiterentwickelt werden muss, wird inzwischen akzeptiert, doch der Fokus liegt noch auf der Führung von Menschen aus der eigenen Kultur. Dabei werden die interkulturellen Anforderungen an das Management vernachlässigt, die von einem globalen Geschäft gestellt werden, in dem man um Märkte, Kapital und zunehmend auch um fähige Mitarbeiter konkurrieren muss.

Leider versteht man unter interkulturellem Management noch immer nur, dass man einem Araber die Schuhsohlen nicht zeigt. Es hat also etwas mit allgemeinen Umgangsformen zu tun: Die Personalentwicklungsmaßnahmen beschränken sich dementsprechend auf Etikette und Sitten im Ausland sowie Sprachunterricht.[15]

Dass eine solche Mentalität geschäftsschädigend sein kann, liegt auf der Hand. Um Gefahren zu vermeiden und Chancen aufzugreifen, brauchen wir heute Manager, die die interkulturellen Anforderungen als Bestandteil der originären Führungsaufgabe begreifen, nämlich als Steuerung eines kontinuierlichen Entwicklungsprozesses, der letztendlich das gesamte Unternehmen umfasst.

---

14 Walsh, Ian: Lean Management – Must we Europeans become Japanese? In: Interkulturelles Management – Abschied von der Provinzialität. Hrsg. Dana Schuppert, André Papmehl, Ian Walsh. Wiesbaden 1994.

15 Walsh, Ian: Manager müssen umlernen. In: die tageszeitung, 1./2.04.2000.

Abstract

Schlechtes interkulturelles Management kostet viel Geld. Gutes interkulturelles Management eröffnet wiederum die Chance, Wettbewerbsvorteile aufzubauen. Interkulturelle Managementfähigkeiten gehören daher zur Grundausbildung jeder international tätigen Führungskraft. Voraussetzung ist es aber, dass sich die Personalentwicklung vom alten Modell des Sprach- und Etikettetrainings löst und interkulturelles Management als strategisches Thema versteht.

Literatur

HOECKLIN, L. ADENT (1993): Managing cultural differences for competitive advantage, Economist Intelligence Unit Special Report No. P656, London.

HURN, B. J., JENKINS, M.: International peer group development. In Industrial and Commercial Training, Vol. 2, Number 4, 2000.

ISHII, K.; REYES, J. A.; KITAYAMA, S.: Spontaneous Attention to Word Content versus Emotional Tone – Differences among three Cultures, Psychological Press, http://lynx.let.hokudai.ac.jp/members/ishii/jose.pdf.

o.V. INSEAD Quarterly, Vol. 1, Issue 2, 2002, S. 17–19 Beyond the diversity problem. Der Beitrag zitiert Forschungsergebnisse der INSEAD-Professoren Doz, Santos und Williamson.

SPENCER-OATEY, H. UND JIANYU XING: Managing Rapport in Intercultural Business Interactions, A Comparison of Two Chinese-British Welcome Meetings. Journal of Intercultural Studies, http://intercultural.org.uk/?publications/5.pdf.

STORTI, C. (1994): Cross-Cultural Dialogues, Intercultural Press.

STORTI, C. (2001): Old World, New World – Bridging Cultural Differences, Intercultural Press.

TROMPENAARS, A. UND HAMPDEN-TURNER, C. (1993): Riding the Waves of Culture, Economist Books, London.

WALSH, I. (1993): Interkulturelles Management – neue Spielregeln lernen, in LUKAS, ANDREAS, VETTER, ULRIKE M.: Management, Wiesbaden.

WALSH, I.: Nachwuchsprogramm – Vorruheständler willkommen, in: Personalwirtschaft 2/2000.

WALSH, I. (2002): Messung des Humankapitals, in: Human Resource Management. Hrsg. v. WOLLERT, A., Fachverlag Deutscher Wirtschaft.

WALSH, I. (1994): Lean Management – Must we Europeans become Japanese? in: Interkulturelles Management – Abschied von der Provinzialität. Hrsg. SCHUPPERT D.; PAPMEHL A.; WALSH I.; Wiesbaden.

WALSH, I.: Manager müssen umlernen. In: die tageszeitung, 1./2.04.2000.

Frank Zils

17 T.E.A.M. Media
Ein Mitarbeiterentwicklungs-Programm als Beitrag zur Employability

17.1 Hintergrund

Die Anforderungen an die Kompetenzen und die Qualifikation der Mitarbeiter sind komplexer geworden. Der Typus des fluiden Mitarbeiters ist gefordert: Gute fachliche Ausbildung, systematische Vertiefung der Fachkenntnisse, breite Basis an kommunikativen und sozialen Kompetenzen, Fähigkeit zum Blick für das Ganze und zum Blick über den Tellerrand der Abteilung bzw. der Organisationseinheit hinaus und Bereitschaft zu lebenslangem Lernen. Personalentwicklung steht von daher vor neuen Herausforderungen, die nur im Rahmen einer strategisch ausgerichteten Entwicklung der Mitarbeiter gemeistert werden können. Zeitgemäße Personalentwicklung muss in Anlehnung und Ableitung der strategischen Ziele eine bedarfsorientierte, systematische und nicht zuletzt betriebswirtschaftlich verantwortbare Entwicklung der Mitarbeiter leisten. Vor diesem Hintergrund ist Personalentwicklung immer auch mit der Organisationsentwicklung verschränkt. Dass Personalentwicklung bedeutsam für die Entwicklung des Unternehmens ist, ist inzwischen konsensfähig und bedarf keiner ausführlichen Erklärung. Inwieweit dann aber wirklich Ressourcen (finanzielle und personelle) eingesetzt werden, um Personalentwicklung konsequent und professionell voranzubringen, ist bisweilen fraglich. Spätestens mit den Budgetverhandlungen kommt die Nagelprobe. Erfolgreiche Unternehmen setzen jedoch gerade in wirtschaftlich angespannten Zeiten auf eine kontinuierliche und v.a. systematische Personalentwicklung. Hier ist der Blick für das Wesentliche notwendig. Kluge Konzepte sowie zukunftsfähige und innovative Maßnahmen sind gefordert, um die einzelnen Mitarbeiter sowie die Organisation als Ganze zielstrebig nach vorne zu bringen. Partielle Einzelmaßnahmen, die ausschließlich von externen Trainern durchgeführt werden, sind längst out. Vielmehr sind verzahnte und mehrschichtige Projekte der Personal- und Organisationsentwicklung gefragt, bei denen zunehmend auch interne Ressourcen (z. B. Mitarbeiter oder Führungskräfte als Trainer) eingesetzt werden. Strategisch bedeutsame PE-Programme leisten einen Beitrag zur Organisation wie zur Personalentwicklung.

Die Matrix in Abbildung 17-1 zeigt den Zusammenhang von Personal- und Organisationsentwicklung. Strategische Personalentwicklung wird Maßnahmen in allen vier Quadranten durchführen und insbesondere Programme initiieren, die Elemente der Organisationsentwicklung wie der Personalentwicklung enthalten.

Frank Zils

Abbildung 17-1: *Zusammenhang von Personal- und Organisationsentwicklung[1]*

```
                    Entwicklung von Personal
                              |
              klassische      |   z.B. strategische
              Trainingsprogramme |   Workshops,
                              |   Benchmarking
                              |
  irrelevant bzw.             |              zentral für
  peripher      ——————————————○——————————————  Organisations-
  für Organisations-          |              entwicklung
  entwicklung                 |
                              |   z.B. Mentoring,
                              |   Change Agents-
              Selbsterfahrung |   Programme
                              |
                    Entwicklung der Persönlichkeit
```

17.2 Ausgangslage

Im Folgenden wird ein Programm zur Mitarbeiterentwicklung dargestellt, das erstmals 2002 bei der Saarbrücker Zeitung durchgeführt wurde. Das Programm wurde vor dem Hintergrund folgender Praxiserfahrungen und strategischer Zielsetzungen entwickelt:

Junge bzw. angehende Führungskräfte werden in der Regel gefördert und bisweilen sogar mit Seminaren und Entwicklungsmaßnahmen überhäuft. Hingegen bleiben Mitarbeiter, die keine Führungsaufgaben bzw. herausgehobenen Sonderaufgaben übernehmen, meist unberücksichtigt, wenn systematische und umfassende Entwicklungsprogramme konzipiert und umgesetzt werden. Wodurch werden Mitarbeiter gefördert, die bereits 3–5 Jahre erfolgreich im Unternehmen tätig sind und in absehbarer Zeit keine Führungsaufgabe übernehmen? Wie werden Mitarbeiter gefördert, die bereits über einige Jahrzehnte an Berufserfahrung verfügen, sicherlich keine Führungsaufgabe mehr übernehmen werden und fachlich bereits alle Kenntnisse, Fähigkeiten und Fertigkeiten besitzen? Wie können Mitarbeiter gezielt zur Mitverantwortung und zum abteilungsübergreifenden Denken und Handeln motiviert werden? Welche Tools benötigen die Mitarbeiter dazu?

Vor dem Hintergrund dieser Fragestellung hat die Saarbrücker Zeitung ein Förderprogramm für Mitarbeiter entwickelt, das Personal- und Organisationsentwicklung integriert und einen Bei-

---

[1] Nach Sattelberger, 1996, S. 29.

trag zu Employability leisten will. Der Titel des Projektes ist programmatisch und verdeutlicht zugleich den Stellenwert der teamorientierten Arbeit innerhalb eines Medienhauses: „T.E.A.M. Media". Die Abkürzungen stehen für die Begriffe „Training, Eigeninitiative, Aktivität und Mentoring".

Das Förderprogramm steht unter dem Motto „Breitensport ergänzend zum Spitzensport" und richtet sich an Mitarbeiter aller Abteilungen. Sachbearbeiter aus den kaufmännischen Bereichen sind ebenso angesprochen wie Mitarbeiter aus gewerblich-technischen Bereichen. Gerade die Heterogenität der Gruppe soll die abteilungsübergreifende Zusammenarbeit fördern. Drucker, Personalsachbearbeiter, Controller, Informatiker, Redakteure nehmen gleichermaßen am Programm teil. Führungskräfte gehören nicht zur Zielgruppe des Programms. Insgesamt nehmen 10–12 Mitarbeiter pro Jahr an diesem Entwicklungsprogramm teil.

Die Zielgruppe sind engagierte Mitarbeiter bis 35 Jahre und mindestens zweijähriger Unternehmenszugehörigkeit. Die Teilnehmer werden von den betreffenden Abteilungsleitern vorgeschlagen. Anschließend findet ein ausführliches Gespräch mit dem Personalentwickler statt. In diesem Gespräch werden die Ziele und die Grundkonzeption des Programms ausführlich erläutert. Ferner soll in diesem Gespräch sichergestellt werden, dass die Teilnehmer die erforderliche persönliche Voraussetzung für die Teilnahme erfüllen: Sie sollen offen sein für Neues, Bereitschaft zum Engagement über die normalen Anforderungen hinaus zeigen, Freude am Lernen und der Weiterentwicklung haben. Dies ist insoweit erforderlich, als die Teilnehmer gerade während der vorgesehenen Projektarbeit in außerordentlichem Maße gefordert sind.

Das Ziel des Gesamtprogramms lässt sich auf zwei Kernpunkte fokussieren:

1. Mit T.E.A.M. Media soll ein qualifizierter Beitrag zur Organisationsentwicklung geleistet werden.
2. Darüber hinaus sollen die Teilnehmer ihre Schlüsselqualifikationen erweitern (v.a. die Soft Skills) und die erfolgskritischen Faktoren einer effektiven Teamarbeit kennen lernen. Auf diese Weise soll die Employability der Mitarbeiter gefördert werden.

Der Nutzen für den einzelnen Mitarbeiter und für das Unternehmen kann wie in Abbildung 17-2 dargestellt beschrieben werden.

In erster Linie wird ein Beitrag zur Organisationsentwicklung angestrebt, der aber in einem zweiten Schritt kompetenzerweiternd für die Teilnehmer wirkt. Daher soll das Programm eine gezielte Verschränkung von Personal- und Organisationsentwicklung leisten.

Neben den Teilnehmern ist aus jeder der entsendenden Abteilungen auch ein Mentor in das Programm eingebunden. Es handelt sich dabei um einen älteren und erfahrenen Mitarbeiter. Die Mentoren sind aktiv in das Programm integriert und betreuen die Teilnehmer von T.E.A.M. Media während des gesamten Programms. Zu Beginn wird jedem Teilnehmer ein Mentor zugeordnet, der jedoch nicht aus der gleichen Abteilung wie der Teilnehmer kommen soll. Die Mentoren werten nach Abschluss der einzelnen Module die Lernerfahrungen gemeinsam mit den Teilnehmern aus und erarbeiten ggf. einen Aktionsplan zur Transfersicherung in der beruflichen Praxis. Ferner begleiten die Mentoren die Projektarbeit und beraten die Teilnehmer in fachübergreifenden und methodischen Fragen. Damit die Mentoren einen Eindruck von den Modulen des Programms erhalten, werden jeweils zwei Mentoren zur Teilnahme an einem Modul einge-

Abbildung 17-2: Nutzen von T.E.A.M. Media

- Verbesserung der Kommunikation zwischen den Abteilungen
- Förderung der persönlichen Entwicklung
- Bildung eines abteilungsübergreifenden Netzwerkes
- Besseres Verständnis für die strategischen Herausforderungen eines modernen Medienunternehmens

Aktiver Beitrag zur Organisationsentwicklung

laden. Die Mentoren bringen sich als Teilnehmer ein und werden unmittelbar in die Gruppe integriert. Durch das Mentorenmodell sollen die Erfahrungen und das Wissen gerade älterer Mitarbeiter nicht nur gewürdigt, sondern auch aktiv genutzt werden.

17.3 Aufbau des Programms

Das Programm ist modular aufgebaut und dauert insgesamt ein Jahr. Die einzelnen Module bauen aufeinander auf und werden flankiert durch transfersichernde und arbeitsplatzbezogene Maßnahmen.

In fünf Kompetenzmodulen werden die Teilnehmer v.a. mit Blick auf die soziale um kommunikative Kompetenz qualifiziert. Im Rahmen einer dreimonatigen Projektarbeit haben die Teilnehmer dann die Gelegenheit, das Erlernte exemplarisch anzuwenden. Während des Programms erfahren die Teilnehmer die Dynamik einer heterogenen Gruppe und können zugleich berufsbegleitende und -integrierende Lernerfahrungen sammeln.

Das Programm beginnt mit einem Kick-off-Workshop, zu dem Teilnehmer und Mentoren eingeladen werden. Ziel dieses Workshops ist es, die Bedeutung des Programms zu erläutern, den Teilnehmern und Mentoren das Kennenlernen zu ermöglichen und schließlich „Spielregeln" für die künftige Zusammenarbeit zu vereinbaren und damit ein Commitment zu schaffen. Erfahrungsgemäß kommen die Teilnehmer mit einer gespannten Erwartung, zumal die Teilnehmer sich untereinander nur zum Teil aus der täglichen Arbeit kennen. Die Erfahrungen der letzten beiden Veranstaltungen zeigen, dass das Eis schnell gebrochen ist und die Teilnehmer rasch eine gemeinsame Arbeitsebene finden.

Im nächsten Schritt treffen sich die Mentoren untereinander, um die künftigen Aufgaben und Erwartungen an die Mentoren zu erarbeiten. Die Mentoren erleben dieses separate Treffen als wichtigen Schritt für den Erfahrungsaustausch.

17 T.E.A.M. Media

Abbildung 17-3: Aufbau von T.E.A.M. Media

```
                    ┌─────────────────────────────────┐
                    │  Teilnehmerkreis: ca. 12 Personen │
                    └─────────────────────────────────┘

              ┌───────────────────────────┐
              │   Kompetenzmodule          >
              │ geleitet von internen Trainern │   ┌──────────────┐
              └───────────────────────────┘   │  Gespräch GF  >
                      ┌───────────────────────────┐
                      │      Projektarbeit          >
                      │ begleitet von Mentoren (d.h.│
                      │   erfahrenen Mitarbeitern)  │
                      └───────────────────────────┘

                         Dauer: ca. 1 Jahr
```

Nach vier bis sechs Wochen wird dann das erste Modul zum Thema „Selbstmanagement und Arbeitsorganisation" durchgeführt. Dieses Modul soll helfen, die Arbeitspraxis zu reflektieren und Wege zu einem effektiven Selbstmanagement und einer effizienten Arbeitsorganisation aufzeigen. Im Rahmen dieses Tagesseminars reflektieren die Teilnehmer ihren Umgang mit der Ressource Zeit und lernen Prioritäten in Anlehnung an persönlich definierte Ziele zu setzen. Klassische Zeitmanagement-Techniken werden nur kurz angesprochen. Im Vordergrund steht die Selbstreflexion des Einzelnen. Dabei wird verdeutlicht, dass der Einzelne einen entscheidenden Einfluss auf den Umgang mit der Zeit hat, sofern er sich bewusst ist, wie er arbeitet und warum er so arbeitet.

Folgende Themenbereiche werden bearbeitet:

- Berufliche und private Ziele erkennen und formulieren
- Effektivität und Effizienz
- Arbeitsorganisation und Aufgabenplanung
- Prioritäten setzen
- Terminplanung
- Umgang mit Stress

Alle Module sind durch einen Wechsel der Methoden gekennzeichnet. Impulsvorträge, Lerndialoge, Fragebögen zur Einzel- oder Gruppenarbeit, Checklisten, Erfahrungsaustausch und Diskussionen wechseln einander ab.

Frank Zils

Abbildung 17-4: Zeitlicher Ablauf von T.E.A.M. Media

```
Kick-off-Workshop                    Gespräch GF

        Selbstmanagement und    Zusammenarbeit im    Ergebnisse präsentieren
        Arbeitsorganisation     Team

              Stärkung des              Projektmanagement
              persönlichen Profils
                                                            Abschlusspräsentation
                                                            Projektarbeit
                                                Projektarbeit

Februar        Mai              Juni                        Januar
```

1–2 Tage nach dem Seminar erhalten die Teilnehmer einen Seminarauswertungsbogen, in dem Details zum Seminar erfragt werden. Darüber hinaus führt jeder Teilnehmer mit seinem Mentor ein Transfer- bzw. Lernerfahrungsgespräch ca. 1–2 Wochen nach dem Seminar. Auf diese Weise wird sichergestellt, dass die Teilnehmer ihre Lernerfahrungen reflektieren und bewusst in die alltägliche Arbeit integrieren. Der Mentor ist im Rahmen dieses Gesprächs kritisch-konstruktiver Zuhörer. Er bringt eigene Erfahrungen ein und ermutigt den Teilnehmer zu konkreten Veränderungsschritten auf der Basis des Gelernten. Im Rahmen dieser nachhaltigen Transfersicherung werden Aktionspläne mit dem Mentor erarbeitet, deren Umsetzung in der betrieblichen Praxis dann beim nächsten Gespräch diskutiert wird.

Zwischen den einzelnen Modulen findet jeweils eine Gesprächsrunde zwischen Personalentwickler und Mentoren statt. Die Mentoren berichten kurz aus den einzelnen Gesprächen und erhalten gezielte Unterstützung für ihre Arbeit.

Modul 2 trägt den Titel „Stärkung des persönlichen Profils" und dient der Selbst- und Fremdeinschätzung. Im Vordergrund stehen die Analyse und der gezielte Einsatz der eigenen Stärken. Eine Stärkung des persönlichen (Kompetenz-)Profils trägt entscheidend zum beruflichen Erfolg bei. Wie man sein Kompetenzprofil schärfen und seine Stärken ausbauen kann, soll Gegenstand dieses Moduls sein. Damit leistet dieses Modul einen Beitrag zur Erweiterung der Employability und führt den Teilnehmern bewusst vor Augen, welche Kompetenzen in fachlicher, persönlicher, methodischer und sozialer Hinsicht bereits vorhanden sind und wie diese gezielt entwickelt werden können.

Im Einzelnen werden im Modul 2 folgende Themen behandelt:

- Schlüsselkompetenzen – was Unternehmen erwarten
- „Emotionale Intelligenz" – nur ein Modewort?
- Analyse des persönlichen Profils
- Stärken entwickeln – Schwächen erkennen
- Selbst- und Fremdwahrnehmung
- „Ich" und Umfeld
- „Selbstmarketing" und „Eigen-PR"
- Was bedeutet „Employability"?

Im Mittelpunkt des dritten Moduls steht die Zusammenarbeit im Team. Im Rahmen eines Outdoortrainings werden die erfolgskritischen Faktoren der Teamarbeit unmittelbar erfahren. Das Erfahrungslernen spielt gerade im Modul 3 eine sehr große Rolle. Klassische Übungen wie Blindflug, Spiel des Lebens, Turm von Hanoi u. a. werden eingesetzt. Zahlreiche Impulse aus den beiden vorangegangenen Modulen können hier eingebracht werden.

Die Entwicklung hin zu flachen Hierarchien und eigenverantwortlicher Arbeit in Unternehmen und die vermehrte Einführung von Gruppen- und Projektarbeiten führen zu einer Stärkung des Teamgedankens. Wirkungsvolle Entscheidungsfindungen in einer Gruppe setzen oft die Fähigkeit eines Moderators voraus. Erfolgreich ist Teamarbeit dann, wenn aus „einzelnen Virtuosen" ein „Orchester" wird. Es genügt, um im Bild zu bleiben, nicht, gut Geige spielen zu können, sondern das Spiel muss auch abgestimmt sein auf die anderen Orchestermitglieder. Genau dies erfahren die Teilnehmer anhand konkreter Übungen im Rahmen des Outdoortrainings.

Folgende Schwerpunkte werden in Modul 3 bearbeitet:

- Einführung: Gruppe und Team
- Persönlichkeitstypen in der Gruppe
- Was bedeutet Gruppendynamik?
- Konflikte und Konfliktlösungen
- Ressourceneinsatz bei gemeinsamen Aufgaben
- Kriterien erfolgreicher Teams
- Gruppenführung
- Aufgaben eines Moderators
- Phasen der Teamentwicklung
- zielorientierte Teamarbeit

Die erfolgreiche Gestaltung von Teamarbeit ist Ziel dieses Moduls – Grundlage für ein gelingendes Projektmanagement, das im nächsten Modul behandelt wird.

Im vierten Modul wird das Thema Projektmanagement bearbeitet. Immer mehr Arbeiten werden in Unternehmen als Projekte realisiert. Projektarbeit und Projektleitung stellen – bedingt durch die zeitliche Begrenzung und die meist abteilungsübergreifende Zusammenarbeit – andere Anforderungen an die Arbeitsweise als das operative Tagesgeschäft.

Ziel des Moduls ist es, grundlegende Techniken und Arbeitsweisen in Projekten und für die Projektplanung vorzustellen. Gleichzeitig ist das Modul eine Vorbereitung auf die eigenständige Projektarbeit, die gleichsam das gesamte T.E.A.M. Media Programm umspannt und abrundet. Dieses Modul wird von Führungskräften aus dem Hause der Saarbrücker Zeitung durchgeführt, die bereits über einschlägige Projekterfahrungen verfügen. Die Kollegen vermitteln die Grundlagen der Programmarbeit und stellen darüber hinaus ein exemplarisches Projekt aus dem Unternehmen vor. Planung, Durchführung und kritische Reflexion der Projektarbeit kommen gleichermaßen zur Sprache.

Im Rahmen des Moduls werden u. a. folgende Unterthemen behandelt

- Einführung: Was ist ein Projekt?
- Projektphasen und Meilensteine
- Planung eines Projektes: Auftrag und Ziel
- Planungstechniken
- Projektstart: Kick-off
- Projektsteuerung und Arbeitsmethoden
- Kommunikation im Projektteam

Nach dem vierten Modul findet ein Gesprächsabend mit der Geschäftsführung statt, zu dem alle Teilnehmer und Mentoren eingeladen werden. An diesem Abend erhält die Geschäftsführung aus erster Hand einen unmittelbaren Einblick in das Programm. Teilnehmer, Mentoren und Trainer reflektieren die zentralen Eindrücke, Erfahrungen und die Bedeutung des Programms gemeinsam mit der Geschäftsführung. Bei dieser Gelegenheit können Teilnehmer und Mentoren auch Fragen an die Geschäftsführung richten, die über das eigentliche Programm hinaus gehen. Erfahrungsgemäß ist ein solcher Gesprächsabend für die Teilnehmer sehr wertvoll, da sie selten einen direkten Kontakt zur Geschäftsführung haben.

Durch die Präsenz der Geschäftsführung erhält das Programm einen besonderen Stellenwert und die Teilnehmer erfahren unmittelbar, welche Bedeutung die Geschäftsführung der Personal- und Organisationsentwicklung beimisst. Der Beitrag der Geschäftsführung beschränkt sich jedoch nicht nur auf den punktuellen Gesprächsabend. Vielmehr erhalten die Teilnehmer von T.E.A.M. Media im Rahmen des Gesprächsabends einen Projektauftrag von Seiten der Geschäftsführung. Es handelt sich um ein abteilungsübergreifendes Projekt, an dem die Gruppe in den folgenden 3–4 Monaten eigenständig arbeitet. Während dieser Projektarbeit werden die Teilnehmer von den Mentoren und dem Personalentwickler unterstützt. Nach dem Auftrag durch die Geschäftsführung und der Definition des Projektes wird die Gruppe eigenverantwortlich tätig, bestimmt einen Projektleiter und erstellt einen Projektplan.

Projektarbeit T.E.A.M. Media 2002

In 2002 wurde im Rahmen von T.E.A.M. Media ein Teilprojekt zum Relaunch der Saarbrücker Zeitung bearbeitet. Die Teilnehmer haben eigenständig einen Fragebogen entwickelt und alle Mitarbeiter der Saarbrücker Zeitung befragt, wie sie das Produkt „Saarbrücker Zeitung" einschätzen. Fragen zum Format, zur Farbigkeit wurden ebenso gestellt wie Fragen zu Lesegewohnheit und zur redaktionellen Arbeit. Anschließend erfolgte die Auswertung und Dokumentation der Befragungsergebnisse.

Das fünfte Modul findet flankierend zur Projektarbeit statt und bereitet auf die abschließende Projektpräsentation vor. Unter dem Titel „Ergebnisse präsentieren" werden die grundlegenden Präsentationstechniken vermittelt. Eine sichere und prägnante Präsentation ist unverzichtbar, wenn Arbeitsergebnisse und Projekte einem größeren Publikum vorgestellt werden sollen. Das Modul „Ergebnisse präsentieren" bereitet gezielt auf die Präsentation der Projektarbeit am Ende des gesamten Programms vor. Die Teilnehmer erhalten Gelegenheit, Präsentationen zu üben und kritisch zu reflektieren. Zwei Führungskräfte der Saarbrücker Zeitung hatten sich bereit erklärt, als Trainer in diesem Modul mitzuarbeiten.

Die einzelnen Themen dieses Moduls sind:

- Ablauf und Struktur einer Präsentation
- Präsentationen vorbereiten
- Umgang mit Medien (Flip-Chart, Metaplan, Overhead, Beamer)
- Visualisierung
- Rhetorik und Körpersprache

T.E.A.M. Media ist durch eine Dramaturgie gekennzeichnet, die sich bei näherer Betrachtung erschließt. Nach der Kennenlernphase reflektieren die Teilnehmer in den Modulen 1 und 2 insbesondere die eigene Arbeit und Person. Anhand von Impulsfragen und Reflexionsaufgaben können sich die Teilnehmer gezielt mit ihrer Person und ihrem Kompetenzprofil beschäftigen. Dann folgt der Schritt hin zur Teamarbeit. In Form eines Outdoortrainings lernen die Teilnehmer die entscheidenden Faktoren einer teamorientierten Zusammenarbeit. Damit wird der Blick vom Individuum auf die Gruppe bzw. das Team gelenkt. Die Teilnehmer erleben dieses Teamtraining als dichte und nachhaltige Erfahrung. Mit dem Teamtraining ist eine wichtige Basis für die spätere Projektarbeit geschaffen.

Das abteilungsübergreifende Denken wird von Anfang an gefördert. Flankierend zum gesamten Programm finden Besichtigungen / Besuche in einzelnen Abteilungen statt. Teilnehmer aus der jeweiligen Abteilung haben dann vor Ort die Gelegenheit, ihre Arbeit vorzustellen. Der Besichtigungszyklus beginnt mit der Redaktion. Nach einer kurzen Einführung in die redaktionelle Arbeit nehmen die Teilnehmer an einer Redaktionskonferenz teil. Anschließend besteht die Möglichkeit, verschiedene Ressorts kennen zu lernen. Im nächsten Schritt lernen die Teilnehmer die Arbeit in der Verlagsproduktion und schließlich in der Druckerei kennen. Auf diese Weise erhalten sie einen konkreten Eindruck von der Arbeit vor Ort. Zu allen Besichtigungen sind auch die Mentoren eingeladen.

Frank Zils

Im Modul Projektmanagement erhalten die Teilnehmer einen Überblick über die wesentlichen Tools moderner Projektarbeit. Ferner lernen sie anhand konkreter Beispiele aus der unternehmerischen Praxis, die wichtigen Schritte eines Projektes.

Die Teilnehmer sollen dann in der anschließenden Projektarbeit die Lernerkenntnisse und -erfahrungen der vorangegangenen Module gezielt einsetzen. Nun gilt es, an einem abteilungsübergreifenden Projekt zu arbeiten und dabei die Herausforderungen zu meistern. Die Aufgaben müssen aufgeteilt und die Ressourcen gezielt eingesetzt werden. Es muss ein Projektleiter bestimmt werden, der für die nächsten Monate die Gesamtverantwortung für das Projekt trägt. Es gilt, Durststrecken zu überwinden und letzten Endes zu erfahren, dass ein Team mehr ist als die Summe seiner Mitglieder. Die Teilnehmer lernen, neben dem Alltagsgeschäft noch eine Projektarbeit durchzuführen und sich der zusätzlichen Belastung zu stellen.

Zum Abschluss des gesamten Programms wird das Projekt vor der Geschäftsführung und allen Bereichsleitern präsentiert. Die Teilnehmer fassen die Projektergebnisse zusammen und bereiten eine Business-Präsentation vor. Diese Präsentation hat für die Teilnehmer einen hohen Stellenwert, da der gesamte Führungskreis der Saarbrücker Zeitung eingeladen wird. Auf diese Weise sollen die Mitarbeiter erkennen, dass ihre abteilungsübergreifende Projektarbeit eine besondere Bedeutung für das Unternehmen hat. Die Projektpräsentation ist gleichsam der krönende Abschluss des einjährigen Programms T.E.A.M. Media. Im Rahmen der Abschlussveranstaltung erhalten die Teilnehmer ein Teilnahmezertifikat sowie als Erinnerung und Zeichen für den Netzwerkgedanken ein Mousepad mit dem Logo des Programms.

17.4 Vermarktung des Programms

Jedes PE-Programm muss auch angemessen vermarktet werden, damit der Bekanntheitsgrad und damit die Akzeptanz innerhalb des Unternehmens wächst. Im ersten Schritt wurde die Grobkonzeption des Programms mit der Geschäftsführung abgestimmt. Wichtig war in diesem Zusammenhang, dass die Geschäftsführung der Neuentwicklung positiv gegenüber stand und die Durchführung des Programms aktiv fördert. Ferner wurde der Betriebsrat bereits in der Entwicklungsphase eingebunden. Anschließend wurden die Detailkonzeption sowie eine entsprechende Präsentation des Programms zur internen Kommunikation erstellt. Alle Bereichsleiter erhielten eine ausführliche Information zu Aufbau, Zielgruppe und Zielen des Programms. Dann erfolgte eine Ankündung in der Mitarbeiterzeitschrift. In regelmäßigen Abständen wurden die Mitarbeiter über den aktuellen Stand des Programms, die Projektarbeit und schließlich auch über die Projektergebnisse informiert. Auf diese Weise ist der Bekanntheitsgrad des Programms gewachsen. Beim zweiten Durchlauf konnte bereits festgestellt werden, dass Mitarbeiter aus erster Hand von Teilnehmern oder Mentoren von dem Programm wussten und sich bereits für die Teilnahme beworben hatten. Die gezielte und nachhaltige Vermarktung hatte sich als wichtiges Instrument gezeigt, um eine hohe Akzeptanz innerhalb des Unternehmens zu erreichen. Für das Programm wurde eigens ein Logo verwendet, das die Bedeutung der abteilungsübergreifenden und vernetzten Zusammenarbeit verdeutlicht.

Abbildung 17-5: Logo T.E.A.M. Media

Darüber hinaus ist bemerkenswert, dass das gesamte Programm – bis auf das Outdoortraining – mit eigenen Ressourcen durchgeführt wurde. Als Trainer waren Führungskräfte aus dem Hause der Saarbrücker Zeitung bzw. der Personalentwickler eingebunden. Auf diese Weise konnten die Kosten auf ein Minimum reduziert werden. Pro Teilnehmer wurden intern 1.000 € berechnet. Diese Kostenkalkulation war sicherlich auch eine wichtige Voraussetzung für die Akzeptanz und Vermarktung des Programms. Anspruchsvolle und nachhaltige Personalentwicklung muss nicht immer kostenintensiv sein.

17.5 Transfersicherung

Die Transfersicherung und die Nachhaltigkeit der Lernerkenntnisse ist von großer Bedeutung. Auf verschiedenen Ebenen und mit unterschiedlicher Ausprägung wurden die Einschätzungen und Erfahrungen der Teilnehmer aufgegriffen. Zunächst gab es nach Abschluss jedes einzelnen Moduls ein Tagesfeedback, in dem die aktuelle Tagesstimmung zum Ausdruck gebracht werden konnte. Darüber hinaus erhielt jeder Teilnehmer ca. eine Woche nach dem Modul einen differenzierten Auswertungsbogen, in dem der Gesamteindruck vom Modul, die Bewertung der einzelnen Themenbereiche und die Bedeutung für den eigenen Arbeitsplatz erfragt wurden. Der Bogen wurde bewusst mit einem gewissen zeitlichen Abstand versendet, um von der tagesaktuellen Stimmung während des Moduls zu abstrahieren. Ferner fand nach Abschluss des Moduls ein individuelles Gespräch zwischen Teilnehmer und Mentor statt, in dem die Lernerfahrungen besprochen und konkrete Handlungsschritte für die berufliche Praxis vereinbart wurden.

Nach Ende des gesamten Programms wurden Teilnehmer, Mentoren und betroffene Bereichsleiter befragt, inwiefern die Ziele des Programms auch tatsächlich erreicht wurden.

Frank Zils

Abbildung 17-6: *Fragebogen für Bereichsleiter nach Abschluss des Programms*

Auswertung des Mitarbeiterförderprogramms T.E.A.M. Media (BereichsleiterInnen)

Liebe Kolleginnen und Kollegen,

für die Planung weiterer Programme möchten wir aus Ihren Erfahrungen lernen. Bitte bewerten Sie das Mitarbeiterförderprogramm aus Ihrer Sicht, indem Sie die folgenden Fragen beantworten. Wir danken Ihnen für Ihre Unterstützung!

Ihre Personalentwicklung

- Schätzen Sie bitte die Bedeutung des Mitarbeiterförderprogramms T.E.A.M. Media für Ihren Arbeitsbereich ein.

    hoch   mittel   niedrig

    Was war besonders wichtig?

    _____
    _____
    _____

- Beurteilen Sie, inwieweit sich die Motivation Ihrer MitarbeiterInnen (TeilnehmerInnen) auf Grund der Teilnahme am T.E.A.M. Media -Programm verändert hat.

    stark   mittel   gering

- Inwieweit war eine Veränderung hinsichtlich der Erweiterung der Handlungs-Kompetenz der TeilnehmerInnen spürbar?

    stark   mittel   kaum

- Inwieweit konnten Sie bei TeilnehmerInnen und Mentoren eine persönliche Veränderung erkennen?

    _____
    _____
    _____

17 T.E.A.M. Media

■ Inwieweit war das Programm für die abteilungsübergreifende Zusammenarbeit förderlich?

    stark   weniger   gar nicht

■ Schätzen Sie die Idee der Betreuung durch einen Mentor ein.

    sinnvoll   weniger sinnvoll   überflüssig

■ Beurteilen Sie auf einer Skala von 1 bis 7 (1 = sehr gut; 7 = äußerst schlecht) die Information und die Betreuung durch die Personalentwicklung.

    1   2   3   4   5   6   7

■ Welche drei Ereignisse waren nach Ihrer Einschätzung des Programms für TeilnehmerInnen und Mentoren herausragend?

    1. _____

    2. _____

    3. _____

■ Um welche Themen würden Sie das Seminarprogramm erweitern?

_____

_____

_____

■ Welche Ideen und Anregungen haben Sie für die Zeit nach dem offiziellen Programm? (z. B. weitere Betreuung durch die Mentoren, Unterstützung durch BereichsleiterInnen ...)

_____

_____

_____

■ Weitere Anmerkungen/Vorschläge/Anregungen

_____

_____

■ Name, Vorname   Bereich

_____

■ Datum

Ergänzend zum Fragebogen fand nach Abschluss des Gesamtprogramms auf freiwilliger Basis ein Entwicklungsgespräch zwischen Teilnehmer verantwortlicher Führungskraft (Bereichsleiter oder Abteilungsleiter) und Personalentwickler statt. Die Bereichsleiter sollten im Laufe des Gespräches erkennen, welche Bedeutung T.E.A.M. Media für ihren Bereich hat und zugleich dafür sensibilisiert werden, dass die Führungskräfte mitverantwortlich sind für die weitere Entwicklung ihrer Mitarbeiter.

17.6 Fazit

Die Rückmeldungen der Teilnehmer nach Abschluss des gesamten Programms waren überaus positiv. Immer wieder wurde herausgestellt, dass der Einblick in die Arbeit anderer Abteilungen von großer Bedeutung für die abteilungsübergreifende Zusammenarbeit ist. Viele haben ein besseres Verständnis für die Abläufe innerhalb des Unternehmens erhalten und kennen nun konkrete Ansprechpartner in einzelnen Abteilungen, die sie bei Bedarf unmittelbar kontaktieren können. Die Mentoren haben ihre Aufgaben durchweg als besondere Herausforderung erlebt. Sie konnten ihr Wissen, ihre Erfahrungen und ihre Erkenntnisse aus der jahrelangen Arbeit bei der Saarbrücker Zeitung einbringen und somit auch einen Beitrag zur generationenübergreifenden Arbeit leisten. Die Projektarbeit war für die Teilnehmer eine wichtige Lernerfahrung, die gleichsam als Nagelprobe der erworbenen Kenntnisse galt. Als besonderes Highlight wurde die Präsentation der Projektergebnisse vor der Geschäftsführung und den Bereichsleitern gewertet.

Als problematisch wurde der große Zeitaufwand für die Projektarbeit gesehen. Die Teilnehmer hatten bisweilen Schwierigkeiten, die Projektarbeit mit dem Alltagsgeschäft zu koordinieren und mussten z.T. kritische Bemerkungen von Kollegen einstecken. Die Bereichsleiter hatten teilweise den Wunsch geäußert, noch umfänglicher informiert zu werden und regelmäßige Rückmeldungen zum Verlauf des Programms zu erhalten. Als zentrales Problem gilt nach wie vor die Nachhaltigkeit nach Abschluss des Programms. Bei den Teilnehmern wurden Erwartungen geweckt, obgleich von Anfang an herausgestellt wurde, dass es sich bei T.E.A.M. Media nicht um ein Karriereprogramm handelt. Dennoch hegen die Teilnehmer die berechtigte Hoffnung, dass sie über das Programm hinaus gefördert werden. Diesem Anliegen kann nur bedingt Rechnung getragen werden, zumal die Fachabteilungen gefordert sind, kreative und bedarfsgerechte Entwicklungsmöglichkeiten zu schaffen. Die Personalentwicklung kann hier Ideengeber, Türöffner und Koordinator sein. Letzten Endes ist der Bereichsleiter erster Personalentwickler vor Ort.

Die Rückmeldungen und konstruktiven Verbesserungsvorschläge von Teilnehmern, Mentoren, Führungskräften, Betriebsrat und Geschäftsführung haben die Personalentwicklung bestärkt, T.E.A.M. Media fortzuführen.

Literatur

SATTELBERGER, T. (Hrsg.) (1996): Human Resource Management im Umbruch, Wiesbaden.

SATTELBERGER, T. (Hrsg.) (1995): Innovative Personalentwicklung, Wiesbaden.

Janin Ennes, Christoph Rappe und Thomas Zwick

18 Entwicklung von Führungskompetenz im gewerblichen Bereich

Dieser Beitrag beschäftigt sich mit einem Personalentwicklungskonzept für Führungskräfte und Teams im gewerblichen Bereich.

Im ersten Teil wird das Konzept vorgestellt, das erstmals im Jahr 2002 im Leistungszentrum Montage im Werk Rohrbach der Festo AG & Co. KG durchgeführt wurde. Im Anschluss daran werden die Ergebnisse einer empirischen Studie zur Evaluierung des Programms dargestellt.

18.1 Ausgangssituation

Die Festo AG & Co. KG führte 2001 im Rahmen der Einführung der Balanced Scorecard erstmals eine weltweite Mitarbeiterbefragung durch. Die Zielsetzung war zum einen, die Basis für den Quadranten Mitarbeiter/Lernen/Wissen/Information zu erhalten, und zum anderen, wichtige Erkenntnisse über die Ansichten und Interessen der Mitarbeiter zu gewinnen. Die ermittelten Daten waren die Grundlage für Maßnahmen, die zu einer größeren Arbeitszufriedenheit und damit auch zu einer besseren Leistung für die Kunden von Festo führen sollten.

Nach Analyse der Ergebnisse beschloss die Geschäftsleitung des Standortes die Entwicklung und Durchführung eines neuen Personalentwicklungsprogramms.

Zielgruppe sind Mitarbeiter der unteren Führungsebene aus dem gewerblichen Bereich, die im Durchschnitt seit fünf Jahren ihre Führungsaufgabe wahrnehmen, sowie deren Mitarbeiter aus den Leistungseinheiten (= Organisationseinheiten in der Produktion; Abkürzung: „LE").

Vor Jahren besuchten die Mitarbeiter zur Vorbereitung auf die zukünftige Aufgabe als Führungskraft Basis-Seminare zur Entwicklung der Sozial- und Methodenkompetenz. Diese zweitägigen Seminare umfassten die Bausteine:

- Führen von Mitarbeitern
- Konflikte erkennen und bewältigen
- Präsentieren und visualisieren
- Mitarbeitergespräche führen
- Moderieren von Arbeitsgruppen

Nach Analyse der Ergebnisse der Mitarbeiterbefragung identifizierte der Führungskreis weitere Entwicklungsmöglichkeiten im Bereich der Sozial- und Methodenkompetenz für die Mitarbeiter, denn es wurde den Beteiligten deutlich, dass nur zu Beginn der Führungskräftelaufbahn eine Personalentwicklungsmaßnahme konsequent verfolgt wurde und es seitdem an einer systematisch weiterführenden Weiterbildung mangelte. Es gab auch kein Angebot hinsichtlich einer Begleitung nach dem Seminar, um den Transfer der Seminarinhalte in die Praxis zu unterstützen.

Zielsetzung des neuen Konzeptes war die Vermittlung von sozialen Kompetenzen im Bereich Konflikterkennung und Bewältigung, eine Weiterentwicklung des Rollenverständnisses der Führungskräfte sowie neue Inspirationen für die Zusammenarbeit innerhalb der Teams.

Das Programm sollte den Mitarbeitern die Möglichkeit bieten, ihre Kenntnisse zu vertiefen, bisherige Erfahrungen zu reflektieren sowie mit Kollegen zu diskutieren und gemeinsam neue Lösungswege zu finden.

Wie können wir die Führungskräfte, die bereits fünf Jahre ihre Führungsaufgabe wahrnehmen, fördern und sie in ihrer Führungsrolle stärken? Wie schaffen wir es, die Zielgruppe für das Thema neu zu begeistern? Welche Methoden sollten wir einsetzen, um die Mitarbeiter zu motivieren, ihre Rolle als Führungskraft zu reflektieren und auch eventuell neue Lösungswege auszuprobieren?

18.2 Das Konzept

Die Inhalte des neuen Personalentwicklungskonzeptes richten sich an Mitarbeiter mit Führungserfahrung und deren Mitarbeiter, die bereits längere Zeit in einem festen Team zusammenarbeiten.

Jaehrling (1994) sagt, „... , dass fundierte Zweifel daran geäußert werden, ob Verhaltenstrainings überhaupt Erfolg haben können, ob sie wirklich Verhaltensänderungen bewirken oder einleiten." Er sieht die anschließende Begleitung und Betreuung der Teilnehmer in das berufliche Umfeld als eine Möglichkeit, um den Transfer zu sichern. Verhalten wird von sehr vielen Variablen beeinflusst, die schwer kontrollierbar sind.

Kirkpatrick (1979) zitiert Robert Katz, der fünf Voraussetzungen für Verhaltensänderungen nennt:

1. Die Teilnehmer müssen den Wunsch haben, sich zu verbessern.
2. Sie müssen ihre eigenen Schwächen erkennen.
3. Sie müssen in einem für Veränderungen offenen Klima arbeiten.
4. Sie brauchen Unterstützung von interessierten und fähigen Personen.
5. Sie müssen die Möglichkeit haben, neue Ideen umzusetzen.

Deshalb handelt es sich um ein ganzheitliches Konzept, welches den Teilnehmern die Möglichkeit bieten soll, die erlernten Fähigkeiten in der Praxis weiter mit Unterstützung zu trainieren.

Das Konzept besteht aus drei Modulen, die aufeinander aufbauen:

Modul 1: Führungswerkstatt
Zielgruppe: Führungskräfte (LEVs[1]), Dauer: zwei Tage

Modul 2: Teamwerkstatt
Zielgruppe: LEV und seine Mitarbeiter, Dauer: zwei Tage

Modul 3: Coaching
Einzelunterstützung für den LEV

Das *Modul 1* richtet sich im Pilotprojekt an die Führungskräfte des Leistungszentrums Montage. Folgende Themen stehen im Vordergrund:

- Mit Kritik und Meinungen zieldienlich umgehen
- Mitarbeitergespräche strukturieren und durchführen
- Feedback verstärkt als Führungsinstrument einsetzen
- Die Führungskraft als „Vater des Teams": Synergien im Team erzeugen und nutzen
- Die Führungsrolle der LEVs klären
- Konflikte rechtzeitig erkennen, eingreifen und steuern
- DISG als praxisnahes Verhaltensmodell kennen lernen und als Führungsinstrument einsetzen

Die Zielgruppe des *2. Moduls* setzt sich aus den Führungskräften (zwei pro LE: für jede Schicht ein LEV) und deren Mitarbeitern zusammen.

- Die Absprachen zwischen den LEVs und den Mitarbeitern effektiv gestalten
- Teamkultur als Feedback-Kultur
- Konflikte rechtzeitig gemeinsam bewältigen
- Arbeiten an Verbesserungen der Arbeitsabläufe und des Kommunikationsflusses

Vor dem Start der Maßnahme erhält der Trainer in Einzelgesprächen mit den Führungskräften Informationen und Eindrucke über die momentane Situation der Leistungseinheit. Die Führungskraft stellt die aus ihrer Sicht wichtigen Ziele dar, die mit dem Training erreicht werden sollen. So wird jedes Training auch weitgehend an die spezifischen Bedürfnisse angepasst. Im Vordergrund steht vor allem die praxisgerechte Ausrichtung des Trainings. Dabei soll in den

---

[1] Abkürzung für „Leistungseinheitenverantwortlicher". Der LEV hat die Funktion der Leitung einer Leistungseinheit. Er leitet die Mitarbeiter einer Leistungseinheit fachlich und disziplinarisch.

Übungen so viel wie möglich betriebliche Realität abgebildet werden, damit sich jeder der Teilnehmer leicht mit den Themen identifizieren kann.

Methodisch wird der Schwerpunkt neben einer kurzen Grundlagenvermittlung (Theorie-Input), Kleingruppenarbeit, Erfahrungsaustausch und moderierten Diskussionen vor allem auf handlungsorientierte Maßnahmen (In- und Outdoor) gelegt. Im Gegensatz zu dem sonst üblichen „kopflastigen" Vorgehen in Seminaren steht vor allem die „Aktion" im Mittelpunkt. Die Teilnehmer diskutieren nicht „theoretisch" was zu tun ist, sondern sie handeln selbst und stellen sich den herausfordernden Aufgaben. Jeder Teilnehmer ist in den Prozess eingebunden. Das gemeinsame Handeln steht im Vordergrund – nur als Team kann die Aufgabe gelöst werden.

Genutzt werden vor allem unterschiedliche Problemlöse- und Interaktionsaufgaben, um die Entwicklung von Problemlösestrategien sowie Kommunikationsfähigkeit zu fördern. Die Aufgaben sind Herausforderungen für alle Teilnehmer und stellen authentische Situationen dar, um einen Transfer zum betrieblichen Alltag zu ermöglichen. Im Anschluss wird gemeinsam die Planungsphase, die Ausführung sowie das Ergebnis bewertet. Die Reflexion der eingesetzten Bewältigungsstrategien, die von den Teilnehmern in den Übungen angewandt werden, ist ausschlaggebend für einen Transfer in den Alltag.

- Was hat uns dabei geholfen, die Aufgaben zu lösen?
- Was hat mir gefallen?
- Was braucht das Team, um das Problem lösen zu können?
- Welche unterschiedlichen Rollen wurden im Team wahrgenommen?
- Was sind unsere Stärken/Ressourcen, die wir bewahren wollen?
- Was wollen wir bei der nächsten Aufgabe ändern?

Es wird eine „Feedback-Kultur" eingeführt, die auf Offenheit, Vertrauen und Wertschätzung ausgelegt ist. Feedback wird konsequent geübt und fällt bei diesen Aufgaben leichter als im Arbeitsalltag. Auch können in diesem „geschützten" Rahmen neue Verhaltensweisen ausprobiert werden (Spielcharakter). Dabei werden positive, zieldienliche und auch weniger zieldienliche Prozesse sichtbar, die auch den Strategien entsprechen, die schon bisher im Arbeitsleben praktiziert werden. Die Erlebnisse sind oft stark emotional „verankert" und werden somit oft im Arbeitsalltag gut erinnert. Das Training unterstützt den Transfer in den Alltag mit Maßnahmenplänen, persönlichen Lernzielen sowie Coaching und ist durch Lösungs- und Zukunftsorientierung gekennzeichnet. Problemen aus der Vergangenheit wird dennoch Raum gegeben, sie werden gewürdigt und besprochen. Im Fokus steht die Frage: Wie wollen wir zukünftig noch besser zusammenarbeiten?

Im *3. Modul* wird erstmals ein Coaching für die Führungskräfte angeboten. Coaching, definiert als individuell unterstützende Beratung, ist ein verbreitetes Instrument zur Führungskräfteentwicklung, das zukünftig neben den traditionellen Personalentwicklungsmaßnahmen wahrscheinlich weiter an Bedeutung gewinnen wird. Die Umsetzung des Erlernten in den Arbeitsalltag steht hier im Vordergrund.

Mit dem *3. Modul* „Coaching" stehen die folgenden Ziele im Vordergrund:

- Individuelle Unterstützung der LEVs bei der Umsetzung der Trainingsinhalte aus den Modulen 1 und 2 in die Praxis
- Ermöglichung eines intensiven Trainings „on the job"
- Der Coach als externer Ansprechpartner bei Konflikten und Problemen

18.2.1 Bedingungen für das 3. Modul „Coaching"

Betrachtet man die von Rauen (1999) aufgeführten Bedingungen von Coaching

1. Freiwilligkeit
2. Vertraulichkeit
3. Persönliche Akzeptanz

muss beachtet werden, dass Mitarbeiter auf Meister-, Teamleiter- oder Schichtleiter-Ebene im Unterschied zur Management-Ebene eher nicht aus eigenem Antrieb heraus Coaching in Erwägung ziehen.

Zu 1. Freiwilligkeit

Dem Aspekt der Freiwilligkeit als eine Bedingung für ein erfolgreiches Coaching muss daher im Hinblick auf die Zielgruppe der LEVs besondere Beachtung geschenkt werden. Kann ein drittes Modul denn sinnvoll sein, wenn der Aspekt der Freiwilligkeit nicht von Beginn an gewährleistet wird? Es ist ein Balanceakt zwischen Freiwilligkeit und Unfreiwilligkeit, zumal die Führungskräfte nicht wissen, worauf sie sich einlassen. Zunächst wurde der Coaching-Prozess für eine bestimmte Anzahl von Sitzungen „verordnet", um allen die Möglichkeit zu bieten, diese Form der Personalentwicklung kennen zu lernen und danach selbst entscheiden zu können, ob eine freiwillige Teilnahme an Coaching-Sitzungen zukünftig erwünscht ist oder nicht.

Zu 2. Vertraulichkeit

Ein Vertrauensverhältnis ist die entscheidende Voraussetzung für ein erfolgreiches Coaching. Dieser wesentliche Aspekt muss in der ersten Sitzung über den gesamten Zeitraum zugesichert werden.

Als Coaching-Techniken werden Methoden aus der systemischen Beratung sowie dem Neurolinguistischen Programmieren (NLP) eingesetzt.

Nach Finger-Hamborg (2002) gewinnt Coaching aus den folgenden Gründen zunehmend an Bedeutung:

- Weiterbildung bezieht sich von Beginn an auf die Einzelperson und konzentriert sich ausschließlich auf deren individuelle Bedürfnisse.

- In diesem Rahmen wird ein problemorientiertes sowie emotionsorientiertes Lernen möglich.

- Dadurch, dass Coaching „on the job" an den Bedürfnissen und den aktuellen Themenstellungen des Arbeitsplatzes ansetzt, „besteht eine sehr viel höhere Wahrscheinlichkeit, dass Gelerntes in den Beruf transferiert werden kann" (Schreyögg, 1995, S. 54). Dabei kann der Erfolg des Transfers des Gelernten in die Praxis als Überprüfung in einer nächsten Coaching-Sitzung thematisiert werden.

Dorando & Grün (1993) zeigen auf, dass Coaching nicht nur auf der Managementebene als individuelle Beratung eingesetzt werden kann, sondern auch auf der Meisterebene erfolgversprechende Effekte nachweisbar sind.

18.3 Evaluation von Weiterbildungsmaßnahmen

Es findet sich in der Literatur keine einheitliche Definition der Evaluation von Weiterbildungsmaßnahmen, da die verwendeten Methoden aus sehr unterschiedlichen Fachrichtungen stammen. Dies ist schon aus der Vielzahl von Begriffen, die teilweise synonym, teilweise im Sinne einer speziellen Form verwendet werden, ersichtlich: „Erfolgskontrolle", „Bildungscontrolling", „Erfolgscontrolling", „Evaluierung", „Lerntransfercontrolling", „Kosten-Nutzen-Kontrolle", „Weiterbildungskontrolle", „Personalcontrolling" sind die häufigsten.

Will et al. (1987, S.14) versuchen unterschiedliche Konzepte von Evaluation auf einen Nenner zu bringen und kommen dabei auf vier allgemeine Kennzeichen:

1. Evaluation ist ziel- und zweckorientiert. Sie hat primär das Ziel, praktische Maßnahmen zu verbessern, zu legitimieren oder über sie zu entscheiden (z. B. Schulungsmaßnahmen).

2. Grundlage der Evaluation ist eine systematisch gewonnene Datenbasis über Voraussetzungen, Kontext, Prozesse und Wirkungen einer praxisnahen Maßnahme.

3. Evaluation beinhaltet eine bewertende Stellungnahme, d.h. die methodisch gewonnenen Daten und Befunde werden vor dem Hintergrund von Wertmaßstäben unter Anwendung bestimmter Regeln bewertet.

4. Evaluation bezieht sich, im Gegensatz zur personenbezogenen Leistungsfeststellung oder Testung, auf einzelne Bereiche geplanter, durchgeführter oder abgeschlossener Bildungsmaßnahmen. Sie zielt also in der Regel primär nicht auf die Bewertung des Verhaltens (z. B. Leistungen) einzelner Personen, sondern ist Bestandteil der Entwicklung, Realisierung und Kontrolle planvoller Bildungsarbeit.

18.4 Evaluierung des Personalentwicklungskonzepts

In einer empirischen Studie sollte untersucht werden, ob das dargestellte Personalentwicklungsprogramm einen messbaren Einfluss auf das Führungsverhalten der LEVs hat. Zu diesem Zweck wurde ein Fragebogen entwickelt, der von den teilnehmenden LEVs ausgefüllt wurde sowie von Kollegen in äquivalenten Positionen, die noch nicht am Personalentwicklungsprogramm teilgenommen haben.

18.4.1 Dimensionen von Führungskompetenz

Im Zentrum des Fragebogens stand ein Führungsmodell, das 35 im spezifischen Fall relevante Kompetenzen umfasste. Die Kompetenzen lassen sich theoriegeleitet in sieben Führungsdimensionen kategorisieren:

1. Kommunikation (mit Mitarbeitern und Kollegen)
2. Delegation (von Aufgaben und Verantwortung)
3. Feedback geben (positives und negatives)
4. Umgang mit schwierigen Mitarbeitern (z. B. Motivation, Konflikte)
5. Verhältnis zu den Mitarbeitern
6. fachliche Unterstützung der Mitarbeiter
7. Erledigung der eigenen Aufgaben (z. B. Entscheidungen treffen, Zeitmanagement)

Die Zuordnung der abgefragten einzelnen Kompetenzen zu den sieben Dimensionen ist Tabelle 18-2 im Anhang dieses Kapitels zu entnehmen.

18.4.2 Methodische und statistische Grundlagen

Im Fragebogen wurden die LEVs um Selbsteinschätzungen auf den einzelnen Kompetenzen gebeten sowie um eine Bewertung der Wichtigkeit der einzelnen Aufgaben für ihren Job. Die Antwortskala bot, je nach Inhalt, zumeist fünf Abstufungen an. Die Items wurden ggf. bei der Auswertung so umgepolt, dass ein höherer Wert immer ein Mehr im Sinne der übergeordneten Kategorie bedeutet (z. B. höhere Kompetenz, ausgeprägteres Selbstverständnis als Führungskraft). Dies erleichtert die Interpretation der Daten. Die betreffenden Items sind jeweils mit dem Vermerk „umgepolt" gekennzeichnet.

In der Auswertung wurde für die einzelnen Items der Mittelwert berechnet (MW) sowie die Standardabweichung (SD). Letztere ist ein Maß dafür, wie stark sich die Antworten innerhalb der Gruppe unterscheiden; bei einem Wert von Null haben alle dieselbe Antwort angekreuzt.

Für einige Items bietet sich ein Vergleich an zwischen denjenigen, die am Programm teilgenommen haben, und denjenigen, die mit ähnlichen Führungsaufgaben zu tun haben, aber noch nicht am Programm teilgenommen haben. Die Nichtteilnehmer sind zur Hälfte auch LEVs, die andere Hälfte bekleidet eine als Teamleiter bezeichnete Position, die von Führungsverantwortung und organisationalem Werdegang her jedoch mit der der LEVs vergleichbar ist.

Um festzustellen, ob es signifikante Unterschiede zwischen den beiden Gruppen gibt, wurden so genannte t-Tests durchgeführt. Hierbei wird ein p-Wert berechnet, der angibt, mit welcher Wahrscheinlichkeit der beobachtete Unterschied durch reinen Zufall zwischen zwei Gruppen zu finden wäre, die eigentlich den gleichen wahren Wert aufweisen. Aufgrund des statistisch gesehen geringen Stichprobenumfangs werden hierbei nur die deutlichsten Effekte signifikant. Aus diesem Grund wurden auch Effekte gekennzeichnet, die mit 90-prozentiger Wahrscheinlichkeit überzufällig sind (10-%-Niveau, tendenziell signifikant). Über alle Signifikanzen ist jedoch nicht zu vergessen, dass diese nur dann relevant sind, wenn von der Stichprobe auf andere Gruppen von Mitarbeitern geschlossen werden soll; in der vorliegenden Stichprobe gilt: Ob signifikant oder nicht, die festgestellten Unterschiede in den Einschätzungen der Mitarbeiter existieren tatsächlich und können direkt gemäß ihrer Größe interpretiert werden.

18.4.3 Stichprobe

Die Fragebögen wurden soweit möglich persönlich an die Teilnehmer übergeben. Hierbei wurde der Zweck der Befragung erläutert und für die Teilnahme geworben. Dies gewährleistete eine erfreulich hohe Rücklaufquote: So haben 38 von 44 Mitarbeitern, die den Fragebogen erhalten haben, an der Umfrage teilgenommen (86 %). Die Stichprobengröße beträgt damit bei den Teilnehmern am Personalentwicklungsprogramm n = 21 und bei den Nichtteilnehmern n = 17.

Die Teilnehmer wurden nicht nach ihrer Führungskompetenz, sondern anhand ihrer Zugehörigkeit zum Leistungszentrum Montage ausgewählt. Zudem war die Teilnahme nicht freiwillig. Die Nichtteilnehmer arbeiten in vergleichbaren Positionen und wurden mit dem Ziel ausgewählt, ein möglichst ähnliches Profil aufzuweisen, damit die Unterschiede in der Führungskompetenz ausschließlich auf die Teilnahme am Personalentwicklungsprogramm zurückzuführen sind und nicht auf systematische Unterschiede zwischen Teilnehmern und Nichtteilnehmern. Das Qualifikationsniveau ist in beiden Gruppen vergleichbar (Abbildung 18-1). Bei den Nichtteilnehmern haben drei Teilnehmer eine andere Ausbildung als Facharbeiter oder Meister (technischer Betriebswirt, Techniker, kaufmännische Ausbildung).

Auch bezüglich der Arbeitsbelastung und der Umstellungsschwierigkeiten beim Wechsel in die neue Position gibt es keine Unterschiede zwischen den beiden Gruppen (siehe Tabelle 18-1 im Anhang). Es bestehen jedoch Unterschiede beim Alter, der Anzahl der betreuten Mitarbeiter, der Positionserfahrung und den Kontakten zu Kollegen und Mitarbeitern außerhalb des Betriebs. Diese Variablen weisen jedoch keine signifikanten Korrelationen mit Führungskompetenzen auf.

Somit können die Gruppen prinzipiell als äquivalent angesehen und die Unterschiede zwischen Teilnehmer- und Nichtteilnehmergruppe mit sehr großer Wahrscheinlichkeit auf die Teilnahme am Personalentwicklungsprogramm zurückgeführt werden.

Abbildung 18-1: Ausbildungsstand der befragten Mitarbeiter

18.4.4 Effekte des Personalentwicklungsprogramms auf Führungskompetenzen

Zunächst ist festzuhalten, dass die meisten der erfassten Kompetenzen von den LEVs als ausgesprochen wichtig angesehen werden (alle Mittelwerte > 4,2 bei einer maximalen Punktzahl von 5, mit Ausnahme von „Durchsetzen der eigenen Meinung" und „Austausch mit Kollegen in anderen Bereichen"). Dies bestätigt die Relevanz des eingesetzten Führungsmodells.

Bei welchen Kompetenzen heben sich die Teilnehmer des Personalentwicklungsprogramms nun signifikant von den Nichtteilnehmern ab? Tabelle 18-2 im Anhang zeigt, dass alle Unterschiede in die erwartete Richtung gehen: Die Teilnehmer fühlen sich bei allen Kompetenzen mindestens ebenso sicher wie die Mitarbeiter in der Kontrollgruppe, bei den meisten deutlich besser, bei einigen sogar signifikant besser.

Abbildung 18-2 fasst die signifikanten Effekte zusammen: Im Kompetenzbereich Kommunikation halten es die Teilnehmer des Personalentwicklungsprogramms für deutlich einfacher, ihre Meinung durchzusetzen und sich mit Kollegen in anderen Bereichen auszutauschen. Auch die Konfliktlösungskompetenz im Umgang mit Kollegen wurde durch das Programm verbessert sowie die Fähigkeit, Belange des eigenen Bereichs gegenüber den Kollegen zu vertreten. Ge-

Janin Ennes, Christoph Rappe und Thomas Zwick

Abbildung 18-2: *Effekte auf ausgewählte Führungskompetenzen*
Anmerkungen: Skala 1 (meist schwierig) ... 5 (nie schwierig)
für Details siehe Tabelle 18-2 im Anhang

genüber den Mitarbeitern übernehmen die Teilnehmer nun leichter eine Vorbildrolle und sie erkennen die Mitarbeiter eher als Partner an. Auch bei einigen weiteren Kompetenzen sind tendenziell signifikante Unterschiede zu verzeichnen (s. Abbildung). Unterm Strich sind somit die größten Fortschritte im Führungsverhalten gegenüber den Kollegen erzielt worden. Den LEVs gelingt es besser, mit dem innerbetrieblichen Konkurrenzdruck zwischen den Leistungseinheiten umzugehen.

18.4.5 Effekte auf die Identifikation mit der Führungsrolle

Zudem sind klare Auswirkungen der Teilnahme auf die Identifikation mit der Führungsrolle festzustellen (Tabelle 18-3 im Anhang, Abbildung 18-3). Besonders an der Aussage „Wenn ich jemandem meine berufliche Funktion beschreiben müsste, würde ich mich als Führungskraft bezeichnen." wird deutlich, dass sich die Teilnehmer eher als Führungskraft verstehen als ihre Kollegen, die nicht teilgenommen haben.

Analog dazu erfahren die Teilnehmer auch mehr Akzeptanz als Führungskraft von ihren Mitarbeitern, wie die signifikanten Unterschiede beim Item „Für meine Mitarbeiter bin ich eher einer von ihnen als Vorgesetzter." zeigen. Tendenziell spüren die Teilnehmer auch mehr Akzeptanz als Führungskraft von ihrem nächst höheren Vorgesetzten.

18 Entwicklung von Führungskompetenz im gewerblichen Bereich

Abbildung 18-3: Signifikante Effekte auf Selbstverständnis und Akzeptanz als Führungskraft
Anmerkungen: Skala 1 (stimme überhaupt nicht zu) ... 7 (stimme voll und ganz zu), für Details siehe Tabelle 18-3 im Anhang

- Wenn ich jemandem meine berufliche Funktion beschreiben müsste, würde ich mich als Führungskraft bezeichnen.
- Für meine Mitarbeiter bin ich eher einer von ihnen als Vorgesetzter. (umgepolt)
- Ich fühle mich von meinem direkten Vorgesetzen als Führungskraft akzeptiert.

■ Teilnehmer
□ Nichtteilnehmer

Bemerkenswert ist jedoch auch, dass sie tendenziell weniger Machtmittel einsetzen würden, um sich durchzusetzen – möglicherweise haben sie ein partnerschaftlicheres Führungsverständnis entwickelt, was bereits im letzten Abschnitt angedeutet wurde.

18.4.6 Effekte auf die Arbeitszufriedenheit

Wenn die Teilnahme am Personalentwicklungsprogramm zu verbesserten Kompetenzen führt, wirkt sich das auch auf die Arbeitszufriedenheit aus? Die Ergebnisse lassen keine signifikanten Unterschiede zwischen beiden Gruppen erkennen (Tabelle 18-4 im Anhang, Abbildung 18-4). Offensichtlich hängt das emotionale Erleben der Arbeit noch von vielen anderen Faktoren ab,

Abbildung 18-4: Ausgewählte Effekte auf die Arbeitszufriedenheit
Anmerkungen: Skala 1 (sehr unzufrieden) ... 5 (sehr zufrieden)
für Details siehe Tabelle 18-4 im Anhang

Wie zufrieden sind Sie insgesamt mit ...
- ... Ihrer Tätigkeit?
- ... der Zusammenarbeit mit Ihrem Vorgesetzten?
- ... der Zusammenarbeit mit Ihren Mitarbeitern?

■ Teilnehmer
□ Nichtteilnehmer

Janin Ennes, Christoph Rappe und Thomas Zwick

Abbildung 18-5: *Effekt auf die Einschätzung der Produktivität*
Anmerkungen: Skala -10 (viel niedriger) ... +10 (viel höher)
für Details siehe Tabelle 18-5 im Anhang

Wie schätzen Sie die Produktivität Ihres Bereichs im Vergleich zu anderen Bereichen im Unternehmen ein?
■ Teilnehmer
▣ Nichtteilnehmer

so dass ein gesteigertes Kompetenzniveau zu keinen signifikanten Veränderungen führt. Festzustellen ist auf jeden Fall, dass die Zufriedenheit sich auf einem recht guten Niveau bewegt und sich bezüglich der Zufriedenheit mit der Zusammenarbeit innerhalb der LE sogar ansatzweise ein Unterschied abzeichnet.

Die Teilnehmer erleben ihre Leistungseinheiten im Vergleich zu anderen Bereichen im Unternehmen als signifikant produktiver (Tabelle 18-5 im Anhang, Abbildung 18-5). Es handelt sich hierbei natürlich um subjektive Einschätzungen, dennoch ist dies ein ausgesprochen bemerkenswerter Befund.

18.4.7 Bewertung des Coachings

Die Teilnehmer hatten im Schnitt 3,37 Coaching-Termine (SD=1,57, n=19). Sechs Probanden hatten zum Zeitpunkt der Befragung erst ein oder zwei Sitzungen erlebt. Nur fünf von ihnen haben die Termine alleine wahrgenommen, die meisten sind zusammen mit einem Kollegen hingegangen. Die Dosis des eingesetzten Coachings war also zum Zeitpunkt der Datenerhebung noch relativ gering. Insofern ist mit Blick auf die oben dargestellten Ergebnisse anzumerken, dass mit recht wenig Input offenbar schon ein beachtlicher Effekt erzielt wurde.

Die Grundbedingungen für ein erfolgreiches Coaching sind im Großen und Ganzen gut erfüllt; die Teilnehmer fühlen sich bei ihrem Coach gut aufgehoben und akzeptiert (Tabelle 18-6 im Anhang). Wichtig ist – insbesondere da es sich um einen internen Coach handelt –, dass die Coachees den Rahmen für hinreichend vertraulich halten. Auffällig ist die hohe Standardabweichung. Beim ersten Item ist sie im Wesentlichen auf einen einzelnen Teilnehmer zurückzuführen, der ein sehr niedriges Rating abgegeben hat (2); bei der Vertraulichkeit ist der obere Skalenrand die häufigste Bewertung, einige Teilnehmer haben jedoch nur einen mittleren Wert angekreuzt (aber niemand darunter), was auf die grundsätzliche Problematik internen Coachings hinweist.

Das Coaching wird von der überwiegenden Mehrheit als sehr nützlich empfunden; auch hier gibt es jedoch vereinzelte Ausnahmen.

Selbst diejenigen, die das Coaching als nützlich bewerten, empfinden das Ganze doch ein wenig als eine therapeutische Intervention. Als Leistungskontrolle wird es jedoch nur von sehr wenigen wahrgenommen.

Eine interessante implizite Bewertung des Coachings kann man auch den Antworten auf die Frage entnehmen, ob das Coaching fortgesetzt werden soll. Eine große Mehrheit möchte das Coaching nach den verpflichtenden Terminen freiwillig fortsetzen – das spricht sehr deutlich für die erlebte Nützlichkeit. Die Anzahl der gewünschten Coaching-Termine schwankt deutlich: Ein Viertel der Teilnehmer könnte sich monatliche Sitzungen vorstellen, ein weiteres Viertel quartalsmäßige; andere wünschen sich Coaching im Halbjahresrhythmus, nach Bedarf oder (entsprechend dem vorangehenden Item) gar nicht.

18.4.8 Bewertung des Gesamtprogramms

Die Teilnehmer geben durchweg positive Bewertungen des Programms ab (Tabelle 18-7 im Anhang). Verbesserbar erscheint die Ausrichtung auf am Arbeitsplatz anwendbare Themen und Techniken. Am deutlichsten wird die positive Wahrnehmung des Programms in der klaren Weiterempfehlung des Programms an Kollegen. Auch hier sind es die eher negativen Bewertungen (Werte von 2–3) weniger Teilnehmer, die die Mittelwerte stark nach unten ziehen, so dass festzustellen ist, dass von den weitaus meisten das Programm sogar noch deutlich positiver bewertet wird, als die Mittelwerte das widerspiegeln.

18.4.9 Fazit

Alles in allem erweist sich die Kombination der Workshops mit individuellem Coaching als ein sinnvoller Ansatz, der messbare Auswirkungen auf die Führungskompetenz von LEVs zeigt. Insbesondere konnte hierdurch die Zusammenarbeit zwischen den LEVs verbessert werden. Coaching wird zudem von den Programmteilnehmern fast durchweg positiv beurteilt.

Hinweis:

Die vollständigen Ergebnisse der Studie können angefordert werden bei: Dr. Thomas Zwick, Zentrum für Europäische Wirtschaftsforschung GmbH (ZEW), L 7,1, 68161 Mannheim bzw. zwick@zew.de

Literatur

DORANDO, M. UND GRÜN, J. (1993): Coaching mit Meistern-Erfahrungsbericht eines supervisorischen Abenteuers. Supervision 24, S. 53-70.

FINGER-HAMBORG, A. (2002): Einzel-Coaching mit Schichtleitern: Ein Erfahrungsbericht. in: Rauen, C. (Hrsg.). Handbuch Coaching, Verlag für Angewandte Psychologie, Göttingen.

JAEHRLING, D. (1996): Künftige Anforderungen an Führungskräftetrainings im Verhaltensbereich. in: Voß, B. (Hrsg.). Kommunikations- und Verhaltenstrainings. Verlag für Angewandte Psychologie, Göttingen.

KIRKPATRICK, D.L. (1979): Techniques for evaluating training programs. in: Training and Development Journal, 6, S. 78-92.

RAUEN, C. (1999): Coaching: Innovative Konzepte im Vergleich. Verlag für Angewandte Psychologie, Göttingen.

WILL, H., WINTELER, A. UND KRAPP, A. (1987): Evaluation in der beruflichen Aus- und Weiterbildung, Konzepte und Strategien. Sauer, Heidelberg.

18.5 Anhang

Tabelle 18-1: Merkmale der befragten Mitarbeiter

Merkmal	Teilnehmer			Nichtteilnehmer			Differenz				
	MW	SD	n	MW	SD	n	MW	SD	t	p	
Wie viele Mitarbeiter betreuen Sie?	74,94	16,03	17	40,25	22,59	16	34,69	6,79	5,11	0,00	****
Zu wie vielen Ihrer Mitarbeiter haben Sie auch außerhalb des Betriebs Kontakt?	3,79	5,07	21	1,06	1,85	17	2,73	1,30	2,10	0,04	**
Zu wie vielen Ihrer Kollegen haben Sie auch außerhalb des Betriebs Kontakt?	1,98	1,68	21	0,76	1,15	17	1,21	0,48	2,53	0,02	**
Wie lange haben Sie Ihre derzeitige Position inne? *Angabe in Jahren*	5,76	2,11	17	4,05	2,19	16	1,72	0,75	2,30	0,03	**
Wie lange arbeiten Sie schon in diesem Unternehmen? *1 (<3 Jahre) ... 5 (≥15 J.)*	4,94	2,73	17	4,06	0,85	16	0,88	0,71	1,23	0,34	
Ihr Alter *1 (<30) ... 7 (>60)*	3,65	1,11	17	3,50	1,10	16	0,15	0,39	0,38	0,71	
Der Wechsel in meine derzeitige Position ist mir leicht gefallen. *1 (stimme überhaupt nicht zu) ... 7 (stimme voll und ganz zu)*	4,86	1,49	21	4,94	1,82	17	-0,08	0,54	-0,16	0,88	
Wie schätzen Sie die Arbeitsbelastung in Ihrem Bereich im Vergleich zu anderen Bereichen im Unternehmen ein? *–10 (viel niedriger) ... +10 (viel höher)*	5,14	3,86	21	3,53	4,12	17	1,61	1,30	1,24	0,22	

Anmerkungen: 2-seitiger t-Test; **** $p < 0{,}001$; *** $p < 0{,}01$; ** $p < 0{,}05$; * $p < 0{,}10$

Tabelle 18-2: Unterschiede in den Kompetenzeinschätzungen zwischen Teilnehmern und Nichtteilnehmern

Dim. / Kompetenz	Teilnehmer			Nichtteiln.			Differenz				
	MW	SD	n	MW	SD	n	MW	SD	t	p	
1 / mich regelmäßig mit Kollegen in anderen Bereichen auszutauschen	4,43	0,87	21	3,65	0,86	17	**0,78**	0,28	2,76	0,00	***
5 / die Belange meines Bereichs gegenüber meinen Kollegen zu vertreten	4,40	0,60	20	3,71	0,59	17	**0,69**	0,20	3,55	0,00	****
4 / Konflikte mit Kollegen zu lösen	4,26	0,56	19	3,59	0,80	17	**0,67**	0,23	2,97	0,00	***
1 / meine Meinung durchzusetzen	3,95	0,39	20	3,35	0,61	17	**0,60**	0,17	3,6	0,00	****
5 / meine Mitarbeiter als Partner anzuerkennen	4,40	0,75	20	3,82	0,81	17	**0,58**	0,26	2,24	0,02	**
7 / eine Vorbildrolle zu übernehmen (z. B. hinsichtlich Zuverlässigkeit, Ehrlichkeit)	4,65	0,49	20	4,12	0,60	17	**0,53**	0,18	2,97	0,00	***
3 / mit einem Mitarbeiter zu sprechen, der wiederholt denselben Fehler macht	4,24	0,77	21	3,76	0,90	17	**0,47**	0,27	1,75	0,04	**
2 / Mitarbeiter mit entsprechenden Handlungsspielräumen auszustatten	4,00	0,77	21	3,53	0,94	17	**0,47**	0,28	1,69	0,05	**
3 / Mitarbeitergespräche durchführen	3,76	0,89	21	3,29	0,92	17	**0,47**	0,29	1,59	0,06	*
7 / auch eigene Fehler einzugestehen	4,45	0,69	20	4,00	0,71	17	**0,45**	0,23	1,96	0,03	**
5 / regelmäßig Kontakt mit meinen Mitarbeitern zu haben	4,25	0,72	20	3,82	0,88	17	**0,43**	0,26	1,62	0,06	*
2 / darauf zu vertrauen, dass meine Mitarbeiter gute Arbeit machen	3,71	0,96	21	3,35	0,86	17	**0,36**	0,30	1,21	0,12	
3 / mit Mitarbeitern über schlechte Leistungen zu sprechen	3,76	1,00	21	3,41	0,87	17	**0,35**	0,31	1,14	0,13	
7 / schnelle und klare Entscheidungen zu treffen	4,35	0,59	20	4,00	0,71	17	**0,35**	0,21	1,65	0,05	*

18 Entwicklung von Führungskompetenz im gewerblichen Bereich

Dim. / Kompetenz	Teilnehmer			Nichtteiln.			Differenz			
	MW	SD	n	MW	SD	n	MW	SD	t	p
3 / offen und fair Leistungen/ Verhalten zu bewerten	3,86	0,96	21	3,59	0,80	17	0,27	0,29	0,92	0,18
1 / Besprechungen in der Gruppe effektiv durchzuführen	3,71	0,64	21	3,47	1,12	17	0,24	0,29	0,84	0,20
5 / mich bei Schwierigkeiten/ Kritik vor meine Mitarbeiter zu stellen	4,30	0,66	20	4,06	0,66	17	0,24	0,22	1,11	0,14
6 / bei Problemen und Fragen schnell greifbar zu sein	4,15	0,81	20	3,94	0,75	17	0,21	0,26	0,81	0,21
2 / gemeinsam mit meinen Mitarbeitern Ziele zu vereinbaren	3,95	0,74	21	3,76	0,66	17	0,19	0,23	0,81	0,21
2 / Aufgaben an meine Mitarbeiter zu delegieren	4,29	0,85	21	4,12	0,70	17	0,17	0,26	0,66	0,26
1 / meinen Mitarbeitern Informationen zu vermitteln (z. B. durch kurze Vorträge)	4,10	1,00	21	3,94	0,75	17	0,15	0,29	0,53	0,30
7 / effektiv mit der eigenen Zeit umzugehen	3,50	0,83	20	3,35	0,93	17	0,15	0,29	0,51	0,31
3 / Mitarbeitern ein negatives Feedback zu geben, ohne die Beziehung zu belasten	3,14	1,01	21	3,00	0,87	17	0,14	0,31	0,46	0,32
3 / Rückmeldungen über die Zielerreichung zu geben	3,76	0,83	21	3,65	1,17	17	0,11	0,32	0,35	0,36
7 / ein Problem zu analysieren und die beste Lösung auszuwählen	4,10	0,64	20	4,00	0,79	17	0,10	0,24	0,43	0,34
4 / mit schwierigen Mitarbeitern umzugehen	2,85	1,04	20	2,76	0,97	17	0,09	0,33	0,26	0,40
4 / Konflikte mit Mitarbeitern zu lösen	3,20	0,77	20	3,12	0,99	17	0,08	0,29	0,28	0,39
3 / gute Leistungen zu loben und anzuerkennen	4,14	0,96	21	4,06	0,85	16	0,08	0,30	0,26	0,40
6 / meine Mitarbeiter bei fachlichen Problemen zu unterstützen	4,55	0,69	20	4,47	0,80	17	0,08	0,24	0,33	0,37
6 / Fachkenntnisse vermitteln	4,35	0,67	20	4,29	0,59	17	0,06	0,21	0,27	0,40

Dim. / Kompetenz	Teilnehmer			Nichtteiln.			Differenz			
	MW	SD	n	MW	SD	n	MW	SD	t	p
5 / die Belange meines Bereichs gegenüber meinem Vorgesetzten zu vertreten	3,70	1,13	20	3,65	0,93	17	0,05	0,34	0,15	0,44
1 / das richtige Maß an Interesse an meinen Mitarbeitern zu zeigen	3,71	1,01	21	3,69	0,95	16	0,03	0,33	0,08	0,47
4 / Konflikte rechtzeitig zu erkennen	3,15	0,67	20	3,18	0,88	17	-0,03	0,26	-0,1	0,46
1 / klare Absprachen mit einzelnen Mitarbeitern zu treffen	4,00	0,84	21	4,06	0,66	17	-0,06	0,25	-0,24	0,41
4 / meine Mitarbeiter zu motivieren	3,35	0,75	20	3,41	0,94	17	-0,06	0,28	-0,22	0,41

Anmerkungen: Skala 1 (meist schwierig) ... 5 (nie schwierig); Spalte Dim.: Zuordnung der Items zu den Führungsdimensionen (1: Kommunikation, 2: Delegation, 3: Feedback, 4: Umgang mit schwierigen Mitarbeitern, 5: Verhältnis zu den Mitarbeitern, 6: fachliche Unterstützung der Mitarbeiter, 7: Erledigung der eigenen Aufgaben; 1-seitiger t-Test; **** $p < 0,001$; *** $p < 0,01$; ** $p < 0,05$; * $p < 0,10$

Tabelle 18-3: Unterschiede zwischen Teilnehmern und Nichtteilnehmern bezüglich ihrer Rolle als Führungskraft

Kat.	Item	Teilnehmer			Nichtteiln.			Differenz				
		MW	SD	n	MW	SD	n	MW	SD	t	p	
Selbstverständnis	Ich sehe mich selbst in erster Linie als Kollegen meiner Mitarbeiter. (umgepolt)	3,19	1,81	21	2,53	1,33	17	0,66	0,53	1,26	0,11	
	Ich sehe mich selbst in erster Linie als Vorgesetzten meiner Mitarbeiter.	4,57	1,43	21	4,47	1,23	17	0,10	0,44	0,23	0,41	
	In Situationen, in denen es wirklich wichtig ist, setze ich alle mir verfügbaren Machtmittel ein, um mich durchzusetzen.	4,57	1,86	21	5,35	1,06	17	-0,78	0,51	-1,54	0,07	*
	Wenn ich jemandem meine berufliche Funktion beschreiben müsste, würde ich mich als Führungskraft bezeichnen.	5,86	1,11	21	5,06	1,43	17	0,80	0,41	1,94	0,03	**
Akzeptanz von unten	Für meine Mitarbeiter bin ich eher einer von ihnen als Vorgesetzter. (umgepolt)	4,48	1,50	21	3,47	1,28	17	1,01	0,46	2,19	0,02	**
	Meine Mitarbeiter wenden sich manchmal direkt an meinen Vorgesetzten statt mich anzusprechen. (umgepolt)	5,86	1,31	21	5,76	1,09	17	0,09	0,40	0,23	0,41	
	Ich fühle mich von meinen Mitarbeitern als ihre Führungskraft akzeptiert.	5,71	1,38	21	5,47	0,80	17	0,24	0,38	0,64	0,26	

Kat.	Item	Teilnehmer			Nichtteiln.			Differenz				
		MW	SD	n	MW	SD	n	MW	SD	t	p	
Akzeptanz von oben	Mein Vorgesetzter hat mir selbständige Aufgaben, Entscheidungsbefugnisse und Verantwortung übertragen.	6,24	0,94	21	5,71	1,26	17	0,53	0,36	1,49	0,07	*
	Ich fühle mich von meinem direkten Vorgesetzen als Führungskraft akzeptiert.	6,10	1,18	21	5,47	1,18	17	0,62	0,38	1,62	0,06	*
	Mein direkter Vorgesetzter übergeht mich manchmal und wendet sich direkt an meine Mitarbeiter, auch wenn das eigentlich meine Aufgabe wäre. (umgepolt)	5,86	1,20	21	5,29	1,79	17	0,56	0,49	1,16	0,13	
Kenntnis	Ich weiß genau, was von meinem Bereich erwartet wird.	6,29	0,96	21	5,82	0,88	17	0,46	0,30	1,53	0,07	*
	Ich weiß genau, was in dieser Position von mir erwartet wird.	6,14	0,96	21	6,06	0,83	17	0,08	0,30	0,28	0,39	
Akzeptanz der eigenen Tätigkeit	Ich fühle mich wohl in meiner Position.	5,43	1,57	21	5,41	1,12	17	0,02	0,45	0,04	0,49	
	Meine Aufgaben passen zu mir.	5,57	0,98	21	5,47	1,01	17	0,10	0,32	0,31	0,38	
	Manchmal würde ich lieber an einer Maschine stehen als am Schreibtisch zu sitzen. (umgepolt)	4,52	1,94	21	5,59	1,54	17	-1,06	0,58	-1,84	0,04	**

Anmerkungen: Skala 1 (stimme überhaupt nicht zu) ... 7 (stimme voll und ganz zu); umgepolte Items markiert; 1-seitiger t-Test; **** $p < 0{,}001$; *** $p < 0{,}01$; ** $p < 0{,}05$; * $p < 0{,}10$

Tabelle 18-4: Unterschiede zwischen Teilnehmern und Nichtteilnehmern bezüglich ihrer Arbeitszufriedenheit

Item	Teilnehmer			Nichtteilnehmer			Differenz				
Wie zufrieden sind Sie insgesamt mit ...	MW	SD	n	MW	SD	n	MW	SD	t	p	
Ihrer Tätigkeit?	4,10	0,62	21	4,00	0,79	17	0,10	0,23	0,42	0,34	
der Zusammenarbeit mit Ihrem Vorgesetzten?	3,86	0,79	21	3,76	0,97	17	0,09	0,29	0,32	0,37	
der Zusammenarbeit mit Ihren Mitarbeitern?	4,10	0,54	21	3,82	0,73	17	0,27	0,21	1,32	0,10	*
dem Umgang mit Konflikten in der Zusammenarbeit in Ihrem Bereich?	3,62	0,74	21	3,47	0,87	17	0,15	0,26	0,57	0,29	
dem Betriebsklima in Ihrem Bereich?	3,86	0,65	21	3,65	1,00	17	0,21	0,27	0,78	0,22	
→ Aggregat	3,90	0,40	21	3,74	0,69	17	0,16	0,18	0,91	0,18	

Anmerkungen: Skala 1 (sehr unzufrieden) ... 5 (sehr zufrieden), umgepolte Items markiert; 1-seitiger t-Test; **** $p < 0,001$; *** $p < 0,01$; ** $p < 0,05$; * $p < 0,10$

Tabelle 18-5: Unterschiede zwischen Teilnehmern und Nichtteilnehmern bezüglich der Einschätzung der Produktivität des Bereichs

Item	Teilnehmer			Nichtteilnehmer			Differenz				
	MW	SD	n	MW	SD	n	MW	SD	t	p	
Wie schätzen Sie die Produktivität Ihres Bereichs im Vergleich zu anderen Bereichen im Unternehmen ein?	5,14	2,87	21	3,59	2,53	17	1,55	0,89	1,75	0,04	**

Anmerkungen: Skala -10 (viel niedriger) ... +10 (viel höher); 1-seitiger t-Test; **** $p < 0,001$; *** $p < 0,01$; ** $p < 0,05$; * $p < 0,10$

Tabelle 18-6: Bewertung des Coachings durch die Teilnehmer des Programms

Kat.	Item	MW	SD	n
Grundbedingungen	Ich fühle mich bei meinem Coach gut aufgehoben.	5,76	1,22	21
Grundbedingungen	Ich fühle mich von meinem Coach voll akzeptiert.	6,10	0,94	21
Grundbedingungen	Ich kann mich hundertprozentig darauf verlassen, dass die in den Coaching-Gesprächen behandelten Inhalte nicht an Dritte weitergegeben werden.	5,81	1,25	21
Bewertung	Das Coaching hat mir geholfen, die Inhalte von Führungswerkstatt und Teamwerkstatt am Arbeitsplatz umzusetzen.	5,24	1,09	21
Bewertung	Die Coaching-Gespräche sind effektiv.	5,24	1,22	21
Assoziationen	Coaching ist ein bisschen wie Therapie. (umgepolt)	3,57	1,78	21
Assoziationen	Die Coaching-Gespräche sind eine Art Leistungskontrolle. (umgepolt)	5,67	1,39	21
Implizite Bewertung	Wenn die Möglichkeit besteht, werde ich auch nach den verpflichtenden fünf Coaching-Terminen weitere in Anspruch nehmen.	5,00	1,79	21
Implizite Bewertung	Wie viele Termine würden Sie im Laufe der nächsten 12 Monate am liebsten in Anspruch nehmen? *(genannte Anzahl)*	5,16	4,48	19

Anmerkungen: Skala 1 (stimme überhaupt nicht zu) … 7 (stimme voll und ganz zu); umgepolte Items markiert

Tabelle 18-7: Bewertung des Gesamtprogramms durch die Teilnehmer

Item	MW	SD	n
Das Programm war nützlich, um meine Aufgaben besser ausüben zu können.	5,33	1,24	21
Die meisten Themen im Programm waren relevant für die Bereiche, in denen ich mich weiterentwickeln möchte.	4,95	1,43	21
Die Zeit, die ich bei den Workshops/Coaching-Gesprächen verbracht habe, war sinnvoll investiert.	5,90	0,94	21
Ich konnte das, was ich in dem Programm gelernt habe, an meinem Arbeitsplatz anwenden.	5,14	1,15	21
Ich habe an meinem Arbeitsplatz Gelegenheiten, die im Programm gelernten Dinge zu üben.	4,67	1,11	21
Das Programm hat mir geholfen, effektiver mit meinen Mitarbeitern umzugehen.	5,29	0,90	21
Ich würde anderen Kollegen die Teilnahme an diesem Programm empfehlen.	6,10	1,09	21

Anmerkungen: Skala 1 (stimme überhaupt nicht zu) … 7 (stimme voll und ganz zu)

Eva-Maria Bruch und Werner Sauter

19 Kompetenzentwicklung mit Blended Learning
New Blended Learning mit Social Software (Web 2.0)

Der Konkurrenzkampf der Zukunft wird als Kompetenzkampf geführt. Das betriebliche Lernen kehrt an seine Wurzeln zurück, Lernen und Arbeiten rücken wieder zusammen. Lernen ist deshalb nicht mehr das „schulisches Lernen" mit der Absicht, möglichst viel Sach- und Fachwissen zu vermitteln, sondern „Kompetenzentwicklung" mit dem Ziel, die Fähigkeit zur selbstorganisierten Problemlösung zu vermitteln. Dabei werden Praxisprojekte und Arbeitsprozesse als Katalysatoren der Kompetenzentwicklung genutzt. Erst bei der Lösung von Praxisproblemen, in realen Entscheidungssituationen werden die notwendigen Lernprozesse („emotionale Labilisierungsprozesse")[1] initiiert, um Kompetenzen handlungswirksam zu verankern.

Das „neue" Lernen sieht Lerner als gleichberechtigte Partner, sowohl in der Kommunikation mit anderen Lernpartnern als auch mit Tutoren, Coaches und Trainern. Sie erzeugen gemeinsam und in einem mehrgliedrigen Prozess Kompetenzen – auf Seiten der Lernenden und der Lehrenden.

Die Entwicklung vom Web 1.0 zur Welt des Web 2.0[2] zeigt in die gleiche Richtung. Aus dem suchenden Nutzer vorhandener Webinhalte wird ein aktiver Mitgestalter des Web, der eigene Erfahrungen in das System einbringt und in der Kommunikation mit seinen Netzwerkpartnern zu gemeinsamem Wissen weiter entwickelt. Diese Veränderungen finden sich in zukunftsorientierten Lernsystemen wieder.

19.1 New Blended Learning mit Web 2.0 („Social Software")

Blended-Learning-Konzepte haben sich seit der Jahrtausendwende, vor allem in größeren Unternehmen, durchgesetzt. Dazu gehört auch die Festo AG & Co. KG, die bereits 1999 auf der Basis der web-basierten Lernplattform „Festo Virtual Academy" begonnen hat, zunächst

---

[1] Im emotionalen Sinne Erleben und Bewältigen von Dissonanzen (Zweifel, Widersprüchlichkeiten oder Verwirrung). Werden sie aufgelöst, entstehen neue Lösungsmuster. Vgl. dazu insbesondere Erpenbeck, J., Sauter. W. (2007): Kompetenzentwicklung im Netz – New Blended Learning mit Web 2.0, Köln.
[2] Internetbasierte Kommunikationsinstrumente, die das gemeinsame Erarbeiten von Inhalten unterstützen und damit auch Interaktionen unter den Benutzern auslösen können („Social Software").

E-Learning Lösungen, zunehmend aber Blended Learning Lösungen zu entwickeln und erfolgreich in die Praxis umzusetzen.

Was ist nun neu am „New Blended Learning mit Web 2.0"? Aus unserer Sicht sind hier u.a. folgende Aspekte hervor zu heben:

- Die Möglichkeiten und Ziele der Kompetenzentwicklung leiten sich aus einer vorangegangenen systematischen Kompetenzerfassung ab.
- Die Lerner übernehmen die Verantwortung für ihre Kompetenzentwicklung und nutzen aktiv die Instrumente der Kompetenzentwicklung sowie ihr Netzwerk aus Lernpartnern, Tutoren, Coaches und Trainern auf der Basis ihrer E-Portfolios.[3]
- Die Wissensvermittlung und -verarbeitung auf der Grundlage von Web Based Trainings ist nicht das Ziel, sondern eine Voraussetzung unter anderen für den umfassenden Prozess der Aneignung von Kompetenzen.
- Web Based Trainings dienen nicht nur der Wissensvermittlung und -verarbeitung, sondern können über offene, problemorientierte Aufgaben erste kognitive Dissonanzen[4] als Basis der Kompetenzentwicklung erzeugen.
- Der Entwicklungsprozess schließt systematisch Transferphasen ein, die in reale Entscheidungssituationen im Rahmen von Projekten oder Praxisaufgaben münden.
- Erfahrungsaustausch und Problemlösung in Netzwerken bilden den Kern der Entwicklungsprozesse.
- Wikis,[5] Weblogs[6] und weitere Instrumente des Web 2.0 erweisen sich als hervorragend geeignet, systematische Kompetenzentwicklung zu ermöglichen und so das Netz(-werk)lernen fruchtbar zu machen.
- New Blended Learning bildet damit die Brücke zwischen den innovativen Bereichen Kompetenzentwicklung und Social Software.

Klassisches E-Learning im Web 1.0 und kompetenzzentriertes E-Learning im Web 2.0 unterscheiden sich damit deutlich. Klassisches E-Learning im Web 1.0 kennt in der Regel keine echten Dialoge, sondern rückgekoppelte Monologe. Es besteht eine Trennung von Experten

---

[3] Mit lernerzentrierten E-Portfolio dokumentiert jeder Lerner seine individuelle Lernkarriere. Neben den Ergebnissen der regelmäßigen Kompetenzerfassung präsentiert er dort seine wichtigsten Dokumente, Ausarbeitungen oder Präsentationen.

[4] Im kognitiven Sinne ein innerer Widerspruch. Erfahrungen und Informationen stehen zur persönlichen Einstellung bzw. zu getroffenen Entscheidungen im Widerspruch.

[5] *Wikiwiki – schnell (hawaiianisch)*. Ein Wiki ist ein einfach benutzbares, webbasiertes Autorensystem (Content Management System), bei welchem alle BesucherInnen alle Seiten verändern dürfen (open editing).

[6] Häufig aktualisierte Webseiten, bei denen viele kleine Einträge („Micro-Content") der Lerner – genannt „posts" – einen Zeitstempel erhalten und in einer umgekehrt chronologischen Reihenfolge abgelegt werden. Damit steht jeweils der jüngste Eintrag am Anfang einer Seite; es entsteht z.B. ein Lerntagebuch.

(Lernprogrammentwickler) und Lernern. Bis auf Ausnahmen dient es in der Hauptsache intensiver und massenhafter Informationsweitergabe.

Kompetenzzentriertes E-Learning im Web 2.0 baut dagegen auf eine zweite Generation von Internet-Services („Social Software"), die Menschen hilft, online zusammenzuarbeiten und Wissen zu teilen. Es setzt auf die Emanzipation der Lerner, die ihr Wissen aktiv einbringen.

Es benutzt in der Regel gedankliche Dissonanzen hervorrufende, konflikterzeugende Software. Kompetenzentwicklung im Netz bedingt somit grundlegend veränderte Lernformen. Lineare und formelle Lernprozesse mit Lernzielen, überwiegend auf der fertigkeits-, wissens- und qualifikationsvermittelnden Ebene, werden durch individuell gestaltete und organisationale Lernprozesse mit Lernzielen auf der Ebene der Kompetenzentwicklung abgelöst.

19.2 Kompetenzentwicklung mit Blended Learning (Blended Learning Konzeption)

Kompetenzlernen umfasst deutlich mehr als Wissensvermittlung und Qualifikation. Es erfordert zusätzlich Wertaneignung und Erfahrungslernen.[7] Dabei genügt es nicht, nur die eigenen Erfahrungen zu nutzen. Lernen muss vielmehr in einem Prozess der Netzwerkbildung erfolgen.[8] Dies wird durch Blended Learning Konzeptionen unter Einbeziehung von Social Software sichergestellt.

Kompetenzlernen wird deshalb als Lernarrangement gestaltet, in dem Blended Learning und Elemente des Wissensmanagements mit dem Ziel verknüpft werden, die Kompetenzentwicklung der Lernenden zu optimieren. Deshalb kommt den Elementen der Kompetenzerfassung sowie der Kompetenzentwicklung in realen Problemsituationen eine besondere Bedeutung zu. Kompetenzentwicklung verknüpft dabei formelles Lernen mit dem Ziel der Wissensvermittlung und -verarbeitung mit informellen Lernprozessen im Bereich des Praxistransfers und realer Entscheidungssituationen, z.B. in Projekten. Dies kann am Beispiel der Führungskräfteentwicklung verdeutlicht werden (s. Abb. 19-1).

Dieser Ansatz ist gegenüber der weit verbreiteten Fallstudienmethode aufgrund seines realen Charakters sehr viel besser geeignet, Dissonanzen und Labilisierung zu erzeugen.

Blended Learning verknüpft praxisorientierte Workshops mit einer daran anschließenden mehrwöchigen Phase des selbstgesteuerten Lernens. Nachdem sich die Lerner, meist in Einzelarbeit zuhause oder am Arbeitsplatz, das erforderliche Wissen mit Hilfe der WBT erarbeitet haben, lösen sie gemeinsam mit einem Lernpartner komplexe Transferaufgaben – online oder offline. Sie wenden ihr Wissen in begleitenden Praxisprojekten an und bauen dabei ihre Kompetenzen auf.

---

[7] Vgl. u.a. Erpenbeck, J., von Rosenstiel, L. (2007, 2. Aufl.): Handbuch Kompetenzmessung (2. Aufl.). Stuttgart.
[8] Siemens, G. (2006): Connectivism: A Learning Theory for the Digital Age, http://www.elearningspace.org/Articles/connectivism.htm.

Abbildung 19-1: *Kreislauf der Kompetenzentwicklung im Netz am Beispiel der Führungskräfteentwicklung*

Blended Learning

- Wissensvermittlung
- E-Learning
- Einzellernen
- 1. Wissen aneignen
- 2. Dissonanzen erzeugen
- Wissensverarbeitung
- Übungen
- Fallstudien
- Planspielaufgaben
- Tandem-/Teamlernen

Praxis — **Planspiel**

- Community of Practice
- Kompetenzlernen: Interiorisation von Werten
- Learning Community

- Werte, Normen, Regeln
- Praxisprojekte
- 4. Reale Entscheidungssituationen
- 3. Emotionale Labilisierung
- Wissenstransfer
- Planspielentscheidungen
- Transferaufgaben

Lernen im Netz

Um diesen Anforderungen gerecht zu werden, müssen webbasierte Lernprogramme für Blended Learning folgenden **Kriterien** genügen:[9]

- Das Fachwissen wird über die standardisierten Aufgaben aus den E-Learning WBT vermittelt bzw. gesichert.

- Differenzierte *Aufgabentypen zur Wissensvermittlung*, die primär standardisiert sind, sowie zur Wissensverarbeitung und zum Wissenstransfer, in offene Form mit Rückmeldungen über die Learning Community oder in Präsenzveranstaltungen, werden verknüpft.

- Über den *Trainingsbereich* wird der formelle Lernprozess der Lerner anhand exemplarischer, problemorientierter Aufgaben gesteuert.

- Über Transferaufgaben wird das Fachwissen in den Wissensbasen und aus den Links im Intranet bzw. Internet mit dem Erfahrungswissen der Lerner verknüpft.

---

[9] Vgl. Sauter, W., Sauter, A., Bender, H. (2004, 2. Aufl.): Blended Learning – Effiziente Integration von E-Learning und Präsenzlernen, Unterschleißheim.

Abbildung 19-2: WBT Struktur für Blended Learning

Training
Problemorientiertes Training
Steuerung der Lernprozesse

Wissen
Wissensbasis: Systematisches Lernen
Wissensbroker: Situatives Lernen
Glossar

Workshops
Praxistransfer
Projektarbeit

Learning Community
Wissensmanagement: Erfahrungsaustausch
Flankierung der Lernprozesse
Gruppenarbeit
Tutoriell betreute Fallstudien und Projekte

Simulation
Planspiele etc.
Praxistools

- Komplexe Sachverhalte werden über die Anwendung des transferierten Wissens in *realen Problemstellungen, z.B. aus Kundengesprächen,* vermittelt. Anschaulichkeit ergibt sich nicht dadurch, dass man Sachverhalte, wie z.B. in Fallstudien, verkürzt, sondern durch die Möglichkeit, eigene Erfahrungen zu sammeln und zu reflektieren.

- Weiterentwicklung der *Learning Community* zur *Community of Practice,* die zunehmend von den Mitarbeitern gesteuert wird mit dem Ziel des Austauschs von Erfahrungen aus Praxis- und Projektanwendungen. Das Ziel ist, schrittweise selbstorganisierte, informelle Lernprozesse der Teilnehmer zu initiieren, so dass sich Tutoren, Coaches oder Trainer auf ihre Coaching- oder Mentoringfunktionen konzentrieren können.

In Blended Learning Systemen übernehmen die **Web Based Trainings** damit eine zentrale Rolle. Sie strukturieren die individuellen Lernprozesse unterschiedlicher Lerner nach einem verbindlichen Raster (s. Abb. 19-2).

Dieser Kompetenzentwicklungsprozess ist eine Kombination verschiedener Lern- und Sozialformen in Verbindung mit Medien der Web 1.0 und Web 2.0-Welt:

- **Lernpfad:** Lernempfehlung bzw. -vorgabe auf der Basis eines Vorabtests.
- **Einzellernen:** Das Fachwissen eignet sich jeder Lerner auf der Basis der WBT an. Der Erfolg der Wissensvermittlung wird mittels Abschlusstest dokumentiert.

Eva-Maria Bruch und Werner Sauter

Abbildung 19-3: Kompetenzentwicklung mit Blended Learning

- **Tandemlernen**: Über repräsentative Problemstellungen aus der Praxis werden Kompetenzen aufgebaut. Mit dem Tandempartner werden diese Problemstellungen erörtert, Lösungen gesucht und mit den Lösungen im WBT verglichen.

- Offene Punkte werden in der Learning Community mit den anderen Lernern und evtl. dem Trainer diskutiert.

- **Netz(-werk)-Lernen I**: Die Lerner bearbeiten alleine oder mit ihren Tandempartnern Transferaufgaben in ihrem eigenen Aufgabenbereich. Sie geben sich gegenseitig Rückmeldungen zur ihrem Handeln in der Praxis und entwickeln im Team Lösungen, die sie anwenden und auswerten.

- **Netz (-werk)-Lernen II:** Die Lerner wenden ihre Lösungen in ihrer Praxis an und tauschen sich regelmäßig in der Community of Practice aus. Neu auftretende Problemstellungen werden gemeinsam analysiert und diskutiert. Die Erfahrungen in der Umsetzung fließen wiederum in den gemeinsamen Wissenspool.

Blended Learning wird damit Teil eines übergreifenden Lernsystems, das die Kompetenzen aller Mitarbeiter bündelt und ihr gemeinsames Wissen im weiteren Sinne fort entwickelt (s. Abb. 19-3).

- Der Blended Learning Prozess startet mit einer eintägigen **Eröffnungsveranstaltung (Kick-off)**, in der die Lerner in die Methodik des Blended Learning sowie in die Lernaufgaben eingeführt werden, Lernpartnerschaften und Lerngruppen bilden, ihre persönliche Lernstrategien entwickeln und verbindliche Vereinbarungen für die Selbstlernphase treffen.

- Dem Kick-off folgen **selbstorganisierte Lernphasen**, die auf den Web Based Training basieren. Die WBT steuern die Lernprozesse über **standardisierte Aufgaben** (z. B. Multiple Choice, Zuordnungsaufgaben oder Rechenaufgaben) für das Einzel- bzw. Partnerlernen und **offene Aufgaben (Transferaufgaben)** für die Tandems und Lerngruppen. Diese reichen von Freitextaufgaben mit Musterlösungen bis zu Übungs- und Transferaufgaben, die in Tandems oder Gruppen bearbeitet werden. Die Lösungen können über die Learning Community, aber auch im Workshop diskutiert werden.

- Die **Workshops** werden damit von der reinen Vermittlung des Basiswissens entlastet. Die Lerner bringen ihre offenen Fragen über einen Themenspeicher ein und präsentieren im Workshop in den Gruppen entwickelte Lösungsvorschläge, die mit dem Trainer diskutiert und evtl. gemeinsam weiter entwickelt werden. Abschließend werden Vereinbarungen für die Umsetzung in der Praxis getroffen.

- Über die **Community of Practice,** die von den Lernern eigenverantwortlich organisiert wird, wird der gemeinsame Prozess der Kompetenzentwicklung systematisch weiter geführt. In regelmäßigen Abständen bietet es sich an, Workshops zum Erfahrungsaustausch durch zu führen.

Neben themenzentrierten Foren und Chats bieten sich für diese Lernprozesse vor allem folgende **Social Software Elemente**[10] an:

- **E-Portfolio:** Mit diesem lernerzentrierten Instrument dokumentiert jeder Lerner seine individuelle Lernkarriere.

- **Blog**: In diesem „Transfer-Tagebuch" stellt der Mitarbeiter regelmäßig seine Entwicklungsschritte, z.B. in Transferaufgaben, vor. Die Lernenden geben sich jeweils Feedback, unterstützen sich bei Problemstellungen und führen ihre Kompetenzen zusammen.

- **Wiki**: Lerngruppen entwickeln z. B. gemeinsame Lösungen für komplexe Transferaufgaben. Das Wiki dient dabei als Kommunikationstool in einem geschlossenen Projekt. Es ist damit eine Ergänzung zu den üblichen Tools und kann als Instrument des Wissensmanagements angesehen werden.

Mit diesem innovativen Ansatz der Kompetenzentwicklung werden die bewährten Blended Learning Konzepte in Hinblick auf die Anforderungen der Zukunft weiterentwickelt. Mit der Verknüpfung von Blended Learning, Social Software und Wissensmanagement wurde ein ganzheitlicher Ansatz zur Kompetenzentwicklung gestaltet, der insbesondere für global agierende Unternehmen zunehmend an Bedeutung gewinnen wird.

---

10 Vgl. u.a. Kerres, M. (2006): Potenziale von Web 2.0 nutzen. In: Hohenstein, A., Wilbers, K. (Hrg.): Handbuch E-Learning. München; Brahm, T. (2007): Blogs – Technische Grundlagen und Einsatzszenarien an Hochschulen, in : SCIL-Arbeitsbericht 12; Brahm, T. (2007): WikiWiki: Technische Grundlagen und pädagogisches Potential. In: SCIL-Arbeitsbericht 12, Seufert,S; Brahm, T. (2007): „Ne(x)t Generation Learning": Wikis, Blogs, Mediacasts & Co. – Social Software und Personal Broadcasting auf der Spur-Themenreihe 1 zur Workshop-Serie. St. Gallen.

19.3 Implementierung von Kompetenzentwicklungssystemen mit Blended Learning

Kompetenzentwicklung kann nur erfolgreich umgesetzt werden, wenn sie sich an Unternehmenszielen ausrichtet. Der Implementierungsprozess für Kompetenzentwicklung setzt dabei voraus, dass sich die Denk- und Handlungsweisen aller Beteiligten, vom Lerner über die Trainer, Coaches bzw. Tutoren bis zu den Führungskräften, grundlegend verändern. Deshalb ist die Implementierung von Kompetenzentwicklungssystemen als ein unternehmensweites Veränderungsmanagement zu gestalten.

Kompetenzentwicklung erfordert deshalb eine Neupositionierung des Bildungsmanagement. Insbesondere ist eine Fokussierung auf folgende strategischen Aufgabenfelder erforderlich (s. Abb. 19-4).

Im Kern dieses Ansatzes sind vier zentrale Handlungsfelder zu bearbeiten:

- *Unternehmens- und Lernkultur:* Die Mitarbeiter sind im Regelfall formelle Lernprozesse, vielfach noch mit einer traditionellen Methodik, gewohnt. Es sind deshalb Systeme notwendig, die einen behutsamen Veränderungsprozess der Beteiligten ermöglichen. Das Bildungsmanagement hat die Führungskräfte und Mitarbeiter dabei zu unterstützen, die notwendigen Rahmenbedingungen für Kompetenzentwicklungsprozesse zu schaffen. Damit wird Bildungsmanagement zum *Veränderungsmanagement*.

Abbildung 19-4: Handlungsfelder der Kompetenzentwicklung

19 Kompetenzentwicklung mit Blended Learning

- *Organisation:* Die Einführung von *Kompetenzentwicklung mit Blended Learning und Social Software* bedingt Veränderungen der Strukturen, Prozesse und Rollen im gesamten Unternehmen. Das Kompetenzentwicklungskonzept ist deshalb in Hinblick auf die Verknüpfung mit den bestehenden Organisationssystemen zu optimieren. Bildungsmanagement wird zum *Qualitätsmanagement*.

- *Lernsystem:* In einem dynamischen Prozess wird das Kompetenzentwicklungssystem für die zukünftigen Anforderungen der Unternehmung konzipiert. Es umfasst die erforderlichen Entwicklungsmaßnahmen für Trainer, Autoren und Führungskräfte sowie Inhalte, Methoden und Instrumente für Kompetenzentwicklungssysteme. Bildungsmanagement wird zum *Entwicklungsmanagement*.

- *Lerntechnologie:* Kompetenzlernen erfordert eine Lerntechnologie, die mit der vorhandenen IT verknüpft werden muss. Das *Technologiemanagement* sorgt dafür, dass die Anforderungen aus dem Kompetenzentwicklungssystem erfüllt werden.

19.4 Blended-Learning Qualifizierung bei Festo am Beispiel Projektmanagement

Das internationale Learning Management System „Festo Virtual Academy" wurde 1999 als ergänzendes Weiterbildungsinstrument im Rahmen der „Internationalen Qualifizierungsoffensive" ins Leben gerufen und hat sich mittlerweile als Standard im Aus- und Weiterbildungsprogramm der Festo Gruppe weltweit etabliert. Heute haben ca. 12.000 Mitarbeiter in 54 Landesgesellschaften weltweit Zugriff auf die Lernangebote in der Virtual Academy.

Je nach Komplexität der Lerninhalte werden verschiedene Arten von Lernmedien angeboten: Multimediale interaktive Lernprogramme, Readings, animierte Präsentationen oder Glossare. Derzeit werden ca. 700 Lernprogramme in verschiedenen Sprachen (u.a. Deutsch, Englisch, Spanisch, Russisch, Chinesisch, Italienisch, Französisch) angeboten. Die Lerninhalte sind durchweg modular aufgebaut, so dass sich die Mitarbeiter eigenverantwortlich und gezielt die Lerneinheiten auswählen können, die sie zur Deckung ihres individuellen Entwicklungsbedarfs benötigen. Mit den E-Learning Angeboten bietet Festo seinen Mitarbeitern die Chance, sich selbstständig, individuell sowie orts- und zeitunabhängig weiterzubilden, da der Zugriff auf die Lernplattform beispielsweise auch von zu Hause mit privatem Internetzugang erfolgen kann.

19.4.1 Didaktisch-methodische Leistungspalette

Festo verknüpft, abhängig von den jeweiligen Lernzielen, unterschiedliche didaktisch-methodische Konzeptionen (s. Abb. 19-5).

Die reinen E-Learning Angebote werden, in Abstimmung auf die Komplexität der Themen, mit und ohne Tutoring angeboten. Learning on the job, Projektlernen sowie Social Learning werden über Learning Communities unterstützt und flankiert.

Abbildung 19-5: Didaktisch-methodische Leistungspalette

| E-Learning | Blended Learning | Social Learning |

Individuelles Lernen → Lernen in der Gruppe

In den letzten Jahren haben insbesondere Blended und Social Learning an Bedeutung zugenommen. Projektteams und internationale Expertennetzwerke nutzen die kollaborativen Elemente des Learning Management Systems zur Bildung von Communities und zum Austausch von Erfahrungswissen. Dieser wird aktiv durch die Mitarbeiter organisiert. Dieser Trend zeichnet sich auch beim Blended Learning ab. Die Teilnehmer möchten auch nach der Maßnahme miteinander in Kontakt bleiben und Erfahrungswissen zu Problemstellungen aus der Praxis in Communities of Practice austauschen.

19.4.2 Blended Learning bei Festo am Beispiel „Projektmanagement"

Zunehmend komplexer werdende Aufgaben in der heutigen Arbeitswelt erfordern immer mehr bereichsübergreifende Projektarbeit. Seit Jahren bietet Festo deshalb traditionelle Inhouse Seminare zum Thema „Projektmanagement" an. Gerade die Haupt-Zielgruppe dieses Seminars, Fach- und Führungskräfte, haben aber kaum Zeit, ein Seminar zu diesem Thema zu besuchen. Aus diesem Grund bietet die Virtual Academy die Qualifizierung „Projektmanagement" auch als Blended Learning an. Im Vordergrund stehen dabei die Kompetenzentwicklung, aber auch die zeitlichen Flexibilität und die Skalierbarkeit des Angebotes an den Bedarf im Unternehmen.

Die Blended Learning Konzeption weist folgende Phasen auf (s. auch Abb. 19-6)).

Abbildung 19-6: *Lernphasen im Blended-Learning Prozess „Projektmanagement"*

Kick-Off → Online → Präsenz → Follow-Up

Kick-Off-Meeting

Im Kick-Off lernen sich Teilnehmer und Trainer kennen. Die Lerner werden in die Ziele der Entwicklungsmaßnahme sowie in das Lernsystem eingeführt und erhalten eine Anleitung für den Umgang mit dem Learning Management System (LMS)[11] sowie das Lernen mit Web Based Trainings. Einen Schwerpunkt der Kick-Off-Phase bilden verbindliche Vereinbarungen für die sich anschließende selbstorganisierte Lernphase. Dabei werden z.B. Jour Fix Termine der Lernpartner „Meilensteine" für die Bearbeitung des Web Based Trainings oder es werden Termine für Chats vereinbart.

Der Trainer erörtert mit den Teilnehmern wesentliche Fragen des selbstorganisierten Lernens:

- Wie unterstützen sich die Lernpartner untereinander?
- Welche Absprachen mit der Führungskraft, den Kollegen sind notwendig?
- Wie optimieren die Lerner ihre Lernumgebung?
- Wie organisieren und bewerten die Teilnehmer ihre Lernprozesse?

Die Erfahrung hat gezeigt, dass der Kick-Off eine wesentliche Voraussetzung für den Erfolg der Blended Learning Maßnahme ist. Die Teilnehmer werden im Vorfeld motiviert und können die nun folgende Selbstlernphase effektiv gestalten.

Online-Lern-Phase

Sechs Wochen vor dem Kick-Off erhalten die Teilnehmer eine Freischaltung für das Web Based Training. Dieses Training ist modular aufgebaut:

- Projektmanagement (Allgemeines und Prinzipien des Projektmanagements),
- Projektziele,

---

[11] Virtuelle Lern- und Kommunikationsplattform, die den Lernern Zugriff auf verschiedene Lernelemente, z.B. WBT, Dokumente oder Beiträge der Lerner, sowie differenzierte Kommunikationsmöglichkeiten bietet. Es dient der Planung und Verwaltung der gesamten Lernaktivitäten aller Mitarbeiter eines Unternehmens, sowohl online als auch offline.

- Projekte strukturieren,
- Projektverlauf planen,
- Risiken in Projekten,
- Projektteam / Zusammenarbeit,
- Projektbesprechungen planen und durchführen,
- Informationsfluss (Informieren und Dokumentieren).

Das Web Based Training wird in einem Kursraum im Rahmen der Virtual Academy zur Verfügung gestellt. In diesem Kursraum kann der Trainer Nachrichten veröffentlichen und die virtuelle Kommunikation in der Lerngruppe, z.B. über Foren, Chats oder E-Mails, organisieren.

Das Lernprogramm kann aufgrund des modularen Aufbaus in einzelnen Teilschritten bearbeitet werden. Eine Lesezeichenfunktion erleichtert den Teilnehmern dabei einen schnellen Wiedereinstieg nach Unterbrechungen.

Das Diskussionsforum im Kursraum dient der asynchronen Kommunikation der Teilnehmer. Hier können jederzeit Einträge geschrieben werden, die von anderen Teilnehmern sowie dem Trainer auch zu einem späteren Zeitpunkt kommentiert werden können.

In einem wöchentlich stattfindenden Chat, welcher durch den Trainer moderiert wird, bietet sich die Gelegenheit der synchronen Kommunikation. Schwerpunkt hierbei sind Fragen und Erläuterungen zum Inhalt des Lernprogramms. Nach Beendigung des Chat erhalten die Teilnehmer ein Chat-Protokoll zur Dokumentation der behandelten Fragen und Themen.

In Dokumentenarchiven können die Teilnehmer Zusatzinformationen in Form von Dokumenten, wie z.B. aktuelle Literatur und Erfahrungswissen zum Thema, austauschen.

Die Teilnehmer bereiten in der selbstorganisierten reale Praxisprojekte vor, die im anschließenden Workshop bearbeitet werden.

Präsenzphase

Das erarbeitete Fachwissen wird in der Präsenzphase zur Entwicklung von Lösungen für die einzelnen Praxisprojekte genutzt. Das Seminar entwickelt sich damit zum Workshop. Da die Teilnehmer aufgrund der selbstorganisierten Lernphase ein umfangreiches und relativ homogenes Wissen zum Projektmanagement mitbringen, kann sich die Rolle des Trainers vom Lehrenden eines Seminars zum Moderator eines Workshops wandeln.

Die wertvolle Präsenzzeit wird ausschließlich für die Projektbearbeitung genutzt. Der Lernerfolg wird deutlich gesteigert.

Lerntransfer - Follow-up

In der abschließenden Phase des Blended Learning Prozesses wandelt sich das Learning Management System Virtual Academy zur Kommunikations- und Wissensmanagementplattform.

Die Teilnehmer tauschen ihr Erfahrungswissen aus ihrer Projektarbeit und im Umgang mit dem Projektmanagement-Tool aus. Ebenso können immer noch Fragen an den Trainer gerichtet werden, so dass ein „Virtual Coaching" entsteht.

Die Erfahrungen mit Blended Learning Konzepten bei Festo sind durchweg positiver Art. Die Teilnehmer bestätigen einen größeren Lernerfolg und eine höhere Motivation durch ihre aktivere Einbindung in den Lernprozess. Es entsteht der Wunsch, selbstverantwortlich eine zunehmend aktivere Rolle im Lernprozess einzunehmen. Dies bestätigt Festo im Einsatz dieser Art der Lernkonzeption.

19.4.3 New Blended Learning bei Festo in der Zukunft

Die bisherigen Erfahrungen im Blended Learning Prozess, insbesondere während der Online- und Lerntransfer-Phase zeigen, dass der aktive Austausch der Teilnehmer untereinander einen großen Beitrag zum Erfolg des Blended Learning leistet. Die Teilnehmer möchten nicht mehr nur Lerninhalte „konsumieren", sondern diese auch selbst mitgestalten. Der Austausch von Erfahrungswissen und das gemeinsame Erarbeiten von Problemlösungen werden als wesentliche Vorteile dieses Lernsystem empfunden. Die bisher verfügbaren Kommunikations- und Kollaborationstools, die stark strukturiert und themenbezogen waren, unterstützen jedoch solche Lernprozesse nicht optimal.

Social Software, wie z.B. Wikis, Weblogs und Social Bookmarking können die Lerner dabei unterstützen, Netzwerke zu bilden und informelle Lernprozesse zu initiieren. Festo greift diesen Trend auf und wird Web 2.0 Komponenten in folgender Weise in seine Lernkonzepte integrieren.

- **Weblog**: Weblogs dienen dazu, individuelle Inhalte, Meinungen und Erfahrungen darzustellen. Auf einfache Art und Weise können die Lerner ihr Wissen dauerhaft verfügbar machen und mit dem Wissen anderer vernetzen. Diese können die Inhalte lesen, reflektieren und kommentieren. Dadurch wird ein wertvoller Beitrag zur Wissens- und Netzwerkbildung im Unternehmen geleistet. Im Gegensatz zur Kommunikation mit E-Mails können Informationen und Wissen offen dargestellt und einer größeren Zielgruppe verfügbar gemacht werden. Die Teilnehmer können sich hierarchie- und abteilungsübergreifend in bestimmten Themenfeldern als Experten profilieren. Beiträge können über Tagging und Stichwortsuche leicht aufgefunden werden. Mitarbeiter können Weblog-Einträge gegenseitig abonnieren, lesen und kommentieren.

- **Wiki**: Ein Wiki eignet sich im Blended Learning Prozess insbesondere zur gemeinsamen Entwicklung von Inhalten, wie z.B. Lösungen zu einer Transferaufgabe. Die dynamische Entwicklung von Inhalten ist hier ein besonderer Vorteil gegenüber bisherigen Kollaborationstools, die Historie der gemeinsamen Arbeit ist jederzeit sichtbar und dokumentiert. Gerade in der frühen Phase der gemeinsamen Entwicklung eines Inhaltes eignet sich ein Wiki zur Zusammenarbeit. Diese Phase ist meist auch dadurch gekennzeichnet, dass zunächst ein Prozess der Ideenentwicklung und Sammlung stattfindet, die Informationen und Inhalte liegen noch unstrukturiert vor und werden häufig verändert. Wikis ermöglichen wesentlich einfachere, effizientere und transparenter Entwicklungsprozesse.

- **Social Bookmarking**: Individuelle Linksammlungen der Lerner zu bestimmten Themen können über Social Bookmarking schnell und einfach allen anderen Teilnehmern zur Verfügung gestellt werden. Ein effektiveres Arbeiten in der Gruppe wird somit unterstützt. Bewertungs- und Kommentarfunktionen erlauben zudem eine qualitative Bewertung des Bookmarks und dessen Inhalt.

Die Einführung von Social Software erfordert Veränderungen im Bereich der Organisation, der Rollen, Richtlinien und Standards. Die Unternehmenskultur ist so zu entwickeln, dass sie einen aktiven Wissenstransfer zwischen den Mitarbeitern fördert. Bestärkt durch die positiven Resonanzen der Teilnehmer von Blended Learning Prozessen und Wissensnetzwerken wird Festo auf diesem Weg weiter gehen.

19.5 Entwicklung des Blended Learning

E-Learning befindet sich heute bereits in der 4. Entwicklungsstufe. Stand am Anfang die effiziente Wissensvermittlung im Vordergrund, wurde E-Learning in Blended Learning Prozesses integraler Teil von Qualifizierungssystemen. In der aktuellen Entwicklungsstufe wachsen die bisher oftmals getrennten Bereiche des formellen Lernens mit informellen Lernprozessen und dem Wissensmanagement zusammen. Wissensvermittlung und Qualifizierung bilden eine notwendige Voraussetzung, die Ziele verändern sich aber auf die Ebene der Kompetenzentwicklung (s. Abb. 19-7).

Nur ein E-Learning, das echte Entscheidungssituationen bieten, kognitive Dissonanzen setzen und emotionale Labilisierungen erzeugen kann, wird eine Beitrag zum Kompetenzlernen leisten.[12] Und das – so die aktuelle Pointe – ist mit klassischer E-Learning-Software kaum, mit solcher der modernen, interaktiven Software des so genannten Web 2.0 („Social Software") vorzüglich möglich. Eine fundamentale Veränderung des E-Learning hat damit begonnen. Durch die Einbeziehung von Social Software fördert E-Learning nunmehr Lernarrangements, die Kompetenzentwicklung ermöglichen.

Die ersten Erfahrungen mit Kompetenzentwicklungssystemen in Verbindung mit New Blended Learning und Web 2.0 sind sehr ermutigend.[13] Es lohnt sich, auf diesem Weg weiter zu gehen, da wir davon überzeugt sind, dass die Kompetenzentwicklung im Netz die Zukunft der Unternehmen maßgeblich mit entscheidet.

---

[12] Draschoff, S. (2000): Lernen am Computer durch Konfliktinduzierung. Münster, New York, München, Berlin.

[13] Vgl. u.a. Erpenbeck, J.; Sauter, W. (2007): Kompetenzentwicklung mit Web 2.0 bei der Siemens AG – ein Gemeinschaftsprojekt mit der Steinbeis Hochschule Berlin, in: Hohenstein, A., Wilbers, K. (Hrg.): Handbuch E-Learning. München, 8.21.

Abbildung 19-7: *Stufen des E-Learning – Kompetenzentwicklung mit Social Software, die vierte Stufe*

	ab Mitte der 90er-Jahre	ab Ende der 90er-Jahre	seit 2000	aktuell
	Wissensvermittlung mit Computer Based Trainings (CBT)	Wissensvermittlung mit Web Based Trainings (WBT)	Qualifizierung mit Blended Learning	**Kompetenzentwicklung mit New Blended Learning**
	Offline-Lernprogramme - hohe Grafikanimation - starr - ohne Kommunikation	Online-Lernprogramme - aktuell - mit Ansätzen der Online-Kommunikation	Integration von Präsenzlernen und E-Learning in einem Lernarrangement	Integration von formellem und informellem Lernen mit Social Software (Web 2.0) bzw. Präsenzlernen, E-Learning 2.0 und Wissensmanagement in einem ganzheitlichen Lernprozess

Literatur

BRAHM, T. (2007): Blogs – Technische Grundlagen und Einsatzszenarien an Hochschulen, in : SCIL-Arbeitsbericht 12.

BRAHM, T. (2007): WikiWiki: Technische Grundlagen und pädagogisches Potential. In: SCIL-Arbeitsbericht 12, Seufert,S; Brahm, T. (2007): „Ne(x)t Generation Learning": Wikis, Blogs, Mediacasts & Co. – Social Software und Personal Broadcasting auf der Spur- Themenreihe 1 zur Workshop-Serie. St. Gallen.

DE LAAT, M. UND SIMONS, R.-J. (2001): Kollektives Lernen – Theoretische Perspektiven und Wege zur Unterstützung von vernetztem Lernen; in: Berufsbildung Nr. 27 Europäische Zeitschrift, S. 15.

DOWNES, STEPHEN (2000): „E-Learning 2.0", abgerufen unter http://www.elearnmag.org/subpage.cfm?section=articles&article=29-1.

DRASCHOFF, S. (2000): Lernen am Computer durch Konfliktinduzierung. Münster, New York, München, Berlin.

ERPENBECK, J. UND VON ROSENSTIEL, L. (2007, 2. Aufl.): Handbuch Kompetenzmessung, Stuttgart.

ERPENBECK, J. UND SAUTER, W. (2007): Kompetenzentwicklung mit Web 2.0 bei der Siemens AG – ein Gemeinschaftsprojekt mit der Steinbeis Hochschule Berlin, in: Hohenstein, A. und Wilbers, K. (Hrsg.): Handbuch E-Learning. München, 8.21.

ERPENBECK, J. UND SAUTER, W. (2007): Kompetenzentwicklung mit Netz – New Blended Learning mit Web 2.0, Köln.

KERRES, M. (2006): Potenziale von Web 2.0 nutzen. In: Hohenstein, A. und Wilbers, K. (Hrsg.): Handbuch E-Learning. München.

MANDL, H. UND KOPP, B. (2006): Blended Learning :Forschungsfragen und Perspektiven, Forschungsbericht 182. München.

O'REILLY, T. (2005): What is Web 2.0, Design Patterns and Business Models for the Next Generation of Software. Abgerufen unter http://www.oreillynet.com/pub/a/oreilly/tim/news/2005/09/30/what-is-web-20.html.

SAUTER, W.; SAUTER, A. UND BENDER, H. (2004): Blended Learning – Effiziente Integration von E-Learning und Präsenztraining, Unterschleißheim.

SEUFERT, S. (2007): „Ne(x)t Generation Learning": Was gibt es Neues über das Lernen? In Seufert, S und Brahm, T. (Hrsg.) (2007): „Ne(x)t Generation Learning": Wikis, Blogs, Mediacasts & Co. – Social Software und Personal Broadcasting auf der Spur Themenreihe 1 zur Workshop-Serie SCIL-Arbeitsbericht 12.

SEUFERT, S.; EULER, D. UND CHRIST, M. (2007): Aus der Rolle fallen, in Personalwirtschaft 3/2007, S. 18.

SIEMENS, G. (2004): Connectivism: a Learning Theory for the Digital Age, abgerufen unter http://www.elearnspace.org/Articles/connectivism.htm.

WAHL, D. (2006, 2. erw. Aufl.): Lernumgebungen erfolgreich gestalten – Vom trägen Wissen zum kompetenten Handeln. Bad Heilbrunn.

Joachim Niemeier

20 Balance of Competence
Anforderung an und Entwicklung von IT-Mitarbeitern am Beispiel der T-Systems Multimedia Solutions GmbH

In diesem Beitrag werden die Management-Konzepte der T-Systems Multimedia Solutions GmbH und ihre konkrete Umsetzung im Rahmen eines Business Exzellence Programms vorgestellt. Daraus ergeben sich vielfältige Anforderungen an die Führungskräfte und Projekt-Mitarbeiter des Unternehmens, an ihre Bereitschaft zu lernen, sich weiterzuentwickeln und vor allem aber als Team erfolgreich zu sein.

20.1 People Business in einem agilen Marktumfeld

Internet-Technologien sind erwachsen geworden. Nach dem Internet-Hype und der darauffolgenden Baisse steht die Internet- und Multimedia-Branche nun in einer Situation, die nicht mehr allein von „New-Economy"-Schlagworten wie IPO (Initial Public Offering), AOP (Aktien-Options-Plan), Risiko und Dynamik gekennzeichnet ist. Vielmehr wird erwartet, dass die Unternehmen eine vernünftige Balance auch zu Themen aus dem Bereich Qualitäts-, Prozess- und Performance-Management gestalten.

Die Mitarbeiter eines Newmedia-Unternehmens sind – wie in vielen anderen Branchen auch – der wesentliche Faktor für den nachhaltigen Erfolg eines Unternehmens. Die Kompetenz der Mitarbeiter spielt dabei eine wesentliche Rolle. Nicht nur dass die Personalkosten der Unternehmen im Newmedia-Umfeld teilweise weit über 60 Prozent der Gesamtkosten ausmachen, der Unternehmenserfolg wird „am Kunden" entschieden. Gerade bei auf den Kunden zugeschnittenen Lösungen wird seine Zufriedenheit mit einem sehr großen Anteil durch die Zufriedenheit mit dem Team, d.h. seiner Wahrnehmung der Kompetenz und des Verhaltens der Mitarbeiter im Projekt, bestimmt werden. In der IT-Branche wurde dazu der Begriff „People Business" geprägt.

Das Internet hat sich als exzellente Technologie für den Informationsaustausch und Transaktionen bewährt. Der E-Channel ist für Unternehmen erfolgskritisch geworden. Er hat sich zu einem strategischen Bestandteil entwickelt, um Kunden zu gewinnen, Kunden zu binden und Kosten zu senken:

- im B2C (Business to Consumer) Geschäft im Jahr 2002:
  - 15 Mio. Deutsche haben online eingekauft (Steigerung um 15 Prozent).
  - Online-Umsätze steigen um 50 Prozent.
  - Der Anteil des E-Channels beträgt bei vielen Anbietern bereits zwischen 20 und 30 %.
  - Für 2003 werden weitere zweistellige Zuwächse erwartet.
- im B2B (Business to Business) Geschäft im Jahr 2002:
  - B2B-Handelsvolumen steigt auf 195 Mrd. Euro (Steigerung um 300 Prozent).
  - Einkaufsvolumen über das Internet in vielen Großunternehmen im Milliarden-Euro Bereich.

Die Kosten für Transaktionen lassen sich durch den Einsatz von Internet- und Multimedia-Technologien in Verbindung mit einem „Customer Self Service"-Konzept teilweise um über 80 Prozent reduzieren.

20.2 Unternehmensprofil

Die T-Systems Multimedia Solutions GmbH (MMS)[1] realisiert Internet- und Multimedia-Projekte, die vom Web-Design bis zur softwaretechnischen Verknüpfung von Internet-Funktionen mit den bestehenden Softwarelösungen (z. B. eBusiness- und eCommerce-Anwendungen, Corporate und eGovernment Portale) eines Unternehmens oder einer Behörde reichen. Die Kompetenzen umfassen Marketing- und Multichannel-Portale, Web und eBusiness Operation Services und Internet-basierte Lösungen für Geschäftsprozesse. Branchen- oder themenorientierte Spezialisierungen im Portfolio (z. B. HR-Lösungen für Jobbörsen und Personal Service Agenturen, eLearning-Lösungen, Internet-Lotterie und Spiele-Lösungen) bedienen die Bedürfnisse spezifischer Kundengruppen.

Wir haben den Anspruch, unter Einsatz von Internet-Technologien IT-Lösungen flexibler zu gestalten und dabei gleichzeitig deren Komplexität einzuschränken und Kosten zu reduzieren.

Das Unternehmen wurde im Januar 1995 als Tochter der Deutschen Telekom AG gegründet und gehört heute zur Säule T-Systems im Konzern Deutsche Telekom. Nach dem Newmedia-Ranking 2003 und 2004 des Deutschen Multimedia Verbandes (dmmv) ist die MMS der führende Internet- und Multimedia-Dienstleister in Deutschland[2]. Die MMS beschäftigt Anfang 2004 über 320 Mitarbeiter (davon 260 fest angestellte Mitarbeiter) mit einem Durchschnittsalter von rund 33 Jahren und einem sehr hohen Qualifikationsniveau.

Um schnell und flexibel auf Änderungen am Markt, der Kundenwünsche und im Wettbewerb reagieren zu können, hat sich die MMS in aktiven Unternehmens-Einheiten (Business Units, Projektfelder) organisiert, die auf kompetenzorientierten und kundenorientierten Prozessen be-

---

[1] www.mms-dresden.de.
[2] www.newmediaranking.de.

Tabelle 20-1: Pole-Position im Newmedia-Ranking

Platz	VJ	Unternehmen	Ort	Honorarumsatz 2003 in Mio. EUR	Umsatzänderung gegenüber 2002 in %	Fest Angestellte Beginn 2004
1	1	T-Systems Multimedia Solutions GmbH	Dresden	33,52	7,78	280
2	3	GFT Technologies AG	St. Georgen	24,82	3,42	1058
3	9	Tomorrow Focus Technologies GmbH	München	13,10	0,77	103
4	7	Sinner Schrader	Hamburg	12,33	-14,95	155
5	12	Syzygy Deutschland GmbH	Bad Homburg	11,90	1,02	90
6	13	M.I.T. newmedia	Friedrichsdorf	11,70	4,00	102
7	2	Pixelpark AG	Berlin	11,66	-53,30	150
8	14	Atkon	Frankfurt	11,32	1,07	88
9	n.m.	Elephant Seven AG	Unterhaching	11,09	n.m.	147
10	23	Framfab	Frechen (Köln)	10,02	54,63	129

ruhen. Die Unternehmens-Einheiten haben weit reichende Entscheidungskompetenzen mit der entsprechenden Verantwortung für ihre Ergebnisse.

Die MMS ist mit einem häufig zweistelligen Umsatz- und Personalwachstum das am kontinuierlichsten gewachsene Internet- und Multimedia-Unternehmen der vergangenen Jahre und seit der Gründung des Unternehmens auch in der Zeit nach dem Internet-Hype entgegen dem Trend profitabel.

20.3 SPEED: Vernetzte Management-Prinzipien

Die MMS hat den Anspruch, nicht nur bei den Kundenprojekten auf innovative Technologien zu setzen, sondern auch bei den eigenen Management-Konzepten innovative Lösungen zu entwickeln, anzupassen und erfolgreich umzusetzen. Die Unternehmensführung der T-Systems Multimedia Solutions GmbH orientiert sich an fünf Management-Prinzipien, die als Claim den Begriff „SPEED" prägen:

1. Sustainable value management
2. People business by empowered employees
3. Extreme learning organization
4. Effective leadership measured by results
5. Decentral agile organization aligned by being strategy focused.

1) „Sustainable value management"

Unser Ziel ist es, den Kunden bei der Optimierung seines Geschäfts zu unterstützen und auf diesem Weg maßgeblich zu seinem Erfolg beizutragen. In unseren Beratungsteams setzen wir Berater mit Internet-Know-how und Erfahrungen in der Unternehmensberatung ein. Diese Teams werden projektbezogen durch Experten mit langjähriger Erfahrung in den jeweiligen Technologien und Branchen verstärkt. Die Beratung umfasst alle relevanten Themen – von Vorschlägen für ein Geschäftsmodell über den Businessplan bis hin zu schlüssigen Organisationsmodellen und multimediagerechtem Design der Benutzungsschnittstelle.

2) „People business by empowered employees"

Auf einem Markt, der sich nach dem Internet-Hype drastisch von einem Anbieter-Markt zu einem Käufer-Markt gewandelt hat, hängt der zukünftige Erfolg von einem exzellenten Technologie-Know-how, einem verlässlichen Projektmanagement, hoch kompetenten und engagierten Mitarbeitern, guten langfristigen Kundenbeziehungen sowie der Abdeckung der gesamten Wertschöpfungskette von der Beratung über attraktives Design und Technologie-Integration bis hin zu einem schlagkräftigen Support ab.

3) „Extreme learning organization"

Im Rahmen des „Continuous Process Improvement" (CPI) sind Selbstbewertungsansätze zur Ermittlung von Verbesserungspotenzialen, die Identifikation und Kommunikation von internen „Best Practices" sowie Benchmarking-Aktivitäten fester Bestandteil des organisatorischen Lernens. Auf individueller Ebene gehören Trainingsprogramme, selbst gesteuerte Lernansätze, die Zusammenarbeit in Projektteams, Kompetenzzentren und „Communities" sowie eine kontinuierliche professionelle Entwicklung zum Programm.

4) „Effective leadership measured by results"

Entsprechend dem Prozessmodell der MMS sind die Führungskräfte in die steuernden Prozesse eingebunden. Der Prozess „Strategie und Planung" stellt ein Management-System für die Führungskräfte der MMS bereit, das:

1. die Unternehmenspolitik und -strategie des Unternehmens sowie die entsprechenden Businesspläne (strategische Kernaussagen) liefert,

2. die Anforderungen der Stakeholder und die Entwicklung der Rahmenbedingungen berücksichtigt und integriert,

3. eine systematische, regelmäßige Anpassung von Politik und Strategie sicherstellt,

4. Inputs für die Entwicklung der Balanced Scorecard als dem zentralen Steuerungsinstrument des Unternehmens erzeugt und

5. die Weiterentwicklung des Unternehmens ermöglicht.

5) „Decentral agile organization aligned by being strategy focused"

Um schnell und flexibel auf Änderungen am Markt, der Kundenwünsche und im Wettbewerb reagieren zu können, hat sich die MMS in aktiven Unternehmens-Einheiten (Business Units, Projektfelder) organisiert, die auf kompetenzorientierten und kundenorientierten Prozessen be-

Abbildung 20-1: Prozessmodell des Unternehmens (Stand: 01/2004)

Steuernde Prozesse
1. Strategie und Planung
2. Operatives Führen
3. Business Excellence Steuerung

Wertschöpfende Prozesse
4. Akquisition und CRM
5. Projekte
  5.1 Consulting
  5.2 SW-Lösungsentwicklung
  5.3 Test-Services
6. Dienstleistungen
  6.1 Agentur-Services
  6.2 Support-Services
7. Wertsicherung und Lernen

MARKT – KUNDE – KUNDE – MARKT

Unterstützende Prozesse
8. Human Resources Management
9. Einkaufsmanagement
10. Finanzmanagement und Controlling
11. Infrastruktur Management

ruhen. Die Unternehmens-Einheiten haben weit reichende Entscheidungskompetenzen mit der entsprechenden Verantwortung für ihre Ergebnisse. Wesentlicher Bestandteil dieses Management-Konzeptes ist die Strategieformulierung und -durchsetzung im Unternehmen. Im Mittelpunkt steht dabei der Balanced Scorecard-Ansatz nach Kaplan und Norton[3], der für das Unternehmen, seine Bereiche und einzelne Kunden- und Partnerbeziehungen angewendet wird. Der Zielprozess für jeden einzelnen Mitarbeiter ist Bestandteil dieses Vorgehens.

Der Prozess „Operatives Führen" setzt die aus dem Prozess „Strategie und Planung" generierten Ergebnisse/Vorgaben in der täglichen Praxis um und sorgt für die Erreichung der Zielvorgaben. Er erfüllt aus Sicht der ISO 9001:2000 wichtige Anforderungen zum Ressourcenmanagement und zur Steuerung des Unternehmens.

---

[3] www.bscol.com.

Joachim Niemeier

20.4 Das Business-Excellence-Programm

Die MMS versteht unter ihrem Business-Excellence-Programm

- die Darstellung ihrer Fähigkeit, ihr hohes Qualitätsniveau kontinuierlich weiter zu Business Excellence hin zu entwickeln,
- ihr Versprechen an ihre Kunden, ihre Partner und ihre Eigentümer,
- den Ausdruck ihrer Strategie, das Vertrauen bei ihren Kunden zu entwickeln,
- die persönliche Verpflichtung aller Führungskräfte und Mitarbeiter,
- eine Reflexion ihres Wertesystems und ihrer Metrik, mit diesen Werten umzugehen.

Die MMS hat den Anspruch, nicht nur auf innovative Technologien zu setzen sondern auch bei den Management-Konzepten innovative Lösungen zu entwickeln und umzusetzen. Dies spiegelt sich auch im Business-Excellence-Programm wieder.

Den ersten entscheidenden Schritt auf dem Weg zum Business-Excellence-Programm unternahm die MMS bereits kurz nach ihrer Gründung 1995. Mit der Entscheidung der für den Aufbau eines zertifizierten Qualitätsmanagementsystems im Rahmen des Unternehmensaufbau wurden die Grundlagen für eine Qualitätskultur geschaffen. Bereits im August 1996 erfolgte die erste Zertifizierung nach ISO 9001. Die MMS war damit der erste nach ISO zertifizierte Multimedia- und Internet-Dienstleister in Deutschland.

Selbstbewertungsansätze zur Identifikation von internen Best Practices und zum Benchmarking sowie Lernen sind fester Bestandteil des Business Excellenze Programms. Als Selbstbewertungs-Methode wird das BOOTSTRAP-[4] und das EFQM-Modell[5] verwendet. Seit 1997 werden BOOTSTRAP Assessments durchgeführt, um die jeweils optimale Prozessreife der Softwareentwicklungsprozesse zu ermitteln und zu erreichen. Die MMS war das erste deutsche Unternehmen, das BOOTSTRAP-Assessments nach BOOTSTRAP 3.0 durchgeführt hat. Im Jahr 1998 wurde das erste EFQM Self-Assessment durchgeführt. Aus den Ergebnissen der Self-Assessments werden die Leitlinien für die weitere Unternehmensentwicklung abgeleitet.

Die MMS war im Jahr 2000 eines von drei Unternehmen, das sich an der Pilotierung des neuen BEST-CPI-Verfahrens der TÜV Management Service GmbH beteiligt hat. BEST-CPI steht für „Business Excellence, Services and Trust – Continuous Process Improvement" und ist ein Verfahren zur „verbundenen Zertifizierung". Voraussetzungen dazu sind:

- Regelmäßige Selbstbewertungen auf Basis anerkannter Reifegrad-Modelle: Durch die externe Begleitung (Stichprobe) werden Wirksamkeit und Aussagefähigkeit der Assessments sichergestellt. Hierzu werden die Self-Assessments nach dem BOOTSTRAP- und dem EFQM-Modell genutzt.
- Eine validierte Unternehmenserklärung mit Zahlen, Daten und Fakten: Durch die Unternehmenserklärung stellt das Unternehmen ihren Kunden mit jedem Auftrag verbindlich und

---

[4] www.bootstrap.org.
[5] www.efqm.org.

verpflichtend ihre besonderen Leistungen hinsichtlich Qualität dar. Hierbei handelt es sich um vom externen Zertifizierer überprüfte und bestätigte Versprechen des Unternehmens an den Kunden in die Leistungsfähigkeit des Unternehmens.

- Jährliche Management-Reviews: Schwerpunkt liegt dabei auf der Bedeutung der Managementverantwortung und die unabhängige Bewertung des kontinuierlichen Verbesserungsprozesses (KVP) durch Externe.

Als erstes Unternehmen in Deutschland hat die MMS mit der Zertifizierung gemäß dem BEST-CPI-Verfahren im Jahr 2000 den Nachweis erbracht, dass die Anforderungen an ein exzellentes Managementsystem erfüllt werden[6]. Als Grundlage für die Teilnahme am Best-CPI-Verfahren hat die MMS eine Unternehmenserklärung erarbeitet.

In 2001 wurde die MMS für die Ergebnisse ihres Business-Exellence-Programms in einem Benchmarking Wettbewerb mit dem International Best Service Award (IBSA) ausgezeichnet[7]. Neue Software Engineering Modelle wurden ebenfalls im Jahr 2001 pilotiert. Im Ergebnis wurde „Rational Unified Process" (RUP) [8] ausgewählt und als Unternehmensstandard bestimmt.

Im Sinne des Benchmarkings und der kontinuierlichen Verbesserung beteiligt sich die MMS regelmäßig sowohl beim Telekom-internen Qualitätswettbewerb „Top Team Award (TTA)" als auch beim „European Quality Award (EQA)" der EFQM.

Im Jahr 2002 wurde auf Basis der bisherigen Erfahrungen ein neues Prozessorientiertes Managementsystem entwickelt und eingeführt. Für jeden Prozess wurden „Process-Owner" und „Process-Manager" definiert, im Rahmen der wertschöpfenden Prozesse wurden für die Bereiche „Projekte" und „Dienstleistungen" zusätzlich „Process-Coordinators" implementiert. Im Mittelpunkt steht dabei sowohl die Steuerung dieser Prozesse als auch vor allem das „Continuous Process Improvement" (CPI).

Die Selbstbewertung nach dem BOOTSTRAP-Modell wurden im Jahr 2002 deutlich intensiviert und um die Qualität und den Erfahrungsgewinn auszubauen, wurde eine umfassende Zusammenarbeit mit einem externen Qualitätspartner, der Fa. SQS,[9] eingegangen. Die Ausbildung und Zertifizierung eigener BOOTSTRAP-Assessoren wurde ebenfalls intensiviert und realisiert. Es wurde ein „BOOTSTRAP Board" eingerichtet. Dieses Board wertet unter Beteiligung der Geschäftsführung, von Leitern der Business Units, Projektmanagern, interessierten Mitarbeitern, den „Process-Ownern" bzw. „Process-Managern" und dem Qualitätsmanagementbeauftragten in regelmäßigen Meetings die Erfahrungen aus BOOTSTRAP-Audits und -Assessments aus und leitet daraus Handlungsfelder ab, deren Durchführung von diesem Board überwacht wird.

Die Selbstbewertung nach dem EFQM-Modell fand im Jahr 2002 zum ersten Mal mit einer Beteiligung eines externen Assessors nach dem „Peer-Modell" statt. Im Rahmen der Beteiligung beim European Quality Award erreicht die MMS in den vergangenen zwei Jahren die Auszeich-

---

6 www.competence-site.de/presse.nsf/cc/WEBR-5GKF5U.
7 www.benchmarking.de.
8 www-306.ibm.com/software/awdtools/rup/.
9 www.sqs.de.

nung „Recognized for Excellence".[10] Eine neue Initiative, die im Jahr 2002 gestartet wurde, ist die Qualifizierung und Zertifizierung von Top-Projektleitern nach dem PMI-Standard. Damit soll das Projektgeschäft der MMS um eine neue Qualitätsstufe erweitert und insbesondere die erfolgreiche Realisierung von Groß-Projekten unterstützt werden. Im Jahr 2003 war die MMS unter den Gewinnern des Telekom-internen Qualitätswettbewerb „Top Team Award".

Das Business-Excellence-Programm ist in der MMS seit mehreren Jahren die gemeinsame Basis für das gesamte Management-Team zur systematischen Weiterentwicklung des Unternehmens in Richtung Business Excellenze und ist:

- Basis für die weitere Verbesserung der Wettbewerbssituation,
- Ansatzpunkt für die Festigung und Verbesserung des Images,
- Mittel zur Förderung und Erleichterung der Umsetzung und Durchsetzung der MMS-Kultur („MMS Way of Life"),
- Werkzeug zur Überzeugung potenzieller Kunden und zum Aufbau effektiver Kunden-Lieferanten-Beziehungen,
- Grundlage für die Integration neuer Mitarbeiter und Einheiten.

20.5 Anforderungen an die Führungskräfte

Die Führungskräfte sind Träger des Business Excellence-Programmes und haben ein starkes Commitment für die Vorbildfunktion:

- Im Rahmen des *Prozessorientierten Managementsystems* haben die Führungskräfte Aufgaben als Process-Coordinators, Process-Owner und Process-Manager übernommen. Damit arbeiten sie in zentraler Vorbildfunktion aktiv an der Entwicklung von Verbesserungsmaßnahmen und der Weiterentwicklung des Managementsystems mit. Die kontinuierliche Kommunikation über das Prozessorientierte Managementsystem und dessen Weiterentwicklung wird durch „Prozess-Seminare" sichergestellt. Diese Prozess-Seminare werden durch die Führungskräfte durchgeführt und dienen dazu, dass das Managementsystem verstanden, eingeführt und weiterentwickelt wird. Der Dialog mit den Mitarbeitern im Rahmen dieser „Prozess-Seminare" hat einen hohen Stellenwert für die Kultur der Excellenze in der MMS.

- Der Führungskreis führt gemeinsam jährlich ein *Self-Assessment nach dem EFQM-Modell* durch. Die Geschäftsleitung, alle Business-Unit-Leiter, der Leiter Unternehmenssteuerung und der Leiter Human Resources/Business Excellenze sind ausgebildete EFQM-Assessoren. Für alle Kriterien nach dem EFQM-Modell für Business Excellenze sind alle kriteriumsverantwortliche Führungskräfte des Unternehmens eingesetzt. Die Zuordnung der Verantwortlichkeiten erfolgt entsprechend der Einflussnahme der Führungskräfte auf das jeweilige Kriterium durch ihre inhaltliche Führungsaufgabe im Unternehmen. Die EFQM-

---

10 www.mav-online.de/O/121/Y/67152/VI/30076884/default.aspx.

Assessoren wirken beim Telekom-internen Qualitätswettbewerb (Top-Team-Award) mit und werden zukünftig auch mit der Zielsetzung des externen Benchmarkings im Rahmen des European Quality Awards mitwirken. Sie beteiligen sich an den Schulungen der Projektleiter, des Projektleiter-Nachwuchsteams und der EFQM-Kriterienredakteure, für die sie auch eine Patenfunktion übernehmen.

- Durch die *aktive Mitwirkung im BOOTSTRAP-Board* der MMS bekommen die Führungskräfte der MMS ein Feedback zu den Verbesserungspotenzialen in der MMS und können entsprechende Maßnahmen initiieren sowie ein Best-Practice-Sharing umsetzen.

- Im *jährlichen Management-Review* nach dem BEST-CPI-Verfahren werden durch die Führungskräfte systematisch alle grundlegenden Vorgehensweisen und Ansätze in der MMS im Hinblick auf die Wirksamkeit und Leistungsfähigkeit untersucht und deren Weiterentwicklungsmöglichkeiten gemeinsam entwickelt und priorisiert.

- Zur *strategischen und operativen Steuerung des Unternehmens* arbeiten die Führungskräfte in unterschiedlichen Führungskreisen zusammen. An den in der Regel vierteljährlich stattfindenden zweitägigen Offsite-Meetings stehen vor allem strategische Themen zur weiteren Entwicklung des Unternehmens, Politik und Strategie oder die Erarbeitung und Bewertung der Balanced Scorecard im Mittelpunkt. An diesen Meetings nehmen alle Führungskräfte des Unternehmens teil.

Alle Führungskräfte der MMS haben sich in ihren Zielvereinbarungen auch auf Business Excellenze Ziele verpflichtet. Die Prüfung und Verbesserung der Effektivität der eigenen Führung erfolgt auf mehreren Wegen:

- *Mitarbeiterbefragung:* Durch die jährlich stattfindenden Mitarbeiterbefragungen erhalten die Führungskräfte ein Feedback zu ihrem Führungsverhalten im jeweiligen Verantwortungsbereich. Aus diesen Ergebnissen werden Verbesserungsmaßnahmen abgeleitet und umgesetzt.

- *Mitarbeitergespräch:* In allen Bereichen des Unternehmens führen die Personalverantwortlichen jährlich Mitarbeitergespräche durch. Diese Gespräche geben nicht nur den Mitarbeitern wichtige Informationen über die Einschätzung ihrer Arbeit und die Gelegenheit, Verbesserungsmöglichkeiten aufzuzeigen, sondern geben den Führungskräften auch ein wertvolles Feedback, um ihr Führungsverhalten zu überprüfen.

- *360°-Feedback:* Alle Führungskräfte haben die Möglichkeit, auf freiwilliger Basis ein 360°-Feedback zu absolvieren. In der MMS haben sich daran bereits die Geschäftsleitung, die Leiter der Business Units und Servicebereiche beteiligt.

- *Führungs-Schulung der Projektmanager:* Seit Beginn des Jahres 2001 wurde den Projektmanagern vor dem Hintergrund der zunehmenden Unternehmensgröße die Personalverantwortung übertragen. Dazu haben die Projektmanager Schulungen zur Führung, zum Führungsverhalten und zum Prozess operatives Führen mit Zielen erhalten, um auf die Führungsverantwortung vorbereitet zu sein und richtig agieren zu können.

Joachim Niemeier

20.6 Anforderungen an die Projekt-Mitarbeiter

Individuallösungen zu erstellen erfordert flexible, anpassungsfähige und kompetente Mitarbeiter mit einer hohen Bereitschaft, unternehmerisch „mitzudenken" und Ergebnisverantwortung zu übernehmen. Zielemanagement, Teamarbeit und Vertrauenskultur sind wesentliche Elemente unseres Vorgehens:

- *Arbeitszeit:* Damit Teams sehr flexibel und angepasst an Kundenbedürfnisse zusammenarbeiten können, verfügt unser Unternehmen über verschiedene Arbeitszeitmodelle (inklusive Teilzeit, alternierende Telearbeit) und eine flexible Arbeitszeitregelung nach dem Vertrauensarbeitszeitmodell. Es existiert keine Kernzeit, da es Aufgabe der Mitarbeiter des Teams ist, selbst zu entscheiden, wann eine Anwesenheit bzw. Erreichbarkeit aus Sicht der Kunden und der Kollegen erforderlich ist.

- *Kooperation:* Aufgrund des projektorientierten Geschäftes ergibt sich die Anforderung, in häufig wechselnden Teams auf Basis von professionellen Standards zusammenzuarbeiten. Allen Mitarbeiter steht dazu eine Infrastruktur zur Verfügung, um über jede Entfernung hinweg zu jeder Zeit zusammenzuarbeiten, beispielsweise in virtuellen, über die ganze Welt verteilten Teams.

- *Zielemanagement:* Die Balanced Scorecard des Unternehmens und seiner Units bilden die Basis für die Individualziele der Mitarbeiter. Unsere Mitarbeiter vereinbaren über das zielorientierte Management ihre Jahresziele, welche an eine variable Vergütung gekoppelt sind. Sie müssen selbstverantwortlich den Weg zur Erreichung der Ziele wählen. Die Ziele eines Mitarbeiters reflektieren die gesamte Palette unserer Unternehmensziele, angefangen von Umsatz über Kundenzufriedenheit bis hin zur Produktivität und Weiterentwicklung.

- *Aktives Wissensmanagement über das Future Forum:* Das Future Forum der MMS wird für vielfältige marktrelevante, fachliche oder organisatorische Beiträge und bereichsübergreifende Diskussionen aller Mitarbeiter sowie dem Austausch von Wissen und Best Practices untereinander genutzt. Das Forum wird auch genutzt, um Anregungen und Verbesserungsvorschläge einzubringen.

- *Förderung von Selbstbestimmung, Kreativität und Innovation:* Die MMS hat sich bewusst gegen ein formales Verbesserungsvorschlagswesen entschieden. Die Mitarbeiter werden von den Führungskräften ermutigt, Verbesserungsvorschläge unmittelbar mit ihnen zu besprechen und dann ggf. gemeinsam für eine zeitnahe Umsetzung zu sorgen. Um die Selbstverantwortung, Kreativität und Innovation anzuregen und zu fördern, werden Aktivitäten aus den Reihen der Mitarbeiter, wie der „Java-Kaffeeklatsch", der „Konzeptionisten-Stammtisch" oder die „Projektleiter-Runde" unterstützt. Um die Zusammenarbeit in den jeweiligen Business Units bzw. Bereichen zu fördern, führt jede Business Unit bzw. jeder Bereich jährlich mindestens ein Offsite-Meeting durch. Diese Meetings tragen zur Teambildung bei und werden weiterhin genutzt, um Verbesserungspotenziale in den jeweiligen Bereichen zu identifizieren. Werden durch Mitarbeiter tief greifende Verbesserungsvorschläge gemacht, erarbeitet dieser Mitarbeiter zusammen mit seiner Führungskraft eine Entscheidungsvorlage, welche dann durch den Mitarbeiter in einer Geschäftsführungs-Runde den Führungskräften vorgestellt wird. Die Führungskräfte diskutieren gemeinsam mit dem

Mitarbeiter seinen Verbesserungsvorschlag und treffen eine Entscheidung über die Umsetzung (z. B. Verbesserungsvorschlag zur Anlagenverwaltung, neues Controllingkonzept, Verbesserungsvorschläge aus dem Bereich Infrastruktur, webbasierte Leistungserfassung).

- *Selbst gesteuerte Qualifizierung über das Weiterbildungsportal:* Um im Unternehmen die Eigenverantwortung bei der Qualifizierung zu stärken, wurde ein Weiterbildungsportal für die Mitarbeiter der MMS eingerichtet. Auf Grund der großen Bedeutung hat ein Geschäftsführer die Patenschaft für dieses Projekt übernommen. Über dieses Weiterbildungsportal werden z. B. Kurse zum Projektmanagement, dem Zielemanement und der Balanced Scorecard angeboten.

20.7 Mitarbeiterorientierung

Die Kompetenz unserer Mitarbeiter bildet das „Human Capital", welches den nachhaltigen Erfolg unseres Unternehmens sicherstellt und kontinuierlich gefördert, entwickelt werden muss. Der Grund dafür liegt im besonderen Geschäft der MMS: Wir produzieren keine Standardprodukte, sondern kundenindividuelle Internet- und Multimedia-Lösungen. In diesem „People Business" kommt es auf den Beitrag jedes einzelnen Mitarbeiters an, nicht nur in den Kundenprojekten die beste Lösung zu erstellen sondern durch sein Tun und Handeln auch zur erfolgreichen Weiterentwicklung des Unternehmens beizutragen. Mitarbeiterorientierung ist daher ebenfalls ein elementarer Qualitätsgrundsatz der MMS.

Besondere Schwerpunkte der Mitarbeiterorientierung sind:

- Die *Personalplanung* erfolgt systematisch und strategieorientiert auf Basis der Unternehmensziele und Geschäftsgegebenheiten. Dabei werden technische und persönliche Qualifikationen berücksichtigt.

- *Regelmäßige Mitarbeiterbefragungen* werden durchgeführt und ausgewertet, um die Wahrnehmung und Motivation zu ermitteln. Damit werden Maßnahmen initiiert, die von der Leitung und den Vorgesetzten angestoßen und in der Wirksamkeit validiert werden.

- Neue Mitarbeiter werden gemäß einem spezifisch zugeschnittenen *Einarbeitungsplan* integriert (z. B. WelcomeDay) und geschult, wobei auch Qualitätsmanagement von Anfang an einen festen Platz einnimmt.

- Für die Weiterentwicklung der Mitarbeiter sind *Positionsprofile* definiert und *Karrierewege* vorgezeichnet, die einerseits die nötigen Qualifikationsanforderungen spezifizieren (Transparenz) und andererseits Entwicklungschancen aufzeigen.

- Für alle Mitarbeiter wird der *Qualifikationsbedarf* regelmäßig ermittelt und systematisch erfüllt, um die kontinuierliche Personalentwicklung sicherzustellen. Die Fortbildung wird aktiv unterstützt durch Methoden und Tools (z. B. Weiterbildungsportal MoveHR (interne eLearning-System), prozessorientiertes Intranet, Seminare, Workshops, Events, Future-Forum (internes Wissensmanagementsystem).

■ Alle Mitarbeiter werden über gemeinsam erarbeitete *Zielvereinbarungen* geführt, was ihnen eigenverantwortliches Handeln ermöglicht und einen qualifikationsgemäßen Einsatz gewährleistet. Geplant, gesteuert und ausgewertet werden die Ziele durch regelmäßige Zielgespräche und optionale Zwischengespräche.

■ Im jährlichen *Mitarbeitergespräch* wird zwischen Mitarbeiter und Vorgesetztem gegenseitiges Feedback gegeben. Dabei spielen auch die Arbeitszufriedenheit und die Leistungsmotivation eine wichtige Rolle.

■ Durch eine *offene Kommunikations- und Informationspolitik* (regelmäßige Information zur Geschäftslage und zu aktuellen Ereignissen) mittels entsprechender Hilfsmittel (z. B. Emails, Intranet, Newsletter, Mitarbeiterveranstaltungen) sind die Mitarbeiter stets aktuell informiert und werden zu Verbesserungsvorschlägen angeregt, an deren Umsetzung sie auch beteiligt werden (z. B. Arbeitsgruppen).

Die explizit formulierten Werte des Unternehmens spiegeln die konkreten Anforderungen an die Mitarbeiter und die Führungskräfte für ein gemeinsames Handeln wider und orientieren sich an den aktuellen Werten des Telekom-Konzerns.

Abbildung 20-2: Werte der MMS

■ *Steigerung des Konzernwertes*
Wir richten unsere Handlungen am Erfolg unseres Unternehmens aus und leisten durch nachhaltiges Wachstum unseren Beitrag zur Wertsteigerung des Konzerns.

■ *Partner für den Kunden*
Wir überzeugen unsere Kunden durch Lösungen und Services, die exakt auf ihre Bedürfnisse zugeschnitten sind und werden damit zum langfristigen Partner.

■ *Innovation*
Wir schaffen ein Klima, das innovative Leistungen hervorbringt und den Einsatz neuester Technologien ermöglicht. Dabei orientieren wir uns am konkreten Nutzen für unsere Kunden.

■ *Respekt*
Wir gehen respektvoll und aufrichtig miteinander um, Leistungen werden anerkannt.
Wir kommunizieren und informieren uns und andere aktiv.

■ *Integrität*
Wir arbeiten gemeinsam, eigenverantwortlich und zuverlässig.
Wir treffen Entscheidungen, machen diese transparent und übernehmen die Verantwortung dafür.

■ *Top-Exzellenz*
Wir stellen höchste Ansprüche an unsere Leistungen und messen uns dabei mit den Besten. Wir kontrollieren unsere Ergebnisse regelmäßig und verbessern unser Handeln kontinuierlich.

20.8 Steuerung der Rekrutierung und der Karriereentwicklung

Der Wettbewerb um die besten Mitarbeiter zu gewinnen ist eine zentrale Zielsetzung der MMS und daher auch als Element in der „HR-Vision" des Unternehmens verankert. Die Art des Newmedia-Geschäftes in Kombination mit einem sich schnell verändernden Marktumfeld führt zu einem permanenten Bedarf nach hoch qualifizierten, entwicklungs- und anpassungsfähigen sowie flexiblen Mitarbeitern. Für die Rekrutierungsaufgabe wurde ein Netzwerk etabliert, das kontinuierlich gepflegt und weiterentwickelt wird (z. B. Fachvorträge, Veranstaltungen und Cocktails, Kontaktmessen). Für neueingestellte Mitarbeiter steht ein Einarbeitungskonzept bereit. Es beruht auf einem Patenkonzept, einem Integrationsplan, dem Welcome-Day sowie den Probezeitgesprächen. Der Erfolg der Rekrutierung und der Einarbeitung wird systematisch unter Einsatz von Metriken gemessen.

Für die MMS endet das Human Ressource Management nicht mit erfolgreicher Rekrutierung, vielmehr wird es verstanden als ein vernetztes System aus Unternehmenskultur, Personalentwicklung, wechselseitiger Unterstützung und Mitarbeitermotivation. In Workshops von HR-Mitarbeitern und Offsite-Meetings der Geschäftsführung werden die HR-Politik und -Strategien unmittelbar aus der Politik, der Strategie und den Plänen der MMS abgeleitet. Sie richten sich sowohl nach den MMS-Strategieaussagen aus Mission, Vision, Werten und Strategie als auch direkt nach der Balanced Scorecard (BSC) des Unternehmens.

Eine eigenständige Human Capital Scorecard (HCSC) dient zu Steuerung der Themen „Führung", „Kompetenz", „Leistungskultur" und „Lernen". Durch die HCSC werden Themen, die in den Scorecards des Unternehmens und seiner Bereiche nur in geringem Umfang angesprochen werden, deutlicher fokussiert und hervorgehoben.

Die HR-Planung folgt dem PDCA-Zyklus, umfasst alle Standorte und alle Organisationsebenen und orientiert sich streng an der Politik und Strategie der MMS und des HR-Bereichs. Sie beruht insbesondere auf den Finanz- und Kundenzielen, da die Personalstärke in der MMS unmittelbar proportional mit den Zielumsätzen verbunden ist und die Qualifikation des Personals mit den Zielen bei den angebotenen Dienstleistungen (Kunde) korreliert. So schließt die HR-Planung die Kunden, Gesellschafter und alle Mitarbeiter als Stakeholder mit ein.

Die HR-Planung wurde in der MMS durch folgenden Planungszyklus vollständig umgesetzt:

- PLAN: Sammeln der Stakeholder-Bedürfnisse aus MMS-Aufsichtsrat, Managementzielen, Bedürfnissen und Potenzialen der Mitarbeiter, HR-Politik und -Strategie sowie aktuelle Marktentwicklung für die erforderlichen Kompetenzen.

- DO: Der HR-Plan wird durch Herunterbrechen erstellt, indem alle Organisationsebenen und Standorte eingeschlossen werden. Der endgültige HR-Plan wird von der Geschäftsführung priorisiert und herausgegeben.

- CHECK: Review des HR-Plans findet auf zahlreichen Review-Meetings statt (MMS Führungskräfte-Meetings, vierteljährliche Reviews der Business-Units und Top-Accounts, vierzehntägige Geschäftsleitungssitzungen, monatlicher HR-Bericht)

- ACT: Ändern und Anpassen der Erwartungen nach den Ergebnissen der CHECK-Phase, indem erneut der Mechanismus des Herunterbrechens aus der DO-Phase verwendet wird.

Das Management der Karriereentwicklung liegt gleichermaßen in der Verantwortung der zuständigen Führungskräfte, dem Human Ressource Management als auch dem Mitarbeiter selbst. Für die Karriereentwicklung gibt es zwei Grundlagen: definierte Aufgaben- und Rollenprofile mit Karrierepfaden und das strukturierte Mitarbeitergespräch.

Die Aufgaben- und Rollenprofile sowie Karrierepfade der MMS wurden nach der INSITE-Systematik von Towers Perrin entwickelt.[11] Alle Karrierepfade sind Optionen, die auch einen Wechsel von einem Pfad zu einem anderen ermöglichen. Die Überprüfung des Aufgaben- und Rollenprofils, die Zuordnung zu dem relevanten Karrierepfad sowie die Karriereplanung werden im Rahmen des jährlichen Mitarbeitergesprächs vorgenommen.

Die ständige Weiterbildung dieser Mitarbeiter führt zu einem sehr hohen projektbezogenen Qualifikationsniveau mit ausgeprägter Kundenorientierung und flexibel einsetzbaren Kompetenzen der Mitarbeiter. Dabei setzten wir auf international anerkannte Weiterbildungsprogramme und Zertifikate:

- Etwa 80 Prozent aller Mitarbeiter der MMS weisen ihr Potenzial mittels eines Universitäts- bzw. Hochschulabschlusses nach.
- In unserem mehrstufigen Qualifikationsprogramm qualifizieren wir unsere Projektleiter zu zertifizierten „Project Manager Professionals" PMI (Projekt Management Institute)[12].
- Application- und Servicemanager werden nach dem ITIL-(Information Technology Infrastructure Library)-Standard[13] ausgebildet.
- Unsere Softwarespezialisten besitzen zertifiziertes Know-how auf den Gebieten .NET, Java, Lotus Notes, etc.
- Die Tester des Test- und Integrationszentrums sind mit ASQF[14] Zertifikat geprüft, ein international anerkanntes Zeugnis für Qualität des Know-hows beim Softwaretesting.

Eine formale Zertifizierung ist eine typische „Win-Win-Situation" für den Mitarbeiter und das Unternehmen. Der Mitarbeiter steigert seinen Marktwert, das Unternehmen kann diesen Mitarbeiter zu höheren Tagessätzen anbieten und unterstützt gleichzeitig das Image als Qualitätslieferant.

Mittels „Blended Learning", einer Kombination von traditionellen Ausbildungsmethoden und modernen eLearning-Programmen ermöglichen wir die kosten- und erfolgsoptimierte Weiterentwicklung aller Kompetenzen auf dem jeweils effizientestem Weg: Seminare, Coaching, eLearning-Module, Transfer-Meetings etc.

In Zusammenarbeit mit Universitäten, Hochschulen, den Berufsakademien und dem Telekom Training Center fördern wir sowohl den wissenschaftlichen als auch den technischen Nachwuchs zum gegenseitigen Nutzen.

---

11 www.towers.com.
12 www.pmi.org.
13 www.itil.co.uk.
14 www.asqf.de.

Tabelle 20-2: Externe und interne Zielsetzungen einer formalen Zertifizierung

Externe Zielsetzungen	Interne Zielsetzungen
Nachweis der Erfüllung der Qualitätsanforderungen	Optimierung der Unternehmensabläufe
Transparenz für den Kunden	Dokumentation der Geschäftsprozesse
Förderung und Erleichterung der Geschäftsprozesse	Steigerung der Produktivität
Aufbau effizienter Kunden-Lieferanten-Beziehungen	Motivation der Mitarbeiter
Festigung und Verbesserung des Images	Reduzierung der Kosten
Verbesserung der Wettbewerbssituation	Abbau von Schwachstellen
	Schnellere Einarbeitung neuer Mitarbeiter

20.9 Mitarbeiterorientierte Ergebnisse

Bleibt noch die Frage nach den ergebnisrelevanten Wirkungen unserer Vorgehensweisen offen. Hierzu haben wir uns ein Regelkreismodell zu eigen gemacht, das einen Zusammenhang zwischen dem Commitment der Mitarbeiter und dem Unternehmenserfolg herstellt.

Abbildung 20-3: Regelkreis Kundenbindung und Mitarbeiter-Commitment

- Ertragssteigerung durch stärkere Kundenbindung
- Größere Freiräume / Eigenverantwortung für Mitarbeiter
- Steigerung des Commitments der Mitarbeiter
- Mehr Erfahrung, höhere Produktivität
- Erfahrene und engagierte Mitarbeiter steigern den Kundennutzen
- Höherer Kundennutzen bewirkt stärkere Kundenbindung

Das Commitment der Mitarbeiter wird jährlich im Rahmen der Mitarbeiterbefragung ermittelt. Der Messindex (TRI*M-Index) [15]des Commitments zeigt das Maß der Verbundenheit auf, das die Mitarbeiter dem Unternehmen gegenüber empfinden, wie loyal sie dem Unternehmen gegenüberstehen und wie sehr sie sich für das Unternehmen engagieren. Im Allgemeinen wird ein hohes Commitment als Voraussetzung für die Steigerung des Kundennutzens und der Kundenbindung betrachtet. Sowohl im Vergleich innerhalb des Konzerns Deutsche Telekom als auch im Vergleich zu europäischen IT-Unternehmen liegt unser Mitarbeiter-Commitment in der Spitzengruppe, ebenso beim Anteil engagierter Mitarbeiter. Dieses Commitment aller Mitarbeiter der MMS ist der wesentliche Grund für die überdurchschnittlich positive Bewertung unserer Leistungen durch den Kunden, eine hohe Kundenbindung und damit der Schlüssel zum langjährigen Unternehmenserfolg in einem agilen Marktumfeld.

---

[15] www.nfoinfratest.com.tr/MENU/ourupdates/trim/trim.html.

Thomas Sattelberger

21 Unternehmen als Chancen- und Risikogemeinschaft: Initiativen geteilter Verantwortung

21.1 Globales Arbeitskostenmanagement als Fundament betriebswirtschaftlicher Personalpolitik

Vor dem Hintergrund der weltweiten Arbeitskostenproblematik gibt es wichtige, miteinander verzahnte Stellschrauben zum Erhalt bzw. zur Verfestigung der Wettbewerbsfähigkeit eines Unternehmens.

Es ist simultane Herausforderung, in Hochkostenstandorten durch Arbeitszeitverlängerung ohne Lohnausgleich den Reparaturbetrieb für die Arbeitskostensünden der Vergangenheit zu gestalten, gleichzeitig aber auch in Niedrigkostenstandorten intelligente Strategien für dauerhafte komparative Kostenvorteile zu schaffen. Hochkostenstandorte haben zudem häufig – aus dem Zwang der Kostensenkung heraus – hochgradig flexible Arbeitsorganisationen entwickelt. Gerade diese Flexibilisierungsvorteile müssen in Hochkostenstandorten nicht nur erhalten, sondern ausgebaut werden. Hier geht es darum, das richtige und vertretbare Verhältnis von Stammbelegschaft in Kernarbeitszeit einerseits und Atmung über flexible Arbeitszeiten, Arbeitsverträge und Beschäftigungsstrukturen andererseits zu finden. Hier kann das ganze Portfolio an Atmungsmöglichkeiten – von Teilzeitmodellen, Arbeitszeitkonten, befristeten Vertragsverhältnissen, Leiharbeitnehmern, tariflichen Öffnungsklauseln für Arbeitszeitkorridore, Lebensarbeitszeitkonten bis hin zu Insourcing bzw. Outsourcing – genutzt werden (Abbildung 21-1).

Parallel dazu gilt es, diese Flexibilisierungsmodelle bzw. das dazugehörige Know-how rechtzeitig in die Niedrigkostenstandorte zu transportieren, damit jene Standorte als „early adapter" dieser Flexibilisierungsstrategien doppelt gegen den Verlust komparativer Kostenvorteile geschützt sind. Die Initiative der Continental AG zur 40 + Stunden-Woche bei gleichzeitigem Flexibilisierungsschub in Hochkostenstandorten verläuft parallel zum Prozess des ständigen weltweiten Lohnbenchmarks und dem Flexibilisierungstransfer in Niedriglohnkostenstandorte (Abbildung 21-2).

Thomas Sattelberger

Abbildung 21-1: *Atmendes Unternehmen bei schwankender Nachfrage*

- Teilzeitmodelle
- Variabilisierung der Arbeitszeit (Arbeitszeitkonten)
- befristete Verträge
- Stammbelegschaft - Kapazität 65% -
- Leiharbeitnehmer
- (Tarif-) Öffnungsklauseln für Arbeitszeitkorridore
- Lebensarbeitszeitkonten
- Insourcing/Outsourcing

Abbildung 21-2: *HR-Wertbeitrag durch kluge Arbeitskosten- und Flexibilisierungsstrategien*

Achsen: Hochkosten / Standort / Niedrigkosten (vertikal); Niedrig – Flexibilität – Hoch (horizontal)

- Weltweite
  - tarifpolitische Steuerungsgrößen
  - Wage & Social Benefit Strategien
- Lohn-Benchmark
- ... aber auch oft Rollenvorbild für Flexibilität
- Reparaturbetrieb für Arbeitskosten - Sünden...
- ... aber auch „Early Adapter" von Flexibilitätsstrategien
- Intelligente Strategien für dauerhafte kompetitive Kostenvorteile...
- 40+h Initiative
- Flexibilisierungs-Modelle & Knowhow-Transfer

Exkurs: Tarifpolitik in Deutschland als Herz nationaler Arbeitskostenherausforderung

In Hochkostenstandorten ist die flexible Ausgestaltung der Flächentarifverträge vor allem durch flexible Arbeitszeiten mit Korridoren und Öffnungsklauseln, die je nach betrieblichem Bedarf sowohl längere als auch kürzere Arbeitszeiten und ein Absenken der tariflichen Arbeitskosten ermöglichen, das Überlebenselexier.

Die Flächentarifverträge der chemischen Industrie erlauben im Unterschied zur Metallbranche (wir sind beiderseitig vertreten) bereits seit 10 Jahren differenzierte Arbeitszeiten unter Ausnutzung eines Arbeitszeitkorridors zwischen 35 und 40 Stunden pro Woche. Dieser Korridor wird von den Mitgliedsunternehmen der Arbeitgeberverbände auch tatsächlich genutzt, und zwar sowohl nach oben als auch nach unten. In der praktischen Umsetzung kommen Verkürzungen auf 35 oder 36 Wochenstunden fast ebenso häufig vor wie betriebliche Wochenarbeitszeiten von 38, 39 oder 40 Stunden. Korridorlösungen bieten die Chemietarife auch beim Tarifentgelt. Sie ermöglichen nicht nur die sog. 40-Stunden-Woche ohne Lohnausgleich, sondern ganz generell eine Tarifentgeltabsenkung um bis zu 10 % – sei es mit oder ohne Veränderung der Arbeitszeit. **Durch die Kombination mehrerer Flexibilisierungsinstrumente vergrößert sich natürlich der Gestaltungsspielraum.** Denn hinzu kommen weitere tarifliche Öffnungsklauseln z. B. für Einmalzahlungen wie Jahresleistung, Urlaubsgeld oder vermögenswirksame Leistungen mit einem Volumen von weiteren 7 % des tariflichen Jahresentgelts. Mit dem tariflichen Optionsmodell kann die Jahresleistung auch an den Unternehmenserfolg gekoppelt werden. Verteilzeiträume im Tarif ermöglichen die Abweichung von den Beschränkungen des Arbeitszeitgesetzes durch Jahres- bis hin zu Lebensarbeitszeitmodellen. Weitere Flexibilisierungsinstrumente betreffen abgesenkte Einstelltarife oder Tarifentgelte und Arbeitsbedingungen, die sich an dem Niveau tarifkonkurrierender Bereiche wie Logistik, Handel, Gaststätten oder Kautschuk orientieren. Durch das Modell des Tarifsplitting mit einer entsprechenden Öffnungsklausel wie im Tarifabschluss 2004 steht auch ein Teil der Tariferhöhung zur direkten Disposition der Betriebe. Je nach dem, welche Flexi-Instrumente eingesetzt und miteinander kombiniert werden, ergeben sich Absenkungsspielräume von bis zu 20 % oder in Einzelfällen über 30 % bei den Personalkosten.

Die Öffnungsklauseln in den Tarifen sind beileibe keine bloßen „Notfallinstrumente"

Die Öffnungsklauseln können nicht nur in akuten wirtschaftlichen Schwierigkeiten genutzt werden. Die tariflichen Flexibilisierungsinstrumente dienen – auch und gerade bei Continental – vielmehr der längerfristigen Sicherung der Wettbewerbsfähigkeit. Ihre Nutzung muss deshalb rechtzeitig angegangen werden. Dazu ist eine gründliche und systematische Herangehensweise zur Vorbereitung und Durchführung der Verhandlungen mit dem Betriebsrat und der Gewerkschaft unerlässlich. Da es nicht um Einheitslösungen, sondern um maßgeschneiderte Anwendungen geht, ist der spezifische „Business Case" im jeweiligen Werk bzw. Unternehmen das Rückgrat der Maßschneiderung. Deshalb schließen wir uns auch nicht der pauschalen Verurteilung der Flächentarifverträge an. „Gerade weil den Chemie-Arbeitgebern die Rolle an der Spitze der modernen Tarifbewegung in Deutschland zufällt, ist uns die andauernde pauschale Fundamentalkritik am Flächentarifsystem überhaupt nicht gleichgültig. Wir treten seit Jahren für die Reform des Flächentarifvertrages ein, der die Wettbewerbsfähigkeit unserer Unternehmen durch flexible Tarifspielräume vergrößern soll. Hierzu bedarf es der Erhaltung der Tarifautonomie. Denn eigenverantwortlich wahrgenommene Tarifautonomie ist nach unserer Überzeugung allemal besser als gesetzgeberisches Eingreifen, egal ob es um gesetzliche Tariföffnungsklauseln oder – wie die jüngste Diskussion zeigt – die Einführung eines gesetzlichen Mindestlohnes geht." (Hans Paul Frey, Hauptgeschäftsführer des Bundesarbeitgeberverbandes Chemie).

Dass hier insbesondere im Tarifbereich der Metallindustrie noch große Hausaufgaben, ja geradezu Durchbrüche anstehen, sei hier nur kurz erwähnt. Andererseits muss auch im chemischen Bereich immer wieder sichergestellt werden, dass die Flexibilität nicht nur ‚oberflächenkosmetisch' praktiziert und rhetorisch geübt wird. Mit einem Missverständnis gilt es insbesondere aufzuräumen: Gerade bei den Arbeitszeitöffnungsklauseln in Richtung 40-Stunden-Woche geht es nicht um absolute Lohnsenkung. Ganz im Gegenteil soll die Arbeitszeitverlängerung das verfügbare Einkommen stabil halten und sicherstellen, dass keiner das Gefühl hat, dass „in seine Tasche gegriffen wird". Gegner der Öffnungsklauseln argumentieren zynisch, wenn sie behaupten, die Abwanderung von Produktion sei dadurch ohnehin nicht aufzuhalten. Gerade in den heutigen fragilen und volatilen Wirtschaftszeiten ist jede längere Atempause wichtig. Das ganze Leben besteht aus Atempausen. Natürlich ist es klar, dass in Deutschland Löhne wie in Rumänien oder Tschechien nicht machbar sind und gar nicht angestrebt werden können. Aber die Rückkehr zur 40-Stunden-Woche in der Metallindustrie bringt beispielsweise ca. 14 % Arbeitskostenreduzierung. Zusammen mit weiteren 6–7 % Flexibilitätspotenzialen in der Fabrik und der Senkung der Lohnnebenkosten durch Reformierung der sozialen Sicherungssysteme würde es jedoch ermöglicht, zumindest im westeuropäischen Wettbewerb wieder die Kostenführerschaft zu übernehmen. Und von einer solchen Position aus lässt sich im globalen Wettbewerb ganz anders operieren, als wenn man selbst unter den Hochkostennationen das Schlusslicht bei den Kosten ist. So hätte der Hochkostenstandort Deutschland unter dem Aspekt der Arbeitskosten eine Zukunft. Doch dies ist noch nicht ausreichend.

21.2 Mit einer Kombination von Arbeitskostensenkung und innovativer Personalpolitik lässt sich Zukunft gewinnen

Aus personalpolitischer Perspektive lässt sich mit Arbeitskosten alleine die Standortdiskussion natürlich nicht führen, geschweige denn gewinnen. Eine vernünftige Personalpolitik muss sich sowohl mit dem **Zähler wie auch mit dem Nenner des Bruches der Unternehmensentwicklung** beschäftigen und dabei das richtige Maß finden. (Abbildung 21-3).

Der Zähler des Bruches beschäftigt sich mit Innovation und Wachstum, der Nenner mit Rationalisierung und Kostensenkung. Und um die personalpolitischen Nenner-Aufgaben wie z. B. Arbeitszeiterhöhung, Ausbau des Niedriglohnsektors, Abbau von Überstundenzuschlägen, Aus-

Abbildung 21-3: Zähler & Nenner des Bruches: Das richtige Maß finden

Innovation/ Wachstum

+
- Werksspezifische Erfolgsbeteiligung
- Gruppenarbeit
- Gesundheitsinitiativen
- Ausbildungsplätze/Integrationsinitiativen
- Qualifizierung
- Altersvorsorge
- Altersgerechte Arbeitszeit

−
- Arbeitszeiterhöhung
- Niedriglohnsektor
- Zeitkonten/Überstundenzuschläge
- Persönliche Verteilzeiten
- Leiharbeitskräfte

Erhöhung erfolgsabhängige Vergütungsbestandteile

Rationalisierung/ Kostensenkung

bau von Zeitkonten, Reduktion der persönlichen Verteilzeiten und verstärkte Nutzung flexibler Arbeitskräfte zu treiben, müssen auf der Zählerseite des Bruches Herausforderungen wie beispielsweise Altersvorsorge, Qualifizierung, werksspezifische Erfolgsbeteiligung, altersgerechte Arbeitszeit, Berufsausbildung, Gesundheitsinitiativen und Gruppenarbeit forciert werden .

Es sind vier große Handlungsfelder, die die Zukunft der erwerbstätigen Bevölkerung in Deutschland beeinflussen:

1. Handlungsfeld: Die abnehmende Arbeitsplatzsicherheit bei gleichzeitig längerem Berufsleben führt dazu, dass **lebenslanges Lernen und Qualifizierung** mit neuer Intensität definiert werden müssen.

2. Handlungsfeld: Das Abbröckeln der zwangsverpflichtenden und fehlgesteuerten Sozialsysteme führt zu einer neuen Auseinandersetzung mit dem Thema **Altersvorsorge und Gesundheit.**

3. Handlungsfeld: Die Untauglichkeit unflexibler und behäbiger Arbeitsstrukturen fordert auf, Projekte der 70/80er Jahre zur Humanisierung der Arbeit durch eine **neue Qualität der Kommunikation, Einbindung und Beteiligung** zu revitalisieren.

4. Handlungsfeld: Das Verständnis von Mitarbeitern als Mitunternehmern in guten wie schlechten Zeiten hat zur Konsequenz, Belegschaften sehr viel stärker **nicht nur am Risiko, sondern auch am Erfolg zu beteiligen.**

Abbildung 21-4: Continental-Kleeblatt der Berufs- und Beschäftigungsfähigkeit

Kleeblatt-Diagramm mit vier Blättern:
- Altersvorsorge & Gesundheit
- Qualifizierung & lebenslanges Lernen
- Erfolgs- und Risikobeteiligung
- Kommunikation, Einbindung & Beteiligung

Umgebende Faktoren:
- Abbröckeln der zwangsverpflichtenden & fehlgesteuerten Sozialsysteme
- Abnehmende Arbeitsplatzsicherheit & gleichzeitig längeres Berufsleben
- Verständnis von Mitarbeitern als Mitunternehmern
- Untauglichkeit unflexibler & streng hierarchischer Arbeitsstrukturen

Bei Continental AG haben wir in diesem Zusammenhang das vierblättrige Continental-Kleeblatt der Berufs- und Beschäftigungsfähigkeit erarbeitet (Abbildung 21-4), welches diese vier Handlungsfelder aufgreift, dann in einem nächsten Schritt in 14 partnerschaftliche Initiativen der Personal- und Sozialpolitik „übersetzt" wurde und jetzt eine wichtige Grundlage für die Diskussion mit den Arbeitnehmervertretungen bildet. Im Folgenden sind Beispiele aus jedem dieser vier Handlungsfelder kurz skizziert.

21.3 Das „Kleeblatt" in der betrieblichen Praxis: Vier Handlungsfelder

21.3.1 Beispiel 1: Die Lernende Fabrik: Co-Invest für lebenslanges Lernen

Die interne, ressourcenbasierte Wettbewerbsfähigkeit von Unternehmen beruhte in der Vergangenheit zu einem Gutteil auf der guten Basisqualifikation der Mitarbeiter; d.h. Fortschritt und Entwicklung von Produkten und Prozessen war abhängig von Verfügbarkeit und Güte der Berufsausbildung der Mitarbeiter aller Ebenen. Vor allem in den deutschen Produktionsbereichen bestand im Vergleich zu anderen europäischen Ländern und den USA durch den guten Zugriff auf das duale Ausbildungssystem ein Reservoir sehr gut ausgebildeter, motivierter Arbeitskräfte.

Wesentliche Aufgabe der Unternehmen war es, diese Qualifikationen durch intensive und umfassende Einarbeitung bzw. Integration auf das Unternehmen zu fokussieren und zielgerichtet verfügbar zu machen. Organisational wurde die Spezialisierung von und in Abteilungen sowie die Fortentwicklung internen Wissens durch die Aufnahme neuer Mitarbeiter aus Universitäten und Ausbildungszentren erzielt. Forschungskompetenz (prozess- und produktorientiert) sowie Produktionskompetenz (maschinen- und verfahrensorientiert) basierte so auf Anwendung vorhandenen Wissens. Lebenslanges Lernen wurde zwar propagiert, erfolgte aber im Kern eher naturwüchsig oder selektiv, wenn dann eher an der Spitze oder im Mittelbau der Organisationspyramide.

Unternehmen wie Mitarbeiter: Besser, schneller und ausdauernder Lernen als der Wettbewerb

Die Entwicklung der Bildungssysteme weltweit und deren Kooperationen untereinander haben zu einer Beschleunigung der Halbwertzeit des Wissens beigetragen. Gleichzeitig wird die Quelle von Wissen für Unternehmen verallgemeinert und globalisiert. Das Vorhandensein nutzbaren Wissens aus Ausbildung und Studium allein stellt keinen entscheidenden Wettbewerbsvorteil mehr dar. Wettbewerbsvorteile von Unternehmen – insbesondere international operierender Unternehmen – spiegeln sich heute sowohl in der Güte als auch in der Geschwindigkeit und Anwendungskontinuität des am Markt ständig neu verfügbaren Wissens und dessen permanenter Adaption auf unternehmensinterne Belange wider.

Unternehmen, die über alle Ebenen der Pyramide und alle Altergruppen hinweg in der Lage sind, durch fokussiertes Wissen bzw. durch Kombination von neuem Wissensstand mit Erfahrungswissen die Zeitspanne „time to market" bei gleichzeitiger Erhöhung der Prozesssicherheit innerhalb des Wertschöpfungsprozesses zu verringern, erhalten – unabhängig vom Standort – entscheidende Wettbewerbsvorteile.

So erfordern beispielsweise europäisierte bzw. globale Produktionsstrukturen einer Firma wie Continental (Produktion der Produkte vor Ort statt Export aus dem Stammland) die Fähigkeit sowohl der Produktionsmitarbeiter, Produktionsverfahren, Prozesse und Qualitätsstandards in die jeweiligen Fertigungsstätten zu transferieren als auch die Fähigkeit, Lernkurven gesamter Arbeitseinheiten und -bereiche zu beschleunigen. Dies fordert spiegelbildlich den einzelnen Mitarbeiter bei lebenslangem Lernen und persönlicher Weiterentwicklung außerhalb des klassischen Verständnisses von Karriere. Während früher Fort- und Weiterbildung aufstiegsorientiert war, so ist sie heute – auch vor dem Hintergrund zunehmender Verwerfungen am Arbeitsmarkt – schon unabdingbar für den Erhalt der Arbeitsmarktfähigkeit. Der Einzelne wird zum Unternehmer seines Wissens.

Dazu gehören neben dem eigentlichen fachspezifischen Know-how auch das generische Knowhow, angrenzende Prozesse, Wissens- und Erfahrungsfelder zu verstehen, zu transferieren und unter neuen Bedingungen anzuwenden. Fähigkeiten, die es jedem Mitarbeiter zudem zumindest aus Qualifikationssicht ermöglichen, bei drohendem Arbeitsplatzverlust ohne zu große Requalifizierungsprobleme – und von anderen Arbeitgebern gesucht – in andere Unternehmensbereiche, in neue Unternehmen oder gar Branchen zu wechseln.

Thomas Sattelberger

Historisch betrachtet bildet der erfolgreiche Wechsel einer Vielzahl gut ausgebildeter Mitarbeiter des Bergbaus in andere Branchen ein gutes Vorbild: Technologisch gut ausgebildet, in Gruppen generalistisch-rotierend arbeitend, den gesamten Produktionsbereich des Flözes im „Visier", gekoppelt mit hoher Eigenmotivation durch breit übertragene Verantwortung, gelang es vielen Mitarbeitern mit Erfolg, in anderen Unternehmen, Branchen und Regionen Fuß zu fassen.

Co-Invest als Ausdruck geteilter Verantwortung

Realisierbar werden solche beidseitig Nutzen stiftenden Prozesse für Unternehmen wie für Beschäftigte unter den heutigen wirtschaftlichen Rahmenbedingungen nur unter dem Blickwinkel der investiven Beteiligung von Mitarbeitern an den erforderlichen Qualifizierungsmaßnahmen. Ohne eine pflegliche Investition des Mitarbeiters in sein eigenes Kapital „Wissen" ist über die Berufsphase hinweg sowohl persönlicher Erfolg und Sicherung des Arbeitsplatzes als auch – im Falle von Restrukturierungen – die Sicherung der Beschäftigungsfähigkeit auf dem Arbeitsmarkt nicht möglich. Ebenso wie Unternehmen dafür verantwortlich sind, ihre Investitionsgüter (Hardware) permanent auf dem neuesten Stand zu halten und die Investoren dafür einen Teil ihrer Rendite einsetzen müssen, so müssen Mitarbeiter ihr Wissen aktualisieren und dafür im Sinne des Co-Invests eine Selbstbeteiligung in Form von Zeit in den Erhalt ihres Investitionsgutes einbringen. Der Qualifikationstarifvertrag der Chemischen Industrie bildet hierfür das tarifpolitische Fundament.

Die partnerschaftliche Beteiligung der Mitarbeiter sehen wir dabei nicht als eine Quelle der Ertragssteigerung, sondern wir stellen als Gegenleistung zusätzliche, zielgerichtete Aus- und Weiterbildungsprozesse und -programme zur Verfügung. Dies hat Continental in einer Betriebsvereinbarung geregelt, deren Kernelemente in Abbildung 21-5 illustriert sind.

Besondere Bedeutung gewinnen in diesem Zusammenhang die Qualifizierungsanstrengungen im Bereich der gewerblichen Mitarbeiter. Hier sind modulare Laufbahn-Modelle gefragt, die zum einen die Möglichkeit schaffen, angelernte Mitarbeiter über zertifizierte und IHK-geprüfte Ausbildungsstufen unternehmensorientiert an das Niveau der Berufsausbildung heranzuführen bzw. über die bisherigen Helfertätigkeiten hinaus zu qualifizieren. Dies ist vor dem Hintergrund der demographischen Entwicklung zudem eine maßgebliche Voraussetzung für die Schaffung und den Erhalt altersstabiler Arbeitsplätze und der altersneutralen Beschäftigungsfähigkeit des Einzelnen. Co-Invest der Mitarbeiter – verstanden als die Realisierung von Bildung innerhalb der Freizeit – ist dabei unabdingbare Voraussetzung. Abbildung 21-6 gibt eine Gesamtschau über eine ganzheitliche, qualitativ hochwertige und prozessorientierte Personalentwicklung in der Fabrik.

Abbildung 21-5: Die Lernende Fabrik

Co-Investment (Freizeit des Arbeitnehmers/ Finanzierung durch Arbeitgeber)

Verbesserte „Grundausbildung" der Mitarbeiter (Pflichtschulungen)

Jährliches Mitarbeitergespräch als Herzstück

Intensivierung der Ausbildungs- quantität und -qualität

(Zertifizierte Ausbildungen)

Mindeststandards bei Prozessen der Personalentwicklung

Einstellung › Erstqualifikation › Mitarbeitergespräch › Qualifizierung und Qualifizierungsplanung › Betriebliche Laufbahnplanung › Erfolgskontrolle

Abbildung 21-6: Systematik der betrieblichen Personalentwicklung

Betrieblich zertifizierte bzw. staatlich geprüfte Abschlüsse

Betriebliche Laufbahnen
Stellenmarkt / Arbeitsmarkt

Betriebliches Qualifizierungsprogramm/ Überbetriebliche Programmanbieter

Transfersicherung & Erfolgskontrolle

Qualifizierungsmaßnahmen
- off the job
- arbeitsplatznah
- on the job

Bedarfsdeckung

Qualifizierungsberatung /ggf. Assessment

Mitarbeitergespräch (Soll/Ist-Vergleich)

Gebündelte individuelle Qualifizierungsbedarfe

Kompetenz-Profil des (potenziellen) Mitarbeiters

Anforderungsprofil der Aufgabe

Generelle, betriebliche Qualifizierungsbedarfe & Planungssystematik

Berufsausbildung/ Anlernprozess

21.3.2 Beispiel 2: Paradigmenwechsel in der Altersvorsorge: Defined Contribution und mitarbeiterfinanzierte Entgeltumwandlung für die Altersvorsorge

Die Globalisierung der Finanzmärkte sowie verstärkte Anforderungen an Corporate Governance stellen an Unternehmen mit internationaler Beschäftigungsstruktur neue Herausforderungen an die Steuerung betrieblicher Altersversorgung. Die erforderliche Kontrolle der Höhe, der Anlage und der Entwicklung von Altersversorgungs-Kapital und Rückstellungen weltweit verlangt nach neuer Transparenz über die Versorgungsverpflichtungen (Qualität, Finanzierung, Risiken).

Global Pension Management: Beherrschung langfristiger Verpflichtungen durch weltweite Steuerung

Die steuerungspolitische Antwort auf diese Herausforderungen heißt bei Continental „Global Pension Management" mit den Elementen: weltweite Policy, Genehmigungsverfahren für Einführung und Veränderung von Versorgungssystemen und -Zusagen, Inventur aller langfristiger Versorgungsverpflichtungen weltweit, Steuerung der Auswahl der Aktuare weltweit, Besetzung von Trustee Boards mit kompetenten Mitarbeitern aus der Konzernzentrale, sowie Zusammenlegung von Pensions-Fonds je Land wo immer wirtschaftlich sinnvoll und rechtlich möglich. All diese Maßnahmen sind nur möglich in enger Abstimmung zwischen Finanz- und Personalverantwortlichen und werden bei Continental in einem „Global Benefit Committee" zur Beschlussfassung zusammengeführt.

BAV in Deutschland: Von Versorgungsmentalität („Die Rente ist sicher") und Frühverrentungsmentalität zur Eigenvorsorge

Durch die bereits beschlossenen Gesetze zur Änderung der gesetzlichen Rentenversicherung ist bereits heute ein Rückgang des Versorgungsniveaus von ca. 45–55 % auf ca. 35–44 % im Jahr 2040 kalkulierbar. Diese Maßnahmen machen eine eigenverantwortliche Vorsorge unverzichtbar. Insgesamt hat der Gesetzgeber für die steuerliche Behandlung von Vorsorgeaufwendungen und Versorgungsleistungen hier den Weg der nachgelagerten Besteuerung eingeschlagen. Dieser Weg, der bei Continental bereits seit geraumer Zeit für einige Durchführungswege der betrieblichen Altersversorgung mittels Entgeltumwandlung der Arbeitnehmer genutzt wird, wird damit umfassend eingeschlagen. Während bei den Durchführungswegen der Direktzusage oder der Unterstützungskasse eine unbegrenzte steuerfreie „Einzahlung" möglich ist, werden bei den restlichen externen Durchführungswegen diese Möglichkeiten in ihrer Höhe begrenzt.

Entgeltumwandlung: Continental ist einer der Vorreiter mitarbeiterfinanzierter Vorsorge

Das Instrument der Entgeltumwandlung mit einem steuer- und sozialversicherungsfreien Aufbau von Versorgungsanwartschaften in der Ansparphase bei nachgelagerter Besteuerung wurde bei Continental schon im Jahr 1996 eingeführt und 1999 auf alle Mitarbeiter im Tarifbereich der Chemischen Industrie ausgedehnt. Kluge Angebote, intensive Information sowie individuelle Beratung haben heute zu einer freiwilligen Inanspruchnahme von bis zu 60% geführt.

Gleichzeitig müssen natürlich Anreize zum Einbringen von Eigenmitteln gesetzt werden. Positive Erfahrungen gibt es hierzu im angelsächsischen Raum mit Matching-Systemen. Ein betrieblicher Altersversorgungsaufbau wird dann geleistet, wenn der Arbeitnehmer ebenfalls seinen Beitrag hierzu leistet. Dies führt neben einem zusätzlichen Altersversorgungsaufbau auch zu einer höheren Wertigkeit der arbeitgeberseitigen Leistung. Bei Matching-Systemen wird sofort transparent, in welcher Höhe sich der Arbeitgeber an dem Aufbau der Altersversorgung beteiligt. Unbedingt erforderlich sind hierbei jedoch einfach zu verstehende Systeme und leicht nachvollziehbare Berechnungen. Ebenso unerlässlich ist die kontinuierliche Information (Kontoauszüge) über die erreichte bzw. erreichbare Versorgungsleistung. Die erreichbare Leistung – sofern sie nicht exakt definiert wurde – bedarf jedoch vorsichtig-realistischer Prognoseaussagen über Kapitalmarktentwicklungen und Renditeerwartungen (Erwartungs-Management). Überhöhte Renditeerwartungen, die allenfalls ein Verkaufsargument für Produktanbieter darstellen, sind wenig dienlich einen realistischen Vorsorgeaufwand zu ermitteln. Die Intention des Unternehmens ist es, unter Berücksichtigung langfristiger Entwicklungsmöglichkeiten des Anlagespektrums eine belastbare Renditeerwartung zu vertreten.

Vertrauensbildung ist das Nadelöhr beim Paradigmenwechsel in der Altersvorsorge

Durch die persönlichen Gespräche mit vielen Mitarbeitern wurde uns allerdings auch die dreifache Verunsicherung vieler Menschen deutlich: sowohl durch eine Vielzahl der Vorsorge-Möglichkeiten, die in ihrer Komplexität kaum bis in alle Details zu erfassen sind, wie auch durch die häufigen, vertrauensuntergrabenden Veränderungen ihrer Regelwerke in der jüngeren Vergangenheit sowie durch „schwarze Schafe" im Finanzanlagebereich. Nicht wenige Mitarbeiter vertrauen nicht mehr auf die Kontinuität und Sicherheit in der von ihnen gewählten Option oder schrecken gar vor dem Einstieg in den notwendigen Versorgungsaufbau zurück, um Fehlentscheidungen zu vermeiden.

Ein hoher Verbreitungsgrad der Entgeltumwandlung insbesondere auf betrieblicher Ebene wird nur erreicht, wenn neben intensivster Informations- und Beratungsarbeit der Personalbereiche auch durch die Vertrauenspersonen auf Arbeitnehmerseite (Betriebsräte, Gewerkschaftsvertreter) die unternehmensseitig gewählten Wege unterstützt werden. Durch die Bereitstellung von Finanzberatungs-Kompetenz durch Vertrauenspersonen (z.B. als neue Kernaufgabe für Gewerkschaften als Exklusiv-Leistung für ihre Klientel) können sich auch Änderungen im Rollenverständnis von Arbeitnehmervertretern ergeben. Im Vordergrund steht nicht mehr die Forderung nach mehr, sondern die optimale Ausnutzung der bereits bestehenden, vielfach positiven Lösungen. Abbildung 21-7 illustriert, wie wir die Beteiligungsquoten systematisch erhöhen.

Das Ende heutiger Regelarbeitszeiten

Alle Beteiligten (Arbeitnehmer, Arbeitgeber, Gewerkschaften, Arbeitgeberverbände, Politik) haben sich in den Zeiten der Umstrukturierung und des Personalabbaus sowie der knappen Arbeit an ein frühes Ausscheiden aus dem Arbeitsleben (häufig schon ab 55) als eine elegante Form der Problemlösung gewöhnt: Die Älteren empfanden es als positive Lebensperspektive, nicht noch länger arbeiten zu „müssen", Jüngere erhielten eine Chance, arbeiten zu „dürfen".

Thomas Sattelberger

Abbildung 21-7: *ContiPLUS: Teilnehmerquote Entgeltumwandlung in %*

[Balkendiagramm mit folgenden Annotationen und Werten:

- Pioniere mit Starterbonus → 2002: Chemie 25,0%, Gesamt 19,0%
- Beginn der persönlichen Beratung / vergütungsrelevante Zielgrößen für Personalleiter → 2003: Chemie 26,0%, Gesamt 22,0%
- Wettbewerb zwischen Standorten / Intensive Beratung → 2004: Chemie 34,0%, Gesamt 27,0%
- erhöhte Zielgrößen für 2005 → Forecast 2005: Chemie 40,0%, Gesamt 33,0%
- Mind. 7% Plus p.a. (Zweckbestimmte vermögenswirksame Leistungen) → Forecast 2006: Chemie 45,0%, Gesamt 39,0%]

Die Finanzierung solcher Maßnahmen erfolgte anfänglich ganz überwiegend zu Lasten der Renten- und Arbeitslosenkassen, später verstärkt auch durch Arbeitgeber und Arbeitnehmer. Der Druck leerer öffentlicher Kassen und verschärfter internationaler Wettbewerb um Arbeitsplätze setzt diesen Formen der Frühpensionierung spätestens 2008 ein Ende. Gleichzeitig wird es zu einem weiteren Heraufsetzen der Regelaltersgrenze in der gesetzlichen Rentenversicherung kommen.

Bis zu welchem Alter Arbeitnehmer erfolgreich beruflich tätig sein können, hängt von vielen Faktoren ab: Gesundheit, Qualifikation, körperliche, geistige und zeitdruckbedingte Belastung durch die Arbeit, privates Umfeld, Lebensentwurf, finanzielle Situation. So finden wir den körperlich durch schwere Arbeit geforderten 55jährigen, dem eine weitere Beschäftigung im kontinuierlichen Schichtbetrieb nur noch schwer abzuverlangen ist neben dem agilen und energiegeladenen Entwicklungsingenieur, der auf der Grundlage seiner Erfahrungen und der gewonnenen Gelassenheit deutlich über das 60te oder gar 65te Lebensjahr hinaus auf Tätigkeit im betrieblichen Umfeld drängt. Diese individuelle Unterschiedlichkeit beantworten wir in den gesetzlichen Regelwerken bis heute mit einer festen Regelaltersgrenze, ergänzt um eine geringfügige Schwankungsbreite von drei Jahren für vorzeitiges Ausscheiden unter Inkaufnahme von versicherungsmathematischen Abschlägen (die aus Finanzierungsgründen absolut richtig und unverzichtbar sind, aber politisch begründet und finanz- und versicherungsmathematisch nicht ausreichend sind).

Lebensarbeitszeitkonto: Wegbereiter bei Flexibilisierung der Altersvorsorge und Abmilderung längerer Lebensarbeitszeit

Mit dem tariflichen und betrieblichen Modell der Lebensarbeitszeitkonten öffnen wir bei Continental einen Weg zur Flexibilisierung der Altersgrenze. Arbeitnehmern wird die Möglichkeit eingeräumt, während ihres Arbeitslebens auf Arbeitszeiten oberhalb der tariflichen oder vertraglichen Arbeitszeit, auf übertarifliche Entgeltbestandteile, sowie auf über den gesetzlichen Urlaub hinausgehende Urlaubsansprüche steuer- und sozialversicherungs-beitragsfrei zugunsten zukünftig bezahlter Arbeitsfreistellung zu verzichten. Die entsprechenden Zeiten werden wertgleich in Geld umgewandelt und in einen Spezialfond eingezahlt. Durch die Rechtskonstruktion der doppelten Treuhand wird die Insolvenzsicherheit gewährleistet.

Verzichtet beispielsweise ein heute 30jähriger in 20 von 33 Berufsjahren auf jährlich 10 Arbeitstage (aus Urlaub, Zeitkonten oder sonstigen Zeiten), so kann er damit ohne weiteres eine bezahlte Freistellung von ca. 250 Tagen erarbeiten (Prämissen: Einkommensdynamik 2%, Nettorendite 4%). Lässt die gesundheitliche Situation oder der persönliche Lebensentwurf eine Beendigung der Erwerbstätigkeit vor Erreichen des gesetzlichen Rentenalters sinnvoll erscheinen, so besteht die Möglichkeit, das bestehende Arbeitsverhältnis ruhend zu stellen und statt des bisherigen Entgeltes die angesparten Mittel aus dem Spezialfond zu entnehmen. Wird aber das Arbeitsverhältnis bis zur Regelaltersgrenze oder darüber hinaus aktiv erhalten, so besteht die Möglichkeit, das angesparte Kapital als Ergänzung zur gesetzlichen und privaten Altersversorgung zu nutzen.

Ergänzende Regelungen für den Fall des Arbeitgeberwechsels oder der Insolvenz des Arbeitgebers vor Erreichen des Rentenalters sorgen dafür, dass die eingezahlten Leistungen in jedem Falle inklusive der erreichten Renditen an den Arbeitnehmer ausgezahlt werden. Mit diesem Modell wird es gelingen, durch frühzeitige Ansammlung finanzieller Mittel von der festen Regelaltersgrenze hin zu einer individuell durch Unternehmen und Mitarbeiter steuerbaren Beendigung des Arbeitslebens zu kommen. Wichtig ist auch bei diesem Modell, wie bei der Entgeltumwandlung zur betrieblichen Altersversorgung, eine vertrauensbildende intensive Information und Beratung der Mitarbeiter.

21.3.3 Beispiel 3: Beteiligung im Prozess der Arbeit: Revitalisierung der Gruppenarbeit

Bereits seit den 1970er Jahren ist auf breiter Ebene im Rahmen der „Humanisierung der Arbeit – Bewegung" die Forderung nach einer verstärkten Einrichtung von Gruppenarbeitsplätzen als Gegenpart zu isolierten Einzelarbeitsplätzen erhoben worden. Jedoch gilt schon seit den Studien der Tavistock – Forscher im englischen Kohlebergbau Anfang der 1950er Jahre als gesichert, dass (teilautonome) Arbeitsgruppen unter bestimmten Voraussetzungen nicht nur zu einer höheren Zufriedenheit der Gruppenmitglieder führen, sondern zudem noch erhebliche Leistungsvorteile gegenüber klassischen Arbeitssystemen aufweisen.

Weltweite Aufmerksamkeit haben seinerzeit die Lösungen zur Gruppenarbeit der General Foods Corp. in Kansas und von Volvo im Werk Kalmar gefunden.

Thomas Sattelberger

Bei Continental basieren seit 1990 große Teile der Arbeitsorganisation in den Fabriken auf den Prinzipien der Gruppenarbeit. Auch im Werk Stöcken der Continental AG, welches hier beispielhaft genannt wird, wird in den dort existierenden Fabriken zur Fertigung von Pkw- und Lkw-Reifen Gruppenarbeit auf der Grundlage einer mit dem Betriebsrat abgeschlossenen Betriebsvereinbarung praktiziert. Im Wesentlichen wird den Gruppen ein Zeitbudget für die Erledigung ihrer Gruppenarbeit zur Verfügung gestellt und die Gruppen sind durch einen finanziellen Ausschüttungsmodus an der Effektivitätserbringung beteiligt.

Die bisherigen wesentlichen Erfolge der Gruppenarbeit waren eine deutliche Erhöhung der Qualifikationsbreite der Mitarbeiter, verbunden mit einer höheren Einsatzflexibilität und Produktivität sowie die Stärkung des unternehmerischen Denkens der Mitarbeiter durch die finanzielle Beteiligung an der Messgröße Effektivität.

Jedes Produkt kommt jedoch in die Jahre.
Auch das personal- und führungspolitische Produkt „Gruppenarbeit".

Die Ausübung der Gruppenarbeit wurde im Zeitverlauf sowohl von den Mitgliedern der Gruppen als auch von Vorgesetzten, Betriebsräten und anderen Beteiligten als „eingerostet", nicht transparent, ineffektiv und unbefriedigend empfunden. Die sich bei allen Beteiligten stellenden Fragen waren: Werden noch Ziel führende Gruppenaktivitäten gestartet? Wer wird wann an der Erreichung welcher Kriterien finanziell beteiligt? Sind die gewährten Freiräume für Gruppengespräche vertane Zeit? Sind Aufgabenbeschreibungen für die Handelnden vorhanden und noch aktuell? Sind die Kriterien für die Ergebnisbeteiligung sinnvoll? Ist die Wahl der Gruppensprecher durch die Gruppe noch so gewollt? Solche Fragen wurden in Übereinkunft zwischen allen Beteiligten kritisch diskutiert. Doch zusätzlich zur Diskussion über Methodik und Prozedere war eine Renaissance der Gruppenarbeit allemal nötig.

- Die unternehmerische Ausrichtung wird zunehmend noch dezentraler. Arbeitsgruppen sind damit noch stärker in ihrer Verantwortung für Qualität, Flexibilität und Produktivität gefordert.

- Nicht die verbrachte Zeit, sondern das erzielte Ergebnis ist die neue Messgröße für Erfolg des Einzelnen und des Teams. Diese tiefgehende Performance-Orientierung führt gerade in den Fabriken dazu, dass immer mehr Bestandteile der Vergütung variabilisiert und Gegenstand der Teamsteuerung werden.

- Die wahrgenommene Sinnentleerung – weniger der Arbeitstätigkeit im engeren Sinne wie in den 70er Jahren, sondern eher der Arbeitswelt als ganzer – nimmt zu. Gelebte Teamorganisation füllt dieses Vakuum wieder ein Stück.

Auf der Grundlage dieser Erkenntnisse entstand dann zwischen Geschäftsleitung und Betriebsrat der gemeinsame Entschluss, eine grundlegende Revitalisierung der Gruppenarbeit zu starten. Anhand einer Projektmanagementstruktur startete ein Arbeitsteam mit Mitgliedern aus Führungskräften aus dem Produktionsbereich, Mitarbeitern des Industrial Engineering, Personalern und Betriebsräten die Erneuerungsarbeit. Die Ziele der einzelnen Arbeitsgruppen des Projektes waren:

- Erarbeitung aktueller Aufgabenbeschreibungen und Kompetenzrahmen für Gruppen und Gruppensprecher

- Erarbeitung eines objektiven Auswahlverfahrens für Gruppensprecher und Festlegung von modernen, erneuerten Anforderungskriterien, Qualifikationsmerkmalen und Trainingsstandards.
- Erarbeitung eines neuen Bonussystems für Gruppenarbeit. Hauptkriterien waren hierbei eine über den gesamten Standort anwendbare Systematik, wobei die Bewertungskriterien flexibel auf die jeweiligen Probleme/ Handlungsschwerpunkte einzelner Bereiche hin gestaltet werden können.
- Prozessorientierung, d.h. Einbeziehung von vorher nicht beteiligten, aber für den Prozess wichtigen Personengruppen wie Produktionsschichtleiter, Meister und Handwerker in das Bonussystem.
- Ein weiteres wesentliches Element der Revitalisierung der Gruppenarbeit ist eine umfassende Kommunikation über Sinn, Inhalte und Aktionen der Gruppenarbeit in den Fabriken.

Durch eine von allen beteiligten Akteuren akzeptierte und kommunizierte revitalisierte Form von Gruppenarbeit sollen folgende Vorteile (wieder) erreicht werden:

a. Weitere Steigerung der Produktivität durch Selbstregulation und Flexibilität

b. Erkennen der zunehmenden Beutung von Multiskilling bzw. Polyvalenz für unternehmerische und individuelle Ziele und die eigene Beschäftigungsfähigkeit im Sinne von „employability".

c. Weitere Senkung der Personalkosten durch Reduzierung von Abwesenheit und Fluktuation sowie durch Einsparung von Vorgesetztenstellen vor dem Hintergrund, dass im weltweiten Benchmark alle Fabriken im internen Wettbewerb und damit auf dem Prüfstand stehen.

d. Während Gruppensprecher bislang ausschließlich von den Mitgliedern der Gruppe nach nicht spezifizierten Kriterien benannt wurden (und damit oft von den zu erledigenden Aufgaben überfordert waren), entsteht durch die neue Auswahlsystematik ein echtes Personalentwicklungsinstrument: Für die Gruppensprecher bietet ihre Tätigkeit eine Möglichkeit der Weiterentwicklung und es entstehen neue „Karrierepfade", wobei Karriere hier als jede beliebige Stellenfolge einer Person im betrieblichen Stellengefüge verstanden wird, also nicht zwangläufig einen Aufstiegsbezug enthält.

e. Wiedererzielung leistungswirksamer Motivationseffekte als Folge von Beteilung und wahrgenommener Karrieremöglichkeit in der Fabrik.

f. Wiederaufgreifen psycho-sozialer Beteiligungsbedürfnisse. Der erlebte eigene Beitrag zur Zielerreichung als Mitglied der Gruppe und des Unternehmens schafft Identifikation und Motivation.

Durch einen organisierten Austausch von Erfahrungen durch Netzwerktreffen unterschiedlicher Gruppen und ein gezieltes Coaching für Gruppensprecher werden die Erfolge und Fortschritte der Gruppenarbeit gesichert und weiterentwickelt.

Thomas Sattelberger

21.3.4 Beispiel 4: Erfolgs- und Risikobeteiligung: Atmende Vergütungspolitik durch Modelle der variablen Vergütung auf Konzern-, Business Unit- und Werksebene

Bei Continental streben wir an, dass auch und gerade unsere Vergütungssysteme den Hochleistungscharakter unserer Unternehmenskultur widerspiegeln und fördern.

Wir differenzieren zunächst zwischen verschiedenen Formen der variablen Vergütung. Grundsätzlich meint dieser Begriff die über die regelmäßige fixe Vergütung hinaus, in ihrer Höhe von verschiedenen Faktoren abhängige Bezahlung. Zu unterscheiden sind Ergebnisbeteiligungs-Modelle, Erfolgsbeteiligungs-Modelle sowie Zielvereinbarungsmodelle. Hier drei Beispiele für verschiedene Mitarbeiter-Gruppen (Abb. 21-8).

In vielen Produktionsbereichen wenden wir für unsere gewerblichen Mitarbeiter erfolgsorientierte **Vergütungsmodelle** an, die einen finanziellen Anreiz zur ständigen Verbesserung von beispielsweise Reklamationsquoten, Produkt- oder Prozessqualität, Fehlzeiten, Maschinenstillstandszeiten etc. setzen **(Erfolgsbeteiligung)**. Dabei wird durch die jeweilige Geschäftsleitung für das Erreichen entsprechender Verbesserungen eine Summe ausgelobt. Um einen spürbaren Belohnungseffekt zu erreichen, wird die Erfolgsbeteiligung in einer jährlichen Einmal-Summe ausgezahlt, nachdem durch das Controlling überprüft und bestätigt wurde, dass die gewünschten Verbesserungen nachweislich erzielt worden sind. Die Zielgrößen können jährlich geändert werden, um immer neue Verbesserungspotentiale zu heben.

Abbildung 21-8: Formen materieller Beteiligung bei Conti in Deutschland

Für alle Mitarbeiter weltweit wird bei guten Geschäftsergebnissen des Gesamtkonzerns durch den Vorstand jeweils eine einmalige Sonderzahlung als **Ergebnisbeteiligung** ausgeschüttet. Differenziert nach Länderkaufkraft, lag dieser Betrag für das erfolgreiche Geschäftsjahr 2004 zwischen 100 Euro und 300 Euro. Ausgenommen waren nur Geschäftseinheiten in schwieriger wirtschaftlicher Lage.

Für die Oberen Führungskräfte des Konzerns weltweit haben wir ein **wertorientiertes variables Vergütungssystem auf Zielvereinbarungsbasis** entwickelt und eingeführt, bei dem die Höhe des einmal jährlich auszuschüttenden Bonus von drei Faktoren abhängt:

1. von der Wertschaffung des verantworteten Geschäfts im Vergleich zum Vorjahr, gemessen durch die Veränderung des CVC, der Conti Value Contribution. Diese errechnet sich aus dem EBIT nach Abzug der Kapitalkosten in Höhe von 10 % der eingesetzten operativen Assets. Bei einem gleich bleibenden CVC im Vergleich zum Vorjahr ergibt sich eine Zielerreichung von 100 %.

2. vom ROCE, dem Return on Capital employed: Wir erwarten von allen Geschäftsbereichen einen ROCE von 15 %. Wird dieser erreicht, ergibt sich eine Zielerreichung von 100 %.

3. vom Erreichungsgrad individuell mit dem jeweiligen Vorgesetzten vereinbarter Ziele.

Bei insgesamt 100 % Zielerreichung erhalten unsere Oberen Führungskräfte einen Bonus von 30 % ihrer fixen Jahresvergütung. Der maximal erreichbare Bonus beträgt ca. 80 %.

21.4 Beitrag der Tarifpolitik zu diesen vier Handlungsfeldern

Die Chemietarifpolitik übernimmt seit langem auch und gerade auf diesen vier Feldern des „Kleeblattes" Hebammenfunktion für betriebliche Anwendungen und Vorreiterrolle für andere Branchen:

- Frühzeitig – bereits mit dem Abschluss eines ersten großen Flächentarifvertrages 1998 – haben die Tarifpartner die Notwendigkeit einer zusätzlichen kapitalgedeckten Altersvorsorge zur Entlastung der gesetzlichen Rentenversicherung umgesetzt. Sie haben damit nicht nur dem Gesetzgeber eine Steilvorlage für die im Jahre 2001 gesetzlich eingeführte Entgeltumwandlung zum Aufbau einer arbeitnehmerfinanzierten kapitalgedeckten zusätzlichen Altersvorsorge geliefert, sondern auch der Continental AG durch die Möglichkeit der frühzeitigen Einführung einer entsprechenden Säule der Altersversorgung.

- Mit Elementen der Erfolgsbezogenheit in der tariflichen Vergütung, mit neuen Ansätzen zur Qualifizierung unserer Arbeitnehmer, mit dem Tarifsplitting, aber auch mit der praktikablen Ermöglichung von Langzeit- bis hin zu Lebensarbeitszeitkonten wurden in den letzten Jahren in den Tarifabschlüssen wichtige tarifpolitische Zeichen gesetzt. Continental war auch hier jedes Mal Vorreiter in der betrieblichen Umsetzung.

Thomas Sattelberger

Abbildung 21-9: Continental-Kleeblatt der Berufs- und Beschäftigungsfähigkeit

Altersvorsorge durch Entgeltumwandlung
Altersgerechter Arbeitseinsatz (Tätigkeit, Schicht, Arbeitszeit)
Gesundheits- und Arbeitssicherheitsinitiativen
Ergebnisbeteiligung in der Fabrik
Flexible Arbeitszeitsysteme/ Verlängerte Wochenarbeitszeit
Krankenstandsenkung
Unternehmensergebnisbeteiligung

Altersvorsorge & Gesundheit
Qualifizierung & lebenslanges Lernen
Erfolgs- und Risikobeteiligung
Kommunikation, Einbindung & Beteiligung
Führungsqualität & vertrauensvolle Sozialpartnerschaft

Qualifizierungstarifvertrag
Multi-Skills durch Aufgabenrotation/-Wechsel
Berufsausbildung/ Integrationsinitiativen für junge Menschen
Personalentwicklung/ Laufbahnmodelle Fabrik
Offene Bücher („Open Book Management")
Team-/Gruppenarbeit
Ideenmanagement
Total Productive Manufacturing/ Six Sigma Initiativen

- Mit dem jüngsten Tarifvertrag „Zukunft durch Ausbildung" wurde erreicht, dass alle tarifgebundenen Chemieunternehmen von einer verfehlten gesetzlichen Ausbildungsumlage freigestellt werden und in eigener Regie erfolgreich die Zahl der Ausbildungsplätze erhöhten.

- Und schließlich gehören Öffnungsklauseln und Korridore seit langem zum Standard der Chemie-Flächentarifverträge.

Der Handwerkskasten personalpolitischer Instrumente, der sich um das Continental- Kleeblatt der Berufs- und Beschäftigungsfähigkeit rankt, macht damit deutlich, wie kluge Tarifpolitik durch richtige betriebliche Personalpolitik übersetzt werden kann (Abbildung 21-9).

Doch neben diesem Schaffen und Fördern einer Kultur der ‚Employability' durch fortschrittliche Personalpolitik haben die Arbeitgeber weitere Hausaufgaben. Es geht nicht nur darum, an der Kostenschraube zu drehen bzw. Sparsamkeit in der Haushaltsführung unter Beweis zu stellen, sondern auch um die Gestaltung kluger und couragierter Wachstums- und Investitionspolitik. Ein Schwerpunkt dabei ist, das Saatgut, d.h. die F & E-Quote kontinuierlich hochzuhalten und dadurch Innovation beständig zu ermöglichen. Die andere Seite der Medaille ist es, die Nase an (neuen) Kunden und Märkten haben. Es gibt keine saturierten Märkte, sondern nur saturierte Manager. Bei all dem ist gute Führung das A & O. Die Treppe wird immer von oben nach unten gekehrt. Die eigene Vorbildfunktion in Auftritt und Verhalten, z.B. ehrliche Kommunikation, Bescheidenheit bei eigenen Ansprüchen, oder auch Eingestehen von Fehlern helfen, Wettbewerbsfähigkeit und Spitzenleistung auch und gerade an der Spitze zu demonstrieren.

Franz Bailom, Hans H. Hinterhuber und
Dieter Tschemernjak

22 Leadership
Und das Engagement der Mitarbeiter hängt doch von den obersten Führungskräften ab

22.1 Wertentstehung setzt im Kern Innovation und „kreative Zerstörung" voraus

Joseph Schumpeter kam in seinen Forschungsarbeiten zur Erkenntnis, dass Wertentstehung im Kern Innovation und „kreative Zerstörung" voraussetzt. Diese Einsicht ist nicht ganz neu. Wohl aber das wachsende Bewusstsein, dass heute Systemveränderung wichtiger ist als bloße Systemverbesserung und dass es dazu in der Unternehmenswelt ganz bestimmter Führungseigenschaften bedarf.

Trotz oder entgegen dieser grundlegenden Erkenntnis konzentrieren sich heute viele Führungskräfte in ihrer Arbeit auf die bloße Verbesserung und nicht auf Veränderung im Sinne von Innovation und „kreativer Zerstörung". Es dominiert eine Logik des Erhaltens gegenüber dem Streben nach Veränderung.[1]

Theorie und Praxis müssen jedoch zur Kenntnis nehmen, dass zwischen (Verbesserungs-)Rezepten wie „Gesundschrumpfung", „Lean Management" oder „Outsourcing" und nachhaltigem Erfolg kaum ein Zusammenhang besteht:

Es hat sich gezeigt, dass Restrukturierung Unternehmen weder „zukunftsfähiger" werden lässt, noch macht sie die Unternehmen in den Augen ihrer Kunden, Mitarbeiter, Lieferanten, Kapitalgeber und der Gesellschaft wertvoller. Und wirklich erfolgreicher, gemessen z. B. am Shareholder-Value oder an Marktanteilen, sind diese Unternehmen dadurch auch nicht.

Denn diese oben skizzierten Restrukturierungsprozesse laufen nämlich häufig nach ähnlichen Logiken ab und lassen in der Folge Unternehmen immer ähnlicher werden. Die Folgen sieht man z. B. in einen immer härter werdender (Kosten-)Wettbewerb.

Letztlich reduzieren sich diese oben genannten Führungsansätze auf das bloße Anwenden von Rationalisierungs- und/oder Optimierungstechniken. Effizienzsteigerung wird zur obersten Maxime. Doch diese Orientierung, meist definiert im Sinne von Gewinnmaximierung, gibt kaum eine Richtung an. Man will die Wirkung (und damit Wertsteigerung) ganz ohne ihre Ursachen – Innovationen und zukunftsprägende Veränderungen – erreichen. Daher kann man Restrukturie-

---

[1] Vgl. Hinterhuber / Friedrich, 1999.

ren in wirtschaftlich schwierigen Zeiten (auch) als ein Zeichen von Führungskrise und Ausdruck von Orientierungslosigkeit deuten.

Im Bewusstsein der Mängel dieses Führungsverhaltens erscheint es sinnvoll und notwendig, sich mit einer der zentralen Führungsfragen auseinander zu setzen: Wie werden Unternehmer und Führungskräfte zu Führenden, die im Stande sind, Unternehmen und deren Mitarbeiter unternehmerisch im Sinne von Schumpeter zu machen? Für eine Beantwortung dieser Frage muss zuerst einmal geklärt werden, auf welche Aufgaben sich Führungskräfte in ihrer täglichen Arbeit tatsächlich konzentrieren sollten.

Zweifellos begibt man sich damit auf ein viel diskutiertes und heftig umstrittenes Thema der Führungsforschung. Denn diese Fragestellung ist in der Führungsforschung heute deshalb so umstritten, weil die Forschungsarbeiten der letzten zwanzig Jahre darauf hindeuten, dass erfolgreiche Führungskräfte in ihrer Persönlichkeit und in ihrem Verhalten so verschieden sind, wie sie nur verschieden sein können.

In den folgenden Ausführungen werden die Erkenntnisse dieser Forschungsarbeiten in keiner Art und Weise ausgeblendet, es wird vielmehr eine andere Perspektive für die Auseinandersetzung mit dieser Fragestellung gewählt: Im Fokus der Überlegungen steht nicht mehr die Frage nach den „besonderen Begabungen" von erfolgreichen Führungskräften, die Fragestellung ist nun eine andere:

Was sind die Ansatzpunkte für Führungskräfte, damit sich Innovation und kreative Zerstörung in Anlehnung an Schumpeter nachhaltig implementieren lassen?

In der Konsequenz bedeutet dies, dass sich in der Führungsarbeit letztlich alles darum drehen muss, Ereignisse herbeizuführen, Marktsituationen zu verändern und neue Momente in das Geschehen einzubringen, die aus den gegebenen Prämissen nicht unbedingt abzuleiten waren und dem Ganzen womöglich eine vollkommen andere Richtung geben.

22.2 Welche konkreten Verpflichtungen lassen sich daraus für Führungskräfte ableiten?[2]

- Wenn Wertentstehung im Kern Innovation und kreative Zerstörung voraussetzt, dann müssen Führungskräfte für Innovationen sorgen. Sie dürfen sich nicht darauf beschränken, Bestehendes zu bewahren und zu verwalten.

- Wenn Führungskräfte für Innovationen sorgen sollen, dann müssen sie sich ständig darum bemühen, schöpferisch tätig zu sein. Führungskräfte dürfen sich nicht darauf beschränken, das zu kopieren bzw. nachzuahmen, was bei anderen erfolgsversprechend ist oder scheint.

- Wenn Führungskräfte schöpferisch tätig sein sollen, dann muss dazu ständig der Status quo in Frage gestellt werden. Der Ist-Zustand ist zu keiner Zeit zu akzeptieren.

---

[2] Bailom / Tschemernjak / Hinterhuber, 2003.

- Wenn Führungskräfte täglich den Status quo in Frage stellen sollen, dann müssen sie sich mit den Menschen ihres Unternehmens beschäftigen, um diese für die Veränderung zu begeistern. Denn diese Menschen bestimmen schließlich den Status quo bzw. verfügen über das Wissen und die Kraft, das Bestehende zu verändern. Die Konzentration auf Managementsysteme und Strukturen verschließt hier den Blick auf die Triebfeder der Veränderung, die Menschen.

- Wenn Führungskräfte die Menschen in ihrem Unternehmen für das Neue, die Veränderung begeistern sollen, dann müssen sie Vertrauen erwecken. Sie dürfen sich bei ihrer „Begeisterungsarbeit" nicht auf die Kontrolle verlassen.

Nur wenn eine Führungskraft – Unternehmer und auch Manager – diese Fragen positiv für sich beantworten kann, kann er seinen Führungsaufgaben gerecht werden.

Es stellt sich in der Folge die Frage, welche Aufgaben sich aus dem oben skizzierten Führungsverständnis ableiten lassen. Hinterhuber spricht in diesem Zusammenhang von den „nicht delegierbaren Aufgaben einer Führungskraft", die die wertsteigernde Entwicklung eines Unternehmens maßgeblich beeinflussen.[3] Dazu gehört die Entwicklung eines visionären Zukunftsbildes der Unternehmung, mit dem den Mitarbeitern die großen Ziele des Unternehmens näher gebracht werden können und diese in der Folge begeistert für die Zielerreichung kämpfen.

22.3 Das visionäre Zukunftsbild – eine notwendige Bedingung erfolgreicher Führung

Ausgehend von Schumpeter wollen wir uns in der Folge mit der Entwicklung eines visionären Zukunftsbildes beschäftigen. In diesem Kontext müssen sich Führungskräfte mit den folgenden Fragen intensiv beschäftigen:

- Was ist eine Vision und welche Kräfte können wirkungsvolle Visionen freisetzen?
- Warum brauchen wir eine Vision?
- Welche Komponenten muss unsere Vision unbedingt beinhalten?
- Wie gelingt es uns, die Vision in den Köpfen aller Mitarbeiter zu verankern und sie mit Leben zu erfüllen?

22.3.1 Was ist eine Vision und welche Kräfte können wirkungsvolle Visionen freisetzen?

Vision kommt vom lateinischen Wort „videre" und bedeutet sehen. „Movere" kommt ebenfalls aus dem Lateinischen und bedeutet „bewegen" – im Sinne von „in Bewegung setzen". Eine Vi-

---

[3] Vgl. Hinterhuber / Krauthammer, 2001.

sion ist dementsprechend eine bildhafte Vorstellung der Zukunft, für Längle sind Visionen Sichtweisen, für Senge ist die Vision das „WAS?" - das Bild der Zukunft, die wir erschaffen wollen. Hinterhuber sieht das Wesen einer Vision in den Richtungen, die sie weist, nicht in den Grenzen, die sie setzt. Sie liegt in dem, was sie ins Leben ruft, nicht in dem, was sie abschließt, in den Fragen, die sie aufwirft, nicht in den Antworten, die sie findet. Er vergleicht die Vision mit dem Polarstern. Die Wege suchende Karawane in der Wüste, deren Landschaftsbild sich in den Sandstürmen dauernd ändert, richtet ihre Reise an den Leitbildern des Sternenhimmels aus. Die Sterne sind nicht das Ziel der Reise, sie sind aber eine sichere Orientierung für den Weg in die Oase, gleich, aus welcher Richtung die Karawane diese anstrebt, mit welcher Reiseausstattung sie versehen und wie unwegsam das Gelände ist.[4]

Ausgehend von diesem Verständnis, sollte man sich der Kraft wirkungsvoller Visionen bewusst werden. Peter Senge kann dabei mit seinen Ausführungen weiterhelfen:

„Wenn es je eine einzelne Führungsidee gab, die Organisationen seit ewigen Zeiten inspiriert hat, so ist es die Fähigkeit, eine gemeinsame Zukunftsvision zu schaffen und aufrechtzuerhalten. Man kann sich nur schwer vorstellen, dass irgendeine große Organisation auf Dauer ohne gemeinsame Ziele, Wertvorstellungen und Botschaften erfolgreich sein kann. Für IBM war dies der Service und für Polaroid die Instantkamera, für Ford war es das Transportmittel für die Massen und für Apple die Computermacht für jedermann. Trotz enormer Unterschiede in Bezug auf Wesen und Inhalt dieser Visionen ist es all diesen Organisationen gelungen, die Menschen durch eine gemeinsame Unternehmensphilosophie und ein Gefühl von gemeinsamer Bestimmung zusammenzubinden."[5]

Wenn eine echte Vision vorhanden ist, wachsen Menschen über sich hinaus: Sie lernen aus eigenem Antrieb und nicht, weil man es ihnen aufträgt. Aber viele Führungskräfte verfolgen nur persönliche Visionen, die nicht in solche „elektrisierenden" gemeinsamen Visionen umgesetzt werden. Zur Disziplin der gemeinsamen Vision gehört die Fähigkeit, gemeinsame Zukunftsbilder freizulegen, die nicht nur auf die Einwilligung stoßen, sondern echtes Engagement und wirkliche Teilnehmerschaft fördern.

22.3.2 Warum braucht man eine Vision?

In Ergänzung zu der lebendigen Beschreibung von Senge verdeutlichen wissenschaftliche Untersuchungen, dass die erfolgreichsten amerikanischen Unternehmen eine wichtige Gemeinsamkeit mit den erfolgreichsten japanischen Firmengruppen aufweisen: Sie verfügen alle über eine ganzheitliche Unternehmensvision, die den Zweck ihres wirtschaftlichen Handelns bestimmt. Auch Hendricks und Ludemann berichten, dass die meisten Firmenpleiten auf mangelnde Visionskraft zurückzuführen sind. Umgekehrt ist eine klare Vision oft erst der erste Schritt zum Erfolg.

---

4 Vgl. A.M. Pircher-Friedrich, 2001.
5 Vgl. Senge, 2001.

Diese wissenschaftlichen Erkenntnisse verdeutlichen uns, dass Visionen scheinbar langfristig wesentlich den Erfolg eines Unternehmens bestimmen. Sie geben uns aber noch keine Antwort auf die Frage, warum wir eine Vision brauchen.

Wenn Wertsteigerung im Kern Innovation und „kreative Zerstörung" voraussetzt, dann brauchen wir in unseren Unternehmen einen Geist und ein Umfeld, das Mitarbeiter begeistert, sich mit Neuem, mit Veränderung zu beschäftigen.

Wenn wir uns dann die Frage stellen, was die Basisvoraussetzung für diese Art von Begeisterung darstellt, dann müssen wir feststellen, dass diese Begeisterung nur dann entstehen und langfristig wirken kann, wenn sich die Mitarbeiter mit dem Unternehmen als solchem, mit dem Zweck des Unternehmens, seinen Zielvorstellungen und den Werten, für die das Unternehmen einsteht, inhaltlich und emotional identifizieren können.

Unweigerlich stellt sich die Frage, was denn aber die Voraussetzungen dafür sind, dass sich Mitarbeiter mit „ihrem" Unternehmen inhaltlich und emotional identifizieren können.

Die Antwort darauf ist eindeutig und klar:[6]

Jeder gesunde Mensch strebt explizit oder implizit nach einem erfüllten Leben. Laut Frankl garantieren aber dem Menschen weder Bedürfnisbefriedigung noch Konzentration auf ausschließlich egoistische Ziele die anvisierte Erfüllung. Frankl stellt vielmehr fest, dass der Mensch immer wieder erfahren muss, dass sich jeder von uns nur in dem Maße verwirklichen kann, in dem er einen Sinn erfüllt, der über sich selbst hinausreicht. Auch für Handy ist es das alte Paradoxon, dass wir uns nur dann wirklich selber finden, wenn wir uns in etwas Sinnvollem verlieren, das über uns hinausgeht.

Doch auf welche Art und Weise können wir diese Erfüllung erreichen? Frankl geht davon aus, dass diese Erfüllung nur durch den Beitrag des Einzelnen zu einer sinnvollen Sache, einer sinnvollen Gemeinschaft, einem sinnvollen Werk oder in der Zuwendung zu anderen Menschen zu erreichen ist. Solche Dienstbereitschaft an Sinnstiftendem impliziert das höchste Maß an Motivation und Engagement.

Einen Beitrag zu etwas Sinnvollem leisten zu können, löst laut Frankl jene Primärmotivation beim Menschen aus, die ungeahnte Kräfte freizusetzen im Stande ist. Die angepriesenen Motivationstechniken und -tricks werden dann beinahe zu lächerlich wirkenden Instrumenten.

Demgegenüber münden Sinnlosigkeit und Sinnleere in Interesselosigkeit und Gleichgültigkeit, in der täglichen Arbeit im Burn-out Syndrom.

Was bedeuten die Erkenntnisse von Frankl aber für ein Unternehmen?

Bezogen auf Leadership bedeutet Sinnorientierung die ständige Auseinandersetzung mit der Frage, welche Visionen, Ziele und Werte das Unternehmen für und mit seinen Stakeholdern (Mitarbeitern, Kunden ...) erreichen will und kann.

Gewinn und nachhaltige Wertsteigerung ist dann, wie Kobjoll es für sein Unternehmen nennt, nur Abfallprodukte. Im Sinne einer langfristigen und nachhaltigen Wertsteigerung ist Unterneh-

---

[6] Vgl. A.M. Pircher-Friedrich, 2001.

menserfolg demnach immer nur Folge von sinnvollem Handeln. Daher müssen sich die Führenden in Unternehmen unweigerlich mit Sinngebung und Sinnstiftung im und durch das Unternehmen beschäftigen.

Jeder von uns kann sich nämlich nur dann inhaltlich und emotional mit einer Sache, mit einer Idee, mit einem Unternehmen identifizieren, wenn er in der Sache, der Idee, dem Unternehmen einen Sinn erkennt.

- Je größer die Sinnhaftigkeit bzw. die Sinnstiftung ist, desto wertvoller wird das Ganze.
- Je wertvoller etwas für den Einzelnen ist, desto wichtiger wird es für ihn.
- Je wichtiger etwas für den Einzelnen ist, desto mehr beschäftigt er sich emotional und inhaltlich mit dem Anliegen.
- Je mehr sich der Einzelne emotional und inhaltlich mit etwas befasst, desto eher wächst er über sich hinaus und ist im Stande, etwas Besonderes zu leisten.

Dieses Identifikationspotenzial ist laut Frankl ein wesentlicher Bestandteil jener Primärmotivation des Menschen, das ungeahnte Kräfte freizusetzen im Stande ist. Die häufig angepriesenen Motivationstechniken und Motivationstricks werden auf Basis der Erkenntnisse von Frankl zu nicht notwendigen „Manipulationsversuchen", die keine nachhaltige Wirkung erzeugen.

Wenn es uns dementsprechend nicht gelingt, möglichst viele Mitarbeiter für etwas Großes und Sinnhaftes – etwas Visionäres – zu begeistern, dann wird es uns nur schwer gelingen, den Funken für Innovationen, Veränderungen und Einzigartigkeit zu zünden.

22.3.3 Welche Komponenten muss folglich eine kraftvolle Vision unbedingt beinhalten?

Visionen können Sinn und Perspektive stiften, sie haben aber, wenn sie nur zu starren Langfristbeschreibungen einer Strategie werden, durchaus auch problematische Nebenwirkungen. Sie mutieren dann leicht zu „fixen Ideen", welche bei Änderungen im Marktfeld nicht mehr revidiert werden können. Es entsteht dann ein verzerrtes Bild der Wirklichkeit, in dem keine Lernprozesse mehr möglich sind.

Macht man sich jedoch die Kraft einer wirklichen und nachhaltigen Vision zu Nutze, dann muss zunächst Klarheit über die Bausteine/Elemente herrschen, die bei der Entwicklung einer Vision zu berücksichtigen sind.

James Collins und Jerry Porras kommen bei ihren Untersuchungen zum Schluss, dass sich alle wirkungsvollen Visionen durch zwei Kernkomponenten auszeichnen:[7]

- die Kernideologie – der Zweck des Unternehmens und
- die Kernwerte – das visionäre Zukunftsbild.

---

[7] Vgl. Collins / Porras, 1996.

Collins und Porras sehen die Kernideologie und die Kernwerte als das Ying – das Unveränderbare/Konstante, das visionäre Zukunftsbild als das Yang der Vision, das für zukunftweisende und signifikante Veränderung verantwortlich ist.

22.3.3.1 Die Kernideologie

Die Kernideologie definiert letztlich die wahre Identität des Unternehmens und erzeugt den „Klebstoff", der ein Unternehmen über die Zeit emotional zusammenhält. Paul Galvin von Motorola beschrieb die Bedeutung der Kernideologie folgendermaßen: „Es ist wichtig zu wissen, wer du bist, als zu wissen, wohin du gehst. Der Weg, den du gehen willst, wird sich nämlich verändern, gleich wie sich die Welt um dich verändern wird. Manager sterben, Produkte werden nicht mehr gebraucht, Märkte verändern sich, neue Technologien werden entwickelt, Mitarbeiter kommen und gehen aber die Kernideologie in erfolgreichen Unternehmen bleibt als Quelle für Ausrichtung und Inspiration bestehen."[8]

Damit mit dieser von Galvin angesprochenen Unternehmensidentität aber auch jene anzustrebende sinnstiftende Wirkung für die Mitarbeiter (vgl. Ausführung von Adler) erzielt werden kann, muss die Kernideologie zum einen eine klare, sinnerzeugende Antwort auf die Frage, warum (wofür) existiert das Unternehmen heute und in Zukunft – den Zweck des Unternehmens – geben, zum anderen muss sie sinnstiftende Werthaltungen definieren, denen man sich im Unternehmen tatsächlich langfristig verpflichtet fühlt.

A) *Der Zweck des Unternehmens*

Der Kernzweck des Unternehmens stellt den ersten Teil der Kernideologie dar. Er muss jene Ideale verkörpern, die die Primärmotivation der Mitarbeiter zur Erbringung von einzigartigen Leistungen anspricht und ausrichtet. Er stellt letztlich die „Seele" des Unternehmens dar.

Diese Art von sinnstiftendem Zweck darf niemals mit speziellen Zielen oder Unternehmensstrategien verwechselt werden. Ein Ziel kann man erreichen, eine Strategie beenden – der sinnstiftende Zweck eines Unternehmens wird davon unabhängig weiterhin Gültigkeit besitzen. Man kann ihn mit einem Stern vergleichen, den man immer sieht, aber nie erreicht. Obwohl der Zweck niemals zu erreichen ist, so ist der Zweck doch immer die Inspiration für eine permanente Weiterentwicklung.[9]

Fragen, die sich Führungskräfte stellen sollten:

- Wie würden Sie ihren Mitarbeitern den sinnstiftenden Zweck, die „Seele ihres Unternehmens" beschreiben?
- Wann haben Sie das letzte Mal mit ihren Führungskräften über dieses sinnstiftende ‚Warum' soll es uns überhaupt geben, diskutiert?
- Kennen und verstehen die Mitarbeiter die Triebfeder, die hinter diesem ‚Warum' steckt?
- Können sich die Mitarbeiter mit diesem ‚Warum' emotional identifizieren?

---

8 Vgl. Senge, 2001.
9 Hinterhuber, 2002, 2001.

B) Die Kernwerte

In „Corporate Culture and Performance" zeigen Kotter und Heskett, dass Unternehmen mit einer ausgesprochen auspassungsfähigen Kultur auf der Basis gemeinsam getragener Werte anderen Unternehmen weit überlegen waren. Während eines Zeitraums von elf Jahren wuchsen Unternehmen, die ihre Strategie an allen Interessensgruppen ausrichteten und sich auf die Entwicklung von Führungsqualitäten konzentrierten, vier Mal schneller als Unternehmen, die darauf keinen Wert legten. Die Autoren wiesen auch nach, dass diese Unternehmen eine sieben Mal höhere Rate bei der Schaffung von Arbeitsplätzen aufwiesen, dass ihre Aktienkurse zwölf Mal schneller stiegen und die Gewinnentwicklung 750-mal höher war als bei Unternehmen ohne gemeinsame Wertebasis und ohne anpassungsfähige Kultur.[10]

Echte Kernwerte eines Unternehmens sind etwas sehr Essenzielles und Dauerhaftes einer Organisation. Sie sind ein kleines Set von zeitlos wirkenden Prinzipien, denen sich möglichst alle Mitarbeiter emotional verpflichtet fühlen. Sie bedürfen keiner externen Rechtfertigung, sie sind vielmehr die interne „Richt-Schnur" für die Mitglieder des Unternehmens.

Collins und Porras konnten die Existenz und die Wirkungen von Kernwerten in ihren Untersuchungen nachweisen. Sie stellten fest, dass alle visionären Unternehmen zwischen drei und fünf solcher Kernwerte definiert haben und sich strengstens nach diesen ausrichten. Die Wirkung solcher Werte konnten Collins und Porras sogar bei globalen Unternehmen mit Mitarbeitern aus den unterschiedlichsten Kulturkreisen feststellen.[11]

Das Geheimnis für die Entwicklung solcher kraftvollen Kernwerte liegt in einem Prozess, der die Wertdefinition am Unternehmenszweck, den Unternehmenszielen und den einzelnen Individuen ansetzt.

Fragen, die sich Führungskräfte stellen sollten:

- Was sind die Kernwerte und Verhaltensweisen, denen man sich in Ihrem Unternehmen verpflichtet fühlt?

- Tragen die Kernwerte in der Ausrichtung der Mitarbeiter bei, den Unternehmenszweck zu erfüllen und die Erreichung der Unternehmensziele zu beschleunigen. Inwieweit haben diese Kernwerte die Kraft, in den Augen der Mitarbeiter Sinn zu stiften?

- Was denken die Führungskräfte und Mitarbeiter bezüglich dieser Kernwerte?

22.3.3.2 Das visionäre Zukunftsbild

Das visionäre Zukunftsbild ist, das was wir anstreben, das was wir erschaffen wollen, das was wir mit dem Unternehmen in den nächsten zehn Jahren erreichen wollen. Damit es jene Kraft entfalten kann, die in diesem visionären Zukunftsbild stecken kann, gilt es das große/kühne Ziel für das Unternehmen zu entwickeln.

---

[10] Barret, 2000.
[11] Vgl. Collins / Porras, 1996.

Das große/kühne Ziel

Selbstverständlich haben nahezu alle Unternehmen mehr oder weniger ausdefinierte Unternehmensziele. In vielen Fällen existieren auch schriftlich fixierte strategische Ziele.

Wirklich große, kühne, herausfordernde Ziele, denen jene emotionale Anziehungskraft anhaftet, die die ganze Organisation mitzureißen im Stande sind, findet man aber nur in sehr wenigen Unternehmen. Dies ist umso verwunderlicher, weil Untersuchungen belegen, dass gerade diese Art von Zielen – bei richtiger Entwicklung – unglaublichen Spirit und Tatendrang in der Organisation erzeugen.

Damit es letztlich aber auch gelingt, ein Ziel dieser Dimension für das eigene Unternehmen zu entwickeln, muss einem klar sein, dass es sich nicht um einen klassischen Zielfindungsprozess handeln kann. Vielmehr erfordert die Entwicklung des großen, kühnen Ziels ein Denken und Diskutieren, das weit über das Heute und Jetzt hinausreicht. Dieser Prozess erfordert weniger strategisches als vielmehr visionäres Denken.

Darüber hinaus müssen die „Kernwörter", die dieses große/kühne Ziel beschreiben, exakt definiert und schriftlich fixiert werden. Nur dann erreichen wir nämlich den Punkt, an dem wirklich alle über das „Selbe" sprechen, nachdenken und letztlich sich in Richtung bewegen. Erfahrungen zeigen nämlich deutlich, dass jeder Interpretationsspielraum, der ohne exakte Definition des großen/kühnen Ziels entsteht, mehr Irritation denn Ausrichtung erzeugt.

Fragen, die Führungskräfte sich stellen sollten:

- Wie würden Sie dieses große/kühne Ziel für ihre Organisation beschreiben?
- Wann haben Sie mit ihrem Führungsteam das letzte Mal über dieses große/kühne Ziel gesprochen?
- Herrscht im Führungsteam wirkliche Einigkeit über das große/kühne Ziel.
- Kennen und verstehen die Mitarbeiter dieses große/kühne Ziel?
- Erfahren Sie in ihrer täglichen Arbeit, dass die Mitarbeiter von diesem großen/kühnen Ziel inspiriert werden?

22.4 Wie gelingt es, die Vision in den Köpfen aller Mitarbeiter zu verankern und sie mit Leben zu erfüllen?

Auf Grund der Erkenntnisse der Managementforschung und eigener Erfahrungen kann festgehalten werden, dass eine gelebte Vision eine der stärksten Triebfedern für nachhaltige Erfolge im Sinne Schumpeter darstellt. Die zentrale Fragestellung lautet also nicht, brauchen wir eine Vision, sondern vielmehr, wie sollte ein Visionsfindungsprozess angelegt sein, der uns in die Lage versetzt, unsere Mitarbeiter zielorientiert und engagiert in Bewegung zu setzen um langfristige Wettbewerbsvorteile aufbauen und sichern zu können?

Die systematische Entwicklung und Implementierung einer nachhaltig wirkenden und inspirierenden Vision erfordert eine vierstufige Vorgehensweise:

1. Entwicklung eines gemeinsamen Verständnisses über die Bedeutung und die Kraft einer Vision in der Geschäftsführung/im Managementteam.
2. Installierung eines Projektteams aus Top-Führungskräften, das für die Entwicklung der Grundkonzeption verantwortlich ist.
3. Entwicklung der Visions-Grundkonzeption durch das Projektteam. In dieser Phase müssen folgende Kernfragen beantwortet werden:

    ■ Welche wirklich großen, kühnen, mitreißenden Ziele wollen wir in den nächsten 10–15 Jahren gemeinsam anstreben?

    ■ Welche besondere Identität sollte dem Unternehmen von Mitarbeitern, Kunden, etc. zugeschrieben werden?

    ■ Welche Werthaltungen und Verhaltensweisen sollten den Zusammenhalt der Organisation, den Teamspirit in der Organisation langfristig hochhalten?

    ■ Wo liegen die strategischen Hebel, um sich dieser Vision zu nähern?

4. Entwicklung eines außergewöhnlichen Kommunikationskonzeptes zur Transformation der Visonsidee.

22.4.1 Die lebendige Erzählung – ein Instrument der besonderen Art[12]

„Cäsar eroberte Rom. Hatte er nicht mindestens einen Koch dabei?" (Bertold Brecht). Führungskräfte, die glauben, die Größten zu sein, vergessen häufig ihre wichtigste Ressource, ihre Mitarbeiter. Erst wenn Führungskräfte bereit sind, Zeit auch in die Entwicklung ihrer Mitarbeiter zu investieren, nehmen sie ihre unternehmerische Verantwortung ernst und wahr.

Peter Drucker formuliert es so: „Wissensarbeiter fühlen sich nicht als Angestellte, sondern als „Professionals". Die Wissensgesellschaft ist keine Gesellschaft von Bossen und Befehlsempfängern mehr, sondern von Juniors und Seniors. Wenn die entscheidende Frage der Zukunft darin besteht, wie wir Wissensarbeiter anziehen, halten und motivieren können, dann geht dies nicht mehr, indem wir versuchen, ihre Geldgier zu befriedigen – um sie uns in anderen Fragen vom Leib zu halten. Wir werden es tun müssen, indem wir ihre Werte respektieren – indem wir ihnen soziale Anerkennung und soziale Macht geben. Wir werden dies tun müssen, indem wir sie von Angestellten und Untergebenen zu echten Partnern machen und indem wir sie von Abhängigen zu echten Managern wachsen lassen."[13]

---

12 Vgl. Sadowsky / McLoughlin, 2003.
13 Drucker, 2002.

In einer visionären und werteorientierten Unternehmung geht es nicht um das Produzieren von Leitbildern und Verhaltenskatalogen, welche schön umrahmt an den Wänden in Eingangshallen diverser Firmen zu finden und zu bestaunen sind.

Es geht vielmehr um die Entwicklung eines gemeinsamen Geistes, eines gemeinsamen Spirits für eine Gruppe, ein Team, eine Unternehmung. Wirkliche und nachhaltige Visionen koppeln daher immer an tief empfundenen Werten und Geisteshaltungen an – und diese sind meist sehr einfach!

Ohne Zweifel ist dazu von Führungskräften ein sehr hohes Maß an Kommunikationskompetenz gefragt. Eines scheint dabei aber klar zu sein: Als Führungskraft wird man nicht einfach geboren.

Leider ist es bei vielen Unternehmen festzustellen, dass zwar die Führungsmannschaft die grundlegenden Ziele der Organisation kennt. Nur wenige Mitarbeiter jedoch kennen, verstehen und „committen" diese, weil eine gemeinsame und vor allem kommunizierte Vision, Identität und Wertebasis sowie prinzipielle Stoßrichtungen der Unternehmung fehlen. Engagement kann allerdings nur dann dauerhaft aufgebaut werden, wenn die Sinnhaftigkeit des Unternehmens auch den beteiligten (und nicht nur betroffenen) Mitarbeitern vermittelt wird bzw. vermittelt werden kann.

Die Kernfrage lautet:

Wie sollte sinnstiftende Kommunikation aussehen?

Wir brauchen die Übersetzung des großen, in Worte gefassten, Ziels in lebendige Erzählungen, mit denen Führungskräfte in die Lage versetzt werden, ihre Mitarbeiter zu begeistern. Diesen Erzählungen kommt laut Forschungen zum Leadership eine ganz besondere Rolle zu, wenn es darum geht, Menschen emotional zu binden und zielgerichtet in Bewegung zu setzen.

Peg Neuhauser kommt z. B. in ihren Untersuchungen zum Ergebnis, dass es besonders Geschichten sind, mit denen man Menschen am besten erreichen und beeinflussen kann: *„Stories are the single most powerful form of Human communication.* Anette Simmons, Autor von The Story Factory, bestätigt in ihren Arbeiten, dass Geschichten die effektivste Form der Kommunikation sind: *„If you wish to influence an individual or a group to embrace a particular value in their daily lives, tell them a compelling story.*[14]

Für Karl Weick sind Geschichten/Erzählungen deshalb so mächtig, weil wir alle in Geschichten denken. In Sensemaking in Organizations schreibt er: *„ ... people think narratively rahter than argumentatively or paradigmatically.* "[15] Folglich kann man davon ausgehen, dass Geschichten intensiver wahrgenommen werden und besser/länger in Erinnerung bleiben als abstrakte Analysen oder rationale Argumente.

Noel Tichy, Autor von The Leadership Engine kommt zum Schluss, dass effektive Leader immer gut im Geschichten erzählen sind: *„Leaders make people want to follow by painting com-*

---

[14] Neuhauser, 1993.
[15] Weick, 1995.

pelling pictures of the future through their stories. Organizational change happens through the leaders stories." [16]

Diesen Erkenntnissen folgend, müssen sich Führungskräfte mit folgenden Fragen beschäftigen:

- Was zeichnen Geschichten aus, die im Stande sind, Mitarbeiter emotional zu fesseln und sie in Bewegung zu versetzen?
- Mit welchen lebendigen Beschreibungen sind wir im Stande, unsere Mitarbeiter zu begeistern?
- Inwieweit nutzen wir in unserer täglichen Führungsarbeit diese Beschreibungen zur Ausrichtung unserer Mitarbeiter?

Leadership auf Basis einer sinnorientierten und sinnstiftenden Unternehmensführung ist letztendlich visionärer und damit innovativer, schneller und wandlungsfähiger. Sie ist „unschärfer" im Sinne organisatorischer Strukturen, aber „konkreter" im Sinne der inhaltlichen Firmenziele und der strategischen Stoßrichtungen.

Literatur

BAILOM, F.; HINTERHUBER, H.; TSCHEMERNJAK, D. (2003): Mitarbeiterengagement ein zentraler Baustein für gesteigerten Unternehmenserfolg, in: [imp] management perspectives.

BARRET, R. (2000): Kulturelles Kapital erfassen, in: Konzepte Nr. 6 2000.

COLLINS, J.; PORRAS, J. (1995): Building your Company's Vision 1995.

DRUCKER, P. (2002): Was ist Management? Econ.

FRIEDRICH, S.; HINTERHUBER, H. (1999): Während Manager nachahmen, sind Führungskräfte schöpferisch, in: Frankfurter Allgemeine Zeitung, 22.02.1999.

HINTERHUBER, H.; KRAUTHAMMER, E. (2001): Leadership – mehr als Management. Gabler.

KRAUTHAMMER, E.; HINTERHUBER, H (2001): Wettbewerbsvorteil Einzigartigkeit. Hanser

NEUHAUSER, P. (1993): Corporate legends and lore: the power of storytelling as a management tool. McGraw-Hill.

PIRCHER-FRIEDRICH, A. (2001): Sinnorientierte Führung in Dienstleistungsunternehmen. Hochschulschriften.

SADOWSKY, J.; MCLOUGHLIN, I. (2003): The Power of Storytelling in Leadership: The Case of Tim Bilodeau and Medicines for Humanity. Paper Presentation Oxford's annual Leadership Conference.

SENGE, P. (2001): Die fünfte Disziplin. Klett-Cotta.

TICHY, N.; COHEN, E. (1997): The leadership engine: how winning companies build leaders at every level. HarperBusiness.

WEICK, K. (1995): Sensemaking in organizations. Thousand Oaks. Sage Publications.

---

[16] Tichy / Cohen, 1997.

Karl-Friedrich Ackermann

23 Führungskräfteentwicklung unter dem Aspekt der „Employability"

23.1 „Employability" - neue Zielgröße für Personalmanagement und Personalentwicklung

In der Unternehmenspraxis wird der Begriff „Employability", meist als „Beschäftigungsfähigkeit" oder auch als Arbeitsmarktfitness der MitarbeiterInnen übersetzt, als eine neue Herausforderung für das Personalmanagement diskutiert. Nach einer Studie des Instituts für Beschäftigung und Employability der FH Ludwigshafen 2004 gaben knapp 2/3 der befragten Unternehmen an, den Begriff „Employability" zu kennen; das übrige Drittel konnte mit dem Begriff nichts anfangen oder wusste nicht genau, was mit „Employability" gemeint ist.[1] Freilich darf der hohe Bekanntheitsgrad nicht darüber hinwegtäuschen, dass es noch kein allgemein akzeptiertes Begriffsverständnis weder in den Sozialwissenschaften noch in der Praxis gibt. Eine Begriffserklärung erscheint daher dringend erforderlich, bevor die Konsequenzen für die Führungskräfteentwicklung in den Unternehmen untersucht werden können.

23.1.1 Was ist „Employability"?

Der Begriff „Employability" wurde ursprünglich als eine Zielgröße der staatlichen Arbeitsmarktpolitik in die sozialwissenschaftliche Diskussion eingeführt: von Arbeitslosigkeit bedrohte oder bereits arbeitslos gewordene Beschäftigte sollen wieder beschäftigungsfähig („employable") gemacht und ins Erwerbsleben reintegriert werden.

Unmittelbarer Anlass in der Bundesrepublik Deutschland ist die fortschreitende Bedrohung der traditionellen Erwerbstätigkeit durch anhaltende Massenarbeitslosigkeit, Betriebsstilllegungen und Umstrukturierungen, Wegfall von Arbeitsplätzen durch Rationalisierung und Verlagerung ins Ausland, Entwertung vorhandener Erfahrungen und Kenntnisse durch neue, schnell wechselnde Arbeitsanforderungen, zunehmende Beschäftigungsrisiken für alle und jeden, noch verstärkt durch den erhöhten Konkurrenzdruck auf dem Arbeitsmarkt im Zuge der EU-Erweiterung.[2]

---

1 Vgl. Institut für Beschäftigung und Employability der FH Ludwigshafen (2005).
2 Vgl. Bosch, G. (1998); Blancke, S. et al. (2000).

Typische Instrumente der Arbeitsmarktpolitik zur (Wieder-) Herstellung von „Employability" sind Beschäftigungspläne sowie Beschäftigungs- und Qualifizierungsgesellschaften, denen trotz unterschiedlicher Erscheinungsformen eine gemeinsame Strategie zugrunde liegt: Qualifizieren statt Entlassen![3]

Abweichend von der arbeitsmarktpolitischen „Employability" werden in der Unternehmenspraxis mit „Employability" andere Akzente gesetzt, wie die folgenden Beispiele erkennen lassen[4]:

- **Adam Opel AG**: „Für uns im Hause Opel heißt „Employability" ... Unternehmer bzw. Unternehmerin in eigener Sache zu sein"

- **Deutsche Bank AG**: „ ... Eine sichere Erwerbsstelle heute und in der Zukunft [ist] abhängig ... von der unbedingten und steten Bereitschaft zur Weiterbildung, zu Flexibilität und zum Wechsel, den Schlüsselkriterien der individuellen Beschäftigungsfähigkeit („Employability")"

- **Credit Suisse**: „Employability" bezeichnet die „Marktfähigkeit des Mitarbeiters ... auf dem internen und/oder externen Arbeitsmarkt, die Fähigkeit, die künftigen fachlichen und persönlichen Anforderungen einer gleichwertigen oder anspruchvollen Funktion auf dem internen oder externen Arbeitsmarkt zu erfüllen..." „Die Erreichung und Erhaltung der Marktfähigkeit liegt in geteilter Verantwortung zwischen der Credit Suisse und ihrer Beschäftigten! Ziel ist es, die Wettbewerbsfähigkeit von Unternehmung und Mitarbeitern zu erhalten"

Erste Definitionsversuche in der anglo-amerikanischen Fachliteratur weisen in die gleiche Richtung. Sie kennzeichnen „Employability" als „being acceptable to an employer" oder auch als „the capacity to be productive and to hold rewarding jobs". Präziser ist eine Definition von Blancke u.a. (2000), die auch der vorliegenden Untersuchung zugrunde gelegt wird:

„Beschäftigungsfähigkeit beschreibt die Fähigkeit einer Person, auf der Grundlage seiner fachlichen und Handlungskompetenzen, seiner Wertschöpfungs- und Leistungsfähigkeit seine Arbeitskraft anbieten zu können und damit in das Erwerbsleben einzutreten, seine Arbeitsstelle zu halten oder wenn nötig, sich eine neue Erwerbsbeschäftigung zu suchen."[5]

„Employability" in diesem Sinne schließt sowohl gesundheitliche Aspekte ein, die neuerdings unter dem Begriff „Health Management" behandelt werden, als auch qualifikatorische Aspekte, die üblicherweise der „betrieblichen Personalentwicklung" zugeordnet werden. Die Besonderheiten der „Employability" im Vergleich zu traditionellen Konzepten der betrieblichen Personalentwicklung erschließen sich nicht ohne weiteres auf den ersten Blick. Die Definition der „Employability" enthält vier spezielle Leitideen:

1. „Employability" ist Aufforderung an jeden Beschäftigten, auch an jede Führungskraft, eigenaktiv und eigenverantwortlich seine „Employability" dauerhaft zu halten (Eigenverantwortlichkeit für „Employability");

---

3 Vgl. z.B. Holst, E. (1990).
4 Vgl. Praxisbeispiele in: Lombriser, R. / Uepping,H. (2001), passim.
5 Blancke et al. (2000), S.9; ähnlich : Rump/ Schmidt (2005).

2. „Employability" in einer dynamischen Arbeitswelt ist untrennbar mit lebenslangem Lernen verbunden (Grundsatz des lebenslangen Lernens);

3. „Employability" ist nicht auf die Beschäftigung in einem bestimmen Unternehmen beschränkt (= unternehmensinterne „Employability"), sondern bezieht ausdrücklich die Möglichkeit mit ein, dass ein Beschäftigter während seines Berufslebens ein- oder mehrmals das Unternehmen und damit auch den Arbeitsplatz wechselt und sich darauf vorbereiten sollte (unternehmensexterne „Employability");

4. „Employability" beinhaltet die Aufforderung an die Unternehmen, „Employability" zur Zielgröße ihrer Beschäftigungspolitik und insbesondere ihrer Personalentwicklung zu machen. Noch sind die praktischen Konsequenzen dieser Aufforderung für die Unternehmen nicht geklärt.

Die beiden zuerst genannten Leitideen „Eigenverantwortlichkeit" und „lebenslanges Lernen" werden zum besseren Verständnis der „Employability" näher erläutert. Die beiden zuletzt genannten werden als Bestandteil der „Employability"-fördernden Führungskräfteentwicklung in Abschn. 23.2 und 23.3 weiter verfolgt.

23.1.2 Eigenverantwortlichkeit als Kernstück des „Employability"-Konzepts

„Employability" betont die Eigenverantwortlichkeit des einzelnen Arbeitnehmers, der als „Unternehmer in eigener Sache", als „Arbeitskraftunternehmer"[6] eigenständig und eigeninitiativ seine Arbeitskraft vermarktet, Beschäftigungschancen erkennt und nutzt, eigenverantwortlich darauf achtet, dass seine „Employability" in ständigem Wandel der Arbeitsanforderungen im Beschäftigungssystem erhalten bleibt, weil nur so persönliche Berufsziele und Karrierewünsche erreicht werden können. Damit unterscheidet sich der „Employability"-Ansatz von anderen Ansätzen, die sich mit Bekämpfung der Arbeitslosigkeit und Beschäftigungsförderung, mit Personalentwicklung in den Unternehmen und sonstigen Personalproblemen befassen und allzu einseitig Aktivitäten der Arbeitsmarktpolitik und des betrieblichen Personalmanagements in den Vordergrund der Betrachtung stellen.

Für die MitarbeiterInnen ergeben sich daraus weitreichende Konsequenzen. Die Beschäftigten werden unter dem Aspekt der „Employability" zunehmend gefordert sein, sich in ihrem eigenen und im Interesse des Unternehmens ständig weiterzubilden und zu verändern.[7] Ein großes Stück der Verantwortung für die eigene Karriere wird auf die MitarbeiterInnen übertragen. Die eigene Laufbahn wird zu einer Sequenz unterschiedlicher Erfahrungen und verschiedener professioneller Identitäten. Sattelberger vergleicht die zukünftige Selbstverantwortung mit der Karriere eines Profifußballers; dieser will eine zeitlich begrenzte aktive Zeit optimal nutzen, indem er seinen Marktwert genau beobachtet und seinem Potenzial entsprechend agiert.[8] Die Mitarbeiter müssen folglich neben zukünftig relevanten Eigenschaften wie Mobilität, Bereit-

---

6 Vgl. Voß, G. / Pongraz, H. (1998), S. 131.
7 Vgl. Lombriser, R. / Uepping, H. (2001), S. 38.
8 Vgl. Sattelberger, T.: (1999), S. 27.

schaft zum lebenslangen Lernen, Internationalität und unternehmerischem Denken auch die Eigenschaft der Selbst-Reflexion besitzen, d.h. ihre eigene Beschäftigungsfähigkeit ständig überprüfen, kritisch hinterfragen und dementsprechend handeln. Einige Unternehmen unterstützen die Mitarbeiter hierbei, indem sie entsprechende Broschüren mit Testfragen zur Selbst-Reflexion entwickeln.[9]

Die Eigenverantwortlichkeit für die „Employability" wird nach einer Repräsentativbefragung des Freizeit-Forschungsinstituts der British American Tobacco („B.A.T") im Jahr 2003 von der Mehrzahl der befragten 2.000 Personen ab 14 Jahren in Deutschland akzeptiert.[10] 73% der Befragten stimmten der These zu: „Für seine Qualifikation muss jeder selber sorgen, der Arbeitgeber sollte lediglich Vorschläge unterbreiten, aus denen man dann eigenverantwortlich auswählen kann." Allerdings wollten nur 34% der Befragten die Folgen tragen und der These zustimmen: „Weiterbildung muss in Zukunft vor allem in der Freizeit stattfinden", während 64% die Meinung vertraten: „Weiterbildung muss auch in Zukunft Bestandteil der Arbeitszeit sein."

Es zeigt sich, dass der Bewusstseinswandel, den das „Employability"-Konzept von den Beschäftigten erfordert, bei einem Großteil noch nicht vollzogen ist, vor allem dann nicht, wenn praktische Konsequenzen aus diesem Konzept gezogen werden, die von den gewohnten Standards abweichen. Differenzierte Aussagen über die Einstellung von Führungskräften und Nicht-Führungskräften liegen nicht vor.

23.1.3 „Lebenslanges Lernen" als unabdingbare Voraussetzung für „Employability"

Eng verbunden mit der Eigenverantwortlichkeit für „Employability" ist die Bereitschaft und Fähigkeit jedes Einzelnen zum lebenslangen Lernen. In einer dynamisch sich ändernden Arbeitswelt ist lebenslanges Lernen unabdingbare Voraussetzung für das eigenverantwortliche Halten und Verbessern der „Employability". Dies gilt auch oder gerade für Führungskräfte, die nicht nur auf Veränderungen der Umwelt reagieren, sondern eigenaktiv Veränderungen der Umwelt anstoßen und gestalten sollen.[11]

Die Notwendigkeit zum lebenslangen Lernen wird allgemein anerkannt, wobei häufig die Meinung vertreten wird: „Lebenslanges Lernen hat nicht nur etwas mit Beruf und Betrieb zu tun". Dies ist ein weiteres wichtiges Ergebnis der B.A.T.-Repräsentativbefragung, ebenso die Tatsache, dass lebenslanges Lernen von vielen zugleich als Bildungszwang in der Freizeit empfunden wird.[12]

Damit wird klar, dass trotz pauschaler Zustimmung zur „Employability" zwei tragende Leitideen, nämlich Eigenverantwortlichkeit und lebenslanges Lernen, durchaus kontroverse Stellungnahmen bei den Beschäftigten hervorrufen. Es wird noch viel Erklärungs- und Überzeu-

---

[9] Vgl. Lombriser, R. / Uepping, H. (2001), S. 41.
[10] Vgl. Freizeit-Forschungsinstitut der British American Tobacco (2003).
[11] Vgl. z.B. Gerlach (2000); Sosna (2002).
[12] Vgl. Freizeit-Forschungsinstitut der Britisch American Tobacco (2003).

gungsarbeit erforderlich sein, bevor „Employability" die vorhandenen Widerstände überwunden und in allen seinen Konsequenzen sich bei den Beschäftigten voll durchgesetzt hat.

23.1.4 „Employability" aus Sicht der Unternehmen

Folgt man der bereits zitierten „Employability-Management-Studie" der FH Ludwigshafen, so ist das „Employability"-Konzept in der Unternehmenspraxis nicht nur bekannt, sondern zugleich auch positiv bewertet. Offenbar gibt es gute Gründe, „Employability" als neues, attraktives Leitbild des Personalmanagements und insbesondere der Personalentwicklung zu fordern und zu fördern.[13] Im Einzelnen werden genannt:

1. Fürsorgepflicht des Unternehmens gegenüber MitarbeiterInnen;

2. Ausgleich dafür, dass Arbeitsplatz / Beschäftigung nicht mehr auf Lebenszeit garantiert werden kann;

3. Steigerung der Wettbewerbsfähigkeit des Unternehmens;

4. Streben nach hoher Flexibilität und Veränderungskompetenz der MitarbeiterInnen (damit das Unternehmen selbst flexibel reagieren und agieren kann);

5. Erhöhte Attraktivität des Unternehmens als Arbeitgeber.

Die beiden zuerst genannten Gründe beziehen sich auf die sozialen und gesellschaftspolitischen Ziele eines Unternehmens. Diese Ziele werden neuerdings verstärkt unter der Bezeichnung „Corporate Social Responsibility" (CSR) diskutiert. Unter CSR wird verstanden „ein Konzept, das den Unternehmen als Grundlage dient, auf freiwilliger Basis soziale Belange und Umweltbelange in ihre Unternehmenstätigkeit und in die Wechselbeziehungen mit den *Stakeholdern* zu integrieren. Sozial verantwortlich handeln heißt nicht nur, die gesetzlichen Bestimmungen einhalten, sondern über die bloße Gesetzeskonformität hinaus ´mehr` investieren in Humankapital, in die Umwelt und in die Beziehungen zu anderen Stakeholdern".[14] Viele Unternehmen werden die Forderung und Förderung der „Employability" als einen wichtigen Teilaspekt ihrer CSR nach innen (gegenüber ihren MitarbeiterInnen) und nach außen (gegenüber Staat und Gesellschaft) vertreten, als Selbstzweck oder auch als ein Mittel, um ökonomische Ziele des Unternehmens besser erreichen zu können.

Die drei übrigen Gründe, mit denen das Fordern und Fördern der „Employability" betriebswirtschaftlich gerechtfertigt wird, sind ökonomischer Art und am meisten umstritten. Es liegen noch keine gesicherten Erkenntnisse darüber vor, ob und inwieweit die hochgesteckten Erwartungen durch „Employability"-fördernde Maßnahmen erfüllt werden können. Im Übrigen gibt es Kritik an dysfunktionalen Folgen, wenn „Employability"-Förderung zur vermehrten und beschleunigten Abwanderung von Leistungsträgern führt.

Im Folgenden wird am Beispiel der Führungskräfteentwicklung der Frage nachgegangen, wie „Employability"-Förderung bei unterschiedlichen Rahmenbedingungen in den Unternehmen

---

13 Vgl. Institut für Beschäftigung und „Employability" (2005).
14 Vgl. EU-Grünbuch (2001).

praktiziert und welche alten und neuen Entwicklungsmaßnahmen dazu herangezogen werden könnten.

23.2 „Employability"-fördernde Führungskräfteentwicklung bei unterschiedlichen Beschäftigungsformen

Art und Ausmaß der „Employability"-fördernden Führungskräfteentwicklung sind abhängig von der Beschäftigungsform, in der die Führungskräfte tätig sind.

23.2.1 Unterschiedliche Beschäftigungsformen und „Psychologische Kontrakte"

Entwicklungsgeschichtlich lassen sich – grob vereinfachend – drei Phasen unterscheiden, die durch zunehmend flexibler werdende Beschäftigungsformen und Wandel der zugrunde liegenden „Psychologischen Kontrakte" zwischen Arbeitgeber und Arbeitnehmer gekennzeichnet sind:

- Die Phase der lebenslangen Vollzeit-Beschäftigung (klassischer „Psychologischer Kontrakt");

- Die Phase der lebensphasenbezogenen Vollzeit-Beschäftigung (modifizierter „Psychologischer Kontrakt");

- Die Phase der flexiblen Beschäftigung („Neuer Psychologischer Kontrakt").

Mit der Bezeichnung „Psychologische Kontrakte"[15] wird auf unterschiedliche (subjektive) Interpretationsmuster hingewiesen, wie die Beschäftigungsbeziehungen zwischen Arbeitgeber und Arbeitnehmer zu verstehen und zu gestalten sind. Bewusst oder unbewusst haben die Vertragspartner im Laufe der Zeit sehr unterschiedliche „Psychologische Kontrakte" als Grundlage bestimmter Beschäftigungsformen hervorgebracht. Im Vergleich zu früheren Entwicklungsphasen sind bemerkenswerte Veränderungen eingetreten; zur Unterscheidung wird von einem „Neuen Psychologischen Kontrakt" gesprochen, der für die aktuelle „Employability"-Diskussion ursächlich gewesen ist.

---

[15] Vgl. Hiltrop, J.-M. (1995), S.286ff; Rousseau D.M.(1995); Raeder, S. u. Grote, G. (2000); Fugate, M. et al. (2004), S. 14ff.

23.2.2 „Employability" bei lebenslanger Vollzeit-Beschäftigung im gleichen Unternehmen

Der klassische „Psychologische Kontrakt" zwischen Führungskraft und Unternehmung ist auf eine dauerhafte Arbeitsbeziehung gerichtet. Das Unternehmen erwartet, dass die Führungskraft bis zur Pensionierung im Unternehmen bleibt und ihre Arbeitskraft uneingeschränkt dem Unternehmen zur Verfügung stellt. Die Führungskraft erhält und erwartet gleichsam eine Quasi-Beschäftigungsgarantie auf Lebenszeit; als Gegenleistung sieht sich die Führungskraft in der Pflicht, ihre „Employability" in einem ständigen Prozess der Anpassung an geänderte und sich ändernde Arbeitsanforderungen ohne oder mit Unterstützung des Unternehmens aufrechtzuerhalten, wobei Weiterbildung aufs engste mit Aufstieg in der Organisationshierarchie verbunden ist. „Employability" bedeutet unter diesen Rahmenbedingungen, fähig zu sein für die aktuelle Führungsposition und fähig zu sein für etwaige Beförderung auf nächst höhere Führungspositionen.

Psychologisch fühlt sich die Führungskraft ihrem Unternehmen eng verbunden. Ein Wechsel in eine alternative Beschäftigung wird – auch bei besonders günstigen Angeboten – nicht ernsthaft in Erwägung gezogen und tendenziell in die Nähe der „Fahnenflucht" gerückt. Das Unternehmen geht daher bei Bildungs- und anderen Investitionen in die „Employability" nicht das Risiko ein, durch vorzeitigen Weggang der Führungskräfte um den Nutzen dieser Investitionen gebracht zu werden. „Employability" ist daher im vorliegenden Fall gleichbedeutend mit interner „Employability" innerhalb des Unternehmens und kann sich daher auf ein hohes Maß an Interessenharmonie zwischen Unternehmen und Führungskraft stützen.

Zwischenzeitlich ist lebenslange Vollzeit-Beschäftigung für Führungskräfte (und für andere Mitarbeitergruppen) mit zunehmender Änderungsrate und Änderungsgeschwindigkeit der unternehmensexternen und –internen Arbeitsbedingungen eher zur Ausnahme geworden. Sehr viel häufiger geworden ist die lebensphasenbezogene Vollzeit-Beschäftigung als eine Übergangsphase zur flexiblen Beschäftigung und zum „Neuen Psychologischen Kontrakt". Erst bei diesen Beschäftigungsformen werden die Probleme der „Employability"-fördernden Führungskräfteentwicklung virulent.

23.2.3 „Employability" bei lebensphasenbezogener Vollzeit-Beschäftigung

Die lebensphasenbezogene Vollzeitbeschäftigung kennzeichnet den Übergang vom klassischen „Psychologischen Kontrakt" zum „Neuen Psychologischen Kontrakt", der in vielen Unternehmen bereits vollzogen worden ist. In diesen Fällen sind sich Führungskraft und Unternehmung einig, dass das bestehende Beschäftigungsverhältnis auf Zeit angelegt ist und nur einen bestimmten (längeren) Lebensabschnitt der Führungskraft abdeckt.

Häufig ist das Ende der Zusammenarbeit präzise definiert (befristete Arbeitsverträge). Bei unbefristeten Arbeitsverträgen ist das Ende unbestimmt, aber die Wahrscheinlichkeit hoch, dass die Zusammenarbeit durch Vertragskündigung seitens des Arbeitgebers oder der Führungskraft beendet wird. Eine Beschäftigungsgarantie wird bestenfalls befristet geboten und erwartet. Die

Führungskraft will sich gar nicht lebenslang an ein bestimmtes Unternehmen binden, sondern will die Chance nutzen, durch kontrollierten Wechsel der arbeitgebenden Unternehmen die eigene Karriere zu beschleunigen und besser bezahlte Aufstiegspositionen mit mehr Gestaltungsmöglichkeiten und mehr Verantwortung einzunehmen. Für die Führungskraft ist das einzelne Unternehmen lediglich ein Sprungbrett für weitere Karriereschritte;[16] ihre Bindung an das Unternehmen ist daher weit geringer als beim klassischen „Psychologischen Kontrakt".

Bei lebensphasenbezogener Vollzeit-Beschäftigung geht das Interesse des Unternehmens und der Führungskraft an der individuellen „Employability" tendenziell auseinander. Das Unternehmen ist ausschließlich, zumindest primär an der internen „Employability" der Führungskraft innerhalb des Unternehmens interessiert, weil nur diese für Zwecke des Unternehmens genutzt werden kann. Demgegenüber handelt die Führungskraft rational, wenn sie gleichzeitig mit dem Aufrechterhalten der internen „Employability" auch die externe „Employability" verbessert und ihre Chance erhöht, problemlos in eine andere attraktive Beschäftigungsalternative zu wechseln. So besteht das Risiko, dass Investitionen des Unternehmens in die interne „Employability" durch Erfahrungs- und Wissenstransfer der abgehenden Führungskraft von einem anderen Unternehmen – im ungünstigsten Fall von einem Konkurrenten – ohne Gegenleistung genutzt werden kann.

Die bildungsökonomische Humankapitaltheorie enthält modelltheoretische Aussagen, was ein rational handelndes Unternehmen unter diesen Umständen tun sollte, um das Risiko einer Fehlinvestition zu vermeiden. G.S. Becker[17] empfiehlt eine Aufteilung der Investitionen in die „Employability" und zwar

1. in Investitionen in Spezialbildung, die ausschließlich im Unternehmen genutzt werden kann und daher vom Unternehmen finanziert wird und
2. in Investitionen in Allgemeinbildung, z.B. in Schlüsselqualifikationen, die sowohl innerhalb wie auch außerhalb des Unternehmens genutzt werden können und daher von der Führungskraft möglichst vollständig selbstfinanziert werden sollten.

Je höher (geringer) der Spezifitätsgrad der Investition in die „Employability" ist, umso weniger (mehr) sollte die Führungskraft an deren Finanzierung beteiligt werden, so z.B. durch Rückzahlungsklauseln für Weiterbildungsmaßnahmen.[18]

Neuere Ansätze heben die Notwendigkeit hervor, die Förderung der „Employability" durch Ausbau des Bindungsmanagements (=Retention Management) zu flankieren, um die unerwünschte Fluktuation von beschäftigungsfähigen Führungskräften zu verhindern oder wenigstens zu verzögern.[19] In die gleiche Richtung weisen Empfehlungen, die „Employability" so gestaltet wissen wollen, dass eine unternehmensseitige Beendigung des Arbeitsvertrages durch Versetzung in andere Führungspositionen im Unternehmen vermieden oder auf einen späteren

---

16 Vgl. z.B. Ackermann, K.-F. / Speck, P.(1983), S. 377ff.
17 Das bildungsökonomische Becker-Modell unterscheidet „Specific Training" und „General Training" auf Grundlage der Grenzproduktivitätstheorie. Vgl. dazu Ackermann, K.-F. (1969), S. 135-163 und die dort angegebene Literatur.
18 Zur Problematik von Rückzahlungsklausen vgl. Alewell, D. / Koller, P (2003), S. 58 ff.
19 Vgl. dazu Thom, N. / Friedli, V. (2003), S.64ff; Höckels, A. (2000).

Zeitpunkt verschoben werden kann. Des Weiteren kann die externe „Employability" durch arbeitsvertragliche Wettbewerbsverbote zumindest für eine befristete Zeit eingeschränkt werden.

23.2.4 „Employability" bei flexibler Beschäftigung

Grundlage ist der „Neue Psychologische Kontrakt", der neue bindungsarme und hochflexible Beschäftigungsformen für Führungskräfte (und andere Mitarbeitergruppen) hervorgebracht hat. Vor diesem Hintergrund ist die „Employability"-fördernde Führungskräfteentwicklung zu interpretieren und zu gestalten.

Aus Sicht des Unternehmens bedeutet „Neuer Psychologischer Kontrakt", dass die Führungskraft primär als ein temporärer Vertragspartner zu betrachten ist, der für bestimmte Zwecke bzw. Projekte im Unternehmen eingesetzt wird und dafür seine ganze oder auch nur einen Teil seiner Arbeitskraft zur Verfügung stellt. Neben einer weiterhin notwendigen, zahlenmäßig aber stark reduzierten Kernmannschaft von Führungskräften mit unbefristeten oder befristeten Arbeitsverträgen in Normalarbeitsverhältnissen entsteht eine neue, bislang wenig beachtete Gruppe von Führungskräften, die zur „Randbelegschaft" gerechnet werden können. Typische Beispiele sind der „Teilzeit-Manager", der „Interims-Manager" und „Manager auf Zeit" sowie qualifizierte Freiberufler und Unternehmensberater, die als Outsourcing-Partner bestimmte (projektbezogene) Managementaufgaben übernehmen.[20] Führungskräfte der Randgruppe können in mehreren Unternehmen zugleich tätig sein, sei es als teilzeitbeschäftigte Arbeitnehmer im Hauptberuf bei einem Unternehmen und im Nebenberuf bei einem anderen oder auch als teilzeitbeschäftigte Angestellte, die im Haupt- oder Nebenberuf ihr eigenes Unternehmen betreiben.

Aus Sicht der Führungskraft bedeutet „Neuer Psychologischer Kontrakt" die Suche nach einem Unternehmen, das Verwendung für ihre individuellen Kompetenzen hat und sich trennen, sobald eine wahrgenommene Beschäftigungsalternative vorteilhafter erscheint. Das Grundprinzip wird durch die verhaltenswissenschaftliche „Anreiz-Beitrags-Theorie"[21] präzisiert; danach wird ein rational handelndes Individuum nur dann und solange im Unternehmen bleiben, wie der subjektive Nutzen der materiellen und immateriellen Anreizzahlungen, die das Individuum vom Unternehmen empfängt, größer oder mindestens gleich ist dem Beitragsnutzen, den das Individuum dafür aufwenden muss, und mit den wahrgenommenen Opportunitätskosten (entgehende Anreizzahlungen von Beschäftigungsalternativen) zu bewerten ist. Eine erweiterte Fassung der Anreiz-Beitrags-Theorie schließt die Möglichkeit ein, durch mehrere Beschäftigungsverhältnisse den Nutzen des Individuums zu maximieren und das Beschäftigungsrisiko mit Hilfe der Risikostreuung zu vermindern.

Die geforderte „Employability" ist für die verbleibende Kernmannschaft und die neue Randbelegschaft differenziert zu betrachten:

1. Führungskräfte der Kernbelegschaft sind ständig beschäftigungsfähig zu halten. Dies ist das gemeinsame Interesse des Unternehmens und das der Führungskräfte. Letztere sind mög-

---

[20] Vgl. z.B. Dellekönig, C.: (1995).
[21] Vgl. March, J.G. / Simon, H.S.(1958).

lichst eng – vielleicht sogar gegen ihre eigentlichen Interessen – an das Unternehmen zu binden. Dabei wird nicht jede Verbesserung der internen „Employability" zwangsläufig auch die externe „Employability" verbessern; mit fortschreitender Identifikation mit dem Unternehmen und mit zunehmender Dauer der Betriebszugehörigkeit wird die externe „Employability" eher abnehmen. Es bleibt das schwer kalkulierbare Risiko, bei anhaltend rückläufiger Geschäftsentwicklung eines Tages den Arbeitsplatz zu verlieren, ohne sich darauf vorbereitet zu haben. Wenn es nicht gelingt, die Kernbelegschaft zu binden und zugleich deren externe „Employability" zu halten und zu verbessern, dann bleibt als Ausgleich für das eingegangene Beschäftigungsrisiko lediglich die Wiederherstellung der externen „Employability" im Trennungsfall (vgl. dazu die Fördermaßnahmen in Abschn. 23.3);

2. Führungskräfte der Randbelegschaft sorgen im Wesentlichen selbst für ihre interne und externe „Employability". Die Notwendigkeit von Investitionen des Unternehmens in die „Employability" dieser Gruppe ist nicht oder nur eingeschränkt gegeben. Je nach Spezifität wird sich eine geringere oder höhere Beteiligung der Führungskräfte an den anfallenden Kosten anbieten.

„Employability"-fördernde Führungskräfteentwicklung in der Phase der flexiblen Beschäftigung ist vor allem ein Problem der Kernbelegschaft.

23.3 Maßnahmen der „Employability"-fördernden Führungskräfteentwicklung

Wenn das „Employability"-Konzept den Akzent von der unternehmensgesteuerten zur mitarbeitergesteuerten Führungskräfteentwicklung verlagert, bedeutet dies keineswegs, dass das Unternehmen passiv bleiben und die Führungskräfteentwicklung alleine den Führungskräften selber überlassen sollte. Im Folgenden wird der Frage nachgegangen, was unternehmensseitig getan werden könnte (und z. T. bereits getan wird), um die „Employability" der Führungskräfte, insbesondere der Kernbelegschaft aktiv zu fördern.

23.3.1 Förderung der internen „Employability" von Führungskräften

Zielgröße der „Employability" -Förderung ist primär die interne „Employability". Aus Unternehmenssicht kommen drei Strategien in Betracht, um die interne „Employability" sicherzustellen: „Stellenbesetzung von außen", „Stellenbesetzung von innen" und schließlich Mischformen.

23.3.1.1 Unternehmensinterne „Employability" durch „Stellenbesetzung von außen"

„Stellenbesetzung von außen" wird im Gegensatz zur „Stellenbesetzung von innen" zu Unrecht kaum je einmal mit „Employability"-Förderung von Führungskräften in Verbindung gebracht. Sie ist geeignet für den Ausbau von Randbelegschaften und besonders vorteilhaft für Führungskräfte, die sich nicht lange an ein Unternehmen binden wollen und sich gerade durch relativ schnellen Wechsel zwischen verschiedenen Unternehmen eine Steigerung ihrer „Employability" auf dem Arbeitsmarkt versprechen.

Bei der „Stellenbesetzung von außen" wird interne „Employability" der Führungskräfte dadurch sichergestellt, dass freigewordene oder neu geschaffene Führungspositionen mit bereits erfahrenen und qualifizierten Führungskräften vom externen Arbeitsmarkt besetzt werden. Dabei wird ohne oder mit Hilfe qualifizierter Personalberater nach geeigneten externen Bewerbern gesucht, unter denen dann eine strenge, methodengestützte Auswahl (z.B. mit Hilfe aufwändiger Assessment Center-Verfahren) erfolgt; die Auswahl basiert auf dem Vergleich zwischen den individuellen Qualifikationsprofilen der Bewerber mit den Anforderungsprofilen der zu besetzenden Stellen. Ziel der Bewerberauswahl ist es, zu identifizieren, wessen Qualifikationsprofil dem Anforderungsprofil möglichst vollkommen entspricht oder zumindest nahe kommt. Im Bestfall ist die neu eingestellte Führungskraft sofort und uneingeschränkt einsatzfähig („employable") und bringt zudem das Potenzial mit, um sich relativ schnell auf neue, geänderte und sich ändernde Anforderungen einstellen zu können.

Mit der Festlegung der Auswahlkriterien entscheidet das Unternehmen darüber, ob Spezialisten oder Generalisten, fachkompetente „Handwerker" oder mitunternehmerisch denkende und handelnde „Strategen", anpassungsfähige und lernbereite oder eher starre und lernunwillige Persönlichkeiten, innovative Treiber oder risikoscheue Bewahrer die Führungspositionen besetzen. Für die einzelne Führungskraft bedeutet der Eintritt in das Unternehmen jedenfalls ein neues Handlungsfeld, in dem die bereits zu Beginn der Tätigkeit vorhandene „Employability" weiter gestärkt und ausgebaut werden kann durch Aneignung neuen Erfahrungswissens in allen Kompetenzbereichen seiner Persönlichkeit.

Die „Stellenbesetzung von außen" ist im Grundsatz eine Rotationsstrategie: „Hire" bei Bedarf und Eignung der externen Bewerber, „Fire" bei nicht mehr vorhandenem Bedarf und/oder Eignung der vorhandenen Führungskräfte und Ersatz durch besser Geeignete von außen. Die Grenzen dieser Strategie sind bekannt. Sie ergeben sich einmal aus dem knappen Angebot geeigneter Führungskräfte auf dem externen Arbeitsmarkt, um das erfahrungsgemäß eine größere Zahl von Unternehmen konkurriert und aus den hohen und steigenden Kosten der Abwerbung. Sie ergeben sich zum anderen aus den dysfunktionalen Konsequenzen fehlender Aufstiegs- und Versetzungschancen für die bereits vorhandenen Führungskräfte, die dadurch zum vorzeitigen Weggang veranlasst werden können. Letztendlich ist die „Stellenbesetzung von außen" nicht geeignet, eine Kernbelegschaft aufzubauen, die im ständigen Kommen und Gehen neuer Führungskräfte ein Mindestmaß an Stabilität garantiert und die Identität des Unternehmens sichert.

23.3.1.2 Unternehmensinterne „Employability" durch „Stellenbesetzung von innen"

Die „Stellenbesetzung von innen" verbunden mit umfangreichen Weiterbildungsangeboten durch Training „into the job", „on the job", „near the job" und „off the job" gelten gemeinhin als betriebliche „Employability"-Förderung par excellence. Sie ist unverzichtbar für den Aufbau einer Kernbelegschaft von Führungskräften, die längerfristig im Unternehmen tätig ist bzw. tätig sein will.

"Stellenbesetzung von innen" bzw. aus den eigenen Reihen bedeutet, dass freigewordene oder neu geschaffene Führungspositionen vorrangig oder sogar ausschließlich mit bereits vorhandenen geeigneten Mitarbeitern aufgrund von innerbetrieblichen Stellenausschreibungen und Bewerbungen besetzt werden. Ähnlich wie bei Stellenbesetzungen von außen können Assessment Center und andere Auswahlverfahren eingesetzt werden, um im Hinblick auf die Stellenanforderungen den bestgeeigneten Bewerber zu identifizieren. In vielen Unternehmen müssen Führungspositionen auf verschiedenen Hierarchieebenen in einer bestimmten Rangfolge von „unten" nach „oben", ggfs. mit Seiteneinstiegsmöglichkeiten, erfolgreich durchlaufen werden. Die klassische Führungslaufbahn (z.B. Gruppenleiter, Abteilungsleiter, Bereichleiter), die als „Kaminkarriere" (Aufstieg in einem einzigen Funktions- oder Geschäftsbereich) gestaltet sein kann oder auch als „Cross-functional career" (Aufstieg über Tätigkeiten in verschiedenen Funktions- oder Geschäftsbereichen), wird zunehmend ergänzt durch mehr oder weniger institutionalisierte Projektlaufbahnen und Fachlaufbahnen. Weitere Möglichkeiten, die die „Stellenbesetzung von innen" bietet, ist die Versetzung auf gleichrangige Führungspositionen im gleichen oder in einem anderen Funktions- oder Geschäftsbereich.

Der Schwerpunkt der flankierenden Weiterbildungsangebote orientiert sich am erkannten Trainingsbedarf und kann die Beseitigung von Schwachstellen der Fachkompetenz, Methodenkompetenz, Sozialkompetenz und Persönlichkeitskompetenz für aktuelle und künftige Anforderungsprofile zum Ziel haben. Im Folgenden sind die fortentwickelten Ansätze eines „Employability"-fördernden Führungskräfteentwicklungsprogramms, getrennt nach „training-on-the-job" und anderen Weiterbildungsmaßnahmen dargestellt.[22]

- Training „on the job":
  - Vielfältige Lernmöglichkeiten in und durch interessante, abwechslungsreiche und qualifikationsgerechte Arbeit schaffen;
  - Bei Arbeitsverteilung und Erarbeitung von Arbeitsplatzprofilen individuell unterschiedliche Fähigkeiten stärker als bisher berücksichtigen, Mitgestaltung der Betroffenen ermöglichen;
  - Abgestufte Entscheidungsbefugnisse und Verantwortung für jede Führungsposition vorsehen, Delegieren und Dezentralisieren fördern;
  - Kooperativer Führungsstil der Vorgesetzten gegenüber den ihnen direkt zugeordneten MitarbeiterInnen fordern und fördern;
  - Anspruchsvolle, aber realistische Ziele durch regelmäßige individuelle Zielvereinbarungsgespräch mit den Führungskräften festlegen;

---

[22] Einzelne Bausteine finden sich z.B. in: Blancke, S. et al. (3/2001).

- Erfolg durch regelmäßige Zielerreichungs- und Leistungsbeurteilungsgespräche mit den Führungskräften ermitteln und kommunizieren;
- Individueller Trainingsbedarf durch regelmäßigen Soll-Ist-Vergleich der Fach-, Methode-, Sozial- und Persönlichkeitskompetenz ermitteln.

■ Training „near the job" und „off the job":
- betriebliche Weiter- und Fortbildungsmöglichkeiten anbieten, um erkannten Trainingsbedarf der Führungskräfte zu decken;
- abteilungsübergreifende Projektarbeit intensivieren;
- Feedback der MitarbeiterInnen durch regelmäßige Mitarbeiterbefragungen als zusätzliche Lernmöglichkeiten für Führungskräfte nutzen;
- Anpassung der vorhandenen Qualifikationen an zukunftsgerichtete Berufsstandards durch geeignete Fördermaßnahmen sicherstellen;
- Aufstiegschancen durch Förderkreise und andere gezielte Fördermaßnahmen verbessern;
- Erlebnispädagogische Lernarrangements für persönliche Grenzerfahrungen nutzen;
- Lernerfolg ermitteln und kommunizieren;

■ Flankierende Lernförderung:
- nach Leistung statt nach Zeit vergüten;
- Job-Börsen innerhalb des Unternehmens bzw. innerhalb der Unternehmensgruppe einrichten;
- IT-gestützten Wissenstransfer fördern;
- u. a. Maßnahmen.

Diese Maßnahmen dienen in erster Linie der unternehmensinternen „Employability" der Führungskräfte, in zweiter Linie auch der unternehmensexternen „Employability", da sich diese Lernerfahrungen leicht auf andere Arbeitssituationen übertragen lassen.

Noch einen Schritt weiter gehen die Konzepte, die sich auf das Modell der „Lernenden Organisation" stützen.[23] Das Modell benennt fünf Bereiche bzw. „Lerndisziplinen", die beherrscht werden müssen, damit Unternehmen und einzelne MitarbeiterInnen, einschließlich Führungskräfte, optimal lernen können und zwar nicht nur im Sinne des einfachen „Anpassungslernens" („Single-Loop-Learning") sondern auch des „Veränderungslernens" („Double-Loop-Learning") und des „Prozesslernens" („Deutero-Learning") (s. Tabelle 23-1).

Die „Lernende Organisation" zeigt einen begehbaren Weg, wie individuelles Lernen und organisationales Lernen gemeinsam in Höchstform gebracht werden können. Damit werden zugleich optimale Voraussetzungen dafür geschaffen, dass die interne „Employability" der Führungskräfte und vermutlich auch die externe „Employability" entwickelt werden. Die umfangreiche Fachliteratur zur Lernenden Organisation ist eine fast unerschöpfliche Fundgrube für Handlungsempfehlungen, die zur „Employability"-fördernden Führungskräfteentwicklung herangezogen werden können.

---

[23] Vgl. Senge, P.M. (1996); Probst, G. / Büchl, B. (1994).

Tabelle 23-1

Lernbereiche (Disciplines)	Erläuterungen
D1: Personal Mastery (Personal Growth and Learning)	Persönliches Können und Wollen ständig weiterentwickeln, um immer höher gesteckte individuelle Ziele noch besser zu erreichen (⇨ Selbstfindung)
D2: Mental Models	Persönliche, meist unbewusste Entscheidungsprämisse, die unsere Wahrnehmung der Welt und unser Handeln beeinflussen, ständig hinterfragen und ggf. anpassen (⇨ Selbstkritik)
D3: Building Shared Vision	Entwicklung gemeinsamer Zukunftsvorstellungen für das Unternehmen und der Mittel und Wege, um diese zu realisieren (⇨ Strategieentwicklung)
D4: Team Learning	Gemeinsam mehr und besser lernen als jeder einzelne für sich (⇨ Lernen im und durch das Team)
D5: System Thinking	Integrierende Disziplin (Ganzheitliche Betrachtungsweise)

23.3.1.3 Unternehmensinterne „Employability" durch Mischformen von Stellenbesetzungsstrategien

Sehr viel häufiger als puristische Anwendungen der Stellenbesetzungen „von außen" oder „von innen" sind situationsabhängige Mischformen, statt „entweder – oder" ein „sowohl – als auch", üblich. Sie bewirken ein Nebeneinander verschiedener Konzepte der „Employability"-Förderung von Führungskräften in den Unternehmen.

23.3.2 Förderung der unternehmensexternen „Employability" von Führungskräften

Die Förderung der unternehmensexternen „Employability" ist eine Notfall-Maßnahme, die darauf gerichtet ist, Personalabbau – wenn dieser schon nicht vermeidbar sein sollte – möglichst sozialverträglich zu gestalten. In Betracht kommen insbesondere das Outplacement und die Einrichtung von Beschäftigungs- und Qualifizierungsgesellschaften.

23.3.2.1 Das Outplacement

Unter Outplacement wird im Allgemeinen „ ... ein neues Konzept zur Betreuung aus der Unternehmung ausscheidender Mitarbeiter"[24] verstanden bzw. „... ein Prozess, durch den Personen unterstützt und beraten werden, die dazu gezwungen sind, ihren Arbeitsplatz zu verlassen".[25]

---

[24] Vgl. Sauer, M. (1991).
[25] Vgl. Bröckermann, R. (2003).

Das Ziel des Outplacement besteht darin, eine ausscheidende Führungskraft (oder einen Mitarbeiter) mit Hilfe und mit Unterstützung des Unternehmens oder eines vom Unternehmen beauftragten Beraters schnellstmöglich in die Lage zu versetzen, einen neuen, qualifikationsgerechten Arbeitsplatz zu finden und zu besetzen. Dabei handelt es sich in der Regel nicht nur um sozialpolitisch motivierte Leistungen, die ein verantwortungsvolles Unternehmen aus Sorge um seine Mitarbeiter erbringt, sondern zumindest auch um eine Aktivität zur Reduzierung der Kosten der Entlassung.[26]

Aus Sicht der „Employability"-Diskussion ist Outplacement ein Instrument, um die „Employability" ausscheidender Führungskräfte (und anderer Mitarbeiter) gezielt zu fördern.

23.3.2.2 Externe „Employability"-Förderung durch Beschäftigungs- und Qualifikationsgesellschaften

Beschäftigungs- und Qualifikationsgesellschaften haben sich aus den Sozialplänen entwickelt, die darauf gerichtet sind, den unvermeidlich gewordenen Personalabbau durch finanzielle Ausgleichzahlungen für den Verlust des Arbeitsplatzes sozialverträglich zu gestalten. Stattdessen wollen Beschäftigungs- und Qualifizierungsgesellschaften qualifizieren statt entlassen. Sie wurden von einzelnen Betreibern, Betriebszusammenschlüssen oder Kommunen unter Beteiligung anderer Träger (Gewerkschaften, Kommunen, Kirchen, Bildungsträgern, Wohlfahrtsverbänden etc.) gegründet. „Beschäftigungsgesellschaften haben das Ziel, bei anstehenden Massenentlassungen die betroffenen Beschäftigten nicht in die Arbeitslosigkeit zu entlassen, sondern ihnen mit einer sinnvollen Beschäftigung und Weiterbildung die Wiedereingliederung in den Arbeitsmarkt zu erleichtern."[27] Die Qualifizierungsgesellschaften stellen demgegenüber die Erstausbildung, Fortbildung und Umschulung in den Mittelpunkt. In der Realität sind Kombinationen von Beschäftigungs- und Qualifizierungsgesellschaften häufig.

Es haben sich verschiedene Modelle der Beschäftigungs- und Qualifizierungsgesellschaften herausgebildet, so z.B. Beschäftigungsgesellschaften mit Rückkehrmöglichkeiten, in Warteschleifen, als Auffangnetz und andere einzelbetriebliche Ansätze.[28] Trotz der unterschiedlichen Erscheinungsformen ist ihnen gemeinsam das Ziel, externe „Employability" zu entwickeln bzw. wiederherzustellen als eine wichtige Ergänzung der Maßnahmen, die auf die Förderung der internen „Employability" gerichtet ist.

---

[26] Vgl. Frick, B. (2004).
[27] Vgl. Holst, E. (1990), S.12.
[28] Vgl. Holst (1990), S. 17ff.

23.4 Fazit

Führungskräfte-Entwicklung aus Sicht der „Employability" ist mehr als eine Umbenennung längst bekannter Instrumente und Sachverhalte. „Employability" erweist sich als eine geeignete, umfassende Zielgröße, die als Orientierung für unterschiedliche, meist getrennt von einander betrachtete Einzelmaßnahmen bei verschiedenen Beschäftigungsformen für Führungskräfte dienen kann. Hervorzuheben ist insbesondere die geforderte Eigenverantwortlichkeit der Führungskräfte für ihre „Employability", die von den Unternehmen in differenzierter Weise je nach Bedarf und Wunsch unterstützt und gefördert wird. Sich für die „Employability" der Führungskräfte (und anderer MitarbeiterInnen) verstärkt zu engagieren, dürfte sich für die Unternehmen sowohl sozial- und gesellschaftspolitisch als auch ökonomisch lohnen.

Literaturverzeichnis

ACKERMANN, K.-F. (1969): Betriebliche Ausbildung – Sozialleistung oder Investition?, in: Marx, A. (Hrsg.), Personalführung, BD. I, Wiesbaden, S. 135-163.

ACKERMANN, K.-F. UND SPECK, P. (1983): Prüfende und beratende Berufe als Sprungbrett für das Management, in: BFuP, H. 5/1983, Herne / Berlin 1983, S. 377-401.

ALEWELL, D. UND KOLLER, P. (2003): Der Einsatz und die Bewertung von Rückzahlungsklauseln für Weiterbildungsmaßnahmen durch Unternehmen – Ergebnisse einer empirischen Untersuchung, in: ZfP 17, 1, S. 58-86.

BLANCKE, S. ET AL (2000): „Employability" („Beschäftigungsfähigkeit") als Herausforderung für den Arbeitsmarkt. Auf dem Weg zur flexiblen Erwerbsgesellschaft, in: Arbeitsbericht Nr. 157 der Akademie für Technikfolgenabschätzung in Baden-Württemberg, Stuttgart.

BLANCKE S. ET AL (2001): „Neue Herausforderungen an die Unternehmen, Arbeitnehmer und Staat, in: SOWI: Schwerpunktheft Zukunft der Erwerbsgesellschaft, Nr. 3.

BOSCH, G. (Hrsg.) (1998), Zukunft der Erwerbsarbeit, Frankfurt / New York.

BRÖCKERMANN, R. (2003): Personalwirtschaft, 3.Aufl., Stuttgart.

DELLEKÖNIG, CHRISTIAN (1995): Der Teilzeit-Manager, Campus Verlag.

EU-GRÜNBUCH (2001): Europäische Rahmenbedingungen für die soziale Verantwortung der Unternehmen, Juli.

FREIZEIT-FORSCHUNGSINSTITUT DER BRITISH AMERICAN TOBACCO (B.A.T.) Germany (2003): Repräsentativbefragung zum Thema „Neue Welt der Arbeit Herausforderungen und Anforderungen im 21. Jahrhundert", Hamburg.

FRICK, B.: (2004): Stichwort „Outplacement", in: HWP, 3. Aufl., Stuttgart, Sp.1321 (Sp. 1318-1325).

23 Führungskräfteentwicklung unter dem Aspekt der „Employability"

FUGATE, M. ET AL (2004): „Employability". A psycho-social construct, its dimensions, and applications in: Journal of Vocational Behavior, 65, S. 14-38.

GERLACH, C. (2000): Lebenslanges Lernen. Konzepte und Entwicklungen, Köln.

HABERMANN, W. UND LOHAUS, D. (2003), „Employability" statt Outplacement, in: PERSONAL Nr. 7, S. 56-59.

HILTROP, J.-M. (1995): The changing psychological contract. The human resource challenge of the 1990s, in: European Management Journal, 13-3, S. 286-294.

HÖCKELS, A. (2000), Möglichkeiten zur Sicherung von Humankapital im Unternehmen – Eine Analyse aus institutionenökonomischer Sicht, Frankfurt a.M..

HOLST, E. (1990): Die Zukunft selbst gestalten. Beschäftigungs- und Qualifizierungsgesellschaften in der Phase der wirtschaftlichen Neuordnung, Berlin.

INSTITUT FÜR ANGEWANDTE INNOVATIONSFORSCHUNG (IAI) / FORSCHUNGSZENTRUM FÜR PERSONALENTWICKLUNG IM INSTITUT FÜR ARBEITSWISSENSCHAFT (FPE) (beide Ruhr-Universität Bochum) (2005): Projekt: Lebenslanges Lernen im Bereich von Sicherheit und Gesundheitsschutz. Entwicklung eines Kompetenzmodells als Basis für die Förderung eigenkompetenten Verhaltens. Abschlussbericht: Kriegmann, B., Kottmann, M. et al: Kompetenz für eine nachhaltige Beschäftigungsfähigkeit, Dortmund/ Berlin/ Dresden.

INSTITUT FÜR BESCHÄFTIGUNG UND „EMPLOYABILITY" DER FACHHOCHSCHULE LUDWIGSHAFEN / Rhein (2004): Studie „„Employability" Management", Ludwigshafen.

LOMBRISER, R. UND UEPPING, H. (Hrsg.) (2001): „Employability" statt Jobsicherheit, Neuwied.

MARCH, J.G. UND SIMON, H.A. (1958): Organizations, New York / London u.a..

PROBST, G. UND BÜCHEL, B. (1994): Organisationales Lernen – Wettbewerbsvorteil der Zukunft, Wiesbaden.

RAEDER, S. UND GROTE, G. (2000): Flexibilisierung von Arbeitsverhältnissen und psychologischer Kontrakt: Neue Formen persönlicher Identität und betrieblicher Identifikation. Arbeitsbericht ETH Zürich, Institut für Arbeitspsychologie.

RUMP, J. UND SCHMIDT, S. (2005): Fördern und Fordern von Beschäftigungsfähigkeit. Das Konzept des „Employability"-Management, Fachhochschule Ludwigshafen, URL: http://web.fh-ludwigshafen.de//ibe/index.nsf/Files/74060701D6873FDCC1256F51004C7A40/ $FILE/Das%20Konzept%20"Employability"%20Management.pdf [09.05.2005].

RUMP, J. UND SCHMIDT, S. (2005): Arbeitsmarktfitness – Künftige Anforderungen an Arbeitnehmer/innen, Fachhochschule Ludwigshafen, URL: http://web.fh-ludwigshafen.de//ibe/index.nsf/Files/6D38CD65E3E4C815C1256FFC002511CB/ $FILE/Arbeitsmartfitness.pdf [09.05.2005].

RUMP, J. UND SCHMIDT, S. (2005): „Employability" im Fokus: Beschäftigungsfähigkeit im Spannungsfeld von Notwendigkeit und Zurückhaltung, Fachhochschule Ludwigshafen, URL: http://web.fh-ludwigshafen.de//ibe/index.nsf/Files/685E4CDB0F700A22C1256F51004C5ED1/ $FILE/"Employability"%20im%20Fokus.pdf [09.05.2005].

ROUSSEAU, D. M. (1995): Psychological contracts in organsations. Understanding written and unwritten agreements, Newsbury Park.

SATTELBERGER, T. (1999): Der „Neue Moralische Kontrakt", in derselbe (Hrsg.), Wissenskapitalisten oder Söldner? Personalarbeit in Unternehmensnetzwerken des 21. Jahrhunderts, Wiesbaden, S. 59-95.

SAUER, M. (1991): Outplacement-Beratung, Wiesbaden.

SCHLAFFKE, W. (2000): „Employability" und Selbststeuerung für die permanente berufliche Weiterbildung, in: Franz, O., Aus- und Weiterbildung für den deutschen Mittelstand, Eschborn, S. 28-39.

SENGE, P.M. (1996): Die fünfte Disziplin, Kunst und Praxis der Lernenden Organisation, 2. Aufl., Stuttgart.

SOSNA, M. (Hrsg.) (2002): Lernen ein Leben lang – Beiträge der wissenschaftlichen Weiterbildung, Regensburg, S. 128-137.

STAUDT, E. UND KOTTMANN, M. (1999): „Employability" von Naturwissenschaftlern und Ingenieuren. Herausforderungen an die Kompetenzentwicklung in dynamischen Wirtschaftsbereichen, in: Innovation, Forschung und Management, Bd. 15, Bochum.

TANKIN, P. UND HILLAGE, J. (1999): „Employability" and Employers. The missing piece of the jigsaw. Brighton.

THOM, N. UND FRIEDLI, V. (2003): High Potentials: Was die Guten bindet, in: PERSONALmagazin Nr. 2, S. 64-66.

VOß, G. UND PONGRAZ, H. (1998): Der Arbeitskraftunternehmer. Eine neue Grundform der Ware Arbeitskraft?, in: Kölner Zeitschrift für Soziologie und Sozialpsychologie, Nr. 50, S. 131-158.

WEINERT, P. ET AL. (2001): Beschäftigungsfähigkeit. Von der Theorie zur Praxis, in: Soziale Sicherheit, Bd. 4, Bern u.a..

Christian Scholz

24 Employability bei „fortgeschrittenen" Spielern ohne Stammplatzgarantie

24.1 Die Herausforderung: Employability als Konzept ohne Realisierungsanspruch?

Was haben Unternehmen ihren Mitarbeitern in der Vergangenheit nicht alles garantiert und versprochen: Als erstes die lebenslange Beschäftigung! Jobsicherheit stand hoch im Kurs und wurde zu einem zentralen Bestandteil von Beschäftigungsverhältnissen, die im Prinzip unbefristet waren. Zusätzlich wurden die Arbeitsverhältnisse durch eine wahre Flut von gesetzlichen beziehungsweise tarifvertraglichen Regelungen abgesichert, die Mitarbeitern eine weit reichende Arbeitsplatzsicherheit garantierten.

Konsequenzen aus diesen „Hochsicherheits-Beschäftigungskonzepten" ergaben sich letztlich auch für die Personalentwicklung: Denn geht ein Unternehmen davon aus, dass es über einen sehr langen Zeitraum mit einem Mitarbeiter zusammen arbeiten wird, so resultiert daraus zwangsläufig die Notwendigkeit zu einer breiten und aktualisierenden Personalentwicklung, die permanent darauf abstellt, die Qualifizierung des Mitarbeiters zu verbessern und auf den notwendigen Stand zu bringen. Dazu gehört eine ausgefeilte und auf die langfristigen Ziele des Unternehmens ausgerichtete Entwicklungsplanung mit einem umfassend institutionalisierten System von Bildungsträgern.

Mit dem Anspruch auf Beschäftigungssicherheit wurde schließlich auch die personalwirtschaftliche Gretchenfrage „Make or Buy" eindeutig mit „Make" beantwortet. Weniger der „Einkauf" hoch qualifizierter Mitarbeiter stand also im Mittelpunkt, vielmehr konzentrierte sich die Personalarbeit auf eine laufende Weiterentwicklung der Mitarbeiterfähigkeiten im Interesse des Unternehmens und – auf Grund des Beschäftigungssicherungspostulats – auch im Interesse der Mitarbeiter.

Doch dann begann vor einigen Jahren das Versprechen der Beschäftigungssicherheit sukzessive zu zerplatzen. Die Weltwirtschaft, die Binnenwirtschaft, der Zusammenbruch des „Neuen Marktes", die Suche nach dem Shareholder-Value und vieles andere wurden als Begründungen angeführt. Ergebnis: Die Unternehmen schwenkten um und sahen die langfristige Sicherung von Arbeitsplätzen jetzt auch ganz offiziell nicht mehr als ihre Aufgabe an. Mitarbeiter, die nicht mehr „ins Programm" passten, wurden aus dem Unternehmen entfernt und – natürlich sozialverträglich (also weitgehend auf Kosten der Allgemeinheit) – auf die Straße beziehungsweise vor das Arbeitsamt oder ins Rentnerheim gesetzt.

Zumindest die Verabschiedung in die Arbeitslosigkeit passte aber nicht mehr ganz ins Bild der sozialen Personalwirtschaft und deshalb kam das nächste Versprechen: Beschäftigungsfähigkeit war das neue Schlagwort und die Idee der Employability war geboren! Der Einzelne weiß zwar, dass er auf einem Schleudersitz sitzt, soll aber Perspektiven für den Rauswurf bekommen: Statt Beschäftigungssicherheit wollte man die Mitarbeiter „generell" für den Arbeitsmarkt fit machen. Die Weiterqualifizierung zielte also nicht mehr ausschließlich darauf ab, den individuellen Bedarf des eigenen Unternehmens an Wissen und neuen Fähigkeiten zu decken, sondern auch darauf, solche Qualifikationen zu fördern, die von der Breite der Unternehmenslandschaft gewünscht waren.

Auch wenn das Konzept der Employability etwas fundamental Anderes darstellt als das ursprüngliche der Beschäftigungssicherheit, so klingt Beschäftigungsfähigkeit zumindest verbal gut, lässt sich beeindruckend auf Kongressen vortragen und sorgt für etwas Beruhigung.

Eine funktionierende Employability basiert allerdings auf der Erfüllung von drei Prämissen:

1. Der Arbeitsmarkt muss überhaupt in hohem Umfang bereit sein, Mitarbeiter aufzunehmen. Diese Prämisse ist beim gegenwärtigen Stand und bei rund fünf Millionen (ausgewiesenen und nicht verschleierten) Arbeitslosen mehr als unrealistisch, also kaum zu erfüllen.

2. Das Unternehmen muss in der Lage sein, die zur Sicherstellung der Employability notwendigen Qualifikationen zu identifizieren und entsprechende Maßnahmen zu ihrer Erlangung durchzuführen. Auch hier sind Zweifel angebracht: Wenn sich schon in der Vergangenheit viele Unternehmen als absolut unfähig erwiesen haben, den eigenen Bildungsbedarf zu bestimmen und daraufhin adäquate Maßnahmen zu ergreifen, wie soll dies dann für etwas so Unbestimmtes wie den „externen Arbeitsmarkt" funktionieren?

3. Auch wenn dies ketzerisch erscheinen mag, ist auch die betriebswirtschaftlich relevante Frage zu beantworten, warum Unternehmen überhaupt Energie in eine Employability ihrer Mitarbeiter investieren sollen: Schließlich erhöht eine am breiten Arbeitsmarkt ausgerichtete Personalentwicklung nicht nur die Wahrscheinlichkeit, dass Mitarbeiter bei einer Kündigung durch das Unternehmen eine neue Stelle finden (was für alle gut ist), sondern auch dafür, dass Mitarbeiter abgeworben werden und gegen den Willen des Unternehmens selber kündigen (was für das Unternehmen schlecht ist). Weshalb also Investitionen in Employability? Sicherlich kann man Argumente konstruieren. Nur: Wer glaubt in der gegenwärtigen Unternehmenslandschaft an Bekenntnisse zur sozialen Verantwortung? Noch eher (ansatzweise) nachvollziehbar sind Aussagen wie die Sicherstellung eines angemessenen Betriebsklimas und die Hoffnung, durch eine „positive" Trennung langfristig das Arbeitgeberimage fördernde Impulse auf den Arbeitsmarkt auszustrahlen.

Vor diesem Hintergrund überrascht es überhaupt nicht, wenn Unternehmen immer weniger bereit und in der Lage sind, in Employability zu investieren. Sie stimmen allenfalls zu, Teile der Abfindung in Maßnahmen zur Verbesserung der Employability umzuleiten.

Ist damit auch die zweite Seifenblase zerplatzt?

Die Antwort läuft gegenwärtig auf ein „Ja!" hinaus, wenn man sich gleichzeitig die generellen Verschiebungen bei der Personalentwicklung betrachtet:

- Vor zehn Jahren erhielt ein bekannter Referent auf einem großen Personalkongress noch tobenden Applaus für den Satz „Für die individuelle Personalentwicklung ist die Personalabteilung zuständig! Niemand sonst!".

- Irgendwann wurde dann aber der Personalabteilung die Kompetenz (im Sinne von Befähigung sowie Befugnis) zur Personalentwicklung abgesprochen und die Verantwortung auf die jeweilige unmittelbare Führungskraft verlagert. Auf einmal war diese dafür verantwortlich, sich um die Personalentwicklung ihrer Mitarbeiter zu kümmern, zu verstehen als individuelle Weiterentwicklung im Interesse des Mitarbeiters, aber auch im Sinne einer langfristigen Karriereplanung im Interesse des Unternehmens.

- Schnell stellte man aber fest, dass Führungskräfte nur ein eingeschränktes Interesse an der Ausübung dieser Aufgabe aufbringen können. Sie haben allenfalls Interesse an einer Qualifizierung, die kurzfristig wirksam wird. Wesentlich geringer fällt das Interesse an Investitionen in langfristige und dadurch in der Gegenwartsbetrachtung fast altruistisch wirkende Bemühungen zur Personalentwicklung aus. Damit lag es nahe, dass am Ende Personalstrategen die Verantwortung des jeweiligen Mitarbeiters für seine eigene Personalentwicklung entdeckten und diesen zum „Unternehmer in eigener Sache" erklärten.

Dies alles löste jedoch weder das ursprüngliche Zuständigkeitsproblem noch sicherte es die Employability des Mitarbeiters.

Wie aber ist das Thema der Employability überhaupt sinnvoll aus Sicht des Unternehmens und aus Sicht der potenziell betroffenen Mitarbeiter anzugehen? Sicherlich kein Weg besteht darin, weiterhin blauäugige Konzepte zu propagieren, die teilweise sogar noch den Blick auf die Realität verstellen, eine Scheinsicherheit suggerieren und damit mehr Schaden anrichten als Nutzen stiften. Nötig ist vielmehr eine substanzielle Auseinandersetzung mit der aktuellen Ausgangssituation und ein daraus abgeleitetes Aktionsprogramm – und zwar genau auf die jeweils anzusprechende Zielgruppe zugeschnitten.

24.2 Die Ausgangslage: Mitarbeiter als Spieler ohne Stammplatzgarantie!

Betrachtet man die gegenwärtige Arbeitswelt, so stößt man an verschiedensten Ecken auf gefährliche Paradoxien: So werden die Planungen umso oberflächlicher, je schwieriger die Situation (weil man sich mental nicht mehr darauf glaubt einstellen zu können). Je weniger liquide Mittel, umso mehr verschulden sich Unternehmen, weil sie auf Bluffs hereinfallen und Scharlatane Hochkonjunktur haben: Dies gilt in gleicher Weise oft (aber natürlich nicht immer) für Motivationsseminare, Kommunikationspakete, Effizienzanalysen oder die vielen lustigen Prinzipien, die sich auf den Bestsellerlisten tummeln. Der platte, aber nichtsdestoweniger aussagekräftige Spruch „Je näher wir dem Ziel kamen, umso mehr haben wir es aus den Augen verloren" charakterisiert diese Situation. Widersprüchlichkeit auch bei der Personalarbeit. Manche Unternehmen entlassen massenhaft ihre Mitarbeiter, andere (und manchmal sogar die gleichen) suchen händeringend nach den „richtigen" Arbeitskräften. Doch dahinter gibt es vielleicht eine

Logik, denn im Idealfall scheint zu gelten: Bei uns arbeiten für viel Geld nur die gerade Besten vom Markt, der Rest soll woanders unterkommen oder von der Allgemeinheit finanziert werden. Die Schlagzeilen, die täglich in den Zeitungen die derzeitige Wirtschaftslage und Situation auf dem Arbeitsmarkt dokumentieren, belegen es: Gegenwärtig finden in der Arbeitswelt tief greifende Veränderungen statt! Transformationen betreffen das Denken und Handeln auf gesellschaftlicher wie auf unternehmerischer Ebene. Sie betreffen jeden und der Wandel vollzieht sich immer schneller mit immer weitreichenderen Ergebnissen. Verblüffung und Erstaunen kombinieren sich bei dem Einen mit Angst, bei dem Anderen mit Faszination.

Was aber treibt diese Entwicklungen voran? Im Kern sind es zwei Bewegungen, die uns in eine vollkommen neue Arbeitswelt führen:

- Die eine Tendenz lässt sich – zwar nicht angenehm – mit Darwinismus umschreiben. Es geht darum, Gewinner und Verlierer zu bestimmen und solche Unternehmen beziehungsweise Mitarbeiter zu lokalisieren, die nicht zu den Erfolgreichen gehören. Dieser Darwinismus bedeutet zwar grundsätzlich nicht das Eliminieren von Mitarbeitern, mindestens aber Evaluation und permanentes Durchlaufen des aus der Natur bekannten Prinzips, das zur Sicherung des „Survival of the fittest" dient und die Phasen Variation – Selektion – Retention umfasst. Symptomatisch ist die hohe Anzahl von Firmenpleiten, sogar das Sterben von großen und traditionsreichen Unternehmen. Überall gilt die Devise: Es gibt keine Stammplatzgarantie mehr. Viele trifft diese Entwicklung hart. Mitarbeiter, die sich jahrelang loyal gegenüber ihrem Unternehmen verhalten haben, werden plötzlich vor die Tür gesetzt, weil ihre Wertschöpfung zu gering erscheint.

- Die andere Tendenz ist der immer stärker werdende individuelle Opportunismus. Er führt dazu, dass Einzelne ihre Interessen nur noch in Bezug auf sich selbst und ohne Rücksicht auf die Gemeinschaft verfolgen. Mitarbeiter, die gerade für viel Geld eine Weiterbildung erhalten haben, verlassen plötzlich das Unternehmen, um woanders ein aus ihrer Sicht attraktiveres Angebot wahrzunehmen. Das verlassene Unternehmen muss akzeptieren, dass Andere von ihrem erhofften „Return on Investment" profitieren. Dieser Opportunismus hat aber auch eine durchaus positive Konnotation, wenn man ihn mit „individuellen Chancen" verbindet. Dies alles erfordert weit reichendes Umdenken, denn es muss eben auch von Mitarbeitern und Führungskräften (und Top-Managern) ausgegangen werden, die ihren (natürlichen) Opportunismus in grenzenlosem Egoismus ausleben.

Treffen Darwinismus als kollektiver Mechanismus zum Optimieren von Unternehmen, Bereichen oder Mitarbeitern, und Opportunismus als individueller Antrieb, eigene Chancen ohne Rücksicht auf Andere zu nutzen, zusammen, kommt es zum Darwiportunismus: Unternehmen sind also darwinistisch und Mitarbeiter opportunistisch – wogegen zunächst vielleicht auch wenig spricht.

In der Konsequenz heißt das: Weder haben Mitarbeiter einen Stammplatz im Unternehmen, noch haben Unternehmen Stammplätze auf dem Weltmarkt oder in der Gunst der (potenziellen) Mitarbeiter! Es muss also gehandelt und umgedacht werden – gerade auch in Richtung auf Beschäftigungssicherheit.

24.3 Die Verdrängung: Warum Employability kein Thema wird!

Fast schon als natürlicher Reflex kommt an dieser Stelle der Aufschrei von sozialromantisch verklärten Praktikern, populistischen Politikern und realitätsfernen Journalisten: „Nur keine Panik" und auf keinen Fall vom Kurs der „guten alten Zeit" abbringen lassen – so die simple und eingängige Formel.

Und genau hier aber beginnt das Problem wirklich zum Problem zu werden, denn die wirkliche Notwendigkeit, sich mit diesem Thema auseinander zu setzen, wird negiert!

Wenn betriebliche Seminare primär dem Glücksgefühl der Teilnehmer dienen, wird sich kein Gefühl bei Teilnehmern für Veränderungsnotwendigkeiten breit machen. Noch immer gibt es genug Referenten (vor allem aus dem Kreis der höchstbezahlten Personalexperten), die ausschließlich auf folgende plumpe Mechanik abstellen: Sie holen die Teilnehmer langsam „dort ab", wo sie sich selber sehen, machen ausreichend Pausen und verletzen grundsätzlich nicht das Weltbild der Teilnehmer. Und wenn dieses eben auf „eigentlich muss das Unternehmen Sicherheit garantieren" ausgerichtet ist, findet es sich im Vortrag wieder. Zudem propagieren derartige Referenten zwar Verhaltensänderungen, aber nie solche, die durch die Anwesenden zu erbringen sind. Den Zuhörern erklärt man lieber, dass die vielen neumodischen Systeme (wie zur Motivation, zur Vorgesetztenbeurteilung oder zur Leistungsmessung) völliger Unsinn und deshalb zurecht von allen abzulehnen sind. Die Teilnehmer attestieren nachher dem Referenten zufrieden, „er hat mir direkt aus der Seele gesprochen", nur leider waren „die Leute nicht da, an die sich die Aussagen gerichtet haben". Das Gleiche gilt für die Wirtschaftspresse, die verblüffender Weise genau in das gleiche Horn stößt: „Nur glückliche Arbeit ist gute Arbeit" lautet hier die Devise. Das wird gerne gelesen und hier findet sich der Leser ebenfalls beruhigt wieder.

Das Ergebnis: Ein Gefühl der allenfalls kurzfristig gestörten „guten, alten Zeit" kommt auf und die Hoffnung, durch Insistieren auf Konstrukten wie Vertrauen, Offenheit, Glück und Loyalität diesen alten Zustand wieder herbeiführen zu können.

Natürlich will im Prinzip jedes Unternehmen loyale Mitarbeiter und umgekehrt wollen im Prinzip Mitarbeiter auch loyale Unternehmen. Stellt man jedoch die Frage, ob es gegenwärtig loyale Mitarbeiter und loyale Unternehmen gibt, so müsste streng genommen die Antwort eindeutig „Nein" lauten. Denn Loyalität aus Sicht des Unternehmens würde bedeuten, einen Mitarbeiter weiter zu beschäftigen, nur weil er in der Vergangenheit eine gute Leistung erbracht hat, und diese Weiterbeschäftigung beizubehalten, auch wenn in der Zukunft absolute Minderleistungen zu erwarten sind. Andererseits würde Loyalität aus Sicht des Mitarbeiters bedeuten, dass dieser auf Grund der vergangenen Erfahrungen bei einem Unternehmen bleibt, auch wenn ihm die Zukunft dort eindeutig soziale und wirtschaftliche Nachteile bringt. Betrachtet man also Loyalität im Hinblick auf die tatsächlichen Vor- und Nachteile, die durch sie für Mitarbeiter und Unternehmen entstehen, so kommt bei einer Prognose unter rationalen Gesichtspunkten nur eindeutig eine Absage an die Loyalität in Frage!

Also: Gerade was Beschäftigungssicherheit und alle dazugehörigen Aspekte betrifft, kommt man eigentlich um eine klare Auseinandersetzung mit den veränderten Ausgangsparametern nicht herum! Aus ihr lässt sich dann eine realistische Vision für die Zukunft ableiten.

24.4 Die Vision: „Sauberer" Darwiportunismus als Wettbewerbsvorteil

Was passiert, wenn sich die Unternehmen dem Darwinismus verschreiben und gleichzeitig die Mitarbeiter den opportunistischen Weg in die Selbstoptimierung suchen? Sicherlich kann man sich auf eine „sozialromantische Insel" zurückziehen – sofern sie existiert. Man kann aber auch versuchen, sinnvoll mit der darwiportunistischen Arbeitswelt ohne Stammplatzgarantie umzugehen.

Dies würde bedeuten, dass man versucht, weit gehende Transparenz und „Regelsicherheit" herzustellen. So spricht im Prinzip nichts gegen darwinistische Evaluation in einem wettbewerbsintensiven Umfeld – sofern die Mitarbeiter die Spielregeln kennen und diese entsprechend eingehalten werden. Durch einen solchen „sauberen" Darwiportunismus wird zwar keine Stammplatzgarantie eingeführt, wohl aber ein leistungsorientiertes Umfeld mit einem zumindest tendenziellen Sicherheitskorridor für Mitarbeiter.

Um diesen Wettbewerbsvorteil aber tatsächlich zu realisieren, müssen die Mitarbeiter die Logik der fehlenden Stammplatzgarantie verstehen und die personalwirtschaftlichen Systeme voll auf diese Logik abgestimmt werden: Dies verbessert die „Überlebenswahrscheinlichkeit" der Arbeitsplätze, fördert aber auch Beschäftigungssicherheit und Beschäftigungsfähigkeit der Mitarbeiter.

Wie die Umsetzung eines solchen Postulates konkret aussehen kann, soll nachfolgend an einer spezifischen Zielgruppe für Employability erläutert werden.

24.5 Die Zielgruppe: MiPros als Hoffnungsträger?

Die Logik der Spieler ohne Stammplatzgarantie zieht unabhängig von ihrer generellen Aussagekraft Umsetzungserfordernisse nach sich, die je nach Beschäftigtengruppe (Young Professionals, MiPros und „Senioren") besondere Spezifika aufweisen.

Nimmt man die Gruppe der Young Professionals, von denen einige noch immer auf ihren ersten wirklichen Job warten, so ergibt sich für sie die Herausforderung, die Spielregeln der Arbeitswelt beziehungsweise ihres Unternehmens zu verstehen, trotz fehlender (oder nur geringer) eigener beruflicher Erfahrung. Gerade Young Professionals – auch wenn ihnen arbeitgebernahe Karrieremagazine im Interesse der Anzeigenkunden gerne das Gegenteil vorgaukeln – müssen erkennen, dass das Wirtschaftsleben gekennzeichnet ist durch hochgradig darwinistische Systeme auf der einen Seite und auf der anderen Seite durch Personen, die sich zwangsläufig opportunistisch verhalten (müssen). Hier blauäugig den Unternehmen zu glauben, die „den Mitarbeiter im Mittelpunkt sehen" oder die ein „offenes und faires Betriebsklima" propagieren, ist gefährlich. Nur wer in der Lage ist, tatsächlich die wirklichen darwiportunistischen Spielregeln zu verstehen, kann seine Bewerbung und letztlich auch den Berufseinstieg erfolgreich gestalten. Hier bedeutet Employability also im Wesentlichen mitarbeiterseitiges Verstehen der unsichtbaren Spielregeln der aktuellen Wirtschaftssituation und des jeweiligen Wunschunternehmens.

Der Beitrag des Arbeitgebers zu einer solchen Employability kann dann im Schaffen von mehr Transparenz bestehen, indem er diese impliziten Spielregeln aufdeckt und offen kommuniziert.

Betrachtet man hingegen die Gruppe der „Seniors", die schon auf ein jahrzehntelanges Arbeitsleben zurückblicken können und die bereits kurz vor dem Ruhestand stehen, so ist Employability für diese – wenn überhaupt – wohl nur noch von sehr begrenztem Interesse: Weder unternehmens- noch mitarbeiterseitig werden hier allzu große Anstrengungen bezüglich einer langfristigen Sicherstellung der Beschäftigungsfähigkeit unternommen. Diese Situation ist als ein mehr oder wenig deutlich kommunizierter, auf alle Fälle aber als ein gegenseitig respektierter „Nichtangriffspakt" charakterisierbar.

Eine völlig andere Facette gerät in den Mittelpunkt der Betrachtung, wenn man sich mit den „fortgeschrittenen" Mitarbeitern befasst, die in diesem Aufsatz als MiPros („Mittlere Professionals") bezeichnet werden sollen. MiPros sind schon längere Zeit im Berufsleben und haben entsprechende Erfahrungen gemacht. MiPros haben erlebt, wie Unternehmen in der Vergangenheit bei Zusammenschlüssen mit Mitarbeitern umgegangen sind, haben die teilweise scheinheilige Argumentation vieler Unternehmen mitbekommen, bei denen das „wunderbare Wir-Gefühl" fast nahtlos überging in Massenentlassung und in das neue „Wir-Gefühl der Arbeitslosigkeit". Auch wenn es manche Personalverantwortliche nicht wahrnehmen wollen: Besonders MiPros – egal, ob es sich um Facharbeiter oder Führungskräfte in Managementpositionen handelt – haben ihr „Urvertrauen" in das Unternehmen weitestgehend verloren.

Trotz der Relevanz dieser Probleme wird aber wegen der Schwierigkeit, diese Probleme zu lösen, gerade der Beschäftigtengruppe der MiPros relativ geringe Aufmerksamkeit geschenkt. So findet man überall Karriereratgeber, die sich auf die Young Professionals als Zielgruppe ausrichten, ihnen also vielfältigste Ratschläge und Verständnishilfen liefern. Die MiPros hingegen werden weitgehend allein gelassen! Hier gibt man sich dem Trugschluss hin, dass auf diesem Niveau allenfalls im Extremfall fachliche Qualifizierung erforderlich sei, ansonsten aber in der Vergangenheit bereits ausreichend Personalentwicklung stattgefunden habe.

Dies ist aber insofern ein gravierender Fehler, als Employability auch in diesem Fall Verständnis, kognitive Rationalisierung der aktuellen Situation und systematische Unterstützung sowie Vorbereitung voraussetzt.

24.6 Die Entwicklungsidee: Rahmenprogramm mit Eigeninitiative

Erforderlich ist eine kategorische Umorientierung. Dies bedeutet aus Sicht der MiPros Wahrnehmung der Funktion „Unternehmer in eigener Sache", aus Sicht des Unternehmens eine langfristige Sicherung des Wissens der betreffenden Mitarbeiter: Denn gerade die Gruppe der MiPros ist es, die für Unternehmen auf Grund ihrer Erfahrungen und Kenntnisse überlebenskritische Potenziale bereitstellt. Gesucht ist also ein unternehmensseitig realisiertes „Rahmenprogramm" und eine mitarbeiterseitige Eigeninitiative. An diese Entwicklungsidee sind folgende Anforderungen zu stellen:

1. In der Personalpolitik und in der Personalstrategie müssen die Logik der Spieler ohne Stammplatzgarantien sowie das Prinzip der Employability explizit verankert werden!

Dies bedeutet radikales „Entmüllen" der Unternehmen von überholten „Gute-Laune-Phrasen" und die Besinnung auf eine neue Ehrlichkeit. Ein solches „Entmüllen" setzt aber kritisches Durchforsten lieb gewonnener Mythen voraus und bedarf daher im Regelfall eines strategischen Anstoßes: Nur wenn klar ist, dass es sich hierbei nicht um eine der üblichen Beschäftigungstherapien und Metaplankarten-Sortierorgien handelt, kann tatsächlich etwas bewegt werden.

2. Alle personalwirtschaftlichen Systeme sind auf die Kombination aus Employability und „Spieler ohne Stammplatzgarantie" abzustimmen!

Dies beginnt mit regulären Mitarbeitergesprächen und reicht bis hin zu leistungsbezogenen Vergütungssystemen sowie Cafeteriamodellen. Die vornehmliche Aufgabe dieser Systemgestaltung besteht darin, Mechanismen zu etablieren, die beim Aufbau eines „sauberen" Darwiportunismus helfen. So müssen Führungskräfte für die Durchführung eines sinnvollen Mitarbeitergespräches lernen, darwiportunistische Spielregeln offensiv und fair zu vertreten, wollen sie nicht die Vertrauensbasis zu ihren Mitarbeitern noch mehr gefährden.

3. Speziell die Gruppe der MiPros muss die Prinzipien des Darwinismus und des Opportunismus verstehen!

Dies bedeutet beispielsweise die Entwicklung eines speziellen Zwei-Tage-Seminars, in dem MiPros lernen, Mechanismen zu dechiffrieren, um über die Verstehen-und-Gestalten-Logik individuelle Problemlösungen zu entwickeln. Bei dieser Diskussion geht es dann nicht darum, durch das Erlernen von konkreten Fertigkeiten die Employability zu vergrößern. Vielmehr geht es darum, das Verständnis für die Ursachen zu wecken, die überhaupt zum Zwang zur Employability führen. Nur mit diesem generellen Hintergrundwissen können die aktuellen konkreten Umsetzungsherausforderungen effizient angegangen werden. Dazu gehört vor allem das Verstehen der darwiportunistischen Logik der „Spieler ohne Stammplatzgarantie" einschließlich ihrer Konsequenzen für Unternehmen und Mitarbeiter. Im Ergebnis geht es um eine klare Aussage: Für seine Employability ist der Mitarbeiter ganz alleine verantwortlich! Dies gilt vor allem für MiPros und ist vor allem an die MiPros adressiert, die sich fälschlicherweise (noch) nicht als Spieler ohne Stammplatzgarantie sehen, sich ihrer (neuen) Rolle also (noch) nicht bewusst sind.

4. MiPros müssen sich selbst mit ihrer eigenen Berufsperspektive auseinander setzen, also Karriere-Aktien und Sinn-Aktien optimal mischen.

Dies klingt einfacher als es ist, verlangt es doch von den MiPros, sich überhaupt mit der eigenen (unsicheren!) Zukunft entsprechend auseinander zu setzen, und gleichzeitig noch diese beiden Denkwelten zu berücksichtigen:

- Bei den Karriere-Aktien steht primär die materielle Komponente im Vordergrund. Hier dreht es sich – vereinfacht ausgedrückt – um Arbeiten, Geldverdienen, noch mehr Arbeiten und noch mehr Geldverdienen, und man braucht dazu individuelle Kernkompetenzen, für die es im Unternehmen oder auch außerhalb davon einen Markt gibt. Interessant und wichtig für MiPros ist dabei die Tatsache, dass „Schlüsselqualifikation heute" nicht unbedingt

24 Employability bei „fortgeschrittenen" Spielern ohne Stammplatzgarantie

„Schlüsselqualifikation morgen" bedeutet, letztlich also eine individuelle Optimierung auf der Zeitachse nötig ist. Je mehr man sich also auf das „Heute" fokussiert, umso mehr verliert man das „Morgen" aus dem Blick. In jedem Fall aber gilt: Man will Karriere machen, zumindest aber überleben!

- Bei der Sinn-Aktie wird die individuelle Chance weniger in der Nutzung des Arbeitsmarktes oder in der Vorbereitung darauf gesehen. Vielmehr geht es um Sinnschaffung als individuelle, konstruktivistische Aktivität: Auch wenn Schlagworte wie „Selbstverwirklichung" oder „seinen Sehnsüchten nachgehen" illusionär wirken mögen, ändert es nichts daran, dass MiPros den Sinn des Lebens auf keinen Fall ausschließlich in der Freizeit suchen, sondern auch ihre berufliche Sphäre entsprechend umstrukturieren werden.

5. Unternehmensspezifisch ist ein neuer „psychologischer Kontrakt" zu thematisieren!

Gerade die anzustrebende Mischung aus Karriere- und Sinn-Aktien verlangt, dass sich MiPros nicht nur daran orientieren, ob mittel- bis langfristig mit der entsprechenden Kernkompetenz ein ausreichendes Auskommen gesichert ist. Sie verlangt vielmehr, dass sich die MiPros gezielt mit Überlegungen beschäftigen, wie sie ihre Karriere vorantreiben können, und dabei Sinn sowie Zweck ihrer Arbeit finden. Doch dies hat fatale Folgen: Je mehr sich MiPros um ihre Employability kümmern, desto mehr reduziert sich ihre rationale und emotionale Bindung an das Unternehmen. Der Mitarbeiter wird tatsächlich zum Unternehmer in eigener Sache und beginnt, seine Handlungen nach dem Prinzip der Eigenmaximierung auszurichten. „Spielen ohne Stammplatzgarantie" bedeutet danach nicht den Verzicht auf ethische und moralische Grundsätze! Vielmehr geht es um das Finden des richtigen Gleichgewichts zwischen unternehmerischem Darwinismus und mitarbeiterseitigem Opportunismus. „Sauberer" Darwiportunismus wird damit zu einem positiven Szenario, wenn er auf die wechselseitige Abstimmung und den wechselseitigen Ausgleich zwischen der Gruppe und dem Einzelnen abstellt. Dieses Szenario der neuen Arbeitswelt ermöglicht den Akteuren, ihre eigenen Interessen offen in die Gestaltung der gemeinsamen Arbeit mit einzubringen und im Vorfeld Grenzen der Zumutung abzustecken. Hierdurch steigt die Chance, einvernehmlich die Basis für eine langfristige Kooperation zu legen, in der nicht erste Konflikte bereits auf Grund verschwiegener Interessen von vornherein vorprogrammiert sind.

Vergleicht man diese fünf Vorschläge mit der aktuellen Personalarbeit vieler Unternehmen, so werden die Diskrepanz offenkundig und die gegenwärtige Problematik der MiPros verständlich. Gerade aber deshalb sollten sich Unternehmen einer zielgerichteten und systematischen Auseinandersetzung mit dieser Thematik verschreiben, um auf diese Weise Wettbewerbsvorteile zu erringen.

So gesehen erscheint die oben aufgeworfene Frage nach der Existenzberechtigung und Funktionsfähigkeit der Employability-Idee in einem ganz anderen Licht: Führt ein emotionales Verharren in der sozialromantischen Wunschwelt der „guten, alten Zeit" zur Unmöglichkeit des ursprünglichen Employability-Konzeptes, so schärft die bewusste Durchdringung der neuen darwiportunistischen Spielregeln von Arbeits- und Berufswelt den Blick für die Realisierbarkeit einer neuen, nämlich mitarbeitergetriebenen – und nur deshalb möglichen – Employability. Treibende Kraft derartiger Employability-Bemühungen ist der Mitarbeiter, der auf diese Weise seinen zukünftigen Marktwert selbst mitgestalten kann, indem er eigenverantwortlich und selbstbestimmt sein persönliches Fähigkeitsportfolio optimiert.

Christian Scholz

24.7 Die Umsetzung: Entwicklungskonzept mit Ausstrahlungskraft als Chance

Unternehmen müssen sich mit den opportunistischen Neigungen ihrer Mitarbeiter auseinander setzen und MiPros müssen den Darwinismus in ihrem Umfeld verstehen. Ziel soll es sein, diejenigen individuellen Chancen und Möglichkeiten zu nutzen, die sowohl die Interessen des Unternehmens an Wirtschaftlichkeit, Innovation und Flexibilität als auch die Interessen der Mitarbeiter an Karriere und am Sinn ihrer Tätigkeit berücksichtigen.

Im Idealfall kann sich so für ein Unternehmen eine faszinierende Chance bieten, sich mit seinen „MiPros ohne Stammplatzgarantie" auf eine sinnvolle Form der Employability zu verständigen. Dies hätte dann Ausstrahlungseffekte in verschiedenste Richtungen: Zum einen in die Richtung auf die Young Professionals, die von ihren Vorbildern lernen, zum anderen aber auch im Hinblick auf die älteren Mitarbeiter, die hier in eine neue Umgebung eingebunden werden.

Wenn Unternehmen die Gruppe der MiPros für eine solche Kooperation gewinnen, kann gerade dies dazu führen, dass letztlich eine glaubhafte Kommunikationsbasis aufgebaut werden kann, der auch alle anderen Mitarbeitergruppen vertrauen!

Literatur

SCHOLZ, C. (2003): Spieler ohne Stammplatzgarantie. Darwiportunismus in der neuen Arbeitswelt, Weinheim (Wiley-VCH).

Hanspeter Georgi

25 Leistungseliten durch Wettbewerb

Abstract

Für die repräsentative Demokratie und die Soziale Marktwirtschaft ist Elitebildung geradezu konstitutiv. Daraus ergeben sich Schlussfolgerungen für das Bildungssystem; denn Eliten kristallisieren sich durch Wettbewerb heraus. Reformbedarf besteht somit auf allen Ebenen – in der beruflichen Bildung genauso wie an den Hochschulen und den allgemein bildenden Schulen sowie in der Weiterbildung. Ziel ist ein offener Bildungsmarkt, der jedem die Möglichkeit gibt, in eigener Verantwortung seine Talente zu entfalten.

Der wirtschaftliche, kulturelle und soziale Erfolg eines Landes hängt sehr stark von der Qualität ab, mit der in den Unternehmen, in Politik und Verwaltung oder in der Forschung gearbeitet wird. Die Leistungsfähigkeit der Akteure zu fördern, aber auch Spitzenleistungen herauszufordern, liegt daher ganz selbstverständlich im Interesse eines Staates. Für die repräsentative Demokratie und die Soziale Marktwirtschaft ist Elitebildung geradezu konstitutiv. Auch die aktive Bürgergesellschaft braucht Eliten. Aber diese fallen nicht vom Himmel. Begabungen bleiben unentdeckt oder verkümmern, wenn ihnen nicht Raum gegeben wird, sich zu entfalten. Daraus ergeben sich eine Reihe von Schlussfolgerungen für das Bildungssystem. Bildung ist ein Schicksalsthema. Aber die Botschaft ist noch nicht überall angekommen. Sonst würde sich nicht nur jeder dritte Befragte für die Qualität von Schulangeboten interessieren, wie kürzlich die FAZ darlegte.

25.1 Bildung als Erfolgsfaktor

Der Reichtum Deutschlands liegt nicht unter der Erde, sondern in den Köpfen der Menschen. Unternehmergeist, Innovationsbereitschaft und Kreativität sind Faktoren, die Wohlstand und Lebensqualität sehr direkt beeinflussen. Während aber in Sport und Kultur Spitzenkräfte hohe gesellschaftliche Anerkennung genießen, sind in der Bevölkerung Vorbehalte gegenüber den Funktionseliten der Wirtschaft stark verbreitet. Ein Umdenken und eine Entkrampfung des Diskurses sind da sicher notwendig; denn Wissen ist zum wichtigsten Standortfaktor geworden.

Die Bedeutung von Bildung und Qualifizierung nimmt für jeden Betrieb, für jeden einzelnen Arbeitnehmer und für die Volkswirtschaft also insgesamt zu. Dabei geht es nicht immer um Spitzenleistungen, sondern allgemeiner um die Fähigkeit, sich etwa mit technischen Neuerungen offensiv auseinander zu setzen, sie zu verstehen und zu nutzen. „Elite" muss begrifflich weiter gefasst werden. Es geht ebenso wenig um Oberspezialistentum wie um materielle Privilegien; es geht um herausragende Generalisten mit einem klaren Blick auf das Ganze und der

Bereitschaft zur Veränderung. In der Wahrnehmung der Investoren wird das Image eines Standorts bereits in einem hohem Maß dadurch geprägt, wie dieser mit dem Faktor Bildung umgeht. Die Entscheidung für eine Investition wird unmittelbar davon abhängig gemacht, ob geeignete, qualifizierte Arbeitskräfte zur Verfügung stehen. Im Saarland haben das eine Reihe von Ansiedlungen und Betriebserweiterungen in jüngster Vergangenheit klar gezeigt. Je besser das Bildungssystem, umso größer die regionalen Entwicklungschancen.

Vor diesem Hintergrund ist es fatal, dass der Bildungsstandort Deutschland international an Wettbewerbsfähigkeit eingebüßt hat. Dies hat nicht zuletzt die internationale Leistungsstudie PISA der OECD gezeigt, indem sie fehlende Grundlagenkompetenz der deutschen Schüler aufgedeckt hat. Die Klagen der Wirtschaft über mangelnde Ausbildungsreife wurden damit bestätigt. Defizite beim Lesen, Schreiben, Rechnen, aber auch in der Allgemeinbildung sind an der Tagesordnung. Die mangelnde Ausbildungsreife hängt eng damit zusammen, was man früher einfach „Charakter" genannt hatte und heute mit „Sozialkompetenz" gemeint ist. Bildung minus Wissen ergibt Erziehung; Erziehung zu Werten, ohne die eine Gesellschaft nicht kompetitiv bleibt.

Hinsichtlich der Sachkompetenz sollten wir endlich wieder zu einem verbindlichen Fächerkanon für alle Schüler zurückkehren.

25.2 Reformbedarf auf allen Ebenen

Welche Reformen sind darüber hinaus notwendig, um das deutsche Bildungssystem wieder international konkurrenzfähig zu machen?

Der Bildungsstandort Deutschland leidet an strukturellen Defiziten und starren Rahmenbedingungen. Die Anpassung des Bildungssystems an die veränderten Anforderungen der Berufswelt gelingt oftmals nicht schnell genug. Neue Berufsbilder entstehen teilweise rascher, als die Ausbildungsordnungen definiert werden können. Die Arbeitnehmer müssen steigende Anforderungen an Fachwissen, Handlungskompetenz und Mobilität bewältigen. Globalisierung, neue informationstechnische Möglichkeiten und der Strukturwandel hin zur Dienstleistungsgesellschaft bilden neue Herausforderungen. Aber jede dieser Entwicklungen kann man auch als Chance für gesellschaftliche und wirtschaftliche Innovation begreifen, als Chance für den Fortschritt. Vom Weiterbildungsmarkt kann das Bildungssystem eine Menge lernen.

In einer wissensbasierten Arbeitswelt, die sich rasch verändert, brauchen wir flexible und individuelle Lösungen. Flexibilität ist ihrerseits das Ergebnis von mehr Eigenverantwortung und Wettbewerb. Dies gilt auch für das Bildungssystem. Die Autonomie der Schulen und Hochschulen muss daher gestärkt werden, z. B. durch die Zuweisung von Personal- und Budgetkompetenz. Eine stärkere Eigenverantwortung und Selbständigkeit erfordert die Anwendung effektiver Managementmethoden sowie einheitliche Qualitätsstandards und wirksame Instrumente der Qualitätssicherung. Leistungsvergleiche zwischen Bildungseinrichtungen, die Evaluation des Unterrichts und des Bildungsergebnisses sowie die Akkreditierung von Hochschulen stehen für diese Aufgabe zur Verfügung.

Mit solchen Maßnahmen kann das deutsche Bildungssystem seine internationale Wettbewerbsfähigkeit zurückgewinnen. Dann können die Bildungseinrichtungen ihre Funktion als Motor der wirtschaftlichen Entwicklung und als Standortfaktor wieder wirksam wahrnehmen.

Schule und Hochschule müssen sich von der Bildungsanstalt zu öffentlichen Bildungsunternehmen entwickeln. Dass diese Maxime bei den Kultusministern der deutschen Bundesländer noch nicht mehrheitsfähig ist, deutet darauf hin, dass noch viel Überzeugungsarbeit notwendig ist. Das Prädikat „beste Schule oder Hochschule" kann man nicht verordnen, sondern es kristallisiert sich im Wettbewerb heraus. Gehen wir diesen Schritt nicht, leidet die Employability weiter.

25.3 Wissensintensive Dienstleistungen im Aufwind

Der Bildungsstandort Deutschland muss gestärkt werden, denn Bildung ist der beste Schutz vor Arbeitslosigkeit. Im Jahr 2005 waren 45,3 % aller Arbeitslosen (West) ohne abgeschlossene Berufsausbildung, aber nur 1,9 % bzw. 3,5 % aller Arbeitslosen hatten einen Fachhochschul- bzw. Universitätsabschluss. Zugleich nimmt die Anzahl der offenen Stellen für Akademiker seit Jahren zu. Während im Jahr 1996 noch 5,0 % aller gemeldeten Stellen auf Fachhochschul- bzw. Universitätsabsolventen entfielen, waren es 2002 bereits 7,0 %.

Als einziger Wirtschaftssektor hat der Dienstleistungssektor in den letzten Jahren im nennenswerten Umfang Beschäftigung aufgebaut. Der Strukturwandel in Richtung Tertiarisierung wird auch in Zukunft weitergehen. Insbesondere wissensintensive Dienstleistungen werden stark expandieren und das Wirtschaftswachstum beschleunigen. Damit ändern sich aber auch die Anforderungen an die Arbeitskräfte. Der Bedarf an akademisch ausgebildeten Fachkräften wird zunehmen.

Empirische Untersuchungen haben einen klar positiven Zusammenhang zwischen dem Umfang des Dienstleistungssektors und dem Ausbildungsstand der Bevölkerung festgestellt. Klar ist aber auch: Bildung bedeutet nicht nur Studium, sondern bedeutet auch berufliches Lernen.

Auf Grund der demografischen Entwicklung wird die Erwerbsbevölkerung in Deutschland bis zum Jahre 2015 um 1,8 Millionen Erwerbspersonen zurückgehen. Es wird ein spürbarer Mangel an Arbeitskräften prognostiziert. Wir müssen uns deshalb darauf einstellen, in Zukunft länger zu arbeiten. Um das vorhandene Arbeitskräftepotenzial besser auszuschöpfen, sollte die Beschäftigung von Frauen, älteren Arbeitnehmern sowie Beschäftigungslosen ausgeweitet werden. Hier liegt ein beachtliches Beschäftigungspotenzial brach, welches wir stärker nutzen sollten.

Dies erfordert beispielsweise den Ausbau von Kinderbetreuungseinrichtungen, den Abbau von Vorurteilen bezüglich älterer Arbeitnehmer und die Erhöhung der Mobilität der Beschäftigungslosen. Anderen Ländern ist es zudem mit der Flexibilisierung des Renteneintrittsalters und der Verkürzung von Studienzeiten gelungen, die Erwerbsdauer der Arbeitnehmer zu verlängern.

Hanspeter Georgi

25.4 Lernen für den Beruf

Zurzeit wird in Deutschland etwa jeder fünfte Ausbildungsvertrag vorzeitig gelöst. Viele junge Menschen tun sich schwer mit dem Übergang von der Schule in den Beruf. Sie haben unklare Vorstellungen von der Arbeits- und Berufswelt. Umgekehrt beklagen viele Unternehmen die mangelnde Ausbildungs- und Studierfähigkeit der Schüler. Die Schule muss deshalb durch die Vermittlung ökonomischen und betrieblichen Grundlagenwissens besser auf das Arbeits- und Berufsleben vorbereiten. Dazu gehören eine stärkere Gewichtung wirtschaftsbezogener Lerninhalte im Unterricht und obligatorische Betriebspraktika. Dies setzt auch eine praxisorientierte Aus- und Weiterbildung von Lehrern voraus.

In den vergangenen Jahren hat das Saarland dank der Kooperation von Wirtschaft, Sozialpartnern und Verwaltung eine Spitzenposition beim Angebot an Ausbildungsplätzen erreicht. Unser Ziel ist es, dass jeder Jugendliche, der einen Ausbildungsplatz sucht und ausbildungsfähig ist, auch eine Ausbildung erhält. Betriebe, Gewerkschaften und Jugendliche sind aufgerufen, gemeinsam für dieses Ziel zu kämpfen.

Auf Grund der demografischen Entwicklung werden schon in wenigen Jahren Fachkräfte knapp. Um ihren künftigen Bedarf zu sichern, müssen die Unternehmen heute über den eigenen Bedarf hinaus ausbilden. Die Bereitstellung zusätzlicher Ausbildungsplätze hat dabei Vorrang vor einer Übernahmegarantie. Dies ist im Saarland Konsens der regionalen Partner.

Auf der Seite der Jugendlichen ist aber auch Flexibilität gefordert. Es muss nicht immer einer der Top-Ten-Lehrstellen sein, auch im Bereich des klassischen Handwerks oder auch der Gastronomie gibt es attraktive Ausbildungschancen. Und dass vorhandene Plätze etwa in der Versicherungswirtschaft mangels Bewerber nicht besetzt werden können – das verstehe, wer will!

Menschen mit einer praktischen Begabung müssen genau so gefördert werden wie Hochqualifizierte. Für praktisch veranlagte Jugendliche brauchen wir zweijährige Ausbildungsberufe. Gerade im manuellen Bereich gibt es genug Arbeit. Trotz hoher Arbeitslosigkeit sind derzeit in Handwerk, Gastgewerbe und Landwirtschaft viele Stellen für solche Tätigkeiten unbesetzt.

25.5 Kontinuierliche Weiterbildung

In einer dynamischen Wirtschaft, in der Wissen schnell veraltet, ist neben einer soliden Erstausbildung kontinuierliche Weiterbildung dringend erforderlich. Ohne eine ständige Weiterentwicklung der beruflichen Qualifikationen und Kompetenzen sind Innovation und Wettbewerbsfähigkeit nicht zu sichern. Es kommt darauf an, die Menschen fit zu machen, damit sie den strukturellen Wandel aktiv mitgestalten können. Eine Berufsausbildung reicht heute nicht mehr aus, um ein ganzes Arbeitsleben zu bestreiten. Auch angesichts der alternden Bevölkerung gewinnt das Thema lebenslanges Lernen an Bedeutung. Ältere Arbeitnehmer dürfen von Weiterbildungsangeboten nicht ausgeschlossen werden. Aber, wie schon der frühere Bundespräsident Roman Herzog anmerkte: „Lebenslanges Lernen ja, aber bitte nicht als Beruf!"

Da lebenslanges Lernen über formelle Weiterbildung hinausgeht, nimmt die Verantwortung jedes Einzelnen für seine Bildungsbiografie zu.

25.6 Die Hochschulen

Das deutsche Bildungssystem hat industrielle Wurzeln. Im Bereich der dualen Berufsausbildung und der mittleren Qualifikation schneidet Deutschland überdurchschnittlich ab. Bei der akademischen Bildung, die für die Wissensgesellschaft der Zukunft von grundlegender Bedeutung ist, besteht allerdings Nachholbedarf.

Um für den Wandel in Richtung Dienstleistungswirtschaft gerüstet zu sein, braucht Deutschland mehr Akademiker. In Deutschland liegt aber der Anteil derjenigen eines Altersjahrgangs, die ein Studium aufnehmen, deutlich unter dem OECD-Durchschnitt. Während im Jahr 2005 36 % aller Deutschen eines Jahrgangs ein universitäres Studium begannen, waren es im OECD-Durchschnitt 54 % und in Australien sogar 82 %. Ein praxisnäheres Fachhochschulstudium nahmen in Deutschland 14 % auf, gegenüber 15 % im Mittel der Vergleichsländer.

Neben der unterdurchschnittlichen staatlichen Förderung von Studierenden hat die geringe Studienneigung auch damit zu tun, dass es in Deutschland mit der dualen Berufsausbildung, Techniker- und Berufsfachschulen attraktive Alternativen zum Hochschulstudium gibt. Ein weiterer Grund für den geringen Anteil an Akademikern liegt in der demographischen Entwicklung. In Deutschland sinkt seit Jahren die Geburtenrate, und der Anteil der Jugendlichen wie auch der Studenten an der Bevölkerung geht entsprechend zurück.

Die Ausgaben für Hochschulen belaufen sich in Deutschland auf rund 1,1 % des Bruttoinlandsprodukts und sind weit vom Gesamtwert der OECD-Staaten in Höhe von 1,9 % des BIPs entfernt. Dabei ist allerdings herauszustellen, dass in den OECD-Staaten 1,0 % des BIPs durch private Mittel wie Studienentgelte oder von Stiftungen abgedeckt werden, während es in Deutschland gerade mal 0,1 % des BIPs sind. Deutschland muss sich von dem Prinzip verabschieden, dass Bildung zum Nulltarif zu haben ist.

25.7 Mehr Autonomie notwendig

Die Universitäten und Fachhochschulen in Deutschland stehen vor großen Herausforderungen. Der internationale Wettbewerb um die besten Köpfe gewinnt an Fahrt und die Anforderungen der Studierenden, der Wirtschaft und der Wissenschaft steigen. Um mehr Freiräume zur Entwicklung eines eigenständigen Profils zu erhalten, benötigen die deutschen Hochschulen mehr Autonomie in Budget- und Personalfragen. Sie müssen in die Lage versetzt werden, ihre Ausgaben, aber auch ihre Einnahmen selbst zu beeinflussen. Das wird in Nachbarländern wie Dänemark mit Erfolg vorexerziert.

Die Universitäten und Fachhochschulen sollen ferner ihre Studierenden selbst auswählen können. Dies ist ein wichtiger Ansatzpunkt für Profilbildung und Qualitätssicherung. Die Auswahl der Studienbewerber nach hochschulspezifischen Kriterien trägt zudem dazu bei, die Anzahl der Studienabbrecher zu reduzieren. Positive Folge: Auch die Employability nimmt zu.

Einen weiteren Reformschritt bilden zweigeteilte Studiengänge mit Bachelor- und Master-Abschluss. Derartige modularisierte Studiengänge entsprechen dem internationalen Standard. Sie sollten daher verstärkt angeboten werden.

Über den Ausbau der privaten Finanzierung, sei es mittels Spenden, Sponsoren oder Studiengebühren, darf nicht nur nachgedacht werden, sie muss auch umgesetzt werden. Zur Deckung ihres Finanzbedarfs benötigen die Hochschulen neue Einnahmequellen. Gerade soziale Aspekte sprechen für Studiengebühren. Die Frage muss erlaubt sein, weshalb Krankengymnasten, Handwerksmeister oder Piloten ihre Ausbildung selbst finanzieren müssen, während Akademiker ihr Universitätsstudium vom Steuerzahler bezahlt bekommen.

Bildung ist nicht nur eine öffentliche Ressource, von der die Volkswirtschaft profitiert, sondern auch ein privates Gut. Eine Kostenbeteiligung des Einzelnen kann in diesem Sinn nicht „sozial ungerecht" sein. Und dass Studiengebühren sozial Schwächere von einem Studium abschrecken, ist ein nicht gerechtfertigtes Vorurteil. Das zeigt das Beispiel USA. Dort sind trotz Studiengebühren proportional mehr Kinder aus Arbeiterhaushalten immatrikuliert als in Deutschland. Der deutsche Arbeitnehmer ahnt: Was nichts kostet, ist auch nichts wert!

25.8 Offener Bildungsmarkt

Eine offene Gesellschaft braucht ein offenes Bildungssystem. Jeder soll die gleichen Chancen haben, seine Talente zu entwickeln. Einen privilegierten Zugang und soziale Barrieren darf es nicht geben. Auf dem Bildungsmarkt sollen die Lernenden Wahlfreiheit haben. Staatliche Rationierung wie im Fall der zentralen Vergabe von Studienplätzen behindert den Wettbewerb der Bildungsunternehmen, der andererseits die Herausbildung der Eliten möglich macht. Auch hier ist der Wettbewerb das einzige taugliche „Entdeckungsverfahren" im Sinne Hayeks. Wettbewerb hat eine freiheitsfördernde Wirkung. Eine Bildungslandschaft, die von Vielfalt geprägt ist, schafft Freiräume für Innovationen und ermöglicht kritische Vergleiche.

Die Employability in Deutschland wird zunehmen, wenn das staatliche Bildungswesen in ein Wettbewerbssystem überführt ist.

Wer auf dem offenen Bildungsmarkt die richtige Wahl treffen will, braucht auch mehr Transparenz der Systeme, Angebote und Profile. Auf diesem Gebiet besteht erheblicher Handlungsbedarf – auf allen Ebenen, nicht nur an den Hochschulen.

25.9 Förderung der technischen Kompetenz

Deutschland braucht qualifizierte Arbeitskräfte, berufliche Eliten. 50.000 Stellen für Ingenieure sollen unbesetzt sein. Dieser Mangel ist in vielen Bereichen des verarbeitenden Gewerbes eine Wachstums- und Innovationsbremse. Die technologische Leistungsfähigkeit ist jedoch von entscheidender Bedeutung für den Erfolg der deutschen Wirtschaft und den Abbau der Arbeitslosigkeit. Vom Fachkräftemangel sind insbesondere junge, innovative Unternehmen betroffen. Dies führt dazu, dass der Strukturwandel verzögert wird und dass Wachstum und Beschäftigung unter den Möglichkeiten bleiben.

Im Jahr 2004 kamen in Deutschland auf einen Akademiker mit natur- oder ingenieurwissenschaftlichem Abschluss im Alter von 55 bis 64 Jahren 3,0 Jüngere im Alter von 25 bis 39 Jahren. Im OECD-Durchschnitt liegt dieses Verhältnis bei 4,9, in Österreich bei 6,6, in Irland bei 11,0 und in Portugal sogar bei 14,3.

Um mehr Schülerinnen und Schüler für ein Ingenieurstudium zu begeistern, brauchen wir attraktive ingenieurwissenschaftliche Studiengänge mit kurzer Studiendauer und hohem Praxisbezug.

Das Saarland hat auf diesem Gebiet gehandelt. So gibt es an der Hochschule für Technik und Wirtschaft seit dem letzten Wintersemester einen Studiengang Kommunikationsinformatik mit einem Abschluss als Bachelor. An der Akademie der Saarwirtschaft wurde ein Studiengang Maschinenbau neu eingerichtet. Das Studium an der von der Wirtschaft getragenen Akademie der Saarwirtschaft erfolgt im dualen System, also im Wechsel zwischen Ausbildungsbetrieb und Hochschule.

25.10 Ein Wechsel auf die Zukunft

Begabtenförderung ist eine gesellschaftliche Aufgabe. Sie bringt Individuen und damit die Gesellschaft voran. Im Sinn der aktiven Bürgergesellschaft gibt es auch eine Pflicht des Einzelnen, seine Talente und Erfahrungen in den Dienst der Gemeinschaft zu stellen.

Das Design unserer Studien- und Ausbildungsgänge muss so angelegt sein, dass der Begabte seinen Weg gezielt wählen und gehen kann. In diesen Zusammenhang gehört auch die Einführung des „Gymnasiums in 8 Jahren" im Saarland.

Wer interdisziplinäre Lösungen sucht, sich dem Neuen nicht verweigert und in großzügigen Perspektiven denkt, wird Elite im besten Sinn des Wortes. Wir müssen dafür sorgen, dass diesen Leistungsträgern nicht durch unbedachte Ressentiments der Spaß am Lernen und Handeln genommen wird. Wer an deutschen Schulen als „Streber" verunglimpft wird, erfährt an ausländischen Schulen Zustimmung.

Wahrscheinlich gibt es sehr viel mehr Begabte, als wir immer angenommen haben. Mehr Wettbewerb wird dies erkennbar werden lassen. Im Sinn des Förderns durch Fordern werden Veranstaltungen wie „Jugend forscht" ihren Teil dazu beitragen, diesen Prozess zu beschleunigen. Und die elf Begabtenförderungswerke im Bereich der Hochschulen wirken an dieser Aufgabe ebenfalls mit. Sie haben in Deutschland eine wichtige Rolle, können mit ihrem Engagement aber nicht die vorhandenen Systemschwächen des gesamten Bildungsbereichs verdecken. Dass sie bei ihrer Arbeit den gesellschaftlichen Bezug in den Vordergrund stellen und nicht die zweckfreie Selbstentfaltung fördern, ist richtig und unbestritten.

Bildung und Wirtschaft – das sind zwei Seiten einer Medaille. Wie Wirtschaft wettbewerbsfähig bleibt, wissen wir. Die deutsche Bildungspolitik, die sich ja heute wieder zu Leistungseliten bekennt, sollte aus diesem Wissen lernen. Entsprechende Lernerfolge würden die Employability sichern.

Eva Strobel und Susanne Summa

26 Auswirkungen der Employability auf den Arbeitsmarkt

26.1 Beschäftigungsfähigkeit statt Beschäftigung um jeden Preis

Nach Ansicht des niederländischen IBM-Managers Misja Bakx „bietet man mit Employability den Mitarbeitern die Chance, sich zu entwickeln. Das Wechselgeld für die Unternehmen besteht darin, dass man Mitarbeiter dadurch verstärkt an das Unternehmen bindet."[1]

Die Beschäftigungsfähigkeit von Frauen und Männern in einer Gesellschaft ist eine entscheidende Wettbewerbsfunktion für das Land und die Unternehmen. Sie zu erhalten und weiterzuentwickeln, ist Aufgabe der Akteure am Arbeitsmarkt. Ziel ist es, Qualifikationsdefizite auszugleichen, neue Standards festzulegen und Weiterbildungsmöglichkeiten zu schaffen. In der sich verändernden Arbeitswelt geht es nicht nur darum, die Beschäftigung der Menschen – das Employment – sondern vielmehr ihre Beschäftigungsfähigkeit zu fördern. Das Konzept der Employability muss daher stärker denn je unter dem Aspekt der Aufnahme auf dem Arbeitsmarkt und dem Phänomen der hohen Arbeitslosigkeit betrachtet werden.

Ein Unternehmen, das über gut ausgebildete Mitarbeiterinnen und Mitarbeiter verfügt, kann sich schnell an Veränderungen im Arbeitsprozess anpassen. Unter dem Gesichtspunkt des Wettbewerbs müssen immer wieder die Fragen der Qualifizierung der Personen, die mitten im Berufsleben stehen, gestellt werden. Dies trifft alle, von Angelernten und Facharbeitern über Fach- und Führungskräften bis zu „High Potentials". Daneben steht die Eigenverantwortung der Beschäftigten als Beitrag, einen ihrer Qualifikation entsprechenden Arbeitsplatz zu erhalten oder dauerhaft zu sichern. Sie müssen ihre Fähigkeiten zu schätzen wissen und eine Selbstständigkeit in Hinblick auf ein „lebenslanges Lernen" entwickeln.

Immer dann, wenn eine Vermittlung einer Arbeitskraft auf eine Stelle nicht unmittelbar gelingt, fördern die Arbeitsagenturen Arbeitnehmerinnen und Arbeitnehmer mit dem Ziel der Integration in Erwerbstätigkeit. Ein wesentliches Standbein ist die Weiterbildung im Betrieb. Damit die Bundesagentur für Arbeit einen optimalen Beitrag leisten kann, müssen einerseits die Aufnahmemöglichkeiten seitens der Wirtschaft vorhanden und andererseits die Qualifizierungsbedarfe bekannt sein. Die Leistungen der Arbeitsförderung sollen insbesondere die individuelle Beschäftigungsfähigkeit durch Erhalt und Ausbau von Kenntnissen, Fertigkeiten sowie Fähigkeiten fördern.[2]

---

1 Den Arbeitsmarkt im Blick behalten. Aus www.4managers.de.
2 vgl. SBG III §1, Satz 2.

Dieses gesetzlich verankerte Ziel der Arbeitsförderung steht im Einklang mit dem Aktionsschwerpunkt der beschäftigungspolitischen Leitlinien „Verbesserung der Beschäftigungsfähigkeit", das vor dem Hintergrund hoher Arbeitslosigkeit auf dem Luxemburger Beschäftigungsgipfel im November 1997 erstmals von der Europäischen Kommission als Zielvorgabe für die nationale Politik der Mitgliedstaaten formuliert wurde.[3]

Zu den Teilzielen gehören zum Beispiel die Bekämpfung der Jugendarbeitslosigkeit und Verhütung von Langzeitarbeitslosigkeit. Daneben wurde die Qualifizierung für den neuen Arbeitsmarkt im Kontext des lebensbegleitenden Lernens sowie die aktive Arbeitsmarktpolitik zur besseren Abstimmung zwischen Angebot und Nachfrage als weitere Zielvorgabe formuliert.

Als politisches Konzept hat – im Sinne einer angebotsorientierten Politik – die Förderung der Beschäftigungsfähigkeit die Anpassung an die nachfrageseitigen Anforderungen zum Ziel. Bedingt durch den Strukturwandel führen diese Anpassungen zu einem positiven Beschäftigungseffekt. Sicherung von Beschäftigungsfähigkeit statt Beschäftigung steht dabei im Vordergrund des wirtschaftlichen und sozialen Wandels. Ungewiss bleibt die Einlösung der „Fähigkeit" in tatsächliche, nach Möglichkeit ungeförderte Beschäftigung. Dabei geht es aber nicht um eine Beschäftigung um jeden Preis, sondern um eine qualitativ nachhaltige Beschäftigung, die der geförderten Qualifikation entspricht.[4]

26.2 Nicht die Alimentierung von Arbeitslosigkeit, sondern die Integration in Arbeit und Beruf ist das Ziel

Die Arbeitslosigkeit ist eine große Herausforderung für die Gesellschaft. Um sie nachhaltig senken zu können, brauchen wir eine Projektkoalition aller Beteiligten am Arbeitsmarkt. Jede und jeder ist gefordert, sich auf sein spezifisches Können und auf seine Stärken zu konzentrieren und mit anzupacken, wo immer es geht. Es sind alle Profis der Nation mit unterschiedlichen Beiträgen gefordert. Die gemeinsame Leistung der Profis trägt dazu bei, Problemlösungen zu finden und die Arbeitslosigkeit nachhaltig abzubauen.[5]

Die Arbeitslosigkeit in Deutschland hat sowohl strukturelle wie konjunkturelle Ursachen. Wenn die Wachstums- und Beschäftigungsschwäche behoben werden soll, ist ein ganzes Bündel an Maßnahmen erforderlich, das auf der Angebots- wie auf der Nachfrageseite gleichermaßen ansetzt. In einer sich ständig wandelnden Arbeitswelt ist unter marktwirtschaftlichen Bedingungen und bei offenen Grenzen die Anpassungsfähigkeit der Wirtschaft entscheidend. Nur eine innovative Wirtschaft wird am Standort Deutschland für neue Arbeitsplätze sorgen. Zugleich sind aber auch strukturelle Reformen der Sozialversicherungssysteme notwendig, um Anreize für mehr Beschäftigung zu schaffen.

---

[3] vgl. IAB Werkstattbericht Nr. 1/2003.
[4] vgl. IAB Werkstattbericht Nr. 1/2003.
[5] Modul 13 Beitrag der „Profis der Nation" im Bericht der Kommission „Moderne Dienstleistungen am Arbeitsmarkt", S. 284 ff.

Die Perspektiven für den Arbeitsmarkt sind in Deutschland nach zwei Jahren wirtschaftlicher Stagnation nicht besser geworden. Im Jahresdurchschnitt 2003 ist in Deutschland mit 4,4 Mio. Arbeitslosen zu rechnen, da eine schnelle und kräftige Belebung des Wirtschaftswachstums nicht in Sicht ist. Die Erwerbstätigkeit wird tendenziell weiter sinken und die Unterbeschäftigung erneut steigen. Erst spät im zweiten Halbjahr könnte die Beschäftigungsschwelle überschritten werden, wenn die Konjunktur wieder anspringt. Die Reformen und der Einsatz neuer Instrumente kommen derzeit zwar in Gang, doch werden sich spürbare Effekte auf dem Arbeitsmarkt erst mit einer allgemeinen Belebung der Arbeitsnachfrage einstellen.

Die Bundesagentur für Arbeit wandelt sich zu einem modernen Dienstleister am Arbeitsmarkt. Sie versteht sich dabei als Agentur für Arbeit, die am Markt agiert, indem sie vermittelt, berät und qualifiziert. Wir bringen Menschen und Arbeit zusammen. Um diesen „Matching-Prozess" leisten zu können, wird neben einem zügigen Ausgleich zwischen Angebot und Nachfrage, ein besonderer Fokus auf die Vermeidung eines „Mismatch" gelegt. Hierzu müssen die Stellen- und Bewerberprofile im Betrieb aufeinander abgestimmt werden.

Allein der Einsatz von arbeitsmarktpolitischen Instrumenten und auch eine schnellere Arbeitsvermittlung schaffen für sich gesehen noch keine Arbeitsplätze. Unternehmen schaffen Arbeitsplätze. Die Arbeitsmarktpolitik kann aber eine auf Wachstum orientierte Beschäftigungspolitik flankieren, indem sie den Ausgleich von Angebot und Nachfrage von Arbeitskräften aktiv unterstützt und beschleunigt. Die Instrumente setzen daher auf der Angebotsseite des Marktes an. Eine optimierte Administration der Arbeitsmarktpolitik durch die Bundesagentur für Arbeit wird zur Entlastung des Arbeitsmarktes beitragen. Die direkte Entlastung durch die Maßnahmen der Arbeitsmarktpolitik kann aber nicht mehr das Ziel der Aktivierung sein. Die zeitnahe und nachhaltige Integration in ein Beschäftigungsverhältnis muss in den Vordergrund treten. Hierauf wird noch an späterer Stelle eingegangen. Zuvor erfolgt eine kurze Analyse und Projektion der Qualifizierungsanforderungen im Beschäftigungssystem.

26.3 Steigende Nachfrage nach gut ausgebildeten Arbeitskräften bei sinkendem Bedarf an Arbeitskräften ohne Berufsabschluss

Bereits seit einigen Jahren ist zu beobachten, dass sich Deutschland, wie andere hoch entwickelte Industrienationen auch, zu einer Wissens- und Dienstleistungsgesellschaft wandelt. Der wissenschaftlich-technische Fortschritt und die zunehmende Globalisierung rücken den Wissensstand der Bevölkerung für die Konkurrenz- und Leistungsfähigkeit der Wirtschaft in den Vordergrund. Deutschland ist ein Hochtechnologie- und Hochlohnstandort, der vor allem gut qualifizierte Arbeitskräfte für immer anspruchsvollere Arbeitsplätze benötigt. Im Gegenzug fallen einfache Jobs vermehrt weg.

Nach der IAB/Prognos-Studie[6] werden anspruchsvolle Tätigkeiten – hierzu zählen Führungsaufgaben, Organisation und Management, qualifizierte Forschung und Entwicklung, Betreuung, Beratung, Lehren u.a. bis 2010 einen deutlich höheren Stellenwert einnehmen. Der Anteil der Arbeitskräfte, die diese Tätigkeiten mit überwiegend hohen Anforderungen leisten, dürfte auf gut 40 Prozent steigen. Die Zahl der Arbeitskräfte, die Tätigkeiten mit mittlerem Anforderungsprofil ausüben, bleibt nahezu unverändert. Einfache Tätigkeiten werden immer seltener nachgefragt.

Der Bedarf an Hoch- und Fachhochschulabsolventen wird in Deutschland weiter wachsen. Menschen ohne Berufsabschluss müssen mit massiven Beschäftigungseinbußen rechnen. Personen mit Lehr- oder Fachschulabschluss werden zwar noch leichte Beschäftigungsgewinne erzielen, aber deutlich stärker auf der Fachschulebene.

Innerhalb dieser Gruppe werden die Ansprüche an die Allgemeinbildung deutlich ansteigen. Die klassische Kombination „Hauptschule plus Lehre" bei den Erwerbstätigen weicht der am stärksten besetzten Qualifikationsgruppe „mittlere Reife plus Lehre". Der strukturelle Anstieg der Qualifikationsanforderungen im Beschäftigungssystem wird sich fortsetzen. Die Nachfrage nach gut ausgebildeten und hoch qualifizierten Arbeitskräften wird – bei einem weiterhin sinkenden Bedarf an Arbeitskräften ohne Berufsabschluss – zumindest bis zum Jahre 2015 steigen.[7]

Betrachtet man die Innovationsleistungen der Betriebe, so werden sachkapitalintensive Prozessinnovationen, die mit einer zunehmenden Automatisierung verbunden sind, zu Gunsten kapitalungebundener Innovationen, wie etwa organisatorische Veränderungen innerhalb von Unternehmen, vermindert. Folglich nimmt die Bedeutung des Wissensstandes der Beschäftigten im Vergleich zum Sachkapitalbestand immer mehr zu. Hohe Investitionen in Informations- und Kommunikationstechnologien haben moderne Organisationsformen innerhalb der Unternehmen ermöglicht. Als Beispiel sind Gruppenarbeitsplätze, flachere Hierarchiestufen und eine höhere Eigenverantwortung zu nennen. Diese Veränderungen setzen neue Maßstäbe an die Beschäftigten. Ausschlaggebend ist ein breiteres Qualifikationsprofil und eine hohe Kompetenz bei Schlüsselqualifikationen, wie etwa Team- und Kommunikationsfähigkeit.[8]

---

[6] Reinberg, Hummel: Zur langfristigen Entwicklung des qualifikationsspezifischen Arbeitskräfteangebotes und -bedarfs in Deutschland. In: Mitteilungen aus der Arbeitsmarkt- und Berufsforschung (MittAB) Heft 4/2002, S.583 ff.
[7] Reinberg, Hummel: Zur langfristigen Entwicklung des qualifikationsspezifischen Arbeitskräfteangebotes und -bedarfs in Deutschland. In: MittAB Heft 4/2002, S. 580-600.
[8] Hujer, Radic: Zur Interdependenz von Innovation und Qualifikation: Eine Einführung. In: Mitteilungen aus der Arbeitsmarkt- und Berufsforschung Heft 4/2002, S. 489-491.

26.4 Der Demografische Wandel erfordert verstärkte betriebliche Weiterbildung – auch der älteren Beschäftigten

Das Saarland steht – wie in der Bundesrepublik Deutschland insgesamt – in den kommenden Jahrzehnten vor einem durchgreifenden demografischen Wandel. Bis zum Jahr 2050 wird die Einwohnerzahl nach den Berechnungen des statistischen Landesamtes auf ca. 780.000 Saarländerinnen und Saarländer zurückgehen. Bereits ab dem Jahr 2015 wird sie die Millionengrenze unterschreiten. Ursächlich für die Bevölkerungsabnahme ist die sinkende Geburtenrate.

In der weiteren Folge wird die Gesellschaft langsam aber sicher immer älter, denn der Anteil der Älteren steigt, während zu wenige Junge nachfolgen. Zusätzlich steigt wegen der verbesserten Lebensumstände und auf Grund des medizinischen Fortschritts die Lebenserwartung weiter an, so dass die Menschen im Jahr 2050 im Durchschnitt vier Jahre älter werden als heute. Bereits heute leben in Deutschland mehr ältere Menschen über 65 Jahre als jüngere unter 15 Jahren. Entsprach der Altersaufbau der Bevölkerung vor 100 Jahren noch einer Pyramide mit einer breiten Basis an jungen Menschen, so gleicht das Profil heute einer Tanne mit einem breiten Stamm. In 50 Jahren wird das Altersprofil zylinderförmig sein, wobei jeder Jahrgang unterhalb der 60 kleiner sein wird als der nächstältere.

Obwohl in den kommenden Jahrzehnten mehr Frauen und Zuwanderer arbeiten werden, wird das Arbeitskräfteangebot sinken, so dass weniger Menschen für die wirtschaftliche Leistungsfähigkeit einer Region aufkommen werden. Außerdem entwickelt sich der Altersaufbau des Arbeitskräfteangebotes parallel zum Altersaufbau der Bevölkerung, so dass der Altersdurchschnitt der Erwerbspersonen steigen wird.

Im Jahre 2050 wird noch nicht einmal die Hälfte der Bevölkerung zu diesem Zeitpunkt im Alter zwischen 20 und 60 Jahren sein, eine Altersgruppe mit einer wichtigen Leistungsfunktion am Arbeitsmarkt.

Schon in fünf Jahren werden deutlich weniger junge Leute für betriebliche Ausbildungsplätze zur Verfügung stehen. Die Zahl der Personen im erwerbsfähigen Alter (15-65 Jahre) wird bis 2010 um fast 32 000 Personen zurückgehen. Die Altersgruppe der 20- bis 35-Jährigen nimmt bis 2010 um 10 Prozent, bis 2050 sogar um 36 Prozent ab. Während der Nachwuchs knapp wird, wächst die Gruppe der älteren Arbeitnehmer, die vor allem Träger von betrieblichem Erfahrungswissen sind.

Die Zahl der Erwerbstätigen nimmt ab, weniger Junge rücken nach, und die Belegschaften der Betriebe werden älter. Die Auswirkungen der demografischen Entwicklung werden schon in wenigen Jahren merklich die Arbeit und die Zusammenarbeit in den Unternehmen prägen. Auf Betriebe und Beschäftigte kommen dabei große Veränderungen zu. Je schneller und je besser sich Arbeitgeber und Arbeitnehmer den gewandelten Bedingungen anpassen, desto besser werden sie die kommenden Herausforderungen meistern.

Fachkräfte, vor allem junge Fachkräfte, werden ein hohes Gut. Die Unternehmen müssen die bislang ungenutzten Leistungs- und Flexibilitätsreserven ausschöpfen. Eine verstärkte betriebliche Weiterbildung der Mitarbeiter – auch und gerade der älteren – wird unentbehrlich.

26.5 Mehr Betriebe für Ausbildung gewinnen

Eine Berufsausbildung ist der Schlüssel für den qualifizierten Eintritt in das Erwerbsleben und erweitert maßgeblich die Chancen auf eine Integration in Beschäftigung. Auf der anderen Seite bietet sie den Betrieben ein gutes Fachkräftepotenzial für die Zukunft.

Die Arbeitsagenturen wollen mehr Jugendliche in Ausbildung bringen, denn knapp die Hälfte der arbeitslosen Jugendlichen haben keine Berufsausbildung. Bei steigender Nachfrage nach betrieblicher Ausbildung ist das Angebot an Ausbildungsplätzen zurzeit rückläufig. Um ein auswahlfähiges Angebot an Ausbildungsstellen aus der Wirtschaft heraus sicher zu stellen, müssen mehr Betriebe ausbilden. Im Saarland bilden 36 % der Betriebe laut IAB-Betriebspanel[9] aus; in Westdeutschland sind es nur 30 %. Ein nicht genutztes Ausbildungspotenzial liegt bei 28 % der saarländischen Betriebe, da diese trotz Ausbildungsberechtigung tatsächlich nicht ausbilden. Die demografische Entwicklung zeigt, dass zukünftig Fachkräfte fehlen werden, die jetzt ausgebildet und beschäftigt werden müssen. Schon ab 2006 sinken die Schulentlasszahlen.

Dabei bietet gerade die betriebliche Ausbildung die Möglichkeit, qualifizierte Mitarbeiterinnen und Mitarbeiter auf längere Sicht zu gewinnen. Die spezifischen Anforderungen der Betriebe können direkt in der Praxis vermittelt werden. Grundlagen für spätere Qualifizierungsbausteine werden dabei gelegt.

Der Bedarf an ausgebildeten Fachkräften wird zunehmen. Dagegen wird das Angebot an Arbeitskräften ohne Berufsabschluss den Bedarf auch weiterhin übersteigen.

Eine Stagnation in den Bildungsanstrengungen der jungen Generation hätte – gerade unter Berücksichtigung des demografischen Wandels – den Verlust an Wissen zur Folge. Bildung und Ausbildung müssen offensiv betrieben werden.

Die Arbeitsagenturen unterstützen diese Offensive mit zahlreichen Aktivitäten. Neben einer Intensivierung der Ausbildungsvermittlung versuchen sie, z. B. durch Ausbildungsstellen-Akquisiteure oder Ausbildungsstellenförderer, mehr Betriebe zur Ausbildung zu ermutigen. Dabei werden auch Existenzgründer und neue Betriebe, „Start-Ups" und Betriebe mit ausländischen Inhabern gezielt angesprochen. Ein wichtiges Thema ist die Verstärkung der Verbund-Ausbildung und die Einrichtung modularer Ausbildungsgänge. Gerade durch den Erwerb von Teilqualifikationen können lernschwächere Jugendliche den Einstieg in einen Beruf erhalten, der ihnen die Möglichkeit für weitere Qualifizierung eröffnet.

Denn dieser Einstieg ins Erwerbsleben ermöglicht gesellschaftliche Teilhabe. Daher werden die Arbeitsagenturen allen Jugendlichen ein aktivierendes Angebot geben, und zwar innerhalb eines halben Jahres in Form einer Ausbildung, Arbeitsstelle oder Maßnahme. Im Gegenzug haben aber auch die Jugendlichen die Pflicht, sich einzubringen.

Das Sonderprogramm für Jugendliche „Jump Plus" unterstützt mit zusätzlich eingestellten Fallmanagern den Einstieg erwerbsfähiger Jugendlicher in Beschäftigung und Qualifizierung.

---

[9] IAB Betriebspanel: Beschäftigungstrends im Saarland – Bericht zur Arbeitgeberbefragung 2001 INFO Institut Saarbrücken, September 2001.

Diese Fallmanager betreuen die jungendlichen Empfänger von Sozialhilfe und Arbeitslosenhilfe während des gesamten Eingliederungsprozesses.[10]

Es wird trotz aller Bemühungen immer Jugendliche geben, die einer intensiven Betreuung bedürfen. Wenn das Ziel einer Ausbildungs- oder Arbeitsstelle nicht direkt erreicht werden kann, wird ein besonderes Angebot erforderlich, wie z. B. eine berufsvorbereitende Bildungsmaßnahme oder Maßnahmen für behinderte Jugendliche.

26.6 Berufliche Weiterbildung steht im Wettbewerb und ist auf Integration orientiert

Durch einen optimierten Einsatz arbeitsmarktpolitischer Instrumente sollen mehr Arbeitslose aktiviert und mit höherem Erfolg in Arbeit integriert werden.

Die Neuausrichtung in der Arbeitsmarktpolitik erfordert eine schnellere Aktivierung und höhere Integration. Mit einem geringeren Mittelansatz werden genauso viele Arbeitslose wie im vergangenen Jahr aktiviert. Es gibt nicht weniger, sondern andere Maßnahmen, die mehr Wirksamkeit bei der Integration in Beschäftigung aufweisen.

Es findet eine Umorientierung von den traditionellen Arbeitsbeschaffungs- und Fortbildungsmaßnahmen hin zu kürzeren und integrationswirksameren Trainingsmaßnahmen und Eingliederungszuschüssen statt. In den Vordergrund treten Maßnahmen zur direkten Eingliederung in den ersten Arbeitsmarkt, die präventiv ansetzen und kostengünstiger sind. Auch setzen die Maßnahmen früher als bisher ein. Die Teilnahme an einer beruflichen Weiterbildung ist eng an den Erfolg geknüpft, d.h. nicht nur die Maßnahme muss erfolgreich absolviert, sondern auch eine gute Aussicht auf eine Beschäftigung prognostiziert werden.

Die Förderung beruflicher Weiterbildung bleibt ein wichtiges Standbein der Arbeitsmarktpolitik. Der neu eingeführte Bildungsgutschein ist ein wichtiges Instrument zur Stärkung der Eigenaktivität von Bewerberinnen und Bewerbern, das sich nah an den Bedürfnissen des Arbeitsmarktes orientiert. Statt einer generellen Zuweisung in Maßnahmen wie bisher stellen die Arbeitsagenturen den Arbeitslosen mit einem konkreten Bildungsbedarf einen Bildungsgutschein aus. Dieser kann innerhalb von drei Monaten bei einem zugelassenen Bildungsträger eigener Wahl eingelöst werden. Bis Ende Mai 2003 wurden im Saarland bisher 1.450 Bildungsgutscheine ausgehändigt, von denen 645 eingelöst wurden. Durch das neue Verfahren wird die Eigeninitiative der Arbeitslosen und der Wettbewerb unter den Bildungsträgern gefördert. Beides spricht für mehr Qualität, Wirtschaftlichkeit und Erfolg am Arbeitsmarkt

---

10 Das Sonderprogramm ist seit 1. Juli 2003 in Kraft getreten und wird bis 2004 gelten. Im Saarland werden für ca. 1000 Jugendliche Maßnahmen zur Beschäftigung und Qualifizierung basierend auf dem Bundessozialhilfegesetz eingerichtet. Vier Fallmanager sorgen für eine intensive Betreuung der Jugendlichen. Siehe auch www.arbeit-fuer-junge.de.

Eva Strobel und Susanne Summa

Der Paradigmenwechsel in der Arbeitsmarktpolitik betrifft auch die Zusammenarbeit zwischen Bundesagentur und Bildungsträger. Es werden sich insbesondere die Träger mit Konzepten durchsetzen, die den Anforderungen am Markt gerecht werden. Träger, die sich schnell und flexibel auf die Neuorientierung einstellen, werden ihre Marktposition behaupten. Mit innovativen und auf eine zeitnahe Integration ausgerichteten Maßnahmen werden sie ihre Marktanteile sichern können.

Zertifizierungsagenturen werden zukünftig Bildungsträger und Bildungsmaßnahmen nach Erfolgskriterien zulassen. In diesem Sinne werden die Träger auch ein neues System zur Qualitätssicherung anwenden und nachweisen. Die Trägerlandschaft wird nicht mehr in dem Maße wie bisher von den Arbeitsabläufen in den Arbeitsagenturen beeinflusst. Entscheidend sind nunmehr die Erfordernisse der Betriebe und die Profile der Arbeitnehmerinnen und Arbeitnehmer. Dabei werden die Träger auf die kooperative Zusammenarbeit miteinander und mit den Arbeitsagenturen zurückgreifen.

26.7 Neben Mobilisierung von Qualifikationspotenzialen brauchen wir einen für jeden offenen Beschäftigungssektor

Die Nachqualifizierung von Arbeitskräften ohne abgeschlossene Ausbildung ist eine wichtige Aufgabe. Im Jahre 2000 waren in Deutschland fast zwei Drittel aller Erwerbspersonen ohne Berufsabschluss jünger als 45 Jahre, gut ein Drittel sogar jünger als 35 Jahre. Einem Großteil steht also noch ein langes Erwerbsleben bevor. Ohne zusätzliche Qualifizierung steigt das Risiko aus dem Erwerbsleben in die Arbeitslosigkeit gedrängt und nur schwer wieder integriert zu werden.

Für den qualifikatorischen Strukturwandel und der damit einhergehenden Verschlechterung der Arbeitsmarktchancen für Menschen ohne Berufsabschluss gibt es verschiedene Gründe. Zum einen ist der Hochlohnstandort Deutschland mit Blick auf eher einfache handelbare Güter und Dienstleistungen nicht konkurrenzfähig. Der Fortschritt brachte Rationalisierungen mit sich, die nicht nur in der Produktion, sondern auch immer stärker im Dienstleistungsbereich einzogen. Die Wertschöpfung wurde zu Lasten der einfachen Tätigkeiten verschoben. Des Weiteren stellt sich die Frage der Entlohnung. Wegen hoher Arbeits- und Lohnnebenkosten besteht für viele personen- und haushaltsbezogene Dienste kein offizieller Markt. Fehlanreize im Transfersystem und zu hohe Lohnnebenkosten können der Arbeitsaufnahme von Arbeitskräften ohne Berufsabschluss entgegenstehen.

Einer wachsenden Zahl Arbeitsloser ohne Berufsausbildung steht eine Zunahme qualifizierter Arbeitsplätze und Abnahme einfacherer Tätigkeiten gegenüber.

Neben der Mobilisierung brachliegender Qualifikationsreserven benötigen wir auch bei steigenden Qualifikationsanforderungen einen für jeden offenen Beschäftigungssektor.

Es wird immer Menschen geben, die nur für einfache Tätigkeiten dem Arbeitsmarkt zur Verfügung stehen. Deren Arbeit muss bezahlbar sein, damit eine legale Beschäftigung ermöglicht wird. Der Niedriglohnbereich muss einerseits Lohnanreize zur Arbeitsaufnahme und andererseits Anreize zur Legalisierung einfacher und haushaltsnaher Beschäftigungen bieten. Die bisherigen Modelle zur Erprobung der Kombi-Löhne haben regional und zielgruppenspezifisch Erfolge gezeigt. So war das Mainzer Modell ein wichtiges Instrument für Alleinerziehende, Teilzeitinteressierte und Arbeitnehmer mit mehreren Kindern. Abgelöst wurde das Modell jetzt durch die Neuregelungen so genannter Mini- und Midi-Jobs. Die Anhebung und Flexibilisierung der Geringfügigkeitsschwelle fördert die Beschäftigung im Niedriglohnbereich und wird die Schwarzarbeit eindämmen.

26.8 Statt Vorruhestand und Arbeitslosigkeit: betriebliche Weiterbildung von älteren Beschäftigten

Das Qualifikationsniveau einer Generation hängt ganz entscheidend von den Ausbildungsentscheidungen der Jugendlichen und den Ausbildungschancen, die ihnen in jungen Jahren geboten werden, ab. Gerade die geburtenstarken Jahrgänge zwischen 1950 und 1970, deren Ausbildungszeit in die Bildungsexpansion fiel, haben von den reichhaltigen Qualifizierungsangeboten Gebrauch gemacht. Sie stellen heutzutage einen Großteil der qualifizierten Bevölkerung. Doch auch die Bevölkerung der heute 50- bis 64-Jährigen ist im Gegensatz zu früher kaum schlechter ausgebildet. Da es keine dauerhaft anhaltende Bildungsexpansion gibt, ist die Annahme, dass besser ausgebildete jüngere Generationen an die Stelle der schlechter qualifizierten älteren treten werden, heute nicht mehr haltbar.

Der demografische Wandel verläuft nicht qualifikationsneutral. Es sind gerade die gut Ausgebildeten in den mittleren und höheren Altersgruppen, die in absehbarer Zukunft immer größere Anteile stellen werden. Diese rücken aber auch immer näher an das Rentenalter heran. In den nächsten Jahrzehnten wird deshalb das hohe Qualifikationsniveau der Älteren weiter ansteigen. Deren Kompetenz und Wissen gilt es in den nächsten Jahren noch zu nutzen. Denn sind diese stark besetzten und gut qualifizierten Jahrgänge erst einmal aus dem Erwerbsleben ausgeschieden, rückt eine geburtenschwache Generation nach. Dieser Prozess wird sich nach dem Jahre 2010/2015 rasant beschleunigen.[11]

Daher ist ein Beschäftigungsmix aus Jung und Alt in den Betrieben unerlässlich. Doch wurden im Rahmen der Beschäftigungskrise zwischen 1990 und 2000 gerade ältere Arbeitnehmer aus den Betrieben herausgenommen. Eine Wiederbeschäftigung wurde immer schwieriger, so dass sich das Problem mit immer längeren Zeiten der Arbeitslosigkeit verschärfte. Teilweise wurde es selbst für Fachkräfte schon ab 40 Jahren schwer, einen Arbeitsplatz zu finden. Mittlerweile häufen sich die Klagen über fehlende Fachkräfte. Da aber die qualifizierten Erwerbspersonen

---

11   Siehe auch die aktuellen Studien des IAB zur Bildungsoffensive, Reinberg, Hummel: IAB-Kurzbericht Nr. 9 vom 7.7.2003 Steuert Deutschland langfristig auf einen Fachkräftemangel zu?

nicht nur weniger, sondern auch immer älter werden, ist ein Paradigmenwechsel in der betrieblichen Personalpolitik erforderlich. In den letzten Jahren wurde die Weiterentwicklung des betrieblichen Know-hows vor allem über die Einstellung junger, gut ausgebildeter Berufsanfänger gedeckt. Für ältere Mitarbeiter hingegen führte der Weg vermehrt in den Vorruhestand oder die Arbeitslosigkeit. Da das Potenzial an jungen Fachkräften immer kleiner wird, muss die Erhaltung und Weiterentwicklung der beruflichen Kompetenz älterer Beschäftigter wieder mehr an Bedeutung gewinnen.

Gerade den älteren Arbeitnehmerinnen und Arbeitnehmern müssen die Möglichkeiten der beruflichen Weiterbildung und Anpassung an die betrieblichen Erfordernisse geboten werden. Speziell für diesen Personenkreis gibt es z. B. eine arbeitsmarktpolitische Maßnahme, die auf die Sicherung des Bildungsstandes der Arbeitskräfte abzielt. So können ältere Beschäftigte in Betrieben bis zu 100 Beschäftigten bei Teilnahme an einer Weiterbildungsmaßnahme durch die Übernahme von Weiterbildungskosten gefördert werden, wenn sie das 50. Lebensjahr vollendet haben und sie während der Teilnahme an der Maßnahme weiterhin Anspruch auf Arbeitsentgelt besitzen.

Arbeitgebern werden Leistungen angeboten, die es ihnen erleichtern, ältere Arbeitnehmerinnen und Arbeitnehmer einzustellen. Neben den klassischen Eingliederungszuschüssen für Ältere, können Arbeitgeber den so genannten Beitragsbonus in Anspruch nehmen. Stellt ein Arbeitgeber einen über 55-Jährigen Arbeitslosen ein, wird er von seinem Beitrag zur Arbeitslosenversicherung befreit.

Zudem wurden die Möglichkeiten, ältere Arbeitnehmerinnen und Arbeitnehmer befristet zu beschäftigen, ausgeweitet. Die im Teilzeit- und Befristungsgesetz festgelegte Altersgrenze wurde zunächst für vier Jahre vom 58. Lebensjahr auf das 52. Lebensjahr gesenkt. Ab dieser Altersgrenze können befristete Arbeitsverträge ohne sachlichen Grund und ohne zeitliche Höchstgrenze abgeschlossen werden. Ausgeschlossen bleiben Verträge, die in engem Zusammenhang zu einer vorherigen Beschäftigung stehen.

Auf der anderen Seite werden arbeitslosen und von Arbeitslosigkeit bedrohten Arbeitnehmern ab dem 50. Lebensjahr Anreize zur Arbeitsaufnahme geboten. Dies geschieht in Form der Entgeltsicherung, die als Zuschuss zum Arbeitsentgelt (50 % der monatlichen Nettoentgeltdifferenz) und als zusätzlicher Betrag zur gesetzlichen Rentenversicherung gewährt wird.[12]

Zu begrüßen ist in diesem Zusammenhang die Weiterentwicklung der Altersteilzeit, wie das neue Hartz-III-Gesetzespaket dies vorsieht. Ziel ist es, die Beschäftigungssicherung Älterer auszubauen und gleichzeitig Beschäftigungspotenziale für Jüngere zu erschließen. Mit der Gesetzesänderung zur Förderung der Altersteilzeit sollen die Bestimmungen im Altersteilzeitgesetz vereinfacht und das Instrument auch für kleinere Unternehmen attraktiver gemacht werden.[13]

---

[12] Die Regelungen zu Entgeltsicherung, Beitragsbonus und Ausweitung der Möglichkeiten der befristeten Beschäftigung Älterer gelten seit 01.01.03 und wurde mit dem Ersten und Zweiten Gesetz für moderne Dienstleistungen am Arbeitsmarkt eingeführt.

[13] Eckpunktepapier für ein Drittes und Viertes Gesetz für moderne Dienstleistungen am Arbeitsmarkt, Berlin 26.06.03.

26.9 Frauen nutzen Bildungsangebote besser als Männer

Noch nie gab es so viele gut ausgebildete Frauen, die eine hohe Bereitschaft zur Weiterbildung hatten. Das verbesserte Qualifikationsniveau der deutschen Bevölkerung basiert auf den verstärkten Bildungsanstrengungen der Frauen. Sowohl was die allgemeinen als auch die beruflichen Bildungsverläufe betrifft, haben Frauen die Bildungsdefizite gegenüber den Männern aufgeholt. Gerade junge Frauen haben mittlerweile eine deutlich bessere Allgemeinbildung, was ihnen den Zugang zu anspruchsvolleren Ausbildungs- und Studiengängen erleichtern wird. Im Bereich der Hochschulausbildung besteht für die Frauen aber noch nach wie vor Nachholbedarf.

Zwar steigerte sich der Anteil der Hoch- und Fachhochschulabsolventinnen im erwerbsfähigen Alter von 3 % im Jahr 1976 auf 10 % im Jahr 2000, dennoch lag der Akademisierungsgrad der Männer im Jahr 2000 deutlich höher, nämlich bei 15 %.[14]

Frauen haben die Chancen der Bildungsexpansion verstärkt genutzt und sich besser qualifiziert. Sie sind bereits heute dabei, die Männer im Bereich der Weiterbildung zu überholen. Aus diesen Gründen werden sie langfristig zu einer immer wichtigeren Säule des qualifizierten Erwerbspersonenpotenzials.

Die Erwerbstätigkeit der Frauen wird – nicht nur aus demografischen Erfordernissen heraus – steigen. Denn je höher das Qualifikationsniveau, desto stärker ist auch die Erwerbsneigung.

Die Ausgangspositionen der Frauen am Arbeitsmarkt werden durch den hohen Bildungsstand zwar potenziell besser, doch hängen sie stark von den Rahmenbedingungen ab, wie z. B. frauengerechte Arbeitsplätze und bessere Möglichkeiten zur Vereinbarkeit von Familie und Beruf.

Die hohen Potenziale der Frauen müssen stärker als bisher in den Fokus der Unternehmen gerückt werden. Die Beschäftigung von Frauen im Betrieb gewinnt gerade unter dem Aspekt, geeignete Fachkräfte zu finden, immer mehr an Bedeutung. Im Saarland wird eine wichtige Ressource vernachlässigt, denn die Erwerbsquote der Frauen im Jahr 2001 lag bei nur rund 56 % (Männer fast 67 %). Im gesamten Bundesgebiet betrug die Erwerbsquote der Frauen fast 65 %, die der Männer rund 73 %.

Dabei haben Frauen nicht nur ein fundiertes Wissen, sondern sie haben auch außerhalb des Erwerbslebens Fähigkeiten und Techniken erworben, die sie als Schlüsselqualifikationen in den Betrieb einbringen. Hohe soziale Kompetenz und vernetztes Denken sind gerade bei Frauen allgemein anerkannt. Wer die besonderen Stärken der Mitarbeiterinnen und das hohe Fach- und Führungspotenzial anerkennt, lernt die Vorteile schnell zu schätzen. Gerade kundenorientierte, innovative und kommunikative Kompetenzen – ganz typisch Frau – haben in der Berufswelt einen hohen Stellenwert. Neben der Loyalität und Zuverlässigkeit, beweisen Frauen auch heute schon ihre Flexibilität hinsichtlich der Arbeitszeiten und Arbeitsformen. Frauen sind es gewohnt, sich schnell auf Fortschritt und Wandel einzustellen.

---

14 Datenauswertung Quelle IAB/BGR gültig für alte Bundesländer, Berlin-West in MittAB 4/2002 S. 593.

Gerade Betriebe, die über familien- und frauenfreundliche Arbeitsbedingungen und Fortbildungskonzepte verfügen, haben einen hohen Anteil an weiblichen Beschäftigten – auch in Führungspositionen. Wer die Ressource an Fachfrauen erkennt, wird dem Mangel an Fachkräften gelassener entgegensehen.

26.10 Berufsbegleitendes Lernen sichert nachhaltig die Beschäftigungsfähigkeit

Berufliche Weiterbildung, im Sinne eines lebenslangen Lernens, muss in der betrieblichen Personalpolitik mehr an Bedeutung gewinnen und rechtzeitig begonnen oder verstärkt werden. Wir brauchen einen höheren Stellenwert der Bildung in allen gesellschaftlichen Bereichen. Das erfordert auch stärkere Bildungsanstrengungen und –investitionen in den Schulen, bei der betrieblichen und überbetrieblichen Ausbildung und Weiterbildung. Der Ausgleich von Defiziten in der Allgemeinbildung, die Vermittlung eines fundierten Basiswissens und der Erwerb von Schlüsselkompetenzen ist die eine Seite. Daneben ermöglichen kurze, modulare Arbeitsplatzqualifizierungen eine flexible Anpassung an technische und organisatorische Neuerungen in den Unternehmen.

Ein hoher Bildungs- und Wissensstand der Bevölkerung dient dem gesellschaftlichen Wohlstand – gerade vor dem Hintergrund der demografischen Entwicklung. Der Staat kann über die öffentlich-rechtliche Förderung Anreize für die Qualifizierung setzen. Ihr Wert steigt dann, wenn sie in den Betrieben und mit den Beschäftigten stattfindet. Neben der Verantwortung der Betriebe, die Rahmenbedingungen für den Aufbau und Erhalt des Wissens zu schaffen, haben die Beschäftigten eine Selbstverpflichtung zur Förderung der Beschäftigungsfähigkeit.

Eine besonders interessante Möglichkeit, die betriebliche Weiterbildung von Beschäftigten zu unterstützen, ist das Instrument Job-Rotation. Das Prinzip ist im Grunde genommen simpel: Arbeitgeber, die einem Mitarbeiter eine berufliche Weiterbildung ermöglichen, können Zuschüsse von der Arbeitsagentur erhalten, wenn sie einen Arbeitslosen für diese Zeit als Ersatz einstellen. Gerade im kaufmännischen Bereich besteht hierfür ein breites Einsatzfeld. Zum einen existiert in unserer Region ein vielfältiges Bildungsangebot, das die beschäftigten Mitarbeiterinnen und Mitarbeiter nutzen können. Zum anderen verfügen die Arbeitsagenturen über ein großes Potenzial an hoch qualifizierten Bürofachkräften mit ausgezeichneten EDV-Kenntnissen, die als so genannte Stellvertreterinnen oder Stellvertreter in Frage kommen. Alle Beteiligten profitieren davon: Der qualifizierte Mitarbeiter hält sein Wissen auf dem Laufenden und bekommt vielleicht eine neue Karrierechance. Der Betrieb kann die Kenntnisse und Fähigkeiten der neuen Mitarbeiter direkt kennen lernen. Und schon manch eine Stellvertreterin ist so unverzichtbar geworden, dass der Betrieb sie auf Dauer behalten hat.

Ein Beispiel, die Bildungsbemühungen der Beschäftigten zu unterstützen, ist der Bildungsurlaub. In insgesamt zwölf Bundesländern gibt es gesetzliche Regelungen hierzu. Im Saarland können die Beschäftigten nach dem Saarländischen Weiterbildungs- und Bildungsfreistellungsgesetz (SWBG) Sonderurlaub für selbstgewählte Bildungsmaßnahmen, sei es allgemeiner, politischer oder beruflicher Art, wählen. Es stehen derzeit noch fünf Tage in einem Jahr zur Verfügung, die mit Zustimmung des Arbeitgebers aus vier Jahren heraus gesammelt und zu einer Freistellung zusammengefasst werden. Dieses Gesetz macht für den Wirtschaftsstandort nur dann Sinn, wenn die Bildungsangebote die Employability positiv beeinflussen. Der eigenverantwortliche Umgang der Beschäftigten ist hier maßgebend.

Trotz aller staatlichen Anreize kommt es auf jede Einzelne und jeden Einzelnen an. So setzt die Bundesagentur die Impulse, aber jede und jeder muss sich selbst einbringen. Davon hängt die Machbarkeit der Beschäftigungsfähigkeit entscheidend ab.

Literatur

Datenauswertung Quelle IAB/BGR gültig für alte Bundesländer, Berlin-West in MittAB 4/2002, S. 593.

Den Arbeitsmarkt im Blick behalten. aus www.4managers.de.

Eckpunktepapier für ein Drittes und Viertes Gesetz für moderne Dienstleistungen am Arbeitsmarkt, Berlin 26.06.03.

HUJER, RADIC: Zur Interdependenz von Innovation und Qualifikation: Eine Einführung. in: Mitteilungen aus der Arbeitsmarkt- und Berufsforschung Heft 4/2002, S. 489-491.

IAB Betriebspanel: Beschäftigungstrends im Saarland – Bericht zur Arbeitgeberbefragung 2001 INFO Institut Saarbrücken, September 2001.

IAB Werkstattbericht Nr. 1/2003.

Modul 13 Beitrag der „Profis der Nation" im Bericht der Kommission „Moderne Dienstleistungen am Arbeitsmarkt", S. 284 ff.

REINBERG, HUMMEL: Zur langfristigen Entwicklung des qualifikationsspezifischen Arbeitskräfteangebotes und –bedarfs in Deutschland. in: Mitteilungen aus der Arbeitsmarkt- und Berufsforschung (MittAB) Heft 4/2002, S.583 ff.

REINBERG, HUMMEL: Zur langfristigen Entwicklung des qualifikationsspezifischen Arbeitskräfteangebotes und –bedarfs in Deutschland. in: MittAB Heft 4/2002, S. 580-600.

REINBERG, HUMMEL: die aktuellen Studien des IAB zur Bildungsoffensive, IAB-Kurzbericht Nr. 9 vom 7.7.2003 Steuert Deutschland langfristig auf einen Fachkräftemangel zu?

SBG III §1, Satz 2.

Teil III

Experienced ... the way ahead

Heinz Uepping

27 Kompetenzen als Asset
Personalmanagement im demografischen Wandel

27.1 Trends und Handlungsbedarf

Wirtschaftlicher Erfolg und langfristige Erfolgssicherung von Unternehmen basieren vor allem auf der Fähigkeit, Unternehmensstrategien vorausschauend an relevante Umfeldveränderungen und die daraus resultierenden Anforderungen entsprechend flexibel anzupassen. Dazu wird von den Entscheidungsträgern die Fähigkeit zu Antizipation, kritisch-reflexivem Denken und Handeln gefordert, das eine Reihe von Einflussfaktoren mitberücksichtigt, die untereinander in einer transaktionalen Beziehung stehen.

Zu diesen Faktoren zählen nach Einschätzung führender Personalmanager in den nächsten Jahren insbesondere die Bereiche „Gesellschaftliche Werte", „Demografie", „Wirtschaft", „Technologie" sowie „Politik/Gesetzgebung". Dabei werden nach Einschätzung der unternehmensinternen Experten die Entwicklungen in den Bereichen Wirtschaft, Technologie und Demografie bis 2010 den stärksten Einfluss auf das Personalmanagement nehmen. Der demografische Wandel ist somit zwar einerseits „nur" eine Einflussgröße neben anderen, andererseits kommt diesem Aspekt jedoch eine zentrale Bedeutung zu, insofern er sich auf die „Human Ressourcen" bezieht, deren Aufgabe es ist, die für die Wettbewerbsfähigkeit notwendigen Maßnahmen zu planen, zu initiieren und zu steuern.

Dabei sind es zwei wesentliche Entwicklungen, die mit dem demografischen Wandel verbunden sind. Einerseits stehen dem Arbeitsmarkt auf Grund des Geburtenrückgangs zukünftig immer weniger junge Arbeitskräfte aus der Gruppe der Generation X bzw. der Nexters zur Verfügung. Andererseits ist damit eine Entwicklung hin zu alternden Belegschaften verbunden, die durch Einstellungsstopps und Personalabbauprozesse der vergangenen Jahre noch verstärkt wird. Konkret wird sich verschiedenen Projektionen zufolge die Zusammensetzung der Erwerbstätigen etwa ab dem Jahr 2010 stark verändern: Die 15- bis 34-Jährigen werden von etwa zwei Fünftel auf ein Fünftel abnehmen, die Gruppe der 35 bis 44-Jährigen werden von einem Fünftel auf etwa ein Drittel zunehmen und die über 45-Jährigen – die sog. „älteren Arbeitnehmer" werden von einem Drittel bis etwa auf die Hälfte anwachsen. Es werden deshalb im Durchschnitt ältere Belegschaften sein, die den Betrieben für die Planung, Entwicklung und Umsetzung innovativer Unternehmensziele zur Verfügung stehen. Darüber hinaus gilt es zu bedenken, dass auch die Gruppe der potenziellen Kunden und Nutzer von Dienstleistungen altern: von heute etwa 25% über 60-Jähriger in den westlichen Industrieländern wird deren Anteil in wenigen Jahren auf etwa 1/3 der Gesamtbevölkerung ansteigen.

Heinz Uepping

Abbildung 27-1: *Herausforderungen an Unternehmen*

Abbildung 27-2: *Entwicklung des Erwerbspotenzials*

Angesichts der Tatsache, dass „ältere Arbeitnehmer" somit künftig in quantitativer Hinsicht zunehmend an Bedeutung gewinnen, greift die Strategie vieler Unternehmen, sich im so genannten „War for Talents" einseitig auf die Rekrutierung, Entwicklung und Bindung jüngerer Mitarbeiter zu konzentrieren, zu kurz. Ferner weisen Studien aus den USA in diesem Zusammenhang darauf hin, dass „Diversity Management" entscheidende Wettbewerbsvorteile bringt: Vor dem Hintergrund der skizzierten demografischen Entwicklung in den Unternehmen ist deshalb nicht nur relevant, verschiedene Geschlechter und Kulturen gleichberechtigt zu entwickeln, in ihrer Vielfalt einzubeziehen und an Entscheidungsprozessen zu beteiligen; es ist darüber hinaus notwendig, alle Altersgruppen mit ihren jeweils spezifischen Kompetenzen und ihrem Erfahrungswissen für die Wertschöpfung einzubeziehen und deren Beschäftigungsfähigkeit über die gesamte berufliche Lebensspanne zu fördern. Dieser gezielten Förderung „intergenerationeller Human Resources" wird in deutschen Unternehmen bislang erst ansatzweise Beachtung geschenkt.

27.2 Zukunftsfähigkeit durch altersintegratives Personalmanagement

In Bezug auf die (Re)Integration langjähriger erfahrener Mitarbeiter muss ein zukunftsfähiges und nachhaltiges Personalmanagement zwei Strategien verfolgen: Einerseits müssen die Stärken erfahrener Mitarbeiter, Spezialisten und Führungskräfte gezielter erfasst und bei der Bewältigung unternehmensbezogener Herausforderungen expliziter eingesetzt und damit zur Wirkung gebracht werden. Andererseits muss eine serviceorientierte Personalentwicklung passende Angebote entwickeln, vermarkten und begleiten, die es Mitarbeitern aller Altersgruppen ermöglicht, mitverantwortlich in die Aufrecherhaltung ihrer „employability" zu investieren. Dabei kommt klassischen Personalentwicklungsinstrumenten zur systematischen Beurteilung genauso wie innovativen Ansätzen zu lebenslanger Kompetenzentwicklung *aller* Mitarbeiter bis zum Ausscheiden aus dem Erwerbsleben eine zentrale Bedeutung zu.

Zur Förderung und dem wirksamen Einsatz vorhandener Mitarbeiterpotenziale in der Spanne der letzten zehn bis fünfzehn Jahre vor dem Ausscheiden aus dem Erwerbsleben bedarf es somit eines Personalmanagements, das

- sich ganzheitlich auf die gesamte Spanne des Erwerbslebens bezieht,
- die Kompetenzen (auch) älterer Arbeitnehmer als wertvolle Ressource des Unternehmens begreift,
- zugleich mögliche Problempotenziale dieser Gruppe wahrnimmt (vgl. Abbildung 27-3)
- die Motivation und Qualifikation dieser Zielgruppe kontinuierlich erhält und verbessert,
- den Wissenstransfer und die Kooperation zwischen den Generationen mittels intergenerativer Lernprozesse initiiert und fördert,

und insofern

- über proaktive Strategien zur Vermeidung alterssensibler Kompetenzrisiken verfügt.

Abbildung 27-3: *Erfahrungsbezogene Kompetenzgewinne – Alterssensible Kompetenzrisiken*

Kompetenzgewinne

Strategisches Denken und Handeln
- Markt- und Kundenorientierung ● Betriebsspezifisches Wissen
- Konfliktlösungsfähigkeit ● Qualitäts- und Sicherheitsbewusstsein
- Loyalität ● Kommunikation

Entscheidungsverhalten
- Durchsetzungsverhalten ● Leistungs- und Zielorientierung
- Systemdenken ● Kreativität ● Kooperationsfähigkeit ● Ausdauer

Reaktionsfähigkeit
- Delegationsbereitschaft ● Risikobereitschaft
- Lernfähigkeit und Lernbereitschaft ● Mitarbeitermotivation
- Konzentrationsfähigkeit ● Flexibilität

Kompetenzrisiken

Lebensalter

Für die Ausrichtung eines entsprechenden Personalmanagements ergeben sich daraus wesentliche konzeptionelle, nicht primär auf ein bestimmtes Lebensalter, sondern auf alle Generationen im Unternehmen gerichtete Anforderungen.

27.2.1 Systematisches Demografie-Monitoring

Strategisches Personalmanagement für den demografischen Wandel beginnt bei der regelmäßigen, sorgfältigen Analyse und Prüfung personaldemografischer Daten in Bezug auf Stärken und Risiken der „Human Resources" zur Identifikation unternehmensspezifischer Handlungsbedarfe. Dabei ist nicht nur eine umfassende Darstellung der Altersstruktur des Unternehmens insgesamt, sondern zudem eine Differenzierung nach Bereichen und Funktionen notwendig. Die Differenzierung nach Bereichen gibt beispielsweise einen ersten Aufschluss bezüglich des Risikos einer altershomogenen (überwiegend jungen bzw. überwiegend älteren) Mitarbeiterstruktur: So kann ein hoher Anteil an erfahrenen Managern möglicherweise die Innovationskraft und Risikobereitschaft eines Bereiches schwächen, während es bei einem überwiegenden Anteil jüngerer Mitarbeiter dagegen an Übersicht, Ausdauer in der Umsetzung oder strategischen Kompetenzen mangeln kann.

Die funktionsbezogene Analyse der Personaldemografie liefert beispielsweise wichtige Informationen über die zu erwartenden Entwicklungsperspektiven für Nachwuchskräfte. Sind deren

Karrieremöglichkeiten verstellt, weil die Führungsebenen überwiegend mit Mitte-Vierzig-Jährigen besetzt sind, die noch weitere 15 Jahre im Unternehmen verbleiben werden, wird bei jüngeren Altersgruppen Demotivation bzw. die Neigung, sich Alternativen auf dem Arbeitsmarkt zu suchen, begünstigt.

Des Weiteren umfasst Demografie-Monitoring eine Bewertung personalpolitischer Maßnahmen, um zu ermitteln, welche Anreize im Unternehmen die Bereitschaft zu beruflicher Entwicklung, Wissensweitergabe und/oder Flexibilität fördern bzw. welche Barrieren diese behindern. Dabei gilt es beispielsweise zu prüfen, ob es neben der traditionellen Führungslaufbahn, andere gleichwertige Karriere-Modelle wie Experten- bzw. Projektlaufbahnen mit entsprechender Durchlässigkeit gibt, die je nach Kompetenzen aber auch unternehmensbezogenen bzw. persönlichen Präferenzen einen unkomplizierten Wechsel in andere Aufgabenfelder zulassen. Ebenfalls zu fragen ist, ob vorliegende Arbeitszeitmodelle das personalpolitische Ziel größerer Flexibilität *auch* am Ende des Erwerbslebens fördern. Entsprechende Lebensarbeitszeitmodelle fordern Arbeitnehmer jeden Alters dazu auf, die eigene Lebensplanung im beruflichen und außerberuflichen Bereich selbstverantwortlicher mit zu steuern, in dem sie im mittleren Lebensalter Möglichkeiten bieten, in Arbeitszeitkonten zu investieren und/oder „sabbaticals" gezielt für die eigene Weiterbildung oder für persönliche Projekte zu nutzen. Insofern unterstützen diese biografischen Erfahrungen im Sinne einer frühzeitigen beruflichen Sozialisation die Bereitschaft zu größerer Variabilität sowohl in Bezug auf die Gestaltung der Arbeitstätigkeit nach dem 50sten Lebensjahr als auch hinsichtlich des Zeitpunkts des Ausstiegs aus dem Erwerbsleben. Schließlich behalten traditionelle Modelle des vorzeitigen Berufsausstiegs weiterhin ihre Bedeutung. Sie sollten jedoch primär als soziales Auffangbecken dienen insbesondere für jene Arbeitnehmer mit hohem – insbesondere physischem – Beanspruchungsgrad, geringem Entwicklungs- und Leistungspotenzial sowie niedriger Arbeitsmarktfähigkeit.

Eine Bewertung der Maßnahmen und Instrumente der Personalentwicklung runden die Analyse von Stärken und Risikofaktoren ab. Dabei ist es u.a. relevant zu identifizieren, ob im Sinne lebenslangen Lernens alle Altersgruppen von den Dienstleistungen der Personalentwicklung erreicht werden, ob diese altersselektiv ausgerichtet sind und ob die Angebote didaktisch entsprechend den Lernbedürfnissen und -gewohnheiten alternder Belegschaften angemessen konzipiert sind.

27.2.2 Kompetenz-Management

Zur strategischen Steuerung des Personalmanagements und der Personalentwicklung aller Altersgruppen benötigen Unternehmen ferner Wissen darüber, welche Kompetenzen bzw. Kompetenzprofile in der Organisation vorhanden sind und welche zukünftig benötigt werden. Kompetenzmanagement als integriertes, dynamisches System führt eine kontinuierliche Anpassung von Aufgaben durch und berücksichtigt strategische und organisatorische Veränderungen.

Basis dafür ist ein unternehmensspezifisches Kompetenzmodell in dem Aussagen darüber getroffen werden, welches Wissen und welche Fähigkeiten ein Mitarbeiter benötigt, um eine bestimmte Funktion im Unternehmen zu erfüllen. Erst darauf aufbauend kann mittels einer bislang keinesfalls selbstverständlichen systematischen Beurteilung (durch entsprechende Potenzialanalysen) nicht nur für Führungskräfte, sondern möglichst viele Mitarbeiter, Entwicklung erst eingeleitet und im Sinne der ‚employability' kontinuierlich angepasst werden. Die Diagnose vorhandener Kompetenzen und Potenziale sollte idealerweise auch sowohl die vor dem Eintritt in das Unternehmen als auch im außerberuflichen Lebensbereich erworbenen Fähigkeiten und Fertigkeiten miterfassen.

Schließlich muss der Stellenwert der mitverantwortlichen Steuerung der beruflichen Entwicklung in der Unternehmenskultur deutlich sichtbar und kommuniziert werden. Entsprechende Instrumente wie beispielsweise die Vergabe von Lernbudgets sowie deren Verankerung in Zielvereinbarungssystemen für Mitarbeiter aller Altersgruppen stellen diese Anforderung sicher.

27.3 Implizites Wissen und Erfahrungen: Kompetenzen als strategischer Erfolgsfaktor

Die traditionelle Strategie, insbesondere bei Personalabbau- und -anpassungsprozessen den vorzeitigen Berufsausstieg mittels Frühverrentung bzw. Altersteilzeit als sozialverträgliches Mittel zum Zweck einzusetzen, haben viele Unternehmen bereits schmerzhaft spüren lassen, dass mit dem Ausscheiden von erfahrenen Mitarbeitern auch deren Know-how unwiederbringlich verloren ging. Vor allem der Verlust des kaum systematisierten und formalisierten „impliziten Wissens" – das sich beispielsweise auf die Gestaltung erfolgreicher Kundenbeziehungen bezieht – wirkte sich nachhaltig negativ aus. Dieses hoch individualisierte und spezifische auf akkumulierter Erfahrung basierende Wissen kann selbst von exzellent qualifizierten jüngeren Mitarbeitern nicht kompensiert werden. Versuche, Experten mittels eines Beratervertrages nachträglich wieder zurück zu gewinnen, konnten nur in Einzelfällen als erfolgreich angesehen werden zumal diese Anstrengungen in der Regel mit hohen Kosten verbunden sind. Hier wird es zukünftig verstärkt darauf ankommen „Erfahrungswissen" zu identifizieren und als Vermögenswert (engl. asset) des Unternehmens wahrzunehmen, den es zu identifizieren, aktiv zu nutzen und zu entwickeln gilt.

Die explizite Nutzung der Expertise erfahrener Manager bietet Vorteile sowohl für die Unternehmen als auch die „Experienced-Professionals". Unternehmen sichern sich die langjährig gewachsene Erfahrungskompetenz zur Steigerung der Unternehmenswerte und ersparen sich hohe Kosten durch teure Abfindungsmodelle. Den Führungskräften bietet sich die Möglichkeit, sich von oftmals „unterfordernden" Routinen zu befreien und sich in neuen bzw. erweiterten anspruchsvollen Aufgaben wieder gefordert zu fühlen.

Das im Folgenden skizzierte „Experience-Asset-Modell" bietet drei Optionen zum Management von Erfahrungswissen, die je nach unternehmensspezifischen Bedarfen unabhängig voneinander eingesetzt oder integriert werden können (vgl. Tabelle 27-1).

Tabelle 27-1: Experience-Asset-Modell

Experience Input	Experience-Exchange	Experience-Legacy
Wissen einbringen	Voneinander lernen	Wissen hinterlassen
Im Rahmen einer Consulting-Tätigkeit bringen erfahrene Manager und Führungskräfte ihre Expertise und Stärken insbesondere im strategischen Denken und Handeln ein.	Bereichsspezifisch oder –übergreifend erweitern ältere und jüngere Mitarbeiter an konkreten Zielstellungen ihre Kompetenzprofile und steigern ihre Performance.	Im Vorfeld des Ausstiegs aus dem Erwerbsleben sichert der ausscheidende Mitarbeiter den Know-how-Transfer an seinen Nachfolger.

27.4 Experience-Input

Angesichts veränderter Marktbedingungen immer rascher aufeinander folgenden Anpassungs-, Entwicklungs- bzw. Neuausrichtungsprozessen von Unternehmen oder Geschäftsbereichen steht das Personalmanagement vor der Herausforderung, entsprechend flexible Personal- und Organisationsstrukturen bereit zu stellen. Dabei bieten sich prinzipiell eine Fülle von zeitbezogenen Managementaufgaben für deren erfolgreiche Bewältigung Expertenwissen eine zwingend notwendige Voraussetzung darstellt. Ältere und erfahrene Spezialisten und Führungskräfte können dabei zu attraktiven Partnern werden: Durch ihre langjährige Unternehmenszugehörigkeit, verbunden mit Expertenwissen, Erfahrungen in der Steuerung von Prozessen, intensiven Kenntnissen interner Strukturen sowie der Unternehmenskultur verfügen sie über die benötigten Kompetenzprofile. Mit der Einrichtung eines entsprechenden Experienced-Consulting-Pool können beispielsweise ehemalige Führungskräfte und Spezialisten als Projektleiter oder Interims-Manager entsprechende Supportleistungen erbringen und als Coaches bei Projekt-, Innovations- oder Sanierungsaufgaben mit ihrem Experience-Input unterstützen. Im Sinne von selbstständigen Unternehmern im Unternehmen steuern sie dabei eigenverantwortlich ihre Consulting-Aktivitäten und richten ihre Tätigkeit an den Bedürfnissen ihrer jeweiligen Kunden aus. Daneben bietet das Modell die Möglichkeit, diese Interimstätigkeiten mit einem gleitenden Berufsausstieg zu verbinden. Wie die Erfahrungen aus entsprechenden Praxisprojekten zeigen, ist die Akzeptanz und Bereitschaft, in der Spätphase der Erwerbsbiografie aus der Linie auszuscheiden und sich für eine derartige Aufgabe zur Verfügung zu stellen, hoch, wenn entsprechende Voraussetzungen gegeben sind:

- Es muss sich bei den Consulting-Aufgaben um anspruchsvolle, strategische und businessrelevante Aufgaben handeln.
- Sowohl durch ein zu entwickelndes Kompetenzprofil als auch ein entsprechendes Auswahlverfahren (bspw. mittels Einzel-Assessments) muss deutlich werden, dass von den Bewerbern für ein solches Aufgabenfeld hohe Fach-, Führungs- und Sozialkompetenz gefordert wird und es sich bei dem internen Consulting-Pool nicht um ein Abstellgleis oder einen so genannten Elefantenfriedhof handelt.

- Über individuelle und gruppenbezogene Maßnahmen (bspw. Erwerb von Beratungskompetenz, eigenes Coaching) sollte schließlich eine optimale Vorbereitung auf die neue Aufgabe sichergestellt werden.

- Schließlich bedarf es einer akzeptablen Regelung in Bezug auf Vergütung und Alterssicherung, um einen gleitenden Übergang in die nachberufliche Lebensphase zu unterstützen.

27.5 Experience-Exchange

Erfahrungen im Bereich des Wissensmanagements haben in den vergangenen Jahre immer deutlicher werden lassen, dass Strukturen von Datenbanken oder technische Vernetzung zwar wesentlich sind, wichtigste Voraussetzung bleibt jedoch eine Kultur der Kommunikation und des offenen Umgangs mit Wissensbeständen. Kompetenter Wissensaustausch und Wissenserweiterung hängen also vielmehr von den Wissensträgern, deren Motiven, Einstellungen Ängsten und Vorbehalten ab. Insbesondere der Transfer impliziten Wissens um Strukturen, Prozesse und Kunden kann nicht allein auf technischem Wege ohne einen (zumindest vorausgehenden) personenbezogenen Kommunikationsprozess realisiert werden.

Das Modell des „Wissens-Tandems" ist darauf ausgerichtet, einen Wissens- bzw. Kompetenztransfer zwischen jüngeren und älteren Partnern – z. B. zur Nutzung bei Produktneuentwicklungen, bei Neukundengewinnung oder Kundenüberleitungsprozessen – sicherzustellen. Primäres Ziel ist es, das nur schwer zugängliche „implizite Wissen" in einem intensiven Kommunikationsprozess bewusst und transparent zu machen, mit neuen Wissensstrukturen zu verbinden und es in einem abschließenden Schritt so zu formalisieren, dass es als „explizites Wissen" potenziell dem gesamten Unternehmen zur Verfügung steht. Der erfahrene und der neue Mitarbeiter definieren dabei gemeinsam in Abstimmung mit ihrer Führungskraft, welche Ziele sie in einer zeitlich befristeten Zusammenarbeit erreichen wollen, und werden in diesem personenbezoge-

Tabelle 27-2: Explizites und Implizites Unternehmerwissen

Explizites Unternehmerwissen	Implizites Unternehmerwissen
■ Ist systematisch und formalisiert	■ Ist individualisiertes Wissen
■ Lässt sich einfach kommunizieren	■ Drückt sich im individuellen Handeln und Urteilen des Einzelnen aus
■ Lässt sich in Schriftform, mathematischen Formeln, Produkt- und Prozessbeschreibungen sowie in PC-gestützten Programmen weiterverarbeiten	■ Ist umfassende individuelle Problemlösungskompetenz, die auf erfolgreich gemeisterten schwierigen Situationen aufbaut
■ Ist überwiegend dokumentiert und somit prinzipiell für jeden Mitarbeiter zugänglich	■ Die zur Problemlösung relevanten Faktoren werden vom Handelnden als selbstverständlich erachtet und deshalb nicht ausdrücklich kommuniziert

nen, dialogorientierten, strukturierten Exchange-Prozess methodisch von einem Moderator/ Coach begleitet. In der Auseinandersetzung mit einer konkreten businessrelevanten Aufgabenstellung oder einem definierten „Lernziel" werden so die Stärken und Wissensstrukturen der Generationen miteinander verbunden, die beruflichen Kompetenzprofile erweitert und die Performance beider Partner gefördert. Wie in einem Versicherungsunternehmen können zum Beispiel in Tandems zwischen erfahrenen und neu in das Unternehmen eingetretenen Mitarbeitern die Stärken der Letztgenannten (wie neues Fachwissen, Erfahrungen bei Wettbewerbern sowie die Bereitschaft, routinierte Handlungsweisen zu hinterfragen) mit den Stärken Erfahrener (beispielsweise hohes spartenbezogenes Fachwissen, implizites Wissen über Makler, Kunden und interne Beziehungssysteme) verbunden und so die Leistung gegenüber dem Kunden gesteigert werden.

Im Gegensatz zu klassischen Trainings profitieren erfahrene Mitarbeiter in hohem Maße von dieser Form der Aufnahme neuen Wissens im Rahmen eines personen- und aufgabenorientierten Lernprozesses, denn damit wird

- den interindividuell sehr unterschiedlichen Lernstilen älterer Mitarbeiter besser entsprochen,
- das Bedürfnis nach Anwendungsbezug und Konkretheit neuer Informationen erfüllt,
- systematisches Lernen durch die reflexive und begleitete Vorgehensweise sichergestellt,
- die Leistungsmotivation durch erlebte Wertschätzung gefördert.

Jüngere Mitarbeiter profitieren vor allem dadurch, dass

- sie rascher und effektiver ihr theoretisches Wissen mit strategischem Know-how und in der unternehmerischen Praxis erfolgreich erprobten Handlungsmodellen verbinden können,
- sie schneller Zugang zu unternehmensspezifischen Prozessen und Methoden finden und sich ihnen die Möglichkeit bietet ihr persönliches Netzwerk zu erweitern, was sich zusätzlich positiv auf die Integration und Bindung an das Unternehmen auswirkt.

Erfahrungen mit diesem Modell insbesondere aus den Bereichen Vertrieb (Banken, Versicherungen, Pharma) zeigen, dass auf diesem Wege persönliche Zielvereinbarungen übertroffen und somit der Erfolg des Unternehmens gesteigert werden kann.

27.6 Experience-Legacy

Legacy bedeutet wörtlich übersetzt Vermächtnis. Mit dem Ansatz „Experience-Legacy" soll als abschließender Ansatzpunkt die Sicherung von unternehmens- und erfolgsrelevantem Wissen beim Übergang in die nachberufliche Lebensphase angesprochen werden. Obwohl der Zeitpunkt, wann ein Mitarbeiter die Altersgrenze erreicht hat bzw. mittels Altersteilzeit aus dem Arbeitsprozess ausscheiden wird, bekannt, absehbar und somit planbar ist, wird die sich dadurch bietende Chance, das Know-how von Experten für das Unternehmen zu erhalten, kaum realisiert. So profitierten beispielsweise Kunden eines aus dem Außendienst ausscheidenden Pharmaberaters nicht nur von dessen kompetenter, produktbezogener Dienstleistung, sondern von dessen implizitem Wissen über Strukturen des regionalen Pharmamarktes, seinen Netzwerken im Gesundheitswesen sowie seinen Beziehungen zu Meinungsbildnern und deren Einfluss auf den regionalen Markt. Von diesen wesentlichen Aspekten für die Kundenbindung profitiert selbstverständlich auch das Unternehmen. Ein Profit, der beim Ausscheiden dieses Mitarbeiters der Konkurrenz Ansatzpunkte gibt, Marktanteile neu zu verteilen.

Im Gegensatz zum plötzlichen Austritt aus dem Unternehmen bspw. bei Eigenkündigungen hat ein Unternehmen somit Spielräume in der Gestaltung des Prozesses, Erfahrungswissen auf den Nachfolger – oder im Falle des Wegfalls einer Position – auf andere relevante Personen(gruppen) zu übertragen. In diesem Prozess kommt es zunächst darauf an, die für eine erfolgreiche Aufgabenausführung von dem Mitarbeiter herangezogenen impliziten Wissensbestände überhaupt explizit zu machen, d.h. gemeinsam mit dem scheidenden Mitarbeiter erst einmal zu identifizieren, welches aus seiner Sicht erfolgsrelevante Wissens- bzw. Erfahrungskompetenzen sind, bevor diese dann überhaupt an den Nachfolger zugänglich gemacht werden können.

Im Rahmen eines solchen Prozesses sind die folgenden fünf Schritte relevant:

1. Reflexion der Aufgabenbereiche mit der Führungskraft,
2. Identifikation des zur erfolgreichen Aufgabenbewältigung notwendigen Erfahrungswissens,
3. Vorbereitung eines Curriculums zur Übertragung dieses Wissens an den Nachfolger,
4. Festlegung der Rahmenbedingungen (Zeitaufwand, Form) für den Transferprozess,
5. Integration dieses Transferprozesses in den Einarbeitungsprozess des neuen Mitarbeiters.

Aus dieser Strategie ergibt sich insgesamt eine Win-Win-Situation für alle Beteiligten. Das Unternehmen profitiert, indem ein größtmögliches Maß an qualitativ hochwertiger Dienstleistung gegenüber internen und/oder externen Kunden sichergestellt werden kann. Damit kann auch von einer Amortisierung zumindest eines Teils jener Kosten ausgegangen werden, die im Rahmen von Frühverrentungsmodellen investiert werden, denn der scheidende Mitarbeiter sorgt im Sinne von Mit-Unternehmertum für eine optimale Ausgangsbasis seines Nachfolgers. Der scheidende Mitarbeiter erlebt auf diese Weise bis zum Ausscheiden aus dem Erwerbsleben eine Wertschätzung seiner Kompetenzen. Der nachfolgende Mitarbeiter hat schließlich eine weitaus bessere Voraussetzung, an die Erfolge seines Vorgängers anknüpfen zu können.

Das im Folgenden skizzierte Beispiel aus der Vertriebssparte eines internationalen Pharmaunternehmens veranschaulicht, wie die skizzierten Ansätze des „Experience-Asset-Modells" integriert werden können.

27.7 Integriertes Experience-Asset-Management

Angesichts eines hohen Altersdurchschnitts von Vertriebsspezialisten (die Mehrzahl der Mitarbeiter war älter als 57 Jahre) in einer Sparte und einer gleichzeitig anstehenden Neuordnung der Vertriebsstruktur entschlossen sich die Geschäftsführung und Personalleitung, gemeinsam mit den Mitarbeitern einen Prozess zu initiieren, in dessen Verlauf folgende Ziele erreicht werden sollen:

- Gezielte Nutzung des Erfahrungswissens langjähriger Vertriebsspezialisten für den Aufbau und die erfolgreiche Implementierung einer neuen Vertriebsstruktur
- Für Unternehmen und Vertriebsspezialisten planbares, vorzeitiges Berufsende spätestens mit dem 64sten Lebensjahr
- Geplanter und integrierter Transfer der Erfahrungskompetenzen in den Prozess der Nachfolge vor dem Ausscheiden der Vertriebsspezialisten aus dem Erwerbsleben zur Realisierung eines möglichst störungsfreien Generationswechsel an der Schnittstelle zum Kunden und somit der Sicherung der Kundenbeziehung und -bindung für das Unternehmen.

Im Mittelpunkt des Projektes stand dabei die Zielsetzung, eine Win-Win Situation für alle Beteiligten zu schaffen. Die Interessen des Unternehmens sollten mit den persönlichen Interessen der Vertriebsspezialisten in Einklang gebracht und in eine konsensfähige Lösung überführt werden.

Der Prozess zur „Sicherung und dem Transfer von Erfahrungskompetenz" vollzog sich in fünf Schritten:

1. Dialog   Kommunikation der Projektziele und Vorgehensweisen, Aufnahme der persönlichen Situation der Vertriebsspezialisten, ihrer Kompetenzen, Erfahrungen, Erwartungen, Bedürfnisse, Perspektiven und Rahmenbedingungen.

2. Entwicklung   Ermittlung der Anforderungen an die neue Vertriebsstruktur und den Bedarf an Erfahrungskompetenzen zur erfolgreichen Implementierung. Entwicklung von möglichen Varianten zur Nutzung der Erfahrungskompetenz und dem Ausstieg aus dem Erwerbsleben unter Berücksichtigung persönlicher Umfeldbedingungen (wirtschaftliche und persönliche Lebenssituation).

3. Commitment   Konzeptionelle Entwicklung von Rahmenbedingungen und Regelungen für die Gestaltung der persönlichen, beruflichen Perspektiven bis zum Berufsende und Überführung in ein Commitment zwischen Unternehmen und Mitarbeitern.

4. Neue Rolle   Bereitstellung von Know-how und Unterstützung durch Begleitung zur erfolgreichen Wahrnehmung der neuen Aufgaben.

5. Perspektive   Integration der Vertriebsspezialisten in den Nachfolgeprozess und Übergang in die nachberufliche Lebensphase.

Der gesamte Prozess ist somit langfristig angelegt (zwischen den Ende 2001/Anfang 2002 entwickelten Commitments und dem Austritt aus dem Erwerbsleben liegen zwei bis vier Jahre) und gemäß der Zielsetzung sowohl auf die unternehmerischen Ziele in der betroffenen Sparte als auch auf die individuellen Kompetenzen, Bedürfnisse der Vertriebsspezialisten zugeschnitten:

Die Phase „Dialog" wurde mit einem „Kick-off-Meeting" gestartet, in dem die Vertriebsspezialisten über die Ziele, den Ablauf und die Vorgehensweisen des Prozesses informiert wurden. Die Aufnahme der persönlichen Situation erfolgte in Einzelgesprächen zwischen externen Beratern und Vertriebsspezialisten. Ebenso wurde die Kommunikation der Ergebnisse an die Geschäftsführung/Personalleitung durch die externen Berater geleistet. Die Prüfung möglicher Varianten hinsichtlich der Form und Gestaltung der weiteren Aufgaben bis hin zum Ausstieg aus dem Unternehmen erfolgte in einem Steuerkreis, der sich aus Vertretern der Unternehmensleitung, Personalleitung und externen Beratern zusammensetzte. Mit dieser Form des Vorgehens konnte ein hohes Maß an Neutralität sowie eine in hohem Maße konstruktive Kommunikation sichergestellt werden.

Für die Schritte „Dialog" und „Entwicklung" waren pro Vertriebsspezialist etwa vier Einzelgespräche (Dauer 1,5 bis 2 Stunden) erforderlich. In ein bis zwei weiteren Einzelgesprächen wurde ebenfalls mit dem externen Berater das individuelle „Commitment" entwickelt, in dem die folgenden Aspekte geregelt wurden:

- Zukünftige Aufgabe des Vertriebsspezialisten in der neuen Vertriebsstruktur
- Zeitpunkt des Ausscheidens aus dem Unternehmen
- Form des beruflichen Ausstiegs (abrupt oder stufenweise gleitend)
- Bereitschaft des erfahrenen Mitarbeiters zur Unterstützung des Unternehmens in der nachberuflichen Lebensphase als Senior-Consultant (mögliche Aufgabenfelder, zeitlicher Umfang und finanzielle Regelung)
- Konkrete Gestaltung des unmittelbaren Prozesses zum „Transfer von Erfahrungswissen" an den zukünftigen Nachfolger
- Finanzielle Rahmenbedingungen (Regelungen in Bezug auf staatliche und betriebliche Alterssicherung, Abfindungsleistungen, Zielvereinbarung für die erfolgreiche Kundenüberleitung im Rahmen des Nachfolgeprozesses)

Das „Commitment" wurde anschließend durch die Personalabteilung des Unternehmens in eine arbeitsvertraglich gültige Form überführt.

Es war die Aufgabe der externen Berater, den Gesamtprozess gemeinsam mit der Personalleitung zu konzipieren und die Schritte 1 bis 3 im Prozess zu begleiten und die Personalentwicklung im Rahmen eines Know-how-Transfers für die selbständige Durchführung der folgenden Schritte vorzubereiten. Damit wurde eine wirksame Grundlage für die weiteren Prozess-Schritte gelegt, die nun von Seiten der Personalleitung sowie der Vertriebsleitung der betroffenen Sparte selbst gesteuert und umgesetzt werden. Dabei variieren die Zeitpunkte des in den „Commitments" geregelten Ausscheidens aus dem Unternehmen erheblich: Der früheste Ausstieg erfolgte 2003, der späteste war für 2006 geplant. Dieser ursprüngliche Plan konnte auch erfolgreich umgesetzt werden. Das entsprechend abgestimmte Ausscheiden des letzten an diesem Projekt beteiligten Vertriebsspezialisten wurde Ende 2006 realisiert.

In Bezug auf den Erfolg des Projektes wurden aus Sicht des Unternehmens und der beteiligten Mitarbeiter die folgenden Aspekte besonders hervorgehoben:

- Der Berufsausstieg wird für Unternehmen und Mitarbeiter planbar.
- Das Erfahrungswissen (in diesem Fall u.a. hochspezialisiertes Wissen in Bezug auf Markt, Produkte und Kunden sowie langjährige Kundenbindung) bleibt dem Unternehmen erhalten.

- Den Vertriebsspezialisten bietet sich am Ende der Erwerbstätigkeit eine herausfordernde, motivierende Aufgabe (die erfolgreiche Überleitung „ihrer" Kunden an den Nachfolger).
- Die Nachfolger erhalten einen optimalen Einstieg in ihre neue Aufgabe (reduzierter „Erfolgsdruck" durch intensive und informative Vorbereitung im Bereich des personengebundenen Wissens).

Darüber hinaus wird die Form der Nachfolgegestaltung mittels Expierence-Legacy auch von den Kunden positiv bewertet: Aus der Perspektive von leitenden Ärzten, Klinikapothekern und Fachpersonal in der Pflege wird nicht nur eine Kontinuität in der Qualität der Betreuung hervorgehoben, sondern ebenfalls positiv bewertet, dass das Unternehmen „ihren" Beratern in einer bislang keinesfalls branchenüblichen wertschätzenden Haltung begegnet.

27.8 Erfolgreiche Implementierung von Modellen in der Praxis

Der Erfolg bei der Entwicklung und Implementierung entsprechender Personalentwicklungsstrategien am Ende des Erwerbslebens ist nach vorliegenden Erfahrungen keinesfalls selbstverständlich. Nach einer langjährigen Phase der Diskriminierung von Erfahrung und Lebensalter durch die Ausgliederung älterer Leistungsträger sind es vielmehr eine Reihe von Grundsätzen, deren Berücksichtigung zum Aufbau einer Age-Awareness und der Akzeptanzsicherung von Projekten beitragen und eine nachhaltige Wirkung begünstigen. Dazu gehören:

1. Offenheit als Element der Unternehmenskultur, das bedeutet die Bereitschaft, seitens der Unternehmensleitung, des Personalmanagements sowie aller weiteren Entscheider und Beteiligten, neue Wege zu beschreiten
2. Prozessorientierung und Transparenz im Prozess, d. h. größtmögliche Einbeziehung der Zielgruppen von der Planung bis zur Umsetzung und Auswertung von Modellen.
3. Identifikation strategisch bedeutsamer Aufgabenbereiche für die Nutzung von Erfahrungskompetenz innerhalb und außerhalb des Unternehmens (zur Vermeidung von Statusverlust und sog. „Elefantenfriedhöfen").
4. Entwicklung klarer Anforderungsprofile für die neuen Aufgabenfelder und damit Definition des Kompetenzprofils der Zielgruppe(n).
5. Bereitstellung von Qualifizierungsangeboten beim Wechsel in neue Aufgabenfelder sowie Begleitung der Beteiligten durch Coaching.
6. Evaluation der Wirtschaftlichkeit der Modelle unter Berücksichtigung von harten (Kosten) und weichen (Motivation, Mitarbeiterzufriedenheit, Wirkung bei nachfolgenden Generationen und Kunden) Gesichtspunkten.

Internationale Vergleiche belegen es: Höhere wirtschaftliche Dynamik und die Integration aller Generationen in den Arbeitsmarkt stehen in einem engen Zusammenhang. Dennoch mangelt es in Deutschland mehr denn je an mutigen Entscheidern, die in wirtschaftlich nicht einfachen

Zeiten bereit sind, vom Mainstream abzuweichen, indem sie „ältere", erfahrene Mitarbeiter nicht nur als „Innovationshemmnis" oder potenzielle Kandidaten für ein vorzeitiges Berufsende wahrnehmen, sondern als kompetente Mitarbeiter, deren Erfahrung und implizites Wissen man aus Unternehmenssicht nicht nur „en passant" sondern zielgerichtet als strategischen Wettbewerbsfaktor nutzen sollte. Eine „neue Kultur des Alters" ist also noch längst keine Vision, nach der Unternehmen ihr strategisches Handeln ausrichten. Nach dem Motto „Der Worte sind genug gewechselt" muss es nun gelingen, den Rubikon von der Erkenntnis zum Handeln zu überschreiten und das Personalmanagement strategisch auf die Konsequenzen des demografischen Wandels auszurichten.

Literatur

KAYSER F. UND UEPPING H. (Hrsg.). (1997): Kompetenz der Erfahrung. Luchterhand, Neuwied.

MAIER, G. (2001): Aspekte der Leistungsfähigkeit älterer Arbeitnehmer. in: FUCHS, G. UND RENZ, CH. (Hrsg.) Altern und Erwerbsarbeit. Akademie für Technikfolgenabschätzung, Stuttgart.

MAIER, G. UND BARTHELME, D. (2003): Ein Geben und nehmen – Erfahrungskompetenz und Integration neuer Mitarbeiter. Management und Training, 7, S. 26-29.

ROTHKIRCH, CH. VON (Hg.). (2000): Altern und Arbeit: Herausforderung für Wirtschaft und Gesellschaft. Ed. Sigma, Berlin.

WUNDERER, R. UND DICK, P. (2000): Personalmanagement – Quo vadis? Analysen und Prognosen bis 2010. Luchterhand, Neuwied.

Ulrich Spießhofer

28 Unternehmensberatung
Perspektiven für erfahrene ältere Mitarbeitende?

28.1 Einführung

Es ist wohl kaum ein Berufszweig in den letzten Jahren mit einer größeren Bandbreite der Wahrnehmungen konfrontiert worden als die Unternehmensberatung. Aufgrund der – für einen professionellen Berater selbstverständlichen und von Klienten erwarteten – notwendigen Diskretion über Inhalt, Vorgehensweise und Ergebnis von Beratungsprojekten auf der einen Seite und der wegen der Reichweite der durch Beratungsprojekte beeinflussten Entscheidungen erhöhten Aufmerksamkeit auf der anderen Seite, entsteht oftmals ein verzerrtes Bild über das Berufsbild und die Tätigkeitsinhalte eines Unternehmensberaters.

Die Unternehmensberatungsbranche weltweit ist seit den frühen sechziger Jahren des letzten Jahrhunderts auch in Europa signifikant gewachsen und wird auch in den nächsten Jahren weiter – wenn auch langsamer als in den Boomjahren der New Economy – wachsen. Daher liegt es nahe, dass dieser Industriezweig und diese Art der Beschäftigung vor allem auch von erfahrenen Berufstätigen als eine Chance gesehen wird. Diesem grundsätzlichen Gedanken ist zunächst einmal nicht zu widersprechen, jedoch ergibt eine tiefere Betrachtung ein sehr differenziertes Bild.

Die theoretischen Möglichkeiten des Einsatzes erfahrener und bereits im fortgeschrittenen Lebensalter tätigen Mitarbeiter für eine Beratungstätigkeit ist extrem breit – die Kunst ist es, den Bedarf des Kunden sowie das eigene Profil klar und ehrlich zu erkennen und die mögliche Tätigkeit als Berater mit diesem in Einklang zu bringen. Nur dann kann ein Einsatz zur Zufriedenheit auf Klienten- und Beraterseite führen und wird den erwarteten „Value added" erzeugen.

Wie drastisch ein Nichteinhalten dieser Grundregel enden kann sei an folgendem Beispiel beschrieben:

Eine erfolgreiche Führungskraft im oberen Management eines international tätigen Maschinenbaukonzerns verliert aufgrund eines Zusammenschlusses zweier im Wettbewerb tätigen Unternehmen seine Stelle und wird bei dem den Merger begleitenden Beratungsunternehmen eingestellt. Bereits am ersten Arbeitstag entsteht ein Unwohlbefinden, als die Führungskraft erkennt, dass er die Sekretärin und das Büro mit zwei weiteren Partnerkollegen teilen muss. Die Frage nach den direkt an ihn berichtenden Mitarbeitern, die er gerne für ein erstes Führungsgespräch eingeladen hätte, wird mit einem Schmunzeln beantwortet. Ein 24jähriger Hochschulabsolvent kommt am gleichen Tag am späten Nachmittag auf die Führungskraft zu und fragt: „Du hast doch langjährige Erfahrung im Maschinenbau, kannst Du mir bitte einige Kernthesen zur Veränderung der Entwicklungsfunktion bei Unternehmen des Textilmaschinenbaus per Email zukommen lassen? Aber bitte vor morgen früh, ich arbeite gerade in einem Angebotsteam zu diesem Thema." Die Führungskraft ist schockiert: Ein junger Mann duzt ihn und gibt ihm eine Arbeitsanweisung und er selbst hat keinerlei Erfahrung im Textilmaschinenbau, da sein früherer langjähriger Arbeitgeber Getränkeabfüllanlagen produziert hat. Noch schlimmer – da die Sekretärin bereits das Büro verlassen hat, ist niemand anwesend, dem er die Email diktieren könnte.

Zugegebenermaßen ist dieses Beispiel übertrieben dargestellt – es soll an dieser Stelle dazu dienen, die Realität der Unternehmensberatung zu verdeutlichen und auf die Gefahr eines durch fehlende Kenntnis oder falsche Erwartungen entstehenden möglichen Misserfolges hinweisen. Führung, Hierarchie und Kultur in der Beratung sind oftmals grundsätzlich verschieden vom klassischen Industrieumfeld.

Aus der Erfahrung mit dieser und ähnlichen Situationen lassen sich Verhaltensmuster und Empfehlungen ableiten, die die Erfolgswahrscheinlichkeit einer Beratungstätigkeit erfahrener Mitarbeiter deutlich erhöhen. Diese sind keineswegs als allumfassend und Garantieversprechen zu sehen. Jedoch ist sicher davon auszugehen, dass bei Nichteinhaltung die Wahrscheinlichkeit eines Fiaskos sehr hoch einzuschätzen ist.

In den folgenden Ausführungen werden zunächst die typischen Bedarfsarten – und Situationen für Beratung dargestellt, um davon die Anforderungen an einen Berater abzuleiten, und diese am typischen – zugegebenermassen vereinfachten – Profil eines erfahrenen und älteren Mitarbeitenden zu spiegeln.

28.2 Typische Bedarfssituationen

„Creative strategies that work", „Unique insights, unique perspectives", „Tangible results" und noch viele weitere Slogans von führenden Unternehmensberatungen zeigen, wie sich Beratungsunternehmen selbst sehen und welchen Beratungsbedarf sie befriedigen wollen. Zunächst möchten wir jedoch einmal aus der Perspektive des Kunden einige ganz unterschiedliche Bedarfsarten- und -treiber ohne Anspruch auf Vollständigkeit darstellen, um zu dokumentieren, wie vielfältig die Facetten möglicher Beratungstätigkeiten sein könnten.

28.2.1 Flexibilität

Oft unterschätzt, doch vor allem in Zeiten des sturen „Kopfzahlendenkens" ein wichtiger Auslöser für zusätzlichen Personalbedarf, ist die Notwendigkeit, regelmäßig oder einmalig, aber eben nicht kontinuierlich anfallende Aufgaben im Unternehmen zusätzlich zum „Tagesgeschäft" flexibel zu erledigen. Hierbei geht es oft weniger um einen „Beratungsbedarf" im klassischen Sinne, sondern viel mehr um eine Flexibilisierung eines Erfahrungs- und Kompetenzpools, den sich ein Unternehmen nicht mehr vollzeitig leisten kann oder will. Beispiele reichen von der Erstellung des Jahresabschlusses bis hin zur Durchführung von M&A-Aktivitäten. Dies ist sicherlich eine der Bedarfssituationen, bei denen es nahezu ideal sein kann, auf erfahrene, ältere Mitarbeitende zurückzugreifen und diesen einen flexiblen Einsatz anzubieten. Dies wird oftmals als „Beratung" bezeichnet, beinhaltet jedoch vor allem zwei Elemente: Die Verfügbarkeit des Kompetenzprofils wertvoller und erfahrener Mitarbeitenden bei gleichzeitiger Aufgabe der klassischen Führungs- und Vollzeitmanagementaktivitäten.

28.2.2 Unabhängigkeit

Aufgabe des Beraters ist es oftmals, eine unabhängige Sichtweise der Sachverhalte in einem Unternehmen darzustellen. In einem reellen Beispiel konnten sich Vorstand und Eigentümerfamilie über die zukünftige Bedeutung und Ausrichtung eines neuen Geschäftsfeldes, das vor allem von einem sehr visionären Miteigentümer vorangetrieben wurde, nicht einigen. Hier wurde ein namhaftes Beratungsunternehmen engagiert, das den Respekt beider Parteien hatte und das ein unabhängiges Gutachten zum besagten Geschäftsfeld erstellte. Im Rahmen von Beratungstätigkeiten dieser Art ist es keinesfalls sinnvoll, eigene ehemalige Mitarbeiter als Berater „zurückzuengagieren", da diese meist nicht als unabhängig anerkannt werden. Durchaus positive Erfahrungen wurden aber mit der Vorgehensweise gesammelt, erfahrene „Experten" aus der Industrie des Klientenunternehmens selektiv mit einzusetzen.

28.2.3 Neue Perspektive, neuer Plan, Umsetzung

Die klassische Beratungsfunktion umfasst drei Bereiche: Erarbeitung neuer Perspektiven und Sichtweisen, Erstellung von Geschäftsstrategien und -plänen und deren Umsetzung. Die Erarbeitung neuer Perspektiven kann von neuen regionalen Märkten wie z.B. China und Indien, neuen Konsumenten- und Kundengruppen wie z.B., die „jungen, wohlhabenden Alten", neuen Technologien wie z. B. die Bedeutung der Nanotechnologie bis zur Hinterfragung der traditionellen Sichtweisen eines Unternehmens bezüglich seiner traditionellen Kunden oder Produkte ein sehr breites Kontinuum abdecken. Gemeinsam haben all diese Situationen, dass das Unternehmen etwas sucht, was es nicht weiß, oder etwas in Frage stellen will, was es glaubt zu wissen.

Die Erarbeitung oder grundsätzliche Überarbeitung von Geschäftsstrategien und -plänen wird oft durch die oben beschriebenen neuen Perspektiven ausgelöst. Hier ist es die Aufgabe des Beraters, auf den Erfahrungen der Vergangenheit aufbauend, dem Unternehmen zu helfen, sich genau von der Vergangenheit teilweise oder gesamthaft zu lösen und eine auf die Zukunft ausgerichtete Geschäftsstrategie zu erstellen. In einem kürzlichen Fall war dies für den Vorstand eines größeren Technologie- und Maschinenbauunternehmens besonders weitreichend. Jahrelang waren als Elemente des Angebotes Finanzierungsunterstützung und Aftersales Services angeboten und weiterentwickelt worden. Die Nachfrage für die „Hardware" war in den letzten Jahren regional nach China gewandert und wird in den nächsten drei Jahren ihren Kulminationspunkt in China erreichen. Nur leider ergab eine Kundenbefragung, dass die chinesischen Kunden weder das Finanzierungsangebot noch große Teile der After Sales Services nutzen oder als Differenzierungsmerkmal anerkennen würden. Die Gesamtstrategie des Unternehmens musste hier grundsätzlich in Frage gestellt werden. Eine derartige Aufgabe kann nur von Beratern gelöst werden, die den nötigen Abstand zur Entwicklung des Marktes bei gleichzeitigem Erkennen der wesentlichen Veränderungen der Nachfragestruktur gewährleisten – und die in der Lage sind, Verhaltensmuster und historische Erfolgsstrategien grundsätzlich in Frage zu stellen.

Die Umsetzung dieser Strategien bedeutet für ein Unternehmen wiederum eine Herausforderung – wie kann der notwendige Wandel in einem Unternehmen nachhaltig und zügig eingeleitet und durchgesetzt werden? Hier werden oft die wesentlichen Einsatzgebiete von älteren, erfahrenen Mitarbeitenden gesehen – und mit die größten Fehler gemacht. Die Umsetzung einer grundlegend neuen Strategie bedarf einer ganzen Bandbreite von Kompetenzelementen. Eine wichtige Aufgabe ist es, die Belegschaft eines Unternehmens in die neue Richtung zu mobilisieren. Hier kann der erfahrene, ältere Mitarbeiter als Berater für das eigene oder fremde Unternehmen eine wichtige Schlüsselrolle spielen – wenn sie richtig geschnitten ist. Ein erfolgreiches Beispiel ist, wenn anerkannte Führungskräfte als Berater die Notwendigkeit des Wandels kommunizieren – wobei hier zu beachten ist, dass die alte Erkenntnis vom Wert des Propheten im eigenen Hause immer mit in Betracht gezogen werden sollte.

Die Darstellung dieser unterschiedlichen Bedarfssituationen, die bei weitem nicht erschöpfend ist, macht eines deutlich: Es gibt durchaus Situationen, in denen bei der Deckung des Beratungsbedarfes älteren, erfahrenen Mitarbeitenden eine wichtige Rolle als Berater für das eigene oder dritte Unternehmen zukommen kann. Wichtig ist jedoch, die Ausgangssituation und Zielsetzung der Beratungsaufgabe klar zu definieren und dann zu entscheiden, welche Rolle ein Berater zu spielen hat und welches Kompetenzprofil er mitbringen sollte.

28.3 Anforderungen an den Berater

Die Anforderungen an einen guten Berater werden oftmals nicht differenziert genug betrachtet und gerade bei erfolgreichen, erfahrenen älteren Führungskräften liegt oftmals der Trugschluss vor, dass eine gute Führungskraft in der Industrie selbstverständlich auch ein guter Berater, möglichst auf Partnerebene, in einem renommierten Beratungsunternehmen sein kann. Hierbei wird oftmals das Anforderungsprofil an einen seniören Berater falsch eingeschätzt und Erfolg in der Vergangenheit mit einer Erfolgsgarantie für die Zukunft gleichgesetzt – was nicht so ist.

Das Spektrum der Anforderungen an einen Berater reicht von einer völlig neuen Arbeitsweise, die immer projektbezogen, mit enormer zeitlicher Belastung verbunden und oft hierarchielos (aber nicht führungslos!) ist und bei der meist Zeitdruck und ein unregelmässige Lebensführung zum Standard gehört bis zum Arbeiten in virtuellen, zum Teil nicht fix organisierten Wissens- und Erfahrungsnetzwerken, die für einen Außenstehenden oft nicht sofort verständlich ist. Daher sind die Integrationsfähigkeit, Offenheit und geistige Flexibilität wesentliche Grundvoraussetzungen eines Beraters – und genau an dieser Hürde scheitern oft ältere, erfahrene Mitarbeitende beim Übergang aus der traditionellen Funktion in eine Beratungsaufgabe.

Nachfolgend sollen die Anforderungen an einen erfahrenen Seniorberater anhand des Beurteilungsrasters einer bekannten, weltweit tätigen Beratungsgesellschaft dargestellt werden sowie die Chancen und Risiken, um diesen Anforderungen gerecht zu werden. Es ist selbstverständlich, dass im Einzelfall die Situation natürlich sehr verschieden von dieser generalisierenden Einschätzung sein kann.

28.3.1 Beratungsfähigkeiten – der „Handwerkskasten" eines Beraters

Hierzu gehören neben der strukturierten Analyse und der logischen Bearbeitung von Problemlösungen auch die Kommunikationsfähigkeiten in verbaler und schriftlicher Form, das Führen von gemischten Beratungsteams bestehend aus Beratungs- und Klientenmitarbeitern und die Erreichung oder das Übertreffen des gewünschten Kundenergebnisses. Diese Fähigkeiten stellen für jeden Berater auf jeder „Hierarchiestufe" eine condition sine qua non dar – und sollten vom erfahrenen, älteren Mitarbeitenden zügig sichergestellt werden. Die wirklichen Erfolgsgeschichten eines Quereinstiegs basieren alle auf dem Bemühen, diese Plattform schnell zu erarbeiten und dabei bei all dem vergangenen Erfolg in Bescheidenheit anzuerkennen, dass hier in der Regel nach langjähriger Tätigkeit in einem Industrieunternehmen zwar große Erfahrung, aber eine grundsätzlich andere Vorgehensweise Gewohnheit war.

28.3.2 Klientenentwicklung, Branchen- und/oder Themenführerschaft, regionale Entwicklung

Als ein wesentlicher Erfolgsfaktor bei einem Einstieg älterer, erfahrener Mitarbeitenden in eine Beratungstätigkeit kann das langjährig gereifte Netzwerk, die tiefe Kenntnis einer Branche oder die reife Perspektive zu wesentlichen Themen und Märkten gesehen werden. Ein erfahrener Manager, der lange Jahre Erfahrungen in Russland gesammelt hat, kann sicherlich das Kompetenzprofil eines Beratungsteams entscheidend ergänzen – auch hier wieder, wenn die Rolle richtig angelegt ist. Zu warnen ist jedoch vor der Meinung, dass ein Netzwerk aus Industrietagen sofort zur Akzeptanz als Berater führt. Dies sollte durchaus zum erstmaligen Türöffnen genutzt werden, aber nicht als neudeutsch „Value Proposition" des Beratungsangebotes gesehen werden.

28.3.3 Kundenqualität

Qualität ist das wesentliche Differenzierungsmerkmal eines Beratungsunternehmens und sollte daher in allen Dimensionen sehr ernst genommen werden. „Your reputation is only as good as the quality of your last project" – dieses Zitat des langjährigen CEO eines namhaften Topplayers in der Beratungsbranche macht deutlich, wie wichtig eine konsequente Qualitätsorientierung eines Beraters in all seinem Handeln ist. Eine kürzliche Untersuchung zeigt die direkte Korrelation von Qualität und Wachstum bei führenden internationalen Beratungsunternehmen. Wichtig hierbei, vor allem für Quereinsteiger aus der Industrie, ist, dass alleine die vom Klienten wahrgenommene Qualität zählt. Diese wird geprägt von einem Gesamteindruck, den der

Klient gewinnt. Hierzu gehören Stil, Sicherheit und Klarheit der Analyse, das Zusammenarbeiten mit dem Klienten in Teams und viele weitere Faktoren. Dies erfordert für den erfahrenen, älteren Mitarbeiter, der Beratungsaufgaben wahrnehmen will, ein Umdenken in die Qualitätsdimensionen des Beratungsgeschäftes, die oftmals sehr viel mehr qualitativ und subjektiv sind als die Qualitätsparameter eines Industrieunternehmens.

28.3.4 Entwicklung von Intellectual Capital und Markenbildung

Oftmals wird von Quereinsteigern ihre Rolle dahingehend missverstanden, dass sie bereits am ersten Arbeitstag Klienten akquirieren und Projekte leiten wollen. Das Beratungsunternehmen verbessert mit den Quereinsteigern sein Intellectual Capital, welches einen wertvollen Beitrag bei internen Aufgabenstellungen leisten kann Dies reicht von der Erstellung von kundenspezifischen Angeboten bis hin zur Erarbeitung einzigartiger Perspektiven zu Märkten, Kundensegmenten, Produkten und Themen etc.. Eine Vorgehensweise in dieser Form ermöglicht auch eine sanftere Integration in Kultur, Vorgehensweise und Methoden eines Beratungsumfeldes, erfordert aber eine klare Kommunikation der Erwartungshaltung auf beiden Seiten.

28.3.5 Mitarbeiterentwicklung

Diese Aufgabe reicht vom Recruiting über die Übernahme von Mentorfunktionen, sowie von der Aus- und Weiterbildung bis hin zum Training on the job, über Teamentwicklung sowie der Pflege des aktiven internen Beziehungsnetzes. Hierbei liegt die Gefahr für Quereinsteiger aus der Industrie oft darin, dass die langjährig praktizierte Führungs- und Mitarbeiterentwicklungstechniken in einem Beratungsunternehmen nicht immer vollständig adäquat zu sehen sind. In einer kürzlich geschehenen Situation war eine älterer, erfahrener Mitarbeiter, der seit drei Monaten als Berater tätig war, völlig konsterniert, dass im Rahmen eines Upward-Feedback-Prozesses, sein Beitrag während eines Beratungsprojektes von zwei Hochschulabsolventen äußerst kritisch beurteilt wurde und diese ihm ein Kommunikationstraining ans Herz gelegt haben. Diese Situation zeigt, dass die Umstellung – je nach Herkunft und vorheriger Tätigkeit des erfahrenen neuen Kollegen – doch sehr erheblich sein kann.

28.3.6 Führung und persönliche Eigenschaften

In der Beratung gibt es keine „genommene Führung" durch „Amtsübernahme". Führung heißt hier vielmehr gegebene Führung, aufgrund von Leistung, Erfahrung gemischt mit dem richtigen Stil und dem Feingefühl für die hochsensiblen Berater. Neben einer ganzen Reihe von persönlichen Eigenschaften ist die absolute Integrität und Teamfähigkeit hervorzuheben. Die Bereitschaft, in fremden Situationen zu arbeiten und sich darin wohl zu fühlen und Leistung schnell zu erbringen, ist eine weitere Anforderung, deren sich viele erfahrene, ältere Mitarbeitende nicht in der Deutlichkeit und Stringenz bewusst sind. Hierbei ist Leistung nicht allein als Eigenleistung zu sehen, sondern als Beitrag zum Kliententeam.

28.3.7 Kommerzieller Beitrag

Wesentliche Anforderung an eine erfolgreiche Übernahme einer Beratungstätigkeit ist das Verständnis für die wesentlichen Treiber kommerziellen Erfolges im Beratungsgeschäft. Die wesentlichen Kenngrößen zur Steuerung eines Beratungsunternehmens sind Neuakquisitionen, Anteil Stammkundengeschäft, Auslastung, Realisierungsgrad, Auftragsreichweite sowie Projektdeckungsbeitrag. Das Zusammenspiel, das Management dieser Größen erfordert große langjährige Erfahrung. Erfolgreiche Berater verstehen es, kurzfristige Erfolge und langfristig kontinuierliche Steuerung dieser Größen zu optimieren. Hierzu gehört auch das Kapazitätsmanagement eines Beratungsunternehmens, das aufgrund der Tatsache, dass die gesamte Kapazität aus Menschen besteht, ein besonderes Führungsgeschick erfordert.

28.4 Anregungen und Schlussbemerkung

Wichtig bei Überlegungen zum Einsatz älterer, erfahrener Mitarbeiter in einer Beratungstätigkeit ist die differenzierte und klar konzipierte Erarbeitung eines Konzeptes für den Wertbeitrag des Individuums aus Kunden-, persönlicher und Beratungsunternehmenssicht (falls angebracht).

Der flexible Einsatz von erfahrenen Mitarbeitern ist in Ländern außerhalb des deutschen Sprachraumes heute bereits viel mehr Gewohnheit als in „Heimatlichen Gefilden". Dies liegt zum einen an der überregulierten Gesetzeslandschaft, am fehlenden Angebot, vor allem aber auch an der fehlenden Risikobereitschaft der älteren Mitarbeitergruppen. In Australien, dem Land mit der höchsten Beraterdichte pro Euro Bruttosozialprodukt, ist eine flexible Tätigkeit als Berater gegen Ende des beruflichen Zyklus vielmehr Normalität, als wir es im europäischen Umfeld heute sehen.

Für den Einsatz als Berater erscheinen zwei mögliche Schwerpunkte als sinnvoll: Zum einen als flexibler Know-how- und Erfahrungsträger für das bisherige Unternehmen ohne Übernahme von klassischen Linien- oder Führungsaufgaben oder als Experte für eine Industrie, einen Markt oder ein Themengebiet in Zusammenarbeit mit einem Beratungsunternehmen, um das Angebot dieses Unternehmens zu vervollständigen. Wenn hierzu noch die Offenheit für ein Umfeld mit anderen Spielregeln, Erfolgsfaktoren und einer ganz eigenen Kultur erhalten geblieben ist, sollte die Erfolgswahrscheinlichkeit für einen älteren, erfahrenen Mitarbeitenden im Beratungsumfeld durchaus positiv gesehen werden.

Klaus-M. Baldin

29 Employability für ältere Mitarbeiter
Eine neue Anforderung in der Personal- und Organisationsentwicklung

29.1 Das Szenario der AGE-Trends

29.1.1 Die Rückkehr der Silberhaare

Im Spannungsfeld der veränderten staatlichen Förderungsmöglichkeiten entwickeln Unternehmen mit enormer Kreativität immer neue Konzepte und leiten Maßnahmen ein, die so früh wie möglich den Ruhestand im Blickpunkt haben. Sie setzen auf die jungen Dynamiker. Die WDR Sendung Hart aber fair greift das Thema auf: Im Reizthema „Jugendwahn" wird deutlich, dass auch die Werbung und Life Style-Industrie das Bild der umworbenen Jungen und uninteressanten Alten fördert.[1] Buchautoren sprechen von der „Vergreisung der Republik", Journalisten von einer „Ausbeutung der Jungen durch die Alten" und Wissenschaftler von der „Lustlosigkeit der Alten zu arbeiten". In diesem Meinungskonsens gibt es bereits für 45-Jährige keine Lernpfade zur breiteren Entfaltung in den jetzigen Aufgaben oder gar für das Hineinwachsen in neue Herausforderungen. Projekte werden an Jüngere übergeben, Ältere werden aus Veränderungsprozessen ausgeblendet und dann konflikträchtig mit den Ergebnissen konfrontiert. Aus dieser Altenpolarisierung „Entlastung durch Aufbau eines Schonraums" versus „Ausgeschlossenheit aus der Prozessgestaltung" ergeben sich Demotivationskräfte mit einer Negativspirale zur sich selbst erfüllenden Prophezeiung: „ich gehöre auch zu den Ausstiegskandidaten im Mitarbeiterportfolio". Diese mangelnde Wertschätzung der älteren Mitarbeiter mit der gefährlichen Ignoranz, dass marktübergreifende Kenntnisse über Geschäftsprozesse, langjährige Beziehungspflege zu Meinungsmachern der Branche, die Lebenserfahrung aus vielfältigen Projektgeschäften, sowie Reife mit dem Prinzip der Langsamkeit der Alten nichts wert sind, macht diesen zu schaffen. Jede Innovationskraft wird so im Keim erstickt. Es ist ein gesellschaftspolitisches Phänomen, das viele Jahre kultiviert wurde.

Matthias Horx, der Herausgeber des Zukunftsletters, zeigt allerdings auf, dass drei Trends diese Tendenz nun umkehren:

---

[1] vgl. WDR-Fernsehen: Hart aber fair, Reizthema Jugendwahn, 06.03.02, http://www.wdr.de /online/hartaberfair/themen/20020306/index.phtml.

Klaus-M. Baldin

„Kriselnde Start-Ups suchen nach erfahrenen Managern. Im kommenden „War for Talents" entdecken die Unternehmen die Älteren als Talentreserve. Und der Wertewandel erzeugt Lebensentwürfe, in denen „Arbeit" nicht mehr als Fron, sondern als Selbstverwirklichung begriffen wird. „Menschen, die länger und gesünder leben, werden wahrscheinlich drei oder vier Berufskarrieren mit Ruhestandszeiten dazwischen haben", meint Sam Mercer, Campaign Director des „Employers Forum on Age". Das einstige Pensionsalter, das man heute „zweiter Lebensabschnitt" oder „drittes" bzw. „viertes Lebensalter" nennt, birgt die Möglichkeit eines neuen Anfangs, einer neuen Karriere, ja in manchen Fällen sogar einer neuen Familie."[2]

Das macht Mut für neues Denken; denn – so die Prognosen – ab 2010 werden bereits 42 % der Erwerbstätigen über 45 Jahre alt sein. Trends in den USA und Großbritannien weisen darauf hin, dass sich der 100 Jahre anhaltende Prozess der immer kürzeren Lebens-Arbeitszeit (1970: 63 Jahre, jetzt in manchen europäischen Ländern im Schnitt 57 Jahre) durch die Deregulierung umkehrt. Die Alten kehren in die Arbeitswelt zurück. Sie empfinden Arbeit zunehmend als Selbstverwirklichung und nicht als Zwang. Dafür sorgen zum einen die fortschreitende Alterung unserer Gesellschaft, zum anderen der wachsende Stellenwert, den die Gesundheit im Bewusstsein des Einzelnen einnimmt. Die Lausitzer Rundschau Online zeigt aktuell auf, dass die Zahl der Arbeitnehmer im fortgeschrittenen Alter in den USA ständig wächst. Nach offiziellen Zahlen arbeiten in der US-Wirtschaft 21 Millionen Menschen über 55 Jahre. Das US-Außenministerium schätzt, dass bereits im Jahr 2015 ein Fünftel der US-Tätigen älter als 55 sein werden. Auf dem Arbeitsmarkt haben die „Alten" also durchaus eine Chance – zumindest was niedrig bezahlte Jobs angeht. Supermärkte, Drogerien oder Schnellimbissketten schätzen sie als zuverlässige Mitarbeiter.[3]

Die Schriftenreihe „Eine Gesellschaft für alle Lebensalter" des Bundesministeriums zeigt auf, dass im letzten Drittel des 19. Jahrhunderts die Aussicht auf ein durchschnittliches Alter von 37 Jahren bestand. Heute liegt die durchschnittliche Lebenserwartung bei mehr als 73 Jahren. Bei der Frage wie alt wird der Mensch im 21. Jahrhundert, sagt der Altersforscher Jay Olshansky von der University of Chicago: „130 Jahre sind kein Problem". Sein Kollege von der University of Idaho glaubt sogar an 150 Jahre. Beide Prognosen scheinen realistisch. James Vaupel vom Max-Planck-Institut für demografische Forschung bestätigt auch: „Eine Grenze ist nicht in Sicht, die Zahl der 100-Jährigen verdoppelt sich alle zehn Jahre."[4] Menschen werden doppelt so alt wie vor 100 Jahren. Auf einen Senior (65 Jahre und älter) kommen heute vier Jüngere (15 bis 64 Jahre). In den nächsten 20 Jahren steigt dieser Altersquotient auf 1:3, in den nächsten 40 Jahren gar auf 1:1.[5] Damit erlebt der Standort Deutschland gravierende Veränderungen. Er muss sich wachsenden quantitativen und qualitativen Anforderungen stellen und Produkte attraktiver, kundenorientierter, wirksamer und kostengünstiger anbieten und das bei sinkenden Geburtenzahlen.

---

2   Vgl. Horx, Matthias: Der Zukunftsletter für das 21.Jahrhundert (Januar 2001). Weitere Info: www.65plus.nl oder www.srstaff.com.
3   Vgl. Moser, Patrick: Wenn es für ein Leben im Ruhestand nicht reicht, Lausitzer Rundschau online, 29.08.03.
4   Vgl. Heier, Magnus, u.a.: Medizin Dossier: Heilen ohne Grenzen, in Capital 15/2001, S. 110.
5   Vgl. Müller, Henrik: Planet der Alten, in: managermagazin 12/00, S. 267 ff.

Horx ist sich auch sicher, dass die große Transformation, der Übergang vom Informationszeitalter zum „Human-Touch-Zeitalter", bevorsteht. Er begründet diese These mit der bereits häufig zitierten Ablösung des „fünften Kontratieff, Informationstechnologie" durch den sechsten Kontratieff, in dem sich alles um die „psycho-soziale Gesundheit", wie Emotionen, Human-Touch-Dienstleistungen und um das Wissensmanagement dreht. Horx's Fazit:

„Der kommende Wirtschaftsaufschwung wird kein primär technologiebetriebener sein, sondern sich aus einer Vielzahl von „Humantechnologien" zusammensetzen. Dienstleistungen erweitern und entwickeln sich zu komplexen „Assistance-Services". Körper, Geist und Seele rücken in den Mittelpunkt der Ökonomie. Der „Faktor Mensch" in den Unternehmen wird zum alles entscheidenden Produktivitätsfaktor".[6]

Und so ist es nicht verwunderlich, wie die Meinungsmacher aus Wissenschaft, Politik, Unternehmen und Kultur mit gebetsmühlenartiger Prognosekraft und nie da gewesener Übereinstimmung unermüdlich das Risikoszenario des demografischen Wandels mit sinkenden Geburtenraten und kontinuierlich steigender Lebensdauer in das Bewusstsein der Bevölkerung tragen. Die Angst geht um, dass der Arbeitsmarkt austrocknet. Führt das zu mangelnder Leistungs- und Innovationskraft der Unternehmen bei noch größerer Last die „unnützen Alten" durchzufüttern?

Nein, alle sind sich sehr einig, die Potenziale der Alternden sind gar nicht so schlecht. Ihr Erfahrungswissen sei sogar zentral bedeutungsvoll für das qualitative Überleben im globalen Wettbewerb. Folglich sollen nun Programme des Staates und kreative Konzepte der Betriebe diese Zielgruppe aus dem Jammertal der Tränen, der mangelnden Wertschätzung und Diskriminierung, der Angst auf Freisetzung mit damit verbundener Langzeitarbeitslosigkeit, sowie der Frühverrentung mit staatlicher Hilfe oder Beschäftigung in Auffanggesellschaften, herausbringen. Die viele Jahre entwerteten Austrittskandidaten werden nun zu einer stabilen Säule motivierter und begeisterter Leistungsträger, die sich mit ihren Potenzialen und mit Leistungs- und Schaffensfreude zum Wohle des Unternehmens voll einbringen. Hoch motiviert pflegen sie den Dialog mit den Jüngeren, geben eifrig ihre Lebenserfahrung weiter und lassen sich mit Ratschlägen der Jüngeren um aktuelleres Wissen (z. B. im Umgang mit Informationstechnologien) handlungskompetent runderneuern. Das heißt, traditionelle Rollen des Generationskonfliktes mit den damit verbundenen beiderseitigen Ängsten und dem Wettbewerb im Konkurrenzdenken besserer Lösungen, weichen einer produktiven und vertrauensvollen win-win-Lernbeziehung, in der auch implizites Wissen bereichs- und altersübergreifend ausgetauscht wird. Diese Vision einer humanistischen Lernkultur mit einem Wissensmanagement, das den „barrierefreien, grenzüberschreitenden" Zugriff aller Organisationsmitglieder auf das Unternehmens-Knowhow mit dem Netzwerkgedanken „wir sind ein Team" verbindet, erfordert als Paradigmawechsel auch eine Erneuerung der beruflichen Bildung.

Nach dem Verfall der New Economy erinnern sich immer mehr Traditionsunternehmen mit neuem Selbstbewusstsein und Stolz an den klassischen Altersmix der Belegschaft. Nun zeigt sich (wieder?), dass die ungestümen Kräfte der gut ausgebildeten, hoch motivierten jungen Nachwuchskräfte mit dem (Erfahrungs-)Wissen und der Reife der älteren Kollegen ergänzt, für ein dynamisches Gleichgewicht im Team sorgen und so den nachhaltigen Erfolg am Markt sichern und damit zum Garant für Mehrwert im Wettbewerb führen. Einmalige Persönlich-

---

6   Vgl. Horx, Matthias, Der Zukunftsletter, Ausgabe 5/2001, S. 2.

Klaus-M. Baldin

keiten mit ihren individuellen Potenzialen, mit ihren unterschiedlichen Handlungsmustern und ihren Unterschieden hinsichtlich Nationalität, Geschlecht, Religion, Querdenkertum und auch Alter machen Arbeitsgruppen zu Hochleistungsteams, die um das Beste ringen. Diversity heißt das neue Schlüsselwort moderner Personaler, die nun vor der Herausforderung stehen, kulturelle Rahmenbedingungen zu schaffen, die all diese Verschiedenartigkeiten so vernetzen, dass es allen Spaß macht zur Arbeit zu kommen, dass alle Freiraum haben, Ideen umzusetzen, dass sich Jung und Alt in wechselseitiger Wertschätzung gegenseitig anspornen etwas Neues zu schaffen, also eine lebendige Unternehmenskultur pflegen.

Ein professionelles Personalentwicklungskonzept respektiert und ermöglicht natürlich älteren Mitarbeitern flexible Modelle für ihre individuelle Lebensplanung über z. B. Cafeteriasysteme, Sabbatzeiten, Altersteilzeit oder Lebensarbeitszeitkonten und altersdidaktische Lernformen. Es ist allerdings kein leichtes Unterfangen entsprechende Konzepte erfolgreich zu implementieren und umzusetzen. Nach all den Jahren der Diskriminierung von Erfahrungswissen wirkt das Herunterbeten der neuen Wichtigkeit der Älteren unter den von ihnen kritisch beobachteten Wertschätzungskampagnen eher kontraproduktiv. Hier muss unter Einbeziehung der Zielgruppe, mit Offenheit der Beteiligten und unter Schirmherrschaft der Geschäftsleitung um Vertrauen geworben werden, damit neue Wege unter Vermeidung von Statusverlusten zur Akzeptanz führen.

Der Zukunftsforscher und Philosoph Giger fordert dann auch auf dem GRP-Symposium „Zukunft der Generationen" ein neues Leitbild für den Generationenvertrag und malt dazu die Vision des reifen Landes in zehn Szenarien über Gelassenheit, Weisheit, Erfahrung bis zur Evolution aus; denn nach seiner Devise steht Lernen hoch im Kurs: nur wer sich wandelt, kann sich treu bleiben.[7]

29.1.2 Seniorenkompetenz

Die Gerontologie als interdisziplinäre Wissenschaft versucht aus den unterschiedlichsten Forschungsdisziplinen Erkenntnisse zu Themen der Alterskunde aufzuarbeiten. Ein umfangreiches Unterfangen. Am Beispiel des Huberverlages wird der Stellenwert deutlich. Allein die Serie angewandte Alterskunde soll 20 Bände umfassen, mit jeweils Themen wie, Altersbildung, Lebenstraining, Soziales Ehrenamt, Sport und Bewegung im Alter, Reisen im Alter.[8] Die quantitativ wachsende Gruppe der Senioren erobert sich zunehmend gesellschaftliche Anerkennung durch Gewahrwerden und aktivieren der eigenen Bedürfnisse.

Viele empirische Untersuchungen bestätigen, dass Sport und Bewegung die Alterungsprozesse beeinflussen (vgl. z.B. Hübscher[9]). Mit Hilfe von zielgruppengerechten und fachlich fundierten Bewegungsangeboten werden gesundheitsfördernde Effekte und soziale Kontakte erzielt, die die Lebensqualität erheblich steigern. Auch Sport als Feld sozialer Begegnung und freund-

---

[7] Vgl. Giger, Andreas: Die Zukunft wird geprägt von Reife, GRP-Symposium Zukunft der Generationen, Lebenslang lernen in Bad Tölz, 16.05.2003.
[8] Vgl. Karl, Fred; Tokarski, Walter: Band 5 Bildung und Freizeit im Alter, Huber 1992.
[9] Hübscher, J.: Bedeutung des Sports im Leistungsalter für Prävention und Rehabilitation, in Gesundheitswesen 61 (1999) 518-521,Thieme Verlag, S. 518.

schaftlicher Beziehungen unterstützt das seelische Wohlbefinden, das Selbstvertrauen und vor allem das Selbstwertgefühl. Es scheint kein Zweifel daran zu bestehen, dass Sport und Bewegung im Alter überwiegend positive Auswirkungen auf den physischen, psychischen und sozialen Bereich haben.[10] Muskeln wachsen auch noch mit 70, so Fitness Coach Ulrich Strunz, der als Bestseller-Autor (forever young) das regelmäßige Laufen zur Wunderpille einer maximalen körperlichen und geistigen Leistungsfähigkeit erklärt.[11] Als Beilage zu regionalen Tageszeitungen kommt jetzt das neue TZ-Gesundheitsm@gazin mit einer Rekordauflage von fünf Millionen Exemplaren auf den Markt, das die „reifere" Zielgruppe über Gesundheit und Wohlbefinden, Medizinpolitik und Forschung informieren soll.

In Unternehmen wird das Leistungspotenzial älterer Mitarbeiter allerdings vielfach falsch eingeschätzt. In dem Jahrzehnte geprägten Vorurteil werden stereotyp Abbauprozesse unterstellt, wobei tatsächlich innerhalb einer Altersgruppe ein deutlich höheres Maß an Leistungsdifferenzen als zwischen verschiedenen Altersgruppen besteht.[12] Gegenüber diesem Defizitmodell hat die gerontologische Forschung inzwischen auch für den Bereich der Arbeitswelt das Kompetenzmodell des Alters wissenschaftlich belegen können. Bedeutungsvoll ist der Begriff des so genannten Erfahrungswissens älterer Mitarbeiter. Behrend zeigt auf, dass dieser Begriff verschiedene Kategorien von Kompetenzen, wie die der fachlich-methodischen im Sinne von Routine, die Problemlösungskompetenz auch für die Lösung neuer Arbeitsaufgaben oder Kompetenz, die auf der Lebenserfahrung beruht, beinhaltet. Im Mittelpunkt steht aber die Kategorie der sozialen Kompetenz, die auf betriebliche Interaktions- und Kommunikationsprozesse gerichtet ist und soziale Fähigkeiten wie Einfühlungsvermögen und Menschenkenntnis gerichtet ist (ebda.). Kruse zieht drei Folgerungen aus der Stufenleiter der Natur (scala naturae), nach der bereits die römisch-lateinische Philosophie die natürlichen biologischen und psychologischen Prozesse über den gesamten Lebenslauf als kontinuierliche Veränderungsreihe versteht:

1. Die körperliche Leistungsfähigkeit und Anpassungsfähigkeit nimmt nicht ab einem bestimmten Lebensalter plötzlich ab, sondern sie geht allmählich zurück.

2. Bei gesunder Lebensführung und ausreichender körperlicher Aktivität in früheren Lebensjahren bleiben körperliche Leistungsfähigkeit und Anpassungsfähigkeit im hohen Alter länger erhalten.

3. Im seelisch-geistigen Bereich kann das höhere Lebensalter sogar mit einem Zuwachs an Wissen, Erfahrungen und Handlungskompetenz einhergehen.

Als Voraussetzung sieht er allerdings, dass Menschen in früheren Lebensjahren Wissenssysteme und effektive Handlungsstrategien entwickelt haben.[13]

---

10 Schöttler, Bärbel: Sport und Bewegung im Alter, in Band 5 Bildung und Freizeit im Alter, Hrsg. Karl, F.; Tokarski, W.: Huber 1992, S. 111 ff.
11 Strunz, Ulrich: Laufend in das zweite Leben, in prisma 8, forever young. Das Erfolgsprogramm, Gräfe und Unzer.
12 vgl. Behrend, Christoph: Demografischer Wandel – eine Chance für ältere Arbeitnehmer? Neue Aufgaben für das HR-Management vor dem Hintergrund der Trends und Entwicklungslinien im Altersaufbau der Gesellschaft, in: Personalführung 6/2002, S. 36.
13 vgl. Kruse, Andreas: Individuelle und gesellschaftliche Ressourcen im Alter; http://www.grp.hwz.uni-muenchen.de/web-it/symp2003/kruse-manuskript.pdf.

29.1.3 Vorteile älterer Mitarbeiter

Untersuchungen haben ergeben, dass ältere Arbeitskräfte nicht weniger, sondern andere Fähigkeiten haben als jüngere, und das gilt besonders für die Altersgruppe der 55- bis 65-Jährigen. Eine 6.500 Topmanager erfassende Studie der Cranfield School of Management kommt etwa zu dem Schluss, dass über 45-Jährige

- besser mit komplexen Situationen und Aufregungen umgehen können;
- teamorientiert sind und den Dialog fördern;
- nicht nur Kollegen und den Betrieb, sondern auch ihre eigenen Fähigkeiten realistisch beurteilen.

Deshalb ist das Alter von Arbeitnehmern an sich kein Faktum, das eine Berufsausübung erschwert, stellt Buck vom Fraunhofer-Institut für Arbeitswirtschaft und Organisation fest. Vielmehr sei der Gesundheitszustand von älteren Menschen nicht das Ergebnis des kalendarischen Alters, sondern der Arbeitsbedingungen der Vergangenheit. Beispielhaft können rückenkranke Speditionsarbeiter keine Fracht mehr abfertigen, wären jedoch bei der Dokumentation der Fracht im Büro voll leistungsfähig. Generell, so seine Ergebnisse, kommen Senioren im Beruf nicht so gut mit Zeit- und Leistungsdruck klar, dafür können sie aber Aufgaben besser lösen, die autonom zu bearbeiten sind und die soziale Kompetenzen und Erfahrung erfordern.[14] Junge Beschäftigte gelten pauschal als belastbarer, lernfähiger und motivierter.

Die durch die tayloristische Arbeitszergliederung dogmatisierte Abgrenzung zwischen Arbeit und Freizeit, zwischen Jung und Alt, zwischen bezahlter und unbezahlter Arbeit und die damit verbundene Sozialisierungskultur unserer derzeitigen Gesellschaft erfährt nicht zuletzt durch die bisher nicht gekannte Geschwindigkeit des Wandels neue Impulse. Eine zentrale Rolle spielen hier die neuen Informations- und Kommunikationsmöglichkeiten, die die Grenzen zwischen Arbeit und Freizeit verflüssigen. Beispiele im neuen Markt zeigen die neue Art mit Arbeit und Freizeit umzugehen. Hier entwickeln Menschen mit ihren grenzenlosen individuellen Potenzialen, in ihrer evolutionsbedingten Neugier und Lust auf Leistung über die vier Urformen der Veränderung „Arbeit, Spiel, Gespräch und Feier" ihre ganzheitlichen Persönlichkeiten. Es ist somit nichts ungewöhnliches, dass Menschen auf Entdeckungen gehen, dass sie wahrnehmen, erkennen, denken und dass sie im Anschluss daran das Entdeckte und Erkannte verarbeiten, dass sie verknüpfen, bewerten, selektieren, und schließlich ihr Wissen auch noch nutzen. Aktivitäten dieser Art sind genau das, was man heute mit dem so modern klingenden Begriff Wissensmanagement bezeichnet.[15] Eine alte Aufgabe also, die durch Bilden und Erziehen die Energie für Leistung bietet. Gerken und Konitzer fordern in ihrem 11. Merksatz der Trends 2015 „Zukunft braucht Energie"[16] und sehen als natürlichste Energiequelle die Neugier, also die Fähigkeit, sich auf Neues einzulassen, zu staunen und sich zu begeistern.

---

[14] Vgl. Holtz, Torsten: Das Ende des Jugendwahns, in Frankfurter Neue Presse vom 29.08.03.
[15] Vgl. Mandl, H., Reinmann, G.: Leuchtturm im Meer der ungeahnten Möglichkeiten, in Wissensmanagement, eine Serie der Süddeutschen Zeitung, München 1997, S. 5.
[16] Vgl. Gerken, Gerd, Konitzer, Michael: Trends 2015, Ideen, Fakten, Perspektiven, DTV, München 1996, S. 16.

Folglich entwickeln individuelle Persönlichkeiten über Ich/Du und Ich/Wir-Beziehungen die positive Energie, die die dynamische Balance für eine Gemeinschaftskultur prägen. Die Entfaltung positiver Energieströme für Lust auf Leistung bedingen allerdings einen gesunden Körper, einen gesunden Geist und eine gesunde Seele. Das bedeutet, dass Gesundheit von zentraler Bedeutung, ja geradezu als eine Basisinnovation die Gesellschaft als Ganzes erfasst und zu tief greifenden Veränderungsprozessen im Beziehungsnetz globaler Lebenswelt führt.

Der Zukunftsforscher Nefiodow stellt auch im sechsten Kondratieffzyklus heraus; dass die so genannten psychosozialen Faktoren wie Zusammenarbeit, Motivation, Kreativität, Angstfreiheit, die entscheidenden Wettbewerbsvorteile verschaffen, die allerdings nur körperlich, seelisch und sozial gesunde Menschen als gemeinschaftsfördernde Beziehung und produktive Leistung erbringen können. Auch Opaschowski sieht im 21. Jahrhundert die große Chance, die Lebensarbeit zum Wohle der ganzen Gesellschaft neu zu definieren. Er ist davon überzeugt, dass der Mensch auf Dauer Arbeit ohne Lust und Freizeit ohne Leistung nicht ertragen kann. Die künftige Leistungsgesellschaft lebt in neuer Leistungslust, deren eigentliche Antriebskraft für bezahlte und unbezahlte Arbeitsleistungen gleichwertig über Schaffensfreude, hohe Motivation und die Hoffnung auf Erfolg definiert wird. Deutlich arbeitet er jedoch heraus, dass beim Wandel von der Industrie- zur Leistungsgesellschaft offen bleibt, ob die Leistung in der Arbeit, im Sport, in der Freizeit oder im freiwilligen sozialen Engagement zum Ausdruck gebracht wird. Für Opaschowski[17] gehören zur neuen Leistungsgesellschaft deshalb vier Arbeitswelten:

- Erwerbsarbeit mit multiplen Beschäftigungsverhältnissen
- Gemeinschaftsarbeit mit Freiwilligenleistungen für Familie und Gesellschaft
- Lernarbeit mit lebenszeitbegleitender Fort- und Weiterbildung
- Eigenarbeit mit Eigenleistungen für sich und mit „Arbeiten an sich selbst" zur Erhaltung von Gesundheit und Lebenszufriedenheit.

Unternehmen wollen natürlich, dass die Kräfte in die Erwerbsarbeit fließen. Innerlich gekündigte Alternde, die außerhalb der Arbeitszeit ihrer eigentlichen Wertschöpfung in Vereinen, mit Nachbarschaftshilfe oder im eigenen Garten nachgehen, senken die Produktivität im Unternehmen. Wenn es gelingt, sie für mehr Einsatz im Unternehmen zu mobilisieren, führt das zur Effizienz- und Effektivitätssteigerungen.

Andererseits werden die Zeitgenossen der fortgeschrittenen Postmoderne keine Zeit mehr für systematische Aneignung traditioneller Bildungsgrundlagen haben. Weit mehr als heute werden sich Menschen in der rastlosen Lernarbeit auf den Versen immer neuer Hochtechnologie-Entwicklungen ausgelaugt und leer fühlen. Das Wie des Denkens, Lernens und der Entwicklung schöpferischer Begabungen wird dabei – in Reaktion auf sich beschleunigende technologische Entwicklungen – mehr Bedeutung gewinnen, als traditionelle Bildungsinhalte. Bildungsreformen werden nicht mehr (nur) von Regierungen ausgehen, sondern von Betrieben in Kooperation mit lokalen Bildungsbehörden. Gerade innovative Unternehmen werden sich im eigenen Interesse an der Gestaltung neuer Lernformen und -inhalte beteiligen. Ihre Motivation dafür wird nicht in erster Linie eigenes Interesse am Wissen möglicher Nachwuchskräfte sein. Son-

---

17 Vgl. Opaschowski, Horst: Die neue Lust auf Leistung, in bild der wissenschaft 1/2000, S. 14.

dern vielmehr ihr Interesse an motivierten, lernfähigen und kreativen zukünftigen Mitarbeitern, Partnern und Kunden, die den Herausforderungen ihrer Umwelt gewachsen sind. So werden sich gerade Verantwortliche in innovativen Unternehmen zum Beispiel dafür einsetzen, dass ältere Arbeitnehmer ein Arbeitsumfeld und Arbeitsinhalte erhalten, die ihren Bedürfnissen angemessen Rechnung tragen. Lebenslanges Lernen zur Gesundheitserhaltung von Körper, Geist und Seele schafft positive Energie, die durch einmalige Persönlichkeiten die dynamische Balance zur Bildung von Gemeinschaften bei Arbeit und Freizeit ausprägen. Dazu benötigen wir ein Leitbild mit Visionen für eine Lern- und Gesundheitskultur, das dem 21. Jahrhundert als ganzheitliche Quelle für Lebensqualität und Lebenssinn zum Wohl der ganzen Gesellschaft aufzeigt.

29.1.4 Lernkultur für lebenslanges Lernen

Behavioristische Ansätze des Lernens als Stiftung von Reiz-Reaktions-Verbindungen „wurden" (?) mit vorurteilbelegten Alltagsweisheiten, wie „Was Hänschen nicht lernt, lernt Hans nimmermehr" verknüpft und mündeten in der Adoleszenz-Maximum-Hypothese, nach der mit 20 Jahren optimal gelernt wird und spätestens im Erwachsenenalter die Fähigkeit dazu massiv abnimmt. Faulstich interveniert mit dem Argument der Erfahrung aus einem ständig zunehmenden Angebot an Erwachsenenbildung, sowie der Notwendigkeit des lebenslangen Lernens und des auch schon für das Lernen sinnloser Silben empirisch nicht haltbaren Ansatzes der Hypothese. Dagegen ist er sich sicher, dass trotz aller Lernwiderstände bei Erwachsenen empirisch stützbar ist, dass es keine physisch festgelegten Abbauprozesse mit zunehmendem Alter gibt.[18]

Seit Jahren wurde Weiterbildung nur noch unter Weltmarktgesichtspunkten geplant, weil die Qualifikation der Arbeit als einzig vermehrbare Ressource der rohstoffarmen Republik galt. Planmäßig sollten Bildungsreserven ausgeschöpft und als qualifiziertes Arbeitskräfte-Potenzial der Industrie zur Verfügung gestellt werden. Damit stand vor allem der Jugendliche mit Kraft im Focus des Interesses.

So betrachtet scheint viel dafür zu sprechen, dass ein neuer „Bildungsfrühling" ins Haus steht. Konkurrenzfähige technische Innovationen erfordern eine Neuorientierung des gesamten Bildungswesens vom Kindergarten bis zu den weiterbildenden Kontaktstudiengängen. Am Horizont erscheint ein Bildungssystem, in dem Wahrnehmungs-, Denk- und Kommunikationsfähigkeit im Medium digitalisierter Informationsprogramme und im Modus des life-long-learning[19] gelernt wird. Das Schlagwort des lebenslangen Lernens greift um sich. Allerdings macht Baltes bewusst, dass, wie mit dem Begriff der Entwicklung schon seit Jahrhunderten im Allgemeinen, heute mit der Idee vom lebenslangen Lernen eine neue Utopie definiert wird. „Sie verspricht uns bis ins hohe Alter Entwicklungschancen und Lebenselixier. Dieses Versprechen steht allerdings nicht auf starken Füßen".[20] Zumindest, was das betriebliche Lernen angeht, ist bei der

---

18 Vgl. Faulstich, Peter, u.a.: aus dem Vorwort: Lernfälle Erwachsener, Ziel Verlag, Augsburg 2002.
19 Vgl. Dewe, Bernd: Bildung in der Lerngesellschaft – Grenzen und Möglichkeiten (Festrede anlässlich der WSB-Zertifikatsfeier, 25.03.2000).
20 Vgl. Baltes, Paul B.: Das Zeitalter des permanent unfertigen Menschen, Lebenslanges Lernen verlangt einen Wechsel von sequenzierten zu parallelisierten Bildungsverläufen, in Personalführung 6/2002, S. 25.

Beteiligung der über 50-Jährigen an Weiterbildungsmaßnahmen ein regelrechter Einbruch zu beobachten. Während im Jahr 1988 von den 19- bis unter 35-Jährigen immerhin 43 % an einer Weiterbildungsmaßnahme teilgenommen haben, waren es bei den 50- bis unter 65-Jährigen lediglich 20 %. Für Weiß spiegelt sich darin auch eine Zurückhaltung wider, Bildungsinvestitionen für ältere und in wenigen Jahren aus dem Erwerbsleben ausscheidende Mitarbeiter zu tätigen.[21]

Was den Modus derartigen Lernens Erwachsener anbelangt, ist zu betonen, dass Erwachsene erst erfolgreich und sinnverstehend lernen, wenn sie nicht Element für Element eines gleichsam enzyklopädisch angehäuften und in mannigfache Lernziele zerlegbaren oder bereits zerlegten Wissensbestandes adaptieren (müssen), sondern die Möglichkeit wahrnehmen bzw. ausbilden, beispielsweise die „Ernstsituation" ihres zukünftigen alltagspraktischen und/oder beruflichen Handelns etwa in Hinblick auf technologische Veränderungen/Herausforderungen zu antizipieren, indem derartige Situationen in moratoriumsähnlichen Formen einer Erwachsenenbildung gleichsam gedankenexperimentell simuliert werden. Folglich steht nicht die Vermittlung „relevanten" Wissens in systematisierter und explizierter Form im Vordergrund eines derartigen Bildungsprozesses, sondern der Erwerb einer Kenntnis der Regeln „kompetenten" Handelns (Dewe, ebda).

Wenn wir Opaschowskis These der gesellschaftlichen Entwicklung zur Leistungsgesellschaft folgen, bleibt offen, wo Hochleistung der Mitarbeiter gezeigt wird: in der Arbeitswelt, im Sport oder im sozialem Engagement? Wenn Unternehmen sicherstellen wollen, dass die grenzenlosen Potenziale ihrer Belegschaft eher in betriebliche Leistung münden, müssen sie deren positive Energie als Kraftquelle für Innovationen über kreative Rahmenbedingungen einer Lern- und Gesundheitskultur entdecken, messen und für ihr Wissensmanagement nutzbar machen. Wer mit der Ressource Mensch gut und sinnvoll, vernünftig und effizient umgehen kann, der setzt sich im Wettbewerb durch. Nach Nefiodow kann die Innovationsbereitschaft auf der vitalen Ebene durch die Reduktion von Statussymbolen und durch die Gesundheitsförderung gesteigert werden.[22]

Auf dem Weg zu einem anspruchsvollen Human-Ressourcen-Management stellt die reifere Sozialisationsstufe Erwachsener mit einem relativ ausgeprägten Selbst- und Weltbild ihre eigenen Ansprüche an die Bildungsarbeit in Betrieben. Nach Aristoteles verwirklicht der Mensch seine Potenziale durch Akte. Dies kann sich nur in der Begegnung mit Objekten (betriebspädagogisch: in der Begegnung mit anderen Menschen im Betrieb) vollziehen. Pädagogische Situationen lassen sich als „Partitur" verschiedener Lernsituationen mit den Urformen des Lernens: Gespräch, Spiel, Arbeit und Feier gestalten. Dafür müssen innovative Personalentwickler als change agents, Bildungsberater und Organisatoren der unternehmenskulturellen Perspektive „Lernen" Rahmenbedingungen dafür schaffen, dass Gemeinschaft – nun auch zwischen den Generationen – entstehen kann. Damit planen sie das Unplanbare.

Zunehmend verstehen innovative betriebliche Personal- und Organisationsentwickler die Weiterentwicklung der Mitarbeiter nicht ausschließlich als Qualifizierungstraining für die Abwehr

---

[21] Vgl. Weiß, Reinhold: Die Altersstruktur, in: Die 26-Mrd.-Investition – Kosten und Strukturen betrieblicher Weiterbildung, Deutscher Instituts-Verlag Köln, S. 133 ff.
[22] Vgl. Nefiodow, L.: Wettbewerbsvorteil Wohlbefinden, manager-Seminare, Heft 34, Januar 99, S. 37.

vorhandener Defizite sondern auch als Sozialisierungsprozess mit einem damit verbundenen „Identitätslernen".[23] Das bedeutet eine drastische Umorientierung auf der Werte- und Einstellungsebene mit neuen Entwürfen der Selbsteinschätzung gegenüber der sozialen Umwelt. Oftmals ist dieser zu durchlebende Identitätswandel durch krisenhafte Prozesse mit nicht unerheblichen Verschiebungen im Lebensmilieu und im sozialen Status (Berufswechsel, Erlebnis von Arbeitslosigkeit, jüngere Chefs usw.) gekennzeichnet. Die „alten Hasen" wurden in den Lean-Management-, Fusions- und Personalabbauprozessen aus eigenem Erleben oder aus Beobachtung des lebensweltnahen Umfeldes massiv geprägt. Viele der gleichaltrigen 50-Jährigen werden oft unter vergoldeten Bedingungen in die „Freizeit" entlassen. Selbst der Staat handelt nach gleichem Muster: mit Hilfe zweier Abfindungsserien wurden ältere Offiziere der Bundeswehr weggelobt. Nach Statistiken des DGB beschäftigen jetzt mehr als die Hälfte aller Betriebe in Deutschland keine Arbeitnehmer über 50 Jahre. Zurzeit sind nur ein Drittel aller Männer zwischen 60 und 65 noch erwerbstätig, bei den Frauen beträgt der Anteil sogar nur 20 %.[24] Viele fragen sich unter diesen Einflussbedingungen, weshalb und wofür soll ich mich engagieren? Kein Wunder, dass „Dienst nach Vorschrift", Passivität, Integrantentum, Mobbing oder gar die innere Kündigung auf der Tagesordnung stehen. Dieses Bewahrungsmanagement muss durch ein als normal empfundenes Veränderungsmanagement abgelöst werden: Wir brauchen eine Innovationskultur, die die Kräfte mobilisiert, die Lust auf Leistung entfacht und Begeisterung für Veränderungen schürt.

Das „Patentrezept" heißt Verlängerung der Lebensarbeitszeit: früherer Start der Jungen, Arbeit der Frauen und Arbeit für immer mehr Ältere.[25] Wie steht es aber mit dem Rüstzeug für aktives Altern? Bisher hielten die Bildungscontroller Weiterbildungsmaßnahmen für ältere Mitarbeiter für Ausgaben ohne Return on Investment. Ältere gelten als wenig leistungs- und innovationsfähig, inaktiv, unproduktiv, passiv und starsinnig. Dabei, so die OECD in einer Studie, gibt es keinen biologischen Grund, nach dem 60. Lebensjahr mit der Arbeit aufzuhören. Wird sich dieses Vorurteil, das sich quer durch unsere Gesellschaft zieht, auflösen? Weitsichtige Unternehmen werden bereits aktiv: Sie entwickeln Konzepte zur Gesundheitserhaltung, zum Erhalt der Produktivität, zur Wissenstransformation der Generationen, zur Vertrauensförderung der „diversity-Gemeinschaft". Sie investieren also in Fortbildung, Fitness und Unternehmenskultur. Und die Forschung der Altersmedizin leistet Ihnen Beistand: Die Investition lohnt, denn die Hirnzellen bleiben fit, Fitness im Alter lässt sich gezielt trainieren.[26]

Wobei die Bereitstellung von geeigneten Arbeitsplätzen von Graf als wichtigster Punkt benannt wird: Tätigkeiten, die ein feines Unterscheidungsvermögen erfordern, kontinuierliche schwere Arbeit in heißer Umgebung, komplizierte Anzeigevorrichtungen, die in einem vom Mitarbeiter bestimmten Tempo abgelesen werden müssen, gilt es zu vermeiden. Eine gleich bleibende gemäßigte Dauerbelastung ist günstiger als die zeitweilige Höchstbelastung im Wechsel mit weit gehender Entlastung. Auch die Arbeit unter Zeitdruck kann für ältere Mitarbeiter eine große

---

[23] Vgl. Dewe, B.: Erwachsenenbildung und Arbeitsmarkt: Von der Qualifizierung zur Sozialisation, in News der CCC AG, Raesfeld: http://sub1.ccc-ag.dns2go.com/home/index.htm.
[24] Vgl. Holtz, Torsten: Das Ende des Jugendwahn, in: Frankfurter Neue Presse vom 29.08.03.
[25] Vgl. Müller, Henrik: Planet der Alten, in: managermagazin 12/00, S. 273 ff.
[26] Vgl. Kempkens, Wolfgang: Altersmedizin, Hirnzellen bleiben fit, in: Wirtschaftswoche Nr. 23 v. 29.05.03.

Belastung darstellen.[27] Sie macht im Folgenden auch deutlich, dass ältere Menschen über ein hohes Maß an Reservekapazitäten, welche häufig nicht genutzt werden, verfügen und empfiehlt die Gestaltung eines fordernden und anregenden Umfeldes zur Abrufung dieser Reservekapazitäten, so dass die Leistungsfähigkeit gefördert wird. Durch einen hohen, oftmals durch die Konkurrenzsituation mit Jüngeren verstärkten Leistungsdruck werden Ängstlichkeit und Unsicherheit gefördert, die sich dann in Unter- oder Überforderung zeigen (ebda). Hier ist im Zusammenspiel der Organisations- und Personalentwicklung das herausfordernde Handlungsfeld für die Implementierung von Rahmenbedingungen, die zur optimalen Herausforderung der älteren Menschen führt. Allerdings kann in jedem Alter ein Leistungswandel auftreten. Folglich müssen Maßnahmen zur Erhaltung der Leistungsfähigkeit und -bereitschaft nicht erst beim älteren Mitarbeiter ansetzen. Die lebenszyklusorientierte Beratung unter Einbeziehung des betrieblichen Gesundheitsmanagements führt damit zur Vorbeugung des so genannten „Altersabbaus" (Graf). Frühzeitige Erholungsaufenthalte, sportliche Veranstaltungen, Fortbildungskurse ohne Altersbegrenzung, Qualifizierungsmaßnahmen auch für ältere Arbeitnehmer und vor allem die Motivation zur Teilnahme sind für sie wesentliche Voraussetzungen dafür (Graf ebda.).

29.2 Innovationen für ein altengerechtes Miteinander im Unternehmen

29.2.1 Erste Hoffnungsschimmer

Das Goethe-Institut sieht unter den „Alarmglocken der Demografen", dass im derzeitigen Jugendwahn am Arbeitsmarkt ein Umdenken in ein gesellschaftliches Klima für den Arbeitsmarkt für Menschen ab 50 erforderlich ist.[28]

- Der Automobilzulieferer Brose sucht in einer Kehrtwende seiner Personalpolitik: Nicht jung, dynamisch und flexibel – wie sonst in Stellenanzeigen zu lesen – sollen die 100 neuen Mitarbeiter der Firma sein; gesucht werden erfahrene Akademiker ab 45.
- Vom Ingenieurbüro Fahrion wurden sogar Ingenieure, Meister und Techniker bis 65 zur Bewerbung aufgerufen.

Die Bundesvereinigung der Deutschen Arbeitgeberverbände (BDA) hat einen 60-seitigen Leitfaden „Ältere Mitarbeiter im Betrieb" vorgelegt, in dem es in neuer Einsicht heißt: „Ältere sind nicht weniger, sondern anders leistungsfähig als jüngere".[29]

Die Bundesanstalt für Arbeit zieht bei der im Jahr 2000 gestarteten Aktion „50plus – die können das" mit kleinen Erfolgen des Zieles, die Entwicklung zu bremsen, dass viele Unternehmen ihre älteren Mitarbeiter in den Vorruhestand schicken, eine Zwischenbilanz. Im Rahmen der mit

---

[27] Vgl. Graf, Anita: Lebenszyklusorientierte Personalentwicklung, Abschnitt c) Einsatz älterer Arbeitnehmer im Betrieb, Hauptverlag, Bern, Stuttgart, Wien, S. 137 ff.
[28] Vgl. Goethe-Institut: http://www.goethe.de/kug/ges/soz/thm/de47639.htm.
[29] Vgl. BDA: Ältere Mitarbeiter im Betrieb, ein Leitfaden für Unternehmer, Stand März 2002
http://www.mesaar.de/admin/Uploaded_Documents/Veroeffentlichungen/BDA_Aeltere_MA_Teil_1.pdf.

einer Werbekampagne vernetzten Aktion wurden die Arbeitsämter aufgefordert, mehr Weiterbildungsveranstaltungen für Ältere anzubieten. Dazu haben die Arbeitsämter bestehende Kontakte bei Betriebsbesuchen genutzt, um für die „jungen Alten" und deren Einsatz in altersgemischten Teams zu werben. Die Analyse des Instituts für Arbeitsmarkt- und Berufsforschung zum demographischen Wandel macht somit auch deutlich, dass die Betriebe sich mehr auf alternde Belegschaften einstellen müssen. Bellmann et al. zeigen auf, dass die Zahl der 55- bis 64-Jährigen bis 2020 um rund 40 % zunehmen wird. Die politisch angestrebte Erhöhung der Beschäftigungsquote Älterer setzt allerdings voraus, dass mehr Betriebe einen Beitrag leisten. Der Nachholbedarf ist groß, so Bellmann: „nur knapp ein Fünftel aller Betriebe betreibt Maßnahmen der betrieblichen Gesundheitsförderung, die betriebliche Weiterbildung ist hoch selektiv bezüglich Alter und beruflichem Status, nur zehn Prozent der im ersten Halbjahr 2006 eingestellten Personen waren älter als 50 Jahre und schließlich zeigt sich auch, dass (spezielle) Maßnahmen für ältere Beschäftigte äußerst selten sind und ihre Verbreitung zwischen 2002 und 2006 sogar noch abgenommen hat".[30]

Das aus Mitteln des Landes Baden-Württemberg und der Europäischen Union geförderte gemeinsame *Projekt QWAI* von IG Metall, Südwestmetall, VDI und VDMA zur Qualifizierung und Wiedereingliederung älterer arbeitssuchender Ingenieure hat die Aufgabe, älteren Ingenieuren beim Schritt zurück ins Berufsleben zu helfen und interessierten Unternehmen das vorhandene Erfahrungspotenzial zu erschließen.[31]

Im Zeichen des demografischen Wandels entstand das *Projekt „Senioren ans Netz"*, das generationsverbindendes Lernen in der Informationsgesellschaft aktiviert. Jungendliche – hauptsächlich Schülerinnen und Schüler der Klassenstufen 9–12 schlüpften praktisch in die „Lehrerrolle" und gaben ihr Wissen um Computer und Internet an Ältere weiter, um gleichermaßen auch von deren Wissen und Erfahrungen zu partizipieren. Bis heute arbeiten über 70 Schulen im Projekt mit und in den nunmehr über fünf Projektjahren haben mehr als 4500 Ältere teilgenommen.[32]

Das EU-Projekt „Alt und Aktiv! Zukunftsstrategien für das Handwerk" stellt unter Leitung der Handwerkskammer Halle, in Kooperation des isw Instituts gGmbH, der AOK Sachsen-Anhalt und der ikk gesund plus kleinen und mittleren Unternehmen Projektergebnisse über den Zeitraum von 2005–2008 zur Verfügung, die die Themen demografischer Wandel, Personal- und Organisationsentwicklung in kleinen und mittleren Unternehmen, Gesundheitsprävention und nachhaltige Beschäftigungsfähigkeit tangieren. Hier soll die Aufmerksamkeit der eher kleinen Handwerksunternehmen auf das ungenügend genutzte Potenzial älterer Arbeitskräfte gelenkt werden. Ziel ist die Entwicklung und Erprobung von Modellen zur Aufwertung dieser Potenziale durch Konzeption von Personalentwicklungsmaßnahmen und von Modellen zur Anpassung der Arbeitsbedingungen (http://www.personaktiv.de).

---

[30] Vgl. IAB Kurzbericht Nr. 21/11.10.2007 „Demographischer Wandel, Betriebe müssen sich auf alternde Belegschaften einstellen", http://www.iab.de
[31] Weitere Informationen: http://www.qwai.de/home1.htm.
[32] Vgl. Salamon, Jürgen: Im Zeichen des demografischen Wandels, Generationsverbindendes Lernen in der Informationsgesellschaft,in: QUEM-Bulletin, Jg. 2003, Heft 4, Hrsg. Arbeitsgemeinschaft Betrieblicher Weiterbildungsforschung e.V. Berlin, S. 8 ff.

29.2.2 Das weltweit größte Alten(bildungs)programm Eldenhostel in den USA

Da ist das weltweit größte und erfolgreichste Alten(bildungs)programm Eldenhostel mit mehr als 1000 beteiligten Bildungsinstitutionen. In der Mischung zwischen Bildung, Reisen und Abenteuer liegt der Reiz einer ungewöhnlichen Form von Bildungsurlaub, in der in einer sozialen Gemeinschaft älterer Menschen lebenslanges Lernen praktiziert wird. Seit 1992 waren es jährlich mehr als 170.000 ältere Amerikaner, die in die Universitäten des Landes strömen, die Plätze der jungen Studenten einnehmen und beim Kennenlernen neuer Menschen, Orte und neuer Bildungsinhalte Anerkennung und Wertschätzung finden.[33]

29.2.3 Das Menschenprogramm Workout-Lebenstraining

Selbstbestimmung bis ins hohe Alter ist für die Mehrheit der Pensionäre von zentraler Bedeutung. 73 % sind mit ihrer Freizeit zufrieden und lehnen Hilfsangebote ab (Opaschowski 1984). Mit dem Menschenprogramm (nicht Altenprogramm) Workout-Lebenstraining, bestehend aus zehn Bausteinen, soll die persönliche Seinsweise zusammen mit den Sinnteilen des Lebens erfasst und ein selbstbestimmtes und sinnvolles Leben bis ins hohe Alter ermöglicht werden.[34] Die Bausteine Zeit-Inventur, Zweite Karriere, Mentorentätigkeit, Freizeit-Interessen-Test, Fitness-Training, Kommunikations-Training, Kreativ-Training, Mental-Training, Weltanschauung und Persönliche Datenbank bieten den ganzheitlichen Ansatz der angestrebten Eigenverantwortlichkeit.

29.2.4 Ehrenämter

Ehrenämter als nicht professionelle, nicht entlohnte und nicht sozial abgesicherte Form der Arbeit bieten nach einer Hochrechnung des Allenbacher Instituts für Demoskopie (1985) mehr als 2,5 Millionen Menschen mit einem Durchschnittsalter von 53 Jahren sinnvolle Handlungsperspektiven. In einer Zusammenfassung der Vor- und Nachteile des sozialen Ehrenamtes – gerade für Frauen – macht Backes deutlich: „Alles zusammen kann Zuwachs an Selbstbestätigung, Selbstvertrauen, Zufriedenheit und Gesundheit bedeuten; es kann ermutigen, sich auch anderen Aufgaben zu stellen und Altern nicht nur als Verlust und Rückzug, sondern mit ‚Perspektiven' zu (er)leben".[35]

---

[33] Vgl. Donicht-Fluck, Brigitte: Altersbildung und Altenbildung, Erfahrungen aus den USA, Hrsg. Karl, F. u. Tokarski, W.: Band 5 Bildung und Freizeit im Alter, Huber 1992, S. 15 ff.

[34] Vgl. Oberste-Lehn, Herbert: Lebenstraining, Hrsg. Karl, F. u. Tokarski, W.: Band 5 Bildung und Freizeit im Alter, Huber 1992, S. 39 ff. Mehr Informationen sind beim Landessportbund NRW; Friedrich-Alfred-Str. 25, Duisburg 1 erhältlich.

[35] Vgl. Backes, Gertrud: Soziales Ehrenamt Altersbildung und Altenbildung, Erfahrungen aus den USA, Hrsg. Karl, F.; Tokarski, W.: Band 5 Bildung und Freizeit im Alter, Huber 1992.

29.2.5 Die Deutsche Bank-Initiative

Eine strategische Personalentwicklung, die nicht nur junge Leistungsträger im Blick hat, sondern ebenfalls innovative Konzepte zur Weiterentwicklung Älterer bereithält, wird von der Deutschen Bank umgesetzt. Durch die Verknüpfung traditioneller und innovativer Personalentwicklungskonzepte werden alle Mitarbeitergruppen bei ihrer beruflichen Entfaltung unterstützt und bei Veränderungsprozessen begleitet. Die „Aging Workforce-Gesamtinitiative" zielt in die Richtung, dass die einzelnen Geschäftsbereiche aus ihrer Sicht heraus strategische Maßnahmen ergreifen, die die „aging workforce" als Entwicklungsprozess produktiv halten. In Workshops mit ca. 20 Mitarbeitern der Altersgruppe wird gewissermaßen in offener Feldforschung herausgefiltert, wo die subjektiven Bedürfnisse liegen. Damit wird nicht von oben herab bestimmt, sich mit Laptops oder mit abstrakten Change-Management-Konzepten auseinander zu setzen. Diese Selbstanalysephase führt zur Akzeptanz, an Defiziten zu arbeiten. Dafür werden Investitionsmittel des Weiterbildungsbudgets zu Lasten der Jüngeren umverteilt, damit auch die ältere workforce angemessen weitertrainiert wird.[36] Vor dem Hintergrund einschneidender struktureller Veränderungen im Konzern wurde das Deutsche Bank Mosaik für Beschäftigung stetig ausgebaut. Unter Verfolgung von drei Zieldimensionen „Aufzeigen von beruflichen Alternativen und Perspektiven (insbesondere für von Strukturmaßnahmen oder Arbeitsplatzverlust betroffene Mitarbeiter)", „Flexibilisierung des internen Arbeitsmarktes" und „Schaffen eines ‚Employability'-Bewusstseins bei allen Mitarbeitern" werden Mosaikbausteine, die teilweise auch speziell älteren Mitarbeitern attraktive Entwicklungschancen bieten, eingesetzt:

Bankforce. Organisiert wie ein konzerninternes Zeitarbeitsunternehmen ist die Bankforce eine breit einsatzfähige und geschätzte Personalentwicklungsgruppe, die in Projekt-, Unterstützungs- und Vertretungseinsätzen für die gesamte Unternehmensgruppe für die Dauer von vier Wochen bis zu sechs Monaten tätig wird. Dadurch eröffnen sich Chancen, den Berufsweg in ganz anderen Bereichen oder auch an anderen Orten fortzusetzen. Neben der Möglichkeit, die letzten Berufsjahre durch die Arbeit in der Bankforce noch einmal spannend und herausfordernd zu machen, werden viele innerhalb von zwei Jahren durch ihre Einsatzabteilungen abgeworben.

Die *DB Management Support GmbH* bietet als auf Coaching, Consulting und Interims-Management spezialisierte Tochter Fach- und Führungskräften des Konzerns die Möglichkeit, als Partner der GmbH den Übergang in den Ruhestand zeitlich flexibel und nach individuellen Vorstellungen zu gestalten. Zu den Kunden zählen neben den eigenen Konzernbereichen auch Drittunternehmen und sogar internationale Institutionen, die Projekte unterschiedlichster Art und Dauer an die GmbH vergeben. So wird für langjährig Erfahrene ein gleitender Übergang in den Ruhestand und auf Wunsch auch eine Tätigkeit über das 65. Lebensjahr hinaus ermöglicht.

Kompass. Mitarbeiter um die 40 werden durch den halbjährigen Kompass-Prozess professionell durch intensive Analyse- und Feedbackphasen und Entwicklung sowie Umsetzung eines persönlichen Projektes in Richtung einer Initialzündung für Selbstmotivation und Eigeninitiative gecoacht. So sollen die Gestaltungsspielräume am bisherigen Arbeitsplatz klar erkannt und

---

[36] Vgl. http://www.bwhw.de/trojaner11.htm.

genutzt oder Schwung für den Aufbruch zu neuen Ufern im selben Tätigkeitsgebiet oder auch in anderen Arbeitsbereichen gefunden werden.

Intergenerative Angebote. In Kompetenz-Tandems als eine Form von Mentoring-Programmen arbeiten junge und erfahrene Mitarbeiter gemeinsam an einem bankbezogenen Projekt, so dass von dem direkten Wissens- und Erfahrungsaustausch sowohl das Projekt als auch die Zusammenarbeit profitieren. Dadurch, dass die älteren und jüngeren Kollegen die jeweiligen Kompetenzen der „anderen Generation" aktiv und bewusst erleben, lernen sie diese auch besser schätzen und reflektieren fast nebenbei auch ihre eigenen Fähigkeiten und Kenntnisse. Das bietet Lernanreize und motiviert zu Leistung.

In der Großveranstaltung „Generation Bridge" treffen sich gestandene Banker und junge Nachwuchskräfte aus der ganzen Welt, um in Workshops und Gesprächsrunden Anregungen auszutauschen und bereichsübergreifende Netzwerke zu knüpfen.

In Mentoring-Programmen, die geradezu klassisch Altersunterschiede voraussetzen, profitieren auch beide Seiten: der Mentee von der Erfahrung und den Netzwerken des Mentors und der Mentor von den „frischen" Ansichten des Mentees.

Ralf Brümmer, Leiter Personal/Beschäftigungsmodelle der Deutschen Bank, sieht somit auch in dem festen Willen der „Senioren", für ihr Unternehmen beschäftigungsfähig zu bleiben, den Motor, der in der Kombination von aktuellem Wissen und reichhaltiger Erfahrung eine gleichberechtigte Partnerschaft mit den Jüngeren und letztlich einen selbst gesteuerten und flexiblen Ausstieg aus dem Berufsleben ermöglicht. Das Lebensalter des Mitarbeiters wird dann kein besonderes – und schon gar kein negatives – Merkmal mehr sein (ebda.).

29.2.6 Umschulung älterer Mitarbeiter[37]

Wollen Betriebe ältere Mitarbeiter behalten und umschulen, besteht eines der Hauptprobleme darin, ob die Beschäftigten in der Lage sind, sich mit neuen Technologien vertraut zu machen. Eine Studie von Intel in den Vereinigten Staaten belegt allerdings, dass zusehends mehr Angehörige der Altersgruppe der 55- bis 75-Jährigen Computer verwenden. Die amerikanische Firma „Manpower" gibt an, dass mehr als 125.000 über 50-Jährige ihre Computerkurse besucht haben. Die deutschen Volkshochschulen sind voll von „Silver Surfers", die sich in Internetkurse stürzen.

---

[37] Vgl. Horx, Matthias: Der Zukunftsletter für das 21.Jahrhundert (Januar 2001). Weitere Info: www.65plus.nl oder www.srstaff.com.

29.2.7 Agenturen für ältere „Performer"

Infolge der demografischen Veränderungen und des Arbeitsmarktwandels gibt es weltweit zusehends mehr Agenturen, die sich auf ältere Arbeitskräfte spezialisieren:

- Ein Viertel der Belegschaft des Textilunternehmers Werner Brandenbusch ist über 60 Jahre alt. Als querdenkender „Alter Hase im Kampfanzug" predigt er „Es ist doch Wahnsinn, was auf unserem Arbeitsmarkt passiert. Wir schicken die fähigsten Leute in die Wüste. Das sind wandelnde Lexika". Er vermittelt in seiner Agentur „Silverline Dienstleistungen GmbH" – einprägsam genannt „Das Bellheim-Netzwerk" – Führungskräfte über 50, denen andere schon lange keine Chance geben.[38]
- Die amerikanische Firma „SeniorStaff" begann als Non-Profit-Unternehmen, das sich damit beschäftigte, das Jahr-2000-Problem zu lösen, indem es nach Experten suchte, die mit bereits veralteten Computern umgehen konnten. Die Firma war so erfolgreich, dass sie sich inzwischen auf Jobs für Pensionisten im Bereich der Informationstechnologie spezialisiert hat.
- In den Niederlanden widmet sich das Uiztendbureau ausschließlich Menschen über 65.
- Die britische Headhunter-Firma „Forties People" vermittelt ältere Bürokräfte in der City von London (ebda).

29.2.8 Senior Coach des Jahres

Bereits vor drei Jahren ergriffen renommierte Unternehmen, wie BASF Coatings AG, die WestLB, VEBA Oel, gemeinsam mit der IHK die Initiative und gewannen einige ihrer Vorruheständler für ein Mentorenprojekt, in dem die Seniorexperten aus NRW jungen Unternehmen mit wertvollem Erfahrungswissen aus jahrzehntelanger Praxiserfahrung ehrenamtlich mit Rat und Tat zur Seite stehen. Inzwischen wurden/werden mehr als 75 Firmen bereits durch jeweils passende Mentoren, wie Finanz-, Vertriebs- oder Technikexperten, betreut. Juristische Verantwortung übernehmen die Mentoren, Senior Experten, Senior Coaches, Paten oder Business Angels nicht, wohl aber eine moralische, indem sie sich mit den Unternehmen identifizieren, ihnen in unaufdringlicher und kompetenter Art Feedback geben und auch mal im Nacken sitzen, wenn die Kundenakquise nicht mit Priorität erfolgt. Junge Unternehmer aus ganz Nordrhein-Westfalen benoteten die gut 350 Seniorexperten des Landes, die in 13 Vereinen und Institutionen aktiv sind, und kürten den Senior-Coach des Jahres. Vielleicht könnten die Experten auch in den Schulen aus dem Wirtschaftsleben berichten?[39]

---

38 Vgl. www.bellheim-netzwerk.de http://www.wdr.de/online/hartaberfair/themen/20020306/index.phtml.
39 Vgl. Hertel, Tobias: Ulrich Fink „Senior Coach des Jahres" Sofort zur Stelle „wenn es brennt", in: wirtschaftsspiegel 8/2003.

29.2.9 Gewinn bringendes Lernen zwischen Jung und Alt

Mit Hilfe der Methode „Zukunftskonferenz" entwickeln Teilnehmer im heterogenen Alter zwischen 20 bis 70 Jahren eine gemeinsam getragene Vision, wie Jung und Alt Gewinn bringend voneinander und miteinander lernen können und vereinbaren konkrete Umsetzungsideen, die dann in die beteiligten Organisationen transferiert werden. Über acht zentrale Trends werden konkrete Maßnahmen umgesetzt, wie z. B.:

- regelmäßige Gesprächsrunden mit Auszubildenden und Mitarbeitern zu etablieren
- eine Zukunftskonferenz zu dem Thema durchzuführen
- in Fachkursen Auszubildende und Ältere zu mischen, um wechselseitige Lernprozesse zu ermöglichen
- Fortbildungsangebote auf die Beteiligung Älterer zu überprüfen
- bei der Besetzung von Projekten stärker auf eine ausgewogene Altersstruktur zu achten
- neuen Mitarbeitern Paten zur Seite zu stellen
- ältere Mitarbeiter beim Bau und der Planung neuer Anlagen kontinuierlich einzubinden.

Lau-Villinger sieht den Erfolg der Konferenz in der Veränderung der Einstellung der Teilnehmer und in der gewonnenen Bereitschaft, das Thema „Ältere" im Unternehmen anzusprechen, sich Verbündete zu suchen und Ideen zur Verbesserung zu entwickeln.[40]

29.2.10 Intergeneratives Wissensmanagement

Die vielschichtigen Aspekte eines unternehmerischen Wissensmanagements sind in unzähligen Veröffentlichungen dargestellt worden. Um das „Wie" wird allerdings noch häufig gerungen. Kein Wunder, denn Jutta Rump zeigt auf, dass die Unternehmenskultur maßgeblich über das Denken und Handeln im Umgang mit Wissen sowie über das Miteinander zwischen Jung und Alt entscheidet: „Das Interesse und die Bereitschaft, voneinander zu lernen und Wissen zu teilen, hat erst mal wenig mit Werkzeugen zu tun. Selbst innovative Instrumente bewegen keinen Beschäftigten dazu, sich am Wissensaustausch zwischen Jung und Alt zu beteiligen, wenn er nicht dazu bereit ist[41]". Sie setzt auf die intergenerative (Ver-)teilung von Wissen über:

- *Kommunikationsforen*, die einen Rahmen bilden, in dem sich Beschäftigte außerhalb des operativen Tagesgeschäftes austauschen können. In bewusst altersheterogen zusammengestellten Zirkeln, innerbetrieblichen oder unternehmensübergreifenden Arbeitskreisen, Erfahrungsaustauschkreisen oder in informellen Foren, wie bei gemeinschaftlichen Freizeit-

---

[40] Vgl. Lau-Villinger, Doris: Bühne frei für Alt und Jung: eine Zukunftskonferenz, in: Trojaner, Hrsg.: Bildungswerk der Hessischen Wirtschaft e.V., Frankfurt Nr. 11, 12-2001, S. 10 ff.
[41] Vgl. Rump, Jutta: Intergeneratives Wissensmanagement, in: Trojaner, Hrsg.: Bildungswerk der Hessischen Wirtschaft e.V., Frankfurt Nr. 11, 12-2001, S. 24 ff.

aktivitäten werden Rahmenbedingungen für einen dialogfördernden Designprozess gesetzt, der der Schaffung einer intergenerativen Wissenskultur dient.

- *Mentoring*, in dem ein älterer, erfahrener Mitarbeiter einen jüngeren, unerfahreneren Kollegen unterstützt. Der Ältere kann in dem interaktiven Prozess sein Wissen und seine Denkmuster hinterfragen und erweitern (Lehren und Lernen gleichzeitig). Perfektioniert im japanischen Prinzip des sempai-kohai hat der ältere unterweisende Mitarbeiter (sempai) die Aufgabe, dem jüngeren, anzuleitenden kohai alles Wissenswerte, alle Tricks und Tipps zu vermitteln. Durch gemeinsame Freizeitaktivitäten wird die gemeinsame Vertrauensbasis für den Austausch von Informationen geschaffen.
- *die zeitliche Überlappung der „Amtsdauer"*. Bevor ein älterer Mitarbeiter das Unternehmen verlässt, arbeitet er seinen jüngeren Nachfolger ein.
- *die Vernetzung von Arbeitsplätzen.* Zur Lösung komplexer Aufgabenstellungen werden Arbeitsplätze zu intergenerativen Teamstrukturen vernetzt. So wird das Wissen der älteren Mitarbeiter über unkonventionelle Lösungen und betriebliche Zusammenhänge mit dem top-aktuellen Wissen und innovationsbereiten Bestrebungen der Jüngeren verknüpft. So werden wechselseitige Lernprozesse aktiviert, Wissenssynergien aufgedeckt, die individuelle wie die organisationale Wissensbasis erhöht und soziale Kontakte zum Abbau von Konflikten intensiviert.

29.3 Das Fazit: Sieben Tipps zum Halten älterer Mitarbeiter

Für Unternehmen, die wirklich neue Chancen durch und neue Chancen für ältere Mitarbeiter aktivieren wollen, sind die oben aufgezeigten Ideen hilfreich. Allerdings muss bedingt durch die eigene Unternehmenskultur eine Personalentwicklungskonzeption maßgeschneidert werden, die mit den unternehmerischen Möglichkeiten harmoniert und dann aber konsequent angemessene Maßnahmen einleitet, begleitet und evaluiert. Die folgenden Punkte bündeln sieben Tipps für die konstruktive, wertschätzende Zusammenarbeit zwischen Jung und Alt, eines altersübergreifenden Wissensmanagements sowie zur besseren Nutzung der Potenziale älterer Mitarbeiter.

Ein Generationsleitbild für Unternehmenskultur schaffen

Eine Unternehmenskultur zwischen den Generationen aufbauen und vorleben, die Vorurteile abbaut, Hilfe anbietet und übergreifende Dialoge fördert, damit über gemeinsame Werte, wie Offenheit wieder Vertrauen und gegenseitige Wertschätzung kultiviert wird.

Eine altersgerechte Personalplanung forcieren

Personalplanung (kurz-, mittel- und langfristig) unter Aufrechterhaltung eines Wissens- und Erfahrungstransfers zwischen den Generationen in die Unternehmensplanung integrieren, um so mit neuer Bewusstheit die richtigen Dinge richtig zu tun, damit für situationsgerechte Personalentwicklungskonzepte und daraus abgeleitete Maßnahmen zur Sicherstellung des richtigen Menschen am richtigen Platz zur richtigen Zeit mit den richtigen Rahmenbedingungen sorgen.

Altersgerechte Organisationsentwicklung in der Aufbau- und Ablauforganisation praktizieren

Bei der Gestaltung der Arbeitsplätze die Stärken, wie z. B. mehr Überblick, älterer Mitarbeiter nutzen und zugleich Arbeitsabläufe so optimieren, dass Bereiche, in denen sie Schwächen zeigen, wie z. B. Rückgang der Geschwindigkeit bei IT-Anwendungen, bedacht werden.

Nutzung der Kraft des Alters

Ideenreich die Andersartigkeit der Leistungsfähigkeit akzeptieren und Erfahrungen und Handlungsstrategien älterer Menschen für das betriebliche Wissenssystem aktiv nutzen, um eine hierarchie- und funktionsübergreifende Wissensaustauschkultur zu fördern. Dafür z. B. Modelle des Mentorings, des Paten, des Seniorcoachs, des internen Changemanagers oder des Betriebsscouts aktivieren.

Lebenslanges Lehren und Lernen für alle Zielgruppen altersdidaktisch konzipieren

Maßnahmen zur Qualifizierung, Gesundheitsförderung und der sozialen Anerkennung so positionieren, dass die Leistungspotenziale über den gesamten Arbeitsprozess erhalten und ausgebaut werden. Das heißt auch – ganz konkret – Weiterbildungsbudgets für Ältere aufstocken oder umleiten.

Best practice in gemischten Teams sichern

In altersgemischten Teams Weisheit, reife Lebenserfahrung und junge Dynamiker zusammenbringen, um in einer möglichst „natürlichen" Belegschaftsstruktur normal miteinander umzugehen und gleichermaßen in dieser Kombination neue Synergie und Hochleistung zum unternehmerischen Wohle zu erzeugen.

Rahmenbedingungen zur intrinsischen Motivation der „jungen Alten" schaffen

Mit einem auf die Zielgruppe erweiterten Spektrum optionaler Zusatzleistungen (Cafeteria system) den individuellen, altersgerechten Bedürfnissen flexibel Rechnung tragen.

Literatur

Bildungswerk der Hessischen Wirtschaft e.V.: Alt und Jung im Unternehmen, Trojaner 11, 12/2001, Frankfurt.

DEWE, B.: Bildung in der Lerngesellschaft — Grenzen und Möglichkeiten (Festrede anlässlich der WSB-Zertifikatsfeier, 25.03.2000).

DEWE, B.: Erwachsenenbildung und Arbeitsmarkt: Von der Qualifizierung zur Sozialisation, in News der CCC AG, Raesfeld: http://sub1.ccc-ag.dns2go.com/home/ index.htm.

GRAF, A. (2002): Lebenszyklusorientierte Personalentwicklung, ein Ansatz für die Erhaltung und Förderung von Leistungsfähigkeit und -bereitschaft während des gesamten betrieblichen Lebenszyklus, Verlag Paul Haupt, Bern, Stuttgart, Wien.

KARL, F. UND TOKARSKI, W. (1992): Bildung und Freizeit im Alter, Huberverlag, Bern.

MÜLLER, H.: Planet der Alten, in: managermagazin 12/00, S. 266 ff.

PACK, J. ET AL. (2000): Zukunftsreport demographischer Wandel, Innovationsfähigkeit in einer alternden Gesellschaft, Bonn .

Personalführung 6/2002: Themenschwerpunkt: Neue Chancen im Alter, S. 24-58.

SCHEMME, D. ET AL. (2001): Qualifizierung, Personal- und Organisationsentwicklung mit älteren Mitarbeiterinnen und Mitarbeitern, Probleme und Lösungsansätze, Hrsg.: Bundesinstitut für Berufsbildung, Berichte zur beruflichen Bildung: H. 247, Bertelsmann, Bielefeld.

WEIß, R. (1990): Die 26-Mrd.-Investition – Kosten und Strukturen betrieblicher Weiterbildung, Deutscher Instituts-Verlag.

Alexander Böhne und Dieter Wagner

30 Neue Aufgabenfelder für ältere Mitarbeiter
Einsatz als Mentor

Eine antike Sage erzählt von Odysseus, der seinen Freund und Vertrauten Mentor bittet, sich während seiner Abwesenheit seines Sohnes Telemachos anzunehmen. Mentor wird daraufhin Telemachos Berater, Lehrer, Vertrauter, ja sogar zur Vaterfigur. Mentor jedoch ist eine Frau in Männergestalt, die Göttin Pallas Athene ...

Diese alte Geschichte vermittelt uns die Vorteilhaftigkeit einer generationenübergreifenden Partnerschaft, von der letztendlich alle Beteiligten profitieren (sollten). Sie zeigt aber auch, wie wenig wir heutzutage die Potenziale nutzen, die uns die immer größer werdende Zahl älterer Mitarbeiter bietet. Stattdessen setzen Organisationen, von wenigen Ausnahmen abgesehen, noch immer auf altersselektive Personalentscheidungen. Ältere Mitarbeiter stellen für Unternehmen ein Problem, weniger aber eine Chance dar. Die Personalpolitik ist darauf ausgerichtet, sich von älteren Mitarbeitern zu trennen, sei es durch Aufhebungs- und Abwicklungsverträge oder Frühverrentungen, sie durch jüngere und vermeintlich bessere Arbeitnehmer zu ersetzen. Die Unternehmen berauben sich und somit den Nachwuchskräften der Möglichkeit, von den Älteren und deren Erfahrungen zu profitieren. Ein Blick auf die demografische Entwicklung Deutschlands zeigt auch, das eine alterselektive Personalpolitik in der Zukunft kaum noch durchzusetzen ist. Bereits im Jahr 2010 sind 42% der erwerbstätigen Bevölkerung über 45 Jahre alt. Eine stetige Verjüngung ist auf Grund des demografischen Wandels kaum mehr möglich: immer mehr ältere Arbeitnehmer stehen immer weniger Berufseinsteigern und jüngeren Arbeitnehmern gegenüber. Nachwuchskräfte werden knapp und die Personalpolitik ist gezwungen, sich mit der wachsenden Zahl der älteren Arbeitnehmer aktiv zu beschäftigen. Diejenigen Unternehmen, die das sich wandelnde Generationenverhältnis für sich zu nutzen wissen, indem sie vorhandene Potenziale der Jüngeren als auch der Älteren optimal generieren, werden letztendlich erfolgreich sein.

Wie nun ist das Jahrtausende alte Konzept des „Mentoring", das in seiner institutionalisierten oder spontanen Form längst Eingang in die Personalentwicklung und andere Bereiche gefunden hat, zu gestalten, um älteren Mitarbeitern ein neues Aufgabenfeld zu eröffnen mit dem Ziel, eine altersintegrative Personalpolitik in Organisationen zu implementieren? Dabei sollte auch die Frage eine Rolle spielen, ob der Mentor immer ein erfahrener, in der Regel älterer Mitarbeiter sein muss, der den jüngeren Mentee unterstützt. Ist es nicht auch sinnvoll, einen jüngeren Mitarbeiter zum Mentor für einen älteren Schützling zu machen, um neue Impulse weiterzugeben? Mentoring sollte sich dabei für alle Beteiligten auszahlen, den Mentor, den Mentee, aber auch für die Organisation als Ganzes.

Bevor wir ein Konzept für ein altersübergreifendes Mentoring skizzieren, gilt es jedoch wesentliche Begriffe zu bestimmen. In einem ersten Schritt wird daher der Begriff des Mentoring näher erläutert.

In Anlehnung an Hilb (1997, S. 22), der eine Definition von Shea (1994) zu Grunde legt, ist Mentoring „a developmental, caring, sharing, and helping relationship where one person invests time, know-how, and effort in enhancing another person's growth, knowledge, and skills, and responds to critical needs in the life of that person in ways that prepare the individuals for greater productivity or achievement in the future".

Hilb (1997, S. 22 f.) unterscheidet dabei mehrere Arten von Mentoring:

Zum einen gibt es das spontane Mentoring (in der Regel auf einer informellen Basis), als Beispiel sei hier der Lehrer genannt, der die besondere musikalische Begabung seines Schülers erkennt und ihn dahingehend besonders fördert.

Dem gegenüber steht das institutionalisierte Mentoring (auch häufig strukturiertes oder gestütztes Mentoring genannt) – in der Regel in der Form von Programmen. Als eines von vielen Beispielen (Deutsche Bank, Deutsche Telekom, Lufthansa, Siemens, um nur einige große Namen zu nennen) sei hier die LB Kiel mit ihrem Mentoring-Programm genannt, die Mentoring als Instrument zur individuellen Personal- und Organisationsentwicklung einsetzt, um den hauseigenen Nachwuchs und junge Führungskräfte umfassend auf deren Aufgaben vorzubereiten (Grabbe/Möller, 2003, S. 26). Der Förderung der Chancengleichheit der Geschlechter wird dabei ein besonderer Stellenwert eingeräumt (vgl. ebenda). Kurz erwähnt sei an dieser Stelle, dass eine starke Formalisierung des Mentoring-Prozesses auch eine kontraproduktive Wirkung haben kann. Schon in den frühen achtziger Jahren wurde Kritik laut und eine Studie (Fury, 1980) diagnostizierte: „Mentoring (...) seems to work best, when it is simply allowed to happen". Fraglich ist dennoch, ob die Gefahr einer Überformalisierung überhaupt gegeben ist. Wunderer (2000, S. 427) weist in diesem Zusammenhang auf die Schwierigkeit hin, persönliche Mentorenbeziehungen überhaupt zu institutionalisieren. Dennoch sollten Bemühungen in diese Richtung unternommen werden, denn die fehlende Integration eines Mentorensystems in den organisatorischen Kontext kann zu Neid, Demotivation und zu einer Mikropolitik derjenigen Mitarbeiter führen, die nicht selbst von Mentoren profitieren (vgl. ebenda).

In „The Seasons of a Man's Life" (D.J. Levinson, 1978), stehen die Karriereverläufe von über 40 erfolgreichen Männern im Mittelpunkt. Viele der Befragten berichteten davon, dass ihre Vorgesetzten, ältere Topmanager, mit ihrem Rat und mit ihrer Unterstützung vielfältige Impulse für die berufliche Laufbahn gegeben hätten. Dieses noch spontane, interne Mentoring hat den Karriereverlauf offensichtlich durchaus positiv beeinflusst. Eine andere Befragung von 1250 Topmanagern in den USA ergab, das 64% von Mentoren geleitet wurden. Bei 48% der Befragten war es dessen direkter Vorgesetzter, 54% gaben an, dass z.T. auch höhere Vorgesetzte eine Mentorenfunktion übernommen haben. Für 68% der Topmanager begannen derartige Mentorenbeziehungen innerhalb der ersten fünf Berufsjahre (Wunderer, 2000, S. 427). Auch in diesen Fällen handelt es sich offenbar um internes (spontanes oder institutionalisiertes) Mentoring.

In Abhängigkeit vom Standort des Mentors bekommen also das institutionalisierte und das spontane Mentoring noch eine interne bzw. eine externe Komponente. Abbildung 30-1 bietet eine Übersicht über mögliche Arten des Mentoring.

Abbildung 30-1: Arten des Mentoring[1]

Arten des Mentoring		Spontan	Institutionalisiert
Standort des Mentors	intern		
	extern		

Neben den individuellen Zielsetzungen der Mentoren und insbesondere der Mentees (individuelle Karriereziele) im Zielsystem eines Mentorenprogramms dient Mentoring einer Organisation in vielerlei Hinsicht. Erwiesen ist die positive Wirkung des Mentoring auf die Zufriedenheit am Arbeitsplatz (job satisfaction). Appelbaum/Ritchie und Shapiro (1994, S. 6) stellen nach der Analyse verschiedener Untersuchungen zu den Effekten von Mentoring fest: „A relationship appears to exist between mentoring and job satisfaction in two distinct ways. First a positive correlation between mentoring and career commitment. Second, a negative correlation exists between mentoring and dissatisfaction manifested in absenteeism, turnover and plateauing. In other words, mentoring fosters less absenteeism, turnover and plateauing."

Um die positiven Effekte des Mentoring tatsächlich generieren zu können, bedarf es vierer Kernkompetenzen, ohne die es kein erfolgreiches Mentoring geben kann. Hilb (1997, S. 38 f.) skizziert auf der Basis von Überlegungen von Bell (1996, S. 11 f.) eine SAGE-Formel:

Mentoring = Surrendering
X Accepting
X Gifting
X Extending

Die einzelnen Variablen stehen dabei für:
Surrendering = unbedingte Unterstützung des Lernprozesses beim Begleiten durch den Mentor
Accepting = unbedingte Wertschatzung des Mentees durch den Mentor
Gifting = Großzügigkeit des Mentors – zu geben, ohne eine Gegenleistung vom Mentee zu fordern
Extending = die Beziehung zwischen Mentee und Mentor sollte derart gestaltet sein, dass sie ungeahnte Entwicklungsmöglichkeiten bietet.
(vgl. Hilb, 1997, S. 38).

---

[1] Quelle: In Anlehnung an Hilb, 1997, S. 22.

Ist Mentoring noch recht einfach zu definieren und abzugrenzen (z. B. von anderen Begriffen der Personalentwicklung wie Coaching oder Counselling), ist die Suche nach einer passenden Definition für den älteren Mitarbeiter ungleich schwieriger. Ein Blick auf die Literatur zeigt, dass keineswegs Einigkeit darüber besteht, ab welchem Lebensjahr ein Mitarbeiter als ein älterer Mitarbeiter zu bezeichnen ist. Einigkeit besteht aber darüber, dass eine alleinige Beschränkung auf das kalendarische bzw. chronologische Alter als Auswahlkriterium wesentlich zu kurz greift. Andere Bestimmungsmerkmale wie Geschlecht, Familienstand, schulische und berufliche Ausbildung, Leistungsfähigkeit und -bereitschaft, Veränderungsbereitschaft, jedoch auch der berufliche Status oder die Branchenzugehörigkeit – man denke nur an die IT-Branche, dort gelten Mitarbeiter schon diesseits der 40 als „ältere Mitarbeiter", dies trifft für andere Bereiche erst wesentlich später zu – sind Indizien für die starke Heterogenität der von außen als homogene Einheit wahrgenommene Gruppe der älteren Mitarbeiter. Weitere Variablen sind die ausgeübte Tätigkeit und die damit verbundenen Tätigkeitsanforderungen (vgl. Naegele, 1981, S. 1)

Da an dieser Stelle aber keine wissenschaftliche Diskussion über Sinn und Unsinn dieser oder jener Altersgrenzen geführt werden soll oder kann, beschränken wir uns auf die offiziellen Definitionen der OECD sowie der Bundesanstalt für Arbeit.

Ein Mitarbeiter, individuell betrachtet, ist laut OECD dann ein älterer Mitarbeiter, wenn er sich in der zweiten Hälfte seines Berufslebens befindet, gesund bzw. arbeitsfähig ist und noch nicht pensioniert wurde. Die OECD unterschiedet weiterhin zwischen alternden Arbeitnehmern, die zwischen 40 und 55 Jahre alt sind, und den älteren Arbeitnehmern, deren Alter zwischen dem 55 Lebensjahr und dem Zeitpunkt der Pensionierung liegt. Die Bundesanstalt für Arbeit hingegen bezeichnet einen Mitarbeiter dann als älter, wenn dieser das Alter von 45 Jahren erreicht hat. Die Bundesagentur für Arbeit legt genau diese Grenze fest, da es einen starken Zusammenhang zwischen eben jenem chronologischen Alter und Problemen bei der Platzierung von Arbeitnehmern auf dem Arbeitsmarkt gibt, die diese kritische Altersgrenze erreicht haben. Im folgenden wollen wir uns dieser Definition anschließen und bezeichnen die Person als älteren Mitarbeiter, die 45 Jahre und älter und noch nicht in den Ruhestand getreten ist. Wohlwissend, dass eine Beschränkung der Klassifizierung auf das Alter (s.o.) häufig nicht ausreichend ist.

Was aber macht den älteren Mitarbeiter so problematisch für diejenigen Organisationen, die eine alterselektive Personalpolitik befürworten, die den älteren Mitarbeitern Personalentwicklungsmaßnahmen verwehren (mit großen Dequalifizierungsrisiken letztendlich für das gesamte Unternehmen) für die , die ihre „Alten", von diesen gewollt oder nicht gewollt, in den Ruhestand schicken. Dies noch immer subventioniert vom Staat. Und was macht ältere Mitarbeiter so wertvoll für die Organisationen, die eine altersintegrative Personalpolitik gestalten, genannt seien beispielhaft die Deutsche Bank oder ABB?

Hinweise auf oben genanntes Verhalten gegenüber älteren Mitarbeitern gibt eine Analyse des Bildes, das die Verantwortlichen in den Unternehmen von älteren Mitarbeitern, und damit spiegelbildlich von jüngeren Mitarbeitern entwerfen. Älter zu werden, so die gängige Meinung, bedeutet Leistungsdefizite zu haben, sich gegenüber Neuem zu verschließen, unflexibel zu sein. Jung hingegen steht für Innovation und Leistungsfähigkeit. Vieles von dem basiert auf der so genannten Defizittheorie, die, obwohl wissenschaftlich widerlegt, noch in vielen Köpfen durchaus präsent und Ursache für viele altersselektive Personalentscheidungen ist.

Die Defizittheorie geht u.a. davon aus, dass Leistung, Lernfähigkeit und Interesse an modernen Entwicklungen mit dem Alter abnehmen (Haeberl, 1999, S. 589). Zunehmen würden hingegen der Wunsch nach Rückzug und Alleinsein, eine allgemeine Anfälligkeit für Krankheiten und die Unfallgefährdung mit steigendem Lebensalter (vgl. ebenda). Die Altersstereotype führen dazu, dass ältere Mitarbeiter bei Personalentwicklungs- und Weiterbildungsmaßnahmen kaum oder keine Rolle mehr spielen. Folge ist aber, dass es für ältere Mitarbeiter zunehmend schwerer wird, sich den stetig wandelnden Umweltbedingungen anzupassen. Ohne ihr Zutun haben sie Nachteile gegenüber jüngeren Mitarbeitern, mit denen sie auch konkurrieren. Ihr Ansehen und ihr Status im Unternehmen sinken, sie werden an den Rand gedrängt. Diese Desintegration bewirkt einen Demotivierungsprozess bei den älteren Mitarbeitern und möglicherweise tritt das ein (innere Emigration, Desinteresse etc.), was vorher älteren Mitarbeitern als Etikett angeheftet wurde. Und somit bestätigen sich letztendlich die Vorurteile gegenüber älteren Mitarbeitern, dennoch sind die Variablen der Defizittheorie gleichwohl Folge und nichtgerechtfertigter Beweggrund einer desintegrativen Personalpolitik.

Wie verändert sich aber ein Arbeitnehmer mit steigendem Lebensalter wirklich? Ist er genauso kompetent wie ein Jüngerer, weniger kompetent oder gar kompetenter? Tatsächlich findet im Alter ein Kompetenzwechsel statt. Kompetenzen können mit steigendem Lebensalter noch ansteigen, sie bleiben nahezu erhalten oder sie verringern sich. Abbildung 30-2 stellt eine Übersicht über den Kompetenzwechsel im Alter dar.

Ausgehend vom Wissen um Kompetenzveränderungen mit steigendem Lebensalter sind nun Ansatzpunkte herauszuarbeiten, um Mentoring für ältere Mitarbeiter als neuem Aufgabenfeld erfolgreich zu implementieren.

Das mit dem Älterwerden einhergehende Abnehmen physischer und psychischer Eigenschaften und Fähigkeiten legt allerdings nahe, Überlegungen dahingehend zu treffen, ob Mentoring einseitig als ein Fluss von Alt zu Jung zu gestalten ist, oder ob ein modern verstandenes Mentoring doch eher einen zirkulierenden Charakter haben sollte. Ohnehin profitiert nicht nur der Mentee von einem Mentorensystem, sondern ebenfalls der Mentor. Durch Mentoring wird der Kontakt zwischen älteren und jüngeren Mitarbeitern gestärkt, ein Einblick in z. T. unterschiedliche Lebens- und Arbeitswelten erweitert den Horizont beider Gruppen.

Erinnern wir uns daran, was modernes Mentoring beabsichtigt: Der (in der Regel) Vorgesetzte unterstützt den Mitarbeiter bei dessen beruflicher und persönlicher Entwicklung (vgl. Wunderer, 2000, S. 427). Betrachtet man nun die Kompetenzen, die einen älteren Mitarbeiter auszeichnen, zuallererst die Erfahrung, aber auch dessen Urteilvermögen, seine Toleranz, seine soziale Kompetenz als auch die Kooperation, so ist der Ältere mehr als geeignet, diese Tugenden an seinen Protege weiterzugeben.

In diesem Zusammenhang muss aber ebenfalls der Wert des Gutes „Erfahrung" kritisch hinterfragt werden. Die Halbwertzeit des Wissens, das ist lange bekannt, verringert sich immer mehr. Aktuelles Fachwissen ist mehr denn je gefragt. Das Beispiel der Informations- und Kommunikationstechnologien mit ihrer rasanten Veränderungsgeschwindigkeit macht deutlich, dass Erfahrung in diesem Bereich kaum oder überhaupt nicht relevant ist. Die Fähigkeit, neueste Technologie zu kennen und sie anzuwenden, ist von strategischer Bedeutung für die Unternehmen geworden. Hier spricht die abnehmende Kompetenz älterer Mitarbeiter insbesondere bei der

Abbildung 30-2: Kompetenzwechsel im Alter[2]

Kompetenzwechsel im Alter		
Mit steigendem Lebensalter		
erhöhen sich in der Regel folgende menschliche Eigenschaften bis zum individuellen Maximum	**bleiben** folgende menschliche Fähigkeiten **weitgehend erhalten**	**Verringern** sich folgende menschliche Eigenschaften
Körperliche (physische) Eigenschaften und Fähigkeiten		
Geübtheit (in Abhängigkeit von Art und Dauer der Tätigkeit)	Widerstandsfähigkeit gegen physische Dauerbelastung unterhalb der Belastungsgrenze	Muskelkraft, Beweglichkeit, Widerstandsfähigkeit gegen kurzzeitige Belastungen, Seh- und Hörvermögen, Tastsinn
Geistige (psychische) Eigenschaften und Fähigkeiten		
Erfahrung, Geübtheit in Abhängigkeit von Art und Dauer der Tätigkeit, Urteilsvermögen, Ausdrucksvermögen, sprachliche Gewandtheit, Selbständigkeit, Verantwortungsbewusstsein, Zuverlässigkeit, Sicherheitsbewusstsein, Ausgeglichenheit und Beständigkeit, Einschätzung eigener Fähigkeiten, Toleranz, soziale Kompetenz, Entscheidungs- u. Handlungsökonomie, dispositives Denken	Allgemeinwissen, Fähigkeit zur Informationsaufnahme und -verarbeitung, Aufmerksamkeit, Konzentrationsfähigkeit, Merkfähigkeit (Langzeitgedächnis), Widerstandsfähigkeit gegen eine im Arbeitsprozess übliche Belastung	Geistige Beweglichkeit und Umstellungsfähigkeit, Geschwindigkeit der Informationsaufnahme u. -verarbeitung (Reaktionsvermögen) bei komplexer Aufgabenstellung, Widerstandsfähigkeit bei hoher psychischer Dauerbelastung, Abstraktionsvermögen, Kurzzeitgedächnis, Risikobereitschaft, Erleben von Eigenbetroffenheit in potentiell belastenden Situation

geistigen Beweglichkeit und Umstellungsfähigkeit eher für eine jugendzentrierte Personalpolitik.

Greift man aber den Gedanken auf, dass intergenerative Lernprozesse einen beidseitigen Charakter haben sollten, so lässt sich die Innovationsfähigkeit eines Unternehmens „trotz" älterer Mitarbeiter durchaus erhalten. Am Beispiel der Lufthansa AG zeigt sich, dass der Mentor auch ein Mitarbeiter sein kann und der Mentee die Führungskraft. Die Lufthansa AG hat E-Business als bedeutend für sich diagnostiziert und hat begonnen, dahingehend nicht nur Strukturen zu verändern, sondern auch die Kompetenzen der Manager hinsichtlich ihres IT-Wissens zu verbessern. Das Potenzial jüngerer Mitarbeiter wird dahingehend genutzt, dass man so genannte Web-Mentoren einsetzt, die die Führungskräfte (Web-Mentees) bei dem Kompetenzaufbau im Bereich IT unterstützten (Spieker/Selnick, 2002, S. 24).

Greifen wir nochmals die oben stehenden, in ihrer Gänze zu erfüllenden Kriterien für ein erfolgreiches Mentoring auf. Insbesondere die Variablen Surrendering, Accepting und Gifting sind durch ihre Unbedingtheit gekennzeichnet, sowohl von Seiten des Mentors als auch des Mentees. Riekhoff (1991, S. 699 f.) hingegen fordert eine besondere Belohnung für die Mento-

---

[2] Quelle: Haeberle, 1999, S. 593.

ren, da diese, besonders eingebunden in die Führungsaufgabe, im Vergleich zu anderen Mitgliedern des Managements, gleichzeitig innovative Prozesse (bei Riekhoff sind die Proteges kreative Köpfe, deren innovativste Ideen durch die Mentoren gesammelt, bewertet nach ihrer wirtschaftlichen und technologischen Verwertbarkeit, und auch dahingehend ausgewählt werden) und operative Prozesse zu leiten haben, und somit auch mehr Verantwortung bürden müssen (vgl. ebenda, S. 699). Vorgeschlagen wird in diesem Zusammenhang eine Belohnung für den Mentor in Form von Boni im Falle der Übernahme einer Innovation in den alltäglichen Geschäftsprozess (vgl. ebenda). Insgesamt erscheint uns diese Form der extrinsischen Motivation der Mentoren, neben der intrinsischen Motivation durch die Mentorentätigkeit selbst, durchaus geeignet, um ein Mentorenprogramm zu optimieren.

Besonders wichtig aber ist nach Meinung der Autoren die Variable Accepting, die die unbedingte Wertschätzung des Mentees durch den Mentor verlangt. Gerade in der Zusammenarbeit in altersheterogenen Konstellationen (und das ist die Beziehung Mentor – Mentee in der Regel immer) sehen sich jüngere gleichwohl wie ältere Mitarbeiter mit vielen Stereotypen konfrontiert. Wir sprachen dies bereits an anderer Stelle an. Neben der schon erwähnten Defizittheorie, die älteren Mitarbeitern ein sinkendes Leistungsniveau zuschreibt, sind jüngere Mitarbeiter durchaus an einer altersdesintegrativen Personalpolitik interessiert, da sie durch eine Weiterbeschäftigung älterer Mitarbeiter die eigenen Aufstiegschancen blockiert oder zumindest die Weiterbeschäftigung gefährdet sehen (vgl. Menges, 2000, S. 212). Das Aufstiegs-, Macht- und Prestigestreben jüngerer Mitarbeiter (vgl. ebenda) kann somit das Accepting im Mentorenprozess gefährden. Spiegelbildlich gilt dies sicherlich auch für ältere Mitarbeiter, die sich durch die jüngere Konkurrenz in ihrem eigenen Status bedroht fühlen. Älteren Mitarbeitern fällt es oft auch schwer zu akzeptieren, dass der Jüngere in bestimmten Bereichen (z. B. IT) über aktuelleres Fachwissen verfügt (vgl. Lau-Villinger/Seitz, 2002, S. 5). Deren Rat anzunehmen, wird natürlich erschwert (vgl. ebenda). Lau-Villinger/Seitz erweitern schlussfolgernd die altersübergreifende Zusammenarbeit in Form einer Mentoren-Mentee-Beziehung zu so genannten Tandems, in der intergenerative Partnerschaften entstehen, die das gemeinsame Lernen Älterer und Jüngerer zum Ziel hat (vgl. Lau-Villinger/Seitz, 2002, S. 65). Somit werden altersheterogene Lern- und Arbeitsstrukturen geschaffen (vgl. ebenda).

Seien es nun Tandems oder klassische Mentorenprogramme, der Einsatz als Mentor als neues Aufgabenfeld scheint durchaus geeignet, das betriebliche Erfolgspotenzial der älteren Mitarbeiter (aber auch der Nachwuchskräfte) zu generieren. Eine Umstrukturierung der betrieblichen Aufgaben älterer Mitarbeiter von eher operativen Aufgaben zu Aufgaben mit mehr strategischem Charakter, und auch das sollte das Mentoring sein, kommt dem erwähnten Kompetenzwechsel im Alter entgegen. Gleichzeitig sind Effekte, die dem Accepting im Mentoring entgegenstehen, entscheidend gemindert. Dem Extending, der Gestaltung der Mentor-Mentee-Beziehung mit dem Ziel der Erreichung ungeahnter Entwicklungsmöglichkeiten, wird somit ebenfalls Rechnung getragen, da die Unterschiedlichkeit der Generationen nicht als Risiko, sondern als Chance begriffen wird. Die Unterschiedlichkeit des Alters ist Wettbewerbsvorteil, nicht -nachteil für die Unternehmen, die sich aktiv-integrativ mit ihrer alternden Belegschaft auseinander setzen.

Literatur

APPELBAUM, ST. H.; RITCHIE, ST. UND SHAPIRO, B. T. (1994): Mentoring Revisited – An Organisational Behaviour Construct, in: The International Journal of Career Management, Vol. 6, Nr. 3, S. 3-10.

BELL, C. R. (1996): Managers as Mentors – Building Partnership for Learning, San Francisco.

FURY, K. (1980): Mentor Mania.

GRABBE H.-W.; MÖLLER, CH.: Mentoring bei der LB Kiel, in: Personal, 04/2003, S. 26–28.

HAEBERLE, F. (1999): Ältere Mitarbeiter im Betrieb, in: von Rosenstiel; Domsch; Regnet.

HILB, M. (1997): Management by Mentoring – Ein wiederentdecktes Konzept zur Personalentwicklung, Neuwied, Kriftel, Berlin.

NAEGELE, G. (1981): Arbeitnehmer in der Spätphase ihrer Erwerbstätigkeit – Literaturexpertise, Köln.

RIEKHOFF, H.-C. (1991): Anreize im Innovationsprozess, in: Schanz, G.: Anreizsysteme in Wirtschaft und Verwaltung, Stuttgart.

SHEA, G. F. (1994): Mentoring – Helping Employees , Reach their full Potential, New York.

Nikolaus Mauerer und Silke Wickel-Kirsch

31 Employability älterer Mitarbeiter vor dem Hintergrund der gesellschaftlichen Entwicklungen am Praxisbeispiel einer Bank

31.1 Aktuelle Situation älterer Mitarbeiter

„Brose korrigiert Altersbilanz" war die Überschrift eines Artikels in „Personalführung" Heft 7/ 2003. Der Inhalt beschäftigte sich damit, dass ein Unternehmen ein spezielles Programm zur Erhöhung des Durchschnittsalters der Belegschaft aufsetzt, um Kompetenzen und Erfahrungen gerade älterer Mitarbeiter zu nutzen, und jüngeren Mitarbeitern die Möglichkeit zu geben, am Wissen der „alten Hasen" teilzunehmen.

Mit diesem Bekenntnis zu älteren Arbeitnehmern wird die Meinung widerlegt, dass ältere Mitarbeiter zum alten Eisen gehören und möglichst schnell auf Grund mangelnder geistiger Flexibilität, geringer Belastbarkeit und rudimentärer Kenntnisse beispielsweise in neuen Informationstechnologien in den Vorruhestand oder die beliebte Altersteilzeit geschickt werden müssen.

Im Folgenden beschäftigen wir uns mit der Frage, wie ältere Mitarbeiter erfolgreich sowohl aus Sicht des Unternehmens als auch aus Sicht der älteren Mitarbeiter eingesetzt werden können. Diskutiert wird diese Problematik in Literatur und Praxis unter anderem unter dem Stichwort „Steigerung bzw. Erhalt der Employability". Wobei unter Employability grundsätzlich der Wert eines Mitarbeiters auf dem Arbeitsmarkt verstanden wird. Dieser Arbeitsmarkt-Wert wird primär durch die objektiven Fähigkeiten der Mitarbeiter bestimmt, aber er wird bei älteren Arbeitnehmern auch maßgeblich beeinflusst durch die Einstellung zur Arbeit.

Um die Employability-Problematik besser verdeutlichen zu können, soll der Einsatz älterer Mitarbeiter am Praxisbeispiel einer deutschen Bank vorgestellt werden, die zahlreiche Maßnahmen zum Erhalt der Employability auf den Weg gebracht hat. Zuvor wird aufgezeigt, warum die Integration älterer Mitarbeiter in das Arbeitsleben zunehmend wichtig wird und sich kein Unternehmen diesem Thema mittelfristig entziehen kann.

31.2 Notwendigkeit der Integration von älteren Arbeitnehmern

Die Integration älterer Arbeitnehmer (unter „älter" sollen Mitarbeiter mit 50 Jahren und darüber verstanden werden) wird in Deutschland aus verschiedenen Gründen eine Notwendigkeit werden. Die hierfür relevanten Entwicklungen werden kurz aufgezeigt.

31.2.1 Demografische Entwicklung

In rund zehn Jahren wird ein Drittel der Erwerbspersonen zwischen 50 und 64 Jahren alt sein[1]. Das heißt, dass Arbeitgeber immer stärker darauf angewiesen sein werden, auch ältere Mitarbeiter in die sich ständig wandelnden Arbeitsprozesse in Form einer ständigen Weiterbildung zu integrieren. Damit werden Modelle, wie Vorruhestand, Altersteilzeit und teilweise sogar die Entlassung in die (vorübergehende) Arbeitslosigkeit, die heute praktiziert werden, aus Sicht der Unternehmen nicht mehr sinnvoll sein. Das derzeitige Verhalten wird für viele Unternehmen in eine Sackgasse führen, denn die heute in den Ruhestand „beförderten" Mitarbeiter müssen entweder für viel Geld und höhere Gehälter wieder ins Berufsleben zurück geholt werden, oder aber es müssen junge Mitarbeiter gefunden werden, die die Arbeit übernehmen können. Da im Gegensatz zu heute mit einer extremen Knappheit junger Arbeitnehmer auf dem Arbeitsmarkt zu rechnen ist, bleibt unklar, woher diese Arbeitnehmer kommen sollen. Auf Grund dieser Knappheit ist darüber hinaus mit einer deutlichen Angleichung zwischen den Gehältern junger und älterer Arbeitnehmer zu rechnen. Die Bezahlung wird sich mehr an dem Arbeitsinhalt und der erbrachten Leistung orientieren müssen und weniger an der derzeit oft anzutreffenden Denkhaltung, dass das Gehalt mit der Anzahl an Dienstjahren zunehmen muss.

Ein weiterer Grund, weshalb die Arbeitnehmer zukünftig nicht mehr wie bisher mit 55 Jahren in den Vorruhestand bzw. die Altersteilzeit gehen können, ist die Frage der Altersversorgung. Prognosen geben an, dass jedes zweite Mädchen, das nach 2000 geboren wird, über 100 Jahre alt werden wird.[2] Immer weniger Junge sollen also bei steigender Lebenserwartung immer mehr noch körperlich und geistig fitte Rentner ernähren. Die Rentensysteme auf Basis eines Generationenvertrags werden dies auf Dauer nicht tragen können, so dass entweder eine Erhöhung der Lebensarbeitszeit und damit eine Verlängerung der Einzahlungszeiten erreicht werden muss oder ein starker Abfall der Leistungen der gesetzlichen Rentenversicherungen in Kauf genommen werden muss. Hinzu kommt, dass durch eine Veränderung von einer Industriegesellschaft mit körperlich schwerer Arbeit zu einer Wissensgesellschaft mit Kopfarbeit, auch ältere Mitarbeiter eher in den Erwerbsprozess einbezogen werden können.

---

1 Vgl. Reinberg/ Hummel, 2003, S. 48 ff.
2 Vgl. Freyermuth, 2002, S. 40-50.

31.2.2 Allgemeine Personalrisiken

In den letzten Monaten tritt das Thema Personalrisiken immer stärker in den Vordergrund der Diskussion, die zunächst durch Basel II ausgelöst wurde. Im Zuge dieser Diskussion fingen zunächst Banken und mittlerweile immer häufiger auch Unternehmen anderer Branchen an, sich über die im eigenen Unternehmen schlummernden Personalrisiken Gedanken zu machen.

Kobi[3] teilt die im Unternehmen relevanten Personalrisiken unter Einbezug aller Mitarbeitergruppen eines Unternehmens in vier Kategorien ein:

1. Er spricht vom *Engpassrisiko*, wenn ein Unternehmen zu wenige Leistungsträger in den eigenen Reihen hat. Allerdings bietet sich zur Reduktion dieses Risikos die Möglichkeit, interne Mitarbeiter mit Potenzial zu qualifizieren oder extern die benötigten Leistungsträger zu rekrutieren.

2. Das *Austrittsrisiko* kennzeichnet die Kategorie von Risiko, das sich auf das Abwandern wichtiger Köpfe und Führungskräfte richtet. Wenn die Leistungsträger zur Konkurrenz abwandern, können erhebliche Schäden für das Unternehmen entstehen. Hier gilt es für das Unternehmen, die gefährdeten Gruppen und Personen zu identifizieren und gezielte Anreizgestaltung zum Verbleib im Unternehmen zu betreiben.

Abbildung 31-1: Risikokategorien und Risikomanagementprozess nach Kobi [4]

---

[3] Vgl. Kobi, 2002, S. 13 ff.
[4] In Anlehnung an Kobi, 2001, S. 15 ff.

3. Das *Anpassungsrisiko* bezieht sich auf die Problematik, dass im Unternehmen zwar mengenmäßig ausreichend Mitarbeiter vorhanden sind, die auch nicht abwandern wollen, diese Mitarbeiter allerdings nicht (mehr) die erforderliche Qualifikation aufweisen. Hier müssen Unternehmen mit Umqualifizierungen reagieren, im Idealfall sollte aber bereits eine laufend durchgeführte, aktive und strukturierte Weiterbildung geleistet werden.

4. Das *Motivationsrisiko* schließlich beschäftigt sich mit dem Problem der durch die Mitarbeiter zurückgehaltenen Leistung. Das heißt, dass Mitarbeiter weniger leisten als sie könnten. So haben diverse Studien immer wieder ergeben, dass Mitarbeiter im Regelfall nur 80 % der möglichen Leistung (für 100 % des Gehalts) erbringen. Hier gilt es aus Sicht des Unternehmens, die innerlich gekündigten und die ausgebrannten Mitarbeiter zu mehr Leistung zu motivieren.

Für jede kritische Zielgruppe eines Unternehmens erfolgt eine Risikoabschätzung anhand der Kriterien strategische Bedeutung/Anzahl der Mitarbeiter innerhalb dieser Zielgruppe gewichtet mit der Eintrittswahrscheinlichkeit.

31.2.3 Personalrisiken bezogen auf ältere Mitarbeiter

Betrachtet man nun speziell die Gruppe älterer Mitarbeiter eines Unternehmens, rückt Kobi in der derzeitigen wirtschaftlichen Situation die Risikokategorie „zurückgehaltene Leistung" in den Vordergrund (vgl. Tabelle 31-1), da ältere Arbeitnehmer häufig nicht mehr voll motiviert sind und bewusst auf den Ruhestand „hinarbeiten". Denn in der Unternehmenspraxis zeigt sich immer wieder, dass nur diejenigen Arbeitnehmer den vorzeitigen Ruhestand „erhalten", die nicht mehr die volle Leistung bringen. Diejenigen, die bis zum „letzen Tag" voll arbeiten, will das Unternehmen behalten und nicht vorzeitig verlieren. Damit ist es aus Sicht des einzelnen älteren Arbeitnehmers unklug, die volle Leistung und den vollen Einsatz im Beruf zu erbringen.

Weiterhin lässt sich in Anlehnung an Kobi für die aktuelle wirtschaftliche Lage ableiten, dass das Austrittsrisiko auf Grund der derzeit nicht guten Chancen älterer Arbeitnehmer auf dem externen Arbeitsmarkt gering ist. Viele ältere Arbeitnehmer ziehen sich als Ausweichmöglichkeit in den geistigen Vorruhestand zurück. Als fehlende Leistungsträger im Sinne des Personalrisikomanagements können ältere Arbeitnehmer bislang noch nicht gesehen werden, da der Markt heute in den meisten Berufen noch ausreichend junge Leistungsträger bereithält. Schon eher kommt das Risiko der falschen Qualifizierung zum tragen, da viele Ältere den Anschluss an technologische Entwicklungen bewusst oder unbewusst verpasst haben.

Die Risikobetrachtung sollte allerdings nicht nur aus heutiger Sicht angestellt werden. Vielmehr ist relevant, wie sich die Risikokategorien bezüglich älterer Arbeitnehmer in einigen Jahren darstellen. Und hier ist eine deutliche Verschiebung weg vom Motivationsrisiko hin auch zu den anderen drei Risikokategorien zu erwarten.

- *Engpassrisiko*: Zum einen ist es auf Grund der angesprochenen demografischen Entwicklung zu erwarten, dass sehr wohl ältere Arbeitnehmer als Leistungsträger gesehen werden (müssen) und einen Engpass darstellen, wenn es dem Unternehmen nicht gelingt, diese Leistungsträger zu halten.

Tabelle 31-1: Personalrisiken am Praxisbeispiel einer Bank[5]

Risikokategorie	Kritische Zielgruppen	Strat. Bedeutung / Anzahl	Eintrittswahrscheinlichkeit	Risiko
Fehlende Leistungsträger	– Projektleiter – Allfinanzberater – Führungsnachwuchs	4 5 5	5 5 4	20 25 20
Austritte von Leistungsträgern	– Informationsspezialisten – Investmentberater	4 5	3 4	12 20
Falsch qualifizierte Mitarbeiter	– Produktionsmitarbeiter	2	5	10
Zurück gehaltene Leistung	– innerlich Gekündigte – Ausgebrannte – ältere Mitarbeiter	3 2 4	3 3 5	9 6 20

5= sehr hoch/ sehr wichtig   1= sehr niedrig/ unwichtig

■ *Anpassungsrisiko*: Zum anderen ist es absehbar, dass die technologische Entwicklung sich immer weiter beschleunigt. Daher müssen Unternehmen viel früher nicht nur die Parole des lebenslangen Lernens ausgeben, sondern diesen Anspruch auch in die Tat umsetzen.[6] Hier geht es darum, Mitarbeiter ständig weiter zu bilden, um Berührungsängste mit neuen Techniken und Technologien gar nicht erst aufkommen zu lassen und gezielt ältere Arbeitnehmer ihren Bedürfnissen gerecht zu schulen. Weiterbildungsinstitutionen bieten bereits die ersten Angebote für ältere Arbeitnehmer an, die auf ein geringeres Lerntempo und andere Vermittlung des Lernstoffs ausgerichtet sind.

■ *Austrittsrisiko*: Schließlich wird auch das Austrittsrisiko älterer Mitarbeiter in zehn Jahren für viele Unternehmen relevant sein. So lässt sich heute schon feststellen, dass in einigen Ausbildungsberufen kaum bis gar kein Nachwuchs auf dem Markt ist. Die Bewerberzahlen für Ausbildungsplätze für Chemikanten gehen beispielsweise stetig zurück; die Plätze können gerade bei kleineren Firmen kaum noch besetzt werden. Unter diesen Voraussetzungen ist es wichtig, die Fachkräfte so lange als möglich im Unternehmen zu halten und nicht in die Altersteilzeit zu entlassen. Unter diesen Bedingungen werden ältere Mitarbeiter immer stärker mit Austritt nicht nur drohen können, sondern auch „jenseits der 50" noch Wechselchancen haben und wahrscheinlich auch wechselbereit werden. Das heißt, getrieben durch die demografische Entwicklung wird sich ein Arbeitsmarkt für ältere Mitarbeiter aufbauen.[7] Hier müssen Unternehmen lernen, Bindungskonzepte für ältere Mitarbeiter zu entwickeln, die speziell auf deren Bedürfnisse zugeschnitten sind.

---

5 Entnommen aus Kobi, 2001, S. 16.
6 Vgl. Hierzu Staudt/ Kottmann, 2001.
7 Vgl. Behrend, 2002, S. 34 ff.

31.2.4 Erfahrungsschatz und Soziale Kompetenz

Ein großer Vorteil älterer Arbeitnehmer liegt darin, dass sie über einen reichen Schatz an Erfahrungen verfügen. Diese Erfahrungen beziehen sich zum ersten auf die fachlich-berufliche Seite. Auf Grund jahrelanger Berufstätigkeit verfügen diese Arbeitnehmer über Routine und Fachkenntnisse, die in verschiedenen Situationen hilfreich sein können. Überspitzt gesprochen, ist älteren Mitarbeitern keine Situation fremd. Dieses fachliche Wissen und die Erfahrungen können an jüngere Mitarbeiter weiter gegeben werden und stellen für das Unternehmen einen nicht zu unterschätzenden Wissensvorsprung dar.

Zum anderen kommt hinzu, dass ältere Mitarbeiter über einen reichen Erfahrungshintergrund bezüglich sozialer Fähigkeiten sowie Kontakten und informeller Verbindungen im Unternehmen verfügen. Auch hier gilt, dass sich Situationen häufig wiederholen und sich das einmal erworbene Wissen bezüglich des Umgangs miteinander und des sozialen Einfühlungsvermögens (wie Empathie und Konfliktfähigkeit) bei älteren Mitarbeitern ansammeln konnte. Dieses Wissen kann wiederum zum Wohle des Unternehmens eingesetzt und sicherlich teilweise auch an jüngere Mitarbeiter weiter gegeben werden.

Darüber hinaus verfügen ältere Mitarbeiter durch persönliche Kontakte zu Kunden, Lieferanten und öffentlichen Institutionen oft über ein nicht zu unterschätzendes informelles Netzwerk, das über lange Jahre aufgebaut wurde. Durch das Ausscheiden älterer Mitarbeiter gehen diese Kontakte häufig verloren, was zu spürbaren wirtschaftlichen Einschnitten im Unternehmen führen kann. Durch ein späteres Ausscheiden, verbunden mit einer schrittweisen Verantwortungs- und Kontaktübergabe an jüngere Mitarbeiter, lassen sich derartige Negativeffekte deutlich abschwächen.

31.3 Die Umsetzung der Employability am Praxisbeispiel

Zunächst soll kurz die Ausgangslage des Beispielunternehmens geschildert werden, bevor das Gesamtkonzept der eingeführten Maßnahmen und die Maßnahmen detailliert dargestellt werden.

31.3.1 Ausgangslage im Beispielunternehmen

Das Beispielunternehmen ist eine Bank in Deutschland, die das Universalbankgeschäft betreibt. Die Altersstruktur ist mit durchschnittlich 37 Jahren eher niedrig, das heißt, im Unternehmen arbeiten überwiegend junge Mitarbeiter. Die Mitarbeiterzahl beträgt ca. 2.500 Vollzeitmitarbeiter.

Da die Bank ein Konzept zum Umgang mit älteren Mitarbeitern entwickeln wollte, sollten zunächst die Besonderheiten der älteren Mitarbeiter durch eine Befragung erhoben werden. Dabei wurde festgestellt, dass es einen großen Anteil an älteren Mitarbeitern gibt, die offenbar bewusst Leistung zurück halten. Viele der älteren Mitarbeiter haben für sich den Horizont „Ausscheiden mit 55" definiert, auf den sie „aktiv hinarbeiten".

Durch die Befragung wurden außerdem andere Spezifika der älteren Mitarbeiter aufgedeckt. Es wurde deutlich, dass gerade ältere Mitarbeiter besonderen Wert auf das Gespräch mit dem Vorgesetzten legen und häufiger als jüngere Mitarbeiter das Bedürfnis haben, gelobt zu werden. Außerdem fragten sich die älteren Mitarbeiter in vielen Fällen, wie ihr weiteres Berufsleben aussehen soll. Ein Problem, mit dem sich dieses Unternehmen und unsere Gesellschaft zunehmend auseinander setzen muss, ist die Frage der Vorbilder für ältere Mitarbeiter. In einer Gesellschaft, in der kaum noch Mitarbeiter über 60 (sehen wir von Top-Managern und obersten Führungskräften einmal ab) im Berufsleben stehen, fehlen derartige Vorbilder. Wir gehen mit unseren älteren Arbeitnehmern und ihrem Wissen bislang wie mit Wegwerfgütern in für unsere Gesellschaft typischer Weise um. Wenn sie das „Verfallsdatum" überschritten haben, werden sie eben in den vorzeitigen Vorruhestand entsorgt. Außerdem ist es billiger junge Arbeitnehmer zu beschäftigen, da diese im Durchschnitt in niedrigeren Lohn- und Gehaltsgruppen eingruppiert sind und im Durchschnitt niedrigere Krankheitszeiten aufweisen.

Nach den Ergebnissen der Befragung sind für ältere Mitarbeiter die Arbeitsbedingungen ein wesentliches Kriterium bei der Frage, ob sie sich für den vorgezogenen Ruhestand oder ein Arbeitsleben bis zur offiziellen Altersgrenze entscheiden. Unter Arbeitsbedingungen wird dabei zum einen der Arbeitsort hervor gehoben. Gerade ältere Mitarbeiter stehen einem Ortswechsel mehrheitlich kritisch gegenüber. Zum anderen wird insbesondere der Leistungsdruck genannt, der einerseits an vielen Arbeitsplätzen objektiv zunimmt, der aber andererseits auch häufig subjektiv als steigend wahrgenommen wird. Insbesondere Termindruck und Überstunden werden als überproportional belastend empfunden.

31.3.2 Gesamtüberblick der Elemente zur Integration älterer Mitarbeiter

Auf Basis der Umfrageerkenntnisse wurde in der Beispielbank ein Gesamtkonzept entwickelt, das sich aus vielen einzelnen Maßnahmen zusammen setzt und zur besseren Integration der älteren Mitarbeiter führen soll. Das so genannte „Drei-Säulen-Konzept zur Sicherung der Employability älterer Mitarbeiter" soll in einem Gesamtüberblick dargestellt werden, bevor die einzelnen Maßnahmen detailliert erläutert werden (siehe Abbildung 31-2).

Die drei Säulen wurden bewusst auf das Fundament einer laufenden gezielten Qualifizierung während des gesamten Arbeitslebens gestellt. Als wesentliche Elemente des Konzeptes wurden zum einen Maßnahmen zur Anpassung der Arbeitsinhalte identifiziert, die an die besonderen Ansprüche älterer Arbeitnehmer – wie beispielsweise ein geringeres Stressniveau – angepasst werden müssen. Auch in Bezug auf die Arbeitszeit (höhere Flexibilität) und an die Arbeitsplatzgestaltung (Technikausstattung) bestehen besondere Anforderungen aus der Sicht älterer Arbeitnehmer.

Die entwickelten Maßnahmen sind nicht immer eindeutig einer Säule zuzuordnen. Sie werden bei demjenigen Themengebiet erläutert, bei dem der Schwerpunkt aus Sicht des Beispielunternehmens liegt.

Abbildung 31-2: Das Drei-Säulen-Konzept für die Employability älterer Mitarbeiter

Allgemein ist zu den Maßnahmen anzumerken, dass für ältere Arbeitnehmer, die eine oder mehrere Maßnahmen aus dem Paket in Anspruch genommen haben, teilweise Garantien (insbesondere Gehaltsgarantien) abgegeben werden mussten. Hinzu kamen Statusgarantien im Sinne von Zusatzleistungen, wie Firmenwagen oder Sekretärin, die auch erhalten blieben, wenn beispielsweise statt einer Führungsposition eine Beraterfunktion übernommen wurde.

31.3.3 Qualifizierung als Basismaßnahme

Im Bereich „Qualifizierung" wurden von der Beispielbank drei Ansatzpunkte aufgegriffen: Zum Einen wurden spezielle Weiterbildungskurse für ältere Mitarbeiter entwickelt, zum Zweiten wurde das Bildungskontingent für ältere Mitarbeiter deutlich erweitert und zum Dritten wurde ein spezielles Weiterbildungscontrolling für ältere Mitarbeiter institutionalisiert.

Die Beispielbank hat begonnen, spezielle Kurse zur Weiterbildung für ältere Mitarbeiter zu entwickeln, die auf die spezifischen Bedürfnisse älterer Mitarbeiter zugeschnitten sind und ihre Stärken und Schwächen berücksichtigen. So wird z. B. die Lerngeschwindigkeit als niedriger angenommen, und die Seminare werden mit weniger Lernstoff pro Zeiteinheit durchgeführt. Außerdem werden, wenn zahlenmäßig möglich, nur ältere Mitarbeiter in einer Gruppe zusammengefasst. Dies fördert zum einen das Lernklima und nimmt die Angst, „dumme Fragen" zu stellen.

Außerdem sollen die älteren Mitarbeiter von ihrem Vorgesetzten häufiger zu Weiterbildungsmaßnahmen angemeldet werden, bzw. ihnen steht die Möglichkeit offen, sich häufiger zu Maßnahmen anzumelden als jüngeren Mitarbeiter. Um dies auch in der Praxis umzusetzen, wurden spezielle Informationsveranstaltungen durch die Weiterbildungsverantwortlichen der Personalabteilung durchgeführt. Das Ziel bestand darin, die erweiterten Möglichkeiten bei den Mitarbeitern bekannt zu machen und die Akzeptanz der Weiterbildungsveranstaltungen bei älteren Mitarbeitern zu erhöhen.

Darauf aufbauend wurden durch den Weiterbildungsbeauftragen gemeinsam mit den älteren Mitarbeitern und deren Vorgesetzten in Einzelgesprächen spezielle Weiterbildungspläne basierend auf so genannten „Soll-Kompetenz-Profilen" ausgearbeitet. Diese berücksichtigen insbesondere die persönlichen Bedürfnisse und Möglichkeiten sowie die spezielle berufliche Situation des betroffenen Mitarbeiters. Die Verfolgung dieser Weiterbildungspläne wird durch die Bildungsabteilung überwacht und Abweichungen müssen detailliert begründet werden.

31.3.4 Arbeitsinhalte

Bei Maßnahmen in Bezug auf die Arbeitsinhalte wurde der Schwerpunkt auf Maßnahmen zur Weitergabe des Wissens und der Erfahrungen älterer Mitarbeiter an jüngere Mitarbeiter gelegt. Hierzu wurden zwei spezielle Programme für ältere Mitarbeiter entwickelt, nämlich das Patenmodell und der Aufbau einer speziellen Berater- bzw. Projekteinheit. Zusätzlich wird wie bisher die Umorientierung zu zukunftsfähigeren Arbeitsplätzen durch Umschulungen gefördert.

Patenmodell: Ältere Mitarbeiter verfügen über Wissen, das sie an jüngere Mitarbeiter weiter geben sollen und häufig auch wollen. Daher hat es sich z. B. in den USA immer wieder bewährt, dass ein älterer Mitarbeiter einem jüngeren als Pate bzw. Coach zur Seite gestellt wird. Er übernimmt dann Beratungsfunktion für den Jüngeren häufig nicht nur im fachlichen Bereich, sondern auch in persönlichen und sozialen Fragen. Eine solche Patenschaft wird von beiden Seiten als fruchtbar empfunden, wenn Pate und Patenkind sich persönlich gut verstehen. Für den älteren Mitarbeiter ist mit diesem Modell nicht nur Wertschätzung seiner Person und seines Wissens verbunden, sondern er kann das häufig als belastend empfundene Tagesgeschäft zumindest teilweise reduzieren.

In Anbetracht der Tatsache, dass ein Patenmodell vergleichsweise teuer ist, wird es vom Beispielunternehmen primär auf Fach- und Führungskräfte beschränkt. Eine kostengünstigere Alternative als das Einzelcoaching stellt die Übertragung der Ausbildungsverantwortung (z. B. Auszubildende, Nachwuchsführungskräfte) an ausgewählte ältere Mitarbeiter dar. Viele ältere Mitarbeiter sehen die Ausbildung von jungen Mitarbeitern als wichtige und persönlich motivierende Aufgabe an. Das Unternehmen profitiert dabei von der reichen Erfahrung und dem Wissenstransfer an den Nachwuchs.

Interne Beratergruppe: Ein ausgewählter Personenkreis älterer Mitarbeiter kann teilweise aus dem aktiven Tagesgeschäft ausscheiden und als interner Berater bzw. Projektmanager arbeiten. Hierzu wurde im Beispielunternehmen die Organisationseinheit „Organisationsentwicklung" um eine spezielle Gruppe von internen Beratern und Projektmanagern auf „Vollzeitbasis" erweitert. Diese Gruppe „erfahrener Hasen" koordiniert alle im Unternehmen laufenden Großprojekte und greift zusätzlich auf einen Pool von „Teilzeit"-Projektleitern zurück. Durch diese Konstruktion ist es möglich, den Einsatz externer Berater auf ein Mindestmass zurück zu drängen und gleichzeitig eine hohe Qualität bei der Durchführung von Projekten zu gewährleisten. Dieser Weg steht allerdings nur einer eingeschränkten Anzahl von Mitarbeitern offen, weil die interne Beratertätigkeit hohe Qualifikationen erfordert und nur eine bestimmte Anzahl von aus Unternehmenssicht sinnvollen Projekten durchgeführt werden können.

Umschulung: Wenn ältere Mitarbeiter den Wunsch zu einer Umschulung äußern, unterstützt die Beispielbank dies, wenn der Wunschberuf die Employability des Mitarbeiters erhöht. Damit ist gemeint, dass die Umschulung in einen Beruf stattfinden muss, der aus Sicht des Unternehmens bessere Zukunftschancen hat (sowohl auf dem internen als auch auf externen Arbeitsmarkt) als die derzeit ausgeübte Tätigkeit. Beispielsweise sinkt der Bedarf an reinen Kassierern durch die verstärkte Nutzung von „Schalterkassen". Eine Umschulung vom Kassierer zum Kundenberater wurde in der Beispielbank daher als förderwürdig definiert. An die Grenze stösst dieses Konzept, wenn die Fähigkeiten und Vorlieben des Mitarbeiters nicht mit den zukünftigen Anforderungen der Bank in Übereinstimmung gebracht werden können.

31.3.5 Arbeitszeit

Beim Thema Arbeitszeit wurde auf Grund der Ergebnisse der Befragung besonders auf die Anforderung älterer Mitarbeiter nach einer Flexibilisierung geachtet. Hierzu wurde die Wahlarbeitszeit (spezielle Form der Teilzeit) neu eingeführt sowie neue Möglichkeiten im Bereich des unbezahlten Urlaubs geschaffen. Auch die Gründung einer „Zeitarbeitsabteilung" schafft neue Möglichkeiten für ältere Mitarbeiter. Als ultima ratio bestehen weiterhin die klassischen Möglichkeiten der Altersteilzeit und des Vorruhestands.

Wahlarbeitszeit: Die älteren Mitarbeiter können bevorzugt ihre Arbeitzeit reduzieren und zwischen zwei und vier Tagen pro Woche arbeiten. Diese Maßnahme kommt vielen älteren Mitarbeitern entgegen, da sie finanziell gut abgesichert sind und die Belastung durch das Arbeitsleben reduziert wird, ohne dass sie ganz zu Hause bleiben müssen. Als sehr praktikabel haben sich Modelle erwiesen, bei denen sich mehrere ältere Arbeitnehmer einen oder mehrere Arbeitsplätze teilen und die Anwesenheit in Eigenverantwortung im Sinne einer autonomen Arbeitsgruppe selbst regeln. Voraussetzung für dieses Modell sind Arbeitsabläufe, die unabhängig vom Stelleninhaber durchgeführt werden können.

Unbezahlter Urlaub: Den älteren Arbeitnehmern wird auf Grund einer neuen Betriebsvereinbarung bis zu drei Monaten unbezahlter Urlaub pro Kalenderjahr gewährt. Auch dies kommt vielen älteren Arbeitnehmern entgegen, da Sie meist ohne große Einschränkungen auf Teile Ihres Gehalts verzichten können, andererseits aber auf Grund von familiärer und gesundheitlicher Situation oft längere Freizeitphasen beanspruchen möchten. Im Beispielunternehmen wird dieses Modell durch Zuschüsse im Bereich der Kranken- und Rentenversicherung besonders gefördert.

Zeitarbeitsgesellschaft: Die Bank hat ein Pendant zu einer Zeitarbeitsfirma „gegründet", das heißt eine interne Abteilung, in die ältere Mitarbeiter freiwillig wechseln können. Diese Abteilung stellt ihre Mitarbeiter anderen Abteilungen als Zeitarbeitskräfte zur Verfügung und stellt eine Weiterentwicklung des früheren „Springer-Systems" dar. Der Vorteil für die Mitarbeiter dieser Abteilung besteht in einer größeren Flexibilität bei den Einsatzzeiten, natürlich abhängig vom Bedarf der anderen Abteilungen. Andererseits müssen die Mitarbeiter auf einen Teil ihres

Gehaltes verzichten, wenn sie nicht 100% eingesetzt werden können oder eingesetzt werden wollen. In der Beispielbank wurde ein Mindestgehalt von 75% des letzten Bruttogehaltes unabhängig von der realen Einsatzzeit garantiert.

Altersteilzeit/ Vorruhestand: Schließlich wird als ultima ratio auch eine klassische Altersteilzeitsowie Vorruhestandslösung angeboten. Diese Lösung wird allerdings nur gewählt, wenn keine Bindungsmaßnahmen fruchten, und keine andere der angebotenen Lösungen greift. Dies ist normalerweise nur der Fall, wenn der Mitarbeiter geistig schon fest im Ruhestand verhaftet ist, und eine Altersteilzeit- oder Vorruhestandslösung für ihn den einzig gangbaren Weg darstellt. In seltenen Fällen kommt es allerdings auch vor, dass das Unternehmen keine andere Lösung sieht. Allgemein ist hier zusätzlich anzumerken, dass die derzeit existierenden Lösungen in diesem Bereich finanziell vorteilhaft für den Arbeitnehmer ausgestattet sind. Im Beispielunternehmen wird daher zu diesen Punkten eine Neuverhandlung der Konditionen mit der Mitarbeitervertretung angestrebt.

31.3.6 Arbeitsplatzgestaltung

Unter dem Thema Arbeitsplatzgestaltung werden einerseits die klassische Arbeitsplatzgestaltung im Sinne der Ergonomie und andererseits neue Formen der Arbeitsplatzgestaltung wie Telearbeit verstanden.

Ergonomie: Auf Basis der Befragung wurde die ergonomische Gestaltung der Arbeitsplätze weitergehend untersucht. Als Ergebnis werden die Arbeitsplätze älterer Mitarbeiter besonders unter ergonomischen Aspekten jährlich überprüft und wenn sie den Anforderungen des Mitarbeiters nicht genügen, auch trotz finanzieller Belastungen umgestaltet. Die älteren Mitarbeiter genießen das Privileg, dass sie über das übliche Maß hinaus spezielle oder zusätzliche Büroausstattung (z. B. Schreibtischstühle) beantragen dürfen und diese auch einfacher genehmigt bekommen.

Telearbeit: Nicht alle, aber einige der älteren Arbeitnehmer, die sich gut mit den so genannten neuen Technologien arrangiert haben, nehmen gerne das Angebot der Telearbeit an. Zu selbst einzuteilenden Arbeitszeiten von zu Hause aus zu arbeiten, ist auch für ältere Arbeitnehmer verlockend. Sie können sich besser auf den Biorhythmus einstellen und unterliegen weniger Stress durch den Bürobetrieb.

31.4 Fazit

Aus dem oben dargestellten Praxisbeispiel wurde deutlich, dass es vielfältige Möglichkeiten gibt, ältere Mitarbeiter an das Unternehmen zu binden und für beide Seiten sinnvoll und produktiv einzusetzen. Allerdings erfordert ein solches Vorgehen oft einen langen Atem und viel Überzeugungsarbeit. Denn in einer Zeit, in der Altersteilzeit selbstverständlich geworden ist, schwimmt ein Unternehmen mit derartigen Maßnahmen gegen den Strom. Auch bei den meisten Mitarbeitern stoßen solche Programme nicht auf ungeteilte Freude, denn der Nachbar kann schon den wohlverdienten Ruhestand genießen, während man selbst noch arbeiten muss. Dass langfristig der Unternehmenserfolg nur durch frühzeitig aufgesetzte Bindungs- und Employabilityprogramme garantiert werden kann, zählt dabei für den einzelnen Mitarbeiter wenig.

Daneben erfordert ein solches Programm eine gute Vorbereitung und permanente Betreuung. Die Vorbereitung besteht darin, die Wünsche und Sorgen der betroffenen Mitarbeiter kennen zu lernen. Die laufende Betreuung durch die Personalabteilung und die Führungskräfte ist notwendig, um den Erfolg der einzelnen Maßnahmen zu überprüfen und gegebenenfalls notwendige Anpassungen vorzunehmen.

Literatur

BEHREND, C.: Demografischer Wandel – eine Chance für ältere Mitarbeitnehmer? in: Personalführung, 6/2003, S. 34-39.

FREYERMUTH, G.: Arbeiten im Alter: Der neue Unruhestand, in: Personalführung, Heft 6/2002, S. 40-50.

KOBI, J.-M. UND BACKHAUS, J. (Hrsg.) (2001): Personalrisikomanagement und seine Bedeutung für die Sparkassen-Finanzgruppe, Stuttgart.

O.V.: Brose korrigiert Altersbilanz, in: Personalführung, 7/2003, S. 9.

REINBERG, A. UND HUMMEL, M.: Steuert Deutschland auf einen massiven Fachkräftemangel zu? in: Personalführung, 6/2003, S. 38-50.

STAUDT, E. UND KOTTMANN, M.: Technischer Wandel, berufliche Konsequenzen und Innovation, in: Personalführung, 4/2001, S. 68-72.

Ekkehart Frieling, Thomas Fölsch und
Ellen Schäfer

32 Berücksichtigung der Altersstruktur der Bevölkerung in der Arbeitswelt von morgen

Abstract

Wie wird sich die Struktur der Bevölkerung entwickeln? Dies zu beantworten wird zunehmend leichter, da die empirische Datenbasis steigt und die Berechnungskriterien transparenter und präziser werden. Statistische Analysen machen deutlich, dass bei der vorhergesagten Entwicklung ein erheblicher Handlungsbedarf entsteht, um eine wettbewerbsfähige Volkswirtschaft aufrecht zu erhalten. Für die einzelnen Unternehmen bedeutet dies, sich auf die langfristig notwendigen Veränderungen der Personal- und Organisationsentwicklung einzustellen, selbst wenn der Handlungsdruck zurzeit noch relativ gering ist. Die Beachtung der Bevölkerungsentwicklung ist somit eine wesentliche Aufgabe einer gut organisierten, zukunftsorientierten Unternehmens- und Personalpolitik.

Dementsprechend werden in diesem Beitrag zunächst die relevanten Bevölkerungszahlen, aufbauend auf den Daten des Deutschen Statistischen Bundesamtes, dargestellt. Analysen der Mitarbeiterstruktur in Industrieunternehmen skizzieren ein Bild der Arbeitswelt von heute. Durch empirische Ergebnisse einer Bildungsbedarfsanalyse wird aufgezeigt, wie Beschäftigte unterschiedlicher Alterskategorien die Weiterbildung und Kompetenzentwicklung der zukünftigen Arbeitswelt einschätzen. Dies erlaubt Rückschlüsse auf das Verhalten und das Engagement von Mitarbeiterinnen und Mitarbeitern verschiedener Altersgruppen. Die Arbeitswelt von morgen wird unter dem Aspekt einer systematischen Kompetenz- und Organisationsentwicklung beschrieben, anhand von Beispielen werden Entwicklungstendenzen aufgezeigt. Im Ausblick finden sich Handlungsempfehlungen, um dem Thema „Altersstruktur der Bevölkerung in der Arbeitswelt von morgen" zu begegnen.

32.1 Demografische Entwicklung

Der demografische Wandel Deutschlands ist ein sich langsam vollziehender Prozess, der in seinen Rahmendaten bekannt ist (Birg, 2001). Seine Auswirkungen auf Arbeitsbedingungen und Beschäftigungsstrukturen können „vor allem in Verbindung mit den technischen und ökonomischen Entwicklungen sowie dem Strukturwandel zu einschneidenden Veränderungen führen" (Zahn-Elliott, 2001, S. 7). Die Alterung der Bevölkerung hat Auswirkungen auf die Zusammensetzung des Erwerbspersonen-Potenzials und damit auf die Arbeitswelt und Arbeitsmarktbilanz. Der demografische Wandel ist somit nicht nur eine Sache der Zukunft, er findet – allerdings eher unbemerkt und schleichend – seit Jahrzehnten statt.

Die Abbildungen 32-1 und 32-2 zeigen die Struktur der Bevölkerung. Die oft zitierte „auf dem Kopf stehende Pyramide" ist im Jahre 1999 noch nicht eindeutig zu erkennen, doch die Prognosen für das Jahr 2050 sehen einen entsprechenden Aufbau. Diese Entwicklungen sind unaufhaltsam und haben tief greifende Auswirkungen auf die Struktur der Bevölkerung im Erwerbsalter (Abbildung 32-3).

Abbildung 32-3 ist zu entnehmen, dass der Anteil der Menschen im Erwerbsalter im Laufe der Jahre bis 2020 in den Alterskategorien 50–65 Jahre und 30–50 Jahre kontinuierlich sinkt, wobei die Kategorie der 20–30-Jährigen nahezu konstant bleibt. Die Belegschaften können nur in Ausnahmefällen jünger werden, wenn die Gesellschaft immer älter wird. Prognosen gehen davon aus, dass bereits ab dem Jahr 2007 das Angebot an Auszubildenden und ab 2010 das Angebot an Arbeitskräften sinken wird (Jasper, Rohwedder & Schletz, 2001, S. 61).

Abbildung 32-1: Altersaufbau der Bevölkerung I (Quelle: Statistisches Bundesamt)

Abbildung 32-2:   *Altersaufbau der Bevölkerung II (Quelle: Statistisches Bundesamt)*

Daher gewinnt die Stellung älterer Arbeitnehmer in der Arbeitswelt eine neue Bedeutung, und die Erschließung der Arbeitskräftepotenziale älterer Beschäftigter sowie ihre Integration in den Betrieb wird zunehmend wichtiger. Für die Zukunft von Wirtschaft und Arbeitsmarkt wird u. a. entscheidend sein, ob eine alternde Erwerbsbevölkerung den Anforderungen des (technologischen) Wandels entsprechen kann und ob es gelingt, die dafür erforderlichen qualifikatorischen Anpassungsprozesse sowie organisatorischen und ergonomischen Gestaltungsmaßnahmen in den Unternehmen rechtzeitig zu entwickeln und umzusetzen (vgl. Frerichs, 1999, S. 2 f.).

Exemplarisch für die betriebliche Realität zeigt Abbildung 32-4 den demografischen Aufbau eines Industrieunternehmens mit ca. 4000 Beschäftigten. Dabei ist der Anteil der gewerblich-technischen und der Anteil der administrativen Tätigkeiten ungefähr gleich. Die Zahlen zeigen, dass nach der Berufsausbildung (Altersgruppe 20 bis 27) ein Einbruch zu verzeichnen ist. Das lässt Rückschlüsse auf eine außerberufliche Weiterbildung (Fachhochschulreife, Fachhochschule, Abitur, Universität etc.), Wehr- bzw. Zivildienst oder familiäre Gründe zu. Offensichtlich steigt der Anteil der Beschäftigen zwischen 27 und 35 Jahren stark an und verbleibt dann auf hohem Niveau, um ab einem Alter von 42 sichtlich abzunehmen.

Den Abbildungen 32-1 bis 32-3 ist zu entnehmen, dass sich der „Berg" der 35–42-Jährigen in den kommenden Jahren verschiebt, d. h. die Belegschaften werden insgesamt älter. Diese Erkenntnis vermag heutzutage kaum noch zu überraschen. Die demografische Entwicklung in Deutschland ist durch eine Zunahme der Gesamtzahl älterer Menschen gekennzeichnet (Som-

Abbildung 32-3: *Struktur der Bevölkerung im Erwerbsalter; Quelle: Bäcker et al., Statistisches Bundesamt 2003, www.sozialpolitik-aktuell.de*

Jahr	20-30 Jahre	30-50 Jahre	50-65 Jahre
2002	18,7	50,9	30,4
2010	20,3	47,5	32,3
2020	18,5	42,6	38,9
2030	18,3	45,9	35,7
2040	19,2	44,3	36,5
2050	18,9	44,1	37

mer, 2000, S. 10 f.). Künftig wird der Anteil jüngerer Arbeitstätiger (15–30 Jahre) weiterhin deutlich abnehmen und dem Arbeitsmarkt werden mehr ältere Arbeitstätige (50 und älter) zur Verfügung stehen (Frerichs, 1999, S. 2). Daran können auch arbeits- und sozialpolitische Bemühungen nichts Grundsätzliches ändern.

32.2 Probleme der Arbeitswelt von heute

Trotz der zuvor skizzierten Tendenzen sind in der Praxis (immer noch) gegenläufige Entwicklungen zu beobachten. Es ist allgemein bekannt (vgl. Marstedt & Müller, 2003, S. 26 f.) und durch empirische Analysen (z. B. Frieling, Grote & Kauffeld, 2000, S. 167, siehe auch Abbildung 32-4) belegt, dass in vielen Unternehmen nur noch ein relativ geringer Anteil der Mitarbeiter in die Gruppe der 55–65-Jährigen fällt, da sie beispielsweise durch frühverrentungsorientierte Personalstrategien vorzeitig aus dem Unternehmen ausscheiden. Dies ist nicht nur angesichts der demografischen Entwicklung oder auf Grund von ökonomischen und volkswirtschaftlichen Erwägungen problematisch. Letztlich bedeuten solche Strategien, dass ältere Mitarbeiter und die mit dem Alter erworbenen Berufserfahrungen und Kompetenzen im Unter

Abbildung 32-4: Demografische Struktur eines Industrieunternehmens
(Eigene Analyse, IfA 2003)

nehmen personell kaum vertreten sind. Wegen der Frühverrentung besteht für ältere Arbeitnehmer kein Anlass, im Unternehmen zu verbleiben. Die nur vom Diktat des „zeitlichen" Alters getriebene Bemühung, im Rahmen des Leanmanagement möglichst viele Mitarbeiter ohne Berücksichtigung ihres Beitrages zum Unternehmenserfolg in den Vorruhestand zu schicken, statt die Experten mit Beraterverträgen an das Unternehmen zu binden, zeigt ihre negativen Auswirkungen. Die gezeigten Statistiken geben jedoch klare Hinweise darauf, ältere fachkompetente Mitarbeiter nicht vorzeitig in den Ruhestand zu schicken. Vielmehr ist es notwendig, ältere Mitarbeiterinnen und Mitarbeiter systematisch zu fördern, um das erforderliche Erfahrungswissen im Unternehmen sicherzustellen. Gleichzeitig lässt sich die Notwendigkeit dokumentieren, eine zukunftsorientierte Personalentwicklung zur nachhaltigen Sicherung der Wettbewerbstähigkeit zu betreiben (Frieling, Grote & Kauffeld, 2000).

Arbeitswelten stehen im Umbruch, sowohl die von heute als auch die von morgen. Auf Grund der zunehmenden Veränderungsdynamik sind flexible Lösungen erforderlich (Sonntag, 2002) wie z. B. betriebliche Rahmenverträge, die Standorte sichern und zugleich abteilungsinterne Vereinbarungen zulassen, um Auftragsspitzen bearbeiten zu können. Dies betrifft allerdings lediglich den Aspekt der Ökonomie, denn durch die zunehmende Globalisierung in den letzten Jahrzehnten ist eine Verschärfung der Weltmarktkonkurrenz sowie die Erhöhung des Rationalisierungsdrucks zu verzeichnen (Schlecht, 1999, S. 12). Der demografische Wandel wird die

Unternehmen zusätzlich dazu zwingen, Arbeits- und Organisationsbedingungen zu schaffen, die es den Beschäftigten erlauben, gesünder älter zu werden (Ilmarinen & Tempel, 2002), und Anreize für die Mitarbeiter zu bieten, im Unternehmen zu verbleiben.

Eine Sachverständigenkommission der Bundesregierung hat im so genannten „Dritten Altenbericht" (Bundesministerium für Familie, Senioren, Frauen und Jugend, 2000) herausgestellt, dass eine vorausschauende und präventive Personalpolitik notwendig wird, die der Entwicklung älterer Erwerbstätiger zu einer Risikogruppe für chronische Krankheiten und vorzeitige Berentung entgegenwirkt. Die Erhaltung der Beschäftigungsfähigkeit älterer Arbeitnehmer ist „die beste Maßnahme" (Badura, 2001, S. 3). Bezogen auf die vorliegende Thematik sollen unter den miteinander verbundenen Aspekten „Probleme der Arbeitswelt von heute" und „Fehlreaktionen im Umgang mit dem demografischen Wandel" kritische Punkte erwähnt werden, die Jasper et al. (2001, S. 62) wie folgt definieren (Abbildung 32-5).

Ebenso wie die Bevölkerung ergraut, so ergraut (und schwindet) die Erwerbsbevölkerung. Auf Grund des Geburtenrückgangs reduziert sich der potenzielle Nachwuchs, der den Unternehmen zur Verfügung steht. Die Probleme, die sich durch den demografischen Wandel ergeben, lassen sich nicht allgemein vorhersehen. Je nach Region, Branche und Struktur des Unternehmens

Abbildung 32-5: Sechs typische Fehlreaktionen im Umgang mit dem demografischen Wandel; Quelle: Jasper et al., 2001

Vorurteile über Leistungsdefizite Älterer	Ältere werden nicht entsprechend ihrer realen Stärken und Schwächen eingesetzt
Weiterbildung vorrangig für Jüngere	Unternehmen verlieren wertvolles know-how und Erfahrungswissen
Frühverrentung als typische Strategie der Personalpolitik	Wissen und Qualifikation älterer Mitarbeiter stagnieren oder veralten
Wechselseitige Vorurteile zwischen Jüngeren und Älteren	Fehlende Zusammenarbeit, behinderter Wissenstransfer und sinkende Einsatzflexibilität
Jugendzentrierte Innovationspolitik als „one best way"	Kompetenz und Kreativität älterer Mitarbeiter werden für Innovationen zu selten genutzt
Unzureichende Sensibilität und Aktivierung für das Thema	Langfristig wirksame Personalentwicklungsstrategien werden nicht verfolgt

sind verschiedene Aussagen notwendig. Zudem gibt es bisher nur wenige kohortenspezifische Erkenntnisse und Analysen auf solider empirischer Basis. Das heißt, dass Daten über physische und psychische Auswirkungen gleicher Arbeitsbedingungen auf Beschäftigte verschiedenen Alters benötigt werden. Dennoch ergeben sich übergreifende Fragestellungen (vgl. www.vdma.de, 23.05.2002):

- Können Unternehmen eine Haltung einnehmen, nach der die Diskussion zwischen den Generationen von Offenheit und gegenseitiger Unterstützung geprägt ist? Hier spielt das Thema Kommunikation und Kooperation eine große Rolle.
- Wie können Unternehmen mit alternden Belegschaften die Produktivität erhöhen bzw. das vorhandene Niveau halten? Hier ist eine gesundheitsförderliche Arbeitsplatzgestaltung relevant.
- Wie kann man dem drohenden Fachkräftemangel begegnen? Ein Ansatz wäre die verstärkte Nutzung vorhandener personeller Ressourcen. In diesem Zusammenhang muss das Thema Weiterbildung und Entgeltsysteme intensiv diskutiert werden.
- Können Unternehmen so innovativ sein wie bislang? Kernpunkte hierbei sind sicherlich die Motivation und die Kreativität älterer Mitarbeiter.
- Wie kann der erforderliche Wissenstransfer gelingen? Einerseits kommen weniger junge Mitarbeiter ins Unternehmen und somit wenig „neues Wissen". Andererseits ist es wichtig, das Erfahrungswissen der älteren Beschäftigten zu sichern.

32.3 Die Arbeitswelt von morgen erfordert eine systematische Organisations- und Kompetenzentwicklung

Die Perspektiven bezüglich der zukünftigen Arbeitswelt werden oft beschrieben. Hierzu sollen drei übergeordnete Entwicklungstendenzen skizziert werden: Erstens ist davon auszugehen, dass durch eine zunehmende Globalisierung die Sprachkenntnisse und die interkulturelle Kompetenz wichtiger werden. Zunächst auf der Ebene der höher qualifizierten Beschäftigten und schrittweise in allen anderen Bereichen. Zweitens wird die zunehmende Digitalisierung unseres Lebens- und Arbeitsumfeldes weiterhin eine verstärkte Auseinandersetzung mit moderner Informationstechnologie erfordern. Hier darf die Bevölkerung (oder Teile von ihr) den Anschluss nicht verlieren. Drittens behält das Thema Flexibilität seinen Stellenwert. Berufe werden seltener lebenslang ausgeübt, das Erwerbsleben ist geprägt von häufigem Wechsel der Arbeitsplätze, lebensbegleitender Weiterbildung sowie geografischer Ortsunabhängigkeit (vgl. Hensch & Wismer, 1997).

Ekkehart Frieling, Thomas Fölsch und Ellen Schäfer

32.3.1 Betriebliche Veränderungen

In einer Erhebung des Bundesinstituts für Berufsbildung (BIBB) und des Instituts für Arbeitmarkt- und Berufsforschung (IAB) wurden Beschäftigte erstmals danach gefragt, ob in ihrem Betrieb bestimmte technische und/oder organisatorische Veränderungen, Maßnahmen bzw. Ereignisse in den zurückliegenden zwei Jahren stattgefunden und ob sich diese auf die Arbeitssituation ausgewirkt haben (Abbildung 32-6). Etwa 77% der Erwerbstätigen erfuhren Veränderungen in ihrem Betrieb. Bei 41% der Befragten ergaben sich Auswirkungen auf die persönliche Arbeitssituation, 36% registrierten Veränderungen, die jedoch keinen direkten Einfluss auf die persönliche Situation hatten. Der Überblick über Veränderungen fällt Mitarbeitern in kleineren Betrieben leichter, da in Großbetrieben die Entwicklungen anderer Arbeitsbereiche nur schwer erfasst werden können. Wenn in größeren und Großbetrieben dennoch von sehr viel mehr Personen Veränderungen bemerkt werden – insbesondere nimmt der Anteil derer zu, die solche Veränderungen auf mehreren Ebenen wahrnehmen und die in ihrer Arbeit betroffen sind – dann unterstreicht das die enorme Änderungsdynamik. In Betrieben mit mehr als 100 Beschäftigten war etwa jeder Zweite direkt bei seiner Arbeit von solchen Veränderungsprozessen betroffen. In Kleinbetrieben (unter 10 Beschäftigte) traf dies nur auf 30% der Befragten zu. Keine Veränderung registrierten 37% der Mitarbeiter in Kleinbetrieben, aber nur 10% der Beschäftigten in den größeren und Großbetrieben. Die häufigsten Veränderungen beruhen auf neuen Produktionstechniken, wovon 22% betroffen waren. Produktinnovationen hatten bei 15% der Befragten Folgen für die Arbeit. Die Beschäftigungsentwicklung in den Betrieben hingegen

Abbildung 32-6: Analyseergebnisse über betriebliche Veränderungsprozesse
           Quelle: Jansen, 2002

Veränderung	Änderung im Betrieb	persönlich ausgewirkt
Neue Produktionstechnik	44%	22%
Neue Produkte	34%	15%
Zusätzliche Mitarbeiter	35%	8%
Stellenabbau	29%	12%
Mehr Aushilfskräfte	21%	5%
Mehr Fremdaufträge, "Outsourcing"	12%	4%
Umstrukturierung	29%	13%
Neues Management	22%	8%
Eigentumsverhältnisse	11%	3%
Gesamt-Index	77%	41%

zeigt ein zwiespältiges Bild. Einerseits gaben 35% an, in ihrem Betrieb seien in den letzten zwei Jahren neue Mitarbeiter eingestellt worden. Andererseits berichten 29% von Entlassungen. Auswirkungen auf die eigene Arbeitssituation hat vor allem der Personalabbau (12%).

Neben technischen Innovationen im Produktionsprozess spielen organisatorische Veränderungen eine Rolle. Bei 29% der Befragten wurden in den letzten zwei Jahren Abteilungen oder Arbeitsbereiche umstrukturiert. Dies hat sich bei 13% auf die eigene Arbeit ausgewirkt. 22% der Befragten berichten von Veränderungen im Management oder bei dem eigenen Vorgesetzten. Dies hatte bei 8% Einfluss auf die eigene Arbeit (vgl. Jansen, 2002).

Veränderungen, die von zunehmender Globalisierung und demografischer Entwicklung geprägt sind, erfordern Antworten auf die Frage, wie diesen Veränderungsprozessen in der Arbeitswelt von morgen und mit einer zunehmend älter werdenden Belegschaft begegnet werden kann. Hierzu sollen innovative Ansätze zur Kompetenzentwicklung sowie zur altersgerechten Organisations- und Arbeitsplatzgestaltung diskutiert werden.

32.3.2 Kompetenzentwicklung

Nach der Definition Björnavolds ist Kompetenz „the proven/demonstrated – and individual – capacity to use know-how, skills, qualifications or knowledge in order to meet usual – and changing – occupational situations and requirements." (Björnavold, 2000, S. 3). Die wohl geläufigste Unterteilung der Kompetenzen in Facetten umfasst die Fach-, Methoden-, Sozial- und Selbstkompetenz (vgl. Erpenbeck & Heyse, 1996; Bergmann, 1999). Viele Autoren stimmen darin überein, dass aus den verschiedenen Facetten der Kompetenz die (berufliche) Handlungskompetenz resultiert (vgl. z. B. Arnold & Krämer-Stürzl, 1999, S. 223; Frieling & Sonntag, 1999, S. 148). Kompetenzentwicklung steht für einen breiteren Ansatz in der betrieblichen Weiterbildung. Dabei geht es nicht nur um die Aneignung bzw. Anpassung von Wissen und Können. Wichtig ist die Bereitschaft der Beschäftigten zur Überprüfung von Erfahrungen sowie zur Weiterentwicklung der eigenen Handlungskompetenz, um vertrauten sowie neuartigen Aufgaben und Anforderungen gewachsen zu sein. Neben traditionellen Weiterbildungs- und Qualifizierungsmaßnahmen trägt insbesondere das Lernen im Prozess der Arbeit zur Kompetenzentwicklung bei (Frieling et al. 1999; Bergmann 2000; Erpenbeck & Sauer, 2000). Ausführlich beschreibt die Arbeitsgemeinschaft Betriebliche Weiterbildungsforschung e.V. in Berlin (www.abwf.de) diesen Ansatz.

Die Anpassung an die o. g. Veränderungen bedingt kontinuierliche Lernprozesse von *allen* Beschäftigten (Köchling et al., 2000). Dies kann in Verbindung mit dem hier definierten Kompetenzentwicklungsansatz nicht gelingen, wenn ältere Mitarbeiter von Weiterbildungsmaßnahmen ausgeschlossen sind. Werden Qualifizierungsangebote nur jüngeren Mitarbeitern unterbreitet, so *lernen* ältere Belegschaftsmitglieder lediglich, dass sich Investitionen in sie nicht mehr lohnen und dass Kompetenzentwicklung nur für Jüngere erforderlich ist. Da mag es nicht verwundern, wenn davon betroffene Arbeitnehmer nicht mehr aktiv an der Fortentwicklung ihres Bereichs teilnehmen. Daher sollte auf das Alter nur bei der Art der Wissensvermittlung Rücksicht genommen und den jeweiligen Lernerfahrungen Rechnung getragen werden.

Ekkehart Frieling, Thomas Fölsch und Ellen Schäfer

Empirische Ergebnisse

Diese Erkenntnisse sind durchaus praktischer Natur. Untersucht man im Rahmen einer Bildungsbedarfsanalyse den Kompetenzentwicklungsbedarf von Beschäftigten verschiedener Altersgruppen eines Industrieunternehmens, ergibt sich folgendes Bild[1]: Die Gruppe der Beschäftigten im Alter von 30 bis 40 Jahren (n = 273) macht die meisten Angaben in Bezug auf ihren individuellen Kompetenzentwicklungsbedarf. Beschäftigte unter 30 Jahren (n = 139) liegen mit durchschnittlich 1,7 Nennungen knapp vor den 40 bis 50-Jährigen (n = 266) mit 1,3 Nennungen im Schnitt. Die Gruppe der Beschäftigten über 50 Jahren (n = 99) ist mit 1,2 Nennungen nicht unterrepräsentiert. Immerhin hat jeder Mitarbeiter durchschnittlich mehr als eine Idee und einen individuellen Bedarf zur Weiterbildung.

Es wird deutlich, dass bei älteren Mitarbeitern zwar mit einem verminderten Weiterbildungsbedürfnis zu rechnen ist, das Ergebnis von den anderen Alterskategorien allerdings keineswegs erheblich abweicht. Dies sollte die Experten aus den entsprechenden Fachabteilungen in den Unternehmen dazu anregen, ältere Mitarbeiter bewusst und verstärkt in die Maßnahmen einzubinden. Betrachtet man den Punkt „eine Angabe", so liegen die älteren Mitarbeiter vor den 40 bis 50-Jährigen. Signifikant ist der Unterschied lediglich unter dem Aspekt „keine Angabe". So machen 44,4% der Beschäftigten über 50 Jahre keine Angabe. Im Gegensatz dazu sind es bei Mitarbeitern zwischen 40 und 50 Jahren 32,7% und bei den unter 30-Jährigen 28,1%. Entgegen der Erwartung kann die Aussage getroffen werden, dass das Bedürfnis (ggf. könnte man Enga-

Abbildung 32-7: Weiterbildungsbedarf nach Alterskategorien (Eigene Analyse, IfA 2002)

MA unter 30 Jahre
Durchschnitt: 1,7 Nennungen
- mind. vier Angaben 12,2%
- keine Angabe 28,1%
- drei Angaben 12,2%
- zwei Angaben 23,7%
- eine Angabe 23,7%

MA 30 - 40 Jahre
Durchschnitt: 1,9 Nennungen
- mind. vier Angaben 15,4%
- keine Angabe 23,4%
- drei Angaben 13,2%
- zwei Angaben 24,5%
- eine Angabe 23,4%

MA 40 - 50 Jahre
Durchschnitt: 1,6 Nennungen
- mind. vier Angaben 10,2%
- keine Angabe 32,7%
- drei Angaben 15,8%
- zwei Angaben 19,5%
- eine Angabe 21,8%

MA über 50 Jahre
Durchschnitt: 1,2 Nennungen
- mind. vier Angaben 8,1%
- keine Angabe 44,4%
- drei Angaben 13,1%
- zwei Angaben 12,1%
- eine Angabe 22,2%

---

[1] Befragt wurden ca. 780 gewerbliche und administrative Mitarbeiter aus verschiedenen Bereichen eines Industrieunternehmens im Jahr 2002.

Abbildung 32-8: *Weiterbildungsbedarf aus Sicht der Mitarbeiter (eigene Analyse, IfA, 2002) dunkle Balken: MA unter 40 J. (n=412) und helle Balken: MA über 40 J. (n=365)*

* z. B. Techniker, Meister, Fernstudium

gement sagen) nach Weiterbildung zwar abhängig vom Alter der Beschäftigten ist, diese Abweichungen allerdings keineswegs groß sind. Stellt man die These auf, dass im Laufe des Arbeitslebens viele neu anstehende Themen durch „Erfahrung" selbst gelöst werden können, so spiegeln die Daten einen natürlichen Prozess wider.

Zu ähnlichen Resultaten kommt man bei einer qualitativen Auswertung der Daten. Hier zeigt sich, dass zukunftsorientierte fachliche Themen wie Informationstechnologie weit vorn liegen und von Beschäftigten unter oder über 40 Jahren gleichermaßen gefordert werden (Abbildung 32-8).

Zusätzlich besteht Interesse an Weiterbildungsmaßnahmen im Bereich Technik, Fremdsprachen, Methodenkompetenz und Kommunikation, wobei hier die jüngeren Mitarbeiter etwas stärker repräsentiert sind. Beide Altersklassen orientieren sich somit an gesellschaftlichen und branchenbedingten Anforderungen sowie der strategischen Ausrichtung des Unternehmens. Analogien finden sich außerdem zu den oben aufgezeigten betrieblichen Veränderungsprozessen (Abschnitt 32.3.1). Der qualitative Bildungsbedarf ist somit ebenfalls weitgehend unabhängig vom Alter der Beschäftigten.

Ekkehart Frieling, Thomas Fölsch und Ellen Schäfer

32.3.3 Organisatorische Gestaltung der Arbeitswelt von morgen

Die Frage, welche organisatorischen Änderungen auf die Unternehmen zukommen, soll unter dem Aspekt des Lernens im Prozess der Arbeit behandelt werden. Zu berücksichtigen sind flexible Arbeitszeitmodelle, längere Lebensarbeitszeiten sowie arbeitsorganisatorische Konzepte beispielsweise zur Gruppenarbeit (vgl. Frerichs, 1999, S. 6 f.; Frieling, 2003).

Nach Lipsmeier (2000, S. 185) ist Lernen im Prozess der Arbeit durch das Jahrtausende alte Nachahmungsprinzip die älteste Form beruflichen Lernens. Aus pädagogischer Sicht bezeichnet er es als optimales Lernen, da es als ganzheitliches Lernen „Kopf, Herz und Hand" umschließt. Lernen im Prozess der Arbeit ist unter ökonomischen Gesichtspunkten interessant, da mit den Lernprozessen zugleich Geschäftsprozesse erledigt werden. Allerdings bedarf Lernen im Prozess der Arbeit lernförderlicher Tätigkeiten und Arbeitsbedingungen. Ein Großteil der Kompetenzen, die in beruflichen oder anderen Handlungssituationen zum Tragen kommen, werden nicht in organisierten Lehr- und Lernsituationen, sondern in pädagogisch ungeplanten und unstrukturierten Lernprozessen erworben (Tough, 1980; Kloas, Schöngen & Spree, 1990; zit. nach Weiß, 2000, S. 176). Insbesondere im Erwachsenenalter vollzieht sich das „lebenslange Lernen" nur zu einem geringen Teil in Seminaren oder Lehrgängen (Kuwan, 1999; Grünewald et al., 1998). Im Vordergrund stehen informelle Strukturen und Prozesse, in denen das Lernen als solches vielfach nicht einmal bewusst wahrgenommen oder gar reflektiert wird. Da also ältere Mitarbeiter hinsichtlich des informellen Lernens und ihres Erfahrungswissens in der Regel einen Vorsprung haben, der durch das Alter erreicht wird, sollte dieses Potenzial genutzt werden.

In organisatorischer Hinsicht kann das Lernen im Prozess der Arbeit durch lernförderliche Arbeitsbedingungen unterstützt werden. Hierzu sind Voraussetzungen im Unternehmen zu schaffen, z. B. die Möglichkeit der Beschäftigen, partizipativ an der Arbeitsgestaltung mitzuwirken, neue Arbeitsformen auszuprobieren oder durch Feed-back das eigene Arbeitsergebnis beurteilen und optimieren zu können. Die Aneignung von neuem Wissen kann durch Lernformen wie Qualitätszirkel, Gruppen- oder Projektarbeit gefördert werden oder durch Job Rotation und Lernen entlang der Prozesskette. Auf Arbeitsplatzebene können die Dimensionen der Komplexität und Variabilität von Arbeitsaufgaben, Kooperations- und Kommunikationserfordernisse bei der Ausübung der Tätigkeiten, Partizipationsmöglichkeiten und Feed-back sowie die Arbeitsumgebung zur Gestaltung der Lernförderlichkeit herangezogen werden (vgl. Frieling, Bernard, Bigalk & Müller, 2001).

Wenn es gelingt, betriebliche Arbeits- und Organisationsprozesse nicht nur altersgerecht, sondern auch *alternsgerecht* einzurichten, so kann die Leistungsfähigkeit der Beschäftigten langfristig erhalten werden. Selbst moderne Produktionsprozesse stellen kein grundsätzliches Einsatzhindernis dar, wenn die älteren Mitarbeiter den Umgang mit neuen Technologien im Prozess der Arbeit – unterstützt von organisierter Weiterbildung – kontinuierlich erlernen können. Dies gilt auch unter dem Aspekt, dass die Versetzung älterer Arbeitnehmer auf so genannte „Schon- oder Nischenarbeitsplätze" für die Betroffenen mit Nachteilen wie Einkommenseinbußen, Unterforderung sowie Reputations- und Motivationsverlust verbunden ist (vgl. Frerichs, 1999, S. 6 ff.).

32.3.4 Ergonomische und gesundheitsförderliche Arbeitsplatzgestaltung

Um die Gesundheit der Beschäftigten nicht zu beinträchtigen, sondern zu fördern, sind ergonomisch gestaltete Büro- und Produktionswelten notwendig. Die PC-Bildschirme sind auf dem neusten Stand zu halten, hinzu kommt ein entsprechendes Angebot an Nahrungsmitteln über das Betriebsrestaurant. Eine ausreichende Variabilität der Arbeitsmittel, der technischen Einrichtungen, der Arbeitstische und Stühle ist sicherzustellen, um die Einsatzflexibilität der Mitarbeiter im Unternehmen zu erhöhen.

Die Umsetzung arbeitswissenschaftlicher Erkenntnisse nutzt dem Unternehmen und dem Mitarbeiter, da negative Beanspruchungsfolgen wie Ermüdung, Monotonie, Stress und gesundheitliche Beeinträchtigungen z. T. vermieden werden können. Darüber hinaus fördert eine entsprechende Arbeitsplatzgestaltung die Generierung von Ideen und Innovationen, wenn die betroffenen Mitarbeiter an den Veränderungsprozessen aktiv beteiligt werden und die Lernförderlichkeit von Arbeitsbedingungen in einer angemessenen ergonomischen Gestaltung ihren Niederschlag findet (Frieling, 2003).

Prognosen zu zukünftigen Formen der Arbeit mögen mit Fehlern und Irrtümern behaftet sein. Sie bieten aber Anlass darüber nachzudenken, ob es nicht doch notwendig ist, sich rechzeitig an bestimmte Bedingungen anzupassen bzw. sie aktiv zu verändern, um später nicht das Nachsehen zu haben. Eine dieser Prognosen besteht darin, dass in den Unternehmen zunehmend ältere Mitarbeiter arbeiten werden. Daher muss der ergonomischen Arbeitsplatzgestaltung mehr Aufmerksamkeit gewidmet werden, um sicher zu stellen, dass diese Personengruppe an den entsprechenden Arbeitsplätzen mit hoher Effizienz arbeitet. An ergonomisch gut gestalteten Arbeitsplätzen können ältere und jüngere gleichermaßen erfolgreich arbeiten, ohne frühzeitig zu ermüden oder körperliche Verschleißerscheinungen zu erleiden (Frieling, 2003, S. 104 ff.). Als Fazit bleibt festzuhalten, dass das Thema Zufriedenheit, Wohlbefinden und Gesundheit am Arbeitsplatz unter dem Aspekt des demografischen Wandels eine neue Dimension erhalten wird.

32.4 Ausblick

Um der sich abzeichnenden Entwicklung zu entsprechen, sind Maßnahmen unter verschiedenen Gesichtspunkten notwendig (vgl. Institut der deutschen Wirtschaft, 2002):

- Eine Rekrutierungsstrategie, die ausscheidendes Personal nicht allein durch junge Mitarbeiter ersetzt, sondern frühzeitig das Thema Einstellung älterer Beschäftigter angeht.

- Eine langfristig orientierte Personalentwicklung, die lebensbegleitendes Lernen unterstützt, d. h. allen Beschäftigten stehen Kompetenzentwicklungsmaßnahmen offen, Lernen und Arbeiten wird zunehmend verknüpft. Innerhalb des Unternehmens müssen altersgerechte Konzepte entwickelt werden, damit die Beschäftigten durch entsprechend angepasste Tätigkeiten gesünder älter werden können.

- Eine Arbeitszeitpolitik, die es ermöglicht, Weiterbildungsphasen zwischen die Zeiten der Berufstätigkeit zu legen, die individuellen Bedürfnissen Rechnung trägt und gleitende Übergänge in den Ruhestand vorsieht.

- Eine Kooperation zwischen den Generationen, die die Weitergabe von Wissen und Erfahrungen sichert und die jeweiligen Stärken kombiniert bzw. die „Schwächen" ausgleicht (gemischte Arbeitsgruppen und Teams, Tandem- und Patenkonzepte etc.).

- Eine umfassende betriebliche Gesundheitsförderung, die sowohl Gesundheitsrisiken im Arbeitsprozess vermindert als auch die Ressourcen der Mitarbeiter stärkt, die Arbeitsanforderungen zu bewältigen.

Es ist davon auszugehen, dass in Zukunft das Lernen am Arbeitsplatz eine größere Rolle spielen wird (vgl. dazu Weiß, 2000). Kurse und Seminare bleiben wichtig, verlieren aber relativ an Bedeutung, da der Transfer des erworbenen Wissens nur zu einem geringen Teil gelingt. „Der qualifizierenden Arbeitsgestaltung gehört die Zukunft!" (Meyer-Dohm, 1989, S. 57). Die Notwendigkeit zur kontinuierlichen Weiterentwicklung, zum Lernen und zur Kompetenzentwicklung betrifft ganze Organisationen ebenso wie jeden einzelnen Mitarbeiter. Insbesondere gilt dies für die Gruppe der Arbeitskräfte mit geringer Qualifikation. Mitarbeiter, die gelernt haben, sich ständig neues Wissen anzueignen, können sich Veränderungen durch die Implementierung neuer Technologien schneller und problemloser anpassen als un- und angelernte Beschäftigte.

Es ist ein langfristiger Umdenkungsprozess zum lebensbegleitenden Lernen geboten, der vom Prinzip der Selbstorganisation ausgeht und auf eine Pluralität unterschiedlicher Lerner und Lernformen ausgerichtet ist. Ältere Mitarbeiter dürfen nicht durch fadenscheinige Ausreden von anstehenden betrieblichen und individuellen Entwicklungsprozessen ausgeschlossen werden. Vielfach haben sie ihre Anpassungs- und Lernfähigkeit im Laufe ihres Arbeitslebens schon bewiesen. Und schließlich ist ganz offenkundig, dass insbesondere in Führungspositionen viele ältere (gelegentlich sogar alte), erfahrene Menschen zu finden sind. In der Wirtschaft genauso wie in der Politik und in allen anderen Organisationen.

Literatur

ARNOLD, R. UND KRÄMER-STÜRZL, A. (1999): Berufs- und Arbeitspädagogik. Cornelsen, Berlin.

BADURA, B. (2001): Positionspapier der Expertenkommission „Zukunft betrieblicher Gesundheitspolitik". Bertelsmann Stiftung und Hans-Böckler-Stiftung, Düsseldorf.

BERGMANN, B. (1999): Training für den Arbeitsprozess. vdf Hochschulverlag, Zürich.

BERGMANN, B. ET AL. (2000): Kompetenzentwicklung und Berufsarbeit. edition-QUEM Band 11. Waxmann, Münster.

BIRG, H. (2001): Die demografische Zeitenwende. Der Bevölkerungsrückgang in Deutschland und Europa. C.H. Beck, München.

BJÖRNAVOLD, J. (2000): Making learning visible. Identification, assessment and recognition of non-formal learning in Europe. CEDEFOP, Thessaloniki.

BUNDESMINISTERIUM FÜR FAMILIE, SENIOREN, FRAUEN UND JUGEND (2000): Alter und Gesellschaft. Dritter Bericht der Sachverständigenkommission zur Lage der älteren Generation in der Bundesrepublik Deutschland, Berlin.

ERPENBECK, J. UND HEYSE, V. (1996): Berufliche Weiterbildung und berufliche Kompetenzentwicklung, in: Arbeitsgemeinschaft QUEM (Hrsg.). Kompetenzentwicklung '96. Strukturwandel und Trends in der betrieblichen Weiterbildung. Waxmann, Münster.

ERPENBECK, J. UND SAUER, J. (2000): Das Forschungs- und Entwicklungsprogramm Lernkultur Kompetenzentwicklung, in: Arbeitsgemeinschaft QUEM (Hrsg.). Kompetenzentwicklung 2000. Lernen im Wandel – Wandel durch Lernen. Waxmann, Münster.

FRERICHS, F. (1999): Der Einsatz älterer Mitarbeiter im Betrieb. Angewandte Arbeitswissenschaft, 159, S. 1-18.

FRIELING, E. UND SONNTAG, K. (1999): Lehrbuch Arbeitspsychologie. Huber, Bern.

FRIELING, E. ET AL. (2000): Flexibilität und Kompetenz: Schaffen flexible Unternehmen kompetente und flexible Mitarbeiter. edition-QUEM, Band 12. Waxmann, Münster.

FRIELING, E.; GROTE, S. UND KAUFFELD, S. (2000): Fachlaufbahnen für Ingenieure – Ein Vorgehen zur systematischen Kompetenzentwicklung. in: Zeitschrift für Arbeitswissenschaft, 54 (3), S. 165-174.

FRIELING, E.; BERNARD, H.; BIGALK, D. UND MÜLLER, R. F. (2001): Lernförderliche Arbeitsplätze – Eine Frage der Unternehmensflexibilität? in: QUEM-Report, Heft 69, S. 109–139. ABWF, Berlin.

FRIELING, E. (2003): Altersgerechte Arbeitsgestaltung, in: BADURA, B., SCHELLSCHMIDT, H. & VETTER, C. (Hrsg.). Fehlzeiten-Report 2002. Demografischer Wandel, Springer, Berlin.

GRÜNEWALD, U. ET AL. (1998): Formen arbeitsintegrierten Lernens. Möglichkeiten und Grenzen der Erfassbarkeit. in: QUEM-report, Heft 53, ABWF, Berlin.

HENSCH, C. UND WISMER, U. (1997): Zukunft der Arbeit. Schäffer-Poeschel, Stuttgart.

ILMARINEN, J. UND TEMPEL, J. (2002): Arbeitfähigkeit 2010. Was können wir tun, damit Sie gesund bleiben? VSA, Hamburg.

INSTITUT DER DEUTSCHEN WIRTSCHAFT (2002): Die neue Arbeitswelt. Produktive Alte statt veraltete Produktion. Deutscher Instituts Verlag, Köln.

JANSEN, R. (2002): Der strukturelle Wandel der Arbeitswelt und seine Auswirkung auf die Beschäftigten, in: R. JANSEN (Hrsg.). Die Arbeitswelt im Wandel. Weitere Ergebnisse aus der BIBB/IAB-Erhebung 1998/99 zu Qualifikation und Erwerbssituation in Deutschland. Berichte zur beruflichen Bildung. Heft 254. W. Bertelsmann Verlag, Bielefeld.

JASPER, G.; ROHWEDDER, A. UND SCHLETZ, A. (2001): Innovieren mit alternden Belegschaften. in: MOSER J.; NÖBAUER B. UND SEIDL M. (2001). Vom alten Eisen und anderem Ballast. Tabus, Schattenseiten und Perspektiven in betrieblichen Veränderungsprozessen. Hampp, München.

KLOAS, P.-W.; SCHÖNGEN, K. UND SPREE, B. (1990): Berufseinmündung und Weiterbildung in den ersten Berufsjahren. in: Lernfeld Betrieb. Heft 3, S. 39-43.

KÖCHLING, A.; ASTOR, M.; FRÖHNER, K.-D.; HARTMANN, E. A.; HITZBLECH, T.; JASPER, G. UND REINDL, J. (2000): Innovation und Leistung mit älter werdenden Belegschaften. Hampp, München.

KUWAN, H. (1999): Berichtssystem Weiterbildung VII. Bonn: Bundesministerium für Bildung und Forschung.

LIPSMEIER, A. (2000): Arbeiten und Lernen. in: DEWE. B. (Hrsg.): Betriebspädagogik und berufliche Weiterbildung: Wissenschaft – Forschung – Reflexion. Festschrift für Theo Huelshoff. Klinkhardt, Heilbrunn.

MARSTEDT, G. UND MÜLLER, R. (2003): Daten und Fakten zur Erwerbsbeteiligung Älterer. in: BADURA B.; SCHELLSCHMIDT H. & VETTER C. (Hrsg.). Fehlzeiten-Report 2002. Demografischer Wandel. Springer, Berlin.

MEYER-DOHM, P., LACHER, M. UND RUBELT, J. (1989): Produktionsarbeiter in angelernten Tätigkeiten: eine Herausforderung für die Bildungsarbeit. Campus, Frankfurt am Main, New York.

MOSER, J.; NÖBAUER, B. UND SEIDL, M. (2001): Vom alten Eisen und anderem Ballast. Tabus, Schattenseiten und Perspektiven in betrieblichen Veränderungsprozessen. Hampp, München.

RIEKHOF, H.-C. (2002): Strategien der Personalentwicklung. 5. Auflage. Gabler, Wiesbaden.

SCHLECHT, O. (1999): Verschärfte Standortkonkurrenz als Herausforderung der Wirtschaftspolitik. In: T. APOLTE, R. CASPERS UND P. J. J. WELFENS (Hrsg.). Standortwettbewerb, wirtschaftspolitische Rationalität und internationale Ordnungspolitik. Nomos, Baden-Baden.

SOMMER, B. (2000): Bevölkerungsentwicklung Deutschland bis zum Jahr 2050 – Ergebnis der 9. koordinierten Vorausberechnung. Statistisches Bundesamt, Wiesbaden.

SONNTAG, K. (2002): Ressourcen optimieren. Vortrag im Rahmen des Symposiums „Erfolgreich verändern", 27./ 28.11.2002.

TOUGH, A. (1980): Die Förderung selbstständigen Lernens. in: Lernen im Erwachsenenalter. Ausgewählte Beiträge aus Veröffentlichungen der OECD, S. 108-136, Frankfurt/M.

WEIß, R. (2000): Wettbewerbsfaktor Weiterbildung: Ergebnisse der Weiterbildungserhebung der Wirtschaft. Schriftenreihe „Beiträge zur Wirtschafts- und Sozialpolitik". Deutscher Instituts-Verlag, Köln.

ZAHN-ELLIOTT, U. (2001): Demographischer Wandel und Erwerbsarbeit. in: BULLINGER H. J. (Hrsg.). Zukunft der Arbeit in einer alternden Gesellschaft. IAO, Stuttgart.

Autorenverzeichnis

Prof. Dr. Karl-Friedrich Ackermann	Geschäftsführender Gesellschafter / Senior Consultant der ISPA consult GmbH, Stuttgart und Inhaber des Lehrstuhls für Personalmanagement an der Universität Stuttgart. info@ispa-consult.de
Dr. Franz Bailom	Geschäftsführer der IMP (Innovative Management Partner GmbH), Innsbruck. f.bailom@imp.at
Klaus-Michael Baldin	Vorstandsvorsitzender der ChangeCultureConsultants AG, Raesfeld. www.ccc-ag.de
Alexander Böhne	Wissenschaftlicher Mitarbeiter an der Wirtschafts- und sozialwissenschaftliche Fakultät der Universität Potsdam. aboehne@rz.uni-potsdam.de
Eva-Maria Bruch	Festo Lernzentrum Saar GmbH, St. Ingbert-Rohrbach. ena@de.festo.com
Stefan F. Dietl	Leiter Ausbildung der Festo AG & Co. KG, Esslingen. dls@de.festo.com
Dr. Christof Eichert	Geschäftsführer der gemeinnützigen Hertie Stiftung, Frankfurt am Main. eichertc@ghst.de
Janin Ennes	Inhouse Consultant, Festo Lernzentrum Saar GmbH, St. Ingbert-Rohrbach. enn@de.festo.com
Dipl.-Kffr. Edda Feisel	wissenschaftliche Mitarbeiterin am Supply Management Institute SMI™ an der EBS European Business School, International University, Schloss Reichartshausen
Thomas Fölsch	Wissenschaftlicher Mitarbeiter an der Universität Kassel, Institut für Arbeitswissenschaft. foelsch@ifa.uni-kassel.de
Prof. Dr. Ekkehart Frieling	Lehrstuhlinhaber an der Universität Kassel, Institut für Arbeitswissenschaft. e.frieling@ifa.uni-kassel.de
Jürgen Fuchs	Mitglied der Geschäftsleitung der CSC Ploenske AG, Wiesbaden. jfuchs@juergen-fuchs.de

Autorenverzeichnis

Dr. Hanspeter Georgi	Minister a. D. für Wirtschaft und Arbeit, Landesregierung Saarland. h@georgi-world.com
Prof. Dr.-Ing. Evi Hartmann	Juniorprofessorin und Research Director of Purchasing & Supply Management am Supply Management Institute SMI™ an der EBS European Business School, International University, Schloss Reichartshausen.
Prof. Dr. Hans Hinterhuber	Vorstand des Instituts für Unternehmensführung, Tourismus und Dienstleistungswirtschaft der Universität Innsbruck.
Ulrich Höschle	Leiter Festo Didactic-Academy, Festo AG & Co. KG, Esslingen. hos@de.festo.com
Prof. Dr. Christopher Jahns	Inhaber des SVI-Stiftungslehrstuhls für Einkauf, Logistik und Supply Chain Management an der ebs European Business School, International University, Schloss Reichartshausen und Executive Director des internationalen Forschungs- und Trainingszentrums Supply Management Institute SMI™ und ist Rektor der EBS European Business School. Christopher.jahns@ebs.edu
Dr. Walter Jochmann	Mitglied der Geschäftsführung der Holdinggesellschaft Kienbaum Consultants International sowie Vorsitzender der Geschäftsführung und Partner der Kienbaum Management Consultants GmbH.
Dr. Ulrich Kirschner	Executive Vice President Finance, Controlling and Administration, Chief Financial Officer Robert Bosch North America Corporation, ehemals Kaufmännischer Werkleiter der Robert Bosch GmbH, Werk Homburg/Saar.
Prof. Dr. Hans Klaus	Prodekan der FH Kiel, Fachbereich Wirtschaft – Institut für Management und Marketing, Kiel. hans.klaus@fh-kiel.de
Dr. Walter Koch	Geschäftsführender Gesellschafter der Dillinger Fabrik Gelochter Bleche GmbH, Dillingen.
Prof. Dr. Dieter Lenzen	Professor für Erziehungswissenschaft, Präsident der Freien Universität Berlin, wissenschaftlicher Koordinator der Studien „Bildung neu denken! Das Zukunftsprojekt" (Opladen 2003) und „Bildung neu denken! Das Finanzkonzept" (Wiesbaden 2004). aktionsratbildung@hbw.de
Dr. Nikolaus Mauerer	Partner, Oliver Wyman – Delta Organization & Leadership, Frankfurt. nikolaus.mauerer@oliverwyman.com

Autorenverzeichnis

Prof. Dr. Joachim Niemeier	Geschäftsführer der T-Systems Multimedia Solutions GmbH, Dresden. Annett.Gessner@t-systems.com
Christoph Rappe	Geschäftsführer maxment [Consulting Training Evaluation], Heidelberg. Christoph.Rappe@maxment.net
Prof. Dr. Werner Rössle	stv. Direktor der Berufsakademie Stuttgart und Leiter des Studienbereichs Wirtschaft – University of Cooperative Education. roessle@BA-Stuttgart.de
Prof. Dr. Werner Sauter	Institutsleiter, Steinbeis-Hochschule Berlin GmbH, Institut eBusiness & Management. sauter@kompetenztraining.net
Thomas Sattelberger	Personalvorstand der Deutschen Telekom, Bonn.
Ellen Schäfer	Wissenschaftliche Mitarbeiterin an der Universität Kassel, Institut für Arbeitswissenschaft.
Prof. Dr. Christian Scholz	Lehrstuhlinhaber für Organisation, Personal- und Informationsmanagement an der Universität des Saarlandes. cs@orga.uni-sb.de
Nicola Seitz	Dipl.-Volkswirtin, Wissenschaftliche Mitarbeiterin am Lehrstuhl für Volkswirtschaftlehre und Wirtschaftspolitik II an der Technischen Universität Kaiserslautern. seitz@wiwi.uni-kl.de
Dr. Peter Speck	Dr. Speck war von 1993 bis 2006 Personalleiter der Festo AG & Co. KG, Esslingen und der Festo Gruppe. Von 1993 bis heute Geschäftsführer der Festo Lernzentrum Saar GmbH, St. Ingbert-Rohrbach und seit 2007 Verantwortlicher für den Festo Bildungsfonds, Festo AG & Co. KG in Esslingen. dsp@de.festo.com
Dr. Ulrich Spießhofer	Senior Partner und Global Head Operations, Roland Berger, Strategy Consultants. ulrich_spiesshofer@hotmail.com
Timm Stegentritt	Leiter Aus- und Weiterbildung der Robert Bosch GmbH, Werk Homburg/Saar. Timm.Stegentritt@de.bosch.com
Dr. Wilfried Stoll	Aufsichtsratsvorsitzender der Festo AG, Esslingen.
Eva Strobel	Vorsitzende der Geschäftsführung der Regionaldirektion Baden-Württemberg der Bundesagentur für Arbeit.
Susanne Summa	Beraterin, Regionaldirektion Rheinland-Pfalz-Saarland der Bundesagentur für Arbeit. Susanne.Summa@arbeitsamt.de

Autorenverzeichnis

Dieter Thiele	Director Human Relation, Karlsberg Holding GmbH, Homburg/Saar. dieter.thiele@karlsberg.de
Dieter Tschemernjak	Geschäftsführer der IMP tools AG, St. Gallen.
Heinz Uepping	Vorstandsvorsitzender der Incon AG, Taunusstein. uepping@icon-ag.de
Prof. Dr. Michael von Hauff	Universitätsprofessor, Inhaber des Lehrstuhls für Volkswirtschaftslehre und Wirtschaftspolitik II an der Technischen Universität Kaiserslautern.
Prof. Dr. Dieter Wagner	Lehrstuhlinhaber für Betriebswirtschaftslehre, Organisation und Personalwesen an der Universität Potsdam.
Ian Walsh	Managing Director, Ian Walsh Consulting Network, Eastbourne/Wiesbaden; Director of Studies (International Programmes) FOM Business School, Essen/Frankfurt am Main. ian@walsh-net.com
Prof. Dr. Norbert Walter	Chief Economist, Deutsche Bank Group. norbert.walter@db.com
Dr. Richard Weber	Geschäftsführender Gesellschafter der Karlsberg Brauerei KG Weber, Homburg/Saar.
Prof. Dr. Silke Wickel-Kirsch	Personal & Organisation, International Business Administration im Fachbereich Wirtschaft, Fachhochschule Wiesbaden. wickel@bwl.fh-wiesbaden.de
Dr. Daniel Wiesner	Mitglied des Vorstandes der Vorarlberger Landes-Versicherung VaG, Bregenz. Vorstandsbereiche Vertrieb Personal, Bildung und Controlling. d.wiesner@cable.vol.at
Dr. Frank Zils	Senior Human Resources Manager, Life Scan und Ortho-Clinical Diagnostics GmbH, Neckargemünd. fzils@ocdde.jnj.com
Rolf C. Zipf	Vorstand CareerConcept AG, München, Projektleiter Festo Bildungsfonds. rolf.zipf@career-concept.de
Dr. Thomas Zwick	Senior Researcher Zentrum für Europäische Wirtschaftsforschung (ZEW), Mannheim Privatdozent für Betriebswirtschaftslehre an der Universität Zürich. Zwick@zew.de